AF802593

Motive zu dem Entwurfe

eines

Bürgerlichen Gesetzbuches

für das

Deutsche Reich.

Band I.

Allgemeiner Theil.

Amtliche Ausgabe.

Berlin und Leipzig.
Verlag von J. Guttentag
(D. Collin).
1888.

Nachdruck 1983

Einführung

von Professor Dr. Werner Schubert

Mit der Veröffentlichung der Motive im Jahre 1888 verfolgten der Bundesrat und das Reichsjustizamt den Zweck, die Öffentlichkeit in übersichtlicher Form über die Grundlagen des 1. BGB-Entwurfs zu unterrichten. Von einer Edition der authentischen Quellen zu diesem Entwurf (Vorentwürfe, Begründungen zu diesen Entwürfen und die Protokolle der 1. BGB-Kommission), bereits von Eduard PAPE in einem Schreiben vom 27. 12. 1887 an den Reichskanzler als „ungewöhnlich umfangreich und von einer die Orientierung erschwerenden Beschaffenheit" gekennzeichnet (zitiert nach SCHUBERT, Materialien zur Entstehungsgeschichte des BGB, Bd. 1 der „Beratung des Bürgerlichen Gesetzbuchs", hrsg. von JAKOBS und SCHUBERT, Berlin/New York 1978, S. 310), hatte man abgesehen, weil dies eine kritische Beschäftigung mit dem 1. Entwurf erheblich erschwert hätte. In dem genannten Bericht von PAPE heißt es dann weiter, daß daher „die Ausarbeitung von gedrängteren, die Übersicht und Aufklärung erleichternden Motiven für sachgemäß erachtet" worden sei. Die „kürzeren, als ein Auszug aus dem gedachten vollständigen Motivenmaterial zu betrachtenden Motive" seien von den Hilfsarbeitern der Kommission beschafft worden. Es sind dies für den Allgemeinen Teil BÖRNER, für das Schuldrecht EGE und STRUCKMANN, für das Sachenrecht v. LIEBE (Mobiliarsachenrecht) und ACHILLES (Immobiliarsachenrecht), für das Familienrecht STRUCKMANN und für das Erbrecht NEUBAUER (zu diesen Juristen vgl. JAHNEL bei SCHUBERT, aaO., S. 87 ff.). Abschließend stellt PAPE in seinem Bericht fest: „Es mußte davon abgesehen werden, diese Motive der Prüfung und Genehmigung der Kommission zu unterbreiten, als deren Werk sie daher nicht unmittelbar und nur im beschränkten Sinne zu betrachten sind."

Obwohl das Vorwort zum 1. BGB-Entwurf auf die Entstehungsgeschichte der Motive ausdrücklich hinweist, wurden und werden diese auch heute noch zum Teil als die wichtigsten Materialien zum BGB angesehen. Wie eine Analyse der Motive ergibt, stellen sie im wesentlichen eine nach außen hin nicht erkennbare Zusammenfassung der Begründungen zu den fünf Vorentwürfen und der Kommissionsprotokolle dar.

Darüberhinaus enthalten sie eigenes Gedankengut der Hilfsarbeiter, das auf die Kommissionsberatungen zurückgehen dürfte. Über den Wert der Motive herrscht noch immer Streit. Zweifelsohne sind sie eine wissenschaftliche Arbeit von hohem Rang und ein wichtiges Hilfsmittel für die Erschließung der Grundlagen des 1. Entwurfs und des BGB. Sie haben die Dogmatik des BGB in einem bislang noch nicht näher untersuchten Maße mitbestimmt. Auf der anderen Seite sind die Motive wenig geeignet, die Enstehung des ersten BGB-Entwurfs näher zu erhellen. Hierzu bedarf es zusätzlich noch der Teilentwürfe und deren Begründungen sowie der Protokolle, die im Gegensatz zu den Motiven auch die in der Kommission gestellten Anträge wiedergeben. Das bislang unveröffentlicht gebliebene oder nur als Manuskript gedruckte Quellenmaterial wird zugänglich gemacht in den beiden Editionen: „Die Vorlagen der Redaktoren für die erste Kommission zur Ausarbeitung des Entwurfs eines Bürgerlichen Gesetzbuchs", hrsg. von Werner SCHUBERT, Berlin/New York 1980 ff. (erschienen sind die Vorlagen zum Allgemeinen Teil, Schuldrecht und Sachenrecht in insgesamt 8 Bänden) und „Die Beratung des Bürgerlichen Gesetzbuchs in systematischer Zusammenstellung der unveröffentlichten Quellen", hrsg. von Horst Heinrich JAKOBS und Werner SCHUBERT, Berlin/New York 1978 ff. (erschienen sind ein Einführungsband und die Bände Schuldrecht I, II, III sowie Sachenrecht III, IV). Zusammen mit den in diesen Editionen enthaltenen Quellen sind die Motive weiterhin unentbehrlich zur Erforschung der Entstehungsgeschichte des BGB — zum Beispiel ist die umfangreiche Kritik am 1. BGB-Entwurf nur bei Kenntnis der Motive voll verständlich — und der Dogmengeschichte des 20. Jahrhunderts.

Kiel, im Januar 1983 *Werner Schubert*

Erstes Buch.

Allgemeiner Theil.

Erster Abschnitt.

Rechtsnormen.

Das bürgerliche Recht läßt sich im Allgemeinen als der Inbegriff derjenigen Normen bezeichnen, welche die den Personen als Privatpersonen zukommende rechtliche Stellung und die Verhältnisse, in welchen die Personen als Privatpersonen unter einander stehen, zu regeln bestimmt sind. Das österr. G. B. § 1 hat den nicht nachahmungswerthen Versuch gemacht, den Begriff des bürgerlichen Rechtes festzustellen; desgleichen das sächs. G. B. § 1. Mit einer abstrakten, lehrhaften Abgrenzung des bürgerlichen Rechtes gegenüber dem öffentlichen Rechte ist, abgesehen von sonstigen Bedenken, nichts gewonnen. Das Privatrecht und das öffentliche Recht haben zahlreiche, mannigfach geartete Berührungspunkte. Gewisse Verhältnisse sind gemischter Natur; andere weisen verschiedene Seiten auf, vermöge deren das Verhältniß theils dem einen, theils dem anderen Rechtstheile angehört. Das Grenzgebiet ist nur durch eine genaue Prüfung der einzelnen in Betracht kommenden Materien zu ermitteln. Bei Entwerfung des Einführungsgesetzes wird anläßlich der Feststellung des Herrschaftsbereiches des bürgerlichen Gesetzbuches gegenüber den Landesrechten Gelegenheit sein, den sich ergebenden Fragen näher zu treten.

A. Die Rechtsnormen im Allgemeinen.

§§ 1, 2.

I. Entstehung der Rechtsnormen.

I. Entstehung.

1. Gesetz.

1. **Gesetz.** Die für das Zustandekommen eines privatrechtlichen Gesetzes maßgebenden Grundsätze gehören dem Staatsrechte an. In Ansehung der Reichsgesetze entscheidet das öffentliche Recht des Reiches — Verfassung Art. 2, 5, 17 —, in Ansehung der Landesgesetze das öffentliche Recht der Bundesstaaten bezw. des Reichslandes Elsaß-Lothringen. Das Gleiche gilt hinsichtlich der Verkündigung und des Eintrittes der Wirksamkeit eines privatrechtlichen

Gesetzes (Verfassung Art. 2, Gesetz über die Konsulargerichtsbarkeit vom 10. Juli 1879, R. G. Bl. S. 137 § 47). Der in den Art. 2 der Verfassung hineingetragene Zweifel, ob die für das Inkrafttreten der Gesetze daselbst bestimmte Frist die Bedeutung einer sog. vacatio legis habe oder ob der Ablauf dieser Frist als der Vollendungs- und Endpunkt des Publikationsaktes sich darstelle, entbehrt der Begründung. Die Frist ist eine Vakationsfrist. Ebensowenig liegt eine Lücke des Reichsrechtes in Ansehung der Frage vor, wann die Verbindlichkeit der Reichsgesetze für im Auslande befindliche, dem deutschen Rechte unterstehende Personen oder Gegenstände eintritt. Der Lösung im bürgerlichen Gesetzbuche entzieht sich ingleichen die Frage, ob und inwieweit der Richter berechtigt und verpflichtet sei, die Verfassungsmäßigkeit verkündeter Gesetze zu prüfen. Die Materie hat eine überwiegend staatsrechtliche und politische Bedeutung.

Der Ausdruck „Gesetz" ist in dem Vorstehenden im Sinne staatlicher Rechtssatzung gebraucht. Der Ausdruck dient auch im Allgemeinen zur Bezeichnung einer jeden Rechtsnorm, ohne Rücksicht auf deren Entstehungs- und Erkenntnißquelle. In diesem weiteren Sinne ist der Ausdruck zur Anerkennung und Verwendung gelangt in den Reichsprozeßgesetzen; Einf. G. zur C. P. O. § 12, zur Konk. O. § 2, zur St. P. O. § 7; vergl. dazu die Verordnung, betr. die Begründung der Revision u. s. w., vom 28. September 1879 (R. G. Bl. S. 299) § 13. Maßgebend ist vornehmlich das Bedürfniß gewesen, welches sich nach einem einheitlichen, umfassenden Ausdrucke für die vielfach in Bezug zu nehmenden, auf verschiedenen Rechtsquellen beruhenden Sätze des materiellen Landesrechtes geltend gemacht hat. Ein gleiches Bedürfniß besteht für das zu dem bürgerlichen Gesetzbuche zu erlassende Einführungsgesetz, insofern festzustellen sein wird, daß das geltende Recht in Ansehung gewisser Materien unberührt bleiben, in Ansehung anderer Materien außer Kraft treten soll. In dem bürgerlichen Gesetzbuche selbst machen sich ebenfalls nicht wenige Verweisungen auf das Landesrecht erforderlich. Mit Rücksicht hierauf ist für angemessen erachtet worden, den Ausdruck Gesetz in dem bürgerlichen Gesetzbuche sowie in dem Einführungsgesetze gleichfalls in der allgemeinen Bedeutung von Rechtsnorm zu verwenden und dies durch eine in das Einführungsgesetz aufzunehmende Vorschrift klarzustellen. Soweit Reichsrecht in Frage kommt, ergiebt sich aus der Beseitigung des Gewohnheitsrechtes in § 2 von selbst eine Einschränkung.

2. Staatsvertrag.

2. **Staatsvertrag.** Inwiefern privatrechtliche Bestimmungen eines Staatsvertrages Gesetzeskraft haben, ist in Ansehung des Reiches dem Art. 11 der Verfassung verb. mit dem Gesetze, betr. die Abänderung der Nr. 13 des Art. 4 der Verfassung, vom 20. Dezember 1873 (R. G. Bl. S. 379) zu entnehmen. Die verschiedenen Fragen, zu welchen der Art. 11 der Verfassung Anlaß gegeben hat, betreffen die Auslegung des Art. 11. Das bürgerliche Gesetzbuch hat zu denselben keine Stellung zu nehmen. Auch die Frage der Verkündigung der Staatsverträge hat auf sich zu beruhen.

Soweit den Bundesstaaten zur Zeit die Befugniß zusteht, unter einander oder mit fremden Staaten Verträge zu schließen, erledigt sich dieses Recht völkerrechtlicher Vertragschließung mit dem Inkrafttreten des bürgerlichen

Gesetzbuches in Ansehung der von dem letzteren in den Bereich reichsrechtlicher Regelung gezogenen Gegenstände; es bleibt in Ansehung derjenigen Materien und Angelegenheiten, welche dem Landesrechte überlassen bezw. überwiesen werden, insoweit, als die Vorbehalte reichen, unberührt.

Die privatrechtlichen Vorschriften der von den einzelnen Bundesstaaten mit fremden Staaten bereits abgeschlossenen Staatsverträge bleiben in Kraft. Aufgabe des Einführungsgesetzes wird es sein, dies außer Zweifel zu stellen.

3. **Gewohnheitsrecht.** Gegenüber einer älteren Theorie, welche die Gesetzgebung als die alleinige Quelle der Rechtserzeugung betrachtete, dem thatsächlich geübten Rechte jede ihm um seiner selbst willen zukommende Bedeutung absprach und die verbindende Kraft des Gewohnheitsrechtes auf eine dieselbe bedingende stillschweigende Genehmigung des Gesetzgebers zurückführte, hat die historische Schule der Auffassung Raum verschafft, daß das in der zeitlichen Entwickelung dem Gesetzesrechte vorangehende Gewohnheitsrecht seinen Geltungsgrund gleich jenem in der letzten Quelle alles positiven Rechtes, der Vernunft der Völker habe und somit dem Gesetzesrechte ebenbürtig, wenn nicht überlegen sei. Die herrschende Ansicht sieht in dem Rechtswillen des Gesetzgebers und in der Rechtsüberzeugung (dem Rechtsbewußtsein) des Volkes rechtsbildende Faktoren gleichen Ranges und nimmt an, daß das Gesetzesrecht durch Gewohnheitsrecht ebensowohl aufgehoben und geändert als ergänzt werden könne, gesteht aber dabei zu, daß das Gesetz die Voraussetzungen, unter welchen ein Gewohnheitsrecht sich bilden könne, zu regeln und die Entstehung eines den gesetzlichen Rechtssätzen widerstreitenden wirksamen Gewohnheitsrechtes durch Verbot zu hindern vermöge. 3. Gewohnheitsrecht.

In den Quellen des römischen Rechtes ist die verbindende Kraft des Gewohnheitsrechtes wiederholt anerkannt; sein Verhältniß zum Gesetze wird behandelt in dem Schlußsatze der l. 32 D. de leg. 1. 3: „quare rectissime etiam illud receptum est, ut leges non solum suffragio legislatoris, sed etiam tacito consensu omnium per desuetudinem abrogentur“; ferner in l. 2 Cod. quae sit long. consuet. 8. 53: „consuetudinis ususque longaevi non vilis auctoritas est, verum non usque adeo sui valitura momento, ut aut rationem vincat aut legem“. Aus dem kanonischen Rechte schlägt namentlich cap. 11. X de consuet. 1, 4 ein. Partikularrechtlich hat das Gewohnheitsrecht ebenfalls Anerkennung erfahren. Nach dem bayr. L. R. I, 2 § 15 Nr. 1 beruht Gewohnheitsrecht „auf einem solchen Gebrauche, welcher nicht nur den Willen der Gemeinde, sondern auch die landesherrschaftliche Miteinstimmung muthmaßlich anzeigt“; des Weiteren ist in I, 2 § 15 Nr. 4 bestimmt: „Und wie nun eine solche rechtmäßige Gewohnheit vim legis hat, so hebt sie das ältere geschriebene oder ungeschriebene Recht allerdings auf.“ Das württemb. Recht behandelt das Gewohnheitsrecht im Verhältniß zu den Landesgesetzen als eine subsidiäre Rechtsquelle; ein dem Inhalte der württemb. Landesgesetze widerstreitendes Gewohnheitsrecht kann sich nicht bilden; dagegen geht das Gewohnheitsrecht allen anderen Rechtsquellen, also namentlich dem rezipirten römischen und kanonischen Rechte vor, so daß, bestehenden Ansichten zufolge, durch dasselbe auch zwingende Vorschriften des gemeinen Rechtes geändert und aufgehoben werden können. In Braunschweig kann Gesetzesrecht, soweit dasselbe nicht absoluter Natur ist, nach den landes- Geltendes Recht.

fürstlichen Reskripten vom 20. August 1742 und 5. November 1765 durch Gewohnheitsrecht abgeändert werden. Für Hamburg wird bezeugt, daß das Gewohnheitsrecht nicht allein ergänzende Rechtssätze zu begründen, sondern auch Gesetze zu beseitigen oder an deren Stelle durch Einführung neuer Normen Abweichendes festzustellen vermöge.

Die großen Gesetzgebungen des preuß., österr. und franz. Rechtes nehmen gegenüber dem Gewohnheitsrechte eine grundsätzlich ablehnende Stellung ein. Das preuß. A. L. R. erkennt das Gewohnheitsrecht nicht als regelmäßige Rechtsquelle an; Einl. §§ 1, 3, 4, 60. Die Entstehung eines Gewohnheitsrechtes, welches den in dem A. L. R. enthaltenen Bestimmungen zuwiderläuft, ist ausgeschlossen. Dasselbe gilt von der Entstehung eines die Lücken dieser Bestimmungen ausfüllenden allgemeinen Gewohnheitsrechtes; aus dem § 4 der Einl. ist nur abzuleiten, daß über Punkte, die von den Gesetzen unentschieden gelassen sind, „Observanzen" sich bilden können, welche „bis zum Erfolge einer gesetzlichen Bestimmung" ihr Dasein fristen.*) Das österr. G. B. tritt dem Gewohnheitsrechte gleichfalls entgegen; auf Gewohnheiten kann nach § 10 nur in den Fällen Rücksicht genommen werden, in welchen ein Gesetz sich auf solche beruft. In Frankreich ist das Gewohnheitsrecht durch das Gesetz vom 21. März 1804 gegenüber dem code Napoléon außer Wirksamkeit gesetzt. Das franz. Civilgesetzbuch enthält eine allgemeine Bestimmung über die Möglichkeit oder Unmöglichkeit künftiger gewohnheitsrechtlicher Rechtsbildung nicht; es besteht aber in der franz. Jurisprudenz kein Zweifel darüber, daß das Gewohnheitsrecht auf dem Gebiete des allgemeinen bürgerlichen Rechtes nur insoweit in Betracht kommen könne, als der code in einzelnen Artikeln auf dasselbe verweist. Auf demselben Standpunkte steht ausdrücklicher Vorschrift zufolge die mit dem niederl. G. B. gleichzeitig erlassene Wet houdende bepalingen der Wetgeving etc. Art. 3. In Baden hat das zweite Einführungsedikt zum Landrecht in § 3 das Gewohnheitsrecht allgemein aufgehoben (vergl. § 17 des ersten Einführungsediktes); nach L. R. Satz 6 d soll das Herkommen „für alle Fälle, wo die Art und Weise in dem Umfang und Gebrauch eines Rechts in Frage steht, über welche Gesetze oder Verträge nicht Maaß geben, den muthmaßlichen Willen des Gesetzgebers oder der Vertragspersonen" ausdrücken.

Die dem Vorgehen dieser Gesetzgebungen innewohnende Bedeutung ist durch den Hinweis darauf abzuschwächen versucht worden, daß dieselben unter der Herrschaft einer Theorie verfaßt worden seien, welche den tieferen Einblick

---

*) Die Gewohnheitsrechte und Observanzen, welche bei Einführung des A. L. R. in einzelnen Provinzen oder an einzelnen Orten bestanden, sollten, nach vorangegangener Sichtung, in die bis zum 1. Juni 1796 auszuarbeitenden Provinzialgesetzbücher aufgenommen werden und nach dem erwähnten Zeitpunkte, sofern sie von den Vorschriften des A. L. R. abwichen, nur insoweit Geltung behalten, als sie den Provinzialgesetzbüchern einverleibt oder von dem A. L. R. in Bezug genommen seien (Publikationspatent vom 5. Febr. 1794 IV, VII). Die beabsichtigte Kodifikation der Provinzialrechte ist aber nur zu geringem Theile erfolgt; in den Gebieten, in welchen sie nicht zu Stande kam, sind die dem Provinzialrechte angehörenden Gewohnheitsrechte und Observanzen, welche bei dem Inkrafttreten des A. L. R. bestanden, auch nach demselben in Geltung geblieben.

in das Wesen der Rechtsentstehung und eine richtige Würdigung des Gewohnheitsrechtes nicht gestattet habe. Zuzugeben ist, daß jene von der absolut maßgebenden Bedeutung des staatlichen Rechtswillens ausgehenden Gesetzgebungen keiner Doktrin gegenübergestanden haben, welche die Angemessenheit dieses Ausgangspunktes bestritt; nicht minder wahr aber ist, daß bei dem Vorgehen derselben Gründe der Zweckmäßigkeit und Erwägungen ins Gewicht gefallen sind, welche mit den Zielen einer umfassenden Kodifikation des Privatrechtes in nothwendigem Zusammenhange stehen. Das der neueren Zeit angehörende sächs. G. B. hat keinen Anstand genommen, den gleichen Weg zu betreten; es beseitigt in § 28 Satz 1 sowohl das dem Gesetze zuwiderlaufende als das ergänzende Gewohnheitsrecht. Ebenso liegt dem hess. Entwurfe eines bürgerlichen Gesetzbuches die Voraussetzung zu Grunde, daß das Gewohnheitsrecht nur in solchen Fällen gelten dürfe, für welche das neue Gesetzbuch dasselbe ausdrücklich als anwendbar erklären werde (Vortrag des hess. Regierungskommissars bei Uebergabe des Entwurfes der ersten Abtheilung an die ständischen Ausschüsse S. 16). Für das Gebiet des Handelsrechtes bestimmt das H. G. B. Art. 1: „In Handelssachen kommen, insoweit dieses Gesetzbuch keine Bestimmungen enthält, die Handelsgebräuche und in deren Ermangelung das allgemeine bürgerliche Recht zur Anwendung.“ Einige Schriftsteller nehmen an, die Vorschrift betreffe nur das Verhältniß zu dem früheren Rechte, lasse somit die Frage nach der Möglichkeit einer dem H. G. B. widerstreitenden künftigen Rechtsbildung im Wege der Gewohnheit unberührt. Die weitaus überwiegende und von dem vormaligen Reichsoberhandelsgerichte mehrfach zur Geltung gebrachte Ansicht findet in dem Art. 1 den Ausspruch, daß die Entstehung eines irgendwelchen — zwingenden oder auch nur nachgiebigen — Sätzen des H. G. B. widerstreitenden, allgemeinen oder partikularen, Gewohnheitsrechtes, sofern nicht in dem H. G. B. auf Gewohnheitsrecht verwiesen ist, ausgeschlossen, dagegen die Entstehung eines das H. G. B. ergänzenden, allgemeinen oder partikularen, Gewohnheitsrechtes zugelassen sei, und zwar dergestalt, daß dieses Gewohnheitsrecht dem allgemeinen bürgerlichen Rechte vorgehe.

Die große Bedeutung des Gewohnheitsrechtes für das Rechtsleben eines in den Anfangsstadien der Entwickelung begriffenen Volkes bedarf der Darlegung nicht. Auch ist gewiß, daß diese Art der Rechtsbildung auf dem Gebiete des öffentlichen Rechtes jederzeit einen breiten Raum der Bethätigung finden wird. Im Bereiche des Privatrechtes dagegen erleidet das Gewohnheitsrecht mit der Erstarkung des staatlichen Gedankens und der wachsenden Verwickelung der Lebensverhältnisse erfahrungsgemäß eine Einbuße; es verliert an rechtserzeugender Kraft und tritt mehr und mehr in den Hintergrund. Gegenüber der Verherrlichung, welche dem Gewohnheitsrechte unter dem Einflusse der historischen Schule mannigfach zu Theil geworden, verschließt man sich neuerdings der Erkenntniß nicht, daß das Recht durch seinen Uebergang von dem Gewohnheitsrechte zum Gesetzesrechte einen wesentlichen Fortschritt macht. Auch bricht mehr und mehr die Ueberzeugung sich Bahn, daß der Staat, wenn er zu einer einheitlichen Gestaltung des Rechtsstoffes schreitet, nicht umhin kann, das Gewohnheitsrecht, wenn nicht auszuschließen, so doch zu beschränken.

Standpunkt des Entwurfs.

Im Besonderen ist dies von dem deutschen Juristentage anerkannt. Die von der ersten Abtheilung in Uebereinstimmung mit einem erstatteten Gutachten aufgestellten Sätze lauten: „I. Gesetz und Gewohnheitsrecht bestehen als selbständige Rechtsquellen ursprünglich in gleicher Kraft und Bedeutung neben einander; II. die Aufhebung des Gewohnheitsrechtes durch die Gesetzgebung ist ohne ein besonderes Bedürfniß nicht gerechtfertigt; III. eine umfassende Gesetzgebung (Kodifikation) hat die derogatorische Kraft des Gewohnheitsrechtes nicht anzuerkennen; IV. das Gewohnheitsrecht als ergänzende Rechtsquelle kann auch neben einer umfassenden Gesetzgebung in Geltung bleiben und ist nur aus besonderen Gründen und soweit diese reichen, auszuschließen oder zu beschränken“ (Verhdl. des fünften deutschen Juristentages Bd. 1 S. 3—13, 102—110, Bd. 2 S. 84—100, 49, 50).

Der Entwurf erklärt sich in § 2 gegen das Gewohnheitsrecht. Er versagt demselben die Kraft, das Gesetzesrecht aufzuheben, zu ändern oder zu ergänzen, — vorbehaltlich besonderer Bestimmungen für gewisse Verhältnisse und unbeschadet der bei der Revision des H. G. B. für den Bereich des Handelsrechtes festzustellenden Regel. Die für die getroffene Entscheidung maßgebenden Gründe sind ausschließlich praktischer Natur. Es bedarf deshalb weder einer Erörterung der rechtsphilosophischen Frage nach der Grundlage des Gewohnheitsrechtes noch einer Erörterung der staatsrechtlichen Frage, ob die von dem Entwurfe gezogene Schranke nicht schon in der Entwickelung des Verfassungsrechtes der Gegenwart, in der Ausgestaltung der gesetzgebenden Gewalt ihre Rechtfertigung finden würde. Anlangend die ersterwähnte Frage, so kann man anerkennen, daß alles positive Recht seinen letzten Grund in der Rechtsvernunft des Volkes habe, daß diese Rechtsvernunft in zwiefacher Weise Recht zu begründen vermöge, „mittelbar, gleichsam durch Delegation“ auf dem Wege der Gesetzgebung, unmittelbar auf dem Wege der Uebung, und doch zu dem Schlusse gelangen, daß es sich aus Zweckmäßigkeitsgründen empfehle, die unmittelbare Rechtserzeugung zu Gunsten der mittelbaren zu unterbinden. Das so vorgehende Gesetz versucht keineswegs Unerreichbares; der an dasselbe gebundene Richter darf nicht nach Sätzen sprechen, die nach dem Willen des Gesetzes kein geltendes, anwendbares Recht enthalten.

Die Unentbehrlichkeit des dem Gesetze zuwiderlaufenden (ab- und derogatorischen) Gewohnheitsrechtes wird vorzugsweise durch die Ausführung zu begründen versucht, daß dasselbe allein geeignet sei, dem aus der fortschreitenden Erweiterung und Vertiefung der Erkenntniß und aus der Wandelbarkeit aller menschlichen Verhältnisse sich ergebenden Bedürfnisse der Aufhebung oder Aenderung bestehender Normen in vollem Maße zu genügen. Der Gesetzgeber werde, führt man aus, zwar oft, aber keineswegs immer in der Lage sein, diesem Bedürfnisse Rechnung zu tragen; soweit dies nicht geschehe, trete ohne die Dazwischenkunft des Gewohnheitsrechtes ein Widerstreit zwischen Recht und Rechtsüberzeugung ein, der das Rechtsgefühl schädige und das Gesammtinteresse gefährde. Zu Gunsten des ergänzenden (suppletorischen) Gewohnheitsrechtes wird geltend gemacht, daß die Kodifikation eines Rechtes nie eine vollständige sein könne, daß bei der Vielgestaltigkeit des Lebens fort und fort neue Verhältnisse entstehen, die dem Gesichtskreise des an seine Zeit gebundenen

Gesetzgebers sich entziehen, daß die infolge dessen entstehenden Rechtslücken einer Ausfüllung bedürfen und daß diese Ausfüllung der auf dem Wege der Uebung im unmittelbaren Zusammenhange mit dem Leben vor sich gehenden Rechtsbildung am besten und einfachsten gelinge. Man verweist ferner darauf, daß die ergänzende Rechtsbildung des Gewohnheitsrechtes dem Gesetzgeber die Möglichkeit gewähre, vor Ueberstürzung sich zu hüten und im Besonderen bei solchen Verhältnissen, welche zwar in ihren Grundzügen bereits vorliegen, aber gesetzgeberisch noch nicht allenthalben spruchreif sind, auf die Feststellung einzelner Grundsätze sich zu beschränken und die weitere Ausführung derselben der Sitte und Uebung des Lebens zu überlassen.

Das Gewicht dieser Erwägungen ist relativer Natur. Das ab- und derogatorische Gewohnheitsrecht mag zu einer Zeit, in welcher die Gesetzgebung stillsteht, überaus heilsam wirken. Bei dem heutigen Flusse der Legislative darf der Gesetzgeber unbedenklich ebensowohl die Pflicht als das Recht in Anspruch nehmen, die von ihm erlassenen Normen mit den wechselnden Lebensverhältnissen im Einklange zu erhalten; sollte im einzelnen Falle mit einer neu sich entwickelnden Rechtsüberzeugung nicht gleicher Schritt gehalten werden, so würde der zeitweise Fortbestand der vielleicht nicht mehr sachgemäßen Rechtsregel immer noch den Vorzug verdienen vor den Unzuträglichkeiten, welche mit dem allmäligen Werden eines abweichenden Gewohnheitsrechtes für die Allgemeinheit verbunden sind. Soviel aber den dem ergänzenden Gewohnheitsrechte zugeschriebenen Wirkungskreis anlangt, so wäre es allerdings ein Irrthum, anzunehmen, daß die angestrebte Formulirung des Rechtes eine für die Zukunft oder auch nur für die Gegenwart erschöpfende sein könne oder solle. Allein einerseits darf man auch hier der gegründeten Erwartung sich hingeben, daß, bevor noch die Sitte oder Verkehrsbedürfnisse durch Vermittelung der Uebung zu einem neuen, wahren Gewohnheitsrechte geführt haben, die Organe der gesetzgebenden Gewalt der Regel nach thätig werden und das bestehende Recht auf verfassungsmäßigem Wege durch ein den neuen Anforderungen entsprechendes Gesetz ergänzen. Andererseits tritt in Ermangelung eines solchen gesetzgeberischen Einschreitens die Jurisprudenz in ihre Rechte. Der Einfluß, welchen die in theoretischer und praktischer Arbeit sich bethätigende Wissenschaft auf die Fortbildung des Rechtes zu üben vermag, muß unumwunden und rückhaltlos als ein vollberechtigter anerkannt werden. Jeder Versuch, diesen Einfluß zu verkümmern, würde, soweit er überhaupt einen Erfolg haben könnte, von den erheblichsten Nachtheilen begleitet sein. Die wohlthätigen Wirkungen der Kodifikation sind durch die freie wissenschaftliche Behandlung des Rechtsstoffes bedingt. Allerdings kann angesichts des § 2, welcher das Gewohnheisrecht nicht blos in der Gestalt des Volksrechtes, sondern in jeder Erscheinungsform ausschließt, von einer mit bindender Kraft ausgestatteten gewohnheitsrechtlichen communis opinio, von einem mit solcher Autorität ausgestatteten gewohnheitlichen Juristenrechte oder Gerichtsgebrauche nicht die Rede sein. Dem Berufe der Rechtswissenschaft wird aber damit nicht Abbruch gethan. Sie ist und bleibt die lebendige Macht, welche mit stets verjüngter Kraft die Fülle des Rechtes erschließt, die den im Gesetze ausgesprochenen, in ihrer wahren Bedeutung und inneren Zusammengehörigkeit erkannten Rechtssätzen innewohnt. Handelt es sich um Verhältnisse, welche in keinem der in dem Gesetze ausgesprochenen Rechtssätze ihre Regelung finden, so hat der Richter an der Hand der Gesetzes- oder Rechtsanalogie die Norm zu suchen, welche auf das nach Wesen und Zweck, nach seiner inneren Natur richtig gewürdigte Verhältniß in Gemäßheit des Geistes des positiven Rechtes anzuwenden ist.

Kann ein zwingendes Bedürfniß für die Zulassung des Gewohnheitsrechtes nicht anerkannt werden, so ist dieselbe andererseits vor Allem deshalb bedenklich, weil sie den Zweck der Kodifikation, die Schaffung eines einheitlichen deutschen bürgerlichen Rechtes gefährden würde. Der Einwand richtet sich zwar nur gegen das partikulare Gewohnheitsrecht. Allein der Schwerpunkt der Frage liegt auf dem Gebiete des letzteren, da die Bildung eines gemeinen Gewohnheitsrechtes in Zukunft, wenn überhaupt möglich, doch in hohem Grade schwierig sein würde. Bei der Ausdehnung des deutschen Rechtsgebietes, bei der Verschiedenheit der Stammeseigenthümlichkeiten, der Mannigfaltigkeit der Verkehrsgestaltungen und dem Widerstreite der Interessen bedürfte es eines besonderen Zusammentreffens von Umständen, wenn eine das gesammte Volk oder gewisse Berufskreise des Volkes umfassende Rechtsüberzeugung im Widerspruche mit dem Gesetzesrechte oder neben demselben sollte sich entwickeln und auf dem Wege der Uebung bethätigen können. Anders verhält es sich mit dem partikularen Gewohnheitsrechte. Die bisherige Rechtszerrissenheit und das naturgemäße Verwachsensein der einzelnen Volksstämme mit den hergebrachten Institutionen legt die Gefahr der Ueberwucherung bisheriger Rechtsanschauungen in der Gestalt von Gewohnheitsrechten nahe; bei der Eigenart des deutschen Volkes könnte das deutsche Rechtsgebiet nur allzu leicht einen für die Entwickelung und Pflege partikularer Rechtsgewohnheiten fruchtbaren Boden abgeben. Daß es unthunlich sein würde, partikularem Gewohnheitsrechte, welches die Kraft besäße, Reichsrecht zu brechen, den Eingang zu öffnen, springt in die Augen. Das Reichsgesetz schafft der Regel nach absolut gemeines, nicht subsidiär gemeines Recht; das den Landesgesetzen vorgehende Reichsgesetz kann nicht partikularem Gewohnheitsrechte weichen. Zwischen partikularem Gewohnheitsrechte, welches zwingenden, und solchem, welches dispositiven Rechtssätzen zuwiderläuft, zu unterscheiden, das erstere auszuschließen und das letztere zuzulassen, wäre verfehlt; aus der Natur des dispositiven Rechtssatzes folgt mehr nicht, als daß er nur dann zur Anwendung kommt, wenn das betreffende Verhältniß nicht durch Privatwillkür geordnet ist.

Ein weiterer schwerwiegender Grund, der gegen die Zulassung des Gewohnheitsrechtes spricht, liegt in dem Interesse der Rechtssicherheit. „Die Theorie des Gewohnheitsrechtes möge sich noch so sehr ihrer vermeintlichen Bestimmtheit rühmen, sie möge ihr Rechtsgefühl als Quelle des Gewohnheitsrechtes in abstracto noch so sehr zu dem Gefühl einer blos moralischen Verpflichtung in Gegensatz stellen: im Leben schwimmen beide nur zu oft zu einem Fluidum zusammen und Unbestimmtheit ist das unvertilgbare Muttermal der meisten konkreten Gewohnheitsrechte“ (Ihering). Die Folgen dieser Unbestimmtheit sind einerseits Schwierigkeit der Feststellung, verbunden mit Häufung und Verwickelung der Prozesse, andererseits Ungleichmäßigkeit der

Anwendung, je nachdem der Beweis im einzelnen Falle gelingt oder nicht gelingt, — Erscheinungen, welche die Ausschließung des Gewohnheitsrechtes auch dann zu rechtfertigen vermögen, wenn zu besorgen sein sollte, daß dadurch das Recht an Elastizität und an der Fähigkeit, sich jederzeit alsbald dem Leben anzuschmiegen, Einbuße erleide.

Die grundsätzliche Beseitigung des Gewohnheitsrechtes erstreckt sich nicht blos auf den in dem bürgerlichen Gesetzbuche zusammengefaßten Rechtsstoff; sie ergreift auch diejenigen privatrechtlichen Materien, welche die Reichsgesetzgebung künftighin in ihren Bereich ziehen wird. Soweit dagegen Materien der landesgesetzlichen Normirung überlassen bleiben, bewendet es hinsichtlich der Geltung des Gewohnheitsrechtes und der Erfordernisse seiner Entstehung bei den bezüglichen landesgesetzlichen Vorschriften. Diese dem § 2 innewohnende Beschränkung klarzustellen, bleibt dem Einführungsgesetze vorbehalten.

Die Beseitigung des Gewohnheitsrechtes soll keine ausnahmslose sein. Gewisse, an sich in den Bereich des Reichs-Privatrechtes fallende Verhältnisse können so beschaffen sein, daß es nicht thunlich erscheint, dieselben schlechthin einer durchgreifenden Gesetzesvorschrift zu unterstellen, daß es sich vielmehr empfiehlt, einer Gestaltung Raum zu geben, welche auf der aus der unmittelbaren rechtlichen Ueberzeugung der Betheiligten hervorgegangenen Uebung beruht. Dem Gesetze muß offen stehen, solchenfalls auf das Gewohnheitsrecht zu verweisen. In dem Entwurfe findet sich eine derartige Verweisung nicht. Besondere Bestimmungen über die Entstehung des Gewohnheitsrechtes für die etwaigen späteren Fälle der Verweisung sind nicht aufgenommen. Der Wissenschaft ist es im Ganzen und Großen gelungen, die maßgebenden Grundsätze klarzustellen; die noch bestehenden Meinungsverschiedenheiten sind von untergeordneter praktischer Bedeutung. Ausgeschlossen ist die Anwendbarkeit der betreffenden landesgesetzlichen Vorschriften. Ueber den Beweis des Gewohnheitsrechtes vergl. C. P. O. § 265.

Gewohnheit im natürlichen Sinne.

Die Bedeutung, welche der Gewohnheit im natürlichen Sinne — der thatsächlichen Uebung, dem Gebrauche, der Sitte — für die Ermittelung des rechtsgeschäftlichen Willens zukommt, wird durch den § 2 nicht berührt. Die Gewohnheit in diesem Sinne macht sich in zwiefacher Hinsicht geltend; das Uebliche kann zur Auslegung von Willenserklärungen dienen oder kann von den Verfügenden zur Ergänzung ihrer Erklärungen in Bezug genommen sein. In dem einen wie in dem anderen Falle bestimmt die Uebung das Rechtsverhältniß, wenn und soweit die Annahme begründet erscheint, daß die Urheber des Rechtsgeschäftes das Uebliche gewollt haben. Die Uebung kommt dabei nicht als eine Norm des objektiven Rechtes in Betracht; das Uebliche gilt, weil es einen Bestandtheil der Willenserklärung bildet; es ist in Ansehung der Wirksamkeit seines Inhaltes nach den für die Wirksamkeit rechtsgeschäftlicher Willenserklärungen maßgebenden Grundsätzen zu beurtheilen und schließt als rechtsgeschäftliche Regelung das Eingreifen dispositiver Rechtssätze aus. Die Annahme, daß das Uebliche das dem Willen der Verfügenden entsprechende sei, kann gerechtfertigt sein, auch wenn sie nicht in dem Wortlaute der Willenserklärung, sondern in schlüssigen Handlungen oder in einem nach den Umständen bezeichnenden Stillschweigen ihre Stütze findet; sie kann unter diesen Voraussetzungen selbst dann gerechtfertigt sein, wenn die Uebung den Betheiligten oder einem derselben unbekannt gewesen sein sollte. Einer besonderen hierauf bezüglichen Bestimmung, wie eine solche in dem sächs. G. B. § 28 Satz 2 sich findet, bedarf es nicht. Soweit für den Entwurf Veranlassung vorlag, auf die Gewohnheit ausdrücklich zu verweisen, ist der Ausdruck Verkehrssitte (§§ 84, 86 Abs. 4, §§ 359, 789 Abs. 1), bei sachenrechtlichen Verhältnissen der Ausdruck Ortsüblichkeit (§§ 850, 851 Abs. 3) gewählt.

Die Begriffe der Observanz und des Herkommens sind dem Entwurfe fremd. Die Vieldeutigkeit und Unbestimmtheit der Begriffe und damit zugleich die Nothwendigkeit, sie zu meiden, erhellt, wenn man sich den verschiedenen Sinn vergegenwärtigt, der mit denselben gemeinrechtlich verbunden wird.*)

4. Autonomie. 4. **Autonomie.** Das bisherige Recht kennt privatrechtliche Normen, welche nicht in der gesetzgebenden Gewalt des Staates oder in der thatsächlich geübten Rechtsüberzeugung des Volkes, sondern in der gewillkürten Setzung seitens Einzelner ihren Grund haben (Autonomie). Die Autonomie ist gleich dem Gesetze ein Faktor bewußter Rechtsüberzeugung, eine kleineren Kreisen fließende Rechtsquelle, — grundverschieden von der sog. Privatautonomie, d. h. der Befugniß, innerhalb der Grenzen des dispositiven Rechtes die privaten Angelegenheiten im Wege des Rechtsgeschäftes zu regeln.

Träger der autonomen Gewalt sind der gewöhnlichen Meinung nach die Familien des hohen Adels und des ehemals reichsritterschaftlichen Adels sowie die Körperschaften. Auf die den Körperschaften zugeschriebene Autonomie wird unten zu § 43 eingegangen werden. In Ansehung des hohen Adels ist zwischen der auf die souveränen Häuser bezüglichen und der den mediatisirten Häusern zustehenden Autonomie zu unterscheiden.

a) Souveräne Häuser. a) Die Autonomie der souveränen Häuser muß, wie sie bisher bestanden hat, auch ferner bestehen. Die Aufrechterhaltung des Sonderrechtes dieser Häuser ist ebensowohl durch deren besondere staatsrechtliche Stellung, als durch den engen Zusammenhang geboten, in welchem das Sonderrecht mit dem geltenden Staatsrechte steht. Die Normen, betreffend die Volljährigkeit, das Vormundschaftswesen, die Unveräußerlichkeit des Familiengutes, die in dasselbe stattfindende Individualsukzession u. s. w. gehören in Ansehung der

---

*) Man bezeichnet damit im Zusammenhange mit dem Gewohnheitsrechte: das Gewohnheitsrecht überhaupt, — das spezielle (persönlich-, nicht lokal-partikulare) Gewohnheitsrecht, welches sich für einen gesellschaftlichen, namentlich einen korporativ gegliederten Lebenskreis von Personen bildet, — die Uebung auf dem Gebiete des Staatsrechtes; im Zusammenhange mit der Autonomie: das autonomische Recht, gebildet auf dem Wege stillschweigender Uebereinkunft oder durch in fortgesetzter Uebung bethätigten Rechtswillen Autonomieberechtigter (sog. observantiales Statut); des Weiteren: den durch stillschweigende Uebereinkunft gefaßten und durch konkludente Handlungen kundgegebenen Beschluß einer Körperschaft; — die Verkehrssitte; — die fortgesetzte Ausübung einer Befugniß, sofern dieselbe geeignet ist, ein subjektives Recht zu begründen oder aufzuheben. Vergl. Entsch. des Reichsgerichtes in Civils. XI Nr. 43 S. 212 ff., XII Nr. 71 S. 292. ff

regierenden Familien nach der einen Seite dem Privatrechte, nach der anderen Seite dem Staatsrechte an und bilden in letzterer Hinsicht in wichtigen Beziehungen die Grundlage bestehender staatsrechtlicher Verhältnisse. Das bürgerliche Gesetzbuch kann insoweit nur subsidiäre Geltung haben; es gehen ihm vor sowohl die zur Zeit der Einführung bestehenden als auch die künftig erlassenen haus- oder landesgesetzlichen Vorschriften. Ein entsprechender Vorbehalt, wie ein solcher auch in anderen Reichsgesetzen*) sich bereits findet, hat im Einführungsgesetze seine Stelle zu finden. Der Vorbehalt ist im Einklange mit jenen Reichsgesetzen zu erstrecken auf die Mitglieder der Fürstlichen Familie Hohenzollern. Die Erstreckung entspricht der diesem Hause durch Vertrag (Akzessionsvertrag vom 7. Dez. 1849) und Gesetz (preuß. Gesetz vom 12. März 1850) gewährleisteten bevorzugten Stellung.

b) Die Autonomie der mediatisirten, vormals reichsständischen Häuser ist zur Anerkennung gelangt in dem Art. XIV der Bundesakte vom 8. Juni 1815. Der Artikel lautet auszugsweise in seinen hier erheblichen Bestimmungen: b) Mediatisirte Häuser.

Um den im Jahre 1806 und seitdem mittelbar gewordenen ehemaligen Reichsständen und Reichsangehörigen, in Gemäßheit der gegenwärtigen Verhältnisse, in allen Bundesstaaten einen gleichförmig bleibenden Rechtszustand zu verschaffen, so vereinigen die Bundesstaaten sich dahin:

a) daß diese fürstlichen und gräflichen Häuser fortan nichtsdestoweniger zu dem hohen Adel in Deutschland gerechnet werden und ihnen das Recht der Ebenbürtigkeit, in dem bisher damit verbundenen Begriff, verbleibt;

b) ꝛc.

c) es sollen ihnen überhaupt in Rücksicht ihrer Personen, Familien und Besitzungen alle diejenigen Rechte und Vorzüge zugesichert werden oder bleiben, welche aus ihrem Eigenthum und dessen ungestörtem Genusse herrühren und nicht zu der Staatsgewalt und den höheren Regierungsrechten gehören.

Unter vorerwähnten Rechten sind insbesondere und namentlich begriffen:

1. ꝛc.

2. werden nach den Grundsätzen der früheren deutschen Verfassung die noch bestehenden Familienverträge aufrecht erhalten und ihnen die Befugniß zugesichert, über ihre Güter und Familienverhältnisse verbindliche Verfügungen zu treffen, welche jedoch dem Souverän vorgelegt und bei den höchsten Landesstellen zur allgemeinen Kenntniß und Nachachtung gebracht werden müssen. Alle

---

*) Gesetz, betr. die Beurkundung des Personenstandes und die Eheschließung, vom 6. Febr. 1875 (R. G. Bl. S. 23) § 72; Gesetz, betr. das Alter der Großjährigkeit, vom 17. Febr. 1875 (R. G. Bl. S. 71) § 2; die Einf.-Ges. zum G. V. G. § 5, zur C. P. O. § 5, zur Konk. O. § 7, zur St. P. O. § 4.

bisher dagegen erlassenen Verordnungen sollen für künftige Fälle nicht weiter anwendbar sein;

3. 2c.

4. 2c.

Bei der näheren Bestimmung der angeführten Befugnisse sowohl, wie überhaupt und in allen übrigen Punkten wird zur weiteren Begründung und Feststellung eines in allen deutschen Bundesstaaten übereinstimmenden Rechtszustandes der mittelbar gewordenen Fürsten, Grafen und Herren, die in dem Betreff erlassene Königlich bayrische Verordnung vom Jahre 1807 als Basis und Norm unterlegt werden.

In den Staaten, in deren Gebieten Besitzungen ehemaliger Reichsstände sich befinden, sind zum Zwecke der Ausführung der bundesrechtlichen Zusicherungen fast durchgängig Vorschriften erlassen worden, welche im Ganzen und Großen den der Nr. 2 des Art. XIV der Bundesakte entsprechenden Rechtszustand landesgesetzlich verwirklicht haben. Von dem sächs. G. B. § 29 ist der Autonomie des mittelbaren hohen Adels durch die Bestimmung Rechnung getragen, daß Statuten, Hausgesetze und Familienverträge, welche dem öffentlichen Rechte gemäß errichtet sind, den allgemeinen bürgerlichen Gesetzen vorgehen.

Die Reichsgesetzgebung hat bei der Gerichtsorganisation Veranlassung gehabt, zu den Sonderrechten des mittelbaren hohen Adels in Ansehung der Gerichtsbarkeit Stellung zu nehmen. Die Entscheidung ist gegen den Fortbestand dieses Sonderrechtes ausgefallen (G. V. G. § 15; Mot. zu § 4 des Entw. dieses Gesetzes Ziff. I, 2). Der gleiche Standpunkt kann in Ansehung der Autonomie in Frage kommen. Die Autonomie der mediatisirten Häuser hat mit der Aufhebung des Deutschen Bundes ihre außerhalb des Landesrechtes liegende staatsrechtliche Grundlage verloren. Weggefallen ist die bundesgrundgesetzliche Gewähr; weggefallen die Verpflichtung der Einzelstaaten, den bundesrechtlich geordneten Rechtszustand unangetastet zu lassen, — eine Verpflichtung, welche den Bundesstaaten unter einander, nicht gegenüber den Mediatisirten oblag. Die Reichsgesetzgebung steht der Autonomie des mittelbaren hohen Adels mit derselben Machtvollkommenheit gegenüber, wie dem Gesetzgebungsrechte der Einzelstaaten. Desgleichen treffen die für die Aufrechterhaltung des Sonderrechtes der regierenden Häuser ausschlaggebenden Gründe in Ansehung der Familien des mittelbaren hohen Adels nicht zu. Die Häupter und Mitglieder dieser Familien sind Unterthanen; das für sie geltende besondere Recht hat die dem Sonderrechte der regierenden Häuser eigene staatsrechtliche Seite nicht aufzuweisen. Gleichwohl sprechen gewichtige Erwägungen dafür, den mediatisirten Häusern Raum für die Bethätigung ihrer Autonomie innerhalb gewisser Schranken zu belassen. Es liegt im öffentlichen Interesse, daß diesen Familien die Möglichkeit gewährt wird, die auf ihrer Ebenbürtigkeit beruhende Standesgenossenschaft mit den regierenden Häusern aufrechtzuerhalten, und dies hat eine entsprechende Sondergestaltung ihres Güter- und Familienrechtes zur nothwendigen Voraussetzung. Dazu kommt, daß eine völlige Beseitigung des bestehenden bezüglichen Sonderrechtes nicht wohl angängig ist. Vermöge der eigenartigen Natur des autonomen Rechtes, welcher zufolge die Setzung der Norm und die rechtsgeschäftliche Anwendung der gesetzten Norm vielfach zusammenfallen, würde namentlich die Beseitigung des besonderen Güterrechtes einen schweren Eingriff in erworbene Rechte und rechtlich geschützte Aussichten enthalten. Die Stammgutsverbände können nicht für aufgelöst, die Familiengüter nicht für freies, dem gewöhnlichen Erbgange unterworfenes Vermögen erklärt werden. Eine solche Umwälzung privater Verhältnisse, welche mit dem Entwickelungsgange der Rechtsgeschichte in unmittelbarem Zusammenhange stehen, ihrer Natur nach auf die Dauer von Geschlechtern berechnet sind und den Mittelpunkt großer, weitverzweigter, über den Familienkreis hinausreichender Interessen bilden, wäre nur dann gerechtfertigt, wenn sie von dem öffentlichen Wohle in gebieterischer Weise gefordert würde. Soweit es aber bei dem bestehenden Sonderrechte zu bewenden hat, ist auch die Möglichkeit zu eröffnen, dieses Recht nach Maßgabe der jeweiligen Verhältnisse und Bedürfnisse zu ändern, dasselbe zeitgemäß fortzubilden, zu ergänzen und zu läutern. Eine erhebliche Beeinträchtigung der Rechtseinheit ist damit nicht verbunden. Der Entwerfung des Einführungsgesetzes bleibt vorbehalten, den Bereich der Autonomie des mittelbaren hohen Adels, soweit derselben künftig Raum bleibt, durch Bezeichnung des ihr unterworfenen Rechtsstoffes näher zu bestimmen. Selbstverständlich haben die grundlegenden Prinzipien und allgemeinen Institutionen des bürgerlichen Gesetzbuches auch auf dem dieser Autonomie überlassenen Gebiete unbedingte Anwendung zu finden.

c) Die Autonomie des vormals reichsritterschaftlichen Adels hat in dem Art. XIV der vormaligen deutschen Bundesakte gleichfalls Berücksichtigung gefunden. Die Schlußsätze des Artikels lauten: **c) Vormals reichsritterschaftlicher Adel.**

> „Dem ehemaligen Reichsadel werden die sub Nr. 1 und 2 angeführten Rechte" — (betr. die Freiheit der Wahl des Aufenthaltsortes und die Familienautonomie) —, „Antheil der Begüterten an Landstandschaft, Patrimonial- und Forstgerichtsbarkeit, Ortspolizei, Kirchen-Patronat und der privilegirte Gerichtsstand zugesichert. Diese Rechte werden jedoch nur nach Vorschrift der Landesgesetze ausgeübt.
>
> In den durch den Frieden von Lüneville vom 9. Februar 1801 von Deutschland abgetretenen und jetzt wieder damit vereinigten Provinzen werden bei Anwendung der obigen Grundsätze auf den ehemaligen unmittelbaren Reichsadel diejenigen Beschränkungen stattfinden, welche die dort bestehenden Verhältnisse nothwendig machen".

Der Autonomie des reichsritterschaftlichen Adels ist in den einzelnen Staaten nicht die gleiche günstige Behandlung zu Theil geworden, wie derjenigen der mediatisirten Reichsstände. Soweit dieselbe besteht, hat sie im Wesentlichen nur die Regelung der Stammgüter und Familienfideikommisse zum Gegenstande. In einzelnen Staaten sind dem reichsritterschaftlichen Adel auch Familien sonstiger Kategorieen des niederen Adels durch Verleihung derselben Befugnisse gleichgestellt. Die Institute des Stammgutes und des Familienfideikommisses werden, von einzelnen Bestimmungen abgesehen, nicht in den Bereich der Kodifikation gezogen; insoweit bewendet es bei dem Landesrechte. Es bestimmt sich demgemäß auch nach Landesrecht, inwieweit eine autonomische Beliebung auf diesem Gebiete künftig statthaft ist. Ob auf anderen Gebieten der Autonomie der betreffenden Familien, soweit eine solche noch begründet ist, Rechnung zu tragen sei, wird bei Entwerfung des Einführungsgesetzes zu prüfen sein.

II. Aufhebung.

II. Aufhebung der Rechtsnormen.

Verschiedene Gesetze — preuß. A. L. R. Einl. § 59, österr. G. B. § 9, niederl. Gesetz Art. 5, ital. Gesetz Art. 5*) — bestimmen, daß Gesetze so lange ihre Kraft behalten, bis sie von dem Gesetzgeber wieder aufgehoben oder geändert werden. Die Vorschrift, welche durch die Uebergehung der sog. inneren Erlöschungsgründe zu Mißdeutung Anlaß geben kann, richtet sich gegen die desuetudo und consuetudo abrogatoria sowie gegen die unrichtige Anwendung des Satzes cessante ratione cessat lex ipsa. Ueber den letzteren Satz enthalten besondere Bestimmungen das bad. L. R. Satz 6i und das sächs. G. B. § 4. Die in der gemeinrechtlichen Literatur mehrfach erörterte Frage, inwiefern durch die Aufhebung einer Regel auch die Ausnahmen von der Regel aufgehoben werden, ist in dem sächs. G. B. § 5, im Einklange mit der gemeinen Meinung, dahin beantwortet, daß, wenn ein Gesetz eine Regel aufhebt, damit auch die Folgesätze, nicht aber die Ausnahmen der Regel aufgehoben werden, es müßte denn aus dem Zusammenhange auch die Aufhebung der Ausnahmen sich ergeben; vergl. dazu preuß. A. L. R. Einl. § 61, bad. L. R. Satz 6c.

Der Entwurf giebt keine die Aufhebung der Rechtssätze und den Umfang der Aufhebung betreffenden Vorschriften. Die Frage, inwiefern Gesetze durch gewohnheitsmäßige Nichtanwendung oder durch eine ihnen zuwiderlaufende Gewohnheit entkräftet werden können, erledigt sich durch § 2; die Frage, inwiefern Gesetze in Folge eingetretener Aenderung der Umstände ihre Geltung verlieren, beantwortet sich nach den für die Auslegung der Gesetze maßgebenden Grundsätzen. Dieselben Grundsätze entscheiden über den Gehalt der Regeln cessante ratione cessat lex ipsa und lex posterior generalis non derogat legi priori speciali.

III. Auslegung. Analogie.

III. Auslegung. Analogie.

1. Auslegung.

1. Die Quellen des römischen Rechtes enthalten zahlreiche, für die logische Thätigkeit der Auslegung hochwichtige Sätze, — Aussprüche allgemeiner Rechtswahrheiten, welchen ihres inneren Werthes wegen eine von positivrechtlicher Geltung unabhängige maßgebende Bedeutung zukommt. Das preuß.

---

*) Das niederl. Gesetz ist die bereits erwähnte, mit dem niederl. G. B. gleichzeitig ergangene Wet houdende allgemeene bepalingen der Wetgeving van het koningrijk, das ital. Gesetz die ebenfalls mit dem codice civile gleichzeitig in Kraft getretenen Disposizioni sulla publicazione, interpretazione de applicazione delle leggi in generali.

A. L. R. bestimmt Einl. § 46: „Bei Entscheidungen streitiger Rechtsfälle darf der Richter den Gesetzen keinen anderen Sinn beilegen, als welcher aus den Worten und dem Zusammenhange derselben, in Beziehung auf den streitigen Gegenstand oder aus dem nächsten unzweifelhaften Grunde des Gesetzes deutlich erhellt"; das sächs. G. B. § 22: „In anderen Fällen" (d. h. abgesehen von erfolgter authentischer Interpretation) „sind die Gesetze nach ihrem Wortsinne und, wenn die Worte Zweifel lassen, nach der auf andere Weise sich kundgebenden Absicht des Gesetzgebers auszulegen"; § 23: „Im Zweifel ist ein Gesetz so auszulegen, wie es allgemeinen Rechtssätzen am meisten entspricht"; § 24: „Gesetzliche Bestimmungen, welche als Folgen ausdrücklich angegebener Voraussetzungen getroffen sind, bleiben auf diese beschränkt." Vergl. ferner österr. G. B. § 6, ital. Gesetz Art. 3 Abs. 1. Der code civil enthält keine die Auslegung der Gesetze betreffende Vorschriften; der Art. 4 aber (Le juge qui refusera de juger, sous prétexte du silence, de l'obscurité ou de l'insuffisance de la loi, pourra être poursuivi comme coupable de déni de justice) stellt außer Zweifel, daß der Richter zu freier Auslegung ebensowohl berechtigt als verpflichtet ist. Das bad. L. R. giebt in Satz 4 den Art. 4 des code civil wieder und verfügt in Satz 6a: „Jeder Satz dieses Gesetzbuchs sagt Alles, was in Bezug auf bürgerliche Rechtsverhältnisse in dem Umfang seiner Worte unmittelbar oder durch folgerichtige Ableitung gefunden werden kann, soweit nicht andere Sätze desselben im Wege stehen."

In dem Entwurfe ist von jeder einschlagenden Vorschrift Abstand genommen. Eine Bestimmung, welche mehr nicht bezwecken würde, als anzuerkennen, daß der Auslegende nicht an dem Worte haften dürfe, ist überflüssig, weil selbstverständlich. Besondere Bestimmungen aber, welche darauf berechnet wären, die Auslegung zu erleichtern und die Richtigkeit ihrer Ergebnisse zu verbürgen, könnten nur leitende Gesichtspunkte zum Ausdruck bringen, deren Erforschung und Darlegung der Theorie angehört. Der Gesetzgeber, welcher den Versuch macht, Regeln dieser Art in Gesetzesparagraphen einzukleiden, disponirt nicht, sondern unterweist. Dazu kommt, daß die richtige Fassung allgemeiner rechtswissenschaftlicher Sätze in der knappen Form des Gesetzes mit schwer zu überwindenden Schwierigkeiten zu kämpfen hat; statt die Auslegung zu fördern, können solche Sätze leicht zu Problemen für die Auslegung werden. Auch die Entscheidung über Meinungsverschiedenheiten, welche die Grenze erlaubter und gebotener Auslegung betreffen, muß der durch keine positive Vorschrift gehemmten Jurisprudenz überlassen bleiben. Dem bürgerlichen Gesetzbuche sind in dem Handelsgesetzbuche, in dem Reichsstrafgesetzbuche und in den Reichsprozeßordnungen umfassende Kodifikationen deutschen Rechtes vorausgegangen, in Ansehung deren Wissenschaft und Praxis die ihnen überwiesene Aufgabe der Auslegung auch ohne besondere Anleitung mit bestem Erfolge gelöst hat.

Dem sächs. G. B. § 27 zufolge sollen allgemeine gesetzliche Vorschriften so zu verstehen sein, daß davon Fälle ausgenommen bleiben, über welche besondere Bestimmungen vorhanden sind, selbst wenn derselben bei den allgemeinen Vorschriften keine Erwähnung geschieht. Erachtet man auch nicht für nothwendig oder angemessen, eine allgemeine Regel gleichen Inhaltes auszusprechen, so kann doch in Frage kommen, ob es sich nicht im Interesse erleichterten Verständnisses des Gesetzbuches empfehle, die erwähnte Vorschrift in einer auf die Bestimmungen des Gesetzbuches beschränkten Fassung aufzunehmen. Auch diese Frage wird verneint. Daß eine Rechtsnorm, obwohl sie Ausnahmen nicht vorbehält, außer Anwendung bleiben muß, sofern aus einer anderen Rechtsnorm für den in dieser geregelten Fall ihre Unanwendbarkeit folgt, ergiebt sich von selbst. Soweit es im Interesse der Deutlichkeit angemessen erschien, ist übrigens einzelnen Vorschriften des Entwurfes der Zusatz beigefügt: „sofern nicht das Gesetz ein Anderes bestimmt". Das Fehlen dieses Zusatzes an anderer Stelle darf, weil derselbe nur aus besonderen Gründen Selbstverständliches zum Ausdrucke bringt, zu einer gegentheiligen Schlußfolgerung nicht benutzt werden.

2. Legalinterpretation.

2. Der Legalinterpretation wird in dem Entwurfe ebenfalls nicht gedacht. Daß der Gesetzgeber als Interpret auftreten kann, ist zweifellos; daß sein Ausspruch Geltung hat, folgt aus dem Gesetzesbegriffe. Die einschlagende Vorschrift des sächs. G. B. § 21 trifft das Richtige, ist aber entbehrlich; sie bringt zum Ausdrucke, daß ein Gesetz, welches sich als ein auslegendes ankündigt, nach Maßgabe seines Inhaltes angewandt werden müsse, und daß demgemäß jede Untersuchung darüber ausgeschlossen bleibe, ob die Legalinterpretation nach den Grundsätzen der wissenschaftlichen Auslegung richtig oder unrichtig sei.

3. Analogie.

3. Kein Gesetz kann in dem Sinne vollständig sein, daß es für jedes denkbare, in den Rahmen des von ihm behandelten Rechtsstoffes fallende Verhältniß eine unmittelbar anwendbare Vorschrift an die Hand giebt. Der Versuch, eine Vollständigkeit dieser Art zu erstreben, wäre verkehrtes Beginnen. Das bürgerliche Gesetzbuch muß im Bedürfnißfalle aus sich selbst, aus dem in ihm enthaltenen Rechtssysteme ergänzt werden. Es enthält nicht eine todte Masse neben einander gestellter Rechtssätze, sondern ein organisches Gefüge innerlich zusammenhängender Normen. Die ihnen zu Grunde liegenden Prinzipien tragen den Keim weiteren Ausbaues in sich. Dieser Ausbau vollzieht sich im Wege der Analogie. Ist ein Fall im Gesetze nicht entschieden, aber ein rechtsähnlicher Fall geregelt, so ist die für den letzteren getroffene Entscheidung für die Beurtheilung des ersteren maßgebend (Gesetzesanalogie). Semper quasi hoc legibus inesse credi oportet, ut ad eas quoque personas et ad eas res pertinerent, quae quandoque similes sunt (l. 27 D. de leg. 1. 3). Läßt sich mittels der Gesetzesanalogie zu keinem Ergebnisse gelangen, so ist die Entscheidung aus dem Geiste des gesammten, als ein Ganzes aufgefaßten Rechtes abzuleiten (Rechtsanalogie). Dem sog. Naturrechte maßgebende Bedeutung einzuräumen (bad. L. R. Satz 4a, österr. G. B. § 7), verbietet sich schon deshalb, weil diesem „durch aprioristische Konstruktion gefundenen Rechte, dessen Inhalt in jedem gegebenen Falle nur dasjenige bildet, was der Konstruirende für wahr hält", objektive Rechtsnormen sich nicht entnehmen lassen. Ebensowenig kann das zur Zeit der Einführung des Gesetzesbuches geltende, territorial verschiedene Recht oder eines dieser Rechte mit der Geltung eines Hülfsrechtes ausgestattet werden. Bilden im Laufe der Zeit sich neue Verhältnisse, oder ändern sich im Flusse des Lebens bestehende Verhältnisse dergestalt, daß die Voraussetzung hinweg-

fallen sollte, unter welcher eine im Gesetze ausgesprochene Norm auf sie anwendbar war, so reicht auch in Ansehung solcher Verhältnisse, sofern nicht schon die Gesetzesanalogie zutrifft, die Rechtsanalogie aus. Die Berücksichtigung der sog. Natur der Sache ist dabei nicht ausgeschlossen, aber die Entscheidung darf nicht aus Momenten genommen werden, welche außerhalb des positiven Rechtes liegen; die faktische Natur des betreffenden Verhältnisses muß ergründet und letzteres derjenigen Norm unterstellt werden, welche sich aus den allgemeinen, dem positiven Rechte zu Grunde liegenden Prinzipien und der in ihrer Eigenart erkannten thatsächlichen Gestaltung mit logischer Konsequenz ergiebt. Mit der Ablehnung des bisherigen Rechtes als Hülfsrecht ist selbstverständlich der reiche Schatz von allgemeinen Rechtswahrheiten, welcher in den Quellen des gemeinen Rechtes niedergelegt ist, keineswegs preisgegeben. Ungeschmälert bleibt nicht minder die Bedeutung, welche dem bisherigen Rechte insoweit zukommen kann, als dasselbe bezüglich der ihm entnommenen Rechtssätze ein Hülfsmittel historisch-systematischer Auslegung bildet. Die Vorschrift des § 1 steht mit der herrschenden Theorie und der Mehrzahl der Gesetzgebungen — preuß. A. L. R. Einl. § 49, sächs. G. B. § 25, ital. Ges. Art. 3 Abs. 2 u. s. w. — im Einklange. Ihre Aufnahme bezweckt, jedem Abwege von vornherein entgegenzutreten und die Fort- und Durchbildung des Gesetzbuches in seinem eigenen Geiste zu sichern.

Das sächs. G. B. zieht der Gesetzesanalogie insofern eine Schranke, als in § 26 verordnet ist, daß die Ausdehnung auf ähnliche Fälle nicht stattfinde bei Gesetzen, welche aus besonderen, für einzelne Fälle bestehenden Gründen eine Ausnahme von allgemeinen Rechtssätzen enthalten. Die Vorschrift ist in dieser allgemeinen Fassung bedenklich; soweit sie Richtiges besagt, erscheint sie als selbstverständlich.

IV. Zwingende und nachgiebige Rechtssätze.

An die Gesetzgebung ist wiederholt die Anforderung gestellt worden, die Rechtssätze so zu fassen, daß ohne Weiteres erkennbar werde, ob sie einen zwingenden oder dispositiven Charakter haben. So erwünscht die Einhaltung dieses Verfahrens sein möchte, so wenig ist dasselbe durchführbar. Die Schwerfälligkeit und Umständlichkeit, welche die Gesetzessprache und namentlich die Sprache eines Gesetzbuches erleiden müßte, würde zu dem erstrebten Gewinne in keinem Verhältnisse stehen. Der Entwurf enthält sich der Regel nach einer ausdrücklichen Kennzeichnung des Charakters der Rechtssätze, das richtige Verständniß der Auslegung überlassend. Nur da, wo die Wichtigkeit oder Zweifelhaftigkeit des Falles eine Klarstellung erheischt, wird auf die dispositive Natur durch den Zusatz „sofern nicht durch Rechtsgeschäft ein Anderes bestimmt ist“ oder durch eine ähnliche Redewendung hingewiesen. 1. Zwingende oder nachgiebige Rechtssätze.

Aeußerlich erkennbar tritt des Weiteren in dem Entwurfe nicht immer hervor, ob eine Vorschrift einen dispositiven Rechtssatz oder eine Auslegungsregel enthalte. Der Ausdruck „im Zweifel“ trifft an sich nicht blos die Fälle, in welchen eine rechtsgeschäftliche Willenserklärung verschiedene Deutung zu- 2. Nachgiebige oder auslegende Rechtssätze.

läßt, sondern auch die Fälle, in welchen die Parteien über den betreffenden Punkt geschwiegen haben, der Wortlaut somit keinen Anhalt für die Erforschung des Willensinhaltes bietet. Der Ausdruck kennzeichnet sowohl den dispositiven als den auslegenden Rechtssatz, ist aber in dem Entwurfe vorzugsweise bei der Aufstellung von Auslegungsregeln verwendet.

3. Beugung zwingender Rechtssätze.

Der Grundsatz, daß das zwingende Recht der Privatwillkür keinen Raum läßt, kann unter Umständen im Prozesse vermöge der denselben beherrschenden Verhandlungsmaxime Einbuße erleiden. In Ansehung der Ehe- und Entmündigungssachen hat die C. P. O. die Verhandlungsmaxime durchbrochen. Es wird hierbei nicht bewenden können. Für das Einführungsgesetz ist in Aussicht genommen, die Verhandlungsmaxime hinsichtlich der Ehenichtigkeitsklage und der Klage auf Feststellung des Bestehens oder Nichtbestehens der Ehe noch weiter zu beschränken. Ebenso werden Schranken bei den Rechtsstreitigkeiten Platz greifen müssen, welche die Feststellung des Rechtsverhältnisses zwischen Eltern und Kindern zum Gegenstande haben; vergl. die Note zu Buch 4 Abschn. I Tit. 1, II. Zif. IV Nr. 6, 7, 11, und die Note zu § 1476. Eingeengt ist die Verhandlungsmaxime auch durch § 24 Abs. 2 bei der gegen das die Todeserklärung aussprechende Ausschlußurtheil gerichteten Anfechtungsklage. Ein Bedürfniß, für sonstige dem Gebiete des Entwurfes angehörende Verhältnisse zum Schutze des zwingenden Rechtes die Verhandlungsmaxime einzuschränken, liegt dagegen nicht vor. Soviel die Fälle betrifft, in welchen der geltend gemachte Anspruch an sich, die geforderte Leistung als solche durch das Gesetz verboten ist, wie der Anspruch auf Errichtung einer öffentlichen Spielbank, auf Bestellung einer für unzulässig erklärten Servitut, so ergeben bereits die Bestimmungen der C. P. O. zur Genüge, daß der Richter einen solchen Anspruch abweisen muß, selbst wenn der Beklagte denselben anerkannt haben sollte (vergl. § 296 Abs. 2, § 661 Nr. 2, § 867 Nr. 2). Umgekehrt kann es nicht zweifelhaft sein, daß, wenn die Klage auf eine rechtlich zulässige Leistung gerichtet ist und der Beklagte den Anspruch anerkennt, der Richter nach Maßgabe des § 278 der C. P. O. den Beklagten auch dann zu verurtheilen hat, wenn der Klagegrund wegen einer entgegenstehenden zwingenden Rechtsnorm den Anspruch auf die Leistung nicht zu rechtfertigen vermag, z. B. wenn aus einem nichtigen Testamente auf eine Geldleistung geklagt ist, da der Gegenstand des Rechtsstreites in einem solchen Falle der freien Verfügung der Parteien unterliegt. Dagegen versteht es sich von selbst, daß, wenn der Beklagte den Anspruch bestreitet oder in dem Termine zur mündlichen Verhandlung nicht erschienen ist, auch in einem solchen Falle die Abweisung der Klage erfolgen muß (C. P. O. § 296 Abs. 2).

V. Privilegien.

V. Privilegien. 1. Privilegirende Rechtssätze.

In dem Begriffe von Recht und Gesetz liegt kein Moment, welches dazu nöthigte, die privilegirenden Rechtssätze aus der Klasse der Rechtsnormen auszuscheiden und besonderen Grundsätzen zu unterstellen. Gegenstand einer den gemeinen Rechtszustand durchbrechenden Einzelbestimmung kann jedwedes, rechtlicher Bestimmung überhaupt empfängliches Verhältniß sein. Rechtsbestimmungen der fraglichen Art haben für die heutigen Zustände nicht die Bedeutung, welche ihnen in vergangenen Zeiten auf dem Gebiete des deutschen Rechtslebens zukam. Herrschaft der Rechtsregel und Gleichheit des Rechtes ist ein Grundprinzip der modernen Rechtsordnung. Immerhin bestehen derartige Normen noch und kann auch künftig Anlaß sein, solche zu erlassen. Auf dem von der Kodifikation ergriffenen Rechtsgebiete ist für ein Eingreifen der Landesgesetzgebung kein Raum mehr, es müßte denn ausdrücklich eine reichsgesetzliche Ermächtigung hierzu ertheilt sein.

2. Privilegien im subjektiven Sinne.

Hinsichtlich der Privilegien im subjektiven Sinne bedarf es, wie des Zusammenhanges wegen hier hervorgehoben werden mag, ebenfalls keiner Vorschriften von allgemeinerer Bedeutung. Entsprechend der früheren Theorie, welche die Privilegienrechte für eine eigene Klasse von Rechten mit selbständigem besonderen Inhalte erachtete, findet sich sowohl in dem bayr. L. R. I, 2 § 16 als in dem preuß. A. L. R. Einl. §§ 54—58, 62—72 eine Reihe hierauf bezüglicher Bestimmungen. Schon das österr. G. B. § 13 beschränkt sich aber auf den Satz, daß die einzelnen Personen oder auch Körperschaften verliehenen Privilegien und Befreiungen, insofern hierüber die politischen Verordnungen keine besonderen Bestimmungen enthalten, gleich den übrigen Rechten zu beurtheilen seien. Damit ist die Rechtswahrheit ausgesprochen, daß jedes durch ein Privilegium ertheilte Recht im Allgemeinen so zu behandeln ist, wie es zu behandeln wäre, wenn es nicht einem Privilegium seine Entstehung zu verdanken hätte. Diese Wahrheit enthebt im Allgemeinen der Nothwendigkeit, bezüglich der im Gesetzbuche vorkommenden oder anderweit reichsgesetzlich begründeten oder künftig entstehenden Privilegienrechte Vorschriften zu geben.

B. Zeitliche Herrschaft der Rechtsnormen.

Zeitliche Herrschaft der Rechtsnormen.

So althergebracht der Satz ist, daß Gesetze nicht zurückwirken, so wenig herrscht über Grund und Bedeutung desselben Einverständniß. Man leitet denselben bald aus dem Gesetzesbegriffe, bald aus der Natur des subjektiven Rechtes ab; bald behandelt man ihn als einen Zweckmäßigkeitsgrundsatz, als ein Dogma, welches eine Menge juristischer Konsequenzen in sich enthält, nicht aber selbst die Konsequenz eines juristischen Prinzipes ist. Die Einen bestimmen den Satz näher dahin, daß Gesetze auf Thatsachen nicht angewandt werden dürfen, die unter dem früheren Rechte eingetreten sind und durch dasselbe ihre rechtliche Gestaltung erhalten haben. Andere erkennen dies nur insoweit an, als infolge des früheren Gesetzes schon Rechte erworben seien, da erworbene Rechte nicht beeinträchtigt werden könnten. Andere verbinden beide Sätze, behandeln sie wohl auch als gleichbedeutend. Andere endlich scheiden zwischen den der Vergangenheit und den der Zeit des neuen Gesetzes angehörenden Wirkungen früherer Thatsachen und unterstellen jene dem älteren, diese dem neueren Rechte. Der Rückwirkungsbegriff, von welchem man dabei ausgeht, ist ein verschiedener. Die Vertreter der letzteren Ansicht fassen den Begriff in seinem natürlichen, die Vertreter der übrigen Meinungen in einem übertragenen Sinne auf. Jene nehmen das Inkrafttreten des neuen Gesetzes, diese den zu dieser Zeit bestehenden Rechtszustand zum Ausgangspunkte. Jene sehen eine Rückwirkung nur in der Rückgängigmachung dessen, was vor dem Inkrafttreten des Gesetzes sich bereits erledigt hat, diese eine solche schon in der Einwirkung auf die zu dieser Zeit bestehenden Rechtsverhältnisse. Rückwirkend im ersteren eigentlichen Sinne ist ein Gesetz, welches bestimmt, daß ein Thatbestand, der während der Geltung eines früheren Gesetzes sich zugetragen hat, ohne daß ihm eine rechtliche Wirkung beigelegt worden ist, gleichwohl eine solche erzeugt habe, oder daß ein Thatbestand, welchem das frühere Gesetz eine Wirkung beigelegt hat, während der Geltung dieses Gesetzes keine Wirkung erzeugt habe, oder daß der Thatbestand in diesem Zeitraume eine andere als die ihm von dem früheren Gesetze beigelegte Wirkung gehabt habe. Rückwirkend im letzteren, übertragenen Sinne ist ein Gesetz, welches in Ansehung eines während der Geltung des früheren Gesetzes eingetretenen Thatbestandes von der Geltung des neuen Gesetzes an für die Zukunft diesem Thatbestande die ihm nach dem Spruche des älteren Gesetzes zukommende Wirksamkeit abspricht oder eine ihm nach dem Spruche des älteren Gesetzes versagte Wirksamkeit beilegt oder die rechtlichen Wirkungen, welche der Thatbestand während der Geltung des früheren Gesetzes erzeugt hat, von der Geltung des neuen Gesetzes an aufhebt oder umgestaltet. Auf die verschiedenen aufgestellten Theorieen kann nicht eingegangen werden. Hervorzuheben ist, daß die Einwendungen, welchen eine jede derselben ausgesetzt ist, hervorragende Schriftsteller zu der Ueberzeugung geführt haben, daß die Aufstellung eines die ganze Materie beherrschenden allgemeinen Grundsatzes überhaupt nicht möglich sei.

Geltendes Recht.

Das römische Recht geht davon aus, daß Gesetze privatrechtlichen Inhaltes ihrer regelmäßigen Bestimmung nach nur für die Zukunft wirken: leges et constitutiones futuris certum est dare formam negotiis, non ad facta praeterita revocari, nisi nominatim et de praeterito tempore et adhuc pendentibus negotiis cautum sit (l, 7 Cod. de leg. 1, 14). Das kanonische Recht enthält in c. 13 X de constit. 1, 2 eine fast wörtliche Wiederholung dieser Stelle. Dem sich anschließenden gemeinen deutschen Rechte sind die Landesgesetze gefolgt. Nach dem bayr. L. R. I, 1 § 8 erstreckt das Gesetz sich nur auf zukünftige, nicht auf gegenwärtige und vergangene Fälle, ausgenommen in bloßen Erläuterungen eines vorhin schon zweifelhaft gewesenen Gesetzes oder wo es ausdrücklich so verordnet wird. Das preuß. A. L. R. Einl. § 14 bestimmt: „Neue Gesetze können auf schon vorhin vorgefallene Handlungen und Begebenheiten nicht angewendet werden"; vergl. dazu §§ 16, 17, 19. Das sächs. G. B. § 2: „Gesetze haben auf vorhergegangene Handlungen und auf vorher erworbene Rechte keinen Einfluß, wenn nicht etwas Anderes bestimmt oder nach dem Zwecke des Gesetzes anzunehmen ist"; das österr. G. B. § 5: „Gesetze wirken nicht zurück; sie haben daher auf vorhergegangene Handlungen und auf vorher erworbene Rechte keinen Einfluß"; der code civil Art. 2: „la loi ne dispose que pour l'avenir; elle n'a point d'effet rétroactif". Das bad. L. R. fügt dem in wörtlicher Uebersetzung aufgenommenen Art. 2 des code civil in Satz 2b die Vorschrift bei: „Künftige Folgen einer vergangenen Begebenheit, wozu ein früheres Gesetz das Recht gegeben hatte, kann ein späteres ändern, ohne rückwirkend zu sein; so lange es nur noch zwischen eintritt, ehe der Fall entsteht, der die Folgen erzeugt." Vergl ferner das württemb. Gesetz vom 12. Sept. 1814, betr. die Anwendung des württembergischen Rechtes in den neu erworbenen Landestheilen, §§ 1, 6. Mit der Vorschrift des code civil stimmt überein das niederl. Gesetz Art. 4 und das ital. Gesetz Art. 2.

Das Gesetz hat die Macht, die zeitlichen Grenzen seiner Wirksamkeit frei zu bestimmen. Enthält ein Gesetz die ausdrückliche Vorschrift, daß seine Bestimmungen auch die der Vergangenheit angehörigen Rechtsverhältnisse ergreifen, so ist diese Vorschrift entscheidend. Gebricht es an einer solchen Vorschrift, so fällt die Erforschung des maßgebenden Gesetzeswillens in den Bereich der Auslegung. Jeder Rechtssatz birgt zugleich eine Norm über die zeitlichen Grenzen der demselben zukommenden Wirksamkeit in sich. Die Kundgebung in Ansehung dieser Herrschaftstendenz kann mangelhaft oder dunkel sein; sie genügt, um der Auslegung Eingang zu verschaffen. Bei dieser Auslegung kommt zunächst in Betracht, daß Gesetze regelmäßig die Bestimmung haben, die rechtliche Gestaltung der Gegenwart und der Zukunft zu ordnen, und daß die diesem Zwecke dienende abstrakte Norm eben deshalb diejenigen Thatbestände ergreifen und diejenigen Verhältnisse rechtlich ausprägen will, welche während ihrer Geltung sich verwirklichen. An diese, der regelmäßigen Bestimmung der Gesetze entnommene Betrachtung reiht sich bestätigend und ergänzend die weitere Erwägung, daß der Staat als Hüter der Rechtsordnung mit sich selbst in Widerspruch treten würde, wenn er den unter dem Schutze seiner Gesetze und unter deren Garantie gehörig erworbenen und begründeten Rechten und Rechtsverhältnissen später ihre Wirksamkeit in willkürlicher Weise wieder entziehen wollte. Die Annahme, daß der Staatswille auf ein Verfahren gerichtet sein sollte, welches das dem Gesetze entgegengebrachte Vertrauen täuschen, die Rechtssicherheit gefährden, das Rechtsbewußtsein erschüttern und schließlich die Staatsautorität untergraben müßte, verbietet sich von selbst. Diese Erwägungen legen die dem Grundsatze der Nichtrückwirkung innewohnende Wahrheit offen. Rückwirkung im eigentlichen Sinne ist ihnen gegenüber wenig wahrscheinlich und jedenfalls nur anzunehmen, wenn das Gesetz sie in bestimmter Weise gebietet. Auch die uneigentliche Rückwirkung entspricht nicht dem regelmäßigen Gange der Dinge; es bedarf besonderer Gründe, um die Annahme zu rechtfertigen, daß der Gesetzeswille auf sie gerichtet sei. Nicht als Rückwirkung stellt sich dar, daß das neue Recht vor bloßen Möglichkeiten oder Erwartungen, welche nach dem früheren Rechte bestanden, sich nicht zurückzieht. Der Satz liegt in den angedeuteten allgemeinen Erwägungen eingeschlossen; desgleichen der Satz, daß ein Thatbestand, der aus mehreren, zeitlich aufeinander folgenden einzelnen Thatsachen sich zusammensetzt, dem Rechte der Zeit angehört, in welcher der Thatbestand sich vollendet, vorausgesetzt, daß die während der Geltung des früheren Gesetzes eingetretenen Thatsachen nur die Aussicht auf künftigen Rechtserwerb, nicht aber eine diese Aussicht schützende Willensgebundenheit erzeugt haben. Die

Standpunkt des Entwurfs.

Gründe, welche dazu führen, daß ein Rechtssatz seinen Herrschaftsbereich über die gewöhnlichen Grenzen hinaus erstreckt, sind verschiedener Natur. Politische, soziale, wirthschaftliche, ethische Rücksichten können bestimmend sein. Von Bedeutung ist im Besonderen die innere Verschiedenheit des Rechtsstoffes. Das Gebiet der Schuldverhältnisse ist der Privatautonomie in weiterem Umfange freigegeben, als das Gebiet des Sachenrechtes; die Forderungsrechte stehen zu ihrem Entstehungsgrunde in innigerer Beziehung als die dinglichen Rechte. Rechtsänderungen, welche bestehende Schuldverhältnisse beeinflussen, treffen, weil sie der Regel nach dem Privatwillen freigegeben sind, die individuelle Rechtssphäre empfindlicher, als Aenderungen, welche den Inhalt dinglicher Rechte zum Gegenstande haben; andererseits legt die absolute Natur der auf die Dauer berechneten dinglichen Rechte dem Gesetzgeber die Einwirkung auf die bestehenden Rechtsgestaltungen näher, als die relative Natur der der Erledigung zustrebenden, vorübergehenden Forderungsrechte. Auf dem Gebiete des Familienrechtes verhält es sich ähnlich wie auf dem Gebiete des Sachenrechtes; die reinen Familienrechte sind vorwiegend nur die Kehrseite von Pflichten, die, in der Sphäre der Sittlichkeit wurzelnd, zu Rechtspflichten erhoben sind; der Gemeinwille hat deshalb auch hier häufigere und dringendere Veranlassung, sich mit besonderer Energie zu bethätigen.

Die Gesetzgebungen, welche die Anwendung der Rechtssätze hinsichtlich ihrer zeitlichen Wirksamkeit in den Kreis der Regelung gezogen haben, beschränken sich fast durchgängig darauf, der Annahme, daß Rückwirkung im uneigentlichen Sinne beabsichtigt sei, im Allgemeinen entgegenzutreten. Andere Bestimmungen sind, wenn nicht in das Einzelne eingegangen werden soll, nicht wohl möglich. Aber auch die Aufstellung einer derartigen Auslegungsregel unterliegt Bedenken. Die Regel kann nicht in dem Sinne gegeben werden, daß sie Platz greifen solle, sobald nicht das Gesetz ausdrücklich ein Anderes besagt. Ein solcher Rechtssatz würde die mißlichsten Folgen haben. Fügt man, dem sächs. G. B. folgend, den Vorbehalt bei, „wenn nicht etwas Anderes bestimmt oder n a c h d e m Z w e c k e des Gesetzes anzunehmen ist“, so ist damit der Rechtsanwendung wenig gedient. Hierzu kommen die Schwierigkeiten, welche einer zutreffenden Fassung der Regel entgegenstehen. Es dürfte kaum möglich sein, die in Betracht kommenden Gesichtspunkte in einer allgemeinen Vorschrift dergestalt zusammenzufassen, daß die Befolgung des knappen Rechtssatzes eine allseits richtige Entscheidung verbürgt oder auch nur fördert. Je vorsichtiger die Fassung abgewogen wird, desto mehr wird sie eines Inhaltes entkleidet, der über das hinausgeht, was die Natur der Sache ohnehin an die Hand giebt. Nicht rathsam im Besonderen ist die Heranziehung der „wohlerworbenen Rechte“. So geläufig dieser Begriff der Rechtssprache ist, so wenig hat man sich bis jetzt über die Begrenzung desselben zu einigen vermocht, und gerade auf dem in Rede stehenden Gebiet wird der Ausdruck in verschiedenem und mitunter in so weitem Sinne gebraucht, daß er Rechtspositionen in sich begreift, die dem Kreise der subjektiven Privatrechte nicht angehören. Keine der in den Gesetzeswerken enthaltenen Formulirungen ist einwandfrei, keine enthebt der Nothwendigkeit, „durch eigene freie Gedankenarbeit das Prinzip seiner Unbestimmtheit zu entkleiden, seinen eigentlichen Inhalt zu ermitteln und dadurch die Möglichkeit seiner kasuistischen Anwendung zu schaffen". Das preuß. A. L. R. knüpft an die verschiedener Auffassung zugänglichen facta praeterita des römischen Rechtes, das österr. G. B. unter Voranstellung des Prinzipes der Nichtrückwirkung an die facta praeterita und zugleich an die erworbenen Rechte an; das sächs. G. B. unterdrückt den im österr. G. B. an die Spitze gestellten Satz, nimmt die Folgesätze auf, fügt denselben aber die oben erwähnte allgemeine Klausel bei. Von den beiden im Art. 2 des code civil an einander gereihten Sätzen ist der eine so unbestimmt als der andere; welche Einwirkung als unzulässiger effet rétroactif zu betrachten sei, bleibt offene Frage.

Der Entwurf sieht aus diesen Gründen von der Aufstellung einer Vorschrift allgemeiner Natur ab. Dabei ist jedoch in Aussicht genommen, das Verhältniß der Vorschriften des bürgerlichen Gesetzbuches zu den zur Zeit des Inkrafttretens desselben bestehenden Rechtsverhältnissen in den wichtigsten Beziehungen durch Uebergangsbestimmungen im Einführungsgesetze klarzustellen. Durch eine genügende Vorsorge in dieser Richtung werden sich in der Hauptsache auch die Bedenken erledigen, welche an die hier beobachtete Zurückhaltung geknüpft werden können.

Wird in Ansehung der Hauptfrage keine Entscheidung getroffen, so kann eine Bestimmung auch darüber nicht aufgenommen werden, ob Gesetze, welche rückwirkende Kraft sich beilegen, solche Fälle ergreifen, die durch rechtskräftiges Urtheil, gütliche Uebereinkunft oder Erfüllung vollständig erledigt sind. Die namentlich in der gemeinrechtlichen Wissenschaft behandelte Frage hat nur für die Fälle der eigentlichen Rückwirkung Bedeutung, und es ist nicht zu besorgen, daß eine für die Rechtsanwendung bedenkliche Lücke entsteht, wenn das Gesetzbuch sich schweigend verhält.

Authentische Interpretation.

Die Fälle der sog. authentischen Interpretation bieten zur Aufnahme einer Bestimmung gleichfalls keinen Anlaß. Führt der Umstand, daß der Inhalt eines Rechtssatzes streitig geworden ist, zu der Erlassung eines neuen Gesetzes, so kann das letztere die Frage nach dem wahren Sinne des Rechtssatzes für die Vergangenheit offen lassen und sich auf eine Norm beschränken, welche lediglich neues Recht schafft. Das neue Gesetz kann aber auch, um die Streitfrage vollständig zu beseitigen, zugleich bestimmen, es solle angenommen werden, daß das neue Recht schon in dem ausgelegten Rechtssatze enthalten gewesen sei. Geschieht letzteres, so muß der frühere Rechtssatz in dem ihm von der Legalinterpretation beigelegten Sinne in allen Fällen zur Anwendung kommen, welche überhaupt von demselben ergriffen worden sind, mögen sie der Gegenwart oder Vergangenheit angehören. Es ist dies nicht nur in der Wissenschaft, von vereinzelten Stimmen abgesehen, anerkannt, sondern auch der Standpunkt fast aller bisherigen Gesetzgebungen, insbesondere des preuß. A. L. R. Einl. § 15, des bayr. L. R. I, 1 § 8, des sächs. G. B. § 3, des österr. G. B. § 8. Das bad. L. R. Satz 2c bestimmt: „Auslegungen des Gesetzgebers haben nicht mehr Rückwirkung als Gesetze selbst; sie können aber da, wo einem Richter das ältere Gesetz dunkel oder zweideutig ist, von ihm als Richtschnur seiner Bestimmung berücksichtigt werden, auch für Fälle, die vor der Verkündung der Auslegung sich zutrugen."

Greift ein Gesetz in ein bestehendes Rechtsverhältniß ein, so sind die davon Betroffenen der Regel nach zu einem Entschädigungsanspruche gegen den Staat nicht berechtigt. Ein solcher Anspruch ist nur begründet, wenn eine Gesetzesvorschrift ihn bewilligt. Die Meinungen hierüber sind in der gemeinrechtlichen Wissenschaft allerdings nicht ungetheilt (vergl. Entsch. des Reichsgerichtes in Civils. XII Nr. 1 S. 3). Bei einem Eingreifen der Reichsgesetzgebung entsteht zugleich die weitere, einer allgemeinen Lösung sich entziehende Frage, ob, wenn eine Entschädigung gesetzlich zuerkannt ist, dieselbe von dem Reiche oder von den Einzelstaaten zu leisten ist. In einzelnen Fällen hat der norddeutsche Bund bezw. das Reich Entschädigungen zuerkannt und übernommen. — Gesetz, betr. die Portofreiheiten u. s. w., vom 5. Juni 1869 (B. G. Bl. S. 141) § 6 Abs. 2; Gesetz, betr. die Wechselstempelsteuer u. s. w., vom 10. Juli 1869 (B. G. Bl. S. 193) § 26; Gesetz über die Abgaben von der Flößerei vom 1. Juni 1870 (B. G. Bl. S. 312) § 2; Gesetz, betr. die Erhebung von Reichsstempelabgaben, vom 1. Juli 1881 (R. G. Bl. S. 185) § 30. In anderen Gesetzen ist die Entscheidung darüber, ob und in welcher Weise für aufgehobene Rechte Entschädigung zu leisten sei, den Landesgesetzen anheimgegeben worden. — Gewerbeordnung § 7 a. E.; Strandungsordnung vom 17. Mai 1874 (R. G. Bl. S. 73) § 35 Abs. 4. In gewissen Fällen ist mit Rücksicht auf die besondere Lage der Verhältnisse ausdrücklich bestimmt worden, daß Entschädigungsansprüche nicht stattfinden. — Gesetz, betr. die Schließung und Beschränkung der öffentlichen Spielbanken, vom 1. Juli 1868 (B. G. Bl. S. 367) § 3.

Zweiter Abschnitt.

Personen.

Der Mensch als solcher rechtsfähig.

I. Die Rechtsordnung erfüllt, indem sie die Rechtsfähigkeit des Menschen ohne Rücksicht auf seine Individualität und ohne Rücksicht auf seinen Willen anerkennt, ein Gebot der Vernunft und der Ethik. Neben der Vorschrift des § 3 bezeugt der Gesammtinhalt des Entwurfes diese von dem Rechtsbewußtsein der Gegenwart geforderte und als selbstverständlich betrachtete Anerkennung (preuß. A. L. R. Einl. § 83; sächs. G. B. § 30; österr. G. B. §§ 16—18; zür. G. B. § 8).

Sklaverei.

Sklaverei ist dem deutschen Rechtsgebiete fremd. Verwandte Herrschaftsverhältnisse von Menschen über Menschen, welche einen Zustand der Unfreiheit begründen und infolge dessen die Rechtsfähigkeit ausschließen oder beschränken, gehören der Rechtsgeschichte an. Ausdrücklicher Unstatthaftigkeitserklärung (preuß. A. L. R. II, 5 §§ 196, 197; sächs. G. B. § 31, österr. G. B. § 16; niederl. G. B. Art. 2) bedarf es hinsichtlich ihrer nicht. Inwiefern Fremdrechte, welche Zustände der Unfreiheit und damit verbundener Rechtsunfähigkeit anerkennen, bei deutschen Gerichten Beachtung finden, bestimmt sich nach den Grundsätzen des internationalen Privatrechtes.

Stellung der Religiosen.

Die Regelung der Stellung der Religiosen ist dem Entwurfe des Einführungsgesetzes vorbehalten. Grundsätzlich werden auch sie als rechtsfähig behandelt.

Rechtsgleichheit.

II. Der Entwurf beruht auf den Grundsätzen der Rechtsgleichheit und der Gemeinsamkeit des Rechtes; — der Rechtsgleichheit: die in der Lebensstellung der Personen hervortretenden Ungleichheiten sollen nicht zu einer Behandlung vor dem Gesetze führen, welche als Bevorzugung oder Zurücksetzung eines Standes oder einer Personenklasse sich darstellt; — der Gemeinsamkeit des Rechtes: die in der Lebensstellung der Personen hervortretenden Verschiedenheiten sind für das Recht nicht von grundlegender Bedeutung; der Entwurf stellt Vorschriften auf, die für Alle gelten, nicht besondere Regeln für die Verhältnisse der verschiedenen Gliederungen der Gesellschaft. Keiner dieser beiden Grundsätze ist indessen absoluter Natur; ihre Durchführung hat den thatsächlichen Verhältnissen gerecht zu werden; Ausnahmen sind nicht zu umgehen. Im Einzelnen ist hervorzuheben:

1. Geschlechtsunterschied.

1. Hinsichtlich des Geschlechtsunterschiedes bildet der im gemeinen und in anderen Rechten (preuß. A. L. R. I, 1. § 24; bayr. L. R. I, 3 § 2 Nr. 1; sächs. G. B. § 46) anerkannte Grundsatz der Gleichstellung beider Geschlechter die Regel. Die Gleichstellung erfährt im Verhältniß zu dem bisherigen Rechte eine erweiterte Durchführung, namentlich in Ansehung der Verbürgung weiblicher Personen, der Geschäftsfähigkeit der Ehefrau, des Erwerbes der Ehefrau durch ihre Arbeit oder durch den selbständigen Betrieb eines Erwerbsgeschäftes, in Ansehung der elterlichen Gewalt der Mutter, der Fähigkeit, Testamentszeuge zu sein u. s. w.

Zwitter. Keine Bestimmung.

Das preuß. A. L. R. (I, 1. §§ 19—23) widmet verschiedene Bestimmungen den Zwittern. Andere Gesetze, wie der code civil, das bad. L. R., das österr. und zür. G. B., übergehen dieselben. Der Entwurf schweigt ebenfalls. Nach dem heutigen Stande der medizinischen Wissenschaft darf angenommen werden, daß es weder geschlechtslose noch beide Geschlechter in sich vereinigende Menschen giebt, daß jeder sog. Zwitter entweder ein geschlechtlich mißbildeter Mann oder ein geschlechtlich mißbildetes Weib ist. Der in dem bayr. L. R. I, 3 § 2 Nr. 2 und dem sächs. G. B. § 46 aufgenommene Satz des römischen Rechtes (l. 10 D. de stat. hom. 1, 5.), daß der Zwitter dem bei ihm überwiegenden Geschlechte zuzuzählen sei, trifft das Richtige, folgt aber aus der Sachlage von selbst; sobald die eine oder andere Form erkennbar vorliegt, handelt es sich um eine durch Feststellung dieser Form lösbare Ungewißheit. Allerdings mögen auch Mißbildungen nicht schlechthin ausgeschlossen sein, bei welchen die Feststellung des verdeckten wahren Geschlechtes durch Untersuchung des Lebenden sich nicht bewirken läßt. Es wird jedoch rathsam sein, von solchen entfernten Möglichkeiten, mit welchen auch das bisherige Recht nicht rechnet, abzusehen und es dabei zu belassen, daß, wenn bei der Beurtheilung von Verhältnissen in Frage kommt, ob eine Person dem einen oder dem anderen Geschlechte angehört, der Sachverhalt aber nicht in Gewißheit gesetzt werden kann, diejenigen Rechtsfolgen eintreten, welche sich nach den Umständen aus dem Zustande der Ungewißheit bezw. Unerweislichkeit ergeben.

2. Religiöses Bekenntniß einflußlos.

2. An die Verschiedenheit des religiösen Bekenntnisses knüpft sich für den Bereich des Entwurfes eine Rechtsverschiedenheit nicht. Es kommt damit eine Rechtsentwickelung zum Abschluß, auf welche bereits die Bundesacte vom 8. Juni 1815 Art. 16 hingewirkt, und welche durch spätere Landesgesetze sowie insbesondere durch die bisherige Reichsgesetzgebung*) dem Ziele zugeführt worden ist. Der Hervorhebung bedarf dabei kaum, daß die Aufstellung, das religiöse Bekenntniß sei ohne Einfluß auf die privatrechtliche Stellung der Person, keineswegs die Bedeutung verkennt, welche den Wahr-

---

*) Gesetz über die Freizügigkeit vom 1. November 1867 (B. G. Bl. S. 55) § 1 Abs. 3; Gesetz, betr. die Gleichberechtigung der Konfessionen u. s. w. vom 3. Juli 1869 (B. G. Bl. S. 292); Gesetz über die Beurkundung des Personenstandes u. s. w. vom 6. Februar 1875 (R. G. Bl. S. 23) §§ 39, 76.

heiten des Christenthumes und der christlichen Gesammtanschauung des deutschen Volkes bei dem Aufbau seiner Rechtsordnung zukommen muß.

3. Der Einfluß, welchen die Zugehörigkeit zu einem besonderen Stande auf die privatrechtliche Stellung künftig noch äußert, tritt in dem Entwurfe hinsichtlich des Militärstandes in §§ 7, 20, 37, 288, 296 Abs. 1, §§ 311, 527, 1243 Satz 1 (vergl. auch die Note zu § 1929), hinsichtlich des Beamtenstandes in §§ 38, 288, 296 Abs. 1, §§ 311, 468, 469, 527, 736, 1243 Satz 1, § 1931 hervor. Neben diesen Vorschriften bleiben, wie aus dem Entwurfe des Einführungsgesetzes sich ergeben wird, die zur Zeit in Ansehung des Militär- und Beamtenstandes bereits bestehenden reichsrechtlichen Sonderbestimmungen, soweit sie in den Entwurf nicht aufgenommen sind, in Kraft. Bei der Entwerfung des Einführungsgesetzes wird des Weiteren auch zu prüfen sein, inwieweit durch Vorbehalte den Landesgesetzen Raum zu lassen sei für die Ordnung des Beamtenverhältnisses, soweit bei demselben privatrechtliche Gesichtspunkte eingreifen, ferner für das Stammgüterrecht des Adels und den Erbverzicht adeliger Töchter u. s. w. Die Regelung der Autonomie des hohen Adels ist gleichfalls Aufgabe des Einführungsgesetzes (vergl. S. 11, 13). Die den Gewerbestand betreffenden Sondernormen liegen außerhalb des Bereiches der gegenwärtigen Kodifikation. 3. Einfluß des Standes.

4. In den Wirkungen, welche die Ehrenminderung kraft Strafurtheiles für das bürgerliche Recht hat, ist über die Bestimmungen des § 34 Nr. 5 und 6 des Str. G. B. nicht hinausgegangen; vergl. § 1221 Abs. 2, § 1640 Nr. 3 verb. mit § 1646 Abs. 2 (§ 1543 Abs. 1, § 1647 Abs. 4, § 1716 Abs. 1, §§ 1728, 1743), § 1917 Abs. 2 Nr. 2 (§ 1923 Abs. 2, § 1925 Abs. 1, § 1943 Abs. 2, § 1957 Abs. 4, §§ 2020, 2024). Verächtlichkeit oder Bescholtenheit sind nur insofern von Belang, als durch eine rechtsgeschäftliche Verfügung Wirkungen an diese Eigenschaften geknüpft werden oder als es bei der Beurtheilung rechtlicher Verhältnisse oder Maßnahmen auf die freie Würdigung der Ehrenhaftigkeit oder Vertrauenswürdigkeit einer Person ankommt (vergl. § 1444 Abs. 1, § 1456 Abs. 1, §§ 1546, 1638 Abs. 1). 4. Ehrenminderung.

5. Die Eröffnung des Konkurses ist, unbeschadet der Bestimmungen des Konkursrechtes über die Beschränkung der Verfügungsmacht des Gemeinschuldners, auf die privatrechtliche Stellung des letzteren lediglich insofern von Einfluß, als ihm während der Dauer des Konkurses die Fähigkeit entzogen wird, Vormund, Gegenvormund, Beistand, Mitglied eines Familienrathes oder Pfleger zu sein (§ 1640 Nr. 2, § 1543 Abs. 1, § 1647 Abs. 4, § 1716 Abs. 1, §§ 1728, 1743). 5. Konkurseröffnung.

Erster Titel.

Beginn und Ende der Rechtsfähigkeit.

§ 3.

Die Rechtsfähigkeit des Menschen beginnt mit der Geburt und endigt mit dem Tode (sächs. G. B. §§ 32, 36; zür. G. B. § 9). Die Geburt ist vollendet mit der auf natürlichem oder künstlichem Wege herbeigeführten Trennung vom Mutterleibe (l. 3. Cod. de posth. hered. 6, 29). Die Rechtspersönlichkeit setzt ein selbständiges, von dem Mutterleibe getrenntes Dasein voraus. Den Zeitpunkt näher zu bestimmen, mit welchem die Trennung vom Mutterleibe vorliegt, ist nicht Aufgabe des Rechtes, sondern der medizinischen Wissenschaft. Vorausgegangene Lösung der Nabelschnur wird von der letzteren nicht gefordert.

1. Lebend Geborensein.

1. Nur der lebend Geborene ist rechtsfähig. Das Erforderniß des lebend Geborenseins fehlt selbstverständlich bei einer Frucht, welche so verfrüht zur Welt kommt, daß sie der Unreife wegen leblos ist. Es fehlt ebenso dann, wenn das Kind nach erfolgter Geburt keine Aeußerung der Lebensthätigkeit zeigt, mag auch während des Geburtsaktes eine solche Aeußerung stattgefunden haben. Besondere Merkmale für die Annahme des lebend Geborenseins (Beschreien der Wände, Aufschlagen der Augen u. s. w.) sind nicht aufgestellt; ebenso nicht eine Vermuthung zu Gunsten der lebenden Geburt. Bestimmungen solcher Art (preuß. A. L. R. I, 1 § 13; bayr. L. R. I, 3 § 2 Nr. 4; sächs. G. B. § 34; österr. G. B. § 23) begünstigen den einen Theil auf Kosten des anderen. Wer auf die Thatsache des lebend Geborenseins sich beruft, muß, soweit nicht die Vorschriften über die Beurkundung des Personenstandes ein Anderes mit sich bringen, die Thatsache beweisen. Der Beweispflichtige kann sich dabei jedes nach dem Beweisthema an sich zulässigen Beweismittels bedienen; der Beweis wird durch den Nachweis jeder Art wirklicher Lebensäußerung erbracht.

2. Lebensfähigkeit nicht erforderlich.

2. Nicht aufgenommen ist das dem franz. und bad. Rechte bekannte und im gemeinen Rechte mehrseitig vertretene Erforderniß der Lebensfähigkeit. Mag auch Manches für die innere Berechtigung dieses Erfordernisses sprechen, so hat doch die Aufstellung desselben praktische Rücksichten gegen sich. Die Frage, ob ein lebend geborenes, aber alsbald wieder verstorbenes Kind lebensfähig oder lebensunfähig gewesen sei, läßt der Regel nach sich nicht mit Sicherheit beantworten. Die Entscheidung ist lediglich der Leibesbeschaffenheit des Kindes zu entnehmen und diese ermöglicht nur in den seltensten Fällen ein zuverlässiges Urtheil.

3. Monstrum übergangen.

3. Das nach dem Vorgange des römischen Rechtes (l. 14 D. de stat. hom. 1, 5) den neueren Gesetzgebungen geläufige Erforderniß, daß die geborene Leibesfrucht kein monstrum sei, sondern menschliche Form und Bildung habe (preuß. A. L. R. I, 1 § 17; bayr. L. R. I, 3 § 2 Nr. 5; sächs. G. B. § 33), gilt der heutigen medizinischen Wissenschaft überwiegend als gegenstandslos. „Was vom Menschen erzeugt und geboren ist, das ist auch schon an und für

sich menschlich" (Bierbaum in Hanke's Zeitschr. für die Staatsarzneikunde Bd. 67 S. 160 ff.); „Geburten ohne menschliche Form und Bildung giebt es nicht; ein noch so mißgestaltetes Kind ist immer ein Kind, ein Mensch" (Skrzeczka in Goltdammer's Archiv Bd. 14 S. 516 ff.). Jedenfalls ist die Grenze zwischen der Mißgeburt und dem monstrum, deren Bestimmung ärztlicher Beurtheilung überlassen werden müßte, eine viel zu unsichere, als daß darauf eine so verhängnißvolle Unterscheidung gebaut werden könnte. Der Entwurf übergeht das monstrum in dem Sinne, daß dasselbe bei dem Vorhandensein der sonstigen Erfordernisse von der Rechtsfähigkeit nicht ausgeschlossen ist.

4. Beginnt die Rechtsfähigkeit des Menschen mit der Geburt, so liegt 2. Nasciturus. darin zugleich, daß eine Leibesfrucht nicht Trägerin von Rechten sein kann. Damit ist nicht unvereinbar, daß dem werdenden Menschen, wie auf strafrechtlichem Gebiete, so auch auf privatrechtlichem eine gewisse Berücksichtigung zu Theil wird. Das röm. Recht (l. 3 D. si pars her. 5, 4) läßt, soweit ein Anfall von Rechten während des Fötalzustandes in Frage kommt, den Anfall in der Schwebe und behandelt, wenn die Leibesfrucht zu einem rechtsfähigen Menschen später sich entwickelt, die Rechte so, als wenn sie einem rechtsfähigen Subjekte angefallen wären. Des Oefteren bedienen sich die Quellen freilich einer Ausdrucksweise, welche, soweit es sich um solche Rechte handelt, eine Gleichstellung des Nochnichtgeborenen mit dem Geborenen andeutet oder ausspricht (l. 7, l. 26 D. de statu hom. 1, 5; l. 30 § 1 D. de acqu. vel om. hered. 29, 2; l. 231 D. de V. S. 50, 16). Die neueren Gesetzgebungen suchen die Stellung der Leibesfrucht in verschiedenen Wendungen zu bestimmen, zumeist im Anschlusse an den Satz: nasciturus pro jam nato habetur, quotiens de commodis ipsius partus quaeritur (preuß. A. L. R. I, 1 § 12; bayr. L. R. I, 3 § 2 Nr. 3; sächs. G. B. § 32; österr. G. B. § 22; zür. G. B. § 10; niederl. G. B. Art. 3).

Die letzterwähnte Parömie unterliegt in ihrer Allgemeinheit berechtigten Anfechtungen, und der Versuch, sie zutreffend zu beschränken, ist bisher mißlungen. Es besteht auch kein Bedürfniß, einen solchen Versuch von Neuem zu machen. Soweit privatrechtliche Interessen desjenigen, der empfangen, aber noch nicht geboren ist, zu wahren sind, geschieht dies am geeignetsten durch besondere Bestimmungen. In der Hauptsache handelt es sich um eine Fürsorge auf dem Gebiete des Erbrechtes. Es ist ein Satz von allgemeiner Geltung, daß in Ansehung des erbrechtlichen Erwerbes eine empfangene, aber noch nicht geborene Person, falls sie später lebend zur Welt kommt, einem bereits geborenen Menschen gleichzustellen ist. Diesem Satze werden hinsichtlich der Fähigkeit, letztwillig bedacht zu werden, und der gesetzlichen Erbberechtigung die Vorschriften des § 1758 Abs. 1 und des § 1964 Abs. 2, hinsichtlich des Anfalles die Vorschriften des § 1867 Abs. 2 Nr. 2 und des § 2026 gerecht. Wenn in den letzteren Vorschriften ausgesprochen ist, daß wer zur Zeit des Erbfalles bereits empfangen war, in Ansehung des Anfalles als schon vor dem Erbfalle geboren zu gelten habe, so geschieht dies in dem Sinne, daß der Anfall, der erst mit der Geburt eintritt, in seinen rechtlichen Wirkungen auf die Zeit des Erbfalles zurückbezogen wird. Der Fall, daß ein nasciturus als Miterbe in Betracht kommt, ist in § 2154 geordnet. Ueber eine dem Rechte der Schuldverhältnisse angehörende einschlagende Bestimmung vergl. § 723 Abs. 1 Satz 2. In Ansehung der Institute des Familienfideikommisses, der Familienstiftung, des Lehens bleiben die Landesgesetze unberührt; bei einer infolge der Nichtanerkennung der erwähnten Parömie sich etwa ergebenden Lücke wird es Aufgabe der Landesgesetzgebung sein, das Erforderliche vorzusehen. Zur Wahrung der künftigen Rechte des Empfangenen, aber noch nicht Geborenen ist, soweit ein Bedürfniß hervortritt, eine Pflegschaft nach Maßgabe des § 1741 einzuleiten (vergl. dazu § 1748 Abs. 1 Nr. 4); zur Wahrung eines künftigen Erbrechtes dient jedoch der Regel nach nicht diese Pflegschaft, sondern die Nachlaßpflegschaft (§ 2059 Abs. 1).

Werden gewisse Rechte einer empfangenen, aber noch nicht geborenen Person für den Fall ihrer Geburt vorbehalten, so entsteht zugleich die Frage, wann eine Person als empfangen zu gelten habe. Der Regel nach wird die in §§ 1467, 1572 Abs. 2 für eheliche wie uneheliche Kinder gleichmäßig geordnete Empfängnißzeit den Weg für die Beantwortung zeigen. Nur kann es nicht genügen, daß die Empfängnißzeit überhaupt zutrifft, sondern es muß die Möglichkeit hinzutreten, daß die Erzeugung wirklich vor dem Zeitpunkte stattgefunden habe, in welchem, wenn die Person bereits gelebt hätte, das Recht angefallen wäre; der Beweis des Gegentheiles kann nicht abgeschnitten sein. Auch sonst mag sich vielleicht fragen, ob die engen Schranken, welche dem Gegenbeweise in Ansehung der Ehelichkeit bezw. der unehelichen Vaterschaft gezogen sind, hier durchgängig Platz zu greifen haben. Eine bestimmte Vorschrift hierüber läßt sich indessen bei der Verschiedenheit der Fälle nicht geben und durch Aufstellung einer gesetzlichen Regel oder Vermuthung durchzugreifen, ist nicht räthlich.

5. Keine Bestimmung über Zwillingsgeburten.

5. Von einer besonderen Regelung des Falles, daß bei Zwillings- oder Mehrgeburten die Reihenfolge der Geburten sich nicht ermitteln läßt und demgemäß ungewiß wird, welchem der Geschwister ein dem zuerst oder zuletzt Geborenen bestimmtes Recht zukommt, ist abgesehen. Ein positives Eingreifen in dieser Richtung (preuß. A. L. R. I, 1 §§ 14—16) ist nicht ohne Bedenken und durch ein Bedürfniß nicht geboten. Für die wenigen Fälle, in welchen die Frage praktisch werden kann, darf auf die allgemeinen Grundsätze um so mehr verwiesen werden, als auch für andere Fälle, in welchen ein bestimmtes Recht nur einer Person zukommen kann, nach der Sachlage aber ungewiß ist, welcher von mehreren Personen es zukomme, eine Entscheidung nicht gegeben wird. Von Bedeutung ist überdies, daß die Vorschriften über die Beurkundung des Personenstandes eine alsbaldige Feststellung der Reihenfolge der Geburten mit sich bringen.

§ 4.

I. Lebensvermuthung.

I. Die Mehrzahl der Landesrechte kennt eine mehr oder minder ausgedehnte Lebensvermuthung (preuß. A. L. R. I, 1 § 38; bayr. Gesetz vom 23. Februar 1879 Art. 100; sächs. G. B. §§ 43, 45; württemb. Obertribunalserlaß vom 17. August 1826 u. s. w.). Im gemeinen Rechte sind die Ansichten über das Bestehen bezw. die Berechtigung einer solchen Vermuthung getheilt. Dem code civil (Art. 135—138, 1983), dem niederl. G. B. (Art. 545—548) und dem ital. G. B. (Art. 42—45) ist die Lebensvermuthung fremd; dagegen findet eine solche sich in dem österr. G. B. (§ 278) und dem zür. G. B. (§§ 13—15, 1852).

Die Thatsache, daß ein Mensch, dessen Fortleben zweifelhaft geworden ist, einmal gelebt hat, gestattet an sich den Schluß, daß er noch lebe, ebensowenig, wie die Ungewißheit seines Fortlebens den Schluß, daß er nicht mehr lebe. Die Aufstellung einer Lebensvermuthung ist positiv und kann sich nur in Zweckmäßigkeitsrücksichten gründen. An solchen gebricht es für eine allgemeine Lebensvermuthung. Soweit es sich um Rechte handelt, welche eine Person bereits vor dem Eintritte der Ungewißheit ihres Fortlebens erworben hatte, ist die Vermuthung entbehrlich. Die Rechte können in ihrem Namen geltend gemacht werden, ohne daß es des Nachweises des Fortlebens bedarf; Sache desjenigen, der eine Aenderung in dem rechtlichen Thatbestande behauptet, ist es, die Aenderung zu beweisen. Kommt dagegen in Frage, ob einer Person während der Ungewißheit ihres Fortlebens ein Anspruch auf eine Leistung erwachsen ist, welcher nur für den Fall des Lebens entstehen soll, oder sind Dritte zur Begründung ihrer Rechtslage genöthigt, auf das Leben einer solchen Person sich zu berufen, so ist eine Lebensvermuthung nicht am Platze. Es gilt und genügt die Regel, daß bei Unerweislichkeit des rechtserzeugenden Thatbestandes das fragliche Recht nicht zur Anerkennung gebracht werden kann. Künstliche Beseitigung der thatsächlich obwaltenden Ungewißheit würde gleichbedeutend mit einer Benachtheiligung des nur bedingungsweise Verpflichteten sein. Anders verhält es sich nur in denjenigen Fällen, in welchen eine Erbschaft oder ein Vermächtniß einer Person, über deren Leben oder Tod keine Gewißheit besteht, anfallen würde, wenn sie noch lebte. Insoweit ist eine Lebensvermuthung nicht zu entbehren. Das in der Wissenschaft empfohlene Auskunftsmittel einer öffentlichen Aufforderung mit der Folge des Ausschlusses befriedigt nicht; eine solche Aufforderung hat lediglich den Werth oder Unwerth eines die formale Erledigung bezielenden Verfahrens. Ebensowenig kann die Entscheidung über die Erbberechtigung bis zu einer späteren Todeserklärung der betreffenden Person vertagt werden; die Todeserklärung stellt nur fest, daß der Verschollene nicht mehr lebt (§ 21 Abs. 1); sie hebt also keineswegs die Ungewißheit, ob derselbe den vorher eingetretenen Anfall erlebt habe. Beläßt man es aber bei den allgemeinen Grundsätzen, so ist die regelmäßige Folge die, daß der Anfall wegen des nicht zu erbringenden Beweises des Erlebens als nicht eingetreten behandelt und die Person übergangen wird. Ein solches Ergebniß ist weder billig noch sachgemäß. So lange die Wahrscheinlichkeit für Leben oder Tod mindestens gleich groß ist, muß die Entscheidung zu Gunsten desjenigen ausfallen, der nach dem ausdrücklichen Willen des Erblassers oder nach dem Gesetze in erster Reihe zur Nachfolge bezw. zum Empfange berufen ist. Indem daher der Entwurf in Abs. 1 die allgemeine Regel ausspricht, daß wer aus der Thatsache ein Recht herleitet, daß eine Person noch lebe oder todt sei oder zu einer bestimmten Zeit gelebt oder nicht mehr gelebt habe, diese Thatsache beweisen müsse (vergl. § 193), stellt er in Abs. 2 für Personen, über deren Leben oder Tod keine Gewißheit besteht, hinsichtlich des Anfalles von Todeswegen eine Lebensvermuthung auf und zwar, im Einklange mit der Mehrzahl der bestehenden Gesetze, bis zum Ablaufe des

Beschränkte Anerkennung.

siebzigsten Lebensjahres. Der geringeren Wahrscheinlichkeit des Fortlebens bei einem höheren Alter entspricht die gleichzeitig aufgenommene entgegengesetzte Vermuthung, daß eine solche Person über das siebzigste Lebensjahr hinaus nicht mehr gelebt habe. Beide Vermuthungen weichen (§ 198) dem Beweise des Gegentheiles. Ob die Lebensvermuthung hinfällig wird und die allgemeinen Beweisgrundsätze eintreten, wenn dargethan wird, daß der Tod vor dem Ablaufe des siebzigsten Lebensjahres erfolgt ist, die Zeit aber, zu welcher er eingetreten ist, ungewiß bleibt, darf der Auslegung überlassen werden. Die Erstreckung des Abs. 2 auf die in Abs. 3 bezeichneten Fälle ergiebt sich aus naheliegenden Erwägungen.

Der für die Beerbung einer Person, deren Fortleben ungewiß ist, maßgebende Zeitpunkt ist in § 21 Abs. 2 festgesetzt. Eine Nothwendigkeit, denselben Termin, der für die Beerbung einer solchen Person bestimmt ist, auch hinsichtlich der Erbberechtigung derselben entscheiden zu lassen, besteht nicht.

II. Keine Bestimmung über gemeinsames Umkommen.

II. Nach römischem Rechte (l. 9 §§ 1, 4, l. 22, 23 D. de reb. dub. 34, 5) wird für den Fall, daß Eltern und Kinder in einer gleichzeitig über sie hereingebrochenen Gefahr umgekommen sind, der Regel nach vermuthet, daß geschlechtsreife Kinder nach, nicht geschlechtsreife Kinder vor den Eltern gestorben seien. Aehnliche, aber wesentlich verwickeltere Vermuthungen finden sich im franz. und bad. Recht (code civil Art. 720—722; bad. L. R. Satz 720—722). In anderen Gesetzgebungen ist für den Fall, daß mehrere Menschen bei einer gemeinsamen Gefahr umgekommen sind, oder für den Fall, daß sich überhaupt nicht ermitteln läßt, welche von mehreren Personen zuerst verstorben ist, in nicht immer zweifelsfreien Wendungen eine Vermuthung für das gleichzeitige Ableben aufgestellt, theils allgemein, theils nur in Bezug auf erbrechtliche Verhältnisse.*) Solche Vermuthungen beruhen, soweit sie nicht lediglich etwas aussprechen, was die Beweislage von selbst mit sich bringt, auf unzureichenden Unterstellungen. Ein Bedürfniß für einen positiven Eingriff kann nicht anerkannt werden.

III. Muthmaßliche Lebensdauer.

III. Für die wenigen Fälle, in welchen gesetzlicher Vorschrift zufolge die Ermittelung der **muthmaßlichen Lebensdauer** eines Menschen im Voraus zu erfolgen hat oder erfolgen kann (vergl. § 722 Abs. 2, § 724 Abs. 2, 8, § 726 Abs. 1, §§ 1986, 2136), durch Aufnahme einer sog. Sterblichkeitstabelle vorzusorgen (l. 68 pr. D. ad leg. Falc. 35, 2; sächs. G. B. § 35), erscheint nicht angezeigt. Eine solche Tabelle ist einerseits mit Rücksicht auf den heutigen Standpunkt der statistischen Wissenschaft entbehrlich, andererseits nicht unbedenklich, insofern sie vermöge ihrer positiven Natur leicht zu einem sachwidrigen Ergebniß führen kann.

---

*) Vergl. preuß. A. L. R. I, 1 § 39, österr. G. B. § 25, sächs. G. B. § 2007, sowie die die Erbfolge betreffenden Gesetze verschiedener thüringischer Staaten, ferner niederl. G. B. Art. 878, ital. G. B. Art. 924.

Zweiter Titel.

Todeserklärung*).

§ 5.

Die Ungewißheit über Leben und Tod einer Person, welche längere Zeit abwesend ist, ohne daß Nachricht über ihr Leben vorliegt, darf nicht von unbegrenzter Dauer sein. Die mit der Person verbundenen Vermögens- und Familienbeziehungen erfordern, daß ein Zeitpunkt eintritt, mit welchem der Schwebezustand sein Ende erreicht; insbesondere muß die Beerbung der Person ermöglicht werden. Die Rechte haben zur Erreichung dieses Zieles verschiedene Wege eingeschlagen. Im Wesentlichen lassen sich vier Gruppen unterscheiden.

1. Im gemeinen Rechte besteht die Vermuthung, daß ein Verschollener, welcher das siebzigste Lebensjahr zurückgelegt haben würde, nicht mehr am Leben sei. Als verschollen gilt, wer seit längerer Zeit abwesend ist, ohne daß Nachrichten über sein Leben vorhanden sind. Wie lange die Abwesenheit gedauert haben muß, um die Annahme des Verschollenseins zu begründen, bestimmt sich nach Lage des Falles. Die Vermuthung tritt aber nicht eher in Wirksamkeit, als der Verschollene öffentlich geladen und das Eingetretensein der Vermuthung durch gerichtliche Todeserklärung festgestellt ist. Daneben wird einer verbreiteten Ansicht zufolge und jedenfalls nach partikularrechtlicher Festsetzung schon nach Ablauf eines kürzeren Zeitraumes das Vermögen des Geltendes Recht.

---

*) Von den die Verschollenheit und Todeserklärung betreffenden Gesetzen sind hervorzuheben:

Preußen: A. L. R. II, 18 §§ 823—855, A. G. O. I, 37; Gesetz vom 24. Februar 1851; hannöv. Gesetz vom 23. Mai 1848; kurhess. Verordnungen vom 23. März 1789 und 28. Februar 1799; nassau. Edikt vom 21. Mai 1781; schleswig-holst. Verordnung vom 9. November 1798 und Patent vom 21. April 1840; frankf. Gesetz vom 9. März 1847; Ausführungsgesetz zur C. P. O. vom 24. März 1879 §§ 22, 24—26.

Bayern: Gesetz zur Ausführung der C. P. O. und Konk. O. vom 23. Februar 1879 Art. 103—122, 174.

Sachsen: G. B. §§ 37—44, 1708—1710; Gesetz, einige mit der C. P. O. vom 30. Januar 1877 zusammenhängende Bestimmungen enthaltend, vom 4. März 1879 §§ 15—17.

Hessen: Verordnung vom 19. Februar 1774; Reskript vom 13. Februar 1776; Gesetz, die Ausführung der C. P. O. und Konk. O. betr., vom 4. Juni 1879 Art. 8.

Mecklenburg-Schwerin: Landeskonstitution vom 8. März 1774; Verordnung vom 5. Februar 1855; Wismar: Verordnung vom 29. August 1831.

Sachsen-Weimar: Gesetz vom 1. März 1839.

Mecklenburg-Strelitz: Landeskonstitution vom 29. März 1779; Verordnung vom 13. Februar 1855.

Oldenburg: Verordnung vom 16. Februar/3. März 1844.

Verschollenen den muthmaßlichen Erben zu vorläufigem Besitze ausgeantwortet. Der Ausantwortung geht in einzelnen Gebieten eine besondere Verschollenheitserklärung voraus. Eine eingehende Regelung hat diese Gestaltung namentlich in Mecklenburg-Schwerin und Mecklenburg-Strelitz gefunden. Das braunschweig. Gesetz vom 24. März 1882, welches dem gemeinen Rechte sich ziemlich eng anschließt, kennt die Ausantwortung nicht.

2. Das preuß., bayr., sächs. und andere Rechte knüpfen in erster Reihe nicht an das Lebensalter des Verschollenen, sondern an die Dauer der nachrichtslosen Abwesenheit an und lassen nach Ablauf der gesetzten Frist gerichtliche Todeserklärung durch Urtheil eintreten. Eine besondere Verschollenheitserklärung findet nicht statt. Dem Lebensalter wird insofern Rechnung getragen, als die Abwesenheitsfrist gekürzt wird, falls der Verschollene vor oder nach dem Beginne der nachrichtslosen Abwesenheit ein gewisses Alter erreicht hat bezw. erreicht haben würde. Einzelne Gesetze lassen in weiterer Annäherung an das gemeine Recht die Todeserklärung in der Regel erst zu, nachdem der Abwesende ein gewisses Alter erreicht hat bezw. erreicht haben würde, und bemessen den Zeitraum der nachrichtslosen Abwesenheit so, daß eine bestimmte Zahl von Alters- und Abwesenheitsjahren abgelaufen sein muß.

3. Der code civil (Art. 112 ff.) kennt eine Verschollenheitserklärung, keine Todeserklärung. Es werden drei Zeiträume unterschieden, während welcher die Beurtheilung der Rechtslage des Abwesenden mit der wachsenden Wahrscheinlichkeit des Todes sich verschieden gestaltet: Vermißtheit (absence présumée), Verschollenheit (absence déclarée), endgültige Einweisung der auf den Todesfall Berechtigten in das Vermögen des Verschollenen. Die Verschollenheitserklärung kann nach Ablauf eines vier- bezw. zehnjährigen Zeit-

---

Braunschweig: Gesetz vom 24. März 1882.
Sachsen-Meiningen: Gesetz vom 23. Juni 1855.
Sachsen-Altenburg: Mandat vom 7. Dezember 1767; Gesetz vom 30. Januar 1841; Gesetz, die Ausführung der C. P. O. betr., vom 25. März 1879 § 24.
Sachsen-Coburg: Gesetz vom 5. Juni 1832.
Anhalt: Gesetz, das Aufgebotsverfahren und einige damit zusammenhängende Gegenstände betr., vom 10. Mai 1879 §§ 16, 17.
Schwarzburg-Rudolstadt: Verordnung vom 29. Juli 1767.
Schwarzburg-Sondershausen: Verordnung vom 1. September 1773; Sukzessionsordnung vom 8. Dezember 1829 § 8.
Waldeck: Gesetz vom 17. Februar 1850, vom 20. Juli 1853 und vom 1. September 1879 Art. 1, 3.
Reuß ä. L.: Mandat vom 20. Juli 1804.
Reuß j. L.: Verordnung vom 3. Oktober 1848.
Schaumburg-Lippe: Gesetz vom 6. Februar 1876; Ausführungsgesetz zur C. P. O. vom 26. Juni 1879 §§ 62—64.
Lippe: Verordnung vom 22. Mai 1786.
Lübeck: Verordnung vom 30. Dezember 1829; Verordnung, die Ausführung der C. P. O. betr., vom 3. Februar 1879 Art. 5, 6 § 9; Gesetz vom 27. März 1882 § 26.
Bremen: Verordnung vom 28. Juni/3. Juli 1826.
Hamburg: Verordnung vom 14. Juli 1879.

raumes nachrichtsloser Abwesenheit beantragt werden. Sie berechtigt diejenigen, welche zur Zeit des Verschwindens oder der letzten Nachrichten die vermuthlichen Erben waren, vorläufige Einweisung in den Besitz des Vermögens zu verlangen. Nach Ablauf von dreißig Jahren, gerechnet von der vorläufigen Besitzeinweisung, können die oben bezeichneten Personen bezw. deren Rechtsnachfolger die endgültige Einweisung beantragen. Von diesem Zeitpunkte an regelt der Rechtsstand sich nach der Vermuthung, daß der Verschollene nicht mehr am Leben sei. Besondere Bestimmungen sind getroffen für den Fall des Bestehens ehelicher Gütergemeinschaft sowie für den Fall, daß von dem Tode des Abwesenden abhängige Rechte an dessen Vermögen begründet sind. Das bad. Landrecht und der hess. Entw. (Abth. I, 5 Art. 27 ff.) sind im Wesentlichen dem code civil gefolgt; das niederl. G. B. Art. 519 ff. und das ital. G. B. Art. 20 ff. schließen sich den Grundzügen seines Systemes gleichfalls an.

4. Das zür. G. B. (§§ 14—18, 1970 ff.) läßt Verschollenheitserklärung und Todeserklärung eintreten. Der Abwesende wird als verschollen betrachtet, wenn zwar der Beweis des Todes unmöglich, aber eine sehr hohe Wahrscheinlichkeit für denselben gerichtlich dargethan ist oder wenn seit seiner Geburt achtzig Jahre oder wenn seit dem Tage, auf welchen die letzte sichere Kunde von seinem Leben sich bezieht, fünfzehn Jahre verflossen sind. Nach vorausgegangenem gerichtlichen Aufrufe wird die Verschollenheitserklärung ausgesprochen und die Nutznießung des Vermögens des Verschollenen den jeweiligen bekannten nächsten Erben gestattet. Sind seit dem Zeitpunkte, in welchem der Abwesende als verschollen angesehen wird, weitere fünfzehn Jahre verstrichen, so tritt die Todesvermuthung ein und es kann nach vorherigem öffentlichen Aufrufe die Todeserklärung erfolgen.

Der Entwurf entscheidet sich, im Wesentlichen im Anschlusse an die zweite Gruppe von Rechten, für die Todeserklärung durch richterliches Urtheil nach kurz bemessener Abwesenheitsfrist. Das öffentliche Interesse wie dasjenige der Betheiligten gebieten gleichmäßig, die Ungewißheit über Leben oder Tod nicht länger andauern zu lassen, als die nach dem gewöhnlich eintretenden Verlaufe der Dinge abzuwägende Rücksicht auf den Abwesenden erheischt. Weder das franz. Recht noch das an das Endziel des menschlichen Lebens anknüpfende gemeine Recht entsprechen in dieser Beziehung den Verhältnissen und Bedürfnissen der Gegenwart. Dem franz. Recht liegt der Gedanke zu Grunde, daß der Zeitpunkt der Todesannahme möglichst weit hinausgeschoben werden müsse; in der vorläufigen Besitzeinweisung wird das Mittel gesucht, die Interessen des Abwesenden mit denjenigen der Zurückgebliebenen zu versöhnen. Unverkennbar schädigt aber der weitererstreckte fürsorgliche Besitz die wirthschaftlichen Interessen, indem er das Vermögen dem freien Verkehre für unverhältnißmäßige Zeit entzieht; außerdem gefährdet er die Rechtssicherheit, insofern er zu Täuschungen über die Verfügungsgewalt des Besitzers Anlaß giebt, während andererseits das Unsichere des Verhältnisses nachtheilig auf die Art der Verwaltung zurückwirkt. Bei der Vervollkommnung des heutigen Verkehrswesens, welche in früher ungeahnter Weise ermöglicht, auch aus den entferntesten Gegenden sicher und schnell Mittheilungen in die Heimath gelangen zu lassen, Standpunkt des Entwurfes.

ist es gerechtfertigt, schon nach einem verhältnißmäßig kurz bemessenen Zeitraume nachrichtsloser Abwesenheit die gerichtliche Todeserklärung eintreten zu lassen. Ein solcher kurz bemessener Zeitraum gestattet zugleich, von jeder Zwischenmaßregel, wie Verschollenheitserklärung, Besitzeinweisung der muthmaßlichen Erben u. s. w., abzusehen.

Die Todeserklärung erstreckt und beschränkt sich auf Deutsche.

Die Todeserklärung stellt zwar nicht fest, daß der Verschollene todt sei; sie schafft aber der Regel nach eine Rechtslage, welche thatsächlich in der Hauptsache derjenigen gleichsteht, die bei und mit dem wirklichen Tode des Verschollenen eingetreten sein würde (§ 21). Eine Maßregel, welche von solchen, die gesammte Persönlichkeit ergreifenden Folgen begleitet ist, kann nur in Ansehung von Deutschen für statthaft erachtet werden. Nicht der mehr oder weniger von äußeren Zufälligkeiten abhängige Umstand, daß der Verschollene seinen letzten Wohnsitz im deutschen Rechtsgebiete gehabt hat oder daß er in diesem Rechtsgebiete befindliches Vermögen besitzt, sondern lediglich die Reichsangehörigkeit hat zu entscheiden. Die Ablehnung der Todeserklärung von Ausländern beugt auch internationalen Verwickelungen vor. Erscheint es an sich schon fraglich, ob ein fremder Staat die in Ansehung eines seiner Angehörigen von einem deutschen Gerichte nach deutschen Gesetzen ausgesprochene Todeserklärung anerkennen würde, so ist diese Anerkennung jedenfalls nicht zu erwarten, wenn dem Rechte des betreffenden Staates, wie z. B. dem common law Englands und der Staaten der nordamerikanischen Union, die Todes- oder Verschollenheitserklärung überhaupt fremd ist. Die in Ansehung eines Ausländers ausgesprochene Todeserklärung würde daher vielfach nur eine auf das deutsche Rechtsgebiet beschränkte Bedeutung haben. Eine Person kann aber nicht wohl in dem einen Rechtsgebiete als todt, in dem anderen Rechtsgebiete als lebend behandelt werden, wenn nicht die erheblichsten Uebelstände Platz greifen sollen. Demgegenüber haben auch die Vortheile zurückzustehen, welche unter Umständen in Erbfällen, bei Bereinigung des Grundbuches, in Ansehung von öffentlich hinterlegten Geldern u. s. w. mit der Todeserklärung eines betheiligten Ausländers verbunden sein würden. Diese Vortheile fallen zudem nicht allzuschwer in das Gewicht, wenn man berücksichtigt, daß auf dem Gebiete des Grundbuchwesens das in den §§ 1103—1105, 1124 hinsichtlich unbekannter Hypothekengläubiger zugelassene Aufgebotsverfahren künftig eine gewisse Abhülfe bieten wird, auch in den Hinterlegungsordnungen der Einzelstaaten Vorkehrungen getroffen sind oder getroffen werden können, welche die Hinterlegungsbehörden gegebenen Falles von ihrer Verantwortlichkeit entlasten. Der Beschränkung der Todeserklärung auf Deutsche entspricht andererseits die Erstreckung derselben auf alle Deutschen, auch auf solche, welche ihren letzten Wohnsitz im Auslande gehabt haben. Es wird damit einem sich lebhaft geltend machenden Bedürfnisse Rechnung getragen. Die Zahl der Fälle ist nicht gering, in welchen Deutsche die Heimath verlassen, eine Zeit lang mit den zurückgebliebenen Angehörigen brieflichen Verkehr unterhalten, dabei kundgeben, daß sie einen Wohnsitz genommen haben, dann aber verstummen und in Verschollenheit gerathen. Soll hier den inländischen Interessenten nur offen stehen, sich an das ausländische, vielleicht in einem anderen Welttheile gelegene Gericht zu wenden, so werden sie thatsächlich oft so gut wie rechtlos sein. Es ist dabei namentlich zu beachten, daß die vorzugsweise in Betracht kommenden Staaten der nordamerikanischen Union, wie erwähnt, die Todeserklärung nicht kennen. Dazu treten die Fälle, in welchen Deutsche, die in nichtcivilisirten Staaten ihren Wohnsitz haben, in Verschollenheit gerathen. Vergl. im Uebrigen S. 42, 51.

In Preußen ist unter Bezug auf §§ 1 und 3 des Tit. 8 der A. G. O. anerkannt und in einer Königlichen Ordre vom 14. Juli 1835 bestätigt, daß Ausländer vor einem preußischen Gerichte nicht für todt erklärt werden können, während die Todeserklärung von Preußen, die ihren Wohnsitz im Auslande haben, für statthaft erachtet wird. Die Motive zu § 1306 des Entwurfes einer C. P. O. für Preußen streifen den Gegenstand mit der Bemerkung: „Die Frage, ob wider einen Ausländer, sofern er ein dauerdes Domizil im Inlande gehabt hat, oder wider einen Inländer, welcher aufgehört hat, preußischer Unterthan zu sein, eine Todeserklärung stattfinden könnte, kann in der C. P. O. nicht entschieden werden.“ Das preuß. Ausführungsgesetz zur deutschen C. P. O. vom 24. März 1879 § 22 regelt, „soweit das Aufgebot eines Verschollenen zum Zwecke der Todeserklärung nach den bestehenden Vorschriften zulässig ist“, die Zuständigkeit der Gerichte dahin, daß sie durch den letzten Wohnsitz des Verschollenen oder wenn derselbe einen solchen nicht gehabt hat, durch den letzten Aufenthalt desselben in Preußen bestimmt wird. Die Frage bezüglich der Todeserklärung von Ausländern in Preußen und von Preußen, die ihren Wohnsitz im Auslande haben, scheint auch hiernach eine offene zu sein. In Sachsen wird die Todeserklärung nur in Ansehung von Staatsangehörigen für statthaft erachtet. Die Verordnung für Oldenburg (Eingang) und das Gesetz für Sachsen-Coburg (§§ 1, 2) erstrecken sich auf „Unterthanen“; das braunschweig. Gesetz (§ 1) auf Angehörige des Herzogthumes. Das lübeckische Gesetz vom 27. März 1882 § 26 gestattet dagegen den Antrag auf Todeserklärung dann, wenn der Betreffende vor seiner Entfernung den allgemeinen persönlichen Gerichtsstand im lübeck'schen Staate gehabt hat. Nach dem Gesetze für Sachsen-Weimar (§ 9) ist die Todeserklärung eines Abwesenden, der im Inlande seinen Wohnsitz nicht gehabt hat, zulässig, wenn derselbe Grundstücke im Inlande besitzt oder sonstiges Vermögen für ihn darin verwaltet wird; vergl. auch das Gesetz für Sachsen-Meiningen vom 11. Mai 1838 Art. 12, 19, Abs. 2.

§ 6.

Der Zeitraum nachrichtsloser Abwesenheit, mit dessen Ablauf Verschollenheit eintritt, ist im Anschlusse an das in Preußen (Gebiet des A. L. R., Hannover), Bayern (rechtsrheinisches Gebiet), Sachsen-Weimar, Oldenburg, Sachsen-Altenburg, Sachsen-Coburg-Gotha, Anhalt, Waldeck, Schaumburg-Lippe, Lippe, Lübeck, Bremen geltende Recht auf zehn Jahr festgesetzt. Allzulanges Zuwarten bürdet dem Staate die Führung entbehrlicher Pflegschaften auf, erschwert die Ermittelung der gesetzlichen Erben, macht den Nachlaß den wirklich Berechtigten unzugänglich und begründet die Gefahr, daß Verfügungen von Todes wegen nicht mehr zum Vollzuge gelangen können. Klagen über verfrühte Todeserklärungen sind in den Rechtsgebieten, in welchen

Abwesenheitsfrist.

die zehnjährige Frist schon seither gilt, nicht laut geworden. An die Stelle des zehnjährigen Zeitraumes kann ein fünfjähriger unbedenklich für den Fall gesetzt werden, daß der Abwesende vor Beginn oder während der Dauer der nachrichtslosen Abwesenheit das siebzigste Altersjahr zurückgelegt hat bezw. zurückgelegt haben würde (sächs. G. B. § 39).

Der Zeitraum beginnt mit dem Ablaufe des Tages, an welchem der Abwesende der letzten Nachricht zufolge noch gelebt hat. In den Landesgesetzen ist der Anfangstermin nicht immer in zutreffender bezw. unzweifelhafter Weise bestimmt. Es soll gerechnet werden: von dem Tage, da die letzte Nachricht eingegangen, von der letzten eingegangenen Nachricht, vom Tage der eingegangenen Nachricht, vom Tage der gegebenen oder eingegangenen letzten Nachricht, von der letzten Nachricht, von der Zeit, auf welche die letzte Kunde von dem Leben des Verschollenen sich bezieht. Nur das letztere ist richtig.

Die Vorschrift, daß bei Minderjährigen der Zeitraum erst von dem Eintritte des Volljährigkeitsalters an zu berechnen ist, entspricht einer Reihe von Gesetzen, insbesondere dem preuß. A. L. R. II, 18 § 829, dem bayr. Gesetze Art. 103 Abs. 2, dem sächs. G. B. § 38.

Für den seltenen Fall, daß der Eintritt des Volljährigkeitsalters nicht sollte ermittelt werden können (preuß. A. L. R. II, 18 § 829, bayr. Gesetz Art. 103 Abs. 2, u. s. w.), bedarf es keiner besonderen Vorsorge; jede in dieser Hinsicht obwaltende Ungewißheit muß bei Berechnung des Fristenlaufes dem Abwesenden zugut kommen.

§§ 7, 8.

Kriegs- und Seeverschollenheit.

Verschiedene Gesetze lassen für Personen, welche in einer nahen Todesgefahr sich befunden haben und seitdem vermißt werden, die Todeserklärung unter erleichterten Voraussetzungen eintreten — frankf. Gesetz § 1; sächs. G. B. §§ 40, 41; braunschweig. Gesetz § 1 Nr. 2; hamburg. V. § 1; österr. G. B. § 24*). Der Entwurf zeichnet nur die Kriegs- und Seeverschollenheit aus. Für diese eine große Zahl gleichartiger Fälle umfassenden Arten der Verschollenheit besteht das Bedürfniß besonderer Regelung. Nicht so für andere Fälle, in welchen die Umstände darauf hindeuten, daß Jemand durch ein besonderes Ereigniß, z. B. bei einem Brande, durch Verschüttung oder Ertrinken, das Leben verloren habe. Wird nach einem solchen Vorkommniß die Leiche des Verunglückten nicht oder nur in unkenntlichem Zustande aufgefunden, so ist allerdings der unmittelbare Beweis des Todes ausgeschlossen. Häufig wird aber die Thatsache des Todes im Wege eines aus polizeilichen oder strafrechtlichen Rücksichten eingeleiteten Untersuchungsverfahrens gleichwohl in Gewißheit gesetzt werden. Ist dies der Fall, so erledigt sich die Todeserklärung; auf Grund der amtlichen Ermittelungen erfolgt die Beurkundung des wirklichen Todes. Für die verbleibenden wenigen Fälle, in welchen der Tod nicht festgestellt werden kann, darf es bei den regelmäßigen Voraussetzungen der Todeserklärung unbedenklich bewenden.

---

*) Vergl. dazu bad. L. R. Satz 129a; schleswig-holst. V. von 1798 § 8; V. für Oldenburg § 10 und Bremen § 5.

Zu dem Antrage auf Todeserklärung im Falle der Kriegsverschollenheit genügt,

Voraussetzungen der Kriegsverschollenheit.

wenn Jemand in den Krieg gezogen, nach dem sächs. G. B. § 40 der Ablauf von fünf, nach der preuß. Gesetzrevision § 23 der Ablauf von drei Jahren, gerechnet vom Friedensschlusse;

wenn Jemand aus einem Gefechte nicht zurückgekommen, nach dem frankf. Ges. § 1 der Ablauf von zehn, nach dem hamburg. V. § 1 der Ablauf von drei Jahren, gerechnet vom Friedensschlusse;

wenn Jemand im Kriege schwer verwundet worden, nach dem frankf. Ges. § 1 der Ablauf von zehn, nach der hamb. V. der Ablauf von drei Jahren, gerechnet vom Friedensschlusse; nach dem sächs. G. B. § 41 der Ablauf von fünf, nach dem österr. G. B. § 24 der Ablauf von drei Jahren, gerechnet von der Verwundung.

Das preuß. A. L. R. I, 1 § 35 (Anh. § 4) sieht für den letzteren Fall überhaupt von einer Todeserklärung ab und erklärt zum Beweise des Todes für hinreichend, daß Jemand im Kriege eine schwere Wunde erhalten hat und innerhalb eines Jahres nach geschlossenem Frieden von seinem Leben und Aufenthalte keine Nachricht eingegangen ist. Eine verschiedene Behandlung der hervorgehobenen drei Fälle ist weder geboten noch zweckmäßig. Das Gewicht kann nur darauf gelegt werden, daß eine zur bewaffneten Macht gehörende Person während des Krieges vermißt wird und daß seit dem Friedensschlusse eine verhältnißmäßig kurze Frist — nach § 7 Abs. 1 von drei Jahren — verstrichen ist, ohne daß Nachricht über das Leben der Person vorliegt.

Die Vorschrift des § 7 bezieht sich nur auf den Fall, daß der Vermißte mit der deutschen Streitmacht in den Krieg gezogen ist; bei Betheiligung an einem von einem fremden Staate geführten Kriege unterliegt die Todeserklärung den gewöhnlichen Regeln. Der technische Ausdruck „bewaffnete Macht" umfaßt nach § 2 des Gesetzes, betr. die Verpflichtung zum Kriegsdienste, vom 9. November 1867 (B. G. Bl. S. 131) das Heer, die Marine und den Landsturm. Die Vorschriften des letzteren Gesetzes in Verbindung mit denjenigen des Militärstrafgesetzbuches für das Deutsche Reich vom 20. Juni 1872 (R. G. Bl. S. 174) § 4 und Anl. des Reichsmilitärgesetzes vom 2. Mai 1874 (R. G. Bl. S. 45) § 38 und des Gesetzes über den Landsturm vom 12. Februar 1875 (R. G. Bl. S. 63) stellen klar, wer zu den Angehörigen der bewaffneten Macht zu zählen ist. Bezüglich der übrigen aufgeführten Personen folgt der Abs. 2 dem § 9 des preuß. Gesetzes vom 2. April 1872 (G. S. S. 341). Der § 7 wird insofern nur von beschränkter Bedeutung sein, als erfahrungsgemäß das Bedürfniß dazu drängt, daß nach jedem größeren Kriege besondere Gesetze erlassen werden, durch welche das Verfahren und der Zeitpunkt des Todes in einer den besonderen Verhältnissen entsprechenden Weise geordnet wird.

Voraussetzungen der Seeverschollenheit.

Die Regelung der Seeverschollenheit (§ 8) kann, soll sie erschöpfend sein, nicht auf den Fall sich beschränken, daß Jemand bei einer Seefahrt auf einem Fahrzeuge sich befunden hat, das erwiesenermaßen untergegangen ist (bayr. Gesetz Art. 105; sächs. G. B. § 41; braunschweig. Gesetz § 1 Nr. 2;

österr. G. B. § 24). Häufig versinkt ein Schiff spurlos im Meere, ohne daß ein Augenzeuge diese Thatsache zu bekunden vermag. Zerschellt das Fahrzeug und werden Theile desselben oder seiner Ladung an die Küste getrieben, so ist nicht immer erkennbar, welchem Schiffe sie angehört haben; bisweilen kann nicht einmal mit Sicherheit darauf geschlossen werden, daß ein Schiffbruch stattgefunden hat, weil möglich bleibt, daß die angetriebenen Gegenstände über Bord gespült wurden. Einige Gesetze tragen diesen Verhältnissen in der Weise Rechnung, daß sie sowohl bei erwiesenem Untergange als bei bloßem Vermißtsein des Schiffes, oder doch im letzteren Falle die gekürzte Abwesenheitsfrist von der Einschiffung bezw. der letzten über den Verschollenen eingegangenen Nachricht laufen lassen*).

Das preuß. Gesetz, betr. die Todeserklärung in See gegangener verschollener Personen, vom 24. Februar 1851 (G. S. S. 23) erachtet ein Doppeltes für geboten: einmal die Festsetzung des Zeitraumes, welcher nach dem Untergange des Schiffes abgelaufen sein muß, bevor die Todeserklärung erfolgen kann, sodann die Aufstellung einer Vermuthung darüber, unter welchen Voraussetzungen angenommen werden soll, daß ein verschollenes Schiff untergegangen sei. Diese Grundlage ist richtig und für den Entwurf zum Ausgangspunkte genommen.

Vermuthung des Unterganges des vermißten Fahrzeuges.

Die Vermuthung des Unterganges eines vermißten Fahrzeuges gründet sich, gleich der Todesvermuthung, auf nachrichtslose Abwesenheit; demgemäß darauf, daß das Fahrzeug am Orte seiner Bestimmung nicht angekommen bezw., wenn es, wie dies bei Fischerbooten und kreuzenden Fahrzeugen der Fall, kein bestimmtes Reiseziel hatte, an den Abgangsort nicht zurückgekehrt ist; sodann darauf, daß eine gewisse Zeit lang Nachricht über das Fahrzeug nicht eingegangen ist. Die mit dem angef. preuß. Gesetz übereinstimmenden verschiedenen Fristen sind nach der Dauer der Reise und mit Rücksicht auf die Zeit bemessen, innerhalb deren Nachrichten erwartet werden können. Sie gewähren einen beträchtlichen Ueberschuß, so daß nach Verstreichung derselben mit großer Sicherheit angenommen werden kann, daß das Fahrzeug verunglückt sei. Die nach dem H. G. B. Art. 866 ff. bei Versicherungen maßgebenden erheblich kürzeren Verschollenheitsfristen empfehlen sich nicht; die Todeserklärung muß bei ihrer großen Bedeutung an strengere Voraussetzungen gebunden werden, als die Fälligkeit einer Versicherungssumme. Welche der drei Fristen in Anwendung zu kommen hat, bestimmt sich nach dem ursprünglichen Reiseziele des Fahrzeuges. Die Frist nimmt ihren Anfang mit dem Antritte der Reise; sofern spätere Nachrichten vorliegen, mögen dieselben die Berührung eines Hafens, einer Rhede oder eine Begegnung auf hoher See bekunden, mit dem Ablaufe des Tages, auf welchen die letzte Kunde sich erstreckt. Daß die letzte Nachricht nicht nur für den Beginn des Fristenlaufes, sondern auch für die Bemessung der Dauer der Frist von Einfluß ist oder

---

*) Vergl. hannöv. Ges. § 4; schleswig-holst. V. vom 21. April 1840; frankf. Ges. § 1; V. für Mecklenburg-Schwerin vom 5. Februar 1855 §§ 1, 3; für Mecklenburg-Strelitz vom 13. Februar 1855 §§ 1, 3; schaumburg-lippesches Gesetz § 4; V. für Lübeck § 5, für Hamburg § 1.

sein kann, entspricht dem Art. 867 des H. G. B. Die Frist soll, beim Vorhandensein späterer Nachrichten, so bemessen werden, als sei der Ort, an welchem das Schiff zuletzt wahrgenommen worden ist, der Abgangsort. Fährt ein Schiff aus den chinesischen Gewässern nach einem Ostseehafen und ist dasselbe im Kanal oder in der Ostsee erschienen, so beträgt die von der letzten Wahrnehmung an zu rechnende Frist nicht mehr drei, sondern im ersteren Falle zwei, im letzteren ein Jahr. Durch den Ablauf der einschlagenden Frist wird nur der Untergang des vermißten Fahrzeuges festgestellt; die Todeserklärung einer auf demselben befindlich gewesenen Person setzt den Ablauf des in Abs. 1 bestimmten weiteren Zeitraumes voraus. Als Seefahrt im Sinne der Vorschrift gilt auch die Fahrt, welche ein Seefahrzeug auf einem den Zugang zur See bildenden Binnengewässer zurücklegt. Hinzutretende Todeserklärung.

Stürzt Jemand bei einer Seefahrt über Bord oder schlägt er mit einem Boote um, ohne daß letzteres zu Grunde geht, so greift, wenn der wirkliche Tod nicht mit der erforderlichen Sicherheit sollte festgestellt werden können, die gewöhnliche Todeserklärung Platz.

§§ 9, 10.

Der Todeserklärung hat mit Ausnahme der Fälle der Kriegs- und Seeverschollenheit (vergl. § 20 Abs. 1) ein öffentlicher Aufruf des Verschollenen vorauszugehen (§ 10 Abs. 1). Das Verfahren fällt damit unter das im neunten Buche der C. P. O. behandelte Aufgebotsverfahren. Die Vorschriften dieses Buches (§§ 824—836) sind, wie die Mot. zu §§ 768—791 des Entwurfes der C. P. O. ergeben, auch bereits für die Todeserklärung berechnet. Die C. P. O. giebt aber nur einen allgemeinen Rahmen für die verschiedenen Arten der gerichtlichen Aufgebote, der hinsichtlich der Todeserklärung durch einige Vorschriften ergänzt werden muß. Verfahren bei der Todeserklärung.

Sachlich zuständig für das Aufgebotsverfahren sind nach § 23 des G. V. G. die Amtsgerichte. Die Regelung der örtlichen Zuständigkeit ist in § 823 Abs. 2 der C. P. O. dem (Reichs- oder Landes-) Gesetze überlassen. In der letzteren Hinsicht soll nach dem Entwurfe zuständig sein dasjenige Amtsgericht, in dessen Bezirke der Verschollene seinen letzten Wohnsitz im Inlande gehabt hat (§ 9 Satz 1). Eine Ausnahme hiervon dahin zu machen, daß, falls für den Verschollenen eine Vormundschaft oder Pflegschaft im Inlande angeordnet ist, das mit dieser befaßte Amtsgericht bezw. dasjenige Amtsgericht zuständig sei, in dessen Bezirke das Vormundschaftsgericht seinen Sitz hat (bayr. Ausf. Ges. zur C. P. O. Art. 106, schaumburg-lippesches Ausf. Ges. § 62), erscheint weder nothwendig noch zweckmäßig. Vorsorge ist aber für den Fall zu treffen, daß ein verschollener Deutscher im Inlande einen Wohnsitz nicht gehabt hat. In Ermangelung eines solchen, den letzten Aufenthaltsort im Inlande entscheiden zu lassen, würde nicht erschöpfen, da möglicherweise auch ein Aufenthalt im Inlande nicht stattgefunden hat. Um alle Fälle zu decken, wird in § 9 Satz 2 vorgeschrieben, daß, wenn der Verschollene einen Wohnsitz im Inlande nicht gehabt hat, das zuständige Gericht von der obersten Justizverwaltungsbehörde des Heimathsstaates bestimmt wird. Zuständigkeit.

Die Vorschrift des § 9 ist in dem Sinne gegeben, daß die in derselben geordnete Zuständigkeit eine ausschließliche ist. Die Gründe, welche zu einer Beschränkung der Todeserklärung auf Deutsche in § 5 geführt haben, schließen in sich, daß die im Auslande in Ansehung eines Deutschen ausgesprochene Todeserklärung Anerkennung nicht finden kann.

Die Vorschrift des § 9 hat vor derjenigen des § 10 ihre Stelle gefunden, weil sie zugleich für die Fälle der Kriegs- und Seeverschollenheit Geltung haben muß.

§ 11.

Antrags-berechtigung.

Die Einleitung des Verfahrens behufs der Todeserklärung setzt einen Antrag voraus. Antragsberechtigt soll sein der Abwesenheitspfleger und der Vormund des Verschollenen, sofern das Vormundschaftsgericht die Ermächtigung zur Antragstellung ertheilt. Der Ausdruck „Ermächtigung" ist mit Rücksicht auf § 52 der C. P. O. gewählt. Die Herbeiführung der Todeserklärung liegt an und für sich außerhalb des Kreises der Thätigkeit eines Abwesenheitspflegers oder Vormundes; immerhin besteht für diese wie auch für das Vormundschaftsgericht ein erhebliches Interesse, die Abwesenheitspflegschaft oder Vormundschaft schließlich dem Ende zuzuführen. Die Antragsberechtigung des Abwesenheitspflegers bezw. des Vormundes ist, wenn auch zum Theil unter Beschränkungen, zur Zeit bereits anerkannt in Preußen (Gebiet des A. L. R., Hannover, Frankfurt), Bayern (rechtsrheinisches Gebiet), Hessen, Oldenburg, Braunschweig, Sachsen-Coburg, Anhalt, Schwarzburg-Sondershausen, Schaumburg-Lippe, Lübeck, Hamburg. Liegt der Fall der Bevormundung vor und ist an Stelle des Vormundes wegen dessen Behinderung oder aus sonst einem Grunde ein Pfleger bestellt, so ist auch dieser zur Stellung des Antrages befugt (vergl. § 1743).

Antragsberechtigt soll ferner sein der Ehegatte sowie ein Jeder, welcher an der Todeserklärung ein rechtliches Interesse hat und dasselbe glaubhaft zu machen vermag; vergl. die Gesetze für Hannover, Frankfurt, Bayern, Sachsen-Weimar, Oldenburg, Braunschweig, Schaumburg-Lippe, Lübeck, Bremen, Hamburg. Legitimirt können darnach insbesondere sein: die gesetzlichen Erben, die Testaments- oder Vertragserben, die Vermächtnißnehmer; desgleichen die zur Nachfolge in ein Lehen- oder Familienfideikommiß Berufenen, der Eigenthümer einer mit lebenslänglicher Nutznießung des Verschollenen belasteten Sache u. s. w. Ein rechtliches Interesse liegt auch nicht blos dann vor, wenn eine Person im Falle des Todes des Verschollenen in ein Recht des letzteren eintreten oder ein Recht an Stelle des Verschollenen geltend machen könnte, sondern auch dann, wenn durch die Todeserklärung ein durch den Tod des Verschollenen bedingter Anspruch gegen einen Dritten erwächst. Ein dahin gehöriger, nicht unwichtiger Fall ist u. a., daß Jemand eine auf den Tod des Verschollenen gestellte Versicherungspolize besitzt (preuß. A. L. R. II, 8 §§ 2294 ff.). Ausreichende Gründe, solchen Interessenten die Antragsberechtigung und damit vielleicht die Möglichkeit, zu ihrem Rechte zu kommen, abzuschneiden, sind nicht vorhanden.

§ 12.

Voraussetzung der Einleitung des Verfahrens.

Der Antragsteller hat, um die Einleitung des Verfahrens zu erwirken, neben dem rechtlichen Interesse, soweit solches darzuthun ist, auch alle sonstigen zur Begründung des Antrages erforderlichen Thatsachen glaubhaft zu machen (C. P. O. § 266). Die bloße Angabe dieser Thatsachen unter Erbietung zum Beweise genügt nicht. Die vorherige Glaubhaftmachung ist durch die Wichtigkeit des Verfahrens und der an dasselbe geknüpften Folgen geboten; sie entspricht zugleich dem in dem größeren Theile Deutschlands geltenden Rechte (Ausf. Ges. zur C. P. O. für Preußen § 22 Abs. 1, für Sachsen § 15 Abs. 1, für Hessen Art. 8 Abs. 1, u. s. w.). Nicht erfordert wird, daß der Antragsteller in dem Gesuche zur eidlichen Versicherung der Wahrheit seiner Angaben sich erbietet (vergl. die angef. Gesetze; C. P. O. § 840 Nr. 3). Es würde dies nur ein formales Moment ohne genügenden sachlichen Werth sein.

§ 13.

Offizialthätigkeit des Gerichtes.

Das Verfahren behufs der Todeserklärung und diese selbst sind sichtbar verwandt mit dem Entmündigungsverfahren und der Entmündigung. Schon hieraus läßt sich ableiten, daß das Gericht die Todeserklärung, ebenso wie die Entmündigung, nur dann aussprechen darf, wenn dasselbe die zur Begründung erforderlichen Thatsachen für erwiesen erachtet, die Thatsachen also nicht blos glaubhaft gemacht sind, sowie ferner, daß das Gericht berufen sein muß, entsprechend dem § 597 der C. P. O. von Amtswegen die zur Feststellung der entscheidenden Thatsachen erforderlichen Ermittelungen zu veranstalten und die geeignet erscheinenden Beweise aufzunehmen. Eine solche Regelung ist aber auch an sich geboten. Die Todeserklärung wirkt gegen jeden Dritten ohne Rücksicht darauf, ob derselbe an dem Verfahren Theil genommen hat. Eine so weit gehende Tragweite hat zur nothwendigen Voraussetzung, daß die Gewähr voller richterlicher Ueberzeugung dafür besteht, daß die Todeserklärung zu Recht ergeht; die unter Umständen vorhandenen Beweisschwierigkeiten fallen gegenüber der freien Beweiswürdigung nicht ins Gewicht. Dem Antragsteller steht, was gleichfalls von Bedeutung ist, kein Gegner gegenüber. Es findet weder eine Mitwirkung der Staatsanwaltschaft (code civil Art. 114), noch eine Vertretung des Abwesenden durch einen Vormund oder Pfleger (sachsen-weimar. Ges. § 12; österr. G. B. § 277) statt. Eine Fürsorge in dieser Richtung ist entbehrlich, aber nur dann, wenn der Prozedur der Charakter eines von der Offizialthätigkeit des Gerichtes beherrschten Verfahrens gegeben wird.

Die Vorschrift des § 13 geht über § 829 Abs. 2 der C. P. O. insofern hinaus, als sie dem Gerichte die daselbst dem Ermessen desselben anheimgegebene nähere Ermittelung des Sachverhaltes zur Pflicht macht; dagegen bewendet es bei dieser Bestimmung, soweit sie die Anordnung einer eidlichen Versicherung in das richterliche Ermessen stellt. Eine ausnahmslose Nöthigung des Antragstellers zur eidlichen Versicherung würde überall da nicht am Platze sein, wo die richterliche Ueberzeugung von der Wahrheit der einschlagenden Thatsachen schon auf anderem Wege begründet ist.

Der Hervorhebung im Gesetze bedarf nicht, daß die Beweisaufnahme im Verfahren ebenso wie die Glaubhaftmachung vor der Einleitung desselben nach den Vorschriften der C. P. O. zu erfolgen hat.

§§ 14—16.

Aufgebot. Gegen eine Zurückweisung des Antrages auf Einleitung des Verfahrens steht dem Antragsteller das Rechtsmittel der Beschwerde zu (C. P. O. § 530). Wird der Antrag für zulässig befunden, so erfolgt das Aufgebot (C. P. O. § 824 Abs. 2 Satz 1); die Entscheidung ist, sofern sie nicht auf Grund einer vorgängigen mündlichen Verhandlung verkündet wird, dem Antragsteller in Beschlußform zuzustellen (C. P. O. § 294 Abs. 3).

Inhalt des Aufgebotes. Der in § 14 festgestellte Inhalt des Aufgebotes schließt sich der allgemeinen Vorschrift des § 824 Abs. 2 Satz 2 der C. P. O. an. Die Androhung beschränkt sich auf die Inaussichtstellung der Todeserklärung; ein Hinweis auf die gesetzlichen Folgen der letzteren ist nicht erforderlich. Das Verfahren bezweckt nur die Herbeiführung der Todeserklärung, nicht die Ausmittelung der Erbberechtigten oder der Gläubiger, nicht den Ausschluß vermögensrechtlicher Ansprüche Dritter; es ist daher auch von der in den Landesgesetzen sich findenden Aufforderung an solche Personen, sich zu melden, abgesehen. Dagegen soll im Interesse der Ermittelung der Wahrheit und im Interesse der bei der Sache Betheiligten nach dem Vorgange der Gesetze für Hannover (§ 8), Bayern (Art. 110), Oldenburg (§ 14), Braunschweig (§ 4 Nr. 3), Schaumburg-Lippe (§ 8), Lübeck (§ 8), Bremen (§ 13), eine Aufforderung an Alle aufgenommen werden, welche zur Sache etwas mittheilen können.

Von der Anordnung, daß bekannte Betheiligte, die nicht als Antragsteller aufgetreten sind, insbesondere die nächsten Erben von dem Termine besonders zu verständigen oder zu demselben zu laden sind (preuß. A. G. O. I, 37 § 8; weimar. Ges. § 19), ist Abstand genommen. Erscheint es angemessen, dieselben als Auskunftspersonen zu hören, so kann die Vernehmung auf Grund des § 13 bewirkt werden.

Die öffentliche Bekanntmachung des Aufgebotes erfolgt in Gemäßheit des § 825 der C. P. O. Eine abweichende Anordnung zu treffen (bayr. Ges. Art. 111; sächs. Ges. vom 4. März 1879 § 16, u. s. w.), insbesondere im Anschlusse an § 842 der C. P. O. eine dreimalige Einrückung in die in § 187 Abs. 2 der C. P. O. bezeichneten Blätter vorzuschreiben, liegt kein Bedürfniß vor. Aufgebotsfrist. Die Dauer der Aufgebotsfrist soll mindestens sechs Monate betragen (§ 15); die Frist des § 827 der C. P. O. ist zu kurz. Die preuß. A. G. O. I, 37 § 6 verlangt neun Monate, das bayr. Ges. Art. 112 mindestens neun Monate, das sächs. Gesetz vom 4. März 1879 § 17 und das sachsen-altenburg. Gesetz vom 25. März 1879 § 24 Z. 4 mindestens sechs Monate und höchstens ein Jahr, die Gesetze für Hannover § 8 und für Schaumburg-Lippe § 8 mindestens ein Jahr und höchstens achtzehn Monate.

Eintritt anderer Antragsberechtigter in das Verfahren. Geräth das eingeleitete Verfahren durch den Tod des Antragstellers oder dadurch, daß der letztere dasselbe nicht fortsetzt, in's Stocken, so wäre es eine unzweckmäßige Weiterung, wenn andere Antragsberechtigte genöthigt würden, die Prozedur von Neuem zu beginnen. Der Entwurf sieht deshalb in § 16 die Fortsetzung des Verfahrens durch andere Antragsberechtigte vor und gestattet zugleich einem jeden Antragsberechtigten, auch während des betriebenen Verfahrens, neben dem ursprünglichen Antragsteller in dasselbe einzutreten (vergl. die Ausführungsgesetze zur C. P. O. von Preußen § 22, Hessen Art. 8, Schwarzburg-Sondershausen § 13, Schaumburg-Lippe § 62; ferner bayr. Gesetz Art. 113, braunschweig. Gesetz § 4 Nr. 6, hamburg. V. § 8, lübeck. V. § 10). Den Nachfolger zur Erstattung der dem Vorgänger erwachsenen Kosten zu verpflichten, ist gegenüber dem § 18 entbehrlich.

§ 17.

Der Verschollene meldet sich.

Meldet der Abwesende sich infolge des Aufgebotes, so ist der Antrag auf Erlassung des Urtheiles, falls der Antragsteller ihn nicht zurückzieht, durch Beschluß zurückzuweisen. Das Gleiche hat zu geschehen, wenn in anderer Weise glaubwürdige Nachricht über das Fortleben oder über den Tod des Abwesenden eingeht oder es sich zeigt, daß es an einer sonstigen Voraussetzung für die Todeserklärung gebricht. Gegen den Beschluß ist sofortige Beschwerde zulässig; C. P. O. § 829 Abs. 3.

Bestreitung der Identität.

Meldet Jemand sich als der angeblich Verschollene und erkennt der Antragsteller (oder ein in das Verfahren eingetretener Interessent) denselben als solchen nicht an, so hat § 830 der C. P. O. mit der Maßgabe Anwendung zu finden, daß das Verfahren stets auszusetzen ist. Man kann letzteres für selbstverständlich erachten, da ein die Todeserklärung aussprechendes Urtheil unter Vorbehalt der Rechte seinen Zweck verfehlen würde. Wenn es trotzdem in § 17 hervorgehoben wird, so geschieht dies, um zugleich klarzustellen, daß der Aufgebotsrichter als solcher weder die Befugniß noch den Beruf hat, die betreffende Statusstreitigkeit im Aufgebotsverfahren zu entscheiden. Ueber die Behandlung sonstiger im Aufgebotsverfahren möglicherweise auftauchender Streitigkeiten (Bestreiten der Legitimation u. s. w.) ist etwas Besonderes nicht vorgesehen. Die Wissenschaft und Praxis wird auch ohne nähere Anleitung auf Grund der Vorschriften der C. P. O. über das Aufgebotsverfahren und der Vorschriften des Entwurfes über das Verfahren bei der Todeserklärung die richtige Entscheidung finden.

Für die öffentliche Bekanntmachung des die Todeserklärung aussprechenden Urtheiles ist § 833 der C. P. O. maßgebend. Eine derartige Bekanntmachung unbedingt vorzuschreiben (C. P. O. § 848 Abs. 2) ist ebensowenig Anlaß, als es geboten erscheint, mit dem bayr. Gesetze Art. 116 anzuordnen, daß der Ausspruch der Todeserklärung an die Gerichtstafel und im Heimathsorte des Verschollenen anzuheften sei.

§ 18.

Die Kosten der Todeserklärung sind Masseschulden.

Die C. P. O. trifft keine Bestimmung über die Kosten des Aufgebotsverfahrens; sie geht davon aus, daß es sich dabei wesentlich um das von der C. P. O. nicht berührte Verhältniß des Antragstellers zu dem Fiskus handele und daß, soweit die Erstattungspflicht eines Gegners in Frage komme, die allgemeinen Grundsätze genügend seien (Mot. zu §§ 778, 790 des Entw. z. C. P. O.).

Für das Verfahren zum Zwecke der Todeserklärung erscheint es billig und angemessen, bei eintretender Todeserklärung dem Antragsteller diejenigen Kosten aus dem Vermögen des Verschollenen mit dem Rechte einer vorzugsweisen Befriedigung ersetzen zu lassen, welche zur zweckentsprechenden Durchführung des Verfahrens nothwendig gewesen sind. Es entspricht dies im Wesentlichen dem schon zur Zeit in Preußen (A. L. R. II, 18 § 846), Bayern (Ges. Art. 117), Lübeck (V. § 10), Hamburg (V. § 13) geltenden Rechte. Die Kosten bleiben dem Vermögen des Verschollenen auch dann zur Last, wenn der Verschollene nach erfolgter Todeserklärung sich meldet oder der wirkliche Todestag dargethan wird, unbeschadet des Ersatzanspruches auf Grund eines widerrechtlichen Handelns des Antragstellers. Dagegen würde es nicht gerechtfertigt sein, dem Verschollenen die Kosten, wie dies in einigen Gesetzen geschieht, auch für den Fall aufzubürden, daß er infolge des Aufgebotes sich rechtzeitig meldet.

§ 19.

Verbindung mehrerer Aufgebote.

Nach § 836 der C. P. O. kann das Gericht die Verbindung mehrerer Aufgebote anordnen, auch wenn die Voraussetzungen des § 138 der C. P. O. nicht vorliegen. Im Interesse der gleichmäßigen Behandlung der Fälle und der Kostenersparniß empfiehlt es sich, des Weiteren die Landesjustizverwaltung zu ermächtigen, die Erledigung der Aufgebotsanträge zum Zwecke von Todeserklärungen für den Bezirk mehrerer Amtsgerichte desselben Landgerichtsbezirkes einem dieser Amtsgerichte zu übertragen, unbeschadet des Rechtes des Antragstellers, die Erledigung durch das an sich zuständige Gericht zu verlangen. Eine entsprechende Vorkehr ist bereits getroffen in den Ausführungsgesetzen zur C. P. O. von Preußen (§ 26), Sachsen-Meiningen (§ 13), Sachsen-Altenburg (§ 24 Z. 1), Waldeck (Art. 1). Vergl. auch die oldenburg. Gesetze vom 10. April 1879 (Art. 7), vom 2. April 1879 (Art. 5) und vom 10. Mai 1879 (Art. 7), sowie das Ausf.-Ges. von Sachsen-Weimar (§ 10).

§ 20.

Bei Kriegs- und Seeverschollenheit keine öffentliche Ladung.

In den Fällen der Kriegs- und Seeverschollenheit kann mit Rücksicht auf die durch die Umstände begründete hohe Wahrscheinlichkeit des Todes die das Verfahren verlängernde und vertheuernde öffentliche Ladung des Verschollenen nach dem Vorgange der preuß. Gesetze vom 24. Februar 1868 (G. S. S. 193), 2. April 1872 (G. S. S. 341) und 24. Februar 1851 (G. S. S. 23) § 5 unbedenklich unterbleiben. Indessen soll auch hier die Todeserklärung nicht auf Grund eines der Oeffentlichkeit entzogenen Verfahrens erfolgen. Der Entwurf bestimmt deshalb, daß über das Gesuch, soweit dasselbe nicht sofort verworfen wird, mündlich verhandelt, daß ferner das Urtheil in öffentlicher Sitzung erlassen (vergl. § 8 der erwähnten preuß. Gesetze von 1868 und 1872), und daß der zur Verhandlung oder Urtheilserlassung bestimmte Termin durch Anheftung an der Gerichtstafel bekannt gemacht wird. Außerdem sind die Vorschriften der §§ 11—13, 16—19 sowie die in § 824 Abs. 1, §§ 826, 828, 829, 831, 834 bis 836 der C. P. O. enthaltenen Vorschriften für entsprechend anwendbar erklärt.

Das preuß. A. L. R. II, 18 § 854 gestattet den Wegfall der öffentlichen Ladung auch dann, wenn seit der Entfernung eines Abwesenden oder seit der letzten von ihm eingegangenen Nachricht vierzig Jahre verflossen sind. Ein zureichender Grund, die für die gewöhnlichen Verschollenheitsfälle geltende einheitliche Regel durch eine solche Sonderbestimmung zu durchbrechen, liegt nicht vor.

§ 21.

1. Mit der Todeserklärung tritt an die Stelle der Ungewißheit über Leben und Tod die Vermuthung des erfolgten Todes. Die Vermuthung läßt sich nicht dahin fassen, daß der Verschollene zur Zeit ihres Eintrittes gestorben sei (sächs. G. B. § 43 und andere Gesetze). Damit würde ausgesprochen sein, daß der Verschollene bis zu dieser Zeit gelebt habe, während in § 4 die Anerkennung einer derartigen allgemeinen Lebensvermuthung abgelehnt ist. Der Vermuthung kann vielmehr nur der Inhalt gegeben werden, daß der für todt Erklärte nicht mehr lebe, daß er also zu irgend einem ungewissen, über die Zeit des Eintrittes der Vermuthung nicht hinausliegenden Zeitpunkte gestorben sei. Eine so gefaßte Vermuthung genügt auch der Regel nach dem praktischen Bedürfnisse (bayr. Ges. Art. 118 Abs. 1). Nur in Bezug auf die Beerbung ist die Feststellung eines bestimmten Zeitpunktes, in welchem der für todt Erklärte als verstorben und mithin der Erbfall (§ 2025 Abs. 2) als eingetreten zu gelten hat, unumgänglich. Man findet zwar die Meinung, daß auch bei der bloßen Vermuthung des Nichtmehrlebens die Erbfolge ohne Weiteres bestimmbar sei, da bei der Unmöglichkeit, einen früheren Zeitpunkt des Todes zu beweisen, die Erbschaft nur demjenigen zufallen könne, welcher zu der Zeit, zu welcher das Ableben als gewiß angenommen werde, der nächstberechtigte sei. Es ist indessen schwer ersichtlich, wie bei dem Erbschaftserwerbe kraft des Gesetzes und der unbeschränkten Vererbung der angefallenen Erbschaft (§§ 2025, 2028 Abs. 2) die Erbberechtigung ohne eine einschlagende besondere Bestimmung festgestellt werden könnte; mit dem Eintritte der Vermuthung ist für alle Erbprätendenten gleich gewiß, daß, und gleich ungewiß, wann der Tod erfolgt ist. Der für die Annahme des Eintrittes des Erbfalles maßgebende Zeitpunkt kann in Ermangelung jedes sonstigen sicheren Anhaltes kein anderer sein, als derjenige des Eintrittes der Vermuthung (Abs. 2; vergl. bayr. Ges. Art. 118 Abs. 2). 1. Todesvermuthung. Inhalt.

2. Die Vermuthung tritt dem Entwurfe gemäß mit dem Zeitpunkte der Erlassung der Todeserklärung ein. Das die Todeserklärung aussprechende Urtheil ist konstitutiv. In dem bestehenden Rechte wird der Eintritt der Vermuthung bald an den Akt der Todeserklärung, bald an das Ende der Aufgebotsfrist, bald an den Ablauf der Abwesenheitsfrist bezw. die Erreichung des erforderlichen Lebensalters geknüpft. Die konstitutive Wirkung des die Todeserklärung aussprechenden Urtheiles ist anerkannt in Preußen (A. L. R. II, 18 § 835), Bayern (Ges. Art. 118), Sachsen-Weimar (Gesetz vom 6. April 1833 § 121), Sachsen-Meiningen (Gesetz vom 23. Juni 1855 Art. 12 und Gesetz vom 6. März 1873 § 7), Sachsen-Altenburg (Gesetz vom 6. April 1841 § 129), Sachsen-Coburg (Gesetz vom 5. Juni 1832 § 15), Anhalt (Gesetz vom 2. Das Urtheil ist konstitutiv.

20. Mai 1879 § 16), Reuß j. L. (Mandat vom 20. Juli 1804 B § 7, Gesetz vom 22. Januar 1841 § 119), Oesterreich (G. B. § 278).

Gründe dafür. Leitet man, wie im gemeinen Rechte geschieht, die Todesvermuthung aus der Ueberschreitung der regelmäßigen Lebensgrenze ab, so entspricht es der Natur der Sache, wenn der Eintritt der Vermuthung an diese Ueberschreitung, deren Zeitpunkt zudem leicht bestimmbar ist, geknüpft und dem die Todeserklärung aussprechenden Urtheile nur eine deklaratorische Bedeutung beigelegt wird. Legt man dagegen, wie in §§ 6—8 geschieht, auf die Dauer der nachrichtslosen Abwesenheit das Gewicht, so liegt es schon an sich näher, den Ablauf der willkürlich bemessenen Abwesenheitsfrist nicht für den Eintritt der Todesvermuthung maßgebend sein zu lassen, sondern in dem Ablaufe lediglich die Voraussetzung für die Einleitung des mit der Todeserklärung abschließenden Verfahrens zu sehen. Dazu treten folgende praktische Erwägungen: Wird der Eintritt der Vermuthung nach einem vor dem die Todeserklärung aussprechenden Urtheile liegenden Zeitpunkte bestimmt, so ergiebt sich eine ziemlich verwickelte Gestaltung. Die Regelung der Erbfolge wird schwieriger und weitläufiger, wenn der Erbfall als in dem früheren, vielleicht weit zurückliegenden Zeitpunkte eingetreten zu gelten hat. War der Verschollene für seine Lebensdauer berechtigt oder verpflichtet, so muß das Endziel der Berechtigung oder Verpflichtung entsprechend rückwärts bestimmt werden. In Ansehung des ehelichen Güterstandes hat die Auseinandersetzung auf der Grundlage eines Vermögensbestandes zu erfolgen, der in der Zwischenzeit sich wesentlich geändert haben kann. Unzuträglichkeiten ergeben sich auch, wenn dem Verschollenen nach dem Eintritte der Todesvermuthung, aber vor Erlassung der Todeserklärung Vermögen anfällt. Von Gewicht ist ferner, daß für die an den Eintritt der Todesvermuthung zu knüpfende Annahme des Erbfalles ein sicherer, der Bestreitung entrückter Termin gegeben sein muß. Ein solcher Termin ist der nach dem Ablaufe der Abwesenheitsfrist sich bemessende Zeitpunkt nicht. Die Erforschung des Datums des Verschwindens kann mit Schwierigkeiten verbunden sein, welche mit der Länge der seitdem verstrichenen Zeit wachsen. Noch schwieriger ist die Ermittelung der „letzten Nachricht", die, weil sie das Nichtvorhandensein weiterer Nachrichten zum Gegenstande hat, immer nur ein Wahrscheinlichkeitsergebniß liefern kann. Vieles bleibt dabei dem von mehr oder weniger unsicheren Anhaltspunkten geleiteten Ermessen des Richters überlassen (Mot. des hess. Entw. 1. Abth. S. 312). Wird schließlich dem auf solcher Grundlage ermittelten Tage entscheidende Bedeutung beigelegt und verlangt man, wie solchenfalls nicht zu vermeiden ist, daß der Tag im Urtheile festgestellt werde (bayr. Ges. Art. 118 Abs. 3; oldenburg. V. § 15; frankf. Ges. § 7; zür. G. B. § 17), so könnte bei widerstreitenden Interessen dem durch eine solche Feststellung Beeinträchtigten ein Rechtsmittel gegen die Bestimmung des Tages nicht wohl versagt werden, während die Zulassung eines solchen Rechtsmittels kaum räthlich ist und den einschlagenden Vorschriften der C. P. O. (§ 834 Abs. 1) nicht entsprechen würde. Stände aber auch der kritische Tag rechtskräftig fest, so würden Bedenken erwachsen, ob es bei demselben verbleiben könnte, sobald in der Folge sich ergiebt, daß unbekannt gebliebene Nachrichten vorhanden waren oder daß neue Nachrichten eingegangen sind, welche einen anderen Anfangstermin der Abwesenheitsfrist an die Hand geben, während gewiß sein kann, daß die Frist, mag sie von dem einen oder anderen Zeitpunkte an gerechnet werden, jedenfalls bei Erlassung der Todeserklärung abgelaufen war.

Die Einwendungen, denen die Anerkennung der konstitutiven Wirkung des die Todeserklärung aussprechenden Urtheiles ausgesetzt ist, bestehen, abgesehen von dem theoretischen Bedenken, daß das Urtheil seiner Natur nach ein deklaratorischer Spruch sei, namentlich darin, daß die konstitutive Wirkung den entscheidenden Zeitpunkt von der Thätigkeit der Interessenten, von der rascheren oder langsameren Erledigung des Verfahrens abhängig mache, damit aber dem Zufalle, willkürlicher Einwirkung des Richters und selbst unlauteren Bestrebungen solcher Betheiligter Raum gebe, welche, auf den baldigen Wegfall eines vorgehenden Erbberechtigten rechnend, bestrebt seien, das Verfahren in die Länge zu ziehen. Diese Bedenken sind nicht ungewichtig. Sie liegen aber doch ferner als diejenigen, welche mit der Anknüpfung der Todesvermuthung an den Ablauf der Abwesenheitsfrist verbunden sind. Der Hinweis darauf, daß es von zufälligen Umständen abhänge, ob das Urtheil an diesem oder jenem Tage gesprochen werde, wiegt nicht schwer bei einem Verfahren, dessen Ergebniß, die Prozedur mag so oder anders gestaltet werden, in verschiedenen Richtungen immer von Zufälligkeiten beeinflußt sein wird. Was die Möglichkeit geflissentlicher Verschleppung anlangt, so kommt außerdem in Betracht, daß ein Hinüberspielen der Sache in einen weiteren Rechtszug bei dem Ausschlusse der ordentlichen Rechtsmittel nicht vorkommen kann, während im Uebrigen die prozeßrechtlichen Grundsätze wohl hinreichende Mittel der Abwehr bieten. Einwendungen.

Das bayr. Gesetz Art. 118 Abs. 2 läßt von dem Grundsatze der konstitutiven Wirkung „in Ansehung des zurückgelassenen Vermögens der für todt erklärten Person" eine Ausnahme für den Fall eintreten, daß die Todeserklärung erst nach Ablauf von siebzig Jahren seit der Geburt des Verschollenen erfolgt; ist die Abwesenheitsfrist in einem solchen Falle schon vor Vollendung des siebzigsten Lebensjahres des Verschollenen abgelaufen, so soll der einundsiebzigste Geburtstag, wenn sie erst nach dieser Zeit geendet hat, der Tag, an welchem sie abgelaufen ist, als der Todestag anzusehen sein. Die Ausnahme beruht nach den Motiven des Gesetzes auf der Erwägung, daß eine strenge Durchführung der konstitutiven Wirkung zu unhaltbaren Widersprüchen mit der natürlichen Grenze des Menschenlebens führen müsse. Es sei zu berücksichtigen, daß eine Todeserklärung nach Ablauf einer Zeit beantragt und ausgesprochen werden könne, in welcher nach dem Laufe der Natur der Tod zweifellos schon längst eingetreten sei, z. B. 125 Jahre oder noch später nach der Geburt des Verschollenen. Die Fälle, welche die erwähnten Motive in's Auge fassen, dürften kaum praktisch werden. Es wird vorausgesetzt, daß der Verschollene Vermögen hinterlassen hat, und in dieser Hinsicht darf das Gesetz mit dem Gedanken rechnen, daß das Interesse der Betheiligten eine Regelung der Verhältnisse in angemessener Zeit veranlaßt.

Den Eintritt der Vermuthung an den Ablauf der Aufgebotsfrist zu knüpfen, empfiehlt sich keinesfalls. Mit dem Betreten eines solchen Mittelweges würden die Vortheile, welche die maßgebende Bedeutung des Zeitpunktes Ablauf der Aufgebotsfrist kann nicht entscheiden.

der Erlassung der Todeserklärung bietet, zum Theil verloren gehen, ohne daß den entgegenstehenden Bedenken in hinreichender Weise begegnet wäre. Der Ablauf der Aufgebotsfrist ist in Bezug genommen in dem hannöv. Gesetze (§ 13), in den Verordnungen für Oldenburg (§ 16), Lübeck (§ 11), Bremen (§ 16), Hamburg (§ 6).

3. Wirkung der Todeserklärung in rem.

3. Die Todeserklärung wirkt ihrem Zwecke gemäß für und gegen Jedermann. Sie wirkt auch gegen denjenigen, welchem eine von dem Tode des Verschollenen abhängige Verbindlichkeit durch sie erwächst, selbst wenn der Antrag auf Erlassung von dem Gläubiger ausgegangen ist (vergl. oben S. 42). Die Wirkung gegen den Schuldner in dem letzteren Falle nur eintreten zu lassen, wenn derselbe zu dem Verfahren zugezogen bezw. ihm rechtliches Gehör verstattet worden ist, erscheint weder nothwendig noch zweckmäßig; zweckmäßig nicht, wegen der mit einer relativen Wirkung der Todeserklärung verbundenen Verwickelungen; nothwendig nicht, wegen der nach § 13 eintretenden Offizialthätigkeit des Gerichtes sowie mit Rücksicht darauf, daß die Todeserklärung nur eine dem Gegenbeweise weichende Vermuthung (vergl. Ziff. 4) begründet.

Die Wirkung der Todeserklärung erstreckt sich sowohl auf die vermögensrechtlichen Verhältnisse des für todt Erklärten als auf dessen Familienbeziehungen. In Ansehung der Ehe ist die Wirkung der Todeserklärung in § 1235 besonders anerkannt. Hinsichtlich der Beendigung der Abwesenheitspflegschaft vergl. § 1748 Abs. 1 Nr. 4. Einzelne Gesetze (V. für Oldenburg §§ 21, 27, für Bremen §§ 18, 22) machen die Ausantwortung des Vermögens des für todt Erklärten an den Erben davon abhängig, daß der letztere für den Fall der etwa erforderlich werdenden Rückerstattung an den Verschollenen oder der Herausgabe an sonstige Berechtigte Sicherheit leiste. Die Auferlegung einer solchen Verpflichtung zur Sicherheitsleistung entkleidet die Todeserklärung ihres wesentlichen Charakters und schraubt sie, wenigstens bis zu einem gewissen Grade, zu einer Verschollenheitserklärung zurück.

4. Die Todesvermuthung weicht dem Beweise des Gegentheiles.

4. Die durch die Todeserklärung geschaffene Vermuthung weicht dem Beweise des Gegentheiles (§ 198). Sobald die Fortdauer des Lebens oder der Zeitpunkt des Todes in Gewißheit gesetzt worden ist, tritt die der wirklichen Sachlage entsprechende Beurtheilung ein, wie wenn das die Todeserklärung aussprechende Urtheil nicht erlassen worden wäre. Es gilt

Einschränkungen.

dies jedoch nicht uneingeschränkt. Hat nach der Todeserklärung eines noch am Leben befindlichen Ehegatten der andere Ehegatte eine neue Ehe geschlossen, so bewendet es, von besonderen Fällen abgesehen, bei dieser Ehe; die frühere Ehe ist durch die neue aufgelöst (§ 1464). Die eheliche Nutznießung und Verwaltung und die Errungenschaftsgemeinschaft werden durch die Todeserklärung des Ehemannes beendet, mag dieser auch noch leben; der Ehemann hat nur das Recht, die Wiederherstellung des Güterstandes zu verlangen (§ 1327 Abs. 1 Nr. 4, §§ 1332, 1429 Abs. 2, § 1430 Abs. 1). Aehnlich verhält es sich mit dem Erlöschen der elterlichen Gewalt, wenn der Inhaber für todt erklärt ist; zur Wiedererlangung der Gewalt ist eine besondere, gegenüber dem Vormundschaftsgerichte abzugebende Willenserklärung erforderlich (§ 1557 Abs. 2, 3; vergl. § 1560). Eine eingeleitete Vormundschaft oder Pflegschaft endigt mit der Todeserklärung des Mündels, ohne Rücksicht darauf, ob dieser wirklich todt ist (§ 1703 Abs. 1 Nr. 1, § 1735 Abs. 1, § 1737 Abs. 3, § 1743). Das Amt des Vormundes, Gegenvormundes, Pflegers, Beistandes oder Mitgliedes eines Familienrathes erlischt in gleichem Maße mit der Todeserklärung des Betreffenden (§ 1704 Nr. 1, §§ 1728, 1710, 1743, 1543, 1723 Abs. 1). Vergl. ferner §§ 1587, 1611.

Rechte des noch Lebenden in Ansehung seines Vermögens.

Die Rechte des zur Zeit der Todeserklärung noch lebenden Verschollenen gegenüber demjenigen, welcher das zurückgelassene Vermögen als Erbe in Besitz genommen hat, sind in § 2089 Absatz 1 näher bestimmt. Stellt nachträglich sich heraus, daß der Verschollene vor der Todeserklärung bereits gestorben war, so bedarf derjenige, welcher, auf die Zeit des Todes gesehen, als Erbe berufen ist, eines besonderen Rechtsmittels nicht, da ihm nach allgemeinen Grundsätzen der Erbschaftsanspruch gegenüber dem Erbschaftsbesitzer zur Seite steht. Von Bedeutung ist auch für diesen Fall die im § 2090 zum Schutze eines Dritten getroffenen Vorschrift, welcher mit dem vermeintlichen Erben, ohne von dem wirklichen Sachverhalte unterrichtet zu sein, in Verkehr getreten ist.

§§ 22—24.

1. Anfechtungsklage zulässig.

Das die Todeserklärung aussprechende Urtheil tritt mit seiner Verkündung in Kraft; ein ordentliches Rechtsmittel findet nicht statt; C. P. O. § 834 Abs. 1. Das Urtheil kann nur im Wege besonderer Klage und nur unter den in § 834 Abs. 2 und § 835 der C. P. O. bezeichneten Voraussetzungen angefochten werden. Diese Anfechtbarkeit auszuschließen fehlt es an einem zureichenden Anlasse. Die Gründe, welche die C. P. O. zur Gestattung der Anfechtungsklage gegen ein im Aufgebotsverfahren ergangenes Urtheil überhaupt geführt haben, treffen auch hier zu. Gewichtige Interessen können bestehen, daß eine an so schweren Mängeln, wie solche in § 834 Abs. 2 der C. P. O. gekennzeichnet sind, leidende Todeserklärung wieder aufgehoben werde. Als ein Anfechtungsgrund im Sinne des § 834 Abs. 2 Nr. 1 der C. P. O. kann insbesondere auch in Betracht kommen, daß der Verschollene zur Zeit der Erlassung des Urtheiles die Reichsangehörigkeit nicht mehr besessen hat. (§ 5).

2. Das ergehende Urtheil wirkt in rem.

Die Wirksamkeit des im Anfechtungsprozesse ergangenen obsieglichen Urtheiles darf sich nicht auf die Parteien beschränken. Eine solche Begrenzung würde eine in sich widerspruchsvolle Gestaltung der Verhältnisse zur Folge haben. Die Aufhebung der Todeserklärung muß, wie diese selbst, für und gegen Jedermann wirken; das obsiegliche Urtheil entzieht der Todeserklärung als solcher die Kraft (§ 22). Ueber eine Beschränkung der Wirksamkeit des Aufhebungsurtheiles in sachlicher Hinsicht bei einer inzwischen erfolgten Wiederverheirathung des zurückgebliebenen Ehegatten vergl. § 1464 Abs. 2. Die Bestimmung des § 2089 Abs. 1 findet auch hier Anwendung.

3. Anfechtungsberechtigte.

Die Berechtigung zur Erhebung der Anfechtungsklage steht einem Jeden zu, welcher an der Aufhebung der Todeserklärung ein rechtliches Interesse hat; bei dem Ehegatten des Verschollenen ist dieses Interesse von selbst gegeben (§ 23). Die Regelung befindet sich im Einklange mit § 11 Satz 1; der daselbst erwähnte Abwesenheitspfleger und der Vormund können als Berechtigte hier nicht in Betracht kommen.

4. Anfechtungsgegner. Anfechtungsgegner ist nach § 834 Abs. 2 der C. P. O. derjenige, welcher die Todeserklärung beantragt hat. Daneben muß für den Fall Vorsorge getroffen werden, daß dieser Antragsteller verstorben oder sonst nicht zugänglich ist. Für den verwandten Fall der mittels Klage zu bewirkenden Anfechtung eines die Entmündigung wegen Verschwendung aussprechenden Beschlusses ist in § 624 Abs. 3 der C. P. O. angeordnet, daß, wenn der Antragsteller verstorben oder wenn sein Aufenthalt unbekannt oder im Auslande ist, die Klage gegen den Staatsanwalt zu richten ist. Die gleiche Bestimmung empfiehlt sich hier (§ 24 Abs. 1).

5. Offizialmaxime. In dem Anfechtungsprozesse selbst darf die Verhandlungsmaxime nur in beschränktem Maße Platz greifen; der Möglichkeit von Kollusionen muß vorgebeugt werden. Außerdem ist dem Richter eine ähnliche freie Stellung, wie in § 13, einzuräumen. Demgemäß sind — C. P. O. § 624 Abs. 4 — die Vorschriften der §§ 608, 610 und 611 der C. P. O. für entsprechend anwendbar erklärt (§ 24 Abs. 2).

Dritter Titel.

Altersstufen. Entmündigung.

§ 25.

1. Dauer der Minderjährigkeit. Die Dauer der Minderjährigkeit bis zum zurückgelegten einundzwanzigsten Lebensjahre entspricht dem Gesetze, betr. das Alter der Großjährigkeit, vom 17. Februar 1875 (R. G. Bl. S. 71). Zurückgelegt ist das einundzwanzigste Lebensjahr, wenn der letzte Tag desselben abgelaufen ist (§ 149 Abs. 1).

2. Dauer des Kindesalters. Innerhalb des Zeitraumes der Minderjährigkeit sind zwei Stufen von allgemeiner Bedeutung unterschieden: das Kindesalter, für welches die Willensfähigkeit verneint wird, und das Alter, in welchem die letztere zwar als vorhanden anzuerkennen ist, aber die noch fehlende Reife der geistigen Entwickelung, der Mangel des normalen Grades der Besonnenheit und Einsicht in die Lebensverhältnisse eine Beschränkung des selbständigen Auftretens im Rechtsverkehre bedingt. Die Grenze des Kindesalters ist — in Uebereinstimmung mit dem gemeinen und preuß. Rechte (A. L. R. I, 1 § 25; Gesetz vom 12. Juli 1875 § 1), dem sächs. G. B. § 47, dem österr. G. B. § 21, dem hess. Entw. Abth. IV, 1 Art. 47 Nr. 1, dem dresd. Entw. Art. 23*) — auf das Ende des siebenten Lebensjahres gestellt. Nach dem bayr. Entw. Th. I Art. 3 ist das zurückgelegte achte Lebensjahr maßgebend. Das schweiz. Gesetz, betr. die persönliche Handlungsfähigkeit, vom 22. Juni 1881 begrenzt überhaupt das Lebensalter, in welchem Personen um deswillen „gänzlich handlungsunfähig" sind, weil sie noch „keinen bewußten Willen" haben, nicht näher (Art. 4).

---

*) Unter letzterem wird hier und in dem Folgenden verstanden „der Entwurf eines für die deutschen Bundesstaaten gemeinsamen Gesetzes über Schuldverhältnisse".

Für die über sieben Jahre alten Minderjährigen sind Abstufungen, wie solche in verschiedener Weise im gemeinen, preuß. (A. L. R. I, 1 § 25), bad. (L. R. Satz 1124a) und österr. Rechte (G. B. § 21) sich finden, nicht aufgestellt. Der Thatsache, daß die vom Beginne des achten bis zur Beendigung des einundzwanzigsten Lebensjahres reichende Altersklasse Personen umfaßt, die auf sehr verschiedener Stufe der Entwickelung stehen, wird durch das Institut der Volljährigkeitserklärung (§§ 26, 27), durch die Erweiterung der Geschäftsfähigkeit Minderjähriger in Fällen, in welchen die Berufsverhältnisse eine solche fordern (§ 67) und durch einschlagende sonstige Bestimmungen (vergl. §§ 68, 69) genügende Rechnung getragen. 3. Keine Zwischenstufen.

Die Ehemündigkeit tritt nach § 1233 Abs. 2 für den Mann mit dem zurückgelegten zwanzigsten Lebensjahre, für die Frau mit dem zurückgelegten sechszehnten Lebensjahre ein. Die Fähigkeit, eine letztwillige Verfügung zu errichten, ist in § 1912 an das zurückgelegte sechszehnte Lebensjahr geknüpft. Ueber die gewissen Altersstufen in einzelnen Beziehungen sonst noch zukommende rechtliche Bedeutung vergl. § 27 Abs. 1, §§ 709, 1238 Abs. 1, § 1456 Abs. 1, §§ 1573, 1588, 1603 Abs. 1, §§ 1604, 1610 Abs. 2, §§ 1612, 1643 Nr. 2, §§ 1657, 1680, 1917 Abs. 2 Nr. 2.

Minderjährige unter sieben Jahren werden in dem Entwurfe mit „Personen, welche im Kindesalter stehen," bezeichnet (§ 64 Abs. 1, § 709). Terminologie.

§ 26.

Die Volljährigkeitserklärung stellt im Wege der Rechtsvergünstigung Minderjährige vor dem Gesetze Volljährigen gleich. Dieser ihrer Bedeutung gemäß ist sie im Allgemeinen Theile, nicht im Familienrechte (preuß. A. L. R. II, 18 §§ 713 ff.; bayr. L. R. I, 7 § 36 Nr. 7; sächs. G. B. §§ 1967 ff.; österr. G. B. § 252) geordnet.

Die Volljährigkeitserklärung erfährt in der Mehrzahl der bestehenden Rechte eine verschiedene Behandlung, je nachdem Minderjährige unter väterlicher Gewalt oder unter Vormundschaft stehen. Der Einfluß der römischrechtlichen Auffassung, daß die väterliche Gewalt und die Vormundschaft, die rechtliche Stellung des gewaltsuntergebenen und des gewaltsfreien Kindes etwas grundsätzlich Verschiedenes seien, ist dabei unverkennbar. Das preuß. A. L. R., das bayr. L. R., das sächs. und österr. G. B. regeln die Volljährigkeitserklärung unter den Beendigungsgründen der Vormundschaft, fassen mithin zunächst, wenn nicht überhaupt, nur bevormundete Minderjährige in's Auge. Zu Gunsten von unter väterlicher Gewalt stehenden Minderjährigen findet nach dem preuß. A. L. R. II, 2 §§ 216, 218, Anh. § 91, sofern dieselben Haussöhne sind, nach dem österr. Rechte (G. B. § 174, Gesetz vom 9. August 1854 § 266) allgemein eine Gewaltsentlassung statt, welche als solche die Rechte der Volljährigkeit gewährt. Im sächs. Rechte wird angenommen, daß ein unter väterlicher Gewalt stehender Sohn auf Ansuchen des Vaters für volljährig erklärt werden kann, vorausgesetzt, daß ihn der Vater aus der Gewalt entläßt. Für Preußen ist ein einheitlicher und gleichmäßiger Rechtszustand durch die Vorm. O. vom 5. Juli 1875 §§ 61, 92 Abs. 1 herbeigeführt; seit ihrer Geltung findet die 1. Die Volljährigkeitserklärung ist bei allen Minderjährigen statthaft.

Volljährigkeitserklärung in Ansehung aller Minderjährigen ohne Unterschied statt; auch hat die Gewaltsentlassung minderjähriger Haussöhne nicht mehr die Bedeutung der Volljährigkeitserklärung. Andere Gesetze schließen die unter väterlicher Gewalt Stehenden von der Volljährigkeitserklärung ebenfalls nicht aus, bestimmen aber die Erfordernisse für die beiden Klassen von Minderjährigen verschieden; bei jenen wird die Einwilligung des Vaters verlangt und, wenn diese ertheilt ist, von einzelnen Erfordernissen abgesehen, deren es bei Bevormundeten bedarf. Der Entwurf behandelt die unter elterlicher Gewalt und die unter Vormundschaft stehenden Minderjährigen gleich. Wie zwischen ihnen hinsichtlich des Umfanges der Geschäftsfähigkeit kein Unterschied bestehen soll, wie beide Klassen mit Erreichung des Volljährigkeitsalters die volle Geschäftsfähigkeit gewinnen, so soll auch beiden in gleicher Weise die Volljährigkeit vor Erreichung dieses Alters verliehen werden können. Das Interesse des Inhabers der elterlichen Gewalt, welcher bei der Volljährigkeitserklärung des Kindes der Gewalt verlustig geht (§ 1557 Abs. 1), wird durch das Erforderniß seiner Zustimmung gewahrt.

2. Die Volljährigkeitserklärung gewährt volle Selbstständigkeit.

Die Volljährigkeitserklärung verleiht die rechtliche Stellung eines Volljährigen ohne Einschränkung. Von den im gemeinen (l. 3 Cod. de his, qui veniam 2, 45), bayr. (L. R. I, 7 § 36 Nr. 7), sächs. (G. B. § 1969) und anderen Rechten bestehenden Beschränkungen des für volljährig Erklärten hinsichtlich der freien Verfügung über das liegenschaftliche Vermögen ist abgesehen. Die Mot. zur preuß. Vorm. O. betonen (S. 99) mit Recht, daß, wenn dem für volljährig Erklärten im Allgemeinen die Fähigkeit zugestanden werde, die wichtigsten Rechtshandlungen selbständig vorzunehmen, also beispielsweise die umfangreichsten Geschäfte auf dem Gebiete des Wechsel- und Handelsverkehres einzugehen, Erbschaften anzunehmen oder auszuschlagen, Kapitalien einzuziehen, ein innerer Grund für die Beibehaltung solcher Beschränkungen fehle, zumal nach den heutigen wirthschaftlichen Verhältnissen die Geschäfte über Immobilien keineswegs unbedingt als die bedeutungsvollsten angesehen werden könnten. Diese Motive bezeugen ferner, daß nach den im Geltungsgebiete des A. L. R. gemachten Erfahrungen ein Bedürfniß für ausnahmsweise Vorbehalte nicht hervorgetreten sei. Aufgenommen ist ebensowenig die Beschränkung, daß ein für volljährig Erklärter auf die Ablegung der Schlußrechnung des Vormundes nur gerichtlich und nur mit Genehmigung der Vormundschaftsbehörde verzichten könne (sächs. G. B. § 1970; sachsen-weimar. Gesetz vom 27. März 1872 § 74). Erachtet man einen Minderjährigen überhaupt für fähig und geeignet zur vollen privatrechtlichen Selbständigkeit, so wird ihm die Wahrung seiner Rechte auch in dieser Richtung uneingeschränkt überlassen werden dürfen.

Terminologie.

Die Bestimmung, daß die Volljährigkeitserklärung die rechtliche Stellung eines Volljährigen verleiht, schließt in sich, daß die Vorschriften des Entwurfes, welche von den Rechten und der rechtlichen Stellung der Volljährigen handeln, auf die für volljährig Erklärten Anwendung finden, soweit nicht ein Anderes bestimmt ist. Mit Rücksicht hierauf ist von einer besonderen Erwähnung der für volljährig Erklärten in den betreffenden Vorschriften Umgang genommen. Darüber, daß die Volljährigkeitserklärung nicht die Ehemündigkeit begründet, vergl. § 1233 Abs. 4.

Das römische Recht stellt in l. 4 Cod. tit. cit. 2, 45 auf, daß, sofern rechtsgeschäftlich von dem Eintritte der Volljährigkeit eine Wirkung abhängig gemacht ist, unter der Volljährigkeit die natürliche zu verstehen sei, wenn nicht eine andere Absicht des Verfügenden nachgewiesen werden könne. Die Aufnahme einer solchen, auch in das sächs. G. B. § 1971 und in die Vorm. O. von Hamburg vom 25. Juli 1879 Art. 69 übergegangenen Regel ist entbehrlich. Die Volljährigkeitserklärung stellt den Minderjährigen lediglich vor dem Gesetze dem Volljährigen gleich und hat auf die durch Privatwillenserklärungen von der Volljährigkeit abhängig gemachten Rechte und Verbindlichkeiten nur dann Einfluß, wenn dies dem Willen des Erklärenden entspricht. Ob dies der Fall oder nicht, ob der Ausdruck Volljährigkeit im natürlichen oder im juristischen Sinne verstanden werden muß, ist eine nach den Umständen des Falles zu beantwortende Frage der Willensauslegung.

Die Frage, ob auch Ausländer durch inländische Gerichte für volljährig erklärt werden können, gehört dem internationalen Privatrechte an und wird durch die gegenwärtige Vorschrift nicht berührt.

§ 27.

Die Volljährigkeitserklärung hat zur Voraussetzung, daß der Minderjährige das achtzehnte Lebensjahr zurückgelegt hat (Abs. 1 Satz 1). Es steht dies im Einklange mit der preuß. Vorm. O. §§ 61, 97, dem sächs. G. B. § 1968, dem sachsen-weimar. Gesetze § 72, dem hess. Entw. Abth. I, 3 Art. 39, I, 4 Art. 106, dem schweiz. Gesetze vom 22. Juni 1881 Art. 2. Vor Erreichung des bezeichneten Alters läßt sich nicht erwarten, daß der Minderjährige diejenige Reife besitzt, welche verbürgt, daß er seine Angelegenheiten mit genügender Umsicht selbständig besorgen werde. Erforderlich ist ferner die Einwilligung des Minderjährigen (Abs. 1 Satz 1; preuß. Vorm. O. §§ 61, 97, sächs. G. B. § 1968, sachsen-weimar. Gesetz § 72). Ohne seinen Willen darf dem Minderjährigen die geschützte Stellung, welche er vermöge des regelmäßigen Rechtes genießt, nicht entzogen, die Rechtsvergünstigung nicht aufgedrängt werden. Ein gedeihlicher Erfolg wäre in einem solchen Falle ohnehin nicht zu erwarten. Voraussetzung ist des Weiteren bei einem unter elterlicher Gewalt stehenden Minderjährigen die Zustimmung des Inhabers der elterlichen Gewalt (Abs. 1 Satz 2; preuß. Vorm. O. § 97, sachsen-weimar. Gesetz § 17; hess. Entw. angef. Art. 39). Während bei bevormundeten Minderjährigen kein Grund vorliegt, dem Widerspruche des Vormundes eine die sachliche Würdigung der Verhältnisse seitens des Vormundschaftsgerichtes ausschließende Bedeutung beizulegen, verhält es sich bei gewaltsuntergebenen Minderjährigen anders. Die elterliche Gewalt ist zwar keine einseitige Herrschaft, sondern ein gegenseitige Rechte und Pflichten begründendes Schutzverhältniß; aber die Eltern haben während der Minderjährigkeit des Kindes ein Recht auf diese Gewalt. Die Gewalt kann ihnen entzogen oder geschmälert werden, wenn sie die ihnen obliegenden Pflichten nicht erfüllen. Es wäre aber nicht gerechtfertigt, ihnen die Gewalt gegen ihren Willen zu dem Zwecke zu entziehen, um dem Kinde während der Jahre der Minderjährigkeit ausnahms-

1. Voraussetzungen der Volljährigkeitserklärung. a) 18 Jahre alt.

b) Einwilligung des Minderjährigen.

c) Zustimmung des Inhabers der elterlichen Gewalt.

weise eine selbständige Stellung zu verschaffen. Eine derartige Bestimmung würde die in dem natürlichen Verhältnisse wurzelnde, dem deutschen Bewußtsein entsprechende Autorität der Eltern schädigen und den Schutz abschwächen, welcher dieser Autorität im Interesse eines geordneten und gesunden Familienlebens gebührt. Die Besorgniß, daß das Wohl des Minderjährigen leiden könnte, liegt fern. Es darf vertraut werden, daß die Eltern einen angemessenen Gebrauch von ihrem Rechte machen, wie sie andererseits die unmittelbarste und genaueste Kenntniß der maßgebenden Verhältnisse besitzen. Das Zustimmungsrecht ist aber nicht gegeben zum Schutze lediglich eigennütziger Interessen der Eltern. Deshalb soll es nicht zustehen einem Elterntheile, dessen elterliche Gewalt auf die elterliche Nutznießung beschränkt ist (§§ 1546, 1554). Ruht die elterliche Gewalt des Vaters und kommt dieselbe mit Ausnahme der dem Vater verbleibenden elterlichen Nutznießung der Mutter zu (§ 1555), so ist demnach nur diese, nicht der Vater zustimmungsberechtigt.

d) Beförderung des Besten des Minderjährigen.

Die innere Berechtigung der Volljährigkeitserklärung liegt darin, daß dieselbe im gegebenen Falle sich als eine zweckmäßige, die gesammte Lebenslage des Minderjährigen fördernde Maßregel darstellt (preuß. A. L. R. II, 18 § 713, sachsen-weimar. Gesetz § 72, hamburg. Vorm. O. Art. 67 Z. 2). Es wird demgemäß in Abs. 2 Satz 2 die Ertheilung davon abhängig gemacht, daß die Volljährigkeitserklärung das Beste des Minderjährigen befördert. Der Natur der Sache nach kann es sich dabei nur um eine Ordnungsvorschrift handeln.

2. Zuständigkeit.

Hinsichtlich der Frage, durch wen die Volljährigkeitserklärung zu erfolgen hat, gehen die Rechte erheblich auseinander. In Bayern (V. vom 15. April 1817 § 41 und vom 9. Dezember 1825 § 53b), Sachsen (G. B. § 1967; V. vom 3. August 1868 Nr. 6), Sachsen-Weimar (Gesetz vom 27. März 1872 §§ 17, 71), Braunschweig (Gesetz vom 19. Mai 1876 § 1) spricht, ebenso wie nach gemeinem Rechte (Cod. tit. cit. 2, 45), der Landesherr die Volljährigkeitserklärung aus. In Mecklenburg-Schwerin und Mecklenburg-Strelitz steht das Recht der Verleihung gleichfalls dem Landesherrn zu, der dasselbe durch das Justizministerium bezw. einen besonders delegirten Rath ausübt. In Lübeck gehört die Volljährigkeitserklärung vor den Senat (Vorm. O. vom 11. Oktober 1820 § 83). In Württemberg ist das Bezirkspolizei-Amt zuständig (Verf. der Ministerien der Justiz und des Innern vom 19. Juli 1865). Nach der preuß. Vorm. O. §§ 61, 97, der hamb. Vorm. O. Art. 66 und dem österr. G. B. § 252 erfolgt die Volljährigkeitserklärung durch das Vormundschaftsgericht. Der Entwurf betrachtet die Verleihung der Volljährigkeit als eine Rechtsvergünstigung, welche nur durch eine obrigkeitliche Verfügung erlangt werden kann, beim Vorhandensein der gesetzlichen Voraussetzungen gewährt werden muß und in Ermangelung derselben nicht gewährt werden darf. Er geht ferner davon aus, daß nach dem Zwecke des Institutes, den in Betracht kommenden Erfordernissen und der Wirkung die Entscheidung der staatlichen Obervormundschaftsbehörde zuzuweisen ist (Abs. 2 Satz 1). Ob den Landesgesetzen nachzulassen sei, die Zuständigkeit des Vormundschaftsgerichtes insoweit an ein höheres Gericht (Landgericht, Oberlandesgericht) zu übertragen, wird bei der Entwerfung des Einführungsgesetzes zu prüfen sein.

Berechtigt, die Volljährigkeitserklärung zu beantragen, ist nach Abs. 3 Satz 1 der Minderjährige und derjenige gesetzliche Vertreter desselben, welchem die Sorge für die Person obliegt. Damit dürfte dem Bedürfnisse Genüge geschehen. Im Interesse einer thunlichst eingehenden Sachuntersuchung ist die Ordnungsvorschrift beigefügt, daß vor der Entscheidung Verwandte oder Verschwägerte des Minderjährigen nach Maßgabe des § 1678 sowie die Vormünder und Pfleger des Minderjährigen gehört werden sollen. Ein ausreichender Grund, die Anhörung der Verwandten und Verschwägerten nur bei Bevormundeten eintreten zu lassen (preuß. Vorm. O. § 61 Abs. 2, § 97 Abs. 1), liegt nicht vor; die Zustimmung des Inhabers der elterlichen Gewalt macht das gutachtliche Gehör anderer Familienglieder oder sonstiger Angehöriger nicht entbehrlich. Die Anhörung des Vormundes ist namentlich dann geboten, wenn der Mündel selbst den Antrag auf Volljährigkeitserklärung gestellt hat. Aber auch die Fälle sind zu berücksichtigen, in welchen neben dem Vormunde, von welchem der Antrag ausgeht, noch ein Vormund oder Pfleger vorhanden ist, oder in welchen der Minderjährige deshalb, weil der Inhaber der elterlichen Gewalt die Sorge für das Vermögen verloren hat, oder auf Grund des § 1738 Abs. 1 Satz 2 einen Pfleger erhalten hat. Es erscheint eine vorherige Vergewisserung darüber angemessen, ob der Volljährigkeitserklärung für den von einem solchen Vormunde oder Pfleger verwalteten Geschäftskreis Bedenken entgegenstehen. 3. Antragsberechtigung.

Die Vorschriften über den Zeitpunkt, mit welchem die Volljährigkeitserklärung in Kraft tritt, sowie über die gegen dieselbe zulässigen Rechtsmittel bleiben dem Einführungsgesetze bezw. einem Gesetze über das Verfahren in Vormundschaftssachen u. s. w. vorbehalten.

Auf anderem Wege als durch Volljährigkeitserklärung kann nach dem Entwurfe ein Minderjähriger die rechtliche Stellung eines Volljährigen nicht erlangen. Partikularrechtlich ist der Erwerb dieser Stellung mit der Erlangung eines Staatsamtes oder der Zulassung zur Rechtsanwaltschaft verbunden; vergl. württemb. Gesetz vom 21. Mai 1828 Art. 1. Soweit ein Bedürfniß nach unbeschränkter Geschäftsfähigkeit vor zurückgelegtem einundzwanzigsten Lebensjahre in dieser Richtung noch hervortreten kann, leistet demselben die Volljährigkeitserklärung Genüge. 4. Auf andere Weise wird die Stellung eines Volljährigen nicht begründet.

Der Satz: „Heirath macht mündig" wird nicht anerkannt. Die Verehelichung ist schon zur Zeit ohne Einfluß auf den Zustand der Minderjährigkeit in Preußen, Sachsen, Mecklenburg-Schwerin mit Ausnahme von Wismar und in Mecklenburg-Strelitz.*) Eine erweiterte Geschäftsfähigkeit Heirath macht nicht mündig.

*) Für Preußen vergl. die Vorm. O. § 99 Abs. 1 verb. mit § 61 Abs. 1; dazu Drucksachen des Herrenhauses, Session 1874—1875, Nr. 7 S. 97—99, Nr. 39 S. 17, 18, Verhandl. des H. H. S. 112 f. In Sachsen fiel nach § 1589 des G. B. das Alter der Ehemündigkeit und dasjenige der Volljährigkeit für Männer zusammen, so daß der Satz bezüglich ihrer vor dem Inkrafttreten des Reichsgesetzes vom 6. Februar 1875 (§ 28) nur für Dispensationsfälle in Frage kommen konnte; vergl. im Uebrigen G. B. §§ 1876, 1929. In Mecklenburg-Schwerin und Mecklenburg-Strelitz ist durch die Verordnungen vom 31. Januar 1871 bestimmt, daß eine sich verehelichende

tritt ein nach franz. und bad. Rechte; Minderjährige werden durch Verehelichung kraft des Gesetzes emanzipirt (code civil Art. 476, 480—484, 487; bad. L. R. Satz 476, 480—484, 487). Volljährig wird mit der Verehelichung die minderjährige Frau, nicht der minderjährige Mann in Württemberg (Gesetz vom 21. Mai 1828 Art. 1 Abs. 3)*), Lübeck (Vorm. O. § 81a Z. 2), Hamburg (Vorm. O. Art. 63) und Wismar (Vorm. O. vom 9. Dezember 1875). Volljährig mit der Verehelichung werden sowohl der minderjährige Mann als die minderjährige Frau nach dem bayr. L. R. I, 7 § 36 Nr. 7 und der Mehrzahl der bayr. Statuten, nach dem Rechte von Sachsen-Weimar (Gesetz vom 27. März 1872 §§ 17, 20, 71, 73) und von Bremen (Vorm. O. vom 7. August 1826 § 34 b)**). Auf demselben Standpunkte stehen der bayr. Entw. eines Gesetzes über das Vormundschaftswesen Art. 1 Abs. 2, der hess. Entw. Abth. I, 3 Art. 38, I, 4 Art. 2, 104, das zür. G. B. §§ 275, 420 und das schweiz. Gesetz vom 22. Juni 1881 Art. 1 Abs. 2. Im gemeinen Rechte wird vereinzelt, unter Berufung auf älteres deutsches Recht, der Verehelichung ebenfalls die Wirkung beigelegt, daß sie die Stellung Volljähriger verleihe.

Gründe und Gegengründe.

Zu Gunsten der mündigmachenden Wirkung der Verehelichung wird vorzugsweise geltend gemacht, daß die Eheschließung seitens einer minderjährigen Person die Einwilligung ihres gesetzlichen Vertreters zur Voraussetzung habe und daß diese Einwilligung vernünftiger Weise nur dann werde ertheilt werden, wenn die betreffende Person einen solchen Grad geistiger Reife erlangt habe, daß eine besondere Fürsorge für dieselbe nicht mehr geboten erscheine. Wer für fähig erachtet werde, die Pflichten zu erfüllen, welche die Eingehung der Ehe mit sich bringe, dem müsse auch genügende Erfahrung zugetraut werden, um selbständig Rechtsgeschäfte abschließen und sein Vermögen verwalten zu können (Mot. des bayr. Entw. über das Vormundschaftswesen S. 42). Die Berechtigung dieses Gesichtspunktes unterliegt erheblichen Bedenken. Ein Blick in das tägliche Leben zeigt, daß, wenigstens bei Frauen, für die Einwilligung zur Eheschließung Erwägungen wesentlich anderer Art maßgebend sind, als die Rücksicht darauf, ob die Minderjährige zur selbstständigen Bewegung im bürgerlichen Verkehre befähigt sei. Gerade deshalb, weil die Verehelichung einer Frau räthlich sein kann, obwohl die Voraussetzungen voller Geschäftsfähigkeit nicht vorhanden sind, kann das Gesetz die Eheschließung nicht von dem Besitze der natürlichen oder verliehenen Volljährigkeit abhängig machen. Dazu kommt, daß es wenig zweckentsprechend

---

Minderjährige minderjährig bleibt; bezüglich des minderjährigen Mannes besteht eine diesbezügliche gleiche Vorschrift nicht; es wird aber das Gleiche angenommen. Nach dem österr. G. B. ist die Verehelichung ebenfalls ohne Einfluß auf den Zustand der Minderjährigkeit (§ 175; dazu §§ 174, 252 Satz 2).

*) Für das württemb. Recht kommt dabei in Betracht, daß früher Männer vor erreichter Volljährigkeit nur nach erlangter Dispensation heirathen durften und daß die Dispensation die Wirkungen der Volljährigkeitserklärung hatte. Das Reichsgesetz vom 6. Februar 1875 hat auch hier eine wesentliche Aenderung herbeigeführt.

**) Das bayr. L. R. macht den Zusatz: „jedoch dergestalten, daß sie wie andere minderjährige Personen in integrum restituirt werden, wenn sie vor vollstrecktem 21. Jahr merklich gevortheilt sind".

sein würde, einerseits, wie geschehen, die Volljährigkeitserklärung in die Hand der Obrigkeit zu legen und von wichtigen Vorbedingungen abhängig zu machen, andererseits der in das freie Ermessen des gesetzlichen Vertreters gestellten Einwilligung zur Eheschließung die Bedeutung einer unter der Bedingung des Zustandekommens der Ehe wirksamen stillschweigenden Mündigsprechung beizulegen. Gewichtiger erscheint ein anderer Gesichtspunkt. Man beruft sich auf das Wesen der Ehe selbst, deren sittliche Bestimmung nicht gestatte, daß ein fremder, bevormundender Wille in die innigste Lebensgemeinschaft zwischen Mann und Frau sich dränge. Die Unselbständigkeit des Ehemannes verrücke die Stellung, die ihm, als dem Familienhaupte, nach dem natürlichen Verhältnisse gegenüber der Frau und den Kindern gebühre. Es widerstrebe dem Gefühle, daß Söhne, welche der Staat für fähig halte, Familienhäupter zu sein und Kinder zu tüchtigen Bürgern zu erziehen, daneben unfähig sein sollten, Rechtsgeschäfte mit Dritten gültig einzugehen und ihr Vermögen zu verwalten (Mot. des hess. Entw. Abth. I S. 160). Der Gedanke, daß Ehegatten jedes bevormundenden Einflusses enthoben sein sollen, hat an sich volle Berechtigung. Er gründet sich in der idealen Auffassung der ehelichen Gemeinschaft. Das Gesetz hat aber nicht blos mit dieser Auffassung, sondern auch mit den thatsächlichen Verhältnissen zu rechnen. So gewiß die vermögensrechtliche Unselbständigkeit eines Ehegatten dem regelmäßigen und wünschenswerthen Zustande nicht entspricht, so wenig dürfen andererseits die Gefahren verfrühter Selbständigkeit außer Betracht gelassen werden, und diese überwiegen im Leben. Was die Ehefrau betrifft, so übt deren Unselbständigkeit einen minder nachtheiligen Einfluß auf die Gestaltung des ehelichen Verhältnisses aus, als diejenige des Ehemannes, und etwaige Unzuträglichkeiten entfallen ganz, wenn, wie zulässig ist, der Ehemann selbst der Frau als Vormund bestellt wird (§ 1637 Abs. 3). Im Uebrigen ist sicher, daß je gesunder die Verhältnisse einer Ehe sind, desto weniger die fremde Fürsorge für die Frau sich fühlbar machen wird. Treten die Rechte des Vertreters derselben in einer dem Ehemanne empfindlichen Weise hervor, so wird der Grund hiervon vorzugsweise darin liegen, daß der Vertreter sich genöthigt sieht, unbilligen, seine Schutzbefohlene gefährdenden Anforderungen des Ehemannes entgegenzutreten. Dann fällt die eintretende Störung aber nicht dem der Frau gewährten Schutze, sondern dem Verhalten des Ehemannes zur Last. Hinsichtlich des minderjährigen Ehemannes ist von Bedeutung, daß die Ehemündigkeit nach § 1233 Abs. 2 erst mit Zurücklegung des zwanzigsten Lebensjahres eintritt, daß es somit sich der Regel nach, von Dispensationsfällen abgesehen, nur um eine kurze Spanne wirthschaftlicher Unselbständigkeit handelt und daß auch diese in vielen Fällen durch eine vorhergegangene oder hinzutretende Volljährigkeitserklärung sich erledigen wird. Nicht stichhaltig erscheint endlich der Hinweis darauf, daß die Ehefrau neben dem Schutze, welchen der Mann ihr gewähre, des für das jugendliche Alter berechneten Schutzes nicht bedürfe. Der Entwurf kennt weder eine eheliche Vormundschaft, noch beschränkt er die Geschäftsfähigkeit der Ehefrau. Ist die Ehefrau aber verpflichtungsfähig, so kann sie im Falle der Minderjährigkeit auch des Schutzes nicht entrathen. Das Recht wird zwar darauf vertrauen dürfen, daß die Frau der Regel nach nicht ohne

Berathung und Zustimmung des Ehemannes handeln und daß dieser, ihr natürlicher Vertreter und Vertheidiger, uneigennützigen und pflichtgetreuen Rath ertheilen werde. Immerhin verdienen die Fälle, in denen dies nicht zutrifft, Berücksichtigung. Auch kann und wird es sich des Oefteren gerade um einen Schutz gegenüber dem Manne selbst handeln. Zudem würde der geltend gemachte Grund dazu führen, nur die minderjährige Frau mit der Verehelichung selbständig werden zu lassen, — eine Gestaltung, die sich schon deshalb verbietet, weil sie, wenn zwei Minderjährige die Ehe mit einander eingehen, zur Folge haben würde, daß wohl die Frau, aber nicht der Mann die wirthschaftliche Selbständigkeit erhielte.

Die Ablehnung des Satzes, daß Heirath mündig macht, schließt nicht aus, minderjährigen Ehegatten für gewisse Fälle, namentlich außerhalb des Gebietes des Vermögensrechtes, eine erweiterte Geschäftsfähigkeit einzuräumen; vergl. u. a. §§ 1254, 1263 Abs. 1, §§ 1265, 1267, 1271, 1277 Abs. 5. Ebensowenig führt die Belassung der minderjährigen Ehefrau unter elterlicher Gewalt bezw. Vormundschaft dazu, dem Ehemanne während der Minderjährigkeit der Frau diejenigen Rechte vorzuenthalten oder zu verkümmern, welche ihm nach dem Güterstande an dem Frauenvermögen zustehen (vergl. §§ 1509, 1655).

Das Institut der Emanzipation abgelehnt.

Das dem franz. und bad. Recht eigene Institut der Emanzipation, welches den Minderjährigen der elterlichen bezw. vormundschaftlichen Gewalt enthebt, ihm aber nicht die volle, sondern nur eine erweiterte Geschäftsfähigkeit verleiht (code civil Art. 476 ff.; bad. L. R. Satz 476 ff.), hat neben der Volljährigkeitserklärung keinen Raum. Gegen dasselbe spricht auch, daß die künstliche Abgrenzung der Geschäftsfähigkeit, wie solche in den bezeichneten Rechten sich findet, eine verwickelte, die Verkehrssicherheit gefährdende Rechtslage schafft. Die preuß. Vorm. O. (§ 97 Abs. 2) hat bereits in Rücksicht hierauf die Emanzipation, soweit sie in Preußen bestand, aufgehoben. Nicht minder läßt der hess. Entw. dieselbe, unter Aufnahme der Volljährigkeitserklärung, fallen (Abth. I Mot. S. 273 z. dems.). Das niederl. G. B. hat ebenfalls die der venia aetatis entsprechende meerderjarigverklaring aufgenommen (Art. 473 ff.), kennt aber daneben die Verleihung einzelner Rechte der Volljährigkeit (Art. 480 ff.).

§ 28.

Entmündigung wegen Geisteskrankheit.

Den noch nicht zur Vernunft gekommenen Personen im Kindesalter stehen Personen gleich, welche die Fähigkeit regelrechter Willensbestimmung wieder verloren haben. Die bürgerliche Selbständigkeit im Allgemeinen soll aber solchen Personen nicht kurzer Hand, sondern nur dadurch entzogen werden, daß der krankhafte Geisteszustand nach vorausgegangener Sachuntersuchung durch gerichtlichen Spruch (Entmündigung) festgestellt wird.

1. Voraussetzung ist Beraubtsein des Vernunftgebrauchs.

Voraussetzung dieser Entmündigung ist, daß eine Person des Vernunftgebrauches beraubt ist. Das St. G. B. § 51 bezeichnet die Geisteszustände, welche die strafrechtliche Zurechnungsfähigkeit aufheben, als Zustände von Bewußtlosigkeit oder krankhafter Störung der Geistesthätigkeit, durch welche die freie Willensbestimmung ausgeschlossen wird. Für die Bestimmung der

Vorbedingung der Entmündigung ist diese Ausdrucksweise nicht verwendbar. Das St. G. B. hat vorzugsweise die in der Vergangenheit liegende Zeit der That ins Auge zu fassen und namentlich auch die vorübergehend die Geistesthätigkeit beeinträchtigenden Zustände zu berücksichtigen (Entsch. des Reichsgerichtes in Straff. VII S. 426 ff.). Die Entmündigung ist für die Zukunft und für eine gewisse Dauer berechnet; Zustände, welche in vorübergehenden Verhältnissen ihren Grund haben, kommen nicht in Betracht. Die gewählte Fassung entspricht derjenigen des sächs. G. B. §§ 81, 1981, des dresd. Entw. Art. 23 und des schweiz. Gesetzes vom 22. Juni 1881 Art. 4. Der code civil erwähnt Art. 489 einen état habituel; der hess. Entw. Abth. I, 5 Art. 1 spricht von Personen, welche sich in einem „nicht vorübergehenden Zustande" von Blödsinn, Wahnsinn oder Raserei befinden; das zür. G. B. § 317 von Personen, welche wegen Geisteskrankheit dauernd außer Stande sind, ihr Vermögen selbst zu besorgen.

Unerheblich für die Entmündigung ist, ob die mangelhafte Geistesbeschaffenheit sich fortwährend oder mit Unterbrechungen äußert, ob die ihr zu Grunde liegende Krankheit bezw. das sie veranlassende Gebrechen die geistigen Kräfte in vollem Umfange oder nur theilweise beherrscht. Die Entmündigung wird im Besonderen nicht ausgeschlossen durch lichte Zwischenräume, wie solche bei sogenannten intermittirenden oder periodischen Geisteskrankheiten vorkommen, während welcher der die Regel bildende Krankheitszustand eine zeitweilige Unterbrechung erfährt, die Krankheitsanlage aber dergestalt fortbesteht, daß ein erneuter Ausbruch des Leidens vorauszusehen ist.

2. Keine nähere Bezeichnung der Geisteskrankheiten.

Abgesehen ist von einer näheren Bezeichnung der sog. Geisteskrankheiten, vermieden insbesondere die im Anschlusse an den gewöhnlichen Sprachgebrauch übliche Eintheilung in Raserei, Wahnsinn und Blödsinn (vergl. preuß. A. L. R. I, 1 §§ 27—29, österr. G. B. § 21, code civil Art. 489, bad. L. R. Satz 489, u. s. w.). Jeder Versuch einer derartigen Scheidung ist bedenklich und zwecklos; bedenklich, weil nach dem Stande der Seelenheilkunde die einzelnen Formen oder Stadien der Geistesstörungen weder erschöpfend aufgezählt noch unter einander abgegrenzt werden können; zwecklos, weil weder die Verschiedenheit der äußeren Anzeichen noch der Umstand, ob die Störung vorzugsweise die eine oder die andere Seite der Geistesthätigkeit ergreift, für die an einen solchen Zustand zu knüpfenden rechtlichen Folgen von maßgebender Bedeutung sein können.

3. Nicht blos volljährige Personen können entmündigt werden.

Die Entmündigung ist nicht (code civil Art. 489) auf volljährige Personen beschränkt. Liegt auch bei Minderjährigen in geringerem Maße das Bedürfniß vor, da dieselben schon an sich unter gesetzlicher Vertretung stehen, so muß doch dafür gesorgt werden, daß bei herannahender Volljährigkeit die Entmündigung so zeitig erfolgen kann, daß ein Zwischenzustand mangelnder Vertretung ausgeschlossen ist. Außerdem hat die Entmündigung in manchen Rechtsgebieten insofern eine besondere, auch für Minderjährige wichtige Bedeutung, als von ihr die dauernde Unterbringung in einer Irrenanstalt abhängt (Mot. zu § 570 des Entw. der C. P. O.).

Der Ausdruck Entmündigung „wegen Geisteskrankheit" wird nicht zu beanstanden sein. Mögen in der ärztlichen Wissenschaft die Ansichten über den

Begriff der Geisteskrankheit auseinandergehen; über den Sinn des Ausdruckes an dieser Stelle kann kein Zweifel sein (vergl. C. P. O. § 593).

Gewinnt eine wegen Geisteskrankheit entmündigte Person den Vernunftgebrauch wieder, so ist — auf gestellten Antrag — die Entmündigung wieder aufzuheben (Abs. 2). Aufgabe des bürgerlichen Rechtes ist nicht blos, die Voraussetzungen der Entmündigung, sondern auch, die Voraussetzungen der Wiederaufhebung der Entmündigung festzustellen.

Das die Herbeiführung der Entmündigung sowie die Wiederaufhebung der Entmündigung begleitende Verfahren ist einschließlich der Frage der Antragsberechtigung in den §§ 593 ff. der C. P. O. geregelt. Ob und inwieweit diese Vorschriften der C. P. O. eine Aenderung bezw. Ergänzung zu erfahren haben, wird bei Entwerfung des Einführungsgesetzes geprüft werden.

Die Entmündigung zieht die Bevormundung nach sich (§§ 1726, 1735 Abs. 2). Auch kann gemäß § 1737 schon von der Zeit an, zu welcher der Antrag auf Entmündigung gestellt ist, eine vorläufige Vormundschaft mit der Wirkung des § 71 angeordnet werden. Die Entmündigung hat ferner nach § 64 Abs. 2 zur Folge, daß, so lange dieselbe besteht, der Entmündigte geschäftsunfähig ist. Ueber sonstige Wirkungen der Entmündigung vergl. § 1328 Nr. 4, §§ 1331, 1339 Abs. 5, § 1429 Abs. 3, § 1430 Abs. 1.

Bloße Geistesschwäche rechtfertigt nicht die Entmündigung.

Bloße Geistesschwäche, ungenügende Entwickelung der geistigen Kräfte im Gegensatze zum Mangel der Fähigkeit regelrechter Willensbestimmung, schließt die natürliche Geschäftsfähigkeit nicht aus und giebt deshalb keinen Grund zu einer Entmündigung wegen Geisteskrankheit ab. Ebenso kann eine mit einer solchen Schwäche behaftete Person nicht des vormundschaftlichen Schutzes für bedürftig erklärt und unter Vormundschaft gestellt werden (vergl. § 1727).

§ 29.

Entmündigung wegen Verschwendung.

Die cura prodigi des römischen Rechtes hat in Deutschland bereitwillige Aufnahme gefunden und besteht in den gemeinrechtlichen Gebieten als eine die Vermögensinteressen des Verschwenders wahrnehmende, seine Geschäftsfähigkeit beschränkende Kuratel zu Recht. Soweit die Landesgesetze eingegriffen haben, sind dieselben bestrebt gewesen, die Kuratel zu einer vollen Vormundschaft im Sinne der Altersvormundschaft auszugestalten (preuß. A. L. R. I, 1 § 31, II, 18 §§ 14, 349; Vorm. O. § 81; bayr. L. R. I, 7 § 37; sächs. Gesetz vom 20. Februar 1882). Bei der Abfassung des code civil dagegen ist die Kuratel als eine die bürgerliche Freiheit gefährdende Maßregel verworfen und nur bestimmt worden, daß dem Verschwender von dem Gerichte ein Beistand gegeben werden kann, ohne dessen Zustimmung der Verschwender gewisse Rechtsgeschäfte nicht vorzunehmen vermag (Art. 513, 514). Das ital. G. B. ist dem code civil gefolgt (Art. 339). Das bad. Recht hat gleichfalls die Beistandschaft aufgenommen, sieht aber vor, daß derjenige, der sich durch diesen ersten Grad der Mundtodtmachung nicht bessern läßt, nochmals völlig mundtodt gemacht werden kann (Satz 513, 513a). Der hess. Entw. (Abth. I, 5 Art. 24), das niederl. G. B. (Art. 487) und das zür. G. B. (§ 324) haben sich der cura prodigi zugewandt. In Oesterreich ist der durch die josephinische Gesetzgebung gemachte Versuch, die Kuratel über Verschwender zu beseitigen, in dem jetzt geltenden Gesetzbuche (§§ 273, 282, 865) aufgegeben worden. Das englische Recht kennt eine Fürsorge wegen Verschwendung nicht.

Der Entwurf trägt kein Bedenken, das Institut der Entmündigung wegen Verschwendung aufzunehmen. Wie die Mot. des hess. Entw. (Abth. I S. 294) mit Recht hervorheben, gebietet die Fürsorge für das öffentliche und für das Wohl der Privaten gleichmäßig, daß vom Staate vorbeugende Maßregeln gegen denjenigen ergriffen werden, der durch Verschwendungssucht sich selbst und vielleicht eine ganze Familie an den Bettelstab zu bringen Gefahr läuft. Dazu kommt, daß die Verschwendung des Oefteren mit einer durch unordentlichen Lebenswandel, im Besonderen durch Trunksucht veranlaßten Herabminderung der Geisteskräfte verbunden ist, in welchem Falle selbst die natürlichen Bedingungen unbeschränkter Geschäftsfähigkeit in Frage gestellt sind. Ein wirksames Eingreifen verbürgt aber nur die Entmündigung, nicht die Beistandschaft. Gegenüber den Garantieen, mit welchen das Entmündigungsverfahren durch die C. P. O. (§§ 621—624) umgeben ist, ist die Möglichkeit des Mißbrauches nahezu ausgeschlossen.

Der code civil giebt keinen näheren Anhaltspunkt in Ansehung der Eigenschaften, welche eine Person vor dem Gesetze als Verschwender erscheinen lassen. Dem römischen Rechte zufolge erhielt derjenige exemplo furiosi einen Kurator, qui neque tempus neque finem expensarum habet, sed bona sua dilacerando et dissipando profundit (vergl. Entsch. des Reichsgerichtes in Civils. VII Nr. 105 S. 349 ff.). Die Gesetzeswerke haben sich in verschiedenen Feststellungen versucht. Das bayr. L. R. spricht in I, 7 § 37 von Personen, welche das Ihrige liederlicher oder verschwenderischer Weise verthun. Das preuß. A. L. R. I, 1 § 30 bezeichnet als Verschwender diejenigen, welche durch unbesonnene oder unnütze Ausgaben oder durch muthwillige Vernachlässigung dergestalt ihr Vermögen beträchtlich vermindern oder sich in Schulden stecken, daß daraus erhebliche Besorgnisse wegen ihres künftigen Unterhaltes entstehen. Das österr. G. B. § 273 läßt denjenigen für einen Verschwender erklären, von welchem offenbar wird, daß er sein Vermögen auf eine unbesonnene Art durchbringt und sich oder seine Familie durch muthwillige oder unter verderblichen Bedingungen geschlossene Borgverträge künftigem Nothstande preisgiebt. Das sächs. G. B. § 1987 und das sächs. Gesetz vom 20. Februar 1882 sprechen von Personen, welche ihr Vermögen auf leichtsinnige Weise durchbringen und hierdurch sich oder ihre Familie der Gefahr eines Nothstandes aussetzen; ähnlich der hess. Entw. Abth. I, 5 Art. 24. Nach dem zür. G. B. § 324 setzt die Bevormundung die Annahme voraus, daß Jemand durch leichtfertige und verschwenderische Lebensweise oder Geschäftsführung sein Vermögen in Zukunft zu Grunde richten werde.

1. Voraussetzungen. a) im geltenden Rechte.

Es wird angemessen sein, die für die Behandlung einer Person als Verschwender maßgebenden Gesichtspunkte wenigstens im Allgemeinen festzustellen. Nicht Jeder, den man im gemeinen Leben mit dem Namen eines Verschwenders belegt, soll Gefahr laufen, wegen Verschwendung entmündigt zu werden. Es genügt nicht, daß eine Person einen übermäßigen, zu ihrem Vermögen in erheblichem Mißverhältnisse stehenden Aufwand macht. Das

b) nach dem Entwurfe.

Moment, auf welches es ankommt, ist, daß die Person einen Hang zur zweck- und nutzlosen Vermögensverschleuderung besitzt, welcher die Besorgniß begründet erscheinen läßt, daß sie durch ihr entsprechend an den Tag gelegtes Verhalten sich und ihre Familie dem Nothstande preisgiebt. Unerheblich ist, ob das die wirthschaftliche Existenz bedrohende Gebahren in unmäßigem Geldausgeben, unbesonnenem Schuldenmachen, in unverantwortlicher Geschäftsführung oder Vernachlässigung der Wirthschaft besteht. Erforderlich ist auch nicht, daß die Person Vermögen besitzt; selbst der mittellose Schuldenmacher kann entmündigt werden. Ebensowenig ist erforderlich, daß bereits ein bedeutender Theil vorhandenen Vermögens durchgebracht sei. Fruchtlose Besserungsversuche, die erfahrungsgemäß in der Regel nur dazu führen, daß die Entmündigung erst in einer Zeit erfolgt, in welcher sie wenig mehr nützt, bilden gleichfalls keine Vorbedingung.

Die Entmündigung ist, ebenso wie bei den Geisteskranken, nicht auf Volljährige beschränkt. Es liegt hier ebenfalls die Nothwendigkeit vor, den unmittelbaren Anschluß des Entmündigungszustandes an das Aufhören der Minderjährigkeit zu ermöglichen. Besonders zu bestimmen, daß die Entmündigung nur bei den der Volljährigkeit nahe stehenden Minderjährigen statthaft sein solle, ist kein Anlaß. Das praktische Bedürfniß wird den richtigen Weg zeigen.

2. Folgen der Entmündigung. Wegen Verschwendung Entmündigte erhalten einen Vormund (§ 1726) und stehen in Ansehung der Geschäftsfähigkeit während der Dauer der Entmündigung den Minderjährigen, welche das siebente Lebensjahr zurückgelegt haben, gleich (§ 70). Die Anordnung einer vorläufigen Vormundschaft ist in der gleichen Weise und mit derselben Wirkung wie bei Geisteskranken, deren Entmündigung beantragt ist, nach § 1737 verb. mit § 71 zulässig. In der Fähigkeit, eine letztwillige Verfügung zu errichten oder aufzuheben, ist der wegen Verschwendung Entmündigte als solcher nicht beschränkt. Ueber sonstige Wirkungen der Entmündigung wegen Verschwendung vergl. § 1328 Nr. 4, §§ 1331, 1339 Abs. 5, § 1429 Abs. 3, § 1430 Abs. 1, § 1555 Abs. 2.

3. Verfahren. Eine etwaige Ergänzung der Vorschriften der C. P. O. hinsichtlich des Entmündigungsverfahrens und der Antragsberechtigung ist dem Entwurfe des Einführungsgesetzes vorbehalten. Die Antragsberechtigung soll insbesondere dem eingesetzten Vertragserben zugestanden werden.

Verschwendung auch ohne Entmündigung rechtlich bedeutsam. Auch ohne Entmündigung knüpfen sich an eine verschwenderische Lebensweise oder eine verschwenderische Geschäftsführung gewisse Folgen in Gemäßheit des § 1372 Nr. 4, des § 1387 Abs. 2, des § 1405 Abs. 1 Nr. 4 und des § 2002.

Ausländer. Die Frage, ob ein Ausländer vor einem deutschen Gerichte wegen Verschwendung oder Geisteskrankheit entmündigt werden könne bezw. nach welchem Rechte die Voraussetzungen und Wirkungen der Entmündigung eines Ausländers zu erfolgen habe, ist aus §§ 593, 594, 621 der C. P. O. in Verbindung mit den Grundsätzen des internationalen Privatrechtes zu beantworten.

Vierter Titel.

Verwandtschaft. Schwägerschaft.

§ 30.

Die Bestimmungen in Abs. 1 und 2 geben anerkannte Sätze wieder — preuß. A. L. R. I, 1 §§ 40, 42; II, 3 §§ 4, 5; bayr. L. R. I, 4 § 5; sächs. G. B. § 48; code civil Art. 736; österr. G. B. § 40; niederl. G. B. Art. 345 bis 347; ital. G. B. Art. 48—50. Die Verwandtschaft auf gewisse Grade zu beschränken (ital. G. B. Art. 48 Abs. 2), liegt kein ausreichender Grund vor; die Verwandtenerbfolge ist in dem Entwurfe einer Schranke nicht unterworfen. Von mehrfacher Verwandtschaft gilt nichts Besonderes (vergl. § 1967).

1. Verwandtschaft setzt der Regel nach eheliche Abstammung voraus.

Die Verwandtschaft hat zur Grundlage eheliche Abstammung. Für den natürlichen Begriff der Verwandtschaft ist es an sich unerheblich, ob die vermittelnde Zeugung in ehelicher oder unehelicher Geschlechtsverbindung erfolgt; die Blutsgemeinschaft mit dem Erzeuger und der Mutter ist bei dem unehelichen Kinde die gleiche wie bei dem ehelichen. Auf dem Gebiete des Privatrechtes ist aber festzuhalten, daß eine Familienverbindung mit den aus ihr sich ergebenden Rechten und Pflichten eine durch die Ehe vermittelte Zeugung (§ 1466) voraussetzt. Dies gilt indessen nur für die Verwandtschaft nach der väterlichen Seite. Gemäß § 1568 besteht ein Verwandtschaftsverhältniß auch zwischen dem unehelichen Kinde und dessen Abkömmlingen einerseits und der Mutter des Kindes sowie deren Verwandten andererseits. Dem entspricht die Vorschrift des Abs. 3. Der natürlichen Verwandtschaft des unehelichen Kindes nach der Seite des unehelichen Erzeugers ist Rechnung getragen durch das Eheverbot des § 1236 Abs. 2 (vergl. § 1586) sowie durch die in §§ 1571 bis 1576 dem Erzeuger auferlegte Unterhaltspflicht.

2. Abstammung aus einer ungültigen Ehe.

Eheliche Abstammung liegt nicht vor, aber die Folgen der ehelichen Abstammung treten ein bei Kindern, welche aus einer in gehöriger Form geschlossenen, aber ungültigen Ehe hervorgehen. Solche Kinder sind nach §§ 1562, 1567 als eheliche Kinder anzusehen, sofern sie bei Voraussetzung der Gültigkeit der Ehe eheliche Kinder sein würden. Die durch eine derartige Abstammung verbundenen Personen sind demgemäß auch verwandt. Eine Einschränkung in dieser Hinsicht greift nur Platz, wenn beide Eltern die Ungültigkeit der Ehe kannten oder kennen mußten; die Verwandten des Vaters gelten solchenfalls nicht als Verwandte des Kindes, unbeschadet der Vorschrift des § 1236 (§ 1566 Abs. 2).

3. Verbindung durch Legitimation oder Adoption.

Das Verhältniß, welches im Wege der Legitimation durch nachfolgende Ehe (§§ 1579 f.) oder Ehelichkeitserklärung (§§ 1583 f.) oder mittels Annahme an Kindesstatt (§§ 1601 f.) herbeigeführt wird, ist im Sinne des Entwurfes an sich keine Verwandtschaft. Da indessen legitimirte Kinder sowie die an Kindesstatt angenommenen Personen nach §§ 1579, 1583, 1601 Abs. 1 die rechtliche Stellung ehelicher Kinder erlangen, soweit nicht aus dem Gesetze ein Anderes sich ergiebt, so liegt darin zugleich auch, daß sie die rechtliche Stellung von

Verwandten erhalten (vergl. § 1240 Satz 1), selbstverständlich unter Beschränkung auf den Personenkreis, auf welchen die Wirkung der Legitimation bezw. Annahme an Kindesstatt überhaupt sich erstreckt (vergl. §§ 1596, 1620). Die Gesetze gedenken in der Regel der durch Annahme an Kindesstatt Verbundenen neben den Verwandten besonders (vergl. G. V. G. § 156, C. P. O. § 41 Nr. 3, § 348 Nr. 3, § 367, St. P. O. § 22 Nr. 3, § 51 Nr. 3, § 72, St. G. B. § 52 Abs. 2). Ebenso wird bei der Regelung der Verwandtenerbfolge zumeist das Erbrecht der durch Legitimation oder durch Annahme an Kindesstatt verbundenen Personen besonders geordnet. Der Entwurf erachtet es für unbedenklich und zugleich zur Vermeidung einer schwerfälligen Ausdrucksweise für angemessen, lediglich von Verwandten zu sprechen; die angeführten Vorschriften können keinen Zweifel lassen, daß die für die Verwandten gegebenen Bestimmungen für die vorbezeichneten Personen, soweit es an sich gerechtfertigt und im Einzelfalle nicht ein Anderes bestimmt ist (vergl. §§ 1240, 1624), ebenmäßig zur Geltung zu kommen haben.

4. Terminologie.

Bei dem Gebrauche des Ausdruckes „eheliche Kinder" sind ähnliche Erwägungen maßgebend gewesen. Eheliche Kinder im Sinne des Entwurfes sind nur diejenigen, bei welchen die Voraussetzungen des § 1466 zutreffen. Aber die für dieselben gegebenen Vorschriften gelten selbstverständlich auch für diejenigen Kinder, welche als eheliche anzusehen sind, sowie für diejenigen, welchen die rechtliche Stellung eines ehelichen Kindes zukommt, unbeschadet der in Ansehung der letzteren gezogenen Schranken. Es ist daher davon Abstand genommen, die Bestimmungen, welche von den ehelichen Kindern handeln, auf die Kinder aus einer in gehöriger Form geschlossenen, aber ungültigen Ehe sowie auf die legitimirten Kinder und die an Kindesstatt angenommenen Personen, soweit die Bestimmungen an sich Anwendung zu finden haben, besonders zu erstrecken.

Die Ausdrücke „Vater", „Mutter", „Kind", „Großvater", „Großmutter", „Eltern", „Elterntheil", „Voreltern", „Geschwister" und andere eine bestimmte Art des Verwandtschaftsverhältnisses bezeichnende Ausdrücke sind in dem Entwurfe in dem Sinne gebraucht, daß, soweit nicht ein Anderes dem Gesetze zu entnehmen ist, ein Verwandtschaftsverhältniß auf Grund ehelicher Abstammung oder nach Maßgabe des Abs. 3 der gegenwärtigen Vorschrift vorausgesetzt wird. Wenn in einzelnen Bestimmungen (vergl. §§ 1571—1577, 1579, 1580, 1583—1600) von dem Vater eines unehelichen Kindes gesprochen wird, so kann daraus nicht der Schluß gezogen werden, daß auch sonst der Ausdruck „Vater" in einem die uneheliche Vaterschaft einschließenden Sinne gebraucht ist, zumal in den betreffenden Bestimmungen abweichend von der Regel des Abs. 3 ein Verwandtschaftsverhältniß zwischen dem unehelichen Vater und dem unehelichen Kinde in gewissen Richtungen anerkannt wird und deshalb der Ausdruck „Vater" auch in dem obigen Sinne nicht beanstandet werden könnte.

§ 31.

Gradberechnung.

Die zur Geltung gebrachte Gradberechnung des römischen Rechtes ist — im Gegensatze zu der Berechnungsweise des kanonischen Rechtes, nach welcher nur die Generationen bis zu dem gemeinschaftlichen Stammvater gezählt werden und bei einer Ungleichheit der Zahl derselben auf beiden Seiten die längere Seite entscheidet — diejenige des neueren Rechtes geworden (preuß. A. L. R. I, 1 § 45; bayr. L. R. I, 4 § 5 Nr. 11; sächs. G. B. § 49; code civil Art. 735—738; österr. G. B. § 41; niederl. G. B. Art. 345 Abs. 2, 348, 349; ital. G. B. Art. 49—51).

Die Aszendenten ersten Grades sind in dem Entwurfe mit „Eltern", die Aszendenten im Allgemeinen mit „Eltern und Voreltern" (vgl. § 1490 Abs. 2: Großeltern und weitere Voreltern, § 1969: Urgroßeltern und weitere Voreltern), die Deszendenten ersten Grades mit „Kinder", die Deszendenten im Allgemeinen mit „Abkömmlinge" bezeichnet. Terminologie.

§§ 32, 33.

Schwägerschaft ist das Verhältniß des einen Ehegatten zu den Verwandten des anderen Ehegatten (§ 32 Abs. 1). Die im römischen Rechte sich findende Annahme, daß auch die Ehegatten unter einander verschwägert seien (l. 8 D. de cond. c. d. 12, 4; l. 38 § 1 D. de usur. 22, 1), ist dem heutigen Rechte fremd. Die Schwägerschaft umfaßt in der geraden Linie das Verhältniß des Ehegatten zu den einseitigen Abkömmlingen des anderen Ehegatten sowie zu den Eltern und Voreltern des letzteren; in der Seitenlinie das Verhältniß des Ehegatten zu den Seitenverwandten des anderen Ehegatten. Affines inter se non sunt affines. Das auf Grund einer in gehöriger Form geschlossenen, aber nichtigen Ehe nach § 1252 Abs. 1 an sich eingetretene Schwägerschaftsverhältniß fällt gemäß § 1252 Abs. 2 rückwärts hinweg, wenn die Ehe aufgelöst oder für ungültig erklärt ist. Das Gleiche tritt nach § 1260 Abs. 2 ein bei Anfechtung einer anfechtbaren Ehe. Eine Ausnahme enthält § 1236 Abs. 3. In dem Abs. 2 Satz 2 des § 1236 ist auch der sog. unehelichen Schwägerschaft rechtliche Bedeutung beigelegt. 1. Begriff der Schwägerschaft.

Während dem römischen Rechte Grade der Schwägerschaft unbekannt sind (l. 4 § 5 D. de grad. 38, 10), benutzt das kanonische und mit ihm die gemeinrechtliche Jurisprudenz die Grade der Verwandtschaft, um die Nähe der Schwägerschaft zu bestimmen. Die gleiche Berechnungsweise findet sich im bayr. L. R. I, 4 § 6, sächs. G. B. § 50, österr. G. B. § 41, niederl. G. B. Art. 351, ital. G. B. Art. 51 Abs. 2 und ist üblich im Gebiete des ebenfalls von Graden der Schwägerschaft sprechenden preuß. A. L. R. (II, 1 § 7) sowie im franz. Rechte. Der § 32 Abs. 2 schließt sich dem an (vergl. § 1916 Abs. 1 Nr. 2). 2. Grade der Schwägerschaft.

Nach römischem Rechte endigt die Schwägerschaft mit der sie begründenden Ehe (l. 3 § 1 D. de post. 3, 1). Das kanonische Recht läßt, indem es nicht die Ehe, sondern den Beischlaf für entscheidend erachtet, die Schwägerschaft nach beendigter Ehe fortbestehen. Die neueren Gesetzgebungen stellen, von dem niederl. G. B. (Art. 352) und dem ital. G. B. (Art. 51 Abs. 3) abgesehen, eine Regel in dieser Hinsicht nicht auf, sondern beschränken sich auf die Entscheidung der Frage in einzelnen wichtigen Fällen. Aus dem Reichsrechte vergl. G. V. G. § 156 I Nr. 3, II Nr. 3, C. P. O. § 41 Nr. 3, § 348 Nr. 3, St. P. O. § 22 Nr. 3, § 51 Nr. 3. Ob es grundsätzlich richtiger sei, die an die Schwägerschaft geknüpften Wirkungen mit Auflösung der Ehe 3. Die Wirkungen der Schwägerschaft erstrecken sich über die Dauer der Ehe hinaus.

erlöschen zu lassen oder über den Bestand derselben hinaus zu erstrecken, darf dahingestellt bleiben. Für diejenigen Fälle, in welchen die Schwägerschaft nach dem Entwurfe rechtlich von Bedeutung ist, ergiebt sich als Regel, daß die Wirkungen der Schwägerschaft die sie begründende Ehe überdauern; vergl. § 27 Abs. 3, §§ 1236, 1638 Abs. 1, §§ 1657, 1678, 1713 Abs. 1, § 1715 Abs. 2, § 1716 Abs. 2 Nr. 3, § 1916 Abs. 1 Nr. 2 (§ 1917 Abs. 1, § 1923 Abs. 2, § 1925 Abs. 1, § 1927 Abs. 2, § 1943 Abs. 2, § 1957 Abs. 4, § 2020). Der § 33 spricht diese Regel im Interesse der Bestimmtheit und Vereinfachung der Sprache aus. Durch die Fassung der §§ 32 und 33 wird zugleich klar, daß das Schwägerschaftsverhältniß sich nicht auf diejenigen Abkömmlinge des anderen Ehegatten erstreckt, welche erst nach Auflösung der sie vermittelnden Ehe erzeugt sind. Eine aufgelöste Ehe ist keine Ehe mehr; sie vermag daher ein Schwägerschaftsverhältniß nicht mehr zu begründen.

Die in §§ 30—33 aufgestellten Vorschriften haben unmittelbare Bedeutung nur für den Entwurf. Sie greifen nicht der Auslegung rechtsgeschäftlicher Bestimmungen vor, welche von dem Begriffe der Verwandtschaft oder Schwägerschaft rechtliche Folgen abhängig machen. Eine einschlagende Auslegungsregel findet sich in § 1771; vergl. auch §§ 1772—1774.

Fünfter Titel.

Wohnsitz.

Vorbemerkung.

Der Begriff des Wohnsitzes ist für das bürgerliche Recht der gleiche wie für das Prozeßrecht. Diese Gleichheit, verbunden mit der in der Praxis hervortretenden höheren Wichtigkeit des Wohnsitzes für das prozessuale Gebiet, hat das preuß. A. L. R., das sächs., österr. und zür. G. B. veranlaßt, die Regelung des Wohnsitzes dem Prozeßrechte zu überweisen. Andere Gesetzgebungen reihen die betreffenden Vorschriften den Normen des bürgerlichen Rechtes ein — code civil Art. 102—111; bad. L. R. Satz 102—111; niederl. G. B. Art. 74—82; ital. G. B. Art. 16—19. Die C. P. O. knüpft den allgemeinen Gerichtsstand an den Wohnsitz (§ 13), giebt daneben Bestimmungen in Betreff des Wohnsitzes, welchen gewisse Personen in Ansehung dieses Gerichtsstandes haben (§§ 14—17), geht aber im Uebrigen davon aus, daß der Begriff des Wohnsitzes und die Voraussetzungen, unter welchen er begründet und aufgehoben wird, durch die Vorschriften des bürgerlichen Rechts bestimmt werden (Mot. zu § 13 d. C. P. O.).

Terminologie.

Der Entwurf gebraucht den in der Rechtssprache eingebürgerten Ausdruck Wohnsitz. Soweit daneben der Ausdruck Wohnort vorkommt (vergl. § 34 Abs. 3, § 35 Abs. 1, §§ 527, 1273 Abs. 1, § 2122), bezeichnet derselbe den Ort, an welchem Jemand thatsächlich eine Wohnung hat, ohne Rücksicht darauf, ob dem Orte zugleich die Eigenschaft des juristischen Domiziles zukommt oder nicht. In der Sprache der bisherigen Reichsgesetzgebung finden sich Wohnsitz und Wohnort zum Theil als gleichbedeutend gebraucht.

Das dem franz. Rechte (code civil Art. 111) und den ihm folgenden Rechten eigenthümliche Institut des gewählten Wohnsitzes (domicile élu, domicile d'élection, domicile de choix) ist nicht aufgenommen. Das Institut bezweckt, abgesehen von seinem völlig regelwidrigen Charakter, lediglich die Erleichterung der Rechtsverfolgung. Die C. P. O. hat eine Bestimmung über das domicile élu nicht für erforderlich erachtet, da die Vorschriften des franz. Rechtes über die Wahl eines Wohnsitzes pour l'exécution d'un acte in die umfassenderen Bestimmungen des § 38 der C. P. O. aufgingen (Mot. zu §§ 38—40 des Entw. der C. P. O.). In dem Einf. Ges. zur C. P. O. sind aber, anscheinend mit Rücksicht auf das bürgerliche Recht, die Vorschriften des franz. und bad. Rechtes über den erwählten Wohnsitz, soweit es sich um Zustellungen handelt, für unberührt erklärt (§ 15 Nr. 5). Die Frage, ob dieser Vorbehalt beizubehalten oder aufzuheben ist, wird bei Entwerfung des Einführungsgesetzes geprüft werden. Ebendaselbst wird auch darüber zu befinden sein, ob, soweit die Vorschriften des bürgerlichen Gesetzbuches über den Wohnsitz gegenüber den einschlagenden Bestimmungen der C. P. O. Abweichungen oder Vervollständigungen zeigen, eine entsprechende Aenderung bezw. Ergänzung der Bestimmungen der C. P. O. zu erfolgen habe. Domicile élu beseitigt.

§ 34.

Eine unmittelbare Begriffsbestimmung des Wohnsitzes ist weder nothwendig noch zweckmäßig*). Es genügt, die Voraussetzungen zu bezeichnen, unter welchen der Wohnsitz begründet und aufgehoben wird. Zur Begründung wird erfordert, daß die Person an einem Orte ihren Aufenthalt nimmt und die Absicht hat, an diesem Orte ständig zu bleiben (Abs. 1). Beide Momente müssen zusammentreffen. Ob die bezeichnete Absicht, der Domizilswille, vorliegt, haben die Umstände zu ergeben. Sie müssen den Schluß rechtfertigen, daß der gewählte Aufenthaltsort auf die Dauer den Mittelpunkt der Verhältnisse und der Thätigkeit der Person bildet. Eine mit den thatsächlichen Verhältnissen in Widerspruch stehende Bekundung oder Verneinung des Domizilswillens ist ohne Belang. Nicht erforderlich ist die Absicht, das Niederlassungsverhältniß für alle Zeiten beizubehalten; es genügt, daß dasselbe nicht von vornherein nur vorübergehender Natur sein soll. Erforderlich ist ebensowenig die Beabsichtigung ununterbrochenen Aufenthaltes; der Wohnsitz kann an einem Orte begründet sein, an welchem die Person regelmäßig nur zeitweise anwesend ist. Die preuß. A. G. O. I, 2 §§ 11, 12 sucht der Feststellung des Domizilswillens dadurch zu Hülfe zu kommen, daß sie Umstände hervorhebt, bei deren Vorhandensein eine stillschweigende 1. Begründung des Wohnsitzes.

*) Solche Begriffsbestimmungen finden sich l. 7 Cod. de incolis 10, 39, l. 203 D. de V. S. 50, 16, code civil Art. 102, bad. L. R. Satz 102, niederl. G. B. Art. 74, ital. G. B. Art. 16. Das Gesetz wegen Beseitigung der Doppelbesteuerung vom 13. Mai 1870 (B. G. Bl. S. 119.) § 1 Abs. 1 bestimmt: „Einen Wohnsitz im Sinne dieses Gesetzes hat ein Norddeutscher an dem Orte, an welchem er eine Wohnung unter Umständen inne hat, welche auf die Absicht der dauernden Beibehaltung einer solchen schließen lassen."

Aeußerung dieses Willens anzunehmen sein soll. Solche Bestimmungen sind kasuistischer Natur und treffen nicht allenthalben das Richtige.

2. Aufhebung des Wohnsitzes. Wie zur Begründung, so ist auch zur Aufhebung des Wohnsitzes erforderlich, daß die Gestaltung des thatsächlichen Verhältnisses mit dem entsprechenden Willen zusammentrifft (Abs. 3). Wer den Wohnsitz aufzugeben beabsichtigt und Vorkehrungen zum Wegzuge trifft, verliert den Wohnsitz erst mit der thatsächlichen Lösung des persönlichen Niederlassungsverhältnisses; wer, wenn auch auf längere Zeit, von dem Wohnsitze sich entfernt, behält denselben bei, so lange nicht der auf die Lösung des Niederlassungsverhältnisses gerichtete Wille vorhanden und erkennbar gemacht ist; wer das Niederlassungsverhältniß thatsächlich gelöst hat, kann den Wohnsitz nicht durch einen formalen, auf die Beibehaltung desselben gerichteten Willen aufrecht erhalten. Bei der Mannigfaltigkeit der Vorkommnisse muß auch hier der freien Beurtheilung Raum gelassen und von dem Versuche, leitende Hülfsregeln aufzustellen, Umgang genommen werden.

Nach franz. Rechte (code civil Art. 104) kann der Beweis der Absicht, den Wohnsitz zu vertauschen, durch eine Erklärung erbracht werden, welche darüber sowohl vor der Munizipalität des Ortes, den man verläßt, als vor der Munizipalität des Ortes, an welchen man den Wohnsitz verlegt, abgegeben wird; vergl. ital. G. B. Art. 17 Abs. 2. Ein Bedürfniß für eine solche Vorkehr hat sich in den Gebieten, welchen dieselbe unbekannt ist, nicht geltend gemacht. Auch ist es nicht unbedenklich, derartigen formalen Erklärungen unterschiedslos entscheidende Bedeutung beizulegen.

3. Ohne Wohnsitz. Gewöhnlich geht die Aufhebung des bisherigen Wohnsitzes mit der Begründung eines neuen Hand in Hand. Der Wohnsitz kann aber auch ohne sofortige Wahl eines anderen aufgegeben werden. Im gemeinen Rechte und in den Partikularrechten ist die Möglichkeit, daß Jemand keinen Wohnsitz hat, anerkannt. Im franz. und engl. Rechte wird dieselbe verneint; dem Aufgeben des Wohnsitzes kommt hier rechtliche Wirksamkeit nicht zu, so lange ein neuer Wohnsitz nicht gewonnen ist. Eine solche Aufrechterhaltung des aufgegebenen Wohnsitzes ist nur im Wege der Fiktion möglich. Zu einer derartigen Fiktion liegt um so weniger Anlaß vor, als die Gesetzgebung freie Hand hat, überall da, wo es zweckmäßig erscheint, den letzten Wohnsitz für maßgebend zu erklären (vergl. §§ 9, 76). Für das Gebiet des Prozeßrechtes ist durch § 18 der C. P. O. genügend vorgesorgt.

4. Doppelter Wohnsitz. Der Abs. 2 stellt fest, daß eine Person zu gleicher Zeit an mehreren Orten den Wohnsitz haben kann. Es entspricht dies der herrschenden Meinung im gemeinen Rechte und ist partikularrechtlich, soweit nicht franz. Recht gilt, wohl überall anerkannt*). Auf dem entgegengesetzten Standpunkte steht der code civil; Niemand hat mehr als einen allgemeinen Wohnsitz. Dem franz. Rechte ist das niederl. und ital. Recht gefolgt. Die englisch-

---

*) Preuß. A. L. R. Einl. § 27, A. G. O. I, 2 § 15; bayr. Gerichtsordnung von 1753 Kap. 1 § 3; sächs. G. B. § 17 u. s. w. Das Gesetz wegen Beseitigung der Doppelbesteuerung vom 13. Mai 1870 § 2 Abs. 2 gedenkt des Wohnsitzes, den ein Deutscher in seinem Heimathsstaate und außerdem in anderen Bundesstaaten haben kann.

nordamerikanische Jurisprudenz scheint gleichfalls anzunehmen, daß das principal domicil, neben welchem vielfach von einem domicil commercial, matrimonial, forensic, political gesprochen wird, nur an einem Orte bestehen könne. Daß Jemand einen mehrfachen Wohnsitz hat, kommt der Natur der Sache nach nur selten vor. Wo das Verhältniß vorzuliegen scheint, wird des Oefteren eine genaue Prüfung ergeben, daß der Wohnsitz in Wahrheit nur an einem Orte begründet ist. Der Ansicht, daß ein mehrfacher Wohnsitz begrifflich unmöglich sei, läßt sich nicht beipflichten. Eine Person kann sehr wohl den Aufenthalt zwischen mehreren Orten dergestalt theilen, daß jeder derselben in gleichem Maße als Hauptsitz ihrer Verhältnisse und Thätigkeit erscheint, keiner den anderen ausschließt, weder der eine, noch der andere nur als Mittelpunkt eines abgesonderten engeren Kreises des wirthschaftlichen Lebens sich betrachten läßt. Ebenso erscheint nicht statthaft, die Verwickelungen, welche sich aus dem mehrfachen Wohnsitze ergeben, dadurch zu beseitigen, daß ein reales Verhältniß als solches nicht anerkannt wird. Die Verwickelungen, welche namentlich da hervortreten, wo nach der Tendenz des Gesetzes durch die Bezugnahme auf den Wohnsitz nur ein Ort bezeichnet werden soll und kann, sind zudem nicht bedeutsamer Art. Der Richter wird unschwer in der Lage sein, den maßgebenden Ort nach der Beschaffenheit des Falles dem Geiste des Gesetzes entsprechend zu bestimmen. Vergl. über den Fall, wenn eine Verbindlichkeit an dem Orte zu erfüllen ist, an welchem der Schuldner oder Gläubiger den Wohnsitz hat, zu § 230; ingleichen hinsichtlich des § 1436 vergl. zu diesem Paragraphen.

§ 35.

1. Kein Zwangsdomizil am Orte des Strafvollzuges.

In der gemeinrechtlichen Jurisprudenz hat die l. 22 § 3 D. ad munic. 50, 1 zu der Annahme geführt, daß Strafgefangene einen gesetzlichen Wohnsitz am Orte des Strafvollzuges haben. Es findet sich aber auch die Ansicht, daß die Bestimmungen des röm. Rechtes nicht mehr anwendbar seien und daß der Aufenthalt am Straforte weder bei zeitlicher noch bei lebenslänglicher Freiheitsstrafe den Wohnsitz zu begründen vermöge. Die neueren Gesetzgebungen kennen ein Zwangsdomizil der Strafgefangenen am Orte des Strafvollzuges nicht. Ebenso nicht der Entwurf. Andererseits geht es zu weit, schlechthin zu verneinen, daß der Strafgefangene während der Strafzeit an dem Orte des Strafvollzuges oder an einem anderen Orte einen Wohnsitz begründen könne; die Voraussetzungen dazu werden allerdings nur selten gegeben sein. Auf dem Gebiete des Prozeßrechtes greift unter Umständen das Quasidomizil des § 21 Abs. 1 der C. P. O. Platz.

2. Aufrechterhaltung des bisherigen Domiziles des Strafgefangenen.

Der Wohnsitz, welchen der Gefangene vor dem Eintritte in die Strafanstalt hatte, dauert, falls es bei den allgemeinen Grundsätzen bewendet, fort, wenn und so lange nach den Umständen anzunehmen ist, daß der betreffende Ort, der Abwesenheit ungeachtet, auch fernerhin den Mittelpunkt der Verhältnisse des Gefangenen bildet. Lösen sich mit dem Eintritte in die Strafanstalt die thatsächlichen Beziehungen zum Wohnorte oder kommen dieselben während der Strafverbüßung in Wegfall, so hört der Wohnsitz auf. Eine solche Gestaltung ist nicht unbedenklich; insbesondere hat sie den Uebelstand zur Folge, daß die

Zahl der Wohnsitzlosen in beträchtlichem Maße sich steigert. Dem wird in angemessener Weise durch die Bestimmung vorgebeugt, daß der von dem Gefangenen vor dem Beginne des Strafvollzuges innegehabte Wohnsitz so lange fortdauert, als nicht besondere Umstände seine Aufhebung ergeben (Abs. 1). Damit ist insofern ein Zwangsdomizil anerkannt, als die Gefangenhaltung den bisherigen Wohnsitz selbst dann bestehen läßt, wenn jede häusliche Einrichtung am Orte des bisherigen Wohnsitzes fehlt. Den Strafgefangenen sind aus nahe liegenden Gründen die in Abs. 2 bezeichneten Personen gleichgestellt.

Die Wohnsitzlage derjenigen Personen zum Gegenstande besonderer Regelung zu machen, welchen der Aufenthalt an ihrem bisherigen Wohnsitze untersagt oder welchen der Aufenthalt an einem bestimmten Orte angewiesen worden ist, fehlt das Bedürfniß.

§ 36.

Fähigkeit zur Begründung und Aenderung des Wohnsitzes.

Wahl und Aufgabe bezw. Aenderung des Wohnsitzes sind rechtlich bedeutsame, aber nicht rechtsgeschäftliche Akte. Hinsichtlich ihrer Vornahme steht somit nicht die Geschäftsfähigkeit (§§ 64 ff.), sondern die Fähigkeit zu anderweitem Handeln mit rechtlicher Wirkung in Frage. Für die letztere Fähigkeit sind allgemeine Grundsätze in dem Entwurfe nicht aufgestellt. Es macht sich daher erforderlich, besonders auszusprechen, daß bei willensunfähigen und beschränkt willensfähigen Personen der gesetzliche Vertreter in Ansehung dieser Akte den mangelnden Willen ersetzen und den beschränkt wirksamen Willen ergänzen kann und muß. Die Veränderung des Wohnsitzes ist dabei in den Vordergrund gestellt, weil die betreffenden Personen der Regel nach einen abgeleiteten Wohnsitz (§ 40) haben.

Dem Begriffe des Wohnsitzes gemäß reicht der bloße Wille des gesetzlichen Vertreters für die Bestimmung des Wohnsitzes der seiner Sorge anvertrauten Person nicht aus. Die Wohnsitznahme setzt auch hier voraus, daß die Niederlassung unter Umständen erfolgt, welche zur Begründung des Wohnsitzes an sich geeignet sind. Die Frage, ob Geisteskranke, welche von dem Vormunde in eine Heil- und Pflegeanstalt gebracht werden, daselbst den Wohnsitz erlangen, ist nach Lage des einzelnen Falles zu beantworten; sie ist zu verneinen, wenn es sich nur um Heilungsversuche von vorübergehender Dauer handelt; sie kann zu bejahen sein, wenn bei voraussichtlich langwieriger oder unheilbarer Krankheit dauernde Unterbringung bezweckt ist.

§ 37.

Wohnsitz der Militärpersonen. a) Entstehungsgeschichte der Vorschriften der C. P. O.

Die Vorschrift schließt sich den §§ 14 und 15 der C. P. O. an. Diese gründen sich zum Theil wieder in Bestimmungen des preuß. Rechtes. Nach dem A. L. R. II, 10 §§ 5—7, 11 und der A. G. O. Anh. §§ 12, 13 galt bei Militärpersonen der Garnisonort sowohl in prozessualer als in materiellrechtlicher Hinsicht als Wohnsitz; doch sollten für die noch unter väterlicher Gewalt stehenden Militärpersonen „in Ansehung ihrer persönlichen Privatangelegenheiten" die Gesetze in Geltung bleiben, welchen ihr Vater unterworfen war. Eine Kabinetsordre vom 2. November 1833 (G. S. S. 290) sprach auf entstandene Zweifel noch besonders aus, daß minderjährige und unter väterlicher Gewalt stehende Militärpersonen in allen Angelegenheiten der bürgerlichen Gerichtsbarkeit ihren ordentlichen persönlichen Gerichtsstand vor dem Gerichte des Garnisonortes haben sollten. Die Deklaration vom 31. März 1839 (G. S. S. 155) bestimmte sodann, daß in Ansehung der unmündigen und unter väterlicher Gewalt stehenden Militärpersonen, ingleichen derjenigen, welche lediglich zur Erfüllung ihrer Wehrpflicht dienten, soweit es auf ihre persönlichen Eigenschaften und Befugnisse (jura status) sowie auf die Erbfolge in ihren Nachlaß ankomme, nicht der Ort ihrer Garnison, sondern ihr eigentlicher Wohnsitz oder in Ermangelung eines solchen der Ort ihrer Herkunft als maßgebend zu betrachten sei. Militärpersonen hatten hiernach, auch wenn sie minderjährig waren, unter väterlicher Gewalt standen oder nur zur Erfüllung der Wehrpflicht dienten, in Ansehung des Gerichtsstandes den Wohnsitz am Garnisonorte, unterstanden dagegen unter den bezeichneten Voraussetzungen hinsichtlich des Status und der Beerbung dem am Garnisonorte geltenden Rechte nicht. Diese Unterscheidung war geboten durch die Verschiedenheit der im preuß. Staate geltenden Rechte, namentlich mit Rücksicht auf die verschiedene Regelung des Volljährigkeitstermines und des Institutes der väterlichen Gewalt. Eine wesentliche Aenderung erfuhr der Rechtszustand durch das Reichsmilitärgesetz vom 2. Mai 1874 (R. G. Bl. S. 45). Nach § 39 Abs. 2 dieses Gesetzes haben Militärpersonen, welche nur zur Erfüllung der Wehrpflicht dienen oder welche selbständig einen Wohnsitz nicht begründen können, einen allgemeinen Gerichtsstand am Garnisonorte nicht mehr. Auf dem gleichen Standpunkte steht § 14 der C. P. O.

b) Standpunkt des Entwurfes.

Für den Entwurf fallen die Gründe fort, die zu der angef. Deklaration vom 31. März 1839 geführt haben. Das bürgerliche Gesetzbuch schafft materielle Rechtseinheit. Es hat daher insoweit keinen Anstand, den Garnisonort auch den Militärpersonen, welche zur Erfüllung der Wehrpflicht dienen oder welche selbständig einen Wohnsitz nicht begründen können, als Wohnsitz anzuweisen. Wenn letzteres gleichwohl nicht geschieht, so hat dies seinen Grund darin, daß es wünschenswerth erschien, mit der C. P. O. in Einklang zu bleiben, zumal es materiellrechtlich unerheblich ist, ob die fraglichen Personen ihren Wohnsitz an dem einen oder anderen Orte haben; ferner darin, daß eine abweichende Regelung auf die Bestimmung der Zuständigkeit für die Angelegenheiten der nichtstreitigen Gerichtsbarkeit nicht ohne Einfluß sein würde, zur Bevormundung und Nachlaßregulirung aber die Behörden der Heimath geeigneter sein dürften, als diejenigen des Garnisonortes. Die Fähigkeit zur selbständigen Begründung eines Wohnsitzes geht, wie besonderer Erläuterung nicht bedarf, einer Militärperson dann ab, wenn sie geschäftsunfähig oder in der Geschäftsfähigkeit beschränkt ist (vergl. § 36).

Der zweite Satz des Abs. 1 entspricht dem § 15 der C. P. O. Er ist nicht, wie dieser, als besonderer Paragraph gefaßt, um jeden Zweifel darüber auszuschließen, daß die in Ansehung der Militärpersonen, welche nur zur Erfüllung der Wehrpflicht dienen oder welche selbständig einen Wohnsitz nicht begründen können, von der Regel des Abs. 1 gemachte Ausnahme auch dann gilt, wenn dieselben einem Truppentheile angehören, der im Deutschen Reiche keinen Garnisonort hat.

Der Begriff der „Militärpersonen" umfaßt die Personen des Soldatenstandes und die Militärbeamten, welche zum deutschen Heere und der Kaiserlichen Marine gehören; Militärstrafgesetzbuch vom 20. Juni 1872 (R. G. Bl. S. 174) § 4 und Anlage; Gesetz, betreffend die Verpflichtung zum Kriegsdienste, vom 9. November 1867 (B. G. Bl. S. 131) §§ 2, 13; Reichsmilitärgesetz vom 2. Mai 1874 § 38.

§ 38.

Wohnsitz Deutscher, welche das Recht der Exterritorialität genießen.

Die Vorschrift steht in Uebereinstimmung mit § 16 der C. P. O. und § 11 der St. P. O.; nur der Satz, daß, wenn die Hauptstadt in mehrere Gerichtsbezirke getheilt ist, der als Wohnsitz geltende Bezirk im Wege der Justizverwaltung durch allgemeine Anordnung bestimmt werden soll, ist als für das bürgerliche Recht gegenstandslos weggelassen.

Kein gesetzliches Domizil der Beamten.

Das gemeine Recht und verschiedene Landesrechte weisen auch dem im Inlande angestellten Beamten einen gesetzlichen Wohnsitz und zwar am Orte seiner Amtsführung an. Ein praktisches Bedürfniß hierzu ist schwerlich vorhanden. Der Regel nach wird der Beamte schon nach allgemeinen Grundsätzen seinen Wohnsitz am Dienstorte haben, und hat er ihn daselbst thatsächlich nicht, so ist nicht abzusehen, weshalb ein solcher gesetzlich vorgeschrieben werden sollte. Das Interesse des Dienstes kann nur dazu führen, daß der Beamte für die Zeit der ihm obliegenden Dienstleistungen am Dienstorte anwesend ist. Daß er daselbst auch den Mittelpunkt seines häuslichen und wirthschaftlichen Daseins haben müsse, ist durch dienstliche Rücksichten nicht bedingt. Die Reichsgesetze sprechen allerdings mehrfach von einem dienstlichen Wohnsitze der Beamten. Sie haben indessen nur den publizistischen Wohnsitz im Auge*). Außerdem ist seit dem Inkrafttreten der C. P. O., welche eine darauf abzielende Bestimmung in Ansehung des Gerichtsstandes nicht enthält, der Begriff, von einer Ausnahme (Gebührenordnung für Gerichtsvollzieher vom 24. Juni 1878, R. G. Bl. S. 166, § 17 Abs. 1) abgesehen, aufgegeben und durch den Begriff des Amtssitzes ersetzt (C. P. O. § 347 Abs. 1; St. P. O. § 49 Abs. 1, § 183; angef. Gebührenordnung § 17 Abs. 2; Verordnung vom 23. April 1879, R. G. Bl. S. 127, §§ 3, 7, 10, 11).

§ 39.

Wohnsitz der Ehefrau.

Die Ehefrau theilt, der Natur des ehelichen Verhältnisses gemäß, den Wohnsitz des Ehemannes (C. P. O. § 17 Abs. 1). Wird die Ehe aufgelöst, so hört dieser abgeleitete Wohnsitz auf. Mit der Ursache fällt die Wirkung. Das gemeine Recht (l. 22 § 1 D. ad munic. 50, 1), die preuß. A. G. O. I, 2 § 90 und das ital. G. B. Art. 18 Abs. 1 lassen den Wohnsitz fortdauern,

---

*) Vergl. das Gesetz über die Erwerbung und den Verlust der Bundes- und Staatsangehörigkeit vom 1. Juni 1870 (B. G. Bl. S. 355) § 9 Abs. 2, das Gesetz wegen Beseitigung der Doppelbesteuerung vom 13. Mai 1870 (B. G. Bl. S. 119) § 2 Abs. 2, das Gesetz, betr. die Rechtsverhältnisse der Reichsbeamten, vom 31. März 1873 (R. G. Bl. S. 61) §§ 21, 22, das Gesetz, betr. die Disziplinarkammer für die Beamten der Reichs-Eisenbahn-Verwaltung u. s. w., vom 5. November 1874 (R. G. Bl. S. 128).

bis die Wittwe ihn ausdrücklich aufgiebt oder sich wieder verheirathet. Einer solchen Vorschrift bedarf es nicht. Die Frau, die an dem Orte, wo der Wohnsitz des Ehemannes sich befunden hat, verbleibt, begründet daselbst, sofern die Voraussetzungen hierfür vorliegen, einen selbständigen Wohnsitz. Der Auflösung der Ehe durch Scheidung steht in Ansehung der Beendigung des abgeleiteten Wohnsitzes der Ehefrau die beständige Trennung der Ehegatten von Tisch und Bett gleich (C. P. O. § 17 Abs. 1). Bei der geringen praktischen Bedeutung, welche der Fall der beständigen Trennung gegenüber dem § 1440 Abs. 3 noch haben wird, genügt es, das Erforderliche in dem Einführungsgesetze zu bestimmen. Eine zeitweilige Trennung von Tisch und Bett ändert an der Wohnsitzlage der Ehefrau nichts. Beständige Trennung von Tisch und Bett.

Die Ehefrau theilt den freigewählten wie den gesetzlichen Wohnsitz des Ehemannes. Die Bestimmung der preuß. A. G. O. Anh. § 13 und des A. L. R. II, 10 § 43, daß die Frauen der nicht zum Offizierstande gehörenden Soldaten, sofern sie an einem anderen Orte als dem Garnisonorte wohnen, ihren Wohnsitz an dem ersteren Orte haben bezw. behalten, ist schon von der C. P. O. nicht berücksichtigt worden.

Die C. P. O. beläßt es in Ansehung des Gerichtsstandes bei dem abgeleiteten Wohnsitz auch dann, wenn der Ehemann den Wohnsitz an einen Ort verlegt, an welchen die Ehefrau ihm zu folgen nicht verpflichtet ist (§ 1273 Abs. 2). Die Unzuträglichkeiten, zu welchen diese Vorschrift in prozessualer Hinsicht führen kann, werden im Wesentlichen durch Spezialgerichtsstände gehoben. Soweit der Wohnsitz für das bürgerliche Recht in Betracht kommt, erscheint es geboten, der thatsächlichen Sachlage Rechnung zu tragen und dem abgeleiteten Wohnsitze wenigstens dann ein Ziel zu setzen, wenn der Ehemann den Wohnsitz unter den bezeichneten Umständen im Auslande genommen hat (Abs. 2). Verlegt er den Wohnsitz im Inlande an einen Ort, an welchen ihm die Ehefrau zu folgen nicht verbunden ist, so kann der Fall füglich nicht anders beurtheilt werden, als derjenige, in welchem die Eheleute in gegenseitigem Einverständnisse an verschiedenen Orten leben; insoweit hat es demgemäß bei der Regel des Abs. 1 zu bewenden. Wann die Ehefrau dem Ehemanne zu folgen nicht verpflichtet ist.

Die Theilnahme am Wohnsitze setzt das Bestehen eines solchen voraus. Wenn und so lange der Ehemann keinen Wohnsitz hat, kann die Ehefrau einen solchen selbständig begründen und haben. Das Gleiche muß gelten, wenn und so lange der Ehemann einen Wohnsitz hat, den die Ehefrau gesetzlicher Bestimmung gemäß nicht theilt. Die Mot. zu § 17 der C. P. O. erachten dies anscheinend für selbstverständlich; es wird den Vorzug verdienen, jedem Zweifel darüber durch eine bezügliche Bestimmung (Abs. 3) vorzubeugen. Wenn der Ehemann ohne Wohnsitz ist.

§ 40.

Eheliche Kinder theilen den Wohnsitz des Vaters, uneheliche Kinder den Wohnsitz der Mutter (C. P. O. § 17 Abs. 2). Nach franz. Rechte theilen Minderjährige, welche nicht gewaltentlassen sind, den Wohnsitz des Vaters bezw. der Mutter, oder, wenn sie einen anderen Verwaltungsvormund haben, denjenigen des Vormundes; Entmündigte theilen gleichfalls den Wohnsitz des Wohnsitz der Kinder.

Vormundes (code civil Art. 108). Der deutschen Rechtsentwickelung entspricht eine solche Gestaltung nicht; auch hat die C. P. O. bereits gegen dieselbe Stellung genommen. Maßgebend ist der Wohnsitz des Vaters, nicht der Wohnsitz des mit der elterlichen Gewalt bekleideten Elterntheiles; der abgeleitete Wohnsitz des Kindes hat seine Grundlage nicht in der elterlichen Gewalt. Der Wohnsitz verbleibt dem Kinde, bis er in rechtsgültiger Weise von dem Kinde oder für dasselbe aufgegeben wird (C. P. O. § 17 Abs. 2); er geht nicht schon dann verloren, wenn der Vater bezw. die uneheliche Mutter wohnsitzlos wird oder stirbt.

Die für die ehelichen Kinder in Abs. 1 getroffenen Bestimmungen gelten ebenmäßig für diejenigen Kinder, welche als eheliche anzusehen sind, sowie für diejenigen Kinder, welchen die rechtliche Stellung ehelicher Kinder zukommt, mithin für Kinder aus einer in gehöriger Form geschlossenen, aber ungültigen Ehe (§§ 1562, 1567), für legitimirte Kinder (§§ 1579, 1583) und für an Kindesstatt angenommene Personen (§ 1601); vergl. S. 66. Besonderer Erwähnung im Gesetze bedürfen die an Kindesstatt angenommenen Personen. Einmal kann auch eine Frau eine Person an Kindesstatt annehmen, sodann ist das Verhältniß einer an Kindesstatt angenommenen Person zu ihren leiblichen Eltern in der fraglichen Hinsicht zu ordnen. Die Regel, daß der Angenommene den Wohnsitz des Annehmenden theilt, trifft nicht zu, wenn die Ehefrau das eheliche Kind des Ehemannes während bestehender Ehe an Kindesstatt angenommen hat; das Kind behält solchenfalls den Wohnsitz des Vaters. Ein Hinweis auf diese Ausnahme ist entbehrlich, da über dieselbe, soweit sie überhaupt praktisch werden kann, gegenüber der Sonderbestimmung des § 1621 kein Zweifel sein kann. Die Annahme an Kindesstatt seitens einer Frau hat, abgesehen von dem Falle des § 1621, zur Folge, daß die angenommene Person den Wohnsitz der Adoptivmutter theilt, während, wenn die eheliche Mutter die elterliche Gewalt über ihr Kind erlangt, das letztere nicht den Wohnsitz der Mutter theilt, sondern den Wohnsitz des Vaters behält. Eine Rechtsunebenheit kann hierin nicht gefunden werden, da, wie bereits hervorgehoben ist, die elterliche Gewalt nicht die Grundlage für die Bestimmung des Wohnsitzes bildet. Uebrigens kann auch die eheliche Mutter vermöge der mit der elterlichen Gewalt verbundenen gesetzlichen Vertretung des Kindes für dieses gemäß § 36 den bisherigen Wohnsitz aufgeben und einen neuen Wohnsitz begründen.

Wohnsitz der Legitimirten und Adoptirten.

Die in Abs. 2 bezüglich der legitimirten Kinder und der an Kindesstatt angenommenen Personen getroffene Bestimmung beruht auf der Erwägung, daß ein abgeleiteter Wohnsitz nur für solche Personen Berechtigung hat, welche als wirthschaftlich noch unselbständige Glieder in den Kreis der Familie treten.

Findelkinder.

Findelkinder erhalten den Wohnsitz, den ihr Vertreter den allgemeinen Bestimmungen gemäß für sie begründet.

Kein gesetzliches Domizil des Gesindes.

Dem Gesinde ist ein abgeleiteter Wohnsitz an dem Wohnsitze des Dienstherrn (preuß. A. G. O. I, 2 § 13, A. L. R. I, 1 § 4; code civil Art. 109; bad. L. R. Satz 109; niederl. G. B. Art. 79) nicht zugewiesen. Der Umstand, daß Dienstboten und andere in Brod stehende Arbeiter der Sitte gemäß zur häuslichen Gemeinschaft gehören, rechtfertigt nicht die Annahme eines solchen besonderen Wohnsitzes. Dem praktischen Bedürfnisse wird in der Hauptsache dadurch genügt, daß die in Frage stehenden Personen nach § 21 Abs. 1 der C. P. O. wegen aller vermögensrechtlichen Ansprüche vor dem Gerichte des Aufenthaltsortes belangt werden können.

Sitz einer juristischen Person.

Auf juristische Personen ist der an die menschlichen Lebensverhältnisse anknüpfende Begriff des Wohnsitzes nicht anwendbar. Der Gedanke der Personifikation und das Bedürfniß haben indessen dazu geführt, daß der juristischen Person allgemein ein Sitz zugeschrieben wird. Nach dem Vorbilde des Wohnsitzes hat die juristische Person ihren Sitz an dem Orte, an welchem der Mittelpunkt ihrer Verhältnisse und Thätigkeit sich befindet. In der Regel wird dies der Ort sein, an welchem die Verwaltung geführt wird. Der Sitz pflegt in dem Statute bezeichnet zu werden; bei manchen Rechtssubjekten ist sogar gesetzlich vorgeschrieben, daß dies geschieht. Wie der Mensch aber durch bloße Erklärung einen Ort nicht zu seinem Wohnsitze machen kann, so kann der Sitz durch das Statut nicht völlig willkürlich bestimmt werden; die Bezeichnung des Sitzes darf den thatsächlichen Verhältnissen nicht widersprechen, wobei allerdings in Betracht kommt, daß die letzteren dem Ermessen und einer innerhalb dieses Ermessens sich bewegenden Wahl Raum geben können. Im Einklange mit dieser Auffassung steht die Vorschrift in § 19 Abs. 1 Satz 2 der C. P. O., nach welcher, wenn nicht ein Anderes erhellt, derjenige Ort als Sitz gilt, an welchem die Verwaltung geführt wird; durch den Vorbehalt „wenn nicht ein Anderes erhellt" ist nur die Berücksichtigung thatsächlich abweichender Verhältnisse offen gelassen (nordd. Prot. S. 218). Für den Entwurf erscheint eine den privatrechlichen Sitz der juristischen Person entsprechend regelnde Bestimmung entbehrlich. Zwar kann die vorstehend vertretene Auffassung nicht als eine allgemein anerkannte bezeichnet werden. Der gemeinrechtlichen Doktrin ist mehr oder weniger die Anschauung geläufig, daß das den Sitz bestimmende Moment, wenigstens bei denjenigen Rechtssubjekten, deren Existenz nicht an eine bestimmte Oertlichkeit gebunden erscheint, grundsätzlich nicht sowohl in den thatsächlichen Verhältnissen als in der statutarischen Bestimmung zu suchen sei. Es darf indessen unbedenklich erwartet werden, daß die Jurisprudenz die in der C. P. O. gegebene, die natürliche Bedeutung des Sitzes hervorkehrende Bestimmung auch da zur Anwendung bringen wird, wo der Sitz juristischer Personen in anderer Richtung als in Ansehung des Gerichtsstandes in Frage kommt.

Dritter Abschnitt.

Juristische Personen.

§ 41.

Die Rechtsfigur der juristischen Person ist jedem nur einigermaßen entwickelten Rechte unentbehrlich. Neben den Sonderzwecken, welche der Einzelne seinen jeweiligen Bedürfnissen gemäß mit den ihm zu Gebote stehenden Mitteln verfolgt, liegen andere, im Interesse des öffentlichen Wohles oder privater Gemeinschaften gesetzte Zwecke, deren Verwirklichung nur dadurch sichergestellt werden kann, daß ihnen ein selbständiger, der Herrschaft des Einzelnen entrückter Vermögensbereich unmittelbar dienstbar gemacht wird. Die der Wissenschaft und Gesetzgebung geläufige Personifizirung der solchergestalt bestehenden Vermögensbereiche entspricht der Vorstellungsweise des Lebens und dient zugleich der Technik des Rechtes.

Inhalt der juristischen Persönlichkeit.

Den Begriff der juristischen Person zu konstruiren und zu rechtfertigen ist Aufgabe der Wissenschaft. Der Inhalt der juristischen Persönlichkeit muß in dem Gesetze festgestellt werden. Ein Schweigen in dieser Richtung würde das Verständniß der gegebenen Vorschriften beeinträchtigen oder doch erheblich erschweren. Das Wesen der juristischen Persönlichkeit besteht für das bürgerliche Recht darin, daß die an sich nur den natürlichen Personen zustehende Vermögensfähigkeit kraft positiver Satzung einem Personenvereine oder einem Vermögensinbegriffe beigelegt ist (vergl. sächs. G. B. § 52). Man kann noch weiter gehen und aufstellen, die juristische Persönlichkeit sei überhaupt gleichbedeutend mit dieser Vermögensfähigkeit, so daß die Bezeichnung als juristische Person für diejenigen Körperschaften des öffentlichen Rechtes, welche der Vermögensfähigkeit ermangeln, sich als zutreffend nicht erweist.

Ablehnung einer Umschreibung des Ausdruckes juristische Persönlichkeit.

Vermieden ist die verschiedenen neueren Gesetzen geläufige Ersetzung des Ausdruckes „juristische Person“ durch eine die Vermögensfähigkeit umschreibende Formel. Die Formel geht gewöhnlich dahin: eine Vereinigung (eine Gesellschaft, eine Kasse) könne unter ihrem Namen Rechte erwerben und Verbindlichkeiten eingehen, Eigenthum und andere dingliche Rechte an Grundstücken erwerben, vor Gericht klagen und verklagt werden. Mitunter ist auch hinzugefügt, daß für die Verbindlichkeiten nur das Vermögen der betreffenden Vereinigung, Kasse u. s. w. hafte. Eine derartige Bezeichnung der juristischen Persönlichkeit läßt die positive, eine juristische Unterstellung zum Ausgang nehmende Eigenthümlichkeit des Rechtsinstitutes nicht hervortreten und führt zu Verdunkelungen. Außerdem hat das in jenen Gesetzen zur Geltung gelangte Bestreben, den Ausdruck „juristische Person" zu meiden, seinen Grund vorzugsweise in der nicht berechtigten Annahme, die juristische Persönlichkeit als solche nöthige, namentlich hinsichtlich des staatlichen Aufsichtsrechtes, zu Folgerungen, welche nur für einzelne Arten der juristischen Personen passen*).

Die juristischen Personen sind geschieden in Körperschaften (§§ 42 bis 57) und Stiftungen (§§ 58—62). Die Bezeichnung Körperschaft findet sich zwar auf dem Gebiete des öffentlichen Rechtes auch für Personenvereine, denen Vermögensfähigkeit fehlt; Mißverständnisse sind indessen nicht zu besorgen. Stiftung im Sinne des Entwurfes ist jedes durch Verfügung des Stiftenden

Scheidung in Körperschaften und Stiftungen.

---

*) Die erwähnte Formel hat allerdings auch Verwendung für Gesellschaften gefunden, bei welchen zweifelhaft ist und dahin gestellt bleiben sollte, ob die Rechte und Verbindlichkeiten mit einem von den einzelnen Mitgliedern verschiedenen Subjekte oder ob sie mit den Einzelnen verknüpft sind. Die Formel ist gebraucht in dem H. G. B. Art. 111, 164, in dem Gesetze, betr. die privatrechtliche Stellung der Erwerbs- und Wirthschaftsgenossenschaften, vom 4. Juli 1868 (B. G. Bl. S. 415) § 11, in der Gewerbeordnung §§ 99, 104 h (Gesetz vom 23. April 1886), in dem Gesetze über die eingeschriebenen Hülfskassen vom 7. April 1876 (R. G. Bl. S. 125) § 5, in dem Gesetze, betr. die Krankenversicherung der Arbeiter, vom 15. Juni 1883 (R. G. Bl. S. 73) § 25, in dem Unfallversicherungsgesetze vom 6. Juli 1884 (R. G. Bl. S. 69) § 9 Abs. 4, in dem Gesetze, betr. die Unfall- und Krankenversicherung der in land- und forstwirthschaftlichen Betrieben beschäftigten Personen, vom 5. Mai 1886 (R. G. Bl. S. 132) § 13 Abs. 4, in dem Gesetze, betreffend die Unfallversicherung der Seeleute und anderer bei der Seeschifffahrt betheiligter Personen, vom 13. Juli 1887 (R. G. Bl. S. 329) § 16 Abs. 3, 4; ferner in dem allgemeinen Berggesetze für die preuß. Staaten vom 24. Juni 1865 § 96 und den ihm nachgebildeten Berggesetzen anderer Bundesstaaten, in dem preuß. Gesetze, betr. die Schutzwaldungen und Waldgenossenschaften, vom 6. Juli 1875 § 42, in dem preuß. Gesetze, betr. die Bildung von Wassergenossenschaften, vom 1. April 1879 § 10, in dem bayr. Gesetze, betr. die privatrechtliche Stellung von Vereinen, vom 29. April 1869 Art. 10. Der dem Reichstage vorgelegte Entwurf eines Gesetzes über die eingeschriebenen Hülfskassen lautete § 5 Abs. 1: „Die gegenseitige Hülfskasse hat die Rechte einer juristischen Person." Die beschlossene abweichende Fassung ist in dem Kommissionsberichte (Nr. 148 S. 10) wie folgt begründet: „Der erste Satz dieses Paragraphen wurde dahin geändert, daß der Inhalt des Begriffes der juristischen Persönlichkeit an die Stelle des technischen Ausdruckes gesetzt wurde. Der Antragsteller führte aus, daß in verschiedenen deutschen Territorien der Begriff der juristischen Person zu gelehrten Kontroversen Anlaß gegeben habe, welche leicht auf die Praxis verwirrend einwirken könnten. Von anderen Kommissionsmitgliedern wurde hinzugefügt, daß derjenige Theil des Publikums, welcher sich um die Hülfskassen gruppire, wohl selten mit dem streng juristischen Ausdrucke vertraut sei; ihm sei besser damit gedient, daß man den unverständlichen Begriff in seine verständlichen Bestandtheile zerlege. Der Einwand, daß § 140 der Gewerbeordnung den Ausdruck juristische Person für die Meisterkassen enthalte, vermochte die Mehrheit der Kommission nicht zu beeinflussen."

einem gewissen Zwecke gewidmete und zu diesem Behufe selbständig gestellte Vermögen. Ob die Verfolgung des Stiftungszweckes das Vorhandensein besonderer Einrichtungen voraussetzt, bezw. in denselben sich verkörpert, oder ob die Erreichung des Zweckes ohne solche Einrichtungen sich vollzieht, berührt das Wesen der Sache nicht. Es ist daher von der in Gesetzen sich findenden und in der Jurisprudenz mehrfach vertretenen Scheidung zwischen Anstalten und Stiftungen abgesehen. Ebenso wird neben den Stiftungen nicht noch sonstiger Vermögensinbegriffe gedacht. Die ruhende Erbschaft scheidet nach der ihr im Entwurfe zu Theil gewordenen Behandlung aus. Hinsichtlich des Staatsvermögens, des Fiskus vergl. § 63 und die Bemerkungen dazu. Wenn und soweit Bildungen vorkommen, welche in Folge der engen Verbindung eines für einen gewissen Zweck bestimmten Vermögens mit einem korporativ angelegten Personenvereine zweifelhaft erscheinen lassen, ob sie der einen oder der anderen der beiden Kategorien angehören, wird es Sache der rechtlichen Beurtheilung sein, zu prüfen, ob nach der Entwickelung und Gestaltung des Verhältnisses das korporative oder das Stiftungselement vorwiegt.

Ruhende Erbschaft. Fiskus.

Scheidung im geltenden Rechte.

Von den Gesetzgebungen behandelt das preuß. A. L. R., der älteren gemeinrechtlichen Lehre folgend, die juristische Person als gleichbedeutend mit Korporation; über Stiftungen sind nur vereinzelte Bestimmungen gegeben. Soweit der letzteren in Th. II Tit. 6 Erwähnung geschieht (§§ 73—80, 193—195), wird das Stiftungsvermögen als ein Gut aufgefaßt, welches einer bestimmten Korporation zur Verwendung nach Maßgabe des Widmungszweckes zugewiesen ist, das somit, selbständiger Persönlichkeit entbehrend, einen, wenn auch abgesonderten, Theil des Korporationsvermögens bildet. Der den „Armenanstalten und anderen milden Stiftungen" gewidmete 19. Titel des zweiten Theiles erkennt §§ 42, 43 den vom Staate ausdrücklich oder stillschweigend genehmigten Armen- und anderen Versorgungsanstalten die Rechte moralischer Personen zu und spricht zugleich aus, daß ihr Vermögen die Rechte der Kirchengüter hat. Der code civil, welcher von der Aufstellung allgemeiner Vorschriften über die juristische Persönlichkeit Abstand nimmt, gedenkt des Staates, der Gemeinden und der Staatsanstalten. Das sächs. G. B. (§§ 52—57) führt als juristische Personen auf den Staat, sofern er in Verhältnisse des bürgerlichen Rechtes eintritt, Personenvereine, Anstalten und Vermögensmassen. Das zür. G. B. stellt Korporationen (§§ 19—49) und Stiftungen (§§ 50—58) gegenüber.

Im Allgem. gelten die vermögensrechtl. Vorschriften auch für jur. Personen.

Die Kennzeichnung der juristischen Persönlichkeit als Vermögensfähigkeit schließt in sich, daß die in Ansehung der natürlichen Personen bestehenden vermögensrechtlichen Vorschriften ebenmäßig für die juristischen Personen gelten, soweit die Natur der Sache nicht ein Anderes ergiebt. Ueber die Fähigkeit der juristischen Person, letztwillig bedacht zu werden, vergl. § 1759. Unanwendbar oder doch nur unter besonders bestimmten Beschränkungen anwendbar sind diejenigen Vorschriften, welche einen natürlichen Träger von Rechten voraussetzen. In dem bestehenden Rechte weicht die rechtliche Stellung der juristischen Personen von der rechtlichen Stellung der natürlichen Personen auch sonst mehrfach ab. Die einzelnen Arten der juristischen Personen werden ferner zum Theil wieder verschieden behandelt. Neben dem Bestreben, durch Sonder-

Besonderheiten im geltenden Rechte.

vorschriften für die Erhaltung und Mehrung des Staats-, Gemeinde-, Kirchen- und Stiftungsvermögens zu sorgen, hat sich die Anschauung Geltung verschafft, daß die juristischen Personen oder doch einzelne Klassen derselben ihrer Willensunfähigkeit wegen auf gleicher Linie mit den Bevormundeten stehen und deshalb die sog. jura minorum genießen. Auf der anderen Seite haben in umgekehrter Richtung theils politische, theils wirthschaftliche Erwägungen dazu geführt, den Vermögenserwerb gewisser juristischer Personen, namentlich der kirchlichen Institute und der Stiftungen, in Hinsicht des Gegenstandes oder der Quelle des Erwerbes Beschränkungen zu unterwerfen. — Das Prinzip der Rechtsgleichheit und Gemeinsamkeit des Rechtes (vergl. S. 25) ist sichtbar bei den juristischen Personen nicht von derselben Bedeutung wie bei den physischen Personen. Auch läßt sich nicht verkennen, daß die ersteren, deren Kreis neben den höchsten Gemeinwesen Verbände rein privater Natur und die zwischen ihnen liegenden Mittelbildungen umfaßt, mannigfachen Anlaß zur Aufstellung von Rechtsverschiedenheiten geben können. Die Rechtsentwickelung geht aber dahin, wie auf dem privatrechtlichen Gebiete überhaupt, so auch bezüglich der juristischen Personen Rechtsungleichheiten möglichst zu meiden, die überlieferten Privilegien zu sichten und nur diejenigen zu bewahren, für deren Beibehaltung gewichtige, den Rücksichten auf das öffentliche Wohl entnommene Gründe sprechen. Dies hat sich insbesondere im Laufe der Zeit auch in der Behandlung der sog. jura fisci gezeigt (vergl. u. a. württemb. Gesetz vom 28. Februar 1873). In Zukunft gelten für den privatrechtlichen Verkehr juristischer Personen Besonderheiten nur insoweit, als solche in dem Gesetzbuche oder in dem Einführungsgesetze ausgesprochen sind oder auf in Kraft bleibenden reichsrechtlichen oder auf vorbehaltenen landesrechtlichen Normen beruhen. Sofern Vorbehalte eine Ermächtigung hierzu nicht gewähren, bleibt der Landesgesetzgebung auch zur Privilegirung einzelner juristischer Personen kein Raum mehr. Sonderbestimmungen hinsichtlich der juristischen Personen im Allgemeinen oder hinsichtlich einzelner derselben finden sich in §§ 166, 289, 311, 884, 1014, 1049, 1759; vergl. dazu § 280 Abs. 3, §§ 923, 926—928. Aufgabe des Entwurfes des Einführungsgesetzes wird u. A. sein, auszusprechen, daß von den landesgesetzlichen Vorschriften unberührt bleiben diejenigen über die Beschränkung der Erwerbsfähigkeit der juristischen Personen, ferner die Vorschriften, welche dem Fiskus sowie gewissen Körperschaften und Stiftungen wegen ihrer Forderungen einen gesetzlichen Titel zur Hypothek in Ansehung der Grundstücke ihrer Schuldner beilegen. — Note zu Buch III Abschn. IX Titel 1 des Entwurfes. Beschränkung der Erwerbsfähigkeit.

In die mit dem öffentlichen Rechte der Bundesstaaten im Zusammenhange stehenden landesgesetzlichen Vorschriften über die Verwaltung und Beaufsichtigung der juristischen Personen einzugreifen, liegt kein Grund vor. Der Entwurf des Einführungsgesetzes wird das Nähere hierüber ergeben. — Note zu § 63 des Entwurfes. Aufsichtsrecht des Staates.

Ob und inwieweit eine Bestimmung erforderlich ist, welche die rechtliche Behandlung regelt, die den in einem Bundesstaate bestehenden juristischen Personen in den anderen Bundesstaaten zu Theil zu werden hat, wird gleichfalls bei Entwerfung des Einführungsgesetzes geprüft werden.

§§ 42—57.

Gleichstellung von öffentlichrechtlichen und privaten Körperschaften.

Die Vorschriften der §§ 42—57 gelten für die öffentlichrechtlichen wie für die privaten Körperschaften. Die ersteren von der Regelung auszunehmen, fehlt es, abgesehen von der Schwierigkeit ihrer begrifflichen Abgrenzung, an ausreichenden Gründen. Den Landesgesetzen bleibt die in Ansehung derselben erforderliche Gestaltungsfreiheit gewahrt. Die aufgestellten Vorschriften verweisen zu einem nicht geringen Theile und gerade in den für die öffentlichrechtlichen Körperschaften wichtigsten Beziehungen entweder schlechthin auf die Landesgesetze oder lassen diesen, indem sie die von ihnen abhängige Verfassung für maßgebend erklären, genügenden Raum (§§ 42, 43, 44 Abs. 2, 3, 5, 7, § 45 Satz 2, §§ 48, 49). Soweit die Vorschriften zwingender Natur sind, kann deren Angemessenheit — abgesehen von dem Konkursfalle (§§ 47, 57), für welchen durch den Entwurf des Einführungsgesetzes, soweit nöthig, besondere Vorsorge getroffen werden wird (vergl. S. 118) — auch für die öffentlichrechtlichen Körperschaften nicht in Zweifel gezogen werden. Dies gilt insbesondere von den Vorschriften über die Liquidation, sofern der Fall der Vertheilung des Vermögens der erloschenen Körperschaft unter die Mitglieder, für welchen allein die Vorschriften gegeben sind, bei Körperschaften dieser Art vorkommt. Vergl. im Uebrigen S. 100, 103.

§ 42.

I. Entstehung der Körperschaft.
1. Gemeines Recht.

Die an die Entstehung einer Körperschaft zu stellenden Anforderungen begegnen verschiedener Beurtheilung. Der früheren Doktrin galt ein Personenverein zur Erlangung der juristischen Persönlichkeit nur dann als geeignet, wenn sein Ziel auf die Verfolgung öffentlicher, gemeinnütziger, mit dem allgemeinen Staatswohle in Zusammenhang stehender, dauernder Zwecke gerichtet und wenn seine Organisation zugleich derart war, daß er ein von dem Willen der Mitglieder unabhängiges, dem Willen der Staatsgewalt unterworfenes Dasein führte, auch die Mitglieder als solche weder während des Bestehens noch nach der Auflösung der Vereinigung irgend welchen Theil an dem vorhandenen Vermögen hatten. Zur Entstehung der Körperschaft selbst erforderte man eine Schaffung seitens der Staatsgewalt. Der Kreis der Körperschaften war darnach ein eng begrenzter; im Wesentlichen kamen nur Vereine des öffentlichen Rechtes in Frage. Die gezogenen Schranken machten sich um so fühlbarer, je mehr das Vereinswesen zur Entfaltung gelangte und Einigungen zeitigte, zu deren Lebensbedingungen ebenfalls ein selbständiger Vermögensbereich gehörte. Die Jurisprudenz konnte der juristischen Formulirung dieser neuen Erscheinungen sich nicht entziehen und suchte auf verschiedenem Wege nach Abhülfe. Einerseits hielt man mehr oder minder an den für die Körperschaft aufgestellten Erfordernissen fest und konstruirte Genossenschaften, Gesellschaften mit formeller oder kollektiver Personeneinheit, modifizirte Sozietäten. Andererseits unterwarf man den Begriff der juristischen Person einer erneuten Untersuchung, gelangte dazu, daß zur Erwerbung der juristischen Persönlichkeit jede Vereinigung geeignet sei, bei welcher die Vielheit zu einer über ihr stehenden Einheit sich zusammenschließe, und nahm zugleich als dem Willen der

Rechtsordnung entsprechend an, daß eine so geordnete Vereinigung mit ihrer Begründung von selbst juristische Persönlichkeit erlange. Gegenwärtig herrscht in der gemeinrechtlichen Wissenschaft so ziemlich Einverständniß, daß jeder korporativ angelegte Verein von Personen zur Körperschaft sich eigene; die Ansichten gehen aber darüber auseinander, ob und inwieweit eine staatliche Mitwirkung zur Entstehung erforderlich sei. Nach der einen Ansicht sind Personenvereine vermöge einer allgemeinen Rechtsvorschrift juristische Personen, wenn sie es sein wollen, d. h. wenn sie wollen, daß das Subjekt des von ihnen zusammengebrachten und zu erwerbenden Vermögens nicht die Einzelnen sein sollen, sondern ihre gedachte Einheit. Nach der anderen Ansicht besteht eine solche Rechtsvorschrift zwar für gewisse Klassen von Vereinigungen, insbesondere für staatliche Gemeinden und für die kirchlichen Gemeinden der anerkannten Konfessionen, keineswegs aber für alle Vereinigungen; soweit die Vorschrift nicht besteht, wird zur Erlangung der Korporationseigenschaft grundsätzlich die Verleihung durch einen besonderen Akt der Staatsgewalt gefordert. Die Praxis des heutigen gemeinen Rechtes steht mit verschwindenden Ausnahmen auf dem letzteren Standpunkte.

Das preuß. A. L. R. knüpft den Erwerb der juristischen Persönlichkeit an das Erforderniß der staatlichen Genehmigung, dabei Gesellschaften voraussetzend, die sich zu einem fortdauernden, gemeinnützigen Zwecke verbunden haben (II, 6 § 25). Das A. L. R. kennt aber zugleich eine Mittelbildung zwischen universitas und societas in den sog. „erlaubten Privatgesellschaften" (II, 6 §§ 1 bis 24). Die bezüglichen Bestimmungen sind auf Vereine berechnet, welche der Regel nach eine größere Mitgliederzahl und einen wechselnden Mitgliederbestand in Aussicht nehmen, eine korporative Organisation besitzen und Zwecke verfolgen, die nicht oder doch nicht ausschließlich und unmittelbar auf Erzielung und Vertheilung von Gewinn berechnet sind. Die erlaubte Privatgesellschaft bedarf der staatlichen Genehmigung nicht; sie stellt nach außen keine juristische Person vor, hat aber die inneren Rechte der Korporationen und Gemeinen. Dritten gegenüber werden die Mitglieder als Theilnehmer „gemeinsamer" Rechte und Pflichten erachtet. Die preuß. Verfassungsurkunde Art. 31 hat eine gesetzliche Feststellung der Bedingungen in Aussicht genommen, unter welchen Korporationsrechte ertheilt und verweigert werden; ein Gesetz ist in dieser Richtung nicht ergangen. Das bayr. L. R. und die bayr. Statuten enthalten keine Bestimmungen über die Entstehung von Körperschaften; es ist aber von jeher mit geringen Ausnahmen an dem Erfordernisse staatlicher Verleihung der Korporationseigenschaft festgehalten worden. Der code civil und das bad. L. R. schweigen ebenfalls. Die franz. Jurisprudenz verlangt ausdrückliche oder stillschweigende staatliche Genehmigung. Das bad. II. Konstitutionsedikt vom 14. Juli 1807 faßt (§ 11) die Gemeinden, Körperschaften und Staatsanstalten unter der Bezeichnung „Staatspersonen" zusammen und kennzeichnet (§ 9) die Körperschaften als unter einer leitenden Gesellschaftsgewalt verbundene, auf steten Nachwuchs neuer Mitglieder bedachte, einen Theil des Staatszweckes verfolgende ewige Staatsgesellschaften, welche durch ausdrückliche oder stillschweigende landesherrliche Bestätigung das Recht der Persönlichkeit erlangt haben. Die bad. landesherrl. Verordnung vom

2. Partikulares Recht.

17. November 1883 bestimmt die Erfordernisse näher, denen Vereine, welche öffentliche Zwecke verfolgen, zu genügen haben, wenn sie die Rechte einer Körperschaft im Sinne des § 9 des angef. Konstitutionsediktes durch Ertheilung seitens der Staatsgewalt erlangen wollen.

3. H. G. B. Von besonderer Bedeutung für den Gang der neueren Gesetzgebung in Ansehung der nicht dem öffentlichen Rechte angehörenden Personenvereine ist die den Vereinigungen auf dem Gebiete des Handelsrechtes und insbesondere die der Aktiengesellschaft in dem H. G. B. gegebene Gestaltung geworden. Die Aktiengesellschaft ist im H. G. B. nicht für eine juristische Person erklärt; die Frage über ihre rechtliche Natur sollte eine offene bleiben. Sie hat als solche selbständig ihre Rechte und Pflichten, kann Eigenthum und andere dingliche Rechte an Grundstücken erwerben, vor Gericht klagen und verklagt werden (Art. 213 Abs. 1)*). Der Vorstand, den sie haben muß, vertritt sie gerichtlich und außergerichtlich (Art. 227 Abs. 1). Zur Entstehung der Aktiengesellschaft ist erforderlich die Errichtung eines Statutes, in welchem Firma, Sitz, Gegenstand des Unternehmens, Höhe des Grundkapitales, Art der Bestellung und Zusammensetzung des Vorstandes u. s. w. festgestellt sein müssen (Art. 209, 209a), ferner nach der ursprünglichen Fassung des H. G. B. (Art. 208 Abs. 1, 249) staatliche Genehmigung, von welcher jedoch landesgesetzlich abgesehen werden konnte, und Eintragung in das Handelsregister (Art. 210 Abs. 1). Es tritt hier — wennschon durch das mittels Gesetz vom 11. Juni 1870 (B. G. Bl. S. 375) § 2 beseitigte Erforderniß der staatlichen Genehmigung noch verhüllt — das System der sog. Normativbestimmungen hervor, nach welchem ein Personenverein Vermögensfähigkeit von Rechtswegen erlangt, sobald gewisse im Gesetze bestimmte, auf eine geordnete innere Organisation und die Sicherheit des Verkehres mit Dritten abzielende Voraussetzungen erfüllt sind und diese Erfüllung durch einen behördlichen Akt festgestellt ist. Das System hält die Mitte zwischen der jedesmaligen, von dem freien Ermessen der Staatsgewalt abhängigen Ertheilung der Vermögensfähigkeit und der Gestaltung, nach welcher die juristische Person schon durch das Wesen einer gewillkürten Vereinigung, durch das gewollte Zusammenschließen zur Einheit gegeben sein soll.

Normativbestimmungen.

4. Sonstige Reichsgesetze. Das System der Normativbestimmungen ist von der Reichsgesetzgebung befolgt worden bei der Regelung der Erwerbs- und Wirthschaftsgenossenschaften, der eingeschriebenen Hülfskassen, der Innungen, der Krankenkassen und der Berufsgenossenschaften zum Zwecke der Unfallversicherung. Erwerbs- und Wirthschaftsgenossenschaften erlangen die ihnen vom Gesetze eingeräumte selbständige Stellung durch die richterliche Eintragung des Gesellschaftsvertrages in das einen Theil des Handelsregisters bildende Genossenschaftsregister (Gesetz vom 4. Juli 1868, B. G. Bl. S. 415, §§ 2—5), — Hülfskassen durch die Zulassung seitens der höheren Verwaltungsbehörde und durch die der letzteren

*) Wenn hier und in dem Folgenden auf Bestimmungen des H. G. B. verwiesen ist, so ist, soweit nicht das Gegentheil hervorgehoben wird, das H. G. B. in der Fassung gemeint, welche sich aus dem Gesetze vom 18. Juli 1884, betr. die Kommanditgesellschaften auf Aktien und die Aktiengesellschaften (R. G. Bl. S. 123) ergiebt.

obliegende Eintragung des Namens der zugelassenen Kasse in das zu diesem Behufe geführte Kassenregister (Gesetz vom 7. April 1876, R. G. Bl. S. 125, §§ 2—4), — Innungen durch die Genehmigung des Innungsstatutes seitens der höheren Verwaltungsbehörde (Gewerbeordnung § 98b), — Orts-, Betriebs- (Fabrik-), Bau-Krankenkassen durch die Genehmigung des Kassenstatutes seitens der höheren Verwaltungsbehörde (Gesetz vom 15. Juni 1883, R. G. Bl. S. 73, §§ 23, 24, 64, 72), — Berufsgenossenschaften durch die Genehmigung des Statutes seitens des Reichsversicherungsamtes (Gesetz vom 6. Juli 1884, R. G. Bl. S. 69, §§ 17, 20, Gesetz vom 5. Mai 1886, R. G. Bl. S. 132, §§ 22, 24, Gesetz vom 11. Juni 1887, R. G. Bl. S. 287, §§ 18, 20, Gesetz vom 13. Juli 1887, R. G. Bl. S. 329, §§ 24, 26). Die Zulassung einer Hülfskasse und die Genehmigung des Statutes einer Krankenkasse darf nur versagt werden, wenn das Statut den Anforderungen der betreffenden Gesetze nicht genügt, die Genehmigung eines Innungsstatutes nur unter den durch das Gesetz bestimmten Voraussetzungen. In anderen Fällen hat die Reichsgesetzgebung an dem Grundsatze der besonderen Verleihung der Körperschaftsqualität festgehalten; vergl. Gewerbeordnung § 94 Abs. 5 und 6, § 103a Abs. 3, § 104h, § 140.

Auch die Landesgesetze haben das System der Normativbestimmungen mehrfach zur Anwendung gebracht, so namentlich bei Regelung der dem Agrarrechte, Forstrechte und Wasserrechte angehörenden Genossenschaften; vergl. für Preußen u. A. Gesetz vom 6. Juli 1875, betr. die Schutzwaldungen und Waldgenossenschaften, §§ 23, 26, 31, 38, 42, Gesetz vom 1. April 1879, betr. die Bildung von Wassergenossenschaften; für Baden Gesetz vom 25. August 1876, die Benutzung und Instandhaltung der Gewässer betr., Art. 31, 39, 41, 66, in Verb. mit dem ergänzenden Gesetze vom 12. Mai 1882. In allgemeinerer Weise ist das System zur Geltung gekommen in Bayern und Sachsen. Das bayr. Gesetz, betr. die privatrechtliche Stellung von Vereinen, vom 29. April 1869 erstreckt sich auf rechtlich bestehende oder rechtlich zulässige Vereinigungen, welche nicht auf einzelne bestimmte Mitglieder beschränkt sind, denen vielmehr unter den in den Statuten bestimmten Voraussetzungen Jeder beitreten kann, sofern sie nicht zu den öffentlichen Korporationen, zu den in dem H. G. B. aufgeführten Handels- oder den Versicherungsgesellschaften, sowie ihrem Zwecke nach zu den Erwerbs- und Wirthschaftsgenossenschaften gehören, auch sonst nicht auf Erwerb, Gewinn oder eigentlichen Geschäftsbetrieb abzielen. Vereinigungen dieser Art erlangen unter den im Gesetze angegebenen Bedingungen die Rechte eines „anerkannten Vereines". Nach dem sächs. Gesetze, die juristischen Personen betr., vom 15. Juni 1868 — welches sich auf alle juristischen Personen mit Ausnahme der dem öffentlichen Rechte angehörigen oder durch besondere Gesetze bereits geregelten juristischen Personen (Gemeinden, Kreis- und Provinzialstände, Berggewerkschaften, Innungen, Unterstützungskassen, hinsichtlich deren eine gesetzliche Pflicht zu Beisteuern besteht, u. s. w.) bezieht — erlangen Personenvereine unter dem Namen Genossenschaft die juristische Persönlichkeit durch die Eintragung in das Genossenschaftsregister. Die Eintragung hat zur Voraussetzung, daß der Verein ausgesprochenermaßen juristische Persönlichkeit haben will und das Statut den gestellten

6. Normativbestimmungen in Landesrechte.

Anforderungen entspricht. Das mit der Führung des Genossenschaftsregisters betraute Gericht hat zu prüfen, ob letzteres der Fall, sowie ob das Statut nichts Gesetzwidriges enthalte; Personenvereine, deren Zweck sich auf öffentliche Angelegenheiten bezieht, dürfen nur dann eingetragen werden, wenn das Ministerium des Innern hierzu ausdrücklich seine Genehmigung ertheilt hat. Das Gesetz gilt nicht (Gesetz vom 25. März 1874) für Aktiengesellschaften und für Erwerbs- und Wirthschaftsgenossenschaften.

6. Begrenzung der für den Entwurf in Betracht kommenden Körperschaften.

Für den Entwurf liegt der Schwerpunkt der Frage auf dem Gebiete der gewillkürten Einigungen. Der Erwerb der juristischen Persönlichkeit seitens derjenigen Verbände, welche in die bestehenden Staats- und Kirchenverfassungen organisch eingefügt sind oder sonst mit öffentlichen Einrichtungen im Zusammenhange stehen, muß, soweit nicht Reichsspezialgesetze eingreifen, der Bestimmung durch die Landesgesetze unterstellt bleiben. Auch sonst verengert sich der Kreis. Reichsgesetzlich bereits geordnet und dem Bereiche des Entwurfes entrückt sind die Vereinigungen des Handelsrechtes und die Erwerbs- und Wirthschaftsgenossenschaften. Nicht minder scheiden aus die dem Gebiete des Versicherungsrechtes angehörenden Assoziationen, deren Regelung mit der der Revision des H. G. B. vorbehaltenen Ordnung des Versicherungsrechtes zu erfolgen hat. Des Weiteren sind dem Bereiche der Landesgesetzgebung voraussichtlich diejenigen Vereinigungen zu überlassen, welche in unmittelbarem Zusammenhange mit Materien stehen, die, wie dies hinsichtlich des Agrarrechtes, des Wasserrechtes einschließlich des Siel- und Deichrechtes, des Forstrechtes, des Bergrechtes, des Jagd- und Fischereirechtes der Fall ist, der landesgesetzlichen Regelung überwiesen werden. Im Wesentlichen verbleiben sonach nur die auf freier Zusammenschließung beruhenden, korporativ angelegten Vereine, welche politische, religiöse, geistige, sittliche, soziale Zwecke verfolgen, die Vereine mit sog. idealen Tendenzen.

7. Der von den gesetzgebenden Faktoren des Reiches bisher eingenommene Standpunkt.

Der Versuch, die privatrechtliche Stellung dieser Vereine zu regeln, hat die Faktoren der Reichsgesetzgebung schon mehrfach beschäftigt. Das erwähnte bayr. Gesetz vom 29. April 1869 ist einem Entwurfe nachgebildet, welchen Schulze-Delitzsch für den norddeutschen Bund ausgearbeitet hatte und den er nach Erlassung jenes Gesetzes unter dem 4. Mai 1869 bei dem Reichstage einbrachte. Nach diesem Entwurfe sollte „Vereinigungen von nicht geschlossener Mitgliederzahl zu einem in den Gesetzen nicht verbotenen Zwecke, sofern sie nicht zu den im H. G. B. aufgeführten Handels- oder zu den Versicherungsgesellschaften oder den Erwerbs- und Wirthschaftsgenossenschaften gehören und nicht auf Erwerb, Gewinn oder einen eigentlichen Geschäftsbetrieb abzielen", die Rechtsfähigkeit auf Grund des Systemes der Normativbestimmungen gewährt werden. Die Grundzüge des Entwurfes in seiner ursprünglichen Gestalt sind dahin zusammenzufassen: Zur Gründung des Vereines bedarf es der Abfassung von Statuten. Zum Beitritte der einzelnen Mitglieder genügt die Unterzeichnung der Statuten oder eine schriftliche Erklärung (§ 2). Die Statuten müssen Namen, Sitz und Zweck des Vereines feststellen. Der Gesammtname soll dem Zwecke des Vereines entnommen sein, darf keine Mitglieder nennen, muß die zusätzliche Bezeichnung enthalten „Anerkannt laut Gesetz vom ...." und muß von dem Namen aller anderen in derselben Gemeinde befindlichen Vereine verschieden sein. Erforderlich sind ferner Festsetzungen über die Zeitdauer, falls eine zeitliche Beschränkung beabsichtigt ist, — die Bedingungen des Ein- und Austrittes sowie der Ausschließung von Mitgliedern, — die Höhe der zu den Vereinszwecken zu entrichtenden Beiträge, — die Art der Wahl und der Legitimation des Vorstandes und seiner Stellvertreter, — die dem Vorstande in der Leitung der inneren Angelegenheiten zustehenden Befugnisse und die ihm behufs der Vertretung nach Außen ertheilten Vollmachten, — die Bestimmung der dem Vorstande nach Befinden an die Seite zu setzenden Organe, — die Formen für die Zusammenberufung der Generalversammlung und für die in derselben zu fassenden Beschlüsse, sowie die Bedingungen der Ausübung des Stimmrechtes, — die Zuständigkeit der Generalversammlung und die Art der Unterzeichnung der in derselben aufzunehmenden Protokolle (§ 3). Die Statuten müssen bei dem ordentlichen Gerichte, in dessen Bezirke der Verein seinen Sitz hat, unter Beifügung einer Abschrift oder eines Abdruckes sammt dem Mitgliederverzeichnisse eingereicht werden; das Gericht prüft die Wahrung der gesetzlichen Erfordernisse und giebt, wenn keine Anstände obwalten, die Originalstatuten mit dem darauf gesetzten Vermerke „Anerkannt nach dem Gesetze vom ....." dem Vorstande zurück (§ 4). Vor Rückgabe der mit dem gerichtlichen Vermerke versehenen Statuten hat der Verein die Qualifikation eines im Sinne des Gesetzes anerkannten Vereines nicht (§ 6). Der anerkannte Verein kann auf seinen Gesammtnamen Rechte, im Besonderen Eigenthum und andere dingliche Rechte an Grundstücken erwerben und Verbindlichkeiten eingehen, vor Gericht klagen und verklagt werden (§ 11). Für die Verbindlichkeiten des Vereines haftet den Vereinsgläubigern nur das Vereinsvermögen; die Mitglieder sind lediglich zur Entrichtung der in den Statuten festgesetzten Beiträge dem Vereine gegenüber verpflichtet (§ 12). — Dieser Entwurf wurde, nachdem er zuvörderst einer Kommission überwiesen worden war, welche über das Resultat ihrer Berathungen schriftlichen Bericht erstattete, von dem Reichstage in dritter Lesung angenommen (stenogr. Berichte 1869 S. 957, 1315—1332, 1336; Anlagen Nr. 164, 273, 277, 278, 280, 281); eine Zustimmung des Bundesrathes erfolgte nicht. In der Session des deutschen Reichstages vom Jahre 1871 von Neuem eingebracht, gelangte der Entwurf bis zur zweiten Berathung, bei welcher das Haus beschlußunfähig war; die Kommission, an welche er verwiesen worden war, hatte einen den Grundsätzen des Entwurfes zustimmenden Bericht erstattet (stenogr. Berichte S. 396—401, 943, 944; Anlagen Nr. 45, 91, 151). Seitens des Vertreters der Regierungen war die Erklärung abgegeben worden, daß gegen den im Jahre 1869 eingebrachten Entwurf im Kreise der norddeutschen Bundesregierungen prinzipielle Bedenken geäußert worden seien, deren wichtigste sich auf die Hereinziehung der religiösen und politischen Vereine bezögen und gegen die Verleihung korporativer Rechte an die sog. Gewerksvereine gerichtet seien, und daß der Bundesrath des Deutschen Reiches noch nicht in der Lage gewesen sei, über die dem Entwurfe gegenüber einzunehmende Stellung Beschluß zu fassen. Ein im Jahre 1872 abermals gemachter Versuch, den Entwurf zur Annahme zu bringen, war ebenfalls erfolglos; eine zweite Berathung fand nicht statt (stenogr. Berichte S. 74—89; Anlagen Nr. 13, 190).

8. Gründe für die Gewährung der jur. Persönlichkeit an die Vereine.

Unverkennbar spricht eine Reihe von Gründen dafür, den Vereinen mit idealen Tendenzen den Erwerb der selbständigen Vermögensfähigkeit, der juristischen Persönlichkeit zu ermöglichen. In der Regel nicht blos für einzelne, bestimmte Personen berechnet, verfolgen diese Vereine Zwecke, welche über die Individualität der Begründer hinausreichen. Sie nehmen einen dauernden, von dem Wechsel der Mitglieder unabhängigen Bestand in Aussicht; der Austritt von Genossen soll nicht lösen, der Zugang neuer Genossen gewöhnlich nicht ausgeschlossen sein. Das vorhandene Vermögen wird dem Vereine als solchem zugeschrieben. Die Mitglieder wollen keinen Theil daran haben, nicht Miteigenthümer, Mitgläubiger, Mitschuldner sein. Dem Einzelnen liegt fern, für die Erreichung der Vereinszwecke eine über die Entrichtung der Beiträge zur Vereinskasse hinausgehende Verbindlichkeit zu übernehmen. Mit dem Ausscheiden wollen die Mitglieder jeder Haftung ledig sein, andererseits aber auch jedes Anspruches an das Vereinsvermögen sich begeben. Solchergestalt angelegte Vereine sind völlig geeignet, Träger einer selbständigen Rechtsfähigkeit zu werden. Dieselben bedürfen auch zu einem gewissen Theile der Rechtsfähigkeit, wenn sie auf dem vermögensrechtlichen Gebiete diejenige Stellung einnehmen sollen, die sich für dieses Gebiet als Konsequenz ihres Wesens ergiebt. Ein Verein der fraglichen Art, dem die Persönlichkeit versagt ist, geräth im Privatrechtsverkehre leicht in eine mißliche Lage, welche in der die Verhältnisse begleitenden Unsicherheit, in der Behinderung bei der Schließung von Rechtsgeschäften, in Schwierigkeiten bei der Prozeßführung zu Tage tritt. Um das privatrechtliche Dasein zu fristen, muß der Verein Zuflucht zu Mitteln nehmen, die häufig versagen, leicht zu Verwickelungen führen und vorgeschobenen Mitgliedern Opfer auferlegen. In die Wagschale fällt außerdem, daß dem Staate an einem gesunden, blühenden Vereinsleben gelegen sein muß. Das Vereinswesen weckt den Sinn für Gemeinwohl, verbreitet Einsicht, praktische Tüchtigkeit und Gesittung, fördert materielle Wohlfahrt und geistige Ausbildung; es ist berufen, Aufgaben zu lösen, die für den Staat von großer Bedeutung sind, an die er aber nicht selbst und unmittelbar herantreten kann.

9. Nicht im Wege eines allg. Rechtssatzes.

Die juristische Persönlichkeit kann selbstverständlich den in Rede stehenden Vereinen nicht in der Weise zugänglich gemacht werden, daß im Wege eines allgemeinen Rechtssatzes ausgesprochen wird, ein solcher Verein erlange, wenn er korporativ angelegt sei und juristische Person sein wolle, mit seiner Begründung ohne Weiteres die juristische Persönlichkeit. Ein solches Vorgehen würde, abgesehen von anderen Bedenken, die mißlichste Rechtsunsicherheit zur Folge haben. Die Thatsache, daß der Wille der zusammentretenden Personen auf die Gründung eines korporativen Vereines gerichtet ist, und daß der spezifische Korporationsorganismus vorliegt, ist keineswegs in allen Fällen sofort liquid. Die Natur des Verbandes läßt sich oft erst im Laufe der Zeit auf Grund seiner Lebensbethätigung mit Sicherheit erkennen. Die Frage, ob eine Gesellschaft oder ob eine juristische Person zu Stande gekommen, muß aber von Anfang an klargestellt sein; jede mit dem Mangel äußerlicher Erkennbarkeit verbundene Ungewißheit schädigt den Verkehr. Es wird deshalb auch von Schriftstellern, welche nach dem Stande des gemeinen Rechtes den Gründungswillen der Zusammentretenden für ausreichend erachten, darauf hingewiesen, daß es in legislativer Hinsicht räthlich sein möge, die Anerkennung der Persönlichkeit, wenn nicht an eine besondere Verleihung, doch an eine öffentliche Konstatirung zu knüpfen.

Als geeigneter für die Verleihung der juristischen Persönlichkeit erscheint das mehrerwähnte System der Normativbestimmungen. Das System schließt die öffentliche Feststellung des Entstehens der juristischen Person in sich und trägt der Verkehrssicherheit volle Rechnung. Das System wahrt ferner den Interessenstandpunkt der Vereine in hervorragendem Maße. Das Vereinswesen erhält einen gesicherten, gesetzlich formulirten Boden auf privatrechtlichem Gebiete. Die Erlangung der Rechtspersönlichkeit ist nicht, wie bei dem Konzessionsprinzipe, von dem freien administrativen Ermessen abhängig, sondern lediglich durch den Ausspruch der dazu berufenen Behörde bedingt, daß den aufgestellten gesetzlichen Erfordernissen genügt sei. Diesen Erfordernissen gerecht zu werden, steht in der Macht jedes Vereines. Wo das Bedürfniß der Vermögensfähigkeit wirthschaftlich hervortritt, ist sie daher ohne Schwierigkeit erreichbar. Der Verein hat ein Recht auf die Erlangung der Persönlichkeit; sie ist nicht mehr ein Privileg. Aber auch auf den Staat gesehen, ist das System nicht ohne Vortheile gegenüber dem Konzessionsprinzipe. Wenn bei letzterem die Prüfung der Statuten sich nicht darauf beschränkt, gesetzwidrige oder sonst im öffentlichen Interesse bedenkliche Bestimmungen auszuscheiden, wenn vielmehr von der Ansicht ausgegangen wird, daß nur ein klares, wohlgeordnetes Statut Anspruch auf Bestätigung habe, und daß es Aufgabe der Behörde sei, auf vorhandene Lücken und Mängel aufmerksam zu machen und deren Beseitigung zu vermitteln, so ist die bei solcher Prozedur den staatlichen Organen zufallende Arbeitslast keine geringe, während andererseits die Fürsorge nicht selten als unerwünschte Einmischung und Bevormundung empfunden wird. Die mit der Verleihung betrauten oder mit der Prüfung der Statuten befaßten Behörden sind dem Scheine ausgesetzt, daß in willkürlicher Weise zu Werke gegangen werde, und leicht wird auch die Meinung erweckt, daß der Staat durch die Ertheilung der Genehmigung eine mindestens moralische Verantwortlichkeit für die Solidität des Vereines übernehme.

10. System der Normativbestimmungen. a) Gründe dafür.

Die Annahme des Systemes der Normativbestimmungen ist aber andererseits nicht ohne schwere Bedenken. Bringt das Gesetzbuch das System zur Geltung, so stellt es allen gegenwärtigen und künftigen Vereinen, die nicht offensichtig unerlaubte Zwecke verfolgen, einen Freibrief auf eine selbständige Vermögenssphäre aus. Solches mag unbedenklich befunden werden bei Gesellschaften zu kaufmännischen und gewerblichen Unternehmungen. Der privatrechtliche Geschäftsverkehr ist der Boden, auf welchem diese Gesellschaften sich bewegen; das Geschäftsinteresse normirt ihr Gebahren, der Geschäftsgewinn und der wirthschaftliche Vortheil der Einzelnen bildet das Endziel ihrer Bestrebungen. Nicht so bei den hier fraglichen Vereinen. Dazu bestimmt, der bürgerlichen Gesellschaft die freie Bethätigung der Lösung öffentlicher Aufgaben zu ermöglichen, bewegen sie sich in einer das Gemeinwohl unmittelbar berührenden Sphäre. Sie können demselben je nach der Stellung, die sie den öffentlichen Verhältnissen gegenüber einnehmen, und nach ihren sonstigen Tendenzen ebensowohl schädlich als förderlich sein. Zu jeder Zeit hat es,

b) Gegengründe.

namentlich auf dem politischen, religiösen und sozialen Gebiete, gemeinschädlich wirkende Verbindungen gegeben, die gleichwohl nicht zu den verbotenen gehörten. Die Assoziationsfreiheit schützt solche Vereine. Tritt der Staat denselben nicht ausschließend entgegen, so würde es doch im hohen Maße bedenklich sein, weiter zu gehen und ihre Anerkennung als juristische Personen lediglich von der Erfüllung formaler Vorschriften abhängig zu machen. Die Vermögensfähigkeit ist für die Stellung, welche die Vereine im öffentlichen Leben einnehmen, von nicht zu unterschätzender Bedeutung. So lange sie der Persönlichkeit entbehren, mögen sie sich die Sammlung und Verwendung ökonomischer Mittel ihren Bedürfnissen gemäß angelegen sein lassen; eine gesicherte Grundlage gewinnen sie erst durch die Vermögensfähigkeit; mit ihr erlangen sie einen festen Halt, Stetigkeit der Organisation und die Gewähr dauernden Bestandes. So ausgerüstet, treten sie bei Verfolgung ihrer Zwecke nicht mehr als lose Gesellschaften, sondern als festgegliederte Körperschaften in die Schranken und sind einer Machtentfaltung fähig, die sich im Voraus nicht ermessen läßt. Erwägungen dieser Art sind es wohl auch gewesen, welche die im Jahre 1872 von dem Reichstage behufs der Vorberathung des Schulze'schen Entwurfes zum dritten Male niedergesetzte Kommission veranlaßt haben, Vereine, welche politische oder religiöse Zwecke verfolgen oder solchen Zwecken thatsächlich dienen, geistliche Orden und Gesellschaften sowie religiöse Körperschaften jeder Art von der Erwerbung der Rechtsfähigkeit auf dem in jenem Entwurfe bezeichneten Wege auszuschließen und Vereine von Arbeitgebern oder Arbeitern, welche nach ihren Satzungen oder thatsächlich die Veranstaltung von Arbeitsaussperrungen oder Einstellungen sich zur Aufgabe machen, nur dann zuzulassen, wenn sie die Verpflichtung, an den die Verhütung und Schlichtung von Streitigkeiten über Lohn- und Arbeitsbedingungen bezweckenden Einigungs- und Schiedsämtern sich zu betheiligen, statutarisch anerkennen. Man hat damit den Versuch gemacht, die Vereine nach allgemeinen Kriterien zu sichten. Der Versuch ist nicht gelungen. Abhülfe läßt sich auf diesem Wege überhaupt nicht schaffen. Der Name und der im Statute bezeichnete Zweck geben keine Bürgschaft für das Gebahren eines Vereines. Nur die Würdigung der Gesammtlage im einzelnen Falle, die Prüfung eines jeden Vereines auf sein Verhältniß zum Gemeinwohl vermag eine Gewähr zu bieten. Die gefährlichsten Vereine erscheinen oft in dem unschuldigsten Gewande. Die Erfahrung lehrt auch, daß an sich harmlose Vereine unter dem Einflusse politischer Ereignisse in falsche Bahnen gerathen. Dies kann sich bei konzessionirten Vereinen gleichfalls zutragen, wird aber nur selten vorkommen. Die Möglichkeit gegen Vereine, die im Widerspruche mit der im Statute kundgegebenen Tendenz gemeinschädlich wirken, von Staatswegen einzuschreiten und ihre Auflösung herbeizuführen, macht den in der vorgängigen Prüfung liegenden Schutz der Gesammtheit nicht überflüssig; die Schädigung, welche das Gemeinwohl erleidet, ehe dem Uebel gesteuert werden kann, läßt sich hinterher nicht beseitigen. Diese Bedenken sind vorwiegend sozial-politischer Natur. Es tritt noch eine technische Schwierigkeit hinzu. Die Vereine zeigen unter sich in Ansehung ihrer Zwecke und Bedürfnisse Verschiedenheiten, welche der Aufstellung sachgemäßer allgemeiner Normativbestimmungen schwer zu besiegende Hindernisse bereiten. Die Schwierigkeiten würden sich noch wesentlich steigern, wenn man, wie dies bei den vorliegenden Spezialgesetzen fast durchgängig geschehen ist, den Versuch machen wollte, mit den Normativbestimmungen eine gesetzliche Regelung der Rechtsverhältnisse dieser Assoziationen nach ihrer inneren und äußeren Seite zu verbinden.

c) Die Gegengründe überwiegen.

Die gegen die Annahme des Systemes der Normativbestimmungen sprechenden Gründe überwiegen. Die Förderung der Einzelinteressen kann nur insoweit das Ziel der Gesetzgebung sein, als das Gesammtwohl es gestattet. Die in Bayern und Sachsen gemachten Versuche, das System durchzuführen, bieten keinen hinreichenden Anhalt dafür, daß diesem Vorgehen zu folgen sei. Das publizistische Vereinsrecht dieser Staaten mag einen solchen Schritt gestatten; für eine Uebertragung auf das Gebiet des gesammten Reiches fehlen die erforderlichen Garantieen.

11. Ueberweisung an die Landesrechte, soweit nicht reichsrechtliche Körperschaften in Frage.

Die Ablehnung des Systemes der Normativbestimmungen würde für die Regelung durch den Entwurf nur das Konzessionssystem übrig lassen. Demgegenüber erhebt sich die Frage, ob es nicht den Vorzug verdiene, die Normirung den Landesgesetzen zu belassen. Der enge Zusammenhang mit dem öffentlichen Vereinsrechte und die zur Zeit noch verschiedene Gestaltung des letzteren in den einzelnen Staaten sprechen dafür. Das Konzessionssystem steht ferner in dem weitaus größten Theile des deutschen Rechtsgebietes den Landesgesetzen gemäß schon an und für sich in Geltung, während andererseits kaum genügender Grund vorliegt, denjenigen Staaten, welchen die Lage der Verhältnisse eine freiere Behandlung der Vereine hinsichtlich des Erwerbes der Rechtsfähigkeit gestattet, die Möglichkeit einer solchen Behandlung zu verschließen. Nicht minder fällt ins Gewicht, daß den Landesgesetzen, wie bereits hervorgehoben, jedenfalls für die nicht geringe Zahl der dem öffentlichen Rechte angehörenden oder mit demselben in Zusammenhange stehenden juristischen Personen maßgebende Bedeutung zugestanden werden muß. Der Entwurf entscheidet sich in Erwägung dessen für die Normirung durch die Landesgesetze. In Frage konnte allerdings kommen, ob im Interesse der Rechtssicherheit nicht wenigstens für den Fall Vorsorge zu treffen sei, daß das eine oder andere Landesrecht den Erwerb der juristischen Persönlichkeit nicht besonders regelt und so den Zweifeln und Streitfragen Raum läßt, welche der Stand der Doktrin mit sich bringt. Um dem vorzubeugen, könnte bestimmt werden, daß die mehrerwähnten Personenvereine, wenn nicht im Wege der Gesetzgebung ein Anderes vorgeschrieben sei, juristische Persönlichkeit nur zu erlangen vermöchten durch besondere Verleihung seitens der Landesregierung. Indessen ist auch von einer solchen Vorschrift Abstand genommen. Abgesehen davon, daß sie einen eigenthümlichen Charakter insofern an sich tragen würde, als sie anomaler Weise zu nur subsidiärem Reichsrechte führte, würde bei derselben ein Fall vorausgesetzt, der füglich nicht vermuthet werden darf, der Fall, daß die Landesgesetzgebung in Passivität verharre, obschon das bürgerliche Gesetzbuch die Aufforderung zum Eingreifen, soweit ein Bedürfniß dafür vorliegt, enthält.

II. Das Erlöschen der Körperschaft

Wie der Erwerb der juristischen Persönlichkeit, so soll auch deren Verlust, soweit nicht reichsgesetzliche Vorschriften eingreifen, den Landes-

gleichfalls dem Landesrechte unterstellt.

gesetzen in Ansehung der Körperschaften unterstellt sein. Schon die Konsequenz gebietet dies. Aber auch wenn man aus der maßgebenden Bedeutung des Landesrechtes für den Erwerb nur die Folgerung ableiten wollte, daß nicht allgemein der Verlust, sondern nur die Entziehung der juristischen Persönlichkeit nach Landesrecht sich zu richten habe, so würde dabei nicht stehen geblieben werden können, da in jeder Vorschrift, durch welche der Verlust der juristischen Persönlichkeit vorgesehen wird, zugleich eine Art von Entziehung der letzteren sich finden läßt bezw. gefunden werden muß. Jedenfalls könnten nur gewichtige Gründe zu einem Eingreifen in der einen oder anderen Richtung Anlaß geben, und solche Gründe sind, wie ein Blick auf die einzelnen Erlöschungsgründe lehrt, nicht vorhanden.

Wegfall der Mitglieder.

Soviel im Besonderen den Wegfall der Mitglieder anlangt, so dürfte zwar eine Vorschrift, welche ausspricht, daß mit diesem Wegfalle die Körperschaft endigt, geeignet sein, verschiedene Streitfragen auf dem Gebiete des gemeinen Rechtes zu beseitigen (vgl. A. L. R. II, 6 §§ 177—179; sächs. G. B. § 56, sächs. Gesetz vom 15. Juni 1868 § 29). Allein einerseits würde eine solche Vorschrift wenig für die öffentlich-rechtlichen Körperschaften passen; andererseits könnte sie der Annahme Raum geben, als solle eine Körperschaft nur bei dem Wegfalle aller Mitglieder endigen, dagegen bei der Herabminderung des Mitgliederbestandes auf eine Person bestehen bleiben, während es nicht wenige Körperschaften giebt, welche bereits dann als aufgelöst anzusehen sind, wenn die zur Beschaffung der vorgeschriebenen Organe erforderliche Zahl von Mitgliedern nicht mehr vorhanden ist. Dazu tritt, daß dieser Erlöschungsgrund nur selten vorkommt, mithin von untergeordneter praktischer Bedeutung ist.

Auflösung.

Das Letztere gilt zwar nicht von dem Falle, daß die Mitglieder einer Körperschaft deren Auflösung beschließen. Auch hier würde es sich aber im Wesentlichen nur um die Abschneidung von Kontroversen des gemeinen Rechtes handeln. Ueberdies müßte, von den öffentlich-rechtlichen Körperschaften ganz abgesehen, der Landesgesetzgebung jedenfalls die Möglichkeit offengehalten werden, die Erlöschung der Körperschaft im Falle der Selbstauflösung an besondere Bedingungen (staatliche Genehmigung, Eintragung in ein öffentliches Register u. s. w.) zu knüpfen (vergl. preuß. A. L. R. II, 6 § 180, sächs. Ges. vom 15. Juni 1868 §§ 30, 71, bad. V. vom 17. November 1883 § 3). Die Anerkennung der normgebenden Bedeutung des Landesrechtes hinsichtlich des letzteren Erlöschungsgrundes hat übrigens zur Folge, daß die Landesgesetze auch darüber entscheiden, in welcher Weise der Auflösungsbeschluß gefaßt werden muß, wenn er gültig sein soll.

Konkurs.

Den Einfluß des Konkurses auf den Bestand einer Körperschaft zum Gegenstand besonderer Regelung zu machen, liegt ebenfalls kein ausreichender Anlaß vor. An sich kommt der Eröffnung des Konkursverfahrens über das Körperschaftsvermögen die Bedeutung eines allgemeinen Aufhebungsgrundes nicht nothwendig zu. Bei Privatkörperschaften wird der Eintritt des Konkurses in der Regel zur Folge haben, daß die Mitglieder den Vereinszweck aufgeben und ihr Auseinandergehen beschließen; möglich bleibt immerhin, daß sie, an der Vereinigung festhaltend, die Einstellung des eröffneten Verfahrens zu erwirken vermögen oder in den Stand gesetzt werden, nach durchgeführtem Konkurse den Vereinszweck auch fernerhin zu verfolgen. Die Spezialgesetze behandeln allerdings überwiegend die Eröffnung des Konkursverfahrens als Erlöschungsgrund*). Unbedenklich kann schließlich den Landesgesetzen die Entscheidung auch hinsichtlich derjenigen Erlöschungsgründe überlassen werden, welche, wie die Erledigung des Zweckes, der Eintritt eines gesetzten Endtermines, oder einer auflösenden Bedingung, sich aus der Verfassung der einzelnen Körperschaft ergeben; infolge dessen bedarf es auch keiner Erörterung der Frage, ob und inwiefern das Unmöglichwerden des Zweckes der Körperschaft als ein von Rechtswegen wirkender Erlöschungsgrund anzuerkennen sei. Sonstige Erlöschungsgründe.

Die Bestimmung, daß für den Erwerb und Verlust der juristischen Persönlichkeit die Landesgesetze des Ortes maßgebend sind, an welchem die Körperschaft ihren Sitz hat, wird keinem Bedenken unterliegen. Soweit es sich um den Erwerb der juristischen Persönlichkeit handelt, kann selbstverständlich nur der Sitz gemeint sein, welchen die Körperschaft im Falle der Erlangung der Persönlichkeit hat. — Vergl. im Uebrigen S. 77. Die Landesgesetze am Sitze der Körperschaft entscheiden.

§ 43.

Die der Körperschaft unentbehrliche Verfassung hat sich in erster Linie, soweit nicht reichsgesetzlich begründete Körperschaften in Frage stehen oder besondere Vorschriften in dieser Richtung eingreifen, nach den Landesgesetzen zu bestimmen. Hängt der Erwerb der juristischen Persönlichkeit seitens einer Körperschaft von den Landesgesetzen ab, so sind diese schon an sich in der Lage, die Verleihung der Persönlichkeit an Bedingungen zu knüpfen, welche die Organisation und sonstige Gestaltung der inneren Verhältnisse zum Gegenstande haben. Den Landesgesetzen muß aber auch, abgesehen hiervon, aus Gründen des öffentlichen Rechtes eine Einflußnahme auf die Verfassung der einzelnen Körperschaft offen stehen. Die Einflußnahme erstreckt und beschränkt sich auf die Aufstellung von Verfassungsbestimmungen oder solchen Bestimmungen, welche in Ermangelung entgegenstehender Vorschriften in dem Gründungsvertrage getroffen werden können. III. Verfassung. 1. Einfluß der Reichs- und Landesgesetze.

Soweit die Verfassung nicht durch Gesetz oder durch eine auf Gesetz beruhende Anordnung geregelt wird, erhält sie ihren Inhalt durch den Willen der Mitglieder der Körperschaft. Der Wille der Mitglieder macht sich geltend sowohl bei der Errichtung der Körperschaft in dem Gründungsvertrage als auch später, vorbehaltlich des staatlichen Aufsichts- und Bestätigungsrechtes, in den die ursprüngliche Verfassung innerhalb gewisser Grenzen ändernden Beschlüssen (vergl. § 48 Abs. 5, 6). Die rechtliche Natur dieser Willensbethätigung wird verschieden beurtheilt. Die Ansichten gehen insbesondere darüber auseinander, ob die betreffenden Satzungen die Eigenschaft von Rechtshandlungen bezw. 2. Gründungsvertrag. Spätere Beschlüsse.

---

*) H. G. B. Art. 242 Nr. 3, Genossenschaftsgesetz vom 4. Juli 1868 § 34 Nr. 3, Hülfskassengesetz vom 7. April 1876 § 29 Abs. 3, Gewerbeordnung § 103 Abs. 5, § 104m, preuß. Gesetz vom 1. April 1879 § 31 Nr. 3, bayr. Gesetz vom 29. April 1869, Art. 26 Nr. 4. Nach dem sächs. Gesetz vom 15. Juni 1868 § 78 Nr. 2 ist das Gericht ermächtigt, im Falle der Zahlungsunfähigkeit die Entziehung der Persönlichkeit zu verfügen.

Rechtsgeschäften oder von Rechtssätzen haben, ob ihre Schaffung nur Bethätigung einer der Körperschaft für den Kreis ihrer Angelegenheiten zustehenden sog. Privatautonomie oder ob sie ein rechtserzeugender Akt und als solcher Ausfluß wahrer, der Körperschaft begriffsgemäß zukommender Autonomie sei. Die Meinungsverschiedenheit hat ihren Grund zum Theile in dem Widerstreite der Vorstellungen über das Wesen der juristischen Person, zum Theile in einer Verschiedenheit der Ansichten über die Abgrenzung der Norm des Rechtssatzes von der Norm des Rechtsgeschäftes. Für den Entwurf liegt kein Anlaß vor, Stellung zu der Frage zu nehmen. Es genügt die Hervorhebung, daß die Körperschaften ihren Rechtskreis durch eigene Satzungen regeln können — eine Befugniß, die in der Beschaffenheit des Körperschaftszweckes ihre innere Begrenzung findet. Andererseits versteht es sich von selbst, daß die Körperschaften, in Ermangelung besonderer Ermächtigung, zwingende Vorschriften des bürgerlichen Rechtes nicht abzuändern vermögen.

3. Observanz.

Nicht als Quelle der Verfassung ist die Observanz erwähnt. Gewöhnlich versteht man unter derselben eine durch schlüssige Handlungen der Begründer der Vereinsordnung an den Tag gelegte stillschweigende Satzung. Eine solche Satzung bildet einen Bestandtheil des Gründungsvertrages, bezüglich dessen der Entwurf weder eine Formvorschrift aufstellt, noch bestimmt, daß derselbe nur aus ausdrücklicher Willenserklärung hervorgehen könne. Von erheblicher praktischer Bedeutung ist eine derartige Observanz nicht. Vereine, welche juristische Persönlichkeit erlangen wollen, werden sich kaum je ohne schriftliche Feststellung des Gründungsvertrages bilden; die Landesgesetze werden auch diese Feststellung verlangen. Die Möglichkeit einer späteren Abänderung der Verfassung durch den stillschweigend erklärten Willen der Mitglieder ist an und für sich nach dem Entwurfe ebenfalls nicht ausgeschlossen.

§ 44.

IV. Vertretung. 1 Die Körperschaft muß einen Vorstand haben.

1. Die Körperschaft als künstlich geschaffene, willenlose Trägerin von Rechten bedarf der **Vertretung**. Nur durch Vertreter kann sie am Verkehre theilnehmen. Die Vertretung läßt sich dahin ordnen, daß die Mitglieder der Körperschaft für jeden einzelnen Fall einen besonderen Vertreter bestellen müssen, sofern nicht die Körperschaft verfassungsmäßig ein besonderes Vertretungsorgan haben soll und wirklich hat, welchenfalls diesem die Vertretung obliegt. Möglich ist auch die Gestaltung, daß, falls ein solches Vertretungsorgan nicht vorhanden, die Mitglieder der Körperschaft selbst mit der Vertretung betraut werden. Endlich kann angeordnet werden, daß die Körperschaft ein besonderes Vertretungsorgan haben muß, einen Vorstand, durch welchen sie Dritten, wie ihren Mitgliedern gegenüber im Verkehre vertreten wird und welcher im Wesentlichen die gleiche rechtliche Stellung hat, wie der Vertreter einer geschäftsunfähigen Person. Gegen die an erster Stelle hervorgehobene Art der Regelung spricht deren Schwerfälligkeit sowie der Umstand, daß sie in Ansehung derjenigen Rechtsgeschäfte völlig unzureichend ist, welche gegenüber der Körperschaft von einem Dritten vorgenommen werden müssen, wie denn eine derartige Regelung auch sonst den Verhältnissen der

Gegenwart kaum gerecht werden dürfte. Der zweite Weg ist ähnlichen Einwendungen ausgesetzt und empfiehlt sich um so weniger, als er zur Folge haben würde, daß auch für die Vornahme von Rechtsgeschäften seitens der Körperschaft die Mitwirkung sämmtlicher Mitglieder erforderlich wäre. Der dritte Weg erweist sich dagegen ebenso einfach als der Rechtssicherheit dienlich. Die Anforderung an die Körperschaft, einen gesetzlichen Vertreter zu bestellen, soweit nicht etwa durch Gesetz eine anderweite Bestellung vorgesehen ist, entspricht ihrem eigensten Interesse und steht in vollem Einklange mit dem Gange der neueren Rechtsentwickelung. Das H. G. B. Art. 209 f., das Genossenschaftsgesetz § 17 Abs. 1, das Hülfskassengesetz § 16 Abs. 1, das Krankenversicherungsgesetz § 34 Abs. 1, die preuß. Gesetze vom 6. Juli 1875 § 26 Abs. 2 und vom 1. April 1879 § 9, das bayr. Gesetz vom 29. April 1869 Art. 12 fordern sämmtlich die Bestellung eines Vorstandes. Das sächs. Gesetz vom 15. Juni § 11 Nr. 7, § 18 setzt ebenfalls das Vorhandensein eines solchen voraus. Das Gleiche gilt von der C. P. O. (vergl. §§ 50, 54, 55, 435, 436). Wenn zur Zeit in einzelnen Rechtsgebieten gewisse, mit juristischer Persönlichkeit ausgestattete Verbände bestehen, welche universitates inordinatae in dem Sinne sind, daß sie keinen verfassungsmäßigen Vorstand haben (Real-Altgemeinden u. s. w.), so wird die Erwartung nicht unberechtigt sein, daß es auch diesen Körperschaften gelingen werde, künftig für die Bestellung eines Vorstandes zu sorgen. Die entsprechende Vorschrift des Abs. 1 ist übrigens keine sog. lex imperfecta. Wird sie nicht befolgt, so mangelt der Körperschaft die Möglichkeit, in rechtsgeschäftlichen Verkehr zu treten. Schon hierin wird meist ein wirksamer Antrieb liegen, das Gesetz zu befolgen. Dazu kommt, daß die Nichtbeachtung zur Auflösung zu führen vermag, daß ferner, soweit eine staatliche Aufsicht besteht, die Befolgung im Aufsichtswege erzwungen werden kann. Die Worte „als die gesetzlichen Vertreter" sind in die Vorschrift aufgenommen, um keinen Zweifel zu lassen, daß der Vorstand zu den gesetzlichen Vertretern im Sinne der C. P. O. und anderer neueren Gesetze gehört.

2. Die **Rechte** und **Pflichten** des Vorstandes gegenüber der **Körperschaft** bestimmen sich in erster Reihe nach der Verfassung (Abs. 7). Schweigt die Verfassung, so sollen nach Abs. 2 die einschlägigen Vorschriften, welche für den Auftrag gelten, und zwar diejenigen der §§ 585, 588—596 entsprechende Anwendung finden (vgl. § 639). Die Uebertragung der bezeichneten Vorschriften liegt nahe und wird dem Bedürfnisse gerecht. Ist auch kein wirkliches Auftragsverhältniß begründet, so handelt es sich doch um ein einem solchen Vertrage in den hier in Rede stehenden Beziehungen ähnliches Verhältniß, und dies selbst dann, wenn der Vorstand nicht von den Mitgliedern der Körperschaft, sondern anderweit bestellt wird. Das H. G. B. beschränkt sich hinsichtlich der Aktiengesellschaft (Art. 241 Abs. 2, 213c) auf die Bestimmung, daß die Mitglieder des Vorstandes bei ihrer Geschäftsführung die Sorgfalt eines ordentlichen Geschäftsmannes anzuwenden haben; im Uebrigen wird davon ausgegangen, daß die Mitglieder des Vorstandes der Aktiengesellschaft für allen Schaden einzustehen haben, welcher derselben aus der Nichterfüllung der ihnen nach dem Gesetze, dem Gesellschaftsvertrage oder den Beschlüssen der

2. Rechte und Pflichten des Vorstandes. Grundform: Aufträge.

Generalversammlung obliegenden Pflichten erwächst (Art. 241 Abs. 3)*). Nach dem Unfallversicherungsgesetze § 26, den Gesetzen vom 5. Mai 1886 § 31 Abs. 1 und vom 13. Juli 1887 § 32 Abs. 1 haften die Mitglieder des Vorstandes der Berufsgenossenschaft für getreue Geschäftsführung wie Vormünder den Mündeln.

Keine Gesammthaftung. Die Anwendung der Grundsätze vom Auftrage bringt mit sich, daß, wenn der Vorstand aus mehreren Mitgliedern besteht, eine gesammtschuldnerische Haftung nicht eintritt. Zu Gunsten einer solchen Haftung wird nicht geltend gemacht werden können, daß die Körperschaft gegenüber dem Vorstande eines umfänglicheren Schutzes bedürfe als ein Vollmachtgeber gegenüber dem Bevollmächtigten. Der Entwurf räumt den Körperschaften keineswegs die begünstigte Stellung ein, welche ältere Gesetzgebungen denselben durch Verleihung der sog. jura minorum und ähnlicher Vergünstigungen zugestehen. Ebensowenig kann die in dem H. G. B. für die Aktiengesellschaft (Art. 213c, 241 Abs. 3) und im Anschlusse hieran in der Mehrzahl der erwähnten Gesetze getroffene abweichende Bestimmung ins Gewicht fallen. Das H. G. B. bringt den Grundsatz der gesammtschuldnerischen Haftung in weit erheblicherem Umfange zur Geltung, als der Entwurf, nach welchem sie der Regel nach nur bei unerlaubten Handlungen Platz greift. Die großen und verwickelten Interessen, welche bei Aktiengesellschaften nicht selten auf dem Spiele stehen, nöthigen zu einer weitergehenden Fürsorge, als hier geboten ist.

3. Bestellung des Vorstandes. 3. Die Bestellung des Vorstandes erfolgt, soweit nicht die Verfassung ein Anderes ergiebt, durch Beschluß der Mitglieder (Abs. 3, 7). Es erscheint angemessen, diese wichtige Folge des in § 48 Abs. 1 ausgesprochenen Grundsatzes, daß die inneren Angelegenheiten der Körperschaft durch den Willen der Mitglieder bestimmt werden, zum besonderen Ausdrucke zu bringen.

Das H. G. B. Art. 227 Abs. 3, das Genossenschaftsgesetz § 17 Abs. 2, das bayr. Gesetz vom 29. April 1869 Art. 12 Abs. 2, das sächs. Gesetz vom 15. Juni 1868 § 18 Abs. 3 erklären die Bestellung des Vorstandes für jederzeit widerruflich, unbeschadet der Entschädigungsansprüche aus bestehenden Verträgen. Das preuß. A. L. R. II, 6 §§ 169—174 bestimmt, daß die Vorsteher und Beamten einer Korporation im Zweifel als auf Lebenszeit ernannt gelten, und daß dieselben, mögen sie auf Lebenslang oder auf bestimmte kürzere Zeit bestellt sein, von der Korporation nicht willkürlich abgesetzt, von dem Staate aber aus den Gründen, welche ihn berechtigen, die eigenen Beamten ihres Amtes für verlustig zu erklären, abgesetzt oder entlassen werden können. Das preuß. Gesetz vom 1. April 1879 § 23 erkennt die Widerruflichkeit der Bestellung des Vorstandes bei freien Wassergenossenschaften an, fordert aber zur Gültigkeit eines auf die Entsetzung des Vorstandes oder den Widerruf der Bestellung gerichteten Beschlusses, daß derselbe, falls im Statute ein Anderes nicht bestimmt ist, mit einer Mehrheit von zwei Dritteln sämmtlicher Mit-

*) Vgl. dazu Genossenschaftsgesetz § 27 Abs. 1, preuß. Gesetz vom 1. April 1879 § 20, bayr. Gesetz vom 29. April 1869 Art. 19, sächs. Gesetz vom 15. Juni 1868 § 27 Abs. 5.

glieder der Genossenschaft gefaßt wird. Der Entwurf enthält sich einer einschlagenden Vorschrift. Die Widerruflichkeit der Bestellung des Vorstandes ergiebt sich nicht aus allgemeinen Grundsätzen. Sie folgt insbesondere nicht aus den Bestimmungen über die Widerruflichkeit der Vollmacht und des Auftrages (§§ 119, 597). Der Vorstand nimmt nicht die Stellung eines bloßen Bevollmächtigten oder Beauftragten ein; seine Stellung entspricht derjenigen des Vormundes. Nur Zweckmäßigkeitsrücksichten könnten die Vorschrift rechtfertigen. Rücksichten dieser Art mögen bei gewissen Arten von Körperschaften vorhanden sein. Diesen stehen aber andere Körperschaften gegenüber, welche eine solche Stetigkeit der Leitung durch eine und dieselbe Hand erfordern, daß eine beliebige Ersetzung des Vorstandes weder mit deren Zweck noch mit deren Interesse vereinbar ist. Die Vorschrift erscheint zudem entbehrlich. Für diejenigen Körperschaften, bezüglich deren vornehmlich ein Bedürfniß derartiger Regelung besteht, ist überwiegend durch die Spezialgesetze bereits Vorsorge getroffen; außerdem ist keine Körperschaft behindert, die Widerruflichkeit der Vorstandsstellung in der Verfassung vorzusehen. Nicht jederzeit widerruflich.

4. Die Vertretungsmacht des Vorstandes als des gesetzlichen Vertreters der Körperschaft (Abs. 1) erstreckt sich auf alle innerhalb des Rechtskreises der Körperschaft liegenden Rechtsgeschäfte und Rechtshandlungen; soweit die Körperschaft, wenn sie willensfähig wäre, selbst handeln könnte, kann der gesetzliche Vertreter für sie thätig werden. Die in einzelnen Gesetzen sich findende Bestimmung, daß der Vorstand auch zur Vornahme solcher Rechtsgeschäfte ermächtigt sei, für welche es nach den Gesetzen einer Spezialvollmacht bedürfe*), spricht etwas durch den Begriff der gesetzlichen Vertretung von selbst Gegebenes aus. 4. Vertretungsmacht des Vorstandes.

Sind durch den Gründungsvertrag oder durch Beschlüsse der Mitglieder dem Vorstande gewisse Beschränkungen in der Ausübung der Vertretungsmacht auferlegt, so ist der Vorstand gegenüber der Körperschaft verpflichtet, die Beschränkungen einzuhalten (Abs. 2, § 48 Abs. 1 Satz 2). Eine andere Frage ist, ob solche Beschränkungen auch gegenüber dritten Personen wirksam sind, ob mithin die Machtstellung des Vorstandes nach Außen durch die Verfassung beschränkt werden kann. Für die Unbeschränkbarkeit läßt sich geltend machen, daß die Sicherheit des Rechtsverkehres wesentlich gewinnt und daß die neuere Gesetzgebung bereits bezüglich verschiedener Personenvereine die Anordnung getroffen hat, daß der Vorstand, wenn er auch nach Innen gebunden werden könne, doch nach Außen eine unbeschränkte Vertretungsmacht besitze (H. G. B. Art. 231; Genossenschaftsgesetz § 21; sächs. Gesetz vom 15. Juni 1868 §§ 20, 38). Gleichwohl verdient die Entscheidung für die Beschränkbarkeit den Vorzug. Es darf nicht außer Acht gelassen werden, daß es sich um die Aufstellung einer allgemeinen Regel für Körperschaften der verschiedensten Art handelt und daß unter denselben sich viele befinden, welche vermöge ihrer Zweckbeschaffen- Nach Außen durch die Verfassung beschränkbar.

*) Vergl. das Genossenschaftsgesetz § 20 Abs. 2, die Gewerbeordnung § 88 Abs. 3 § 101 Abs. 2, § 104i, das Krankenversicherungsgesetz § 35 Abs. 1, das Unfallversicherungsgesetz § 23 Abs. 1 und dazu die Gesetze vom 5. Mai 1886 § 28 Abs. 1, vom 13. Juli 1887 § 29 Abs. 1, ferner das preuß. Gesetz vom 6. Juli 1875 § 26 Abs. 2.

heit mit dem Rechtsverkehre nur in so mittelbaren Beziehungen stehen, daß der Grundsatz der unbeschränkten Vertretungsmacht keineswegs als ein Gebot der Rechtssicherheit bezeichnet werden kann, während andererseits dieser Grundsatz mit ernsten Gefahren für die Körperschaften verbunden ist. Es mögen gewichtige Gründe dafür sprechen, bei Vereinigungen mit kommerziellem Geschäftsbetriebe den strengeren Grundsatz eintreten zu lassen. Die Gründe fallen aber fort, wenn man sich die Lage der zahlreichen Körperschaften, welche idealen Zwecken dienen, vergegenwärtigt (vergl. auch Hülfskassengesetz § 3 Nr. 5, § 18, Gewerbeordnung § 98a Nr. 6, Krankenversicherungsgesetz § 23 Nr. 4, Unfallversicherungsgesetz § 17 Nr. 2, bayr. Gesetz vom 29. April 1869 Art. 3 Nr. 6, Art. 15). Die in Abs. 4 für zulässig erklärte Beschränkung der Vertretungsmacht ist in verschiedener Weise denkbar; sie kann dahin gehen, daß gewisse Rechtsgeschäfte gänzlich untersagt oder daß alle oder gewisse Rechtsgeschäfte an eine Form gebunden oder daß die Gültigkeit einzelner Rechtsgeschäfte von der Genehmigung eines anderen Organes der Körperschaft, aller oder eines bestimmten Theiles der Mitglieder oder einer Behörde abhängig gemacht werden. Immer bleibt aber der Vorstand der gesetzliche Vertreter. Der rechtsgeschäftliche Wille kann auch in einem solchen Falle nur durch ihn erklärt werden.

Keine Bestimmung über die Form der Erklärungen des Vorstandes.

Das H. G. B. Art. 229 Abs. 1 und das Genossenschaftsgesetz § 19 Satz 1 ordnen an, daß der Vorstand seine Willenserklärungen in der durch den Gesellschaftsvertrag bestimmten Form kundzugeben habe. Die Vorschrift steht im Zusammenhange mit der von diesen Gesetzen angenommenen Unbeschränkbarkeit der Vertretungsmacht nach Außen. Vom Standpunkte des Entwurfes aus ist eine solche Vorschrift theils überflüssig theils bedenklich. Erweist das Erforderniß der Einhaltung einer Form sich als eine Beschränkung der Vertretungsmacht, so ist dessen Wirksamkeit gegen Dritte schon nach Abs. 4 gegeben. Fällt das Erforderniß unter den Gesichtspunkt einer bloßen Instruktion, so ist die Wirkung gegen Dritte nothwendig ausgeschlossen.

Keine Bestimmung über die Art seiner Legitimation.

Abgesehen ist von einer Bestimmung über die Legitimation des Vorstandes. Die Spezialgesetze machen die Ordnung derselben mehrfach zum Gegenstande einer Normativbestimmung*). Nicht selten ist auch angeordnet, daß die Bescheinigung einer näher bestimmten Behörde, welche darauf gerichtet ist, daß die von ihr bezeichneten Personen zur Zeit den Vorstand bilden, zur Legitimation genüge**). Das H. G. B. Art. 228, 233 verlangt, daß der Vorstand der Aktiengesellschaft und jede in seiner Zusammensetzung eintretende Aenderung dem Gerichte behufs der Registereintragung angemeldet wird; uneingetragene oder eingetragene, aber nicht öffentlich bekannt gemachte Aenderungen können Dritten nur dann entgegengehalten werden, wenn bewiesen

---

*) Genossenschaftsgesetz § 3 Nr. 7, Hülfskassengesetz § 3 Nr. 5, preuß. Gesetz vom 1. April 1879 § 12 Nr. 7, § 56 Nr. 8, bayr. Gesetz vom 29. April 1869 Art. 3 Nr. 5.

**) Vergl. Genossenschaftsgesetz § 20 Abs. 2, Hülfskassengesetz § 17 Abs. 2, Gewerbeordnung §§ 101, 104i, Krankenversicherungsgesetz § 35 Abs. 2, Unfallversicherungsgesetz § 23 Abs. 3, Gesetz vom 5. Mai 1886 § 28 Abs. 3, Gesetz vom 13. Juli 1887 § 29 Abs. 3, bayr. Gesetz vom 29. April 1869 Art. 15 Abs. 4.

wird, daß sie denselben bei Vornahme des Rechtsgeschäftes bekannt waren*). Alle diese Vorschriften knüpfen überwiegend an Voraussetzungen und Einrichtungen an, mit welchen der Entwurf nicht rechnen kann. Eine einheitliche Regelung ist auch bei der Vielgestaltigkeit der in Betracht kommenden Körperschaften nicht möglich. Soweit ein Bedürfniß vorliegt und bezügliche gesetzliche Anordnungen (§ 43) nicht getroffen sind, wird das eigene Interesse der Körperschaft dazu führen, das Erforderliche in der Verfassung vorzusehen.

5. Kollektivvertretung bildet die Regel.

5. Besteht der Vorstand aus mehreren Personen, so soll (Abs. 5 und 7), soweit die Verfassung nicht ein Anderes bestimmt, zur Gültigkeit seiner Willenserklärungen die Zustimmung aller Mitglieder gehören. Bei schriftlichen Erklärungen ist demnach die Zeichnung sämmtlicher Mitglieder erforderlich**). Es liegt im Interesse des Verkehres, unzweideutig zum Ausdrucke zu bringen, daß der Grundsatz der Gesammtvertretung die Regel bildet, wie ein Gleiches auch in § 634 für den Gesellschaftsvertrag bei dem Vorhandensein mehrerer geschäftsführender Gesellschafter sowie in § 1652 Abs. 1 und § 1893 Abs. 1 für den Fall, daß gleichzeitig mehrere Vormünder oder mehrere Testamentsvollstrecker bestellt sind, ausgesprochen ist. Der vorübergehenden Behinderung eines der mehreren Mitglieder durch Abwesenheit, Krankheit u. s. w. ist, in Ermangelung einer abweichenden Verfassungsbestimmung, nicht die Bedeutung beigelegt, daß die übrigen Mitglieder zum Alleinhandeln befugt sind. Für die Aufnahme einer solchen Vorschrift liegt ein dringendes praktisches Bedürfniß nicht vor und dieselbe würde auch mit Rücksicht auf den möglichen Mißbrauch nicht unbedenklich sein.

6. Abgabe von Erklärungen gegenüber dem Vorstande, wenn dieser aus Mehreren besteht.

6. Durch die Vorschrift des Abs. 6 Satz 1 soll den Schwierigkeiten vorgebeugt werden, welche entstehen würden, wenn Willenserklärungen, die gegenüber einer Körperschaft abzugeben sind, bei dem Vorhandensein mehrerer Mitglieder des Vorstandes gegenüber einem jeden Mitgliede abgegeben werden müßten. Dem dringendsten Bedürfnisse in dieser Richtung hilft allerdings § 75 ab. Nach dieser Bestimmung kann die Mittheilung solcher Willenserklärungen nach Maßgabe der für die Zustellung in bürgerlichen Rechtsstreitigkeiten geltenden Vorschriften durch Vermittelung des Gerichtsvollziehers geschehen, und gemäß § 157 Abs. 3 der C. P. O. genügt zur Wirksamkeit der Zustellung bei dem Vorhandensein mehrerer gesetzlicher Vertreter die Zustellung an einen derselben. Es mag daher fraglich erscheinen, ob eine weitere Sondervorschrift erforderlich sei, zumal die Zustellung durch den Gerichtsvollzieher zugleich Gewähr dafür bietet, daß der betreffende Vertreter der Körperschaft die Bedeutung des Aktes sich besonders zum Bewußtsein bringt. Immerhin läßt sich nicht verkennen, daß die Nothwendigkeit der Zuziehung eines Gerichtsvollziehers wegen des damit verbundenen Zeit- und Kosten-Aufwandes den Verkehr in nicht geringem Grade belästigen würde, und daß außerdem die

*) Vergl. dazu Genossenschaftsgesetz §§ 18, 23, Hülfskassengesetz § 17, Gewerbeordnung § 101, Krankenversicherungsgesetz § 34 Abs. 2, sächs. Gesetz vom 15. Juni 1868 §§ 18, 14.

**) Vergl. H. G. B. Art. 229 Abs. 1; Genossenschaftsgesetz § 19; bayr. Gesetz vom 29. April 1869 Art. 14; sächs. Gesetz vom 15. Juni 1868 § 21 Abs. 1.

thunlichste Erleichterung der Mittheilung an die Körperschaft in deren unverkennbarem eigenen Interesse liegt. Die ihrer Natur nach absolute Vorschrift wird auch hinsichtlich der öffentlich rechtlichen Körperschaften erheblichen Bedenken nicht begegnen. Wenn in dem einen oder anderen Rechtsgebiete die privatrechtliche Vertretung von Gemeinden in der Hand eines unter Umständen aus zahlreichen Personen sich zusammensetzenden Vertretungskörpers (Magistrat u. s. w.) liegen sollte, so könnten der Geschäftsleitung allerdings Schwierigkeiten dadurch erwachsen, daß die der Gemeinde gegenüber abzugebenden Erklärungen einem beliebigen Mitgliede des Vertretungskörpers gegenüber mit rechtlicher Wirkung abgegeben werden. Allein die Möglichkeit einer solchen Unzuträglichkeit ist bei jeder vielgliedrigen Vertretung vorhanden und dürfte nicht derart sein, daß sie den für die Vorschrift sprechenden Gründen gegenüber in's Gewicht fällt. In Betracht kommt auch, daß die Mitglieder einer kollegialisch verfaßten Behörde noch nicht ohne Weiteres als die gesetzlichen Vertreter im Sinne des Abs. 1 sich betrachten lassen.

Die Bestimmung des Abs. 6 Satz 2 faßt den Fall in's Auge, daß der nach Abs. 1 erforderliche Vorstand zeitweilig fehlt. Die Körperschaft für diese Zeit in den Stand zu setzen, Rechtsgeschäfte vorzunehmen oder Klagen zu erheben, ist durch das allgemeine Verkehrsinteresse nicht geboten. Die Körperschaft wird dem Mangel durch Bestellung eines anderen Vorstandes alsbald abzuhelfen haben. Ebensowenig bedarf es gegenüber dem § 55 der C. P. O. besonderer Fürsorge, wenn die Körperschaft verklagt werden soll. Dagegen ist eine Bestimmung nicht zu entbehren, welche Vorkehrung für den Fall trifft, daß der Körperschaft eine Erklärung abzugeben ist, zu deren Entgegennahme sie verpflichtet ist (Mahnung, Kündigung u. s. w.). Die getroffene Anordnung (vgl. sächs. Gesetz vom 15. Juni 1868 § 76) dürfte dem Bedürfnisse am geeignetsten gerecht werden.

§ 45.

Fälle, in denen die Vertretung durch den Vorstand ausgeschlossen ist.

Nach allgemeinen Grundsätzen ist nicht ausgeschlossen, daß ein Rechtsgeschäft in der Weise zu Stande kommt, daß eine und dieselbe Person einerseits für sich und in ihrem Namen, andererseits als Vertreter eines Anderen und in dessen Namen die erforderliche Willenserklärung abgiebt (vergl. S. 225 ff.). Man kann geneigt sein, es hierbei auch in Ansehung derjenigen Rechtsgeschäfte zu belassen, welche zwischen der Körperschaft und den den Vorstand bildenden oder einzelnen zu demselben gehörenden Personen vorkommen. Zu verkennen ist indessen nicht, daß zwischen der Lage der Körperschaft und derjenigen einer willensfähigen Person, welche einen Vertreter bestellt hat, eine wesentliche Verschiedenheit obwaltet. Die Körperschaft ist meist außer Stande, den Vorstand zu überwachen und sich gegen Mißbrauch zu sichern. Sie wird vorkommendenfalls auf den Schadensersatzanspruch beschränkt sein, und dieser Anspruch gewährt nur selten zureichenden Schutz.

1. Rechtsgeschäfte zwischen Körperschaft und Vorstand.

Es erscheint deshalb gerechtfertigt, der Körperschaft durch einen besonderen Rechtssatz zu Hülfe zu kommen, welcher den dem Vorstande angehörenden Personen für Rechtsgeschäfte zwischen ihnen und der Körperschaft die Vertretungsmacht, soweit dieselbe ihnen nach allgemeinen Grundsätzen zusteht (vergl. Entsch. des Reichsgerichtes in Civils. IV Nr. 81 S. 302), entzieht. Die Entziehung der Vertretungsmacht hat zur Folge, daß ein Rechtsgeschäft der bezeichneten Art, welches das behinderte Mitglied des Vorstandes für die Körperschaft gleichwohl vorgenommen hat, als ein Rechtsgeschäft sich darstellt, welches Jemand im Namen der Körperschaft vornimmt, ohne Vertretungsmacht zu haben. Das Rechtsgeschäft ist mithin nicht ohne Weiteres nichtig, sondern untersteht den Vorschriften der §§ 123—126. Nicht erstreckt ist der Ausschluß von der Vertretung auf diejenigen Rechtsgeschäfte, durch welche nur eine Verbindlichkeit erfüllt wird. Erwirbt der Vorstand, ohne sich als Vertreter der Körperschaft zu erkennen zu geben, Werthgegenstände für die Körperschaft, so muß es ihm möglich sein, dieselben der Körperschaft ohne Weiteres zu Eigenthum zu übertragen; ebenso muß er sich wegen seiner Auslagen oder Vorschüsse aus der Kasse der Körperschaft unmittelbar bezahlt machen können (vergl. § 805 Abs. 2). Es ist dies ebensowohl nach der Auffassung des Lebens als durch das Interesse der Körperschaft geboten. Dem juristisch nicht geschulten Urtheile liegt es fern, daß es sich dabei um den Abschluß von Rechtsgeschäften handelt, und die Vermögensverwaltung der Körperschaft würde erheblich erschwert, wenn bei solchen Fällen die Beschaffung einer anderweiten Vertretung erforderlich wäre. Ueber eine ähnliche Beschränkung der familienrechtlichen Vertreter in Ansehung der Vertretungsmacht vergl. § 1651 Nr. 1 (§ 1503 Abs. 1, §§ 1728, 1743). Die weitere Bestimmung, daß auch bei einem Rechtsstreite zwischen der Körperschaft und den den Vorstand bildenden Personen bezw. einzelnen Mitgliedern desselben die Vertretung der Körperschaft durch die letzteren ausgeschlossen ist, entspricht der Natur der Sache (Entsch. des Reichsgerichtes in Civils. VII. Nr. 123 S. 404 ff.).

Einschränkung der Ausnahme.

2. Rechtsstreit zwischen Körperschaft und Vorstand.

Die Vertretungsmacht ist nur entzogen, wenn ein Vorstandsmitglied für seine Person betheiligt ist, nicht auch, wenn dessen Ehegatte oder nahe Verwandte ein unmittelbares Interesse an dem vorzunehmenden Rechtsgeschäfte oder an dem Rechtsstreite haben. Obwohl Manches für eine Ausdehnung in letzterer Hinsicht spricht, so steht doch die Schwierigkeit, den Kreis der in Betracht zu ziehenden Angehörigen in angemessener Weise zu begrenzen, entgegen; das Merkmal des unmittelbaren Interesses erscheint außerdem seiner Dehnbarkeit wegen für die Rechtssicherheit nicht ungefährlich. Ueber die weitergehende Beschränkung der Vertretungsmacht der familienrechtlichen Vertreter vergl. § 1651 Nr. 1.

3. Wie, wenn nur einzelne Mitglieder eines Vorstandes betheiligt sind.

Sind nur einzelne Mitglieder des Vorstandes betheiligt, so steht, sofern der Grundsatz der Gesammtvertretung verfassungsmäßig ausgeschlossen ist (§ 44 Abs. 5, 7), der Vertretung der Körperschaft durch die nicht betheiligten, mit selbständiger Vertretungsmacht ausgestatteten Mitglieder nichts entgegen. Es würde zu weit gehen, wollte man an das zwischen den Vorstandsmitgliedern bestehende kollegiale Verhältniß die Befürchtung knüpfen, daß das Interesse der Körperschaft von den unbetheiligten Mitgliedern nicht in gehöriger Weise gewahrt werde. Müssen bei der Vertretung mehrere Vorstandsmitglieder zusammenwirken, so sind die unbetheiligten Mitglieder von der Vertretung ebenfalls nicht ausgeschlossen. Ob dieselben aber für die Körperschaft das

Rechtsgeschäft mit den betheiligten Mitgliedern vornehmen können, hängt davon ab, wie die Vertretung geordnet ist. Sie vermögen es, wenn ihre Zahl noch eine solche ist, daß sie der Verfassung gemäß für die Körperschaft gültig handeln können; sie vermögen es jedenfalls nicht, wenn zur Vertretung der Körperschaft das Mitwirken sämmtlicher Vorstandsmitglieder erforderlich ist.

4. Bestellung eines besonderen Vertreters.

Findet die Körperschaft infolge des Ausschlusses der betheiligten Mitglieder des Vorstandes eine Vertretung in dem Vorstande nicht mehr, so ist gemäß § 44 Abs. 1 für das betreffende Rechtsgeschäft oder den Rechtsstreit ein besonderer Vertreter zu bestellen, sofern nicht in der Verfassung anderweite Vorsorge getroffen ist (Satz 2). Die Bestellung erfolgt nach Maßgabe der Vorschriften des § 44 Abs. 3, 7. Der besondere Vertreter ist, gleich dem Vorstande, gesetzlicher Vertreter, nicht Bevollmächtigter. Die Einberufung der Mitglieder der Körperschaft zu der erforderlichen Bestellung des Vertreters hat von dem Vorstande oder den sonst verfassungsmäßig dazu ermächtigten Personen auszugehen. Verhält der Vorstand sich unthätig und ist die Einberufung durch andere Personen in der Verfassung nicht vorgesehen, so wird auf die allgemeinen Grundsätze zurückzugehen und zu prüfen sein, ob und inwiefern jedes einzelne Mitglied der Körperschaft die Einberufung herbeiführen kann.

5. Geltendes Recht.

Das H. G. B. regelt in Ansehung der Aktiengesellschaft nur den Fall, daß die Führung eines Rechtsstreites zwischen ihr und den Mitgliedern des Vorstandes wegen der Geschäftsführung der letzteren sich erforderlich macht (Art. 223 verb. mit Art. 194, 195); Vertreter sind der Aufsichtsrath oder Bevollmächtigte. Das Genossenschaftsgesetz § 29 ermächtigt den Aufsichtsrath, gegen die Vorstandsmitglieder die Prozesse zu führen, welche die Generalversammlung beschließt, und die Genossenschaft bei Abschließung von Verträgen mit dem Vorstande zu vertreten. Nach dem sächs. Gesetz vom 15. Juni 1868 § 28 ist, wenn nach dem Statute ein Organ zur Ueberwachung des Vorstandes oder der Genossenschaftsverwaltung bestellt ist, dieses Organ ermächtigt, die Genossenschaft gegen den Vorstand gerichtlich oder außergerichtlich zu vertreten.

§ 46.

Haftung der Körperschaft für unerlaubte Handlungen des Vorstandes.

Rechtsgeschäfte, welche der Vorstand innerhalb der Grenzen seiner Vertretungsmacht für die Körperschaft vornimmt oder welche ihm als dem Vertreter der Körperschaft gegenüber vorgenommen worden, verpflichten und berechtigen die Körperschaft unmittelbar (§ 116). Das Erforderniß der Uebereinstimmung des wirklichen Willens mit dem erklärten Willen, die Erheblichkeit von Zwang, Betrug, Irrthum, Wissen und Wissenmüssen bestimmen sich dabei nach dem Vorstande (§ 117). Läuft in Ansehung der Erfüllung einer Verbindlichkeit der Körperschaft ein Verschulden des Vorstandes oder einer Person unter, deren er sich zur Bewirkung der Leistung bedient, so haftet die Körperschaft dafür, und zwar ohne Unterschied, ob das Schuldverhältniß auf einem Rechtsgeschäfte oder unmittelbar auf Gesetz beruht (§ 224 Abs. 2). Gemäß der gegenwärtigen Vorschrift soll die Körperschaft verantwortlich sein auch für unerlaubte Handlungen, welche der Vorstand bezw. ein Mitglied desselben in Ausübung seiner Vertretungsmacht begeht. Die Vorschrift beruht auf Zweckmäßigkeitsrückſichten. So zweifellos die Körperſchaft an ſich als willenloſes Weſen nicht fähig ſein kann, eine unerlaubte Handlung zu begehen, ſo zeigt doch die neuere Rechtsentwickelung die entſchiedene Neigung, eine privatrechtliche Haftung der Körperſchaft für die unerlaubten Handlungen ihrer Vertreter eintreten zu laſſen. Die Neigung gründet ſich in einem ſchwer von der Hand zu weiſenden Verkehrsbedürfniſſe. In der Rechtſprechung des gemeinen Rechtes und der partikularen Rechte iſt die Haftung im Beſonderen dann angenommen worden, wenn bei der Verwaltung des Vermögens der Körperſchaft oder bei einem von derſelben betriebenen Gewerbe durch ſchuldhaftes Thun oder Unterlaſſen des Vertreters Dritte geſchädigt worden ſind (Entſch. des vorm. Reichsoberhandelsgerichtes XII S. 78 ff., XXI S. 284 ff., XXV S. 346 ff.; Entſch. des Reichsgerichtes in Civilſ. XV S. 130 ff., XVII S. 93 ff.). Zur Begründung dieſer Haftbarmachung hat man mit Recht darauf verwieſen, daß, wenn die Körperſchaft durch die Vertretung die Möglichkeit gewinne, im Rechtsverkehre handelnd aufzutreten, ihr auch angeſonnen werden müſſe, die Nachtheile zu tragen, welche die künſtlich gewährte Vertretung mit ſich bringe, ohne daß ſie in der Lage ſei, Dritte auf den häufig unergiebigen Weg der Belangung des Vertreters zu verweiſen. Iſt dieſer Geſichtspunkt richtig, ſo muß er allgemein zur Geltung gelangen; die Körperſchaft iſt für alle widerrechtlichen, zum Schadensersatz verpflichtenden Handlungen des Vertreters verantwortlich zu machen, ſofern nur dieſelben in Ausübung der Vertretungsmacht begangen ſind.

Gilt auch für öffentlichrechtliche Körperſchaften.

Die Vorſchrift hat (S. 82) für private wie öffentlichrechtliche Körperſchaften Geltung. Es liegt kein Grund vor, die Vertreter des Staates und der Gemeinden, ſoweit ſie in Ausübung privatrechtlicher Vertretungsmacht handeln, anderen Grundſätzen zu unterſtellen, als die Vertreter ſonſtiger Körperſchaften. Die öffentlichrechtliche Frage, ob und inwieweit der Staat bezw. eine Gemeinde denjenigen Schaden zu erſetzen habe, welchen ein Beamter bei Ausübung einer ihm anvertrauten öffentlichen Gewalt Dritten zufüge, bleibt unberührt und beantwortet ſich nach den Landesgeſetzen.

Geltendes Recht.

Die deutſchen Geſetze enthalten keine die Haftpflicht von Körperſchaften für unerlaubte Handlungen der Vertreter im Allgemeinen anerkennende Beſtimmung. Eine Haftpflicht ſprechen in gewiſſen Richtungen aus das Geſetz, betr. die Verbindlichkeit zum Schadensersatz für die bei dem Betriebe von Eiſenbahnen, Bergwerken u. ſ. w. herbeigeführten Tödtungen und Körperverletzungen, vom 7. Juni 1871 (R. G. Bl. S. 207) §§ 1, 2, das Unfallverſicherungsgeſetz § 96 Abſ. 2, das Geſetz vom 5. Mai 1886 § 117 Abſ. 2, das Geſetz vom 13. Juli 1887 § 110 Abſ. 2. Im Gebiete des franz. Rechtes hat die Vorſchrift des code civil Art. 1384 Satz 3 — les maîtres et les commettans sont responsables du dommage causé par leur domestiques et préposés dans les fonctions auxquelles ils les ont employés — zu einer entſprechenden Haftbarmachung des Staates geführt, ſofern nur kein acte de gouvernement proprement dit in Frage ſteht. Der bayr. Entw. Th. II legt in dem die unerlaubten Handlungen betreffenden Abſchnitte Vollmachtgebern die Verpflichtung auf, für den von ihren Beauftragten einem Anderen zugefügten Schaden ſammtverbindlich zu haften, wenn die Beſchädigung in

Ausführung des aufgetragenen Geschäftes verübt wurde (Art. 66), und ordnet an, daß in gleicher Weise wie der Vollmachtgeber der Staat und andere juristische Personen haften, wenn der in ihrem Dienste Stehende in Ausübung seiner Dienstpflichten oder durch Mißbrauch seiner dienstlichen Stellung einen Anderen widerrechtlich schädigt (Art. 67). Das schweiz. Gesetz über das Obligationenrecht bestimmt in dem Titel über unerlaubte Handlungen Art. 62 Abs. 1, daß ein Geschäftsherr für den Schaden haftet, welchen seine Angestellten oder Arbeiter in Ausübung ihrer geschäftlichen Verrichtungen verursacht haben, wenn er nicht nachweist, daß er alle erforderliche Sorgfalt angewendet habe, um einen solchen Schaden zu verhindern, und in Art. 62 Abs. 2 ist verfügt, daß die gleiche Verantwortlichkeit juristische Personen trifft, wenn sie ein Gewerbe betreiben. Nach Art. 64 können des Weiteren Bundes- oder Kantonalgesetze zwar über die Ersatzpflicht für Schaden, welchen öffentliche Beamte oder Angestellte in Ausübung ihrer amtlichen Verrichtungen verursachen, abweichende Bestimmungen aufstellen; für gewerbliche Verrichtungen öffentlicher Beamten oder Angestellten können aber die Bestimmungen des Titels durch Kantonalgesetze nicht geändert werden. Der bayr. Entw. sowohl als das schweiz. Gesetz gehen, soweit sie an sich eine Haftung anerkennen, über die gegenwärtige Vorschrift darin hinaus, daß sie die juristischen Personen verantwortlich machen für die unerlaubten Handlungen nicht blos der gesetzlichen Vertreter, sondern der in ihrem Dienste stehenden Personen bezw. ihrer Angestellten und Arbeiter. Der vorliegende Entwurf erkennt nicht an, daß wer eine Person zur Verrichtung von Leistungen bestellt, ohne Rücksicht auf ein etwaiges Verschulden für die unerlaubten Handlungen einzustehen habe, welche die Person bei Ausübung ihrer Verrichtungen begeht (vergl. §§ 711, 712), und es ist kein Grund vorhanden, die Körperschaften in dieser Richtung ungünstiger zu stellen als die physischen Personen.

§ 47.

Der Vorstand hat Konkurs zu beantragen nur bei Ueberschuldung,

Der Vorstand hat die Eröffnung des Konkursverfahrens über das Vermögen der Körperschaft bei dem zuständigen Gerichte unverzüglich (d. h. ohne schuldhaftes Zögern) zu beantragen, sobald Ueberschuldung vorliegt (H. G. B. Art. 240 Abs. 2). Die Vorschrift (Satz 1) ist nothwendig, da das Vermögen der Körperschaft das alleinige Haftobjekt für die Gläubiger bildet. Für den

nicht bei Zahlungsunfähigkeit.

Fall der bloßen Zahlungsunfähigkeit (H. G. B. a. a. O.) ist dem Vorstande die gleiche Verpflichtung nicht auferlegt. Zahlungsunfähigkeit kann vorübergehend auch bei dem Vorhandensein hinreichender Deckungsmittel vorkommen, und solchenfalls liegt kein Anlaß vor, den Vorstand zum Antrage auf Konkurseröffnung zu nöthigen; es genügt, daß die Gläubiger selbst in der Lage sind, diesen Antrag zu stellen (§ 57). Die Feststellung, ob Ueberschuldung vorliegt, kann nach Lage des Falles Schwierigkeiten begegnen; die Schwierigkeiten sind indessen thatsächlicher Natur. Handelt es sich um Körperschaften, deren Mitglieder verfassungsmäßig verpflichtet sind, zur Deckung der Schulden fortlaufende Beiträge zu leisten, so wird unter Umständen diese verfassungsmäßige Beitragspflicht nicht außer Acht gelassen werden dürfen.

Erfüllt der Vorstand die ihm obliegende Verpflichtung nicht, so ist er der Körperschaft dafür verantwortlich (§ 44 Abs. 2). Die Lage der Gläubiger würde aber nur ungenügend geschützt sein, wenn nicht auch ihnen bei vorsätzlicher oder fahrlässiger Verletzung der Verpflichtung seitens des Vorstandes ein unmittelbarer Anspruch gegen den letzteren eingeräumt würde. Die Pflichtverletzung stellt sich den Gläubigern gegenüber als eine unerlaubte Handlung dar, durch deren Begehung der Vorstand diesen gegenüber sich schadensersatzpflichtig macht. Der Gesichtspunkt des Deliktes ergiebt zugleich die den Interessen der Gläubiger entsprechende gesammtschuldnerische Verhaftung von mehreren pflichtwidrig handelnden Mitgliedern eines Vorstandes (vergl. § 714).

Der Vorstand haftet auch den Gläubigern für die Erfüllung dieser Verpflichtung.

Hat der Vorstand in der Absicht, die Gläubiger der Körperschaft zu benachtheiligen, eine dieselben schädigende Rechtshandlung vorgenommen, so greifen die Bestimmungen der Konk. O. §§ 22—34 bezw. des Gesetzes, betr. die Anfechtung von Rechtshandlungen eines Schuldners außerhalb des Konkursverfahrens, vom 21. Juli 1879, sowie die Grundsätze des vorliegenden Entwurfes über unerlaubte Handlungen, soweit die Voraussetzungen dafür gegeben sind, Platz. Dem Vorstande eine weitergehende persönliche Haftung gegenüber den Gläubigern aufzuerlegen, besteht kein Bedürfniß; es würde auch kaum gerechtfertigt sein, den Vertreter einer Körperschaft mit einer schwereren Verantwortlichkeit zu belasten, als den gesetzlichen Vertreter oder den Generalbevollmächtigten einer physischen Person.

§ 48.

Nach Außen wird die Körperschaft gemäß § 44 Abs. 1 durch den Vorstand vertreten, welcher an eine Mitwirkung der Mitglieder der Körperschaft oder eines sonstigen Organes nur insoweit gebunden ist, als die Verfassung dies bestimmt (§ 44 Abs. 4). Die gleiche Regelung kann für das Verhältniß nach Innen in Frage kommen. Die Vorschriften des H. G. B. über die Aktiengesellschaft sind mehrfach in diesem Sinne aufgefaßt worden. Es läßt sich aber auch davon ausgehen, daß in den inneren Angelegenheiten, soweit die Verfassung nicht ein Anderes ergiebt, der Wille der Körperschaft durch den Willen der Gesammtheit der Mitglieder der Körperschaft beschafft wird, daß mithin für diese Angelegenheiten der Mitgliederwille maßgebend ist (vergl. preuß. A. L. R. II, 6 § 51). Die Spezialgesetze treffen bezüglich der von ihnen geordneten Vereinigungen eine grundsätzliche Bestimmung in dieser Hinsicht nicht, stellen vielmehr eingehende Einzelvorschriften auf. Bei der gegenwärtigen allgemeinen Regelung der Verhältnisse der Körperschaften und der dadurch bedingten Beschränkung auf die Hervorhebung der wichtigsten Grundsätze darf eine Entscheidung nicht fehlen. Der Entwurf wählt die letztere Gestaltung als die dem Wesen der Körperschaft entsprechendere (Abs. 1 Satz 1). Zugleich wird dem Willen der Mitglieder eine Einflußnahme auch auf die Ausübung der dem Vorstande zustehenden Vertretung eingeräumt. Dem Vorstande ist (Abs. 1 Satz 2) die Verpflichtung auferlegt, bei der Geschäftsführung nach dem Willen der Mitglieder, soweit ihm ein solcher kundgegeben wird, sich zu richten. Die Gesammtheit der jeweiligen Mitglieder ist

Die Vertretung in den inneren Angelegenheiten der Körperschaft liegt bei der Gesammtheit der Mitglieder.

die berufenste Beurtheilerin dessen, was den Interessen der Körperschaft frommt. Die entsprechende Bindung des Vorstandes wirkt selbstverständlich nicht nach Außen.

Die Willensbethätigung erfolgt in der Generalversammlung.

Die Willensbethätigung seitens der Mitglieder für die Körperschaft erfolgt der Regel nach durch Beschluß in einer Versammlung der Mitglieder (Abs. 2 Satz 1). Die sog. Generalversammlung ist hiernach das Vertretungsorgan der Körperschaft in den inneren Angelegenheiten und zugleich, insofern der Vorstand nach deren Beschlüssen sich zu richten hat, das oberste Vertretungsorgan der Körperschaft überhaupt. Eine Thätigkeit nach Außen liegt aber außerhalb ihres Machtbereiches. Soweit zur Erledigung einer inneren Angelegenheit eine solche Thätigkeit erforderlich ist und dieselbe nicht durch den Vorstand oder ein sonst vorhandenes verfassungsmäßiges Organ erfolgen kann, bedarf es der Bestellung eines besonderen Vertreters (vergl. § 44 Abs. 1, § 45 Satz 2).

Die Mehrheit der erschienenen Mitglieder entscheidet, soweit nicht ein Anderes bestimmt ist.

Die Einberufung und die Leitung der Generalversammlung ist Aufgabe des Vorstandes oder der sonstigen nach der Verfassung dazu ermächtigten Personen. Besondere Bestimmungen, welche die Verfassung in dieser Hinsicht getroffen hat, sind selbstverständlich zu beachten. Bei der Beschlußfassung entscheidet, soweit die Verfassung nicht ein Anderes ergiebt und vorbehaltlich der Vorschrift des Abs. 5, die Mehrheit der erschienenen Mitglieder (Abs. 2 Satz 2, Abs. 6). Sollte das Erforderniß der Stimmeneinhelligkeit die Regel bilden, so würde zu Beschlüssen nur selten zu gelangen sein. Stimmengleichheit schließt das Zustandekommen eines Beschlusses aus. Die Bemessung der Mehrheit nach den erschienenen Mitgliedern ist ebenfalls durch Zweckmäßigkeitsrücksichten geboten. Das sächs. G. B. § 55 forderte ursprünglich zur Beschlußfassung, daß wenigstens die Hälfte aller Stimmberechtigten erschienen sei. Die Vorschrift hat sich alsbald als unzuträglich erwiesen (vergl. Gesetz vom 27. Januar 1865), und das Gesetz vom 15. Juni 1868 § 11 Nr. 8 entzieht derselben den zwingenden Charakter.

Vorherige Angabe der Berathungsgegenstände.

Regelmäßige Voraussetzung der Gültigkeit eines Beschlusses ist, daß der Gegenstand der Berathung bei der Einberufung der Generalversammlung bezeichnet ist (Abs. 2 Satz 3). Die Anerkennung des Mehrheitsprinzipes bringt dies mit sich. Mit Rücksicht auf die Vielgestaltigkeit der in Betracht kommenden Körperschaften ist aber das Erforderniß nicht, wie in verschiedenen Gesetzen geschieht*), als zwingende Norm aufgestellt (Abs. 6). Andererseits ist von der Beschränkung, welche das sächs. Gesetz vom 15. Juni 1868 § 23 Abs. 2 enthält, abgesehen. Nach diesem Gesetze soll die Angabe der Berathungsgegenstände nicht erforderlich sein, soweit es sich um blos formelle Beschlüsse handelt, wie die Wahl von begutachtenden Ausschüssen, die Einberufung einer außerordentlichen Versammlung, oder um Beschlüsse über Gegenstände, welche nach den Statuten von dem Vorstande oder anderen Organen erledigt werden können. Die blos formelle Eigenschaft eines Beschlusses ist eine zu unbestimmte

*) Vergl. H. G. B. Art. 238 Abs. 2, Genossenschaftsgesetz § 32 Abs. 2, Hülfskassengesetz § 22 Abs. 1, preuß. A. L. R. II, 6 §§ 54—56, bayr. Gesetz vom 29. April 1869 Art. 24 Abs. 2, sächs. Gesetz vom 15. Juni 1868 § 23 Abs. 1.

Voraussetzung; außerdem ist es richtiger, die zur Erleichterung der Beschlußfassung nöthigen Bestimmungen der Verfassung zu überlassen.

Bei Einstimmigkeit keine Versammlung erforderlich.

Von dem Erfordernisse vorheriger Bezeichnung des Berathungsgegenstandes als Bedingung der Gültigkeit des Beschlusses darf abgesehen werden, wenn die sämmtlichen Mitglieder der Körperschaft in der Versammlung erschienen sind und den Beschluß einhellig gefaßt haben. Dem übereinstimmenden Willen der Mitglieder in einem solchen Falle die Wirksamkeit zu versagen, ließe sich nur aus dem Gesichtspunkte rechtfertigen, daß es bedenklich sei, Beschlüsse über Gegenstände zuzulassen, auf welche der Einzelne sich nicht vorzubereiten vermochte, und ihn an eine Zustimmung zu binden, welche er bei besserer Vorbereitung nicht ertheilt haben würde. Dieser Gesichtspunkt hat indessen keine allgemeine Berechtigung, und es darf füglich der einzelnen Verfassung überlassen werden, inwieweit sie demselben Gewicht beizulegen gedenkt. Dem einhellig geäußerten Willen der Mitglieder ist aber ferner, soweit die Verfassung nicht entgegensteht, rechtliche Beachtung auch dann nicht zu versagen, wenn derselbe überhaupt ohne Abhaltung einer Versammlung festgestellt wird. Der Entwurf hebt (Abs. 3) nur die Statthaftigkeit von Beschlüssen der letzteren Art hervor; die Zulässigkeit von Beschlüssen der ersteren Art ergiebt sich dabei von selbst.

Keine Vorschrift über die Bedingungen des Stimmrechtes.

Die Bedingungen des Stimmrechtes der Mitglieder und die Form, in welcher dasselbe ausgeübt wird, zu regeln, ist Sache der Verfassung. Die Spezialgesetze sprechen fast durchgängig aus, daß das Statut Vorschriften über das Stimmrecht enthalten müsse. An sich kommt die Befugniß, bei der Herstellung des Willens für die Körperschaft mitzuwirken, sämmtlichen Mitgliedern gleichmäßig zu. Die besondere Natur der einzelnen Körperschaft kann aber bedingen, daß nicht die Person, sondern das Betheiligungsverhältniß entscheidet. Es kann ferner geboten sein, das Stimmrecht zu entziehen wegen weiblichen Geschlechtes, wegen mangelnder Selbständigkeit, wegen Ehrenminderung, wegen Säumniß in Leistung von Beiträgen u. s. w. Gleich bedeutsam für alle Körperschaften ist die Frage, ob ein Mitglied dann stimmberechtigt sei, wenn über ein zwischen ihm und der Körperschaft einzugehendes Rechtsgeschäft oder über die Einleitung oder die Erledigung eines Rechtsstreites zwischen ihm und der Körperschaft Beschluß gefaßt werden soll. Vorbehaltlich einer abweichenden Verfassungsbestimmung wird dem betheiligten Mitgliede durch Abs. 4 das Stimmrecht für einen solchen Fall entzogen (vergl. § 45 Satz 1; dazu H. G. B. Art. 221 Abs. 2 verb. mit Art. 190 Abs. 3; sächs. G. B. § 55 Satz 2, 3). Die Gestattung des Mitstimmens würde zu einer Gefährdung der Interessen der Körperschaft namentlich dann führen können, wenn die betheiligten einzelnen Mitglieder die Mehrheit bilden. Die Vorschrift beugt zugleich vor, daß Mitglieder des Vorstandes bei Angelegenheiten, welche das rechtliche Verhältniß der Körperschaft zu dem Vorstande oder die Regelung sonstiger rechtlicher Beziehungen zwischen beiden betreffen, auf Grund ihrer Mitgliedschaft bei der Körperschaft an der Abstimmung theilnehmen (vergl. Entsch. des Reichsgerichtes in Civils. IV Nr. 81 S. 302 ff.). Ueber eine ähnliche Bestimmung vergl. § 1722 Abs. 2. Nicht zur allgemeinen Regelung eignet sich die Frage, ob das Stimmrecht nur persönlich oder auch durch gesetzliche Vertreter und bevollmächtigte Dritte oder wenigstens durch Bevollmächtigte, welche ihrerseits stimmberechtigte Mitglieder

Entziehung des Stimmrechtes, wenn Partei.

der Körperschaft sind, ausgeübt werden könne*). Bei einer großen Zahl von Körperschaften wird sich ergeben, daß der Vertretung durch eine ausdrückliche Bestimmung der Verfassung oder nach dem wahren Sinne der letzteren Schranken gezogen sind. Im Zweifel ist anzunehmen, daß die Statthaftigkeit der Vertretung weder ausgeschlossen noch in der einen oder anderen Richtung beschränkt ist.

Zuständigkeit der Generalversammlung.

Die Zuständigkeit der Generalversammlung ist, wie die Zuständigkeit eines jeden körperschaftlichen Organes, in letzter Reihe durch den Körperschaftszweck begrenzt. Die Generalversammlung kann als Organ der Körperschaft eine Aenderung dieses Zweckes und eine damit nothwendig verbundene Aenderung der Individualität der Körperschaft nicht beschließen. Sie kann ferner als Organ Beschlüsse nur auf der Grundlage und innerhalb der Grenzen der Vereinsordnung fassen; sie besitzt nicht die Macht, die Verfassung abzuändern bezw. zu ergänzen, soweit diese nicht selbst die Ermächtigung dazu enthält. Diesen Erwägungen entspricht es, wenn in Abs. 5 Verfassungsänderungen zwar formell dem Geschäftskreise der Generalversammlung zugewiesen, materiell aber, sofern nicht die Verfassung ein Anderes vorschreibt, von der Uebereinstimmung aller Mitglieder abhängig gemacht sind. An das Erforderniß der allseitigen Zustimmung knüpfen sich allerdings nicht unerhebliche Schwierigkeiten. Es besteht vielfach die Gepflogenheit, selbst die geringfügigsten organischen Bestimmungen in die Verfassung aufzunehmen. Die Folge ist, daß auch diese Bestimmungen nur bei Uebereinstimmung aller Mitglieder geändert oder beseitigt werden können. Um dem vorzubeugen, hat man den Versuch gemacht, zwischen denjenigen Bestimmungen, welche wesentlicher Natur seien, und den nicht wesentlichen Verfassungsbestimmungen zu unterscheiden, und nur für die Aenderung von Bestimmungen der ersten Art Stimmeneinhelligkeit erfordert. Für eine solche Unterscheidung fehlt jedoch jeder feste Anhalt. Dem Gesetze bleibt nichts übrig, als bei dem hervorgehobenen allgemeinen Grundsatze stehen zu bleiben und die nöthigen Erleichterungen der statutarischen Festsetzung zu überlassen. Wenn Spezialgesetze gewisse derartige Erleichterungen aussprechen oder wenn dieselben überhaupt auf der Auffassung beruhen, daß die Generalversammlung in Ermangelung entgegenstehender Bestimmungen befugt sei, die Statuten durch Mehrheitsbeschluß zu ändern, so mag dies seine Berechtigung in den Besonderheiten der Vereinigungen finden, für welche die Gesetze gegeben sind. Für den Entwurf würde es bedenklich sein, dem Vorgange zu folgen. Der Abs. 5 spricht nur aus, daß die Uebereinstimmung aller Mitglieder zu der Aenderung der Verfassung erforderlich, nicht daß sie auch genügend sei. Wenn und soweit eine Körperschaft in Gestalt der Aenderung der Verfassung eine Neubildung vornimmt — und es kann sich fragen, ob eine solche Neubildung nicht immer mit einer Aenderung der Verfassung verbunden ist —, so muß zugleich den Anforderungen Genüge geschehen, welche von den nach § 42 maßgebenden Reichs- oder Landesgesetzen in dieser Richtung aufgestellt sind. Ueber die Beurtheilung,

Bei Verfassungsänderungen Einstimmigkeit, soweit nicht die Verfassung ein Anderes ergiebt.

---

*) Vergl. H. G. B. Art. 221 Abs. 2 verb. mit Art. 190 Abs. 2; Hülfskassengesetz § 21 Abs. 1 und Mot. dazu S. 42; preuß. A. L. R. II, 6 §§ 60, 61; zür. G. B. §§ 27, 28, 30.

welcher ein auf die Auflösung der Körperschaft gerichteter Beschluß der Mitglieder unterliegt, vergl. S. 92.

Der Doktrin ist der Grundsatz geläufig, daß Sonderrechte der Mitglieder (jura singulorum) durch Mehrheitsbeschlüsse nicht beeinträchtigt werden können. Der Grundsatz ist in dieser allgemeinen Fassung gesetzgeberisch nicht verwerthbar. Einen über den Gehalt einer allgemeinen rechtswissenschaftlichen Wahrheit hinausgehenden Inhalt erhält derselbe erst durch die Feststellung des Begriffes der sog. jura singulorum. Die Gesetzgebung darf aber nicht wohl den Versuch wagen, diesen Begriff in seiner Allgemeinheit des Näheren zu bestimmen, da die jura singulorum bei den verschiedenen Arten der Körperschaften und selbst in der individuellen Ausbildung der betreffenden Rechtsverhältnisse einen verschiedenen Charakter an sich tragen, wenn auch die rechtliche Wirkung im Allgemeinen dieselbe ist. Legislativ kann der Kategorie der Sonderrechte nur in der Weise nähergetreten werden, daß in Gesetzen, welche mit der Regelung bestimmt gearteter Körperschaften sich befassen, durch erläuternde oder positive Bestimmungen in Ansehung einzelner Punkte die Herrschaft des Mehrheitsprinzipes ausdrücklich festgestellt oder umgekehrt die eine oder andere Zuständigkeit als dem Mehrheitsprinzipe entzogen bezeichnet wird. Im Uebrigen wird die Lösung der Frage, wieweit die Einzelrechte reichen, der Wissenschaft und Praxis überlassen werden müssen. Soweit die Regel des Abs. 5 Platz greift, daß das Statut nur mit Zustimmung sämmtlicher Mitglieder geändert werden kann, sind auf dem Statute beruhende Einzelrechte vor Eingriffen der Mehrheit schon durch diese Regel geschützt. Das sächs. G. B. § 54, das zür. G. B. § 38 und das schweiz. Gesetz über das Obligationenrecht Art. 627 Abs. 1 beschränken sich auf die Hervorhebung des bezeichneten theoretischen Grundsatzes. Das preuß. A. L. R. II, 6 §§ 68, 69, 89, 90 hat es unternommen, nähere Merkmale für die Sonderrechte aufzustellen; dieselben stehen aber nicht allenthalben mit den Ergebnissen im Einklange, zu welchen die heutige Wissenschaft gelangt ist (Entsch. des vorm. R. O. H. G. VIII S. 181, Entsch. des Reichsgerichtes in Civils. XI Nr. 60 und 61 S. 269 ff.). Sonderrechte.

Hat die Generalversammlung einen aus sachlichen oder formellen Gründen ungültigen Beschluß gefaßt, so kann die Feststellung des Bestehens oder Nichtbestehens eines von dem Beschlusse abhängigen Rechtsverhältnisses nach Maßgabe der allgemeinen Grundsätze im Wege der Klage gegen die Körperschaft geltend gemacht werden (C. P. O. § 231). Ob dem einzelnen Mitgliede als solchem das Recht zusteht, gesetz- oder statutenwidrige Beschlüsse der Generalversammlung als ungültig anzufechten, ist eine das Gebiet der Sonderrechte berührende Frage. Vergl. über Klagen auf Ungültigkeitserklärung der Beschlüsse bei Aktiengesellschaften H. G. B. Art. 222 verb. mit Art. 190a; ferner zür. G. B. § 39 sowie die Allg. Mot. zu dem Gesetze, betr. die Kommanditgesellschaften auf Aktien und die Aktiengesellschaften, vom 18. Juli 1884 § 13 Ziff. III. Klagerecht bei gesetz- oder statutenwidrigen Beschlüssen.

§ 49.

Das Erlöschen der Körperschaft kann nicht zur Folge haben, daß die in dem Körperschaftsvermögen zusammengeschlossenen Rechte und Verbindlichkeiten Erlöschen der Körperschaft.

untergehen, die zu diesem Vermögen gehörenden Sachen herrenlos werden. Die Rechtsordnung hat dafür zu sorgen, daß eine geeignete, die Interessen der Gläubiger wahrende Ueberleitung des Vermögens auf andere Personen eintritt.

1. Wem fällt das Vermögen zu? a) Geltendes Recht.

1. Der früheren Jurisprudenz galt es als unumstößlicher Satz, daß das Vermögen einer erloschenen Körperschaft nach Analogie der für die erblose Verlassenschaft geltenden Grundsätze an den Staat fallen müsse. Die herrschende Meinung des heutigen gemeinen Rechtes erkennt dies nur insoweit an, als die Verfassung nicht Bestimmungen über das Schicksal enthält und auch die Körperschaft eine gültige Verfügung über dasselbe später nicht getroffen hat. Dabei bricht sich mehr und mehr die Ansicht Bahn, daß die Regel des Anfalles an den Fiskus selbst in dieser Beschränkung nicht haltbar sei, daß vielmehr bei zahlreichen privaten Körperschaften, insbesondere bei solchen, welche zur Förderung der vermögensrechtlichen Interessen der Mitglieder dienen, auch ohne besondere bezügliche Bestimmungen das Reinvermögen den Mitgliedern zuzukommen habe. Nach dem preuß. A. L. R. fällt das Vermögen einer aufgehobenen öffentlichen Gesellschaft, sofern in ihren Stiftungsgesetzen keine anderweiten Bestimmungen getroffen sind, dem Staate zu anderweitiger Verwendung für das gemeine Wohl anheim (II, 6 § 192). Die noch vorhandenen Mitglieder sind aber berechtigt, die entrichteten Eintrittsgelder sowie eine Vermögensvermehrung, welche sie durch außerordentliche Beiträge oder Zuwendungen herbeigeführt haben, zurückzufordern; es muß ihnen ferner von demjenigen Gesellschaftsvermögen, dessen Nutzung den einzelnen Mitgliedern zugestanden, der Antheil, den sie bisher genossen, auf Lebenszeit gelassen und aus demjenigen Gesellschaftsvermögen, welches zum Unterhalte der Mitglieder überhaupt bestimmt war, lebenslängliche Verpflegung gewährt werden (II, 6 §§ 196 bis 200). Bezüglich der freien und der öffentlichen Wassergenossenschaften geht das Gesetz vom 1. April 1879 § 41 Abs. 1, § 87 Abs. 1 davon aus, daß das Vermögen unter die Genossenschaften vertheilt wird. Das sächs. G. B. § 57 läßt, wenn eine juristische Person aufhört, ohne daß über das Vermögen derselben verfügt worden, letzteres, soweit es nicht zur Deckung der Schulden erforderlich ist, dem Staate zufallen. Das Gesetz vom 15. Juni 1868 verlangt in § 11 Nr. 11, daß die Statuten der Erwerbsgesellschaften die Grundsätze enthalten müssen, welche im Falle der Auflösung hinsichtlich der Verwendung bezw. Vertheilung des Vermögens zur Anwendung kommen sollen, soweit nicht das Gesetz selbst bereits Bestimmungen hierüber enthält (§§ 34, 45, 46); des Weiteren ist in § 81 angeordnet, daß statutarische Bestimmungen, welche für den Fall der Auflösung einer Genossenschaft über die Vertheilung oder sonstige Verwendung des Vermögens getroffen sind, auch dann maßgebend bleiben, wenn das Recht der Persönlichkeit durch das Gericht der Genossenschaft entzogen worden ist. Das Hülfskassengesetz § 3 Nr. 8 und die Gewerbeordnung § 98a Nr. 11 schreiben vor, daß das Statut über die Verwendung des Vermögens im Falle der Auflösung oder Schließung Bestimmungen treffen müsse; das Krankenversicherungsgesetz § 47 Abs. 5, daß das Vermögen einer aufgelösten oder geschlossenen Ortskrankenkasse, soweit dasselbe nicht zur Berichtigung der Schulden und Deckung der bereits entstandenen Unterstützungsansprüche erforderlich ist, nach Entscheidung der höheren Verwaltungsbehörde denjenigen

Ortskrankenkassen sowie der Gemeinde-Krankenversicherung zufällt, welchen die der geschlossenen oder aufgelösten Kasse angehörigen Personen überwiesen werden (vergl. dazu § 68 Abs. 5, § 72 Abs. 3 dieses Gesetzes). Die Gewerbeordnung § 94 unterscheidet hinsichtlich des Reinvermögens einer aufgelösten oder erloschenen alten Innung zwischen solchem Vermögen, welches bisher ganz oder theilweise zur Fundirung von Unterrichtsanstalten oder zu anderen öffentlichen Zwecken bestimmt war, und solchem, bei welchem dies nicht der Fall. Die ersterwähnten Fonds dürfen ihrer Bestimmung nicht entzogen werden; wird für den Zweckschutz nicht in anderer Weise gesorgt, so fallen sie der Gemeinde gegen Uebernahme der darauf lastenden Verpflichtungen zu. Bezüglich des anderen Vermögens kann die Innung bei ihrer Auflösung beschließen, daß dessen Reinbetrag insoweit, als derselbe aus Beiträgen der derzeitigen Mitglieder entstanden, unter die letzteren vertheilt werden solle, während der Rest des Vermögens, sofern nicht Statut oder Landesgesetz ausdrücklich ein Anderes bestimmen, der Gemeinde, in welcher die Innung ihren Sitz hatte, zur Benutzung für gewerbliche Zwecke überwiesen wird (vergl. dazu § 103a Abs. 3 und § 104o der Gew. O. [Gesetz vom 23. April 1886]). Das Vermögen einer aufgelösten Aktiengesellschaft wird — in Ermangelung besonderer statutarischer Bestimmungen (Entsch. des Reichsgerichtes in Civils. VII Nr. 23 S. 70) — nach Tilgung der Schulden unter die Aktionäre vertheilt (H. G. B. Art. 245 Abs. 1). Bei den Erwerbs- und Wirthschaftsgenossenschaften sind die Genossenschafter ebenfalls die schließlichen Bezugsberechtigten (Genossenschaftsgesetz § 47), und das Gleiche gilt bei den anerkannten Vereinen des bayr. Gesetzes vom 29. April 1869 (Art. 29) hinsichtlich der Mitglieder dieser Vereine.

b) Standpunkt des Entwurfes.

Der Entwurf geht im Einklange mit der neueren Rechtsentwickelung davon aus, daß, wenn die Verfassung der erloschenen Körperschaft eine Bestimmung über das Schicksal ihres Vermögens enthält, diese Bestimmung zunächst maßgebend ist. An und für sich versteht sich dies nicht von selbst. Die Körperschaft ist nicht, wie eine physische Person, fähig, über ihr Vermögen letztwillig zu verfügen. Die Verfassung regelt auch nur die inneren Verhältnisse der bestehenden Körperschaft; sie tritt mit deren Erlöschen außer Kraft und kann deshalb nicht mit rechtlicher Wirkung Verfügungen treffen, durch welche Rechte Dritter in Ansehung des nach dem Erlöschen der Körperschaft verbleibenden Vermögens begründet werden sollen. Der eingenommene Standpunkt entspricht aber dem Bedürfnisse und ist auch bei der den Landesgesetzen durch § 43 gewahrten Einflußnahme auf die Verfassung der einzelnen Körperschaften unbedenklich. Ein während des Bestehens der Körperschaft gefaßter Verwendungsbeschluß ist nicht ausgeschlossen. Der Beschluß stellt sich sowohl dann, wenn der Gründungsvertrag keine Bestimmung über das Schicksal des Vermögens enthält, als auch dann, wenn an die Stelle einer im Gründungsvertrage vorhandenen Bestimmung eine andere treten soll, als eine Aenderung der Verfassung dar und muß den Erfordernissen gerecht werden, welche für eine solche Aenderung aufgestellt sind.

Schweigt die Verfassung, so liegt nahe, dem Zwecke der Körperschaft entscheidendes Gewicht einzuräumen und das Vermögen, je nachdem der Zweck ein gemeinnütziger oder ein nicht gemeinnütziger ist, dem Fiskus oder den Mitgliedern der Körperschaft zuzuweisen. Die Unterscheidung zwischen gemeinnützigen und nicht gemeinnützigen Zwecken ist indessen ziemlich flüssig. Auch steht der dermalige Rechtszustand entgegen. Das Vermögen aufgelöster gemeinnütziger Körperschaften fällt nicht immer an den Fiskus; mitunter sind Gemeinden oder andere Verbände die Bezugsberechtigten. Sachgemäßer erscheint es, das Schicksal des Vermögens, soweit über dasselbe nicht durch die Verfassung verfügt ist und soweit nicht besondere reichsrechtliche Vorschriften eingreifen, durch die Landesgesetze bestimmen zu lassen, welche den dabei in Betracht kommenden öffentlichen Interessen am besten gerecht zu werden in der Lage sind. Maßgebend sollen die Landesgesetze des Ortes sein, an welchem die Körperschaft ihren Sitz hatte (vergl. § 42). Hinsichtlich der unbeweglichen Sachen eine abweichende Bestimmung zu treffen und die Landesgesetze des Ortes entscheiden zu lassen, an welchem die Sachen gelegen sind, erscheint aus denselben Gründen nicht angezeigt, aus denen in Ansehung einer Erbschaft, welche in Ermangelung anderer Erben dem Fiskus anfällt, von einer solchen Vorschrift abgesehen worden ist (§ 1974 Abs. 1).

2. Ueberleitung des Vermögens der erloschenen Körperschaft

2. Für die Ueberleitung des Vermögens auf die Bezugsberechtigten hat als oberster Grundsatz zu gelten, daß das Vermögen zunächst zur Tilgung der auf demselben haftenden Schulden zu verwenden ist. Steht dem Fiskus ein Anrecht auf das Vermögen zu, so ist dessen Stellung zu dem Vermögen im Wesentlichen die gleiche wie gegenüber einem Nachlasse, zu welchem andere Erben nicht vorhanden sind. Die in letzterer Hinsicht getroffenen Bestimmungen

a) auf den Fiskus.

(vergl. § 1974) werden daher angemessen auch hier zur Geltung gebracht. Diesen Bestimmungen zufolge tritt mit dem Erlöschen der Körperschaft auf Seiten des Fiskus Gesammtrechtsnachfolge kraft des Gesetzes ein. Der Fiskus kann das zugefallene Vermögen nicht ausschlagen, hat aber dafür die Stellung eines Erben, der das Inventarrecht (vergl. §§ 2092—2150) ohne seinen Willen

b) auf Andere.

nicht verlieren kann. Soweit andere Personen als der Fiskus bezugsberechtigt sind, kann in Frage kommen, ob nicht der angedeutete Satz genüge, daß das Vermögen der erloschenen Körperschaft zunächst zur Befriedigung der Gläubiger der Körperschaft zu verwenden sei. Voraussetzung dieser Annahme würde sein, daß die entsprechende Bestimmung zugleich in sich schließe, daß ein Jeder, der das Vermögen oder Bestandtheile desselben in den Händen habe, dafür verantwortlich werde, daß er dieses Vermögen der Befriedigung der Gläubiger sowie seiner sonstigen Bestimmung nicht entziehe. Nach Befinden könnte, wenn diese Voraussetzung nicht für zutreffend zu erachten wäre, die Bestimmung angefügt werden, daß derjenige, welchem das Vermögen zufalle, für die Befriedigung der Gläubiger zu sorgen habe und im Falle der Verletzung dieser Obliegenheit den Gläubigern zum Schadensersatze verpflichtet sei. Eine solche Regelung würde indessen in rechtlicher Hinsicht bedenkliche Lücken lassen. Unklar bliebe im Besonderen, wem die Vertretung des Vermögens der erloschenen Körperschaft zunächst zustehe und wie dieses Vermögen auf die Bezugsberechtigten übergehe. Die Regelung würde ferner den Interessen der Gläubiger wie der Bezugsberechtigten wenig dienlich sein. Mag auch bei manchen Körperschaften, insbesondere bei gewissen Vereinen mit sog. idealen Tendenzen, der Vermögensumfang ein geringfügiger und die schließliche Abwickelung eine einfache sein, so findet sich doch eine große Zahl von Vereinen, deren Vermögensbeziehungen ausgedehnter Natur sind und bei deren Erlöschen eine regelrechte Auseinandersetzung im dringenden Interesse der Gläubiger und der Bezugsberechtigten liegt. Eine solche Auseinandersetzung wird erzielt, wenn die zwischen dem Erlöschen einer Körperschaft und dem Tode eines Menschen in Ansehung des Fiskus als Bezugsberechtigten bereits gezogene Parallele hier ebenmäßig zur Geltung gebracht und die für den Erbübergang sowie für die Rechtsstellung des Erben maßgebenden Vorschriften in der gleichen Weise und mit denselben Besonderheiten, wie bei dem Fiskus, übertragen werden. Allein auch diese Gestaltung wird den Verhältnissen nur da vollkommen gerecht, wo das Vermögen der erloschenen Körperschaft nicht den Mitgliedern, sondern dritten, physischen oder juristischen Personen zufällt. Sind die Mitglieder der Körperschaft die Bezugsberechtigten, so handelt es sich in der Regel um eine Vielheit von Personen. Den für das Erbrecht maßgebenden Grundsätzen zufolge (vergl. § 2051) würden die vermögensrechtlichen Verbindlichkeiten der Körperschaft mit dem Erlöschen der letzteren kraft des Gesetzes auf die einzelnen Mitglieder antheilig übergehen, und die Gläubiger sähen sich einer Reihe von Schuldnern gegenüber, welche ihnen nur für geringe Beträge hafteten, und denen gegenüber sie ihre volle Befriedigung, wenn überhaupt, nur mit großen Weiterungen zu erlangen vermöchten. Eine wirkliche Sicherheit für die Rechte der Gläubiger und zugleich eine Gewähr für eine angemessene Ueberleitung des Vermögens auf die bezugsberechtigten Mitglieder wird nur geboten durch die Anordnung eines besonderen, mit den erforderlichen Garantieen umgebenen Liquidationsverfahrens, wie solches bereits dem bestehenden Rechte geläufig ist. Das Liquidationsverfahren ist nicht blos in dem H. G. B. für die offenen Handelsgesellschaften (Art. 133 ff.), die Kommanditgesellschaften (Art. 172), die Kommanditgesellschaften auf Aktien (Art. 205 ff.) eingeführt, sondern auch zur Anerkennung gebracht bei den Erwerbs- und Wirthschaftsgenossenschaften (Genossenschaftsgesetz §§ 40 ff.), den preuß. Wassergenossenschaften (Gesetz vom 1. April 1879 §§ 34 ff., §§ 86 ff.), den bayr. anerkannten Vereinen (Gesetz vom 29. April 1869 Art. 27 ff.), den sächs. Genossenschaften (Gesetz vom 15. Juni 1868 §§ 31 ff.). Der Entwurf scheidet demgemäß in Abs. 2 zwischen den Fällen, in welchen das Vermögen einer erloschenen Körperschaft dem Fiskus, einer anderen juristischen Person oder bestimmten dritten Personen zufällt, und den Fällen, in welchen das Vermögen unter die Mitglieder der Körperschaft zu vertheilen ist. In jenen Fällen haben die Vorschriften über die in Ermangelung anderer Erben dem Fiskus anfallenden Erbschaften entsprechende Anwendung zu finden, in diesen Fällen hat eine Liquidation nach Maßgabe der §§ 50—56 einzutreten.

c) auf die Mitglieder der Körperschaft.

Liquidationsverfahren.

§ 50.

Die Liquidation ist Aufgabe des Vorstandes. Des Erlöschens ungeachtet gilt gemäß § 51 Abs. 2 die Körperschaft als fortbestehend, soweit es der Zweck der Liquidation mit sich bringt. Der Vorstand kann der Verpflichtung, als Liquidator thätig zu werden, sich nur entziehen, soweit er auf Grund des

1. Liquidation Sache des Vorstandes.

zwischen ihm und der Körperschaft bestehenden Rechtsverhältnisses in der Lage sein würde, die Vorstandsschaft niederzulegen. Wird die Bestellung anderer Personen zu Liquidatoren erforderlich, so erfolgt die Bestellung, da der Liquidator in gleicher Weise, wie der Vorstand, gesetzlicher Vertreter ist, nach Maßgabe der für die Bestellung des Vorstandes geltenden Vorschriften, mithin, soweit die Verfassung nicht ein Anderes ergiebt, durch Beschluß der Mitglieder der Körperschaft (Abs. 1 und 2)*).

Das H. G. B. Art. 244 Abs. 2 läßt die Ernennung von Liquidatoren für Aktiengesellschaften durch das Gericht erfolgen, wenn der Aufsichtsrath oder eine gewisse Anzahl von Aktionären dies beantragen (vergl. dazu H. G. B. Art. 133 Abs. 2, 172). Für die Körperschaften im Allgemeinen ist die Gestattung eines so weitgehenden gerichtlichen Eingreifens kein Bedürfniß. Richterliche Mitwirkung hat vielmehr nur für den Fall einzutreten, daß die berufenen Liquidatoren nicht oder nicht in der erforderlichen Zahl mehr vorhanden sind und die Körperschaft sich unthätig verhält. Das Gericht hat solchenfalls auf Antrag eines Betheiligten, soweit nöthig, für die Zeit bis zur Beseitigung des Mangels an Stelle der fehlenden Person eine andere als Liquidator zu bestellen (Abs. 3).

2. Die Liquidatoren haben im Wesentlichen die Rechte und Pflichten des Vorstandes.

Die Stellung der Liquidatoren als gesetzliche Vertreter und das Verhältniß derselben zur Körperschaft bestimmen sich, soweit der Liquidationszweck nicht ein Anderes ergiebt, nach den für den Vorstand in diesen Beziehungen maßgebenden Grundsätzen. Die Liquidatoren haben daher, vorbehaltlich der gedachten Schranke, nicht nur die Rechte und Pflichten des Vorstandes (§ 44 Abs. 2, 4, 5, 7, § 45 Satz 1, § 48 Abs. 1 Satz 2), sondern es finden auf sie auch die Vorschriften in § 44 Abs. 6 Satz 1, § 45 Satz 2 und § 46 Anwendung (Abs. 4). Die dem Vorstande in § 47 auferlegte Verpflichtung ist für die Liquidatoren in §§ 55, 56 besonders ausgesprochen.

Es konnte sich fragen, ob den Liquidatoren im Interesse einer gedeihlichen Abwickelung des Liquidationsverfahrens nicht weitergehende Befugnisse als dem Vorstande dahin einzuräumen seien, daß ihnen eine nach Außen hin unbeschränkbare Vertretungsmacht (§ 44 Abs. 4) verliehen und sie von der Verpflichtung entbunden würden, bei der Geschäftsführung den Weisungen der Generalversammlung zu folgen (§ 48 Abs. 1 Satz 2); vergl. Genossenschaftsgesetz § 44. Soweit indessen eine solche Erweiterung gerechtfertigt sein würde, folgt dieselbe schon aus dem auf den Liquidationszweck bezüglichen Vorbehalte. Das Liquidationsverfahren hat die Aufgabe, einerseits die Rechte der Gläubiger, andererseits die Interessen der einzelnen bezugsberechtigten Mitglieder zu wahren. Jede Einflußnahme der Generalversammlung auf das Liquidationsverfahren, welche letzteres ausschließt oder dem Zwecke desselben in der einen oder anderen Richtung widerstrebt, verbietet sich von selbst als außerhalb des Rahmens liegend, in welchem die Körperschaft noch als fortbestehend angesehen wird. Der Generalversammlung dagegen auch die innerhalb dieses Rahmens

---

*) Vergl. H. B. G. Art. 244 Abs. 1, Genossenschaftsgesetz § 40, preuß. Gesetz vom 1. April 1879 §§ 34, 64, bayr. Gesetz vom 29. April 1869 Art. 30 Abs. 2, sächs. Gesetz vom 15. Juni 1868 § 36 Abs. 2.

liegende Einflußnahme zu entziehen, ist bedenklich; insbesondere wird ihr nicht versagt werden können, über eine angemessene Art der Versilberung des Vermögens bezw. einzelner Vermögensgegenstände zu befinden und den Liquidatoren instruktionelle Weisungen in dieser Richtung zu ertheilen (Entsch. des Reichsgerichtes in Civils. III Nr. 16 S. 54 ff.).

Kommen die Liquidatoren ihren Pflichten nicht nach, so sind sie, ebenso wie der pflichtwidrig handelnde Vorstand, der Körperschaft, nicht den einzelnen Mitgliedern derselben verantwortlich. Den letzteren ein selbständiges Klagerecht zu geben, ist weder geboten noch zweckmäßig. Es wäre ein für die Liquidatoren wie für den Geschäftsgang unerträglicher Zustand, wenn die Liquidatoren wegen ihrer Verwaltungshandlungen von jedem einzelnen Mitgliede je nach dessen Auffassung über das, was der Körperschaft zum Schaden gereicht, mit Klagen bedroht und belangt werden könnten. Liegt eine wirkliche Pflichtverletzung vor, so wird die Körperschaft auf gegebene Anregung hin der Regel nach von selbst einschreiten. Ueber die Verantwortlichkeit der Liquidatoren gegenüber den Gläubigern vergl. § 56.

3. Die Liquidatoren sind der Körperschaft, nicht den einzelnen Mitgliedern verantwortlich.

§ 51.

Die nähere Bezeichnung der den Liquidatoren im Allgemeinen obliegenden Aufgabe entspricht im Wesentlichen dem H. G. B. Art. 244a Abs. 1, 137 Abs. 1 und dem Genossenschaftsgesetze § 43 Abs. 1*). Der Vollständigkeit halber hat die von diesen Gesetzen nicht besonders hervorgehobene Vertheilung des Ueberschusses an die Mitglieder ebenfalls Erwähnung gefunden. Abgesehen ist von der in dem H. G. B. Art. 244a Abs. 4 und anderen Gesetzen sich findenden Beschränkung, nach welcher die Veräußerung unbeweglicher Sachen, sofern durch den Gründungsvertrag oder Mitgliederbeschluß nicht ein Anderes bestimmt ist, nur im Wege öffentlicher Versteigerung zulässig sein soll. Nach den in neuerer Zeit gemachten Erfahrungen erscheint es mindestens zweifelhaft, ob das Erforderniß der öffentlichen Versteigerung den Interessen der Betheiligten wirklich dient, wie denn auch die Konkursordnung (§ 122 Nr. 1; vergl. §§ 123, 124) von der Aufstellung dieses Erfordernisses für die Konkursverwalter in wesentlicher Beziehung Umgang genommen hat.

1. Aufgabe der Liquidatoren.

Der Abs. 2 stellt fest, daß die Körperschaft bis zur Beendigung der Liquidation noch insoweit als fortbestehend anzusehen ist, als der Zweck der Liquidation es zuläßt und erfordert. Es kann nicht der Auffassung Folge gegeben werden, daß mit dem Erlöschen der Körperschaft die Mitglieder in deren Vermögensrechte mittels Sondernachfolge eintreten und in einer eigenthümlich gearteten, eines Organes bedürftigen Rechtsgemeinschaft stehen. Ebensowenig verdient die Ansicht Billigung, nach welcher das vor dem Erlöschen der Körperschaft personifizirte Vermögen nach Eintritt des Erlöschens und des damit verbundenen Wegfalles des vorgestellten Trägers subjektlos unter Vertretung

2. Fortbestand der Körperschaft, soweit der Liquidationszweck es mit sich bringt.

---

*) Vergl. ferner das preuß. Gesetz vom 1. April 1879 §§ 37, 87 Abs. 1, das bayr. Gesetz vom 29. April 1869 Art. 30 Abs. 2, das sächs. Gesetz vom 15. Juni 1868 § 36 Abs. 2.

durch Liquidatoren fortbesteht. Die Gestaltung des Entwurfes, welche die Körperschaft und damit auch deren Organisation unter den erforderlichen Beschränkungen in Kraft erhält, ist positiv; aber sie allein wird dem Zwecke der Liquidation und dem praktischen Bedürfnisse gerecht. Die Gestaltung entspricht auch dem Gange der neueren Gesetzgebung*). Der wichtige Grundsatz ist im Gesetze ausdrücklich hervorgehoben, weil er einen sicheren Anhalt für die Entscheidung zahlreicher an das Liquidationsstadium sich knüpfender Einzelfragen gewährt, welche das Gesetz nur unzureichend im Wege der Kasuistik ordnen könnte. Der Grundsatz macht im Besonderen auch eine Bestimmung des Inhaltes überflüssig, daß der allgemeine Gerichtsstand, welchen die Körperschaft zur Zeit ihres Erlöschens hatte, bis zur Beendigung der Liquidation bestehen bleibe.

§§ 52—54.

1. Bekanntmachung der Liquidation. Aufforderung der Gläubiger zur Anmeldung.

Als Vorbild für die Vorschriften haben im Wesentlichen gedient Art. 243, 245 Abs. 2 und 3 verb. mit Art. 202 des H. G. B., §§ 36, 47 des Genossenschaftsgesetzes, §§ 32, 41, 86, 87 Abs. 1 des preuß. Gesetzes vom 1. April 1879, Art. 29 Abs. 2 des bayr. Gesetzes vom 29. April 1869, §§ 31, 32, 34 Abs. 1, § 38 des sächs. Gesetzes vom 15. Juni 1868. Nach dem Genossenschaftsgesetze und dem angef. preuß. Gesetze findet eine Aufforderung der bekannten Gläubiger zur Anmeldung ihrer Ansprüche nicht statt; nach dem sächs. Gesetze § 38 unterbleibt eine solche Aufforderung bei Genossenschaften, welche ausschließlich kirchliche, milde oder gemeinnützige Zwecke verfolgen. Auch die bekannten Gläubiger haben indessen ein erhebliches Interesse daran, daß sie von der durch das Erlöschen der Körperschaft eingetretenen wesentlichen Veränderung der Rechtslage alsbaldige und sichere Kenntniß erhalten.

2. Die Vertheilung des Vermögens unter die Mitglieder bleibt ein Jahr ausgesetzt.

Die im § 53 getroffene Anordnung, daß die Vertheilung des Vermögens unter die Mitglieder der Körperschaft nicht vor Ablauf eines Jahres vollzogen werden darf, dient zum Schutze der Gläubiger. Die Frist ist keine Ausschlußfrist gegenüber den letzteren. Meldet ein Gläubiger sich nach Ablauf des Jahres, aber noch vor Ausschüttung des Vermögens, so muß er berücksichtigt werden. Ob und inwieweit Gläubiger, welche erst nach der ordnungsmäßigen Vertheilung hervortreten, an die Mitglieder der Körperschaft sich zu halten berechtigt sind, haben die allgemeinen Grundsätze zu ergeben.

3. Ein Gläubiger hat sich nicht gemeldet oder kann zur Zeit nicht befriedigt werden.

Die Vorschrift des § 54 liegt im Interesse einer angemessenen Durchführung der Liquidation. Dem ersten Satze gemäß sind die Liquidatoren, bei dem Vorhandensein der allgemeinen Voraussetzungen der öffentlichen Hinterlegung (§ 272), zu deren Vornahme nicht blos berechtigt, sondern verpflichtet. An den Grundsätzen betreffend die Bring- und die Holschuld wird nichts

*) Vergl. hinsichtlich der Vorschriften des H. G. B. über die Aktiengesellschaft Entsch. des vorm. Reichsoberhandelsgerichtes XVI S. 284 ff., XVII S. 44 ff., XIX S. 163, 195, XXIV S. 222 ff., Entsch. des Reichsgerichtes in Civils. III Nr. 16 S. 55 ff.; ferner Genossenschaftsgesetz § 49 Abs. 1, preuß. Gesetz vom 1. April 1879 §§ 42, 87 Abs. 1, bayr. Gesetz vom 29. April 1869 Art. 30, sächs. Gesetz vom 15. Juni 1868 § 36.

geändert. Der zweite Satz regelt den Fall, daß die Befriedigung eines Gläubigers zur Zeit der Vertheilung nicht erfolgen kann, zum Theil abweichend von dem Art. 202 Abs. 3 des H. G. B. Die öffentliche Hinterlegung insoweit allgemein zuzulassen bezw. zur Pflicht zu machen und dabei zugleich die Aussetzung der Vertheilung nur als ein Recht der Körperschaft oder als eine Befugniß der Liquidatoren hinzustellen, liegt für die in Betracht kommenden Körperschaften kein zureichender Anlaß vor. Die nachgelassene Sicherheitsleistung hat gemäß §§ 199 ff. zu erfolgen.

§ 55.

Verpflichtung der Liquidatoren, den Konkurs zu beantragen.

Die Vorschrift entspricht derjenigen des § 47 Abs. 1.

§ 56.

Haftung der Liquidatoren gegenüber den Gläubigern.

Die Liquidatoren sind, ebenso wie die Mitglieder des Vorstandes, nur der Körperschaft, nicht auch deren Gläubigern für ihre Geschäftsführung verantwortlich. Die Annahme, daß die Liquidatoren gegenüber den Gläubigern zu der Anwendung der Sorgfalt eines ordentlichen Hausvaters bei der Vertretung und Verwaltung des Körperschaftsvermögens verpflichtet seien, geht zu weit. Es fehlt an einem entsprechenden Rechtsverhältnisse zwischen den Liquidatoren und den Gläubigern, aus welchem eine solche Verantwortlichkeit abgeleitet werden könnte. Die Stellung der Liquidatoren würde auch zu einer überaus mißlichen, wenn jeder Gläubiger in der Lage wäre, wegen eines bei der Geschäftsführung angeblich oder wirklich vorgekommenen Versehens, ohne Rücksicht darauf, ob Entlastung seitens der Körperschaft vorliegt oder nicht, Ansprüche gegen die Liquidatoren zu erheben. Nur insoweit, als die Liquidatoren gegen Vorschriften verstoßen, welche den Gläubigerschutz besonders bezwecken (H. G. B. Art. 241 Abs. 4), und nur unter dem Gesichtspunkte der unerlaubten Handlung ist die unmittelbare Verhaftung gegenüber den Gläubigern gerechtfertigt. Die gegenwärtige Vorschrift spricht dieselbe in diesem Umfange aus. Die Haftung besteht unterschiedslos in der Erstattung des entstandenen Schadens. Die Liquidatoren für den Fall, daß sie das Vermögen vor der Befriedigung der Gläubiger bezw. vor Ablauf des Schutzjahres (§ 53) an die Mitglieder vertheilen, zur **Rückgewähr** des zu Unrecht Vertheilten zu dem Körperschaftsvermögen zu verpflichten, ist kein Bedürfniß. Der Anspruch auf Rückgewähr kann zudem unter Umständen seinem Umfange nach geringer sein, als der Anspruch auf das Interesse, und es ist kein Grund ersichtlich, aus welchem den Gläubigern nur der beschränktere Rechtsbehelf zur Verfügung gestellt werden sollte.

§ 57.

Konkursverfahren über das Vermögen einer Körperschaft.

Die für das Konkursverfahren über das Vermögen einer Aktiengesellschaft in der Konk. O. §§ 193, 194 getroffenen Bestimmungen eignen sich auch für das Konkursverfahren über das Vermögen einer (bestehenden oder erloschenen) Körperschaft. Die Vorschriften bedürfen weder der Aenderung noch der Ergänzung. Insbesondere liegt kein Anlaß vor, den Zwangsvergleich auszuschließen, wie solches in § 196 Abs. 2 der Konkursordnung für den Konkurs eingetragener Genossenschaften geschieht. Ebenso ist keine besondere Fürsorge für die Fälle erforderlich, daß der Antrag auf Konkurseröffnung abgelehnt (Konk. O. § 99) oder das Konkursverfahren eingestellt wird (Konk. O. §§ 188, 190). Aufgabe des Vorstandes bezw. der Liquidatoren wird es solchenfalls sein, den etwa vorhandenen Vermögensbestand den Gläubigern zuzuführen. Ob die gesetzlichen Vertreter hierbei berechtigt sind, an diejenigen, welche zuerst kommen, voll zu zahlen, oder ob sie die antheilige Befriedigung aller bekannten Gläubiger herbeizuführen haben, ist eine Frage, deren Entscheidung der Rechtswissenschaft überlassen werden kann.

Die Uebertragung der bezeichneten Vorschriften bedarf nur hinsichtlich des Kreises der in Betracht zu ziehenden Körperschaften einer Einschränkung. Die Anwendung der §§ 193, 194 ist nicht geboten bei gewissen öffentlichrechtlichen Körperschaften, namentlich nicht bei den unter staatlicher Aufsicht stehenden, mit geordneten Budgeteinrichtungen versehenen Gemeinden. Für die nähere Bestimmung der zu treffenden Ausnahme zeigt die Vorschrift in § 15 Nr. 4 des Einf. Ges. zur C. P. O. den Weg. Es kann dahingestellt bleiben, ob bei dem engen Zusammenhange der Einzelexekution mit dem Konkurse aus dieser Vorschrift ohne Weiteres gefolgert werden könnte, daß landesgesetzliche Vorschriften, welche das Konkursverfahren bezüglich der darin genannten juristischen Personen zum Gegenstande haben, von den Vorschriften der Konk. O. nicht berührt würden. Jedenfalls kann, bei der Gleichheit der maßgebenden Gründe, in der Begrenzung der zu berücksichtigenden Körperschaften über das in dem angef. § 15 Nr. 4 Verordnete nicht hinausgegangen werden. Demgemäß wird in dem Entwurfe des Einführungsgesetzes — vergl. Note zu § 63 des Entwurfes — bestimmt werden, daß die landesgesetzlichen Vorschriften betr. die Zulässigkeit des Konkurses über das Vermögen der in § 15 Nr. 4 des Einf. G. zur C. P. O. bezeichneten juristischen Personen unberührt bleiben; eine Bestimmung, welche, wenn die Landesgesetze die Konkurseröffnung im Falle der Ueberschuldung für unstatthaft erklären, von selbst zur Folge hat, daß auch die Verpflichtung der gesetzlichen Vertreter, die Konkurseröffnung für diesen Fall zu beantragen (§ 47 Satz 1, § 55), gegenstandslos wird.

Ob die Vorschrift des § 214 der Konk. O. auf die Mitglieder des Vorstandes und die Liquidatoren der Körperschaften zu erstrecken ist, bleibt der Prüfung bei Entwerfung des Einführungsgesetzes vorbehalten.

§ 58.

Stiftungen. Die Kodifikationen enthalten zumeist nur wenige die Rechtsverhältnisse der Stiftungen betreffende Vorschriften. Ueber das preuß. A. L. R. vergl. S. 80. Das sächs. G. B. stellt in §§ 52, 53, 56, 57, 2074 einige allgemeine Grundsätze auf, welche später durch das Gesetz vom 15. Juni 1868 §§ 3—9 ergänzt worden sind. Das österr. G. B. § 646 verweist auf die einschlagenden politischen Verordnungen. In Baden ist unter dem 5. Mai 1870 ein besonderes

Gesetz ergangen, betr. die Rechtsverhältnisse und Verwaltung von Stiftungen; in Hamburg ein Gesetz vom 16. September 1870, betr. die Oberaufsicht über die milden Stiftungen. Eine eingehende Regelung haben die Stiftungen in dem zür. G. B. (§§ 50—58) gefunden.

Die Entstehung der Stiftungen wird in dem Entwurfe nicht, wie bezüglich der Entstehung der Körperschaften geschehen ist, den Landesgesetzen schlechthin unterstellt. Das auf die Begründung einer Stiftung gerichtete Rechtsgeschäft ist ein rein privatrechtlicher Vorgang, dessen einheitlicher Gestaltung nichts entgegensteht. Auch handelt es sich nicht blos um die Regelung des Stiftungsgeschäftes, sondern zugleich um die nähere Bestimmung der Art und Weise, wie die einer Stiftung gewidmeten Vermögensgegenstände aus dem Vermögen des Stifters ausscheiden und auf die Stiftung übergehen. Den Landesgesetzen in der letzteren Hinsicht Spielraum zu lassen, ist nicht wohl möglich. Die im Interesse und zum Schutze des Verkehres für den Uebergang von Vermögensrechten aufgestellten großen Grundsätze würden zum Theil ihren Zweck verfehlen, wenn die Landesgesetze in der Lage wären, diese Grundsätze in Ansehung der Stiftungen nach freiem Ermessen zu durchbrechen, insbesondere einen allgemeinen unmittelbaren Uebergang des gestifteten Vermögens eintreten zu lassen. Die den Landesgesetzen unentbehrliche Einflußnahme auf die Entstehung der Stiftungen ist zur Genüge gewahrt durch den Vorbehalt des § 62. Errichtung durch Rechtsgeschäft unter Lebenden.

Die Natur und die Erfordernisse des auf die Begründung einer mit juristischer Persönlichkeit versehenen Stiftung gerichteten Rechtsgeschäftes unter Lebenden begegnen in der gemeinrechtlichen Wissenschaft verschiedener Auffassung (vergl. Entsch. d. Reichsgerichtes in Civils. V Nr. 37 S. 144 ff.). Geht man von der in sich begründeten Annahme aus, daß das Stiftungsgeschäft unter Lebenden den Zweck hat, Vermögensrechte des Stifters auszuscheiden oder Forderungsrechte gegen denselben zu begründen, zu dem Ende und mit der Wirkung, daß diese Rechte selbständig gestellt und Bestandtheile eines neuen, seinen Mittelpunkt in sich tragenden Vermögens werden sollen, so steht nichts entgegen, das *einseitige* Stiftungsgeschäft unter Lebenden als wirksam anzuerkennen. Eine andere Frage ist, ob das Stiftungsgeschäft nothwendig ein einseitiges Rechtsgeschäft sein müsse. Mit Rücksicht darauf, daß im Leben nicht selten für die Errichtung einer Stiftung die Vertragsform gewählt wird, hat der Satz 2 eine Fassung erhalten, welche einer solchen Errichtung nicht entgegentritt. Damit soll jedoch der Entscheidung der Frage, ob die eigentlich wirkende Kraft in einem derartigen Vertrage nicht doch nur der einseitige Wille des Stifters sei, keineswegs vorgegriffen sein. a) Regelung des Stiftungsgeschäftes.

Die Fähigkeit zur Vornahme eines auf die Begründung einer Stiftung gerichteten Rechtsgeschäftes unter Lebenden bestimmt sich nach den allgemeinen Grundsätzen. Es bedarf dies ebensowenig der besonderen Hervorhebung wie der Satz, daß der Zweck und das Wesen der Stiftung mit hinreichender Deutlichkeit gekennzeichnet sein müssen (zür. G. B. §§ 50, 54). Als Formerforderniß ist die gerichtliche oder notarielle Beurkundung aufgestellt (Satz 1; vergl. zür. G. B. § 51). Das Erforderniß findet seine Rechtfertigung in der großen Bedeutung, welche der Inhalt des Rechtsgeschäftes, insbesondere die Anordnungen über die Vertretung, die Verwaltung und Verwendung des Gerichtliche oder notarielle Beurkundung.

Vermögens u. s. w. für die ganze Dauer des Bestandes der Stiftung und über dieselbe hinaus haben. Die Beobachtung der vorgeschriebenen Form bietet zugleich in Ansehung der in einem einseitigen Rechtsgeschäfte erfolgten Errichtung einer Stiftung die unentbehrliche Gewähr dafür, daß eine wirkliche und vollendete Willensäußerung seitens des Stifters vorliegt.

b) Unmittelbarer Vermögensübergang nur, soweit nach allgemeinen Grundsätzen zulässig.

Der Stifter ist, sobald der zum Errichtungsakte erforderliche Thatbestand sich vollzogen hat (vergl. dazu § 62 Abs. 1), verpflichtet, der Stiftung das in dem Rechtsgeschäfte zugesicherte Vermögen zu übertragen. Das Stiftungsvermögen besteht darnach zunächst in dem Anspruche auf diese Uebertragung. Ein unmittelbarer Vermögensübergang im Allgemeinen ist weder Bedürfniß noch mit dem Interesse der Verkehrssicherheit vereinbar. Die für die Eigenthumsübertragung und die Bestellung von dinglichen Rechten gegebenen Vorschriften müssen beobachtet werden. Soviel jedoch diejenigen Vermögensrechte anlangt, zu deren Uebertragung der Abtretungsvertrag genügt (§§ 294, 312), so steht nichts entgegen, daß dieselben insgesammt und ohne daß es einer Bezeichnung der einzelnen Rechte bedarf, einschließlich solcher Rechte, deren Vorhandensein dem Stifter vielleicht unbekannt war, auf die Stiftung mit deren Errichtung unmittelbar übergehen, wenn die hierauf gerichtete Absicht aus dem Stiftungsgeschäfte sich ergiebt (vergl. § 313). Die den Stifter treffende Gewährleistungspflicht wird angemessen den für die Gewährleistungspflicht des Schenkers (vergl. §§ 443, 444, 448 Abs. 2) geltenden Grundsätzen unterstellt (§ 58 Satz 3, 4).

§ 59.

Errichtung durch Verfügung von Todeswegen.

Die Streitfrage, ob die Errichtung einer mit juristischer Persönlichkeit versehenen Stiftung auch dadurch erfolgen könne, daß ein Erblasser den auf die Errichtung der Stiftung gerichteten Willen im Wege der Einsetzung der letzteren zum Erben oder unter Zuwendung eines Vermächtnisses an dieselbe erkläre, wird durch die gegenwärtige Vorschrift, im Einklange mit der im gemeinen Rechte gegenwärtig herrschenden Ansicht sowie mit dem sächs. G. B. § 2074, dem hess. Entw. Abth. III Art. 79 Abs. 2, dem Entwurfe eines Erbrechtes von Mommsen § 55, in bejahendem Sinne entschieden. Die Zulassung der Errichtung einer Stiftung im Wege der Erbeinsetzung oder Vermächtnißanordnung liegt im öffentlichen Interesse und wird dem Grundsatze gerecht, daß der wirkliche Wille des Erblassers möglichst zur Geltung zu bringen ist.

Durch letztwillige Verfügung oder Erbeinsetzungsvertrag.

Die Errichtung kann sowohl durch letztwillige Verfügung als durch einen Erbeinsetzungsvertrag oder Vermächtnißvertrag bewirkt werden. Die erbvertragsmäßige Bindung des Stifters auszuschließen, fehlt es an zureichenden Gründen, wennschon es selten vorkommen mag, daß der Stifter mit einem Anderen einen Erbeinsetzungsvertrag oder einen Vermächtnißvertrag dahin schließt, daß sein Vermögen bezw. ein Theil desselben einer erst noch zu errichtenden Stiftung zufallen solle.

Die Fassung der Vorschrift schließt sich derjenigen des § 58 Satz 1 an. Wie in dem letzteren, so ist auch hier von einem besonderen Hinweise auf die Nothwendigkeit einer gleichzeitigen Vermögenszuwendung abgesehen. Das Wesen der Stiftung bringt von selbst mit sich, daß sie nur dadurch entstehen kann, daß ein Vermögensganzes, der Bruchtheil eines solchen oder einzelne Gegenstände einem bestimmten Zwecke dienstbar gemacht werden. Das Stiftungsgeschäft besteht in der Verfügung von Todeswegen; der Errichtung einer besonderen Urkunde in gerichtlicher oder notarieller Form seitens des Erben bezw. des zu bestellenden Nachlaßpflegers (§ 58 Satz 1) bedarf es daneben nicht. Erfolgt die Errichtung einer Stiftung durch Vermächtniß, so besteht das Substrat der Stiftung in dem Anspruche, welcher nach den allgemeinen Grundsätzen aus dem Vermächtnisse sich ergiebt (§ 1865); für einen unmittelbaren Uebergang gewisser Vermögensrechte nach Maßgabe des § 58 Satz 3 ist solchenfalls kein Raum.

§§ 60, 61.

Verfassung der Stiftung. Uebertragung der Mehrzahl der für Körperschaften geltenden Grundsätze.

Die Vorschrift des § 60 giebt diejenige des § 43 in entsprechender Fassung wieder. Die Uebertragung der letzteren Vorschrift kann ebensowenig wie die Uebertragung der in § 61 bezeichneten Bestimmungen Bedenken unterliegen. Von der Anordnung, daß für die Vertretung der Stiftung in dem auf die Begründung derselben gerichteten Rechtsgeschäfte unter Lebenden oder von Todeswegen Vorsorge zu treffen sei (zür. G. B. § 54), ist abgesehen. Die entsprechende Anwendung des § 44 Abs. 1 ergiebt, daß jede Stiftung einen Vorstand haben muß, und daraus folgt von selbst, daß die Bildung und Zusammensetzung des Vorstandes bei der Errichtung der Stiftung geordnet werden muß, sofern nicht die Landesgesetze das Erforderliche vorsehen. Die Landesgesetze können in dieser Hinsicht auf die Aufstellung von Bestimmungen für den Fall sich beschränken, daß der Stifter einschlagende Anordnungen zu treffen unterlassen hat (preuß. A. L. R. II, 19 § 36; sächs. Gesetz vom 15. Juni 1868 § 8); die Landesgesetze können gemäß § 60 aber auch in der Weise eingreifen, daß sie dem Willen des Stifters Schranken ziehen und die Vorstandschaft bezw. die Vertretung schlechthin gewissen durch Gesetz oder Verordnung bestimmten Behörden zuweisen (bad. Gesetz vom 5. Mai 1870 § 7).

Der in Betreff der Zulässigkeit des Konkurses für das Einführungsgesetz S. 118 in Aussicht genommene Vorbehalt zu Gunsten der Landesgesetze wird für Stiftungen, deren Vermögen von Staatsbehörden verwaltet wird, von Bedeutung sein, sofern anzunehmen ist, daß die Vorschrift des § 15 Nr. 4 des Einf. Gesetzes zur C. P. O. unter den von ihr aufgeführten „Korporationen" auch Stiftungen begreift (vergl. das bayr. Ausführungsgesetz vom 23. Februar 1879 Art. 9), — eine Annahme, für welche insbesondere geltend gemacht werden kann, daß in einigen Rechtsgebieten die Verleihung von Korporationsrechten an Stiftungen seither nicht ungebräuchlich gewesen ist.

§ 62.

Erforderniß der staatlichen Genehmigung.

Wie in Ansehung der Körperschaften, so besteht auch hinsichtlich der Stiftungen in der Doktrin Meinungsverschiedenheit darüber, ob zur Entstehung des vorgestellten Rechtssubjektes eine Verleihung der juristischen Persönlichkeit durch einen besonderen Akt der Staatsgewalt erforderlich sei, oder ob kraft einer allgemeinen Rechtsregel die gehörig erfolgte rechtsgeschäftliche Aussetzung von Vermögensgegenständen zu einem bestimmten Zwecke genüge. Mitunter wird zwischen der privilegirten pia causa und anderen Stiftungen unterschieden und nur für die letzteren die Verleihung der Rechtspersönlichkeit gefordert.

1. Geltendes Recht. Die deutschen Gesetze machen die Entstehung einer mit juristischer Persönlichkeit versehenen Stiftung von der staatlichen Anerkennung abhängig. Wo besondere Vorschriften fehlen, stellt die Praxis der Regel nach dieses Erforderniß gleichfalls auf. Das preuß. A. L. R. II, 19 § 42 legt den vom Staate ausdrücklich oder stillschweigend genehmigten Armen- oder anderen Versorgungsanstalten die Rechte juristischer Personen bei; die Möglichkeit der stillschweigenden Genehmigung ist später durch das Gesetz vom 13. Mai 1833 § 5 beseitigt. Nach dem Gesetze vom 23. Februar 1870 § 1 bedürfen Schenkungen und letztwillige Zuwendungen, durch welche im Inlande eine neue juristische Person in's Leben gerufen werden soll, zu ihrer Gültigkeit der Genehmigung des Königs. Die preuß. Jurisprudenz ist geneigt, die vorgeschriebene Genehmigung als eine von Aufsichtswegen ergehende Bestätigung aufzufassen. Nach bayr. Rechte gilt die Staatsgenehmigung als Vorbedingung für die Entstehung einer Stiftung; für örtliche Stiftungen ist die Nothwendigkeit königlicher Bestätigung in der Gemeindeordnung vom 29. April 1869 Art. 69 ausgesprochen. In Sachsen genügt für Stiftungen und Anstalten, welche zu dauernden kirchlichen, mildthätigen oder gemeinnützigen Zwecken selbständig errichtet sind, die Genehmigung der Stiftung und ihres Zweckes durch die zuständige Verwaltungsbehörde, während Stiftungen, welche anderen Zwecken dienen, der ausdrücklichen Anerkennung als juristische Person seitens dieser Behörde bedürfen (G. B. § 52, Gesetz vom 15. Juni 1868 § 6). In Württemberg wird die Genehmigung, soweit sie nicht Verwaltungsbehörden delegirt ist, vom Staatsoberhaupte ertheilt; an dem Erfordernisse der Genehmigung ist festgehalten worden, obwohl die juristische Fakultät der Universität Tübingen in einem Gutachten vom 3. Juni 1869 (württemb. Archiv XIV S. 67—89) sich dagegen ausgesprochen hat, daß zur Entstehung milder Stiftungen staatliche Genehmigung gehöre (Aeußerung des Justizministeriums vom 31. August 1869). Nach dem bad. Gesetze vom 5. Mai 1870 § 1 Abs. 1, § 2 Abs. 1 ist zur Errichtung neuer Stiftungen als selbständiger Rechtssubjekte die Staatsgenehmigung erforderlich; dieselbe ist nur solchen Stiftungen zu ertheilen, welche einem öffentlichen, sei es kirchlichen oder weltlichen Zwecke gewidmet, sowie den Gesetzen, den guten Sitten und dem Staatswohle nicht zuwider sind; durch die staatliche Genehmigung erhalten die Stiftungen juristische Persönlichkeit (vergl. dazu landesherrl. V. vom 18. Mai 1870 § 2). Nach franz. Rechte kann keine gemeinnützige Anstalt ohne besondere Staatsgenehmigung entstehen; für Elsaß-Lothringen vergl. Verordn. vom 5. Mai 1873 §§ 1, 3. In Mecklenburg-Schwerin und Mecklenburg-Strelitz ist nach feststehender Praxis staatliche Verleihung der juristischen Persönlichkeit unerläßlich. Ein Gesetz von Sachsen-Weimar vom 22. April 1833 bestimmt in § 1, daß Verträge und letztwillige Verfügungen, welche ein ganzes Vermögen oder einzelne Theile desselben zu einem gemeinnützigen oder frommen Zwecke bestimmen,

ingleichen solche, welche unbenannte Personen aus Rücksicht auf das allgemeine Beste sukzessiv zum Eigenthume oder Genusse eines Vermögens oder einzelner Theile desselben berufen (Stiftungen), erst durch landesherrliche Genehmigung verbindende Kraft erlangen. Das dem preuß. Gesetze vom 13. Mai 1833 sich anschließende Gesetz für Schwarzburg-Sondershausen vom 5. Juli 1857 fordert ebenfalls landesherrliche Genehmigung.

2. Nach dem Entwurfe bleibt es bei dem Landesrechte.

Der enge Zusammenhang des Stiftungswesens mit dem öffentlichen Rechte der Einzelstaaten läßt es geboten erscheinen, die Entscheidung darüber, inwieweit bei der Entstehung einer Stiftung staatliche Mitwirkung einzutreten hat, den Landesgesetzen zu belassen. Der entsprechenden Bestimmung des Abs. 1 zufolge bleiben nicht nur diejenigen Landesgesetze in Kraft, welche schon bisher die staatliche Genehmigung erfordern, sondern die Landesgesetze sind auch künftig unbehindert, einschlagende Bestimmungen zu treffen. Das Stiftungsgeschäft selbst aber ist, weil in §§ 58, 59 erschöpfend geregelt, der Einflußnahme durch die Landesgesetzgebung entzogen. Fehlt es an einer landesgesetzlichen Bestimmung, welche die Errichtung einer Stiftung von besonderen Erfordernissen abhängig macht, so gelangt die Stiftung als juristische Person mit der Vornahme eines den Erfordernissen des Entwurfes entsprechenden Rechtsgeschäftes zur Entstehung.

a) Zeitpunkt der Bindung des Stifters, wenn Genehmigung erforderlich.

Ist landesgesetzlich der Hinzutritt der staatlichen Genehmigung nothwendig, so kann bei einem Stiftungsgeschäfte unter Lebenden eine Bindung auf Seiten des Stifters nicht wohl eher angenommen werden, als der Antrag auf Ertheilung der Genehmigung von demselben gestellt ist. Andererseits erfordern die bestehenden Verwaltungsgrundsätze, daß der Stifter mit diesem Zeitpunkte gebunden ist. Die Gebundenheit, vermöge deren der Stifter in derselben Lage sich befindet, wie derjenige, dem eine bedingte Verpflichtung obliegt, hört mit der Versagung der Genehmigung auf (Abs. 2). Eine Verfügung von Todeswegen, welche die Errichtung einer Stiftung zum Gegenstande hat, wird mit der Versagung der erforderlichen Genehmigung gleichfalls unwirksam. Bezüglich der Frage, ob der Ertheilung der Genehmigung rückwirkende Kraft zukomme, ist in Ansehung der Errichtung einer Stiftung durch Rechtsgeschäft unter Lebenden eine besondere Entscheidung nicht getroffen; es kommt insoweit auf den Willen des Stifters an. Anders bei der Stiftung durch Verfügung von Todeswegen. Wird die Genehmigung ertheilt, so soll nach Abs. 3 die Sache hinsichtlich des Anfalles so angesehen werden, als sei die Genehmigung schon vor dem Erbfalle erfolgt. Diese Gestaltung ist durch Zweckmäßigkeitsrücksichten geboten. Bewendete es dabei, daß die Genehmigung erst mit der Ertheilung und nur für die Zukunft ihre Wirkung äußerte, so könnte, da die Stiftung als juristische Person zur Zeit des Erbfalles noch nicht vorhanden ist, die Erbschaft auf die Stiftung nicht unmittelbar übergehen, die letztere würde vielmehr (vergl. § 1758 Abs. 2) wie ein Nacherbe zu behandeln sein, und diejenigen, welche ohne die Stiftungsverfügung zur Erbschaft berufen gewesen wären, hätten zunächst als Vorerben einzutreten. Es ist aber weder rathsam noch nothwendig, für die verhältnißmäßig kurze Zeit, welche die Entscheidung über die Ertheilung oder Verweigerung der Genehmigung in Anspruch zu nehmen pflegt, ein so verwickeltes Rechtsverhältniß wie die

b) Bei einer Stiftung durch Verfügung von Todeswegen wird die Genehmigung auf die Zeit vor dem Anfalle zurückbezogen.

Vorerbschaft eintreten zu lassen. Ungleich einfacher gestaltet es sich, wenn an den nahe liegenden Fall angeknüpft wird, daß eine zur Zeit des Erbfalles empfangene, aber noch nicht geborene Person als Erbe eingesetzt ist. Dies wird dadurch erreicht, daß die Wirkungen der Genehmigung und damit, sofern alle sonstigen Voraussetzungen erfüllt sind, die Entstehung der Stiftung als juristische Person in Ansehung des Anfalles auf die Zeit vor Eintritt des Erbfalles zurückbezogen wird. Daneben ist für den Fall, daß der Stiftung nicht die gesammte Erbschaft, sondern nur ein Bruchtheil einer solchen gewidmet ist, in § 2154 Abs. 2 Vorsorge dahin getroffen, daß das Recht, die Aufhebung der Erbengemeinschaft zu verlangen, für die Zeit bis zur Entscheidung über die Ertheilung oder Versagung der Genehmigung ausgeschlossen wird. So lange diese Entscheidung aussteht, ist der Erbe bezw. Miterbe ungewiß und hat nach § 2059 Abs. 1 eine Nachlaßpflegschaft einzutreten. Bei der Errichtung einer Stiftung im Wege einer Vermächtnißanordnung wird die Genehmigung, wenn sie ertheilt wird, in Ansehung des Anfalles gleichfalls auf die Zeit vor dem Erbfalle zurückbezogen und das Verhältniß in der Schwebezeit bestimmt sich nach § 1867 Abs. 3.

3. Errichtung einer Stiftung mittels Staatsaktes.

Die in § 58 für die Begründung einer Stiftung aufgestellten Vorschriften können aus naheliegenden Gründen keine Anwendung auf die Errichtung einer Stiftung mittels Staatsaktes finden. Insoweit hat es bei den Landesgesetzen zu bewenden (Abs. 1). Für das Reich steht in dieser Richtung ein gesetzgeberisches Vorgehen schon an sich jederzeit offen.

4. Erlöschen der Stiftungen bestimmt sich nach Landesrecht.

Die Landesgesetze bleiben ferner maßgebend für die Voraussetzungen, unter welchen die Stiftungen erlöschen. Die Gründe, welche zu einem Eingreifen hinsichtlich der Entstehung der Stiftungen geführt haben, entfallen hier. Die Erlöschung bestimmt sich nach den Landesgesetzen des Ortes, an welchem die Stiftung ihren Sitz hat.

5. Familienstiftungen.

In Ansehung der Familienstiftungen wird die Prüfung der Frage, ob die nahe Verwandtschaft derselben mit dem Familienfideikommisse zu besonderen Bestimmungen bezw. Vorbehalten für die Landesgesetze Anlaß bietet, der Entwerfung des Einführungsgesetzes vorbehalten.

§ 63.

Landesfiskus.

Der Entwurf kennt zwei Arten von juristischen Personen, Körperschaften und Stiftungen. Ob der Fiskus zu der einen oder der anderen Art gehört, wird verschieden beantwortet. Vielfach findet sich auch die Meinung, daß der Fiskus eine juristische Person eigener Art sei, die sich weder als Körperschaft noch als Stiftung betrachten lasse. An der Hand der letzteren Meinung könnte, in Ermangelung eines besonderen Vorbehaltes, der Fortbestand der partikularen Vorschriften, nach welchen dem Fiskus juristische Persönlichkeit zusteht, in Zweifel gezogen werden. Ein solcher Zweifel würde unbegründet sein; immerhin erscheint es angemessen, denselben bei der hervorragenden Wichtigkeit der Frage überhaupt nicht aufkommen zu lassen.

In der Regelung der Vertretung des Fiskus werden die Landesgesetze durch die Bestimmungen des Entwurfes nicht beengt. Im Besonderen schließt der § 44 Abs. 1 Satz 1 nicht aus, daß der Fiskus für seine verschiedenen Geschäftszweige verschiedene gesetzliche Vertreter haben kann. Zudem erhellt aus der Aufnahme der gegenwärtigen Vorschrift zur Genüge, daß die hinsichtlich der Vertretung getroffenen Bestimmungen nicht ohne Weiteres auf den Fiskus Anwendung finden.

Für den Reichsfiskus etwas Besonderes vorzusehen, ist kein Anlaß. Die bestehenden reichsrechtlichen Vorschriften bleiben, wie in dem Einführungsgesetze auszusprechen sein wird, unberührt. Reichsfiskus.

Vierter Abschnitt.

Rechtsgeschäfte.

Eintheilung. Der Abschnitt enthält die Vorschriften, welche die Erfordernisse und die Wirksamkeit der Rechtsgeschäfte im Allgemeinen zum Gegenstande haben. Der Tit. 1 (§§ 64—71) handelt von der Geschäftsfähigkeit, Tit. 2 (§§ 72—76) von der Willenserklärung, Tit. 3 (§§ 77—90) von der Vertragschließung, Tit. 4 (§§ 91—94) von der Form der Rechtsgeschäfte, Tit. 5 (§§ 95—104) von den Willensmängeln, Tit. 6 (§§ 105—107) von den unerlaubten Rechtsgeschäften, Tit. 7 (§§ 108—114) von der Ungültigkeit der Rechtsgeschäfte, Tit. 8 (§§ 115—126) von der Vertretung und Vollmacht, Tit. 9 (§ 127) von der Einwilligung und Genehmigung, Tit. 10 (§§ 128—143) von der Bedingung und Befristung.

Begriff des Rechtsgeschäftes. Rechtsgeschäft im Sinne des Entwurfes ist eine Privatwillenserklärung, gerichtet auf die Hervorbringung eines rechtlichen Erfolges, welcher nach der Rechtsordnung deswegen eintritt, weil er gewollt ist. Das Wesen des Rechtsgeschäftes wird darin gefunden, daß ein auf die Hervorbringung rechtlicher Wirkungen gerichteter Wille sich bethätigt, und daß der Spruch der Rechtsordnung in Anerkennung dieses Willens die gewollte rechtliche Gestaltung in der Rechtswelt verwirklicht. Besonderer Ausdruck ist dieser Auffassung im Entwurfe nicht gegeben. Der in § 88 des sächs. G. B. gemachte Versuch einer Begriffsbestimmung regt zur Nachfolge wenig an. Die Gefahr, durch eine wie immer geartete Fassung irre zu leiten, ist ungleich größer, als die entgegengesetzte Gefahr, daß die Rechtsprechung schwankt und die für Rechtsgeschäfte maßgebenden Grundsätze auf Handlungen, welche die Natur von Rechtsgeschäften nicht haben, anwendet, oder daß sie wirkliche Rechtsgeschäfte verkennt. Die Einzelbestimmungen lassen zudem den eingenommenen Standpunkt, der im Wesentlichen der herrschenden Lehre entspricht, zur Genüge erkennen.

Begriff der Willenserklärung. Unter Willenserklärung wird die rechtsgeschäftliche Willenserklärung verstanden. Die Ausdrücke Willenserklärung und Rechtsgeschäft sind der Regel nach als gleichbedeutend gebraucht. Der erstere Ausdruck ist namentlich da gewählt, wo die Willensäußerung als solche im Vordergrunde steht oder wo zugleich der Fall getroffen werden soll, daß eine Willenserklärung nur als ein Bestandtheil eines rechtsgeschäftlichen Thatbestandes in Frage kommt.

Die dem Begriffe des Rechtsgeschäftes gegebene Begrenzung führt zu einer besonderen Kategorie der Rechtshandlungen. Den Rechtsgeschäften als Handlungen mit Rechtsfolgen, die, weil sie gewollt sind, eintreten, stehen Handlungen gegenüber, an welche Rechtswirkungen sich anschließen, für deren Eintritt nach der Rechtsordnung gleichgültig ist, ob dieselben von den Handelnden gewollt oder nicht gewollt sind. Die hervorragendeste Stelle unter den letzteren nehmen die unerlaubten Handlungen (§§ 704 ff.) ein. Es giebt aber auch eine Reihe von Handlungen solcher Art, welche keine Delikte sind, und welche nicht ungeeignet mit Rechtshandlungen bezeichnet werden. Dahin gehören außer gewissen prozessualen Handlungen die Begründung und Aufhebung des Wohnsitzes, die Führung fremder Geschäfte ohne Auftrag, die Besitzerwerbshandlung, die Spezifikation. Die Auslegung wird noch andere Rechtsakte dieser Aufzählung hinzufügen. Allgemeine Vorschriften über Rechtshandlungen sind nicht aufgestellt. Insbesondere ist von einer Uebertragung der für Rechtsgeschäfte gegebenen Vorschriften abgesehen, in so weitem Umfange dieselben auch passen mögen. Es erscheint angemessener, diejenigen dieser Vorschriften, deren Anwendung im einzelnen Falle von besonderem Belange ist, ausdrücklich für anwendbar zu erklären bezw. Vorschriften aufzunehmen, welche inhaltlich mit den betreffenden Normen übereinstimmen, und bezüglich der Anwendbarkeit der übrigen Normen die Entscheidung der Wissenschaft anheimzustellen; vergl. in ersterer Hinsicht §§ 36, 752, 800, 801, 805 Abs. 2. Der Ausdruck Rechtshandlung erscheint in dem Entwurfe nicht. Inwieweit der mit demselben verbundene Begriff der Sprache der bisherigen Reichsgesetze entspricht (H. G. B. Art. 42, 114, 460, 496; C. P. O. § 613 Abs. 2; Konk. O. §§ 6, 22—24, 26, 28; Gesetz vom 21. Juli 1879), kann auf sich beruhen. *Rechtshandlungen.*

Das Wesen der verschiedenen Gattungen der Rechtsgeschäfte bedarf keiner allgemeinen Kennzeichnung. Die Aufzählung der möglichen Arten und Unterarten und die Hervorhebung der die Verschiedenheiten aufweisenden Merkmale würde zudem nur lehrhafter Natur sein.

Dem durch die Willenserklärung nur einer Person zu Stande kommenden einseitigen Rechtsgeschäfte steht das zweiseitige Rechtsgeschäft, der Vertrag gegenüber. Der Vertrag erstreckt seine Herrschaft auf alle Theile des Rechtsgebietes; er findet Anwendung auf dem Gebiete des Obligationen-, des Sachen-, des Familien- und des Erbrechtes. Die Vertragschließung ist demgemäß in diesem Abschnitte behandelt. *Vertragsschließung im Allg. Th. behandelt.*

Von besonderer Bedeutung ist die in dem Entwurfe durchgeführte Scheidung zwischen obligatorischem und dinglichem Rechtsgeschäfte, insbesondere zwischen obligatorischem und dinglichem Vertrage. Das dingliche Rechtsgeschäft kann zum Inhalte haben die Begründung, Uebertragung oder Aufhebung eines Rechtes an einer Sache oder an einem Rechte; immer ist dasselbe, soweit sein Wesen entscheidet, ein von dem Verpflichtungsgrunde losgelöstes, selbständiges Geschäft; die Parteien mögen bei einem dinglichen Vertrage verschiedene Rechtsgründe vorausgesetzt haben oder der von ihnen vorausgesetzte Rechtsgrund mag nicht vorhanden oder ungültig sein, die Wirksamkeit des dinglichen Vertrages wird dadurch nicht ausgeschlossen (§§ 828, 829, 834, 841, 874, 983, 1091, 1106, 1107, 1134, 1144, 1147, 1196). Ein *Obligatorischer und dinglicher Vertrag.*

gleiches Verhältniß besteht bei der Abtretung von Forderungen; auch hier steht dem die Verpflichtung zur Abtretung begründenden Vertrage der den Uebergang der Forderung bewirkende Uebertragungsvertrag als etwas Selbständiges gegenüber, wenngleich beide Akte äußerlich vereint erscheinen mögen (§ 294 Abs. 2 verb. mit § 290 Abs. 2, § 1087). Ebenso gestaltet es sich bei den sog. liberatorischen Verträgen, durch welche bestehende Schuldverbindlichkeiten aufgehoben (§ 290 Abs. 2) und bei denjenigen Verträgen, durch welche die passive Seite eines Schuldverhältnisses übertragen bezw. übernommen wird (§§ 314 ff.).

Begriff der Veräußerung.

Der Begriff der Veräußerung wird in dem bayr. Entw. Th. I Art. 5 auf jedes Rechtsgeschäft erstreckt, durch welches das Eigenthum oder ein anderes Recht an einer Sache oder eine Forderung aufgegeben oder auf einen Anderen übertragen oder durch welches eine dingliche Belastung auf eine Sache gelegt wird. Das sächs. G. B. § 219 versteht unter Sachveräußerung das Aufgeben des Eigenthumes mit oder ohne dessen Uebertragung auf Andere und die Bestellung von Rechten an der Sache; (vergl. ferner l. 7 cod. de reb. alien. non al. 4, 51). Der Entwurf gebraucht die Ausdrücke „Veräußerung", „Veräußern" regelmäßig in dem Sinne des Aufgebens der Substanz eines Rechtes (Uebertragung und Aufhebung des Rechtes). Soll die Belastung durch Bestellung eines dinglichen Rechtes mit getroffen werden, so ist die Belastung neben der Veräußerung besonders genannt (vergl. § 871 Abs. 2, 3, § 1011 Abs. 1, §§ 1059, 1353 Abs. 1, § 1511 Abs. 1 Nr. 1—3, § 1651 Nr. 3, § 1669 Abs. 1, § 1671 Abs. 1, § 1674 Nr. 1—3, §§ 1676, 2056 Abs. 2, § 2077), oder es wird überhaupt nicht von Veräußerung, sondern von Uebertragung, Belastung und Aufhebung gesprochen (vergl. § 107 Abs. 1, §§ 135, 828, 1300). Nur in wenigen Fällen, in welchen der Zusammenhang keinen Zweifel läßt (vergl. §§ 441, 491), ist Veräußerung auch in dem weiteren Sinne gebraucht, daß sie die Belastung in sich schließt. In einem besonderen Sinne ist der Ausdruck „Veräußerer" verwendet in §§ 370—411, vergl. § 370 Abs. 1. Ob das Aufgeben des Besitzes der Sachveräußerung unter allen Umständen und insbesondere dann gleichzustellen sei, wenn es sich um Rückgewährung einer als fremd erkannten Sache an den Eigenthümer handelt, darf der Auslegung überlassen werden.

Begriff des Verfügens.

Unter Verfügen versteht der Entwurf, soweit nicht eine nähere Erläuterung beigefügt ist, rechtliches Verfügen. Als eine rechtliche Verfügung gilt im Besonderen auch die Einziehung einer Forderung bezw. die Annahme einer geschuldeten Leistung (§§ 491, 1069 Abs. 1). Den Verfügungen und insbesondere den Veräußerungen, welche der Betheiligte selbst vornimmt, stehen diejenigen gleich, welche, wie bei der Zwangsvollstreckung und Arrestvollziehung, aus seinem Rechte erfolgen. Wenn dies in einzelnen Fällen (§ 107 Abs. 1, § 127 Abs. 4, §§ 135, 837 Abs. 1, § 957 Abs. 4) im Interesse der Deutlichkeit besonders hervorgehoben ist, so darf daraus für andere Fälle (vergl. § 430 Nr. 1, § 544 Abs. 3, § 763 u. s. w.) kein gegentheiliger Schluß gezogen werden. Die Gleichstellung bringt indessen noch nicht mit sich, daß derjenige, gegen welchen die Veräußerung im Wege der Zwangsvollstreckung durchgesetzt wird, als Veräußerer zu behandeln ist.

Die Unterbindung der Verfügung über eine Sache oder ein Recht schließt nicht die Prozeßführung aus. Der Gebundenheit ungeachtet ist der Berechtigte als solcher zum Prozesse legitimirt. Es muß redliche Prozeßführung vorausgesetzt werden, und diese ist sichtbar ein auf die Erhaltung des Rechtes gerichteter Akt, mithin eine Verwaltungsmaßregel. Gegen die Folgen unredlicher oder nachlässiger Prozeßführung schützen in weitem Umfange die Rechtsmittel aus dem Betruge und die Verantwortlichkeit aus der Verschuldung. Ob und inwieweit die Unterbindung der Verfügungsmacht solchen Rechtsgeschäften entgegentritt, durch welche der in der Verfügung Beschränkte auf das Recht einwirkt, ohne dessen Substanz zu berühren oder dasselbe zu belasten (Kündigung, Mahnung, Stundung u. s. w.), muß die Beurtheilung des einzelnen Falles ergeben.

Ueber den Begriff des Anspruches, von welchem der Entwurf ausgeht, vergl. § 154 Abs. 1. Anspruchsbegriff.

Erster Titel.

Geschäftsfähigkeit.

Die Fähigkeit, Rechtsgeschäfte vorzunehmen, ist nach dem Vorgange des preuß. Gesetzes, betr. die Geschäftsfähigkeit Minderjähriger u. s. w., vom 12. Juli 1875 mit Geschäftsfähigkeit bezeichnet. Die Bezeichnung verdient den Vorzug vor dem Gebrauche des üblichen Ausdruckes Handlungsfähigkeit. Der letztere Ausdruck umfaßt zugleich die besonderen Grundsätzen zu unterstellende Fähigkeit zur Begehung einer unerlaubten Handlung und zur Verletzung obligatorischer Verpflichtungen (§§ 708, 709, 224 Abs. 1 Satz 3) sowie die Fähigkeit, Rechtshandlungen vorzunehmen. Die Fähigkeit zu Rechtshandlungen bestimmt sich in der Regel nach den gleichen Grundsätzen, wie die Geschäftsfähigkeit (vergl. §§ 36, 752, 800). Unter Umständen hat aber auch eine abweichende Beurtheilung Platz zu greifen. So wird dem Geschäftsunfähigen die Fähigkeit nicht abzusprechen sein, Eigenthum in Gemäßheit des § 893 zu erwerben. Geschäftsfähigkeit, nicht Handlungsfähigkeit.

§ 64.

Geschäftsunfähig sind Personen, welche im Kindesalter stehen (§ 25). Solchen Personen geht der Regel nach die erforderliche Willenskraft und jedenfalls das erforderliche Erkenntnißvermögen ab. Aus dem gleichen Grunde geschäftsunfähig sind Personen, welche des Vernunftgebrauches beraubt sind, für die Dauer dieses Zustandes, mag der letztere in vorübergehender Bewußtlosigkeit — hochgradige Trunkenheit, Fieberdelirium, Nachtwandeln, Schlaftrunkenheit u. s. w. — oder in andauernder Störung der Geistesthätigkeit bestehen.*) Das preuß. A. L. R. I, 1 § 29 (I, 4 §§ 23, 26) stellt in Ansehung Geschäftsunfähige Personen: a) Kinder unter 7 Jahren, b) des Vernunftgebrauches Beraubte.

*) l. 1 § 12 D. de O. et A. 44, 7, l. 5 D. de R. J. 50, 17; sächs. G. B. § 81; bayr. Entw. Th. I Art. 3; hess. Entw. Abth. IV, 1 Art. 47; dresd. Entw. Art. 23; österr. G. B. §§ 21, 865; schweiz. Gesetz vom 22. Juni 1881 Art. 4.

der von dem Unterschiede des Alters abhängenden Rechte Rasende und Wahnsinnige den Kindern unter sieben Jahren, Blödsinnige den Unmündigen gleich. Ueber die Ablehnung der Scheidung zwischen Raserei und Wahnsinn einerseits und Blödsinn andererseits vergl. S. 61. Tritt Entmündigung wegen Geisteskrankheit ein (§ 28), so wird durch den bezüglichen richterlichen Spruch nicht nur der die Geschäftsunfähigkeit bedingende thatsächliche Zustand klargestellt, sondern zugleich für die Folgezeit ein rechtlicher Zustand der Geschäftsunfähigkeit begründet, für welchen das thatsächliche Vorhandensein oder der thatsächliche Mangel regelrechter Geistesbeschaffenheit nicht in Betracht kommt, und welcher, ohne Rücksicht auf eine inzwischen erfolgte Genesung oder auf lichte Zwischenräume, bis zur Aufhebung der Entmündigung andauert. Diese Wirkung der Entmündigung, insbesondere der Ausschluß der Berücksichtigung der sog. dilucida intervalla ist in Ansehung der Rechtsgeschäfte unter Lebenden wie der Verfügungen von Todeswegen durch das Interesse der Rechtssicherheit geboten; vergl. auch A. L. R. I, 4 § 25; code civil Art. 502, 512; sächs. Gesetz vom 20. Februar 1882 Z. III. Beginn und Ende des durch die Entmündigung begründeten Zustandes ergeben sich aus den Vorschriften der C. P. O. (vergl. §§ 603, 604, 613 Abs. 1, §§ 616, 619 Abs. 2, § 620 der C. P. O.). Die Prüfung, ob diese Vorschriften einer Ergänzung bedürfen, bleibt der Entwerfung des Einführungsgesetzes vorbehalten.

Hinzutritt der Entmündigung bei den letzteren.

Dilucida intervalla nicht berücksichtigt.

Willenserklärungen Geschäftsunfähiger sind nichtig.

Willenserklärungen geschäftsunfähiger Personen sind nichtig (preuß. A. L. R. I, 4 § 20, sächs. G. B. §§ 89, 786, bayr. Entw. Th. I Art. 3, dresd. Entw. Art. 23). Im Besonderen gilt dies auch von einer auf die Annahme einer Schenkung gerichteten Willenserklärung. Die Regel in der letzteren Hinsicht zu durchbrechen, ist kein Bedürfniß; die Annahme der einem Geschäftsunfähigen zugedachten Schenkung kann nicht blos durch den gesetzlichen Vertreter, sondern auch durch einen Dritten im Wege der Geschäftsführung ohne Auftrag (§§ 123, 124) erfolgen. Ueber die Unfähigkeit einer geschäftsunfähigen Person, eine Ehe einzugehen, vergl. §§ 1231, 1250 Nr. 2, § 1251; über die Unfähigkeit einer solchen Person, selbständig Besitz zu erwerben oder aufzugeben, § 800 Abs. 1, § 809. Dem Erwerbe und dem Aufgeben der Inhabung durch eine geschäftsunfähige Person steht nichts entgegen.

Auch das französische Recht verkennt nicht, daß eine Person, welche des Vernunftgebrauches völlig beraubt ist, eine Vertragserklärung nicht abzugeben vermag, und daß die Fähigkeit, freigebige Verfügungen zu treffen, den Besitz gesunden Verstandes voraussetzt (code civil Art. 1108, 901). Das franz. G. B. enthält aber daneben über die Anfechtung von Rechtshandlungen wegen Geisteskrankheit eigenartige Vorschriften (Art. 503, 504, 1125, 1304), welche die Geltendmachung der Ungültigkeit in einer mit den allgemeinen Rechtsgrundsätzen schwer vereinbaren, durch Rücksichten der Zweckmäßigkeit nicht ausreichend gerechtfertigten Weise beschränken.

Ueber die Unerheblichkeit nachträglich eintretender Geschäftsunfähigkeit für die Wirksamkeit von Willenserklärungen vergl. § 74 Abs. 3, §§ 89, 600, 613, 828 Abs. 4.

Wer sich darauf beruft, daß eine Person wegen Mangels des Vernunftgebrauches zu einer gewissen Zeit geschäftsunfähig gewesen sei, muß diese die regelmäßige Wirksamkeit der Willenserklärung ausschließende Thatsache beweisen (§ 194). Eine Vermuthung dafür, daß eine einmal eingetretene Geisteskrankheit auch fortdauere — semel demens semper talis praesumitur —, ist ebensowenig am Platze, wie eine Vermuthung dafür, daß, so lange Entmündigung nicht eingetreten, Geschäftsunfähigkeit nicht vorliege (vergl. preuß. A. L. R. I, 4 § 24).

Wird ein die Entmündigung wegen Geisteskrankheit aussprechender Beschluß auf Grund der Anfechtungsklage durch rechtskräftiges Urtheil aufgehoben, so hat die Aufhebung nach § 613 Abs. 2 der C. P. O. zur Folge, daß die Gültigkeit der bisherigen Handlungen des Entmündigten auf Grund des Beschlusses, welcher die Entmündigung ausgesprochen hatte, nicht in Frage gestellt werden kann, während die Gültigkeit der bisherigen Handlungen des gesetzlichen Vertreters durch die Aufhebung nicht berührt wird. Die zu Unrecht verfügte Entmündigung gilt somit in Ansehung der Handlungen des Entmündigten als nicht erfolgt, behält dagegen in Ansehung der Handlungen des gesetzlichen Vertreters ihre Kraft: — eine Regelung, die von Bedenken nicht frei ist und namentlich dann zu Unzuträglichkeiten führen kann, wenn der Entmündigte und der Vertreter in der Zwischenzeit über dieselben Vermögensgegenstände in abweichender Weise verfügt haben. Den Unzuträglichkeiten läßt sich in der Weise vorbeugen, daß der Entmündigte auf Grund der Thatsache der eingetretenen Bevormundung so behandelt wird, als sei er in der Zwischenzeit gleich einem Minderjährigen, welcher das siebente Lebensjahr zurückgelegt hat, in der Geschäftsfähigkeit beschränkt gewesen. Die Rechtsgeschäfte, durch welche er Rechte erworben hat oder lediglich von Verbindlichkeiten befreit worden ist, würden darnach gültig sein. Andere Rechtsgeschäfte könnten, soweit sie nicht als einseitige nichtig sind, durch seine nachträgliche, der Geschäftsführung des gesetzlichen Vertreters Rechnung tragende Genehmigung wirksam werden (§ 65). Von einer dementsprechenden Aenderung der C. P. O. ist indessen Abstand genommen. Die angedeutete Gestaltung würde zwar eine befriedigende, von Verwickelungen freie Rechtslage schaffen, zugleich aber von dem schwerwiegenden Uebelstande begleitet sein, daß ein Entmündigungsbeschluß, welcher durch Urtheil für ungerechtfertigt und zur Ungebühr erlassen erklärt ist, gleichwohl für die Person des Entmündigten in bedeutsamer Beziehung als rechtmäßig ergangen behandelt würde und zwar nicht selten zum Nachtheile Dritter.

Bei Aufhebung der Entmündigung auf Grund der Anfechtungsklage bewendet es bei § 613 Abs. 2 der C.P.O.

§ 65.

Minderjährige, welche das siebente Lebensjahr zurückgelegt haben, sind zwar willenskräftig, besitzen aber nicht denjenigen Grad geistiger Reife und geschäftlicher Erfahrung, welcher erforderlich ist, um ungefährdet im Rechtsverkehre selbständig auftreten zu können. Der seitens der Rechtsordnung ihnen zu gewährende Schutz besteht darin, daß sie in der freien Gebahrung beschränkt und Umfang und Folgen dieser Beschränkung so bestimmt werden, daß die von ihnen vorgenommenen nachtheiligen Rechtsgeschäfte möglichst unschädlich gemacht werden. Im Allgemeinen ist dies der den Bestimmungen aller bestehenden Rechte zu Grunde liegende leitende Gedanke. Die Ausführung desselben ist eine verschiedene.

Minderjährige im Alter von über 7 Jahren sind in der Geschäftsfähigkeit beschränkt.

1. Geltendes Recht.

Der Standpunkt des gemeinen Rechtes ist schwer bestimmbar. Das römische Recht mit seiner Scheidung zwischen impuberes und puberes, der verschiedenen Behandlung beider und dem Gegensatze zwischen Mitwirkung (auctoritatis interpositio) und Zustimmung (consensus) des Vertreters wird den heutigen Verhältnissen wenig gerecht. Die Ansichten über die Anwendbarkeit der römischrechtlichen Vorschriften sind daher getheilt. Eine ziemlich verbreitete und namentlich in der Praxis zur Geltung gelangte Meinung geht dahin, daß Minderjährige wohl erwerben, aber, ohne Rücksicht darauf, ob sie geschlechtsreif sind oder nicht, weder veräußern noch sich verpflichten können, daß ein ohne die Einwilligung des gesetzlichen Vertreters vorgenommenes Veräußerungs- oder Verpflichtungsgeschäft nichtig oder doch für den Minderjährigen unverbindlich ist, daß aber der Mangel der Einwilligung durch nachträgliche Genehmigung mit rückwirkender Kraft — unbeschadet der Rechte Dritter — geheilt wird. Das preuß. Gesetz vom 12. Juli 1875 erklärt Minderjährige, welche das siebente Lebensjahr vollendet haben, für fähig, durch Rechtsgeschäfte, bei welchen von ihnen keine Gegenleistung übernommen wird, Rechte zu erwerben oder von Verbindlichkeiten sich zu befreien, dagegen für nicht fähig, ohne Genehmigung des gesetzlichen Vertreters durch Rechtsgeschäfte Verbindlichkeiten zu übernehmen oder Rechte aufzugeben (§ 2). Die wegen fehlender Genehmigung unwirksamen Rechtsgeschäfte werden wirksam, wenn der Minderjährige nach erlangter Selbständigkeit sie anerkennt (§ 3). Derjenige, mit welchem der Minderjährige ein wegen fehlender Genehmigung unwirksames Rechtsgeschäft abgeschlossen hat, ist an dasselbe gebunden; er wird jedoch von seiner Verbindlichkeit frei, wenn der Vertreter die Genehmigung zu dem abgeschlossenen Rechtsgeschäfte verweigert (§ 4 Abs. 1)*). Im Wesentlichen auf demselben Boden stehen das sächs. G. B. §§ 81, 1822, 1911, 787, das österr. G. B. §§ 244, 865 und das schweiz. Gesetz über das Obligationenrecht vom 14. Juni 1881 Art. 30, 32, 33 verb. mit dem Gesetze vom 22. Juni 1881 Art. 3. Das sächs. G. B. hebt § 787 hervor, daß ein von einem Minderjährigen ohne Einwilligung des gesetzlichen Vertreters eingegangener verpflichtender Vertrag bei Hinzutritt der Genehmigung seitens des Vertreters bezw. des später geschäftsfähig gewordenen Minderjährigen als von Anfang an gültig, im Falle der Nichtgenehmigung als von Anfang an nichtig zu betrachten sei. Der bayr. Entw. Th. I Art. 4, 6—8, der hess. Entw. Abth. IV, 1 Art. 49 und der dresd. Entw. Art. 24, 25 nehmen eine besondere Stellung insofern ein, als sie das von einem Minderjährigen ohne Einwilligung des gesetzlichen Vertreters vorgenommene Veräußerungs- oder Verpflichtungsgeschäft nicht als nichtig, sondern als a n f e c h t b a r behandeln. Der code civil erklärt den Minderjährigen für unfähig, Verträge zu schließen (Art. 1124). Der Grundgedanke des Gesetzes ist aber der, daß der gewaltsuntergebene Minderjährige, sofern er nur dem den Willen völlig ausschließenden Kindheitsalter entwachsen ist, an und für sich die Fähigkeit zur Eingehung von Verträgen besitzt, daß ihm jedoch

*) Ueber die bezüglichen Bestimmungen des preuß. A. L. R. vergl. I, 4 §§ 21, 22, I, 5 §§ 9 f., 37, 38, 192, II, 2 §§ 136, 137, II, 18 § 247.

die Befugniß zusteht, einen benachtheiligenden Vertrag wegen Verletzung im Wege der Klage umzustoßen (Art. 1304, 1305). Der Vertrag ist im Läsionsfalle sujet à la restitution; — minor non restituitur tamquam minor, sed tamquam laesus. Handelt es sich um ein Rechtsgeschäft, bei welchem, falls es für einen Minderjährigen vorgenommen werden soll, besondere Förmlichkeiten beobachtet werden müssen (Art. 457, 484 u. A.), so ist das Rechtsgeschäft bei Nichtbeobachtung der Förmlichkeiten ohne Rücksicht auf Läsion relativ nichtig und mit der action en nullité anfechtbar; es bestehen indessen auch hierüber Meinungsverschiedenheiten. Nach bad. Rechte sind die Rechtsgeschäfte eines gewaltsuntergebenen Minderjährigen, soweit sie nicht unter den L. R. Satz 1124b fallen, schon um der Minderjährigkeit willen, also auch ohne Läsion, anfechtbar (Entsch. des Reichsgerichtes in Civils. V Nr. 92 S. 345).

2. Standpunkt des Entwurfes. a) Rechtsgeschäfte, welche dem Minderjährigen lediglich vortheilhaft sind.

Der Entwurf scheidet im Einklange mit der Mehrheit der Rechte zwischen Rechtsgeschäften der Minderjährigen, durch welche dieselben lediglich Rechte erwerben oder von Verbindlichkeiten befreit werden, und Rechtsgeschäften, welche diesen Charakter nicht haben. In der Vornahme der ersteren sind die Minderjährigen unbeschränkt (Abs. 2). Sie können durch dieselben nur gewinnen; eine Vorsorge ist nicht erforderlich. Zu Geschäften der letzteren Art bedürfen Minderjährige der Einwilligung des gesetzlichen Vertreters. Fehlt diese Einwilligung, so ist das einseitige Rechtsgeschäft nichtig, der Vertrag zwar gültig, die Wirksamkeit desselben aber von der Genehmigung des Vertreters bezw. nach Wegfall der Beschränkung der Geschäftsfähigkeit von der Genehmigung des früher Minderjährigen selbst abhängig (Abs. 3, 6).

b) Einseitige Rechtsgeschäfte anderer Art.

Die Behandlung der ohne Einwilligung des gesetzlichen Vertreters vorgenommenen nicht lediglich vortheilhaften einseitigen Rechtsgeschäfte als nichtig gründet sich vornehmlich in der Rücksichtnahme auf die Lage derjenigen Personen, deren Rechtsverhältnisse durch diese Geschäfte berührt würden, wenn dieselben gültig wären. Für den Minderjährigen würde es an sich vortheilhafter sein, wenn dem gesetzlichen Vertreter, wie bei Verträgen, die Möglichkeit offen gehalten würde, ein solches Geschäft, falls dasselbe von Nutzen ist, zu genehmigen. In dem Schutze der Minderjährigen darf aber nicht weiter gegangen werden, als mit der materiellen Gerechtigkeit verträglich ist. Die Personen, welche dem Minderjährigen als Betheiligte gegenüber stehen, können der Vornahme derartiger Rechtsgeschäfte sich nicht entziehen; sie sind nicht, wie bei Verträgen, in der Lage, darüber zu befinden, ob sie mit dem Minderjährigen sich einlassen wollen. Es wäre deshalb unbillig, dieselben unter der Ungewißheit leiden zu lassen, welche in der Zeit von der Vornahme des Geschäftes bis zum Eingreifen des Vertreters darüber, ob ihre Rechtslage eine Aenderung erfahren habe, bestehen würde, und welche unter Umständen erhebliche Nachtheile im Gefolge haben könnte. In letzterer Hinsicht genügt es, auf die Unzuträglichkeiten hinzuweisen, welche u. A. für einen Darlehensschuldner, für einen Miether oder Pächter sich ergeben müßten, wenn ein Minderjähriger ihnen dergestalt zu kündigen vermöchte, daß es von dem späteren Ermessen des gesetzlichen Vertreters abhinge, ob die Kündigung wirksam sein solle oder nicht. Bei einseitigen Rechtsgeschäften, welche für den Minderjährigen lediglich eine Verpflichtung und für den anderen Theil lediglich Rechte begründen (Auslobung u. s. w.), hat der Minderjährige in der Regel kein Interesse daran, daß derartige Geschäfte aufrecht erhalten werden können. Die Nichtigkeit der fraglichen einseitigen Rechtsgeschäfte ist daher ausnahmslos vorgeschrieben. Nimmt der Minderjährige mit Einwilligung des gesetzlichen Vertreters ein einseitiges Rechtsgeschäft vor, so bildet die Einwilligung keinen Bestandtheil des rechtsgeschäftlichen Thatbestandes; sie kann sowohl dem Minderjährigen als dem Dritten ausdrücklich oder stillschweigend erklärt werden und ihre Ertheilung ist nicht an die Beobachtung der für das Rechtsgeschäft etwa erforderlichen Form gebunden (§ 127 Abs. 1, 2).

c) Gegenseitige Verträge.

In Ansehung der Verträge Minderjähriger, durch welche dieselben nicht lediglich Rechte erwerben oder von Verbindlichkeiten befreit werden, muß, soviel zunächst die gegenseitigen Verträge betrifft, festgehalten werden, daß nach der Natur und dem Zwecke des gegenseitigen Vertrages die an denselben sich knüpfenden rechtlichen Folgen als ein Ganzes zu behandeln sind; keiner der Vertragschließenden soll die durch den Vertrag bestimmten Rechte haben, wenn nicht auch der andere Theil die für ihn bedungenen Rechte erhält. Die zu Gunsten des Minderjährigen zu treffenden Bestimmungen haben sich innerhalb dieser Schranke zu halten. Sollen dem Minderjährigen die aus dem Vertrage für ihn sich ergebenden Rechte zukommen, so müssen ihn zugleich die aus demselben folgenden Verpflichtungen treffen. Das Interesse des Minderjährigen wird auch zur Genüge gewahrt, wenn die Möglichkeit eröffnet wird, den Vertrag im Ganzen aufrecht zu erhalten oder als nicht geschlossen zu behandeln, je nachdem derselbe bei Abwägung der sich ergebenden Rechte und Verpflichtungen dem Minderjährigen als vortheilhaft oder nachtheilig sich erweist. Die Entscheidung für das eine oder andere liegt, so lange die Minderjährigkeit dauert, nothwendig bei dem gesetzlichen Vertreter des Minderjährigen. Bis die Entscheidung erfolgt, bleibt der andere Vertragschließende gebunden. Ohne diese Bindung würde die Offenhaltung der Entscheidung für den Vertreter nicht erreicht. Eine Ungerechtigkeit gegen den anderen Vertragschließenden ist die Gebundenheit nicht. War ihm bei Eingehung des Vertrages die Minderjährigkeit bekannt, so wußte er oder mußte er wissen, daß die Wirksamkeit des Vertrages von der Entscheidung des gesetzlichen Vertreters abhängt; er unterwarf sich freiwillig dem Schwebezustande. Kannte er die Minderjährigkeit nicht, so ist dies, wenn er es an der gehörigen Aufmerksamkeit, insbesondere an einer Erkundigung bei dem Minderjährigen selbst fehlen ließ, seine Schuld, und es erscheint nur billig, daß die Folgen nicht den Minderjährigen, sondern ihn treffen. War er aber durch den Minderjährigen getäuscht, so erwächst ihm aus dieser Täuschung ein zu seinem Schutze ausreichender Rechtsbehelf (vergl. S. 140). Der Minderjährige seinerseits vermag an der durch die Schließung des Vertrages geschaffenen Rechtslage ebenfalls nichts zu ändern; er kann weder selbst zurücktreten noch dem anderen Theile den Rücktritt gestatten (Abs. 4). In dem einen, wie in dem anderen Falle würde er das durch den Vertragsabschluß erworbene Recht aufgeben, daß die Wirkung des Vertrages als eingetreten gilt, wenn der gesetzliche Vertreter die Genehmigung ertheilt; ein Recht aufzugeben ist aber dem Minderjährigen nur mit Zustimmung seines Vertreters möglich.

Wird der gegenseitige Vertrag von dem gesetzlichen Vertreter oder nach erlangter Geschäftsfähigkeit von dem Minderjährigen genehmigt, so hat dies zur Folge, daß der Vertrag sowohl unter den Parteien als Dritten gegenüber so behandelt wird, als habe er die rechtlichen Wirkungen, auf deren Erzeugung er gerichtet ist, bereits zur Zeit des Abschlusses erzeugt, unbeschadet der Rechte, welche Dritte vor der Genehmigung durch eine von dem Vertreter bezw. dem Minderjährigen nach Erlangung der Geschäftsfähigkeit getroffene Verfügung oder im Wege einer gegen den Minderjährigen erwirkten Zwangsvollstreckung oder Arrestvollziehung an dem Gegenstande des Vertrages erworben haben (§ 127 Abs. 4). Leitend ist dabei der Gedanke, daß mit der den gesetzlichen Anforderungen im Uebrigen entsprechenden Schließung des Vertrages durch den Minderjährigen die zur Gültigkeit des rechtsgeschäftlichen Thatbestandes erforderlichen Voraussetzungen gegeben sind, daß die hinzutretende Genehmigung sich nicht als die den Vertrag erst zu Stande bringende Willenserklärung des einen Vertragschließenden darstellt, diese Willenserklärung vielmehr schon in dem Vertragsabschlusse durch den Minderjährigen liegt und die Genehmigung nur die mit rückwirkender Kraft ausgestattete Gesetzesbedingung für die Wirksamkeit des Vertrages bildet, — eine Auffassung, die zugleich mit sich bringt, daß die Genehmigung, ebenso wie die vorherige Einwilligung des Vertreters zur Eingehung des Vertrages, nicht in der für den Vertrag etwa vorgeschriebenen Form zu erfolgen braucht (§ 127 Abs. 2 Satz 2). Der Standpunkt des Entwurfes entspricht einer verbreiteten Theorie und wird dem Zwecke, welchen die Bestimmungen über die Beschränkung der Geschäftsfähigkeit der Minderjährigen verfolgen, am einfachsten und vollständigsten gerecht. Dem Minderjährigen soll der Vortheil, welcher ihm aus einem von ihm eingegangenen Vertrage erwachsen kann, gesichert werden. Dieser Zweck wird nicht völlig erreicht, wenn der Vertrag erst durch die Genehmigung zu Stande kommt. Der Vertragsabschluß kann bei einer solchen Gestaltung zum Nachtheile des Minderjährigen vereitelt werden; so, wenn vor der Ertheilung der Genehmigung das Konkursverfahren über das Vermögen des anderen Theiles eröffnet wird. Der Minderjährige ist ferner nicht geschützt gegen die Nachtheile, welche ihm aus einer in der Zeit zwischen dem Vertragsabschlusse und der Genehmigung seitens des anderen Theiles vorgenommenen Verfügung über den Gegenstand des Vertrages, z. B. über eine durch Vertrag erlassene Forderung, erwachsen können. Die Uebertragung der erlassenen Forderung an einen Dritten würde gültig sein, und der Minderjährige erlangte durch die spätere Genehmigung statt des wirklichen Erlasses günstigstenfalls nur einen Ersatzanspruch gegen den anderen Theil. Immer gehen dem Minderjährigen auch bei erfolgtem Sacherwerbe die Früchte verloren, die der Zwischenzeit angehören. Wollte man, wie ferner in Frage kommen kann, der Genehmigung des Vertrages die Folge beilegen, daß die rechtlichen Wirkungen zwar erst mit der Genehmigung zur Entstehung gelangen, die Parteien aber gehalten seien, sich unter einander so zu behandeln, als wenn die Wirkungen schon zur Zeit der Vertragschließung eingetreten wären, so würden diese Bedenken zwar gemindert, aber nicht beseitigt. Insbesondere würden in Ansehung der dinglichen Verträge die Gefahren bestehen bleiben. Die Uebertragung einer dem Minderjährigen erlassenen Forderung an einen Dritten vor Ertheilung der Genehmigung wäre und bliebe auch danach gültig. Voller Schutz wird dem Minderjährigen nur durch die eigentliche Rückwirkung zu Theil. Dieselbe entspricht auch erfahrungsgemäß der Absicht der Parteien. Die Parteien wollen das durch den Vertrag bezweckte Rechtsverhältniß sofort seine Wirkungen äußern lassen, nicht erst von der Zeit an, zu welcher der gesetzliche Vertreter seine Zustimmung etwa erklären wird. Die der Rückwirkung in Ansehung der Rechte gewisser dritter Personen gegebene Einschränkung ist geboten, weil der Minderjährige, so lange die Genehmigung noch nicht ertheilt ist, nicht gebunden ist, mithin die vor der Genehmigung von dem gesetzlichen Vertreter bezw. dem inzwischen geschäftsfähig gewordenen Minderjährigen über den Gegenstand des Vertrages getroffenen anderweiten Verfügungen völlig wirksam sind. Es würde auch wenig befriedigen, wenn der gesetzliche Vertreter in der Lage wäre, die von ihm vorgenommene Veräußerung eines Gegenstandes dadurch willkürlich umzustoßen, daß er zu einer früheren Veräußerung dieses Gegenstandes seitens des Minderjährigen nachträglich die Genehmigung ertheilte. Die Genehmigung kann vielmehr nur unter Wahrung der durch den Genehmigenden selbst geschaffenen Rechtslage erfolgen. Der Beschränkung ungeachtet behält die sachliche Rückwirkung auch hinsichtlich des Minderjährigen noch erhebliche Bedeutung; so namentlich bei einer Sachveräußerung in Betreff des Fruchterwerbes in der Zwischenzeit. Ob übrigens bei einer anderweiten späteren Verfügung, welche der gesetzliche Vertreter bezw. der geschäftsfähig gewordene Minderjährige in Kenntniß des Sachverhaltes über den Vertragsgegenstand getroffen hat, überhaupt noch eine Genehmigung des Vertrages möglich ist, ob nicht vielmehr diese Verfügung eine die Unwirksamkeit des Vertrages herbeiführende stillschweigende Verweigerung der Genehmigung in sich schließt, ist eine Frage, die nach der Beschaffenheit des Falles zu beantworten ist und deren Entscheidung nicht vorgegriffen werden soll.

Wird die Genehmigung des gegenseitigen Vertrages verweigert, so ist derselbe von Anfang an für beide Theile unwirksam. Es erscheint nicht angemessen, den anderen Vertragschließenden für diesen Fall in irgend einer Beziehung, sei es auch nur formell, ungünstiger zu stellen, als den Minderjährigen, insbesondere, wie dies nach der einen der verschiedenen Auffassungen des gemeinen Rechtes angenommen wird, den Minderjährigen als völlig frei, den anderen Vertragschließenden als an sich durch den Vertrag verpflichtet zu behandeln und ihn nur durch die Gewährung einer Einrede gegen die Ansprüche des Minderjährigen zu schützen. Im praktischen Ergebnisse mag die letztere Gestaltung nicht wesentlich von derjenigen des Entwurfes abweichen; aber einfacher und der natürlichen Anschauung entsprechender ist es, den gegenseitigen Vertrag in dem gedachten Falle als schlechthin unwirksam zu behandeln.

Die Entscheidung über die Ertheilung oder Verweigerung der Genehmigung kann nicht auf unbegrenzte Zeit der Willkür des gesetzlichen Vertreters bezw. des geschäftsfähig gewordenen Minderjährigen anheimgestellt bleiben. Dem anderen Vertragschließenden ist deshalb, im Einklange mit verschiedenen Gesetzgebungen*), von dem gesetzlichen Vertreter bezw. dem geschäftsfähig gewordenen Minderjährigen das Recht eingeräumt, die Abgabe einer Erklärung über die Ertheilung oder Verweigerung der Genehmigung binnen einer bestimmten kurzen Frist zu verlangen. Erfolgt innerhalb dieser Frist eine Erklärung nicht, so gilt die Genehmigung als verweigert (Abs. 5).

Die für die gegenseitigen Verträge aufgestellten Grundsätze können ohne Bedenken auf die sonstigen Verträge des Minderjährigen, durch welche derselbe nicht lediglich Rechte erwirbt oder von Verbindlichkeiten befreit wird, übertragen werden. Es erhellt dies ohne Weiteres bezüglich derjenigen einseitigen obligatorischen Verträge, welche, wie der Auftrag u. s. w., zwar ihrem Hauptzwecke nach nur für den einen Vertragschließenden eine Verpflichtung begründen sollen, aus welchen aber daneben entweder immer oder doch unter gewissen Umständen auch für den anderen Theil eine Verpflichtung entspringt. Zweifel an der Angemessenheit der Uebertragung lassen sich vielleicht erheben in Betreff der streng einseitigen obligatorischen und der dinglichen Verträge, durch welche der Minderjährige lediglich Rechte aufgiebt oder Verbindlichkeiten übernimmt. Ausgeschlossen ist indessen auch bei einem Vertrage dieser Art nicht, daß der Minderjährige an dessen Aufrechterhaltung ein erhebliches Interesse hat, und es entspricht daher schon an und für sich dem bei der Regelung der Materie festgehaltenen Grundgedanken, diese Verträge für genehmigungsfähig zu erklären. Außerdem erheischt die Rücksicht auf die Einfachheit und Durchsichtigkeit des Rechtes, daß nicht ohne zwingende Gründe auf die einheitliche Behandlung aller in Frage stehenden Verträge verzichtet wird. Der letztere Gesichtspunkt spricht ebenmäßig gegen eine Scheidung der von Minderjährigen eingegangenen Verträge, je nachdem für letztere die Beobachtung einer besonderen Form vorgeschrieben ist oder nicht. Zudem hat — mag auch manches sich dafür geltend machen lassen, bei formalisirten Verträgen und namentlich bei solchen Verträgen, zu deren Errichtung die Mitwirkung einer Behörde erforderlich ist, dem einseitigen Vorgehen des Minderjährigen rechtliche Bedeutung zu versagen — ein solches Vorgehen immerhin gegen sich, daß thatsächlich der Minderjährige in Ansehung aller derartigen Verträge für geschäftsunfähig erklärt würde.

d) Sonstige Verträge nicht lediglich vortheilhafter Natur.

Die Einwilligung des gesetzlichen Vertreters zu einem von dem Minderjährigen vorzunehmenden Rechtsgeschäfte kann ebenso wie die Genehmigung eines von dem Minderjährigen bereits vorgenommenen Rechtsgeschäftes ausdrücklich oder stillschweigend erfolgen (§. 127 Abs. 2 Satz 1). Eine Ausnahme tritt nur ein, wenn der andere Vertragschließende von dem in Abs. 5 ihm eingeräumten Rechte Gebrauch macht und den gesetzlichen Vertreter zur Erklärung über die Ertheilung oder Verweigerung der Genehmigung auffordert. Auf die ausdrückliche Anfrage ist auch eine ausdrückliche Antwort am Platze und geboten. Dem anderen Vertragschließenden kann nicht angesonnen werden, auf Schlußfolgerungen sich einzulassen. Die Einwilligung des gesetzlichen Vertreters kann

Einwilligung und Genehmigung des gesetzlichen Vertreters bezw. des geschäftsfähig gewordenen Minderjährigen.

*) Preuß. Gesetz vom 12. Juli 1875 § 4 Abs. 2; sächs. G. B. § 787 a. E.; dresd. Entw. Art. 25 Satz 2; österr. G. B. § 865; schweiz. Gesetz über das Obligationenrecht Art. 32 Abs. 2.

ferner sowohl gegenüber dem Minderjährigen als gegenüber dem anderen Theile erklärt werden (§ 127 Abs. 1). Nicht so die Genehmigung des gesetzlichen Vertreters. Bei der Genehmigung handelt es sich nicht, wie bei der Einwilligung, darum, dem Minderjährigen die Möglichkeit zu gewähren, ein Rechtsgeschäft mit voller rechtlicher Wirkung abzuschließen, sondern darum, ob ein von dem Minderjährigen bereits abgeschlossenes Rechtsgeschäft Bestand haben soll oder nicht. Dies ist eine Frage, welche nicht das Verhältniß des gesetzlichen Vertreters zu dem Minderjährigen, sondern zu dem anderen Vertragschließenden betrifft und daher diesem gegenüber zur Entscheidung gebracht werden muß. Wenn der Minderjährige selbständig einen Vertrag geschlossen und der gesetzliche Vertreter zunächst zwar gegenüber dem Minderjährigen sein Einverständniß ausgesprochen hat, später aber, weil er bei näherer Ueberlegung findet, daß der Vertrag dem Interesse des Minderjährigen nicht entspreche, dem anderen Vertragschließenden erklärt, daß er die Genehmigung verweigere, so würde es der natürlichen Auffassung des Verhältnisses nicht entsprechen, wenn der andere Vertragschließende trotz der ihm gegenüber erklärten Verweigerung der Genehmigung auf die frühere Aeußerung des gesetzlichen Vertreters gegenüber dem Minderjährigen sich berufen könnte. Ebenso würde es unnatürlich und unzweckmäßig sein, wenn eine von dem gesetzlichen Vertreter gegenüber dem anderen Vertragschließenden erklärte Genehmigung des Vertrages deshalb für wirkungslos erklärt werden müßte, weil der gesetzliche Vertreter vorher gegenüber dem Minderjährigen die Genehmigung verweigert habe. Was nach der Schließung des Vertrages zwischen dem Minderjährigen und dem gesetzlichen Vertreter verhandelt wird, hat die Natur einer inneren Angelegenheit, nicht aber den Zweck, nach Außen zu wirken; die Entscheidung selbst soll und kann nur gegenüber dem anderen Vertragschließenden erfolgen. Es ist demgemäß in Abs. 3, abweichend von der Regel des § 127 Abs. 1, bestimmt, daß die Genehmigung sowie die Verweigerung der Genehmigung nur gegenüber dem anderen Vertragschließenden erklärt werden könne. Ausgeschlossen wird damit selbstverständlich nicht, daß der gesetzliche Vertreter bei der Abgabe der Erklärung sich der Vermittelung des Minderjährigen bedient.

Die einmal ertheilte Genehmigung kann ebensowenig wie die Verweigerung der Genehmigung zurückgenommen werden; mit der Genehmigung ist die Wirksamkeit, mit der Verweigerung der Genehmigung die Unwirksamkeit des Vertrages gegeben; an dieser Rechtslage kann nur ein neuer Vertrag, nicht eine einseitige Erklärung etwas ändern. Die im Voraus ertheilte Einwilligung kann dagegen jederzeit widerrufen werden, so lange nicht das Rechtsgeschäft, auf welches sie sich bezieht, abgeschlossen ist. Das Erlöschen der Wirksamkeit der Einwilligung bestimmt sich überhaupt im Wesentlichen nach denselben Grundsätzen, welche für das Erlöschen der Vollmacht maßgebend sind (§ 127 Abs. 3). Die ertheilte Einwilligung erlischt daher auch nicht mit dem Tode oder dem Eintritte der Geschäftsunfähigkeit des gesetzlichen Vertreters, sofern dieser selbst nicht ein anderes bestimmt hat (§§ 119, 599 Abs. 1, § 600; vergl. ferner §§ 120, 121). Hat der gesetzliche Vertreter gegenüber dem Minderjährigen die Einwilligung erklärt, so kann er dieselbe auch gegenüber dem Dritten, mit welchem der Minderjährige sich einläßt, wirksam widerrufen.

Ueber die rechtliche Beurtheilung, welche Platz zu greifen hat, wenn der Minderjährige zwar mit Einwilligung oder Genehmigung des gesetzlichen Vertreters gehandelt hat, zu der Vornahme des Geschäftes aber zugleich die Genehmigung des Vormundschaftsgerichtes oder des Gegenvormundes erforderlich war und es an dieser gebricht, vergl. §§ 1681, 1682, 1514.

Erforderniß der Genehmigung des Vormundschaftsgerichtes bezw. des Vormundes.

§ 66.

1. Rechtsgeschäfte gegenüber den geschäftsunfähigen Personen.

Der Schutz geschäftsunfähiger Personen sowie Minderjähriger, welche das siebente Lebensjahr zurückgelegt haben, wird nur unvollkommen erreicht, wenn die Fürsorge auf die von ihnen vorgenommenen Rechtsgeschäfte sich beschränkt. Es bedarf einer ferneren Vorschrift in Ansehung der Rechtsgeschäfte Dritter, soweit solche Geschäfte darauf gerichtet sind, eine Aenderung in der Rechtslage dieser Personen ohne deren Zuthun herbeizuführen. Aus dem Kreise der Betrachtung scheiden dabei nothwendig diejenigen Rechtsgeschäfte aus, deren Wirksamkeit nicht davon abhängt, daß sie gegenüber demjenigen vorgenommen werden, auf dessen Rechtslage eingewirkt werden soll; es versteht sich von selbst, daß es für die Wirksamkeit einer letztwilligen Verfügung unerheblich ist, ob der eingesetzte Erbe, für die Wirksamkeit der Annahme der Erbschaft, ob der Gläubiger des Erblassers geschäftsfähig oder geschäftsunfähig ist. Rechtsgeschäfte dagegen, welche, wenn sie wirksam sein sollen, in der Richtung auf einen Betheiligten vorgenommen werden müssen, dürfen gegenüber einer geschäftsunfähigen Person mit rechtlichem Erfolge nicht vorgenommen werden können (Abs. 1). Eine solche Person steht in Folge ihrer Geschäftsunfähigkeit, wie überhaupt, so auch in dieser Hinsicht außerhalb des rechtsgeschäftlichen Verkehres. In einzelnen Gesetzgebungen (sächs. G. B. § 734, dresd. Entw. Art. 286 Abs. 2) findet sich dies bezüglich der Mahnung anerkannt; es muß aber allgemein gelten. Die Zahl der einschlagenden Rechtsgeschäfte ist nicht gering; es gehören dahin die Anfechtung eines Rechtsgeschäftes (§ 113), die Erklärung der Wahl bei einem wahlweisen Schuldverhältnisse (§ 208), die Mahnung (§ 245), das Anbieten der Leistung von Seiten des Schuldners (§ 254), die Aufrechnungserklärung (§ 282), die Anzeige von der Uebertragung einer Forderung und der Widerruf der Anzeige (§ 306), die Zurückweisung einer zu Gunsten eines Dritten versprochenen Leistung (§ 415), die Erklärung des Rücktrittes von einem Vertrage (§ 426), der Widerruf einer Schenkung (§ 449), die Kündigung eines Darlehens (§ 457), die Erklärung über die Ausübung eines Vor- oder Wiederkaufsrechtes (§§ 477, 482) u. s. w.

2. Rechtsgeschäfte gegenüber den in der Geschäftsfähigkeit beschränkten Personen.

Der Entwurf versagt einem Rechtsgeschäfte dieser Art die Wirksamkeit aber auch dann, wenn dasselbe gegenüber einem in der Geschäftsfähigkeit beschränkten Minderjährigen vorgenommen wird, es sei denn, daß der Minderjährige durch das Rechtsgeschäft lediglich Rechte erwirbt oder von Verbindlichkeiten befreit wird (Abs. 2 Satz 1). Die betreffenden Rechtsgeschäfte sind regelmäßig von der Art, daß sie für das fernere wirthschaftliche Verhalten des Betheiligten von erheblicher Bedeutung sind. Das wirthschaftliche Verhalten des Minderjährigen wird durch dessen gesetzlichen Vertreter bestimmt. Der Vertreter, nicht der Minderjährige ist mithin diejenige Person, an welche der Dritte mit der Vornahme des Rechtsgeschäftes sich zu wenden hat. Möglich wäre allerdings auch, zu bestimmen, daß der Dritte das Rechtsgeschäft gegenüber dem Minderjährigen zwar vornehmen könne, die Wirksamkeit des Rechtsgeschäftes aber von der Genehmigung des gesetzlichen Vertreters abhängig bleibe. Allein einerseits erweist sich eine solche Gestaltung wenig zweckmäßig; andererseits wird der Minderjährige kaum je ein Interesse daran haben, daß ein derartiges Rechtsgeschäft ihm persönlich gegenüber vorgenommen werde.

Unberührt bleibt die nach den Umständen des Falles zu beantwortende Frage, ob und inwieweit eine rechtsgeschäftliche Willenserklärung der bezeichneten Art, welche gegenüber einer geschäftsunfähigen Person oder einem in der Geschäftsfähigkeit beschränkten Minderjährigen abgegeben wird, als an den gesetzlichen Vertreter gerichtet anzusehen ist und deshalb gegenüber diesem wirksam werden kann.

Vertragsanträge.

Wird einem in der Geschäftsfähigkeit beschränkten Minderjährigen ein Vertragsantrag gemacht, so ist derselbe für den Antragenden bindend (Abs. 2 Satz 2). Es würde über das Ziel hinausschießen, wenn der Minderjährige, welcher das siebente Lebensjahr zurückgelegt hat, nicht in der Lage sein sollte, eine Erklärung entgegenzunehmen, welche für ihn mit keinerlei Verpflichtungen verknüpft ist, wohl aber die rechtlich gesicherte Aussicht gewährt, daß ein für ihn möglicherweise vortheilhafter Vertrag zu Stande kommt. Wird die Annahme eines Vertragsantrages einem in der Geschäftsfähigkeit beschränkten Minderjährigen gegenüber erklärt, so richtet sich die Gültigkeit und die Wirksamkeit des Vertrages nach den Vorschriften des § 65.

Falsche Angabe des Minderjährigen über seine Geschäftsfähigkeit.

Die Gesetzgebungen treffen fast durchgängig eine besondere Bestimmung für den Fall, daß ein Minderjähriger sich fälschlich für volljährig ausgiebt und dadurch einen Anderen zur Eingehung eines Rechtsgeschäftes mit ihm verleitet. Das römische Recht (l. 2, 3 Cod. si minor se major. 2, 43) versagt dem Minderjährigen in einem solchen Falle die Wiedereinsetzung in den vorigen Stand; der hess. Entw. Abth. IV, 1 Art. 50 läßt in ähnlicher Weise das Anfechtungsrecht wegfallen. Nach dem sächs. G. B. §§ 1823, 1912 und dem dresd. Entw. Art. 26 steht dem anderen Theile die Wahl zu, die Erfüllung des eingegangenen Vertrages zu fordern oder von demselben abzugehen und Rückgabe des Geleisteten zu verlangen. Das preuß. Gesetz vom 12. Juli 1875 § 7 (vergl. A. L. R. I, 5 §§ 31—36, II, 2 §§ 134, 135), das österr. G. B. §§ 248, 866 und das schweiz. Gesetz über das Obligationenrecht Art. 33 Abs. 3 erklären den Minderjährigen für schadensersatzpflichtig. Nach dem bayr. Entw. Th. I Art. 9 kann der Getäuschte im Falle der Aufhebung des geschlossenen Vertrages volle Entschädigung fordern. Hier und da wird auch hervorgehoben, daß den anderen Theil keine Fahrlässigkeit treffen dürfe. Nach französischem Rechte ist einem Minderjährigen, welcher besondere Vorspiegelungen oder Täuschungsmittel angewandt hat, um die andere Partei in den Glauben zu versetzen, daß er volljährig sei, Restitution nicht gewährt; die bloße Erklärung des Minderjährigen, daß er das Alter der Volljährigkeit erreicht habe, schließt jedoch den Rechtsbehelf nicht aus (code civil Art. 1307). Der Entwurf sieht von einer bezüglichen Sondervorschrift ab. Dieselbe könnte sich nicht auf den hervorgehobenen Fall beschränken, sondern müßte auf alle Fälle erstreckt werden, in welchen eine geschäftsunfähige oder in der Geschäftsfähigkeit beschränkte Person sich für geschäftsfähig ausgegeben hat. Ebenso müßte wegen Gleichheit des Grundes der Fall einbezogen werden, daß eine in der Geschäftsfähigkeit beschränkte Person wider besseres Wissen behauptet hat, die erforderliche Einwilligung des gesetzlichen Vertreters zu besitzen. Weder in jener Beschränkung noch in dieser Allgemeinheit erscheint aber ein Eingreifen geboten. Die Thatsache, daß eine geschäftsunfähige oder in der Geschäftsfähigkeit beschränkte Person sich für geschäftsfähig ausgiebt, bezw. die Einwilligung des gesetzlichen Vertreters fälschlich behauptet und dadurch einen Anderen verleitet, mit ihr oder ihr gegenüber ein Rechtsgeschäft vorzunehmen, kann an und für sich das wegen der mangelnden Geschäftsfähigkeit nichtige oder in seiner Wirksamkeit bedingte Rechtsgeschäft nicht zu einem gültigen oder unbedingt wirksamen machen. Jede Vorschrift, welche darauf hinausläuft, ist eine Strafvorschrift. Zu einer solchen liegt, abgesehen davon, daß sie auf die Fälle zu beschränken sein würde, in welchen die betreffende Handlungsweise der Person zugerechnet werden könnte, kein hinreichender Anlaß vor. Die allgemeinen Grundsätze genügen. Hat eine geschäftsunfähige oder in der Geschäftsfähigkeit beschränkte Person durch eine unerlaubte Handlung, insbesondere durch Betrug, einen Anderen zu der Vornahme eines Rechtsgeschäftes mit ihr oder ihr gegenüber veranlaßt, so haftet sie, soweit sie deliktsfähig ist (§§ 708, 709), für den dem Anderen hieraus entstandenen Schaden nach den Vorschriften über unerlaubte Handlungen (§§ 704 ff.). Fehlt es an den Voraussetzungen für die Annahme eines Deliktes, so ist auch eine besondere Haftung nicht am Platze.

Eine Wiedereinsetzung Minderjähriger in den vorigen Stand ist dem Entwurfe fremd; vergl. die Bemerkung am Schlusse.

§ 67.

Selbständiger Gewerbebetrieb eines Minderjährigen.

1. Geltendes Recht.

Die Gewerbeordnung macht ebensowenig, wie das H. G. B., die Befugniß zum selbständigen Gewerbebetriebe von der Erreichung des Volljährigkeitsalters abhängig. Den Landesgesetzen ist überlassen geblieben, die aus der Minderjährigkeit in privatrechtlicher Hinsicht sich ergebenden Schranken zu ziehen. Einschlagende landesgesetzliche Vorschriften sind anläßlich des Inkrafttretens des H. G. B. namentlich in den Gebieten des französischen Rechtes ergangen*). Nach diesen Vorschriften soll der Minderjährige, ohne Unterschied

*) Preuß. Gesetz vom 24. Juni 1861, Abschn. 4 für den Bezirk des Appellationsgerichtes Cöln, Art. 37; bad. Gesetz vom 6. August 1862 Art. 2; großherz. hess. Gesetz vom 29. September 1862, Abschn. 3 für die Provinz Rheinhessen, Art. 24; Gesetz für Hessen-Homburg vom 25. August 1863, Abschn. 3 für das Oberamt Meisenheim, Art. 22; Gesetz für Elsaß-Lothringen vom 19. Juni 1872 § 3; dazu bayr. Gesetz vom 23. Februar 1879, Abschn. V für die Pfalz, Art. 210.

des Geschlechtes, ein Handelsgewerbe betreiben können, wenn er das achtzehnte Lebensjahr zurückgelegt hat, gewaltsentlassen und zu dem Betriebe (durch die Eltern, den Vormund, gerichtlich bestätigten Familienrathsbeschluß oder Genehmigung der Obervormundschaftsbehörde) ausdrücklich ermächtigt ist. Sind diese Voraussetzungen vorhanden, so wird der Minderjährige in Bezug auf alle seine Rechtsgeschäfte oder doch in Ansehung des Gewerbebetriebes als volljährig behandelt. Hier und da findet sich eine Einschränkung in Betreff der Veräußerung und Belastung von Grundstücken. Nach dem oldenb. Gesetze vom 18. April 1864 Art. 6 ist zu dem Betriebe eines Handelsgewerbes durch einen Minderjährigen erforderlich, daß er das achtzehnte Lebensjahr erreicht hat und von den Eltern u. s. w. dazu ermächtigt ist; der Minderjährige gilt alsdann in Ansehung der Handelsgeschäfte als volljährig. Das bayr. Gesetz vom 10. November 1861 Art. 7 verleiht dem Minderjährigen, welcher nach dem bestehenden Rechte zu dem Betriebe eines Handelsgewerbes befugt ist, die Stellung eines Volljährigen rücksichtlich aller auf den Betrieb des Handelsgewerbes bezüglichen Geschäfte und Rechtshandlungen. Dem württemb. Gesetze vom 30. Juni 1865 Art. 3 Ziff. 1 zufolge werden Minderjährige, welche ein Gewerbe selbständig betreiben, nachdem sie die diesfalls bestehenden Vorschriften erfüllt, insbesondere die Zustimmung ihres Vaters oder Vormundes erlangt haben, durch Verträge, welche diesen Geschäftszweig betreffen, verpflichtet. Das preuß. Gesetz vom 12. Juli 1875 endlich bestimmt § 5 allgemein, daß, wenn der Vater oder unter Genehmigung des Vormundschaftsgerichtes der Vormund den selbständigen Betrieb eines Erwerbsgeschäftes dem Minderjährigen gestattet hat, der letztere zur selbständigen Vornahme derjenigen Rechtsgeschäfte fähig ist, welche der Betrieb des Erwerbsgeschäftes mit sich bringt, vorbehaltlich der Mitwirkung des Vormundschaftsgerichtes in gewissen näher bezeichneten Fällen.

2. Standpunkt des Entwurfes.

Wenn die Freiheit, welche die Gewerbeordnung aus wirthschaftlichen Gründen ohne Rücksicht auf das Lebensalter gewährt, dem Minderjährigen durch das bürgerliche Recht nicht erheblich geschmälert werden soll, so muß demselben auf dem gewerblichen Gebiete eine erweiterte Verpflichtungs- und Verfügungsfähigkeit zugestanden werden. Wer Kenntniß von der Minderjährigkeit eines Gewerbetreibenden besitzt, würde sonst Anstand nehmen, mit ihm in Verkehr zu treten; wer ohne diese Kenntniß Verbindungen mit demselben anknüpft, liefe Gefahr unverschuldeter Benachtheiligung. Die gegenwärtige Vorschrift verleiht deshalb dem Minderjährigen, welchem der gesetzliche Vertreter unter Genehmigung des Vormundschaftsgerichtes die Ermächtigung ertheilt hat, ein Erwerbsgeschäft selbständig zu betreiben, die Fähigkeit zur Vornahme derjenigen Rechtsgeschäfte, welche der Geschäftsbetrieb mit sich bringt (Abs. 1 Satz 1). Unter Erwerbsgeschäft wird dabei jede regelmäßige, auf selbständigen Erwerb gerichtete Thätigkeit verstanden, mag dieselbe in Handel, der Betreibung einer Fabrik oder eines Handwerkes, der Ausübung eines künstlerischen oder wissenschaftlichen Berufes, der Landwirthschaft u. s. w. bestehen.

Nicht Generalkonsens, sondern Erweiterung der Geschäftsfähigkeit.

Wird die Fähigkeit zur Vornahme der bezeichneten Rechtsgeschäfte von einer allgemeinen Ermächtigung seitens des gesetzlichen Vertreters abhängig gemacht, so ist an sich eine zwiefache Behandlungsweise möglich. Entweder wird dem Minderjährigen innerhalb des ihm gestatteten Geschäftskreises die rechtliche Stellung eines Volljährigen, eine kraft des Gesetzes erweiterte Geschäftsfähigkeit eingeräumt, oder die Ermächtigung wird als eine im Voraus ertheilte allgemeine Einwilligung aufgefaßt, welche die Zustimmung zu den einzelnen Rechtsgeschäften in sich schließt und deshalb eine Wiederholung dieser Zustimmung im einzelnen Falle überflüssig macht. Der Entwurf giebt der ersteren Gestaltung den Vorzug. Die Zulassung eines Generalkonsenses, mittels dessen der Vertreter eine Reihe im Voraus unbestimmter, in ihrer Tragweite nicht oder doch nur schwer übersehbarer Rechtsgeschäfte zu decken im Stande sein soll, begegnet an und für sich Bedenken. Die Annahme eines solchen Konsenses würde aber auch mit sich bringen, einerseits, daß der gesetzliche Vertreter jederzeit in der Lage wäre, die wirksame Vornahme einzelner, ihrer Natur nach in den Kreis des gestatteten Betriebes fallender Geschäfte durch seinen Widerspruch auszuschließen, andererseits, daß der Minderjährige in Ansehung der vorgenommenen Rechtsgeschäfte, die nur kraft des ertheilten Konsenses als wirksam abgeschlossen zu betrachten sein würden, nach den Bestimmungen der C. P. O. nicht prozeßfähig wäre, während die Einräumung der Prozeßfähigkeit mit der Erweiterung der Geschäftsfähigkeit Hand in Hand gehen muß, wenn nicht die mit der letzteren verbundenen Vortheile in der Hauptsache wieder verloren gehen sollen.

Die Ertheilung der Ermächtigung setzt unterschiedslos Genehmigung des Vormundschaftsgerichtes voraus.

Die Ermächtigung zu dem Geschäftsbetriebe ist, abweichend von dem angef. preuß. Gesetze, an die Genehmigung des Vormundschaftsgerichtes auch dann gebunden, wenn sie von dem Inhaber der elterlichen Gewalt ausgeht. Der Inhaber der elterlichen Gewalt würde bei voller Freiheit des Handelns leicht im Stande sein, den Geschäftsbetrieb des Minderjährigen lediglich als Deckmantel für die eigene Geschäftsführung zum Nachtheile der Gläubiger zu verwenden. Außerdem ist es wünschenswerth, das Vorhandensein der privatrechtlichen Selbständigkeit des Minderjährigen in Ansehung des Geschäftsbetriebes auch in diesem Falle durch einen behördlichen Akt außer Zweifel zu stellen und so naheliegenden mißlichen Streitigkeiten vorzubeugen. So lange es an der Genehmigung des Vormundschaftsgerichtes fehlt, ist eine von dem gesetzlichen Vertreter ertheilte Ermächtigung ohne jede Wirkung.

Mitwirkung des gesetzl. Vertreters und des Vormundschaftsgerichtes bei gewissen Geschäften.

Die Fähigkeit des ermächtigten Minderjährigen erstreckt sich auf die selbständige Eingehung oder Entgegennahme aller Rechtsgeschäfte, welche der Betrieb des gestatteten Erwerbsgeschäftes mit sich bringt, — mit Ausnahme derjenigen Rechtsgeschäfte, zu welchen der Inhaber der elterlichen Gewalt bezw. der Vormund nach §§ 1511, 1674, 1676 der Genehmigung des Vormundschaftsgerichtes bedürfen würde. Die Ausnahme ist dem Abs. 2 des § 5 des preuß. Gesetzes nachgebildet. Während das preuß. Recht aber, von der Annahme eines Generalkonsenses ausgehend, die Zustimmung des gesetzlichen Vertreters als bereits erfolgt ansieht und demgemäß nur die Genehmigung des Vormundschaftsgerichtes begehrt, erfordert der Standpunkt des Entwurfes, daß sowohl die Einwilligung oder Genehmigung des gesetzlichen Vertreters als die Genehmigung des Vormundschaftsgerichtes zu den fraglichen Rechtsgeschäften hinzutreten muß. Dabei hat es, soweit das Vormundschaftsgericht eine allgemeine Ermächtigung zu Rechtsgeschäften, welche der Genehmigung bedürfen, nach §§ 1675, 1513 ertheilen kann und im gegebenen Falle unter Zustimmung des gesetzlichen Vertreters zu ertheilen für angemessen findet, nach Lage der Sache zu genügen, wenn die Ermächtigung dem Minderjährigen selbst ertheilt wird (Abs. 1 Satz 2). Die der Bewegungsfreiheit des Minderjährigen gezogene Schranke beruht auf der Erwägung, daß demselben füglich nicht weitergehende Befugnisse eingeräumt werden können, als der gesetzliche Vertreter selbst bei dem Betriebe des Geschäftes haben würde. Die Schranke fällt für die Mehrzahl der Erwerbsgeschäfte nicht allzusehr in's Gewicht; Rechtsgeschäfte, welche an die Genehmigung des Vormundschaftsgerichtes gebunden sind, kommen bei ihnen nicht oder doch nur ausnahmsweise vor. Die Besorgniß, daß die dem Minderjährigen eingeräumte Freiheit durch die Beschränkung für den Verkehr werthlos werde, hat nur für den Geschäftsbetrieb des Vollkaufmannes einige Berechtigung. Abgesehen aber davon, daß mit dem Gewerbe des Vollkaufmannes auch die Einengung der Geschäftsfähigkeit auf die zum Geschäftsbetriebe gehörenden Rechtsgeschäfte sich nur schwer verträgt, weil sie zu schwierigen Unterscheidungen und Erörterungen über die Natur der einzelnen Geschäfte führt, bietet für Minderjährige, welche ein Handelsgewerbe von größerem Umfange betreiben sollen, überhaupt nicht die gegenwärtige Vorschrift, sondern die Volljährigkeitserklärung das Mittel, um zu der den Anforderungen dieses Berufes entsprechenden Selbständigkeit zu gelangen. Die Verweisung auf die Betretung dieses Weges ist um so unbedenklicher, als die Volljährigkeitserklärung bereits nach Zurücklegung des achtzehnten Lebensjahres ausgesprochen werden kann (§ 27) und die hervorgehobenen Gesetze schon bisher fast durchgängig die Ermächtigung zum Betriebe eines Handelsgewerbes an die Erreichung dieser Altersstufe geknüpft haben.

Genehmigung des Vormundschaftsgerichtes zur Entziehung.

Wie die Ertheilung, so ist im Interesse der Sicherheit des Verkehres auch die Entziehung der Ermächtigung zum selbständigen Gewerbebetriebe an die Genehmigung des Vormundschaftsgerichtes geknüpft (Abs. 2).

§ 68.

Dienst- und Arbeitsverträge Minderjähriger.

Wenn ein Minderjähriger seinen Unterhalt dadurch zu beschaffen genöthigt ist, daß er in Dienst oder Arbeit tritt, so bringen die Verhältnisse der Regel nach es mit sich, daß der gesetzliche Vertreter die Einwilligung dazu im Allgemeinen ertheilt und im Uebrigen dem Minderjährigen die Aufsuchung und Begründung eines geeigneten Unterkommens überläßt. Verträge, welche hierauf abzielen, werden im Leben unbedenklich mit dem Minderjährigen unmittelbar und allein geschlossen. Die gemeinrechtliche Praxis ist, dem Bedürfnisse entgegenkommend, geneigt, die Wirksamkeit solcher Verträge zu schützen. Die partikularen Gesindeordnungen haben zu einem großen Theile diese Wirksamkeit besonders ausgesprochen. Nicht minder finden sich einschlagende Bestimmungen in dem preuß. Gesetze vom 12. Juli 1875 § 6 und dem württemb. Gesetze vom 30. Juni 1865 Art. 3 Ziff. 2.

Die einmal ertheilte Ermächtigung wirkt fort.

Entsprechend dem preuß. Gesetze ist in Abs. 1 bestimmt, daß ein Minderjähriger, welchem der gesetzliche Vertreter gestattet hat, in Dienst oder Arbeit zu treten, der Einwilligung des Vertreters nicht bedarf zur Eingehung von Dienst- oder Arbeitsverhältnissen der gestatteten Art. Die Worte „der gestatteten

Art" sollen klarstellen, daß der Minderjährige nicht befugt ist, einen Vertrag einzugehen, dessen Inhalt ihm Verpflichtungen auferlegt, die über die Natur der Dienst- oder Arbeitsverhältnisse hinausgreifen und welchen wegen ihrer Schwere oder Eigenart im Voraus zuzustimmen der Vertreter nicht beabsichtigt haben kann; der Minderjährige ist darnach insbesondere nicht in der Lage, sich einer Konventionalstrafe für den Fall des nicht rechtzeitigen Dienstantrittes u. s. w. zu unterwerfen. Die dem Minderjährigen ertheilte Einwilligung muß aber auch die Bedeutung haben, daß der Minderjährige ermächtigt ist, ein Arbeits- oder Dienstverhältniß, welches er auf Grund der Einwilligung eingegangen hat, wieder aufzulösen sowie alle Rechtsgeschäfte vorzunehmen, welche die Erfüllung eines solchen Verhältnisses betreffen. Die Erstreckung liegt im Interesse des Verkehres und entspricht der vernünftigerweise vorauszusetzenden Absicht des gesetzlichen Vertreters. Der Minderjährige ist sonach fähig sowohl zur Entgegennahme der zugesagten Gegenleistung als zur Annahme von Geld an Stelle etwaiger Naturalleistungen, zur Anerkennung von gegenseitigen Abrechnungen, zu Vergleichen und Erlassen hinsichtlich der von dem anderen Theile übernommenen Verpflichtungen.

Rücknahme der Ermächtigung durch den gesetzlichen Vertreter.

Die ertheilte Ermächtigung kann von dem gesetzlichen Vertreter jederzeit zurückgenommen oder eingeschränkt werden (Abs. 2), — unbeschadet der Rechte Dritter aus den von dem Minderjährigen bereits übernommenen Verpflichtungen. Von einer dem württemb. Gesetze Art. 3 Z. 2 entsprechenden Bestimmung, daß der Vertreter die sofortige Auflösung eines von dem Minderjährigen eingegangenen Dienst- oder Arbeitsverhältnisses fordern könne, wenn durch dessen Fortsetzung die Gesundheit, Sittlichkeit oder der gute Ruf des Minderjährigen gefährdet werde, ist Umgang genommen. Abgesehen davon, daß der Minderjährige in dieser Hinsicht schon durch die Vorschrift des § 566 genügenden Schutz findet, liegt kein zureichender Anlaß vor, die von dem Minderjährigen eingegangenen Verträge anders als diejenigen zu beurtheilen, welche der gesetzliche Vertreter in eigener Person für denselben geschlossen hat.

Auslegungsregel.

Die Auslegungsregel des Abs. 3 wird den Verhältnissen gerecht und hat sich praktisch bewährt (vergl. preuß. Gesindeordnung vom 8. November 1810 § 8, sächs. Gesindeordnung vom 10. Januar 1835 § 10 Satz 2).

Generalkonsens, nicht erweiterte Geschäftsfähigkeit.

Die dem Minderjährigen durch die gegenwärtige Vorschrift eingeräumte selbständige Stellung beruht im Gegensatze zu § 67 nicht auf einer kraft des Gesetzes erweiterten Geschäftsfähigkeit, sondern auf der Annahme eines von dem gesetzlichen Vertreter ertheilten Generalkonsenses. Der Vertreter ist infolge dessen in der Lage, jederzeit an Stelle des Minderjährigen thätig zu werden; auch fehlt dem Minderjährigen in Ansehung der von ihm eingegangenen Verträge die Prozeßfähigkeit. Für das praktische Bedürfniß reicht diese Gestaltung aus.

§ 69.

Keine Sondervorschriften für Studirende u. s. w.

Die Verpflichtungsfähigkeit der Studirenden untersteht den allgemeinen Grundsätzen. Eine besondere Regelung ihrer Kreditverhältnisse mag einer früheren Zeit angemessen erschienen sein; in der Gegenwart findet sie keinen Halt. Die Sonderstellung eines Berufsstandes, dessen Eigenthümlichkeiten, soweit sie rechtlich in Betracht kommen, in anderen Kreisen der bürgerlichen Gesellschaft wiederkehren, widerstrebt dem heutigen Rechtsbewußtsein. Die Erfahrung hat auch gezeigt, daß es besonderer Bestimmungen in Ansehung der Studirenden weder zu deren Schutze noch im Verkehrsinteresse bedarf, und wenn der Gegensatz, in welchem die in verschiedenen Staaten ergangenen akademischen Kreditgesetze zu den Anschauungen der neueren Zeit gestanden haben, nicht noch schärfer hervorgetreten ist, so liegt der Grund hauptsächlich darin, daß sie thatsächlich kaum je zur vollen Geltung gelangt sind. Zudem ist der von jenen Gesetzen angestrebte Zweck nur schwer und jedenfalls nicht auf dem Wege, den sie eingeschlagen haben, zu erreichen. Die betreffenden Sondervorschriften sind bereits wieder aufgehoben in Preußen (Gesetz vom 29. Mai 1879), in Sachsen (Gesetz vom 28. Februar 1878), in Württemberg (Gesetz vom 11. September 1865) und in Baden (Gesetz vom 20. Februar 1868), während in Bayern solche Vorschriften überhaupt nicht bestanden haben. Daß die Aufhebung nachtheilige Folgen gehabt habe, ist nirgends hervorgetreten.

Anerkannt kann auch nicht werden, daß den akademischen Kreditgesetzen wenigstens insofern ein richtiger Gedanke zu Grunde liege, als der Lage derjenigen Minderjährigen besondere Rechnung zu tragen sei, welche behufs ihrer Ausbildung oder behufs der Erlernung oder Ausübung eines Berufes mit Einwilligung des gesetzlichen Vertreters außerhalb des Wohnsitzes desselben sich aufhalten und für ihre Bedürfnisse selbst zu sorgen haben. Eine Ermächtigung dieser Personen zur selbständigen Vornahme derjenigen Rechtsgeschäfte, welche die Beschaffung ihres Unterhaltes und die Erledigung der ihnen gestellten Aufgabe mit sich bringt (vergl. bad. L. R. Satz 1124b; dazu preuß. A. L. R. II, 2 § 127), ist weder nothwendig noch ohne Bedenken. Minderjährige, welche in der fraglichen Lage sich befinden, können auf Grund des § 69 die zur Bestreitung ihrer Bedürfnisse erforderlichen Rechtsgeschäfte im Wege der Baarzahlung wirksam vornehmen. Ist nach der Natur des einzelnen Rechtsgeschäftes oder nach der Verkehrssitte Baarzahlung bezw. Vorauszahlung nicht angängig, oder gebricht es dem Minderjährigen an bereiten Mitteln, so stehen, soweit es sich um ein auf die Bestreitung eines wirklichen Bedürfnisses abzielendes Rechtsgeschäft handelt, dem Dritten, welcher mit dem Minderjährigen in Verkehr tritt, genügende Rechtsbehelfe zur Seite. Vielfach wird die Einwilligung des gesetzlichen Vertreters zu unterstellen sein*). Ist eine solche Unterstellung nicht zulässig, so verbleibt in Ermangelung nachträglicher Genehmigung der Anspruch aus der Bereicherung (§ 748). Besteht eine Unterhaltspflicht, so ist nach Befinden auch der Anspruch gegen den Unterhaltspflichtigen aus der Führung seiner Geschäfte (§§ 753, 755) gegeben. Insoweit ist also eine besondere Vorschrift entbehrlich. Der Schwerpunkt einer solchen würde aber auch auf diesem Gebiete nicht liegen. Um den mit derselben vorzugsweise angestrebten Zweck vermehrter Rechtssicherheit zu erreichen, wäre es geboten, die Verpflichtungsfähigkeit des Minderjährigen nicht blos für diejenigen Rechtsgeschäfte anzuerkennen, welche nach Lage der Umstände für die Befriedigung

*) Dahin gehört u. A. der in dem preuß. Gesetze vom 29. Mai 1879 § 1 Abs. 2 besonders behandelte Fall, daß ein minderjähriger Studirender eine Vorlesung annimmt.

seiner wirklichen Bedürfnisse nothwendig oder angemessen sind, sondern für alle Rechtsgeschäfte, welche, objektiv betrachtet, ihrem Gegenstande nach als solche erscheinen, welche diesen Bedürfnissen zu dienen geeignet sind. Nur dann wäre dritten Personen ein einigermaßen sicherer Anhalt dafür geboten, wieweit sie sich ungefährdet mit dem Minderjährigen einlassen können. Eine solche Erweiterung würde aber mit erheblichen Gefahren für den Minderjährigen verbunden sein. Leichtsinnigem Verhalten wäre Thür und Thor geöffnet. Der Minderjährige könnte zahlreiche Rechtsgeschäfte derselben Art mit verschiedenen Gewerbtreibenden in gültiger Weise abschließen, obwohl nur eines derselben zur Beschaffung angemessenen Unterhaltes erforderlich wäre. Nicht nur das eine Rechtsgeschäft, sondern die sämmtlichen Rechtsgeschäfte müßten für gültig erachtet werden, weil jedes derselben seinem Gegenstande nach die Beschaffung angemessenen Unterhaltes zum Zwecke hat. Der Minderjährige könnte infolge dessen durch den Abschluß mehrerer Rechtsgeschäfte über Gegenstände derselben Art auf einem Umwege die geeigneten Mittel sich verschaffen, beliebige Luxusbedürfnisse zu befriedigen und ungehörige Ausgaben zu machen. Die Vorschrift ließe sich schließlich auch nicht ohne jede Beschränkung aufstellen. Voraussetzung müßte immer sein, daß die Minderjährigen für die Beschaffung ihrer Bedürfnisse selbst zu sorgen haben, daß sie mithin nicht der Fürsorge einer Anstalt oder Person anvertraut seien u. s. w. Diese Schranke, so einfach sie erscheinen mag, ist von thatsächlichen Zweifeln nicht freizuhalten, so daß auch der für die Verkehrssicherheit zu erhoffende Gewinn nur ein geringer sein würde.

Ueberweisung von Vermögensgegenständen an Minderjährige zur freien Verfügung oder zur Verwendung für bestimmte Zwecke.

Die Vorschrift des § 69 trägt der Sitte Rechnung, daß heranwachsenden Minderjährigen gewisse Geldbeträge zur freien Verfügung oder zur Verwendung für bestimmte Zwecke von dem gesetzlichen Vertreter überwiesen werden. Ein größeres oder geringeres Taschengeld ist fast allgemein üblich. Mitunter werden auch aus sonstigen Gründen Vermögenswerthe Minderjährigen in der gedachten Art überlassen. Wieweit der gesetzliche Vertreter auf Grund eigener Machtvollkommenheit hierin gehen kann, ergeben die §§ 1512, 1677. Die Rechtsordnung hat jener Sitte dadurch gerecht zu werden, daß der Ueberweisung die durch den Zweck derselben erforderte rechtliche Wirkung beigelegt wird. Aus dem Zwecke der Ueberweisung folgt unmittelbar, daß der Minderjährige zu denjenigen Rechtsgeschäften, durch welche er das überwiesene Vermögen veräußert, einer besonderen Einwilligung des gesetzlichen Vertreters nicht mehr bedarf. Dem praktischen Bedürfnisse wird aber durch die Wirksamkeit der von dem Minderjährigen geschlossenen einschlagenden dinglichen Verträge nicht genügt. Den Verträgen dieser Art liegt immer ein materieller Rechtsgrund, in der Regel ein Schuldverhältniß, zu dessen Erfüllung der dingliche Vertrag dient, zu Grunde. Dem Minderjährigen, welchem ein Taschengeld gegeben ist und welcher Gegenstände mit demselben kauft, ist nicht damit geholfen, daß der Vertrag, durch welchen er die den Betrag des Kaufpreises bildende Summe dem Verkäufer zu Eigenthum überträgt, gültig ist; vielmehr kommt es wesentlich auf den zu Grunde liegenden Kaufvertrag an. Bedarf es zu dessen Wirksamkeit noch der Genehmigung des gesetzlichen Vertreters, und verweigert dieser die Genehmigung, so könnte sowohl der Minderjährige das dem Verkäufer übertragene Geld als dieser den dem Minderjährigen übertragenen Kaufgegenstand zurückfordern, da die eine wie die andere Eigenthumsübertragung, obwohl an sich gültig, doch ohne rechtlichen Grund (§ 748) erfolgt sein würde. Auch der Kaufvertrag muß also, wenn der Zweck der Ueberweisung erreicht werden soll, unantastbar sein.

Die Grenzen, innerhalb deren der Minderjährige auf Grund der fraglichen Ueberweisung als zu der Vornahme obligatorischer Rechtsgeschäfte ermächtigt zu gelten hat, lassen sich nicht in der Art bestimmen, daß alle Verträge als wirksam behandelt werden, welche zum Zwecke der Verwendung des überwiesenen Vermögens geschlossen sind oder durch welche keine höhere Verbindlichkeit begründet wird, als durch das überwiesene Vermögen erfüllt werden kann. Wenn der Minderjährige, welchem eine gewisse Summe zur freien Verfügung überlassen ist, einen Gegenstand kauft, den Kaufpreis aber nicht sofort bezahlt und das überwiesene Geld anderweit verwendet, so rechtfertigt es sich schwerlich, jenen Kaufvertrag als wirksam zu behandeln und dem Verkäufer einen in das ganze Vermögen des Minderjährigen vollstreckbaren Anspruch auf den Kaufpreis einzuräumen. Statt eines solchen Vertrages könnte der Minderjährige auch zehn und mehr abschließen und auf Grund der Ueberweisung einer bestimmten Summe zur freien Verfügung nicht nur diese Summe erschöpfen, sondern auch Verpflichtungen zu dem zehn- und mehrfachen Betrage eingehen. Zu einem befriedigenden Ergebnisse gelangt man ebensowenig durch Aufstellung des Satzes, daß der Minderjährige für die von ihm eingegangenen Verbindlichkeiten bis zu dem Betrage des überwiesenen Vermögens hafte (dresd. Entw. 1. Lesung Art. 24). Selbst wenn eine in dieser Art begrenzte Haftung an sich unbedenklich wäre, würde dieselbe doch im vorliegenden Falle zu Schwierigkeiten und Zweifeln mancher Art führen.

Die obligatorischen Rechtsgeschäfte, welche aus dem überwiesenen Vermögen erfüllt werden, sind wirksam.

Dem Zwecke der Ueberweisung und dem praktischen Bedürfnisse wird vielmehr nur entsprochen, wenn ausschließlich diejenigen obligatorischen Rechtsgeschäfte für wirksam erklärt werden, welche der Minderjährige seinerseits mit dem ihm zur Verfügung gestellten Vermögen erfüllt hat. Den Hauptfall bilden die sofort bei dem Abschlusse erfüllten Geschäfte; es können darnach aber auch Kreditgeschäfte, wenn sie von dem Minderjährigen aus dem überwiesenen Vermögen erfüllt werden, Wirksamkeit erlangen. Die Handhabung der Vorschrift bietet keine Schwierigkeit. Der obligatorische Vertrag steht voll und ganz unter der für die Verträge der Minderjährigen geltenden Regel. Tritt Erfüllung von Seiten des Minderjährigen hinzu, so wirkt dieselbe so, wie die Genehmigung des Vertreters oder des Minderjährigen nach Erlangung der vollen Geschäftsfähigkeit. Ist die Ueberweisung nicht zu völlig freier Verfügung, sondern zur Verwendung für bestimmte Zwecke erfolgt, so müssen die von dem Minderjährigen mit dem überwiesenen Vermögen erfüllten Rechtsgeschäfte den bestimmten Zwecken entsprechen.

Die Ueberweisung braucht keine ausdrückliche zu sein. Eine stillschweigende kann insbesondere in Ermangelung anderweiter Bestimmung des gesetzlichen Vertreters anzunehmen sein, wenn der Minderjährige den Lebensunterhalt sich selbst verdient und der Vertreter ihm das Erworbene beläßt.

In den bisherigen Gesetzen findet sich eine dem § 69 entsprechende Vorschrift nicht. Die Folge davon ist, daß Theorie und Praxis in der Behandlung der einschlagenden Fälle erheblich geschwankt haben.

§ 70.

Der entmündigte volljährige Verschwender muß, soll der Zweck der Entmündigung (§ 29) erreicht werden, in der Geschäftsfähigkeit beschränkt sein. Art und Maß der Beschränkung der Geschäftsfähigkeit sind in derselben Weise festgestellt, wie bei einem Minderjährigen, welcher das siebente Lebensjahr zurückgelegt hat. In Ansehung des letzteren ist der Gesichtspunkt leitend gewesen, daß derselbe gegen die Gefahren, welche ihm aus seiner Unerfahrenheit oder aus unüberlegtem Handeln erwachsen können, zu schützen, und daß er daher insoweit, aber auch nicht weiter, als zur Abwendung dieser Gefahr erforderlich, in der Geschäftsfähigkeit zu beschränken sei. Dieser Gesichtspunkt trifft in Ansehung des Verschwenders ebenmäßig zu. Der entmündigte Verschwender ist beschränkt geschäftsfähig.

Entsprechend dem gemeinen Rechte und verschiedenen Landesgesetzen der Geschäftsfähigkeit des Verschwenders lediglich in Bezug auf vermögensrechtliche Geschäfte Schranken zu setzen, ist wegen der Rückwirkung, welche Rechtsgeschäfte anderer Art, namentlich familienrechtliche, mittelbar oder unmittelbar auf die Vermögensverhältnisse haben, nicht angezeigt. Der entmündigte Verschwender ist daher im Besonderen auch hinsichtlich der Eheschließung an die Einwilligung des gesetzlichen Vertreters gebunden (§ 1232). In der Errichtung einer letztwilligen Verfügung ist derselbe dagegen nicht beschränkt (§ 1912). Die neueren Gesetzgebungen und Entwürfe nehmen, abgesehen von dem letzteren Punkte, welcher verschieden geordnet ist, im Wesentlichen den gleichen Standpunkt ein*). Nicht blos in Ansehung vermögensrechtlicher Geschäfte.

Die Beschränkung der Geschäftsfähigkeit knüpft sich unmittelbar an den Eintritt der Entmündigung und dauert so lange, als diese besteht. Ueber Beginn und Ende der Entmündigung vergl. C. P. O. §§ 623—626. Die in § 627 der C. P. O. vorgeschriebene öffentliche Bekanntmachung der Entmündigung ist eine Vorsichtsmaßregel ohne privatrechtliche Bedeutung. Der Bekanntmachung mit dem schweiz. Gesetze vom 22. Juni 1881 Art. 6 Abs. 1 die Folge zu geben, daß erst mit derselben die Beschränkung der Geschäftsfähigkeit gegenüber Dritten wirke, empfiehlt sich nicht. Jede Hinausschiebung der Wirkungen der einmal ausgesprochenen Entmündigung birgt die Gefahr in sich, daß der Zweck der Maßregel vereitelt wird. Allzu großen Werth darf man öffentlichen Bekanntmachungen ohnehin nicht zuschreiben; sie wirken in beschränktem Kreise. Ordnungswidriges Unterlassen der Bekanntmachung wird selten vorkommen; kommt es vor, so darf dadurch die Wirkung der Entmündigung nicht aufgehoben werden. Andererseits liegt ebensowenig ein genügender Grund vor, die Wirkung der Entmündigung auf einen vor dem Eintritte der letzteren liegenden Zeitpunkt zu verlegen. Die vor der Entmündigung von dem Verschwender eingegangenen Rechtsgeschäfte sind wirksam, auch wenn der andere Theil von dem schwebenden Entmündigungsverfahren Kenntniß gehabt hat. Eine besondere Vorsorge in der letzteren Hinsicht (preuß. A. L. R. I, 5 § 16) erledigt sich durch die im § 1737 gewährte Möglichkeit, eine vorläufige Vor- Zeitpunkt des Eintrittes der beschränkten Geschäftsfähigkeit.

*) Preuß. A. L. R. I, 1 § 31, I, 5 § 14; sächs. G. B. §§ 84, 2072, verb. mit dem Gesetze vom 20. Februar 1882; bayr. Entw. Th. I Art. 4; hess. Entw. Abth. IV, 1 Art. 49 ff.; dresd. Entw. Art. 24; vergl. dazu österr. G. B. §§ 282, 865, 49; schweiz. Gesetz vom 22. Juni 1881 Art. 5 Nr. 1, Art. 6 Abs. 2.

mundschaft, welche die Beschränkung der Geschäftsfähigkeit gemäß § 71 nach sich zieht, einzuleiten. Schenkungen unterliegen dem Widerrufe nicht deshalb, weil alsbald nachher die Entmündigung ausgesprochen worden ist. Hat der Verschwender vor der Entmündigung einen Auftrag oder eine Vollmacht ertheilt, so greift § 600 verb. mit § 599 Platz; Sache des Vormundes wird es der Regel nach sein, Auftrag bezw. Vollmacht zu widerrufen.

Anwendung des § 613 Abs. 2 der C. P. O.

Wird der die Entmündigung aussprechende Beschluß infolge erhobener Anfechtungsklage durch rechtskräftiges Urtheil aufgehoben, so bestimmen sich die Folgen der Aufhebung nach § 624 Abs. 4 verb. mit § 613 Abs. 2 der C. P. O. (vergl. S. 131).

§ 71.

Beschränkte Geschäftsfähigkeit der unter vorläufiger Vormundschaft Stehenden, sowie der des vormundschaftlichen Schutzes für bedürftig Erklärten.

Nach § 1737 kann über einen Volljährigen, dessen Entmündigung wegen Geisteskrankheit oder Verschwendung beantragt ist, von dem Vormundschaftsgerichte, so lange der Antrag nicht erledigt ist, eine vorläufige Vormundschaft angeordnet werden. Nach § 1727 kann ferner ein Volljähriger, welcher taub, blind oder stumm ist und wegen eines solchen Gebrechens seine Angelegenheiten nicht zu besorgen vermag, des vormundschaftlichen Schutzes für bedürftig erklärt und infolge dessen unter Vormundschaft gestellt werden. Kommt es zu der Anordnung einer vorläufigen Vormundschaft oder dazu, daß eine Person des vormundschaftlichen Schutzes für bedürftig erklärt wird, so hat, wie zu §§ 1737, 1727 darzulegen sein wird, eine Beschränkung der Geschäftsfähigkeit der betroffenen Person in demselben Umfange einzutreten, wie eine solche bei Minderjährigen, welche das siebente Lebensjahr zurückgelegt haben, besteht, unbeschadet der bei wirklich vorhandener Geisteskrankheit aus der letzteren nach § 64 Abs. 2 sich ergebenden weitergehenden Folgen.

Zeitpunkt des Eintrittes der beschränkten Geschäftsfähigkeit.

Die Beschränkung der Geschäftsfähigkeit tritt mit dem Zeitpunkte ein, in welchem der Beschluß des Vormundschaftsgerichtes, durch welchen die vorläufige Vormundschaft angeordnet bezw. eine Person des vormundschaftlichen Schutzes für bedürftig erklärt wird, in Wirksamkeit tritt, mithin in dem letzteren Falle nicht erst mit der hinsichtlich der Zeit ihrer Vornahme von zufälligen Umständen abhängigen Bestellung eines Vormundes. Die Beschränkung der Geschäftsfähigkeit hört auf, wenn die eingeleitete Vormundschaft beendigt ist. Wann dies der Fall, ergeben die Bestimmungen des § 1737 Abs. 3 und des § 1735.

Aufhebung einer zu Unrecht angeordneten vorläufigen Vormundschaft.

Stellt sich nachträglich heraus, daß eine vorläufige Vormundschaft ungerechtfertigterweise angeordnet worden ist, so haben, da die Anordnung einer solchen Vormundschaft wegen der mit derselben verbundenen Beschränkung der Geschäftsfähigkeit einer Entmündigung ziemlich nahe steht, dieselben Vorschriften entsprechende Anwendung zu finden, welche in Ansehung der Wirkung einer Entmündigung nach § 613 Abs. 2, § 624 Abs. 4 der C. P. O. dann gelten, wenn der Entmündigungsbeschluß infolge einer Anfechtungsklage aufgehoben ist. Als ungerechtfertigt stellt sich die Anordnung der vorläufigen Vormundschaft nachträglich heraus, wenn der auf die Entmündigung gerichtete Antrag rechtskräftig zurückgewiesen oder der die Entmündigung aussprechende Beschluß infolge erhobener Anfechtungsklage rechtskräftig aufgehoben wird. Die dementsprechende Vorschrift des Abs. 2 deckt zugleich den Fall, wenn die vorläufige Vormundschaft bereits vor der Beschlußfassung über die Entmündigung durch Aufhebung seitens des Vormundschaftsgerichtes beendigt worden ist (§ 1737 Abs. 3) und demnächst der Antrag auf Entmündigung rechtskräftig zurückgewiesen oder der die Entmündigung aussprechende Beschluß infolge erhobener Anfechtungsklage aufgehoben wird. Dagegen liegt kein Anlaß vor, den § 613 Abs. 2 der C. P. O. auch dann zur entsprechenden Anwendung zu bringen, wenn die vorläufige Vormundschaft vor der Beschlußfassung über die Entmündigung zwar von dem Vormundschaftsgerichte aufgehoben wird, später aber dem Antrage auf Entmündigung stattgegeben bezw. die gegen den Entmündigungsbeschluß gerichtete Anfechtungsklage abgewiesen wird. Nicht berücksichtigt sind die Fälle, wenn der Antrag auf Entmündigung von dem Antragsteller vor dem Zeitpunkte, in welchem die Entmündigung in Wirksamkeit tritt (§ 603 Abs. 2 der C. P. O.), zurückgenommen wird, sowie wenn der vorläufig Bevormundete vor der Beschlußfassung über die Entmündigung gestorben ist, die Erben des Bevormundeten aber oder sonstige Betheiligte behaupten, daß der Antrag auf Entmündigung und deshalb auch die Anordnung der vorläufigen Vormundschaft ungerechtfertigt gewesen sei. Es greifen dabei zum Theil nicht unbestrittene prozessuale Fragen ein, die in der einen oder anderen Weise, wenn auch nur mittelbar, zu entscheiden nicht angemessen ist. Der Beurtheilung der Fälle selbst wird durch die Fassung des Abs. 2 nicht vorgegriffen. Der analogen Anwendung dieser Bestimmung steht, wenn die Voraussetzungen hierfür gegeben sind, nichts entgegen.

Aufheb. d. Beschlusses, durch den e. Person des vormdsch. Schutzes für bedürftig erklärt ist.

Welchen Einfluß es auf die Beschränkung der Geschäftsfähigkeit hat, wenn der Beschluß, durch welchen eine Person des vormundschaftlichen Schutzes für bedürftig erklärt worden ist, auf erhobene Beschwerde durch das Beschwerdegericht aufgehoben ist, läßt sich nur im Zusammenhange mit den Verfahrensvorschriften prüfen und entscheiden.

Vorbehalt (für das Einf.-Ges.) hinsichtlich der Eidesfähigkeit dieser Personen.

Die Beschränkung der Geschäftsfähigkeit hat an sich die Entziehung der Prozeßfähigkeit und damit zugleich die Entziehung der Eidesfähigkeit zur Folge (C. P. O. § 51 Abs. 1, § 435 Abs. 1, § 391 Abs. 3, § 439 Abs. 2). Nach § 435 Abs. 2 der C. P. O. kann jedoch Minderjährigen, welche das sechszehnte Lebensjahr zurückgelegt haben, oder Verschwendern über Thatsachen, welche in Handlungen derselben bestehen oder Gegenstand ihrer Wahrnehmung gewesen sind, der Eid zugeschoben oder zurückgeschoben werden, sofern dies von dem Gerichte auf Antrag des Gegners nach den Umständen des Falles für zulässig erklärt wird. Personen, welche des vormundschaftlichen Schutzes für bedürftig erklärt sind, werden in Ansehung der Eidesleistung nicht ungünstiger gestellt werden können, als Minderjährige, welche das sechszehnte Lebensjahr zurückgelegt haben, und ebenso Personen, über welche nur vorläufige Vormundschaft deshalb angeordnet ist, weil deren Entmündigung wegen Verschwendung beantragt ist, nicht ungünstiger, als entmündigte Verschwender. Dagegen muß Anstand genommen werden, die Vorschrift des § 435 Abs. 2 auch auf Personen zu erstrecken, über welche eine vorläufige Vormundschaft aus dem Grunde angeordnet ist, weil deren Entmündigung wegen Geisteskrankheit beantragt ist. Wenn auch noch nicht feststeht, daß der aus einem solchen Anlasse vorläufig Bevormundete geisteskrank ist, so ist doch mit der Möglichkeit bezw. Wahrscheinlichkeit der Geisteskrankheit zu rechnen. In das Einführungsgesetz wird (vergl. die Note zu § 71) eine Bestimmung aufgenommen werden, welche die C. P. O. in den bezeichneten Richtungen ergänzt.

Die Einleitung einer Vormundschaft aus sonstigen Gründen oder einer Pflegschaft ist ohne Einfluß auf die Geschäftsfähigkeit.

Außer dem Falle des § 1737 verb. mit § 71 hat die Anordnung einer Vormundschaft als solche auf die Geschäftsfähigkeit der unter Vormundschaft gestellten Person keinen Einfluß. Das Gleiche gilt von der Anordnung einer Pflegschaft. Hat in dem Falle des § 1737 das Vormundschaftsgericht auf Grund des § 1738 Abs. 1 Satz 1 statt eines vorläufigen Vormundes zunächst einen vorläufigen Pfleger bestellt, so ergiebt der Grundsatz des § 1743, daß die Vorschrift des § 71 auf eine solche Pflegschaft entsprechende Anwendung zu finden hat.

Die Gleichstellung der in §§ 70 und 71 bezeichneten Personen mit denjenigen Minderjährigen, welche das siebente Lebensjahr zurückgelegt haben, bringt mit sich, daß für diese Personen nicht nur die Vorschriften der §§ 65, 66, sondern auch die Vorschriften der §§ 67—69 gelten, von denen allerdings nur diejenigen der §§ 68, 69 praktische Bedeutung haben werden. In den späteren Bestimmungen wird, um jene Personen zugleich zu treffen, schlechthin von Personen, welche in der Geschäftsfähigkeit beschränkt sind, gesprochen.

Einzelne Fälle erweiterter Geschäftsfähigkeit.

Eine erweiterte Geschäftsfähigkeit ist den in der Geschäftsfähigkeit beschränkten Personen ohne Unterschied eingeräumt in Ansehung gewisser, dem Familien- und Erbrechte angehörender Rechtsgeschäfte unter Lebenden (vergl. § 1238 Abs. 2, § 1263 Abs. 1, §§ 1265, 1277 Abs. 5, §§ 1474, 1590, 1600, 1614, 1630, 1948 Abs. 4, § 1957 Abs. 2, § 1958 Abs. 1). Außerdem sind diese Personen für prozeßfähig erklärt in Ehesachen (§§ 1254, 1267, 1271, 1276, 1451), sowie hinsichtlich der Anfechtungsklage, welche gegen die Ehelichkeit eines Kindes oder die Anerkennung der Ehelichkeit eines Kindes gerichtet ist (§§ 1476, 1478). Andererseits kann eine in der Geschäftsfähigkeit beschränkte Person auch nicht mit Einwilligung des gesetzlichen Vertreters einen Erbeinsetzungs- oder Vermächtnißvertrag als Erblasser schließen (§§ 1942, 1962 Abs. 2). Ueber die Errichtung einer letztwilligen Verfügung sowie über die Schließung eines Erbverzichtsvertrages seitens einer in der Geschäftsfähigkeit beschränkten Person vergl. §§ 1912, 2020, 2024; über die Eheschließung seitens einer solchen Person §§ 1232, 1259 Nr. 4, § 1284.

Der Besitzerwerb und der Besitzverlust durch eine in der Geschäftsfähigkeit beschränkte Person ist in § 800 Abs. 2 und § 809 geordnet. Hinsichtlich der Leistung einer solchen Person oder an eine solche Person zum Zwecke der Erfüllung vergl. die Motive zum Rechte der Schuldverhältnisse.

Zweiter Titel.

Willenserklärung.

§ 72.

Der Satz, daß eine Willenserklärung sowohl ausdrücklich als stillschweigend erfolgen kann, hat, obwohl er vielleicht selbstverständlich erscheinen mag, Aufnahme gefunden, weil er eine Regel von grundlegender Bedeutung enthält, und weil er zugleich eine wesentliche Vereinfachung der Sprache des Entwurfes ermöglicht. Die Zulässigkeit der stillschweigenden Willenserklärung wird nur da noch ausdrücklich hervorgehoben, wo es von besonderem Werthe ist, zu betonen, daß auch eine solche wirksam sei (vergl. §§ 81, 86 Abs. 3, § 116 Abs. 1, § 127 Abs. 2, § 290 Abs. 4, §§ 354, 667 Abs. 2, § 684 Abs. 2, §§ 742, 1781 Abs. 2, § 2029). Die Geltung des aufgestellten Satzes ist übrigens keine ausnahmslose. Abgesehen von den bezüglichen besonderen Bestimmungen (vergl. § 65 Abs. 5, § 123 Abs. 3, § 315 Abs. 2, § 1288 Abs. 1, §§ 1472, 1918, 1943 Abs. 2), sowie von den Fällen, in welchen die Gültigkeit einer Willenserklärung von der Beobachtung der schriftlichen oder gerichtlichen oder notariellen Form abhängig gemacht ist, ergeben sich auch sonst Beschränkungen; so kann u. A. keinem Zweifel unterliegen, daß der Regel nach Erklärungen, welche gegenüber einer Behörde abzugeben sind, nur ausdrückliche sein können. Soweit im Entwurfe davon gesprochen wird, daß eine Willenserklärung einem Anderen „zukommt", steht gemäß § 74 Abs. 1 nur eine ausdrückliche Erklärung in Frage (vergl. §§ 82, 84, 85).

Die Willenserklärung kann eine ausdrückliche oder stillschweigende sein.

Einschränkungen der Regel.

Verschiedene Gesetzgebungen haben den Versuch gemacht, die ausdrückliche und die stillschweigende Willenserklärung gegen einander abzugrenzen*). Derartige begriffliche Feststellungen sind nicht Aufgabe des Gesetzes. Die bezüglich der Abgrenzung in der heutigen Wissenschaft bestehenden Meinungsverschiedenheiten sind auch nicht von solcher Tragweite, daß ein besonderes Eingreifen im Interesse der Rechtssicherheit geboten wäre.

Keine Begriffsbestimmung.

Inwieweit das Schweigen zu einem Vorgange eine schlüssige Thatsache für die Annahme einer Willensbethätigung bildet, läßt sich nicht allgemein bestimmen. Die Frage, ob in dem Schweigen die Aeußerung eines bestimmten Willensinhaltes zu finden sei, kann nur dann entstehen, wenn die Handlung eines Dritten vorliegt, welche geeignet ist, Anlaß zum Reden zu geben, wenn ferner der Betheiligte von diesem Vorgange Kenntniß hatte und wenn er in der Lage war, seinen Willen erklären zu können. Aber auch bei dem Vorhandensein dieser Voraussetzungen wird das Schweigen in der Regel eine Willenskundgebung nicht enthalten und im Besonderen ändert die Stellung eines Präjudizes seitens des anderen Theiles hieran nichts. Ausnahmsweise können indessen die Umstände so liegen, daß sie die Annahme rechtfertigen, der

Inwieweit Schweigen eine schlüssige Thatsache.

*) Preuß. A. L. R. I, 4 §§ 57, 58; bayr. L. R. IV, 1 § 5; sächs. G. B. § 98; bad. L. R. Satz 1108a; österr. G. B. § 863; bayr. Entw. Th. I Art. 12; dresd. Entw. Art. 43.

Schweigende würde, falls er nicht zuzustimmen willens gewesen wäre, den entgegengesetzten Willen ausgesprochen haben. In diesen Fällen ist das Schweigen eine schlüssige Thatsache, das Unterlassen des Widerspruches eine stillschweigende Willenserklärung. Ob die Umstände so liegen, muß die Beschaffenheit des Falles ergeben. Das bayr. L. R. IV, 1 § 5 Nr. 6 läßt das Schweigen als Einwilligung nur in den gesetzlich bestimmten Fällen gelten; das preuß. A. L. R. I, 4 § 61 nur dann, wenn der Schweigende vermöge der Gesetze zu einer Erklärung verbunden war. Eine solche Bestimmung empfiehlt sich nicht. Der Vortheil, welchen man von der Beseitigung eines leicht trüglichen Mittels der Willensäußerung sich zu versprechen geneigt sein möchte, wird überwogen durch die Unzuträglichkeiten und Härten, welche ein der Natur der Sache und den Lebensverhältnissen nicht entsprechender formeller Satz im Gefolge haben kann. Dazu kommt, daß die Fälle der Aeußerung durch bloßes Schweigen und diejenigen der stillschweigenden Willenserklärung durch andere Handlungen nicht selten in einander übergehen und eine die erstere betreffende Sondervorschrift leicht zu Mißgriffen in der Anwendung führen kann. Die Bestimmung des dresd. Entw. Art. 43 Abs. 2, daß aus dem bloßen Schweigen eine Einwilligung nicht zu folgern sei, ausgenommen, wenn die Gesetze dies bestimmten oder wenn das Schweigen nach den Umständen vernünftiger Weise eine andere Auslegung nicht zulasse, geht über einen lehrbuchartigen Satz nur dann hinaus, wenn man darin zugleich die nicht nothwendige Stellungnahme zu der Frage zu finden hat, ob ein schlüssiges Schweigen auch dann vorliege, wenn unter Umständen geschwiegen worden ist, unter welchen das Schweigen, sofern es eine Einwilligung nicht enthalten sollte, als Täuschung aufzufassen wäre. Fälle, in denen nach dem Entwurfe Schweigen der Zustimmung gleichsteht, finden sich u. A. in §§ 438, 473 Abs. 2, §§ 524, 565, 1307 Abs. 2 (vergl. dazu § 65 Abs. 5, §§ 122, 123 Abs. 3, § 210 Abs. 2, §§ 308, 315 Abs. 2, §§ 511, 804, 1118, 1258 Abs. 2).

Verwahrung bei n. stillschweigenden Willenserklärung.

Das Absehen von einer Begriffsbestimmung der stillschweigenden Willenserklärung bringt mit sich, daß auch der Frage nicht näher zu treten ist, inwieweit der Unterstellung einer solchen Willenserklärung durch eine Verwahrung entgegengetreten werden kann (sächs. G. B. §§ 99, 140; bad. L. R. Satz 1108c; bayr. Entw. Th. I Art. 13; dresd. Entw. Art. 44). Die Wissenschaft wird unschwer die richtige Entscheidung treffen.

§ 73.

Für die Auslegung von Willenserklärungen wird nur eine Grundregel aufgestellt.

Wie die gemeinrechtlichen Quellen, so enthalten auch fast alle neueren Gesetzgebungen eine Reihe von Auslegungsregeln, theils allgemein für Willenserklärungen, theils in Beschränkung auf Verträge*). Die Mehrzahl dieser

*) Vergl. preuß. A. L. R. I, 4 §§ 65—74, I, 5 §§ 252—269, code civil Art. 1156—1164, sächs. G. B. §§ 135, 809—813, bayr. Entw. Th. I Art. 72—79, hess. Entw. Abth. IV, 1 Art. 130—136; dresd. Entw. Art. 145—149, österr. G. B. §§ 914—916, niederl. G. B. Art. 1378—1387, ital. G. B. Art. 1131—1139. Keine Auslegungsregeln allgemeiner Natur enthalten das zür. G. B. und das schweiz. Gesetz über das Obligationenrecht.

Regeln richtet sich gegen die strenge Wortauslegung. Es wird vor derselben gewarnt und darauf hingewiesen, daß auch andere Umstände bei der Willenserforschung in Betracht zu ziehen sind, — die Uebung des Verkehres, der Sprachgebrauch zur Zeit oder am Orte der Abgabe der Willenserklärung bezw. am Wohnsitze des Erklärenden, der Gang der Vorverhandlungen, der Zusammenhang mit anderen Verabredungen, der offensichtliche Zweck des Rechtsgeschäftes. Vorschriften dieser Art sind im Wesentlichen Denkregeln ohne positiv rechtlichen Gehalt; der Richter erhält Belehrungen über praktische Logik. Dabei liegt die Gefahr nahe, daß die Vorschriften für wirkliche Rechtssätze genommen werden und daß der Sinn des gesprochenen Wortes als die Hauptrichtschnur behandelt wird, von welcher nur insoweit abgewichen werden dürfe, als das Gesetz dies besonders erlaubt habe, während doch die Aufzählung aller möglicherweise maßgebenden Umstände im Gesetze geradezu ausgeschlossen ist. Der Entwurf beschränkt sich auf den Hinweis, daß bei der Auslegung einer Willenserklärung der wirkliche Wille zu erforschen und nicht an dem buchstäblichen Sinne des Ausdruckes zu haften sei. Es kann fraglich erscheinen, ob selbst dieser Satz erforderlich sei. Immerhin giebt derselbe die Grundregel und die Erfahrung hat gelehrt, daß der gleiche Ausspruch des H. G. B. Art. 278 (vergl. code civil Art. 1156) nicht ohne wohlthätige Folge gewesen ist.

Positive Auslegungsvorschriften des geltenden Rechtes.

Einzelne der in den Gesetzen sich findenden Auslegungsregeln tragen einen positiven Charakter an sich. Zweifelhaft kann sein, ob dahin der Satz gehört, daß zuletzt gegen denjenigen auszulegen sei, dessen Pflicht es gewesen wäre, deutlicher zu reden, also bei Verträgen gegen denjenigen, von welchem die Fassung des Vertrages oder der Vertragsbestimmung ausgegangen ist. Soweit darin nicht blos eine Wahrscheinlichkeitsrechnung, sondern eine Strafvorschrift zu finden ist, mag die Aufstellung des Satzes für gewisse Fälle, insbesondere auf dem Gebiete des Versicherungsrechtes, am Platze sein; allgemeine Berechtigung kommt dem Satze nicht zu. Unhaltbar erscheint ferner die für das gemeine Recht vertretene Regel, daß es bei einem Vertrage nicht auf den wirklichen Sinn der Rede des Vertragschließenden, sondern darauf ankomme, wie der andere Vertragschließende dieselbe nach den ihm vorliegenden Umständen auffassen mußte. Anzuerkennen ist nur, daß von dieser Auffassung die Tragweite der von dem anderen Vertragschließenden abgegebenen Erklärung abhängt; die Gegenpartei bei ihrer Erklärung in dem mißverstandenen Sinne festzuhalten, wäre gleichbedeutend mit einer Durchbrechung des den §§ 77, 78 Abs. 1, §§ 100, 114 zu Grunde liegenden Prinzipes. Bedenklich ist nicht minder die anscheinend mit jener Regel im Zusammenhange stehende Vorschrift des sächs. G. B. § 809 und verschiedener Entwürfe, daß, wenn die Worte eines Vertrages deutlich sind, der Sinn anzunehmen sei, welchen sie geben, ausgenommen, wenn bewiesen werden kann, daß alle bei dem Vertrage Betheiligten damit einen anderen Sinn verbunden haben.

In den Bereich der Lehre vom Beweise fallende Auslegungsregeln des geltenden Rechtes.

Was endlich Auslegungsregeln, wie in dubio mitius, in dubio pro reo u. s. w. anlangt, so sind dieselben der Lehre von der Beweislast entnommen und auch nur insoweit richtig, als diese Lehre sie ergiebt.

Die ablehnende Haltung des Entwurfes bezieht sich nur auf die Aufstellung allgemeiner Auslegungsregeln. Einzelvorschriften dieser Gattung finden sich in dem Entwurfe in nicht geringer Zahl, obwohl auch in dieser Richtung sparsamer und vorsichtiger verfahren worden ist, als in anderen Gesetzgebungen.

§ 74.

Zeitpunkt der Wirksamkeit einer Willenserklärung.

Die Frage, mit welchem Zeitpunkte eine Willenserklärung wirksam abgegeben ist, wird in der Literatur wie in den Gesetzen fast durchgängig im Zusammenhange mit den für die Vertragschließung maßgebenden Grundsätzen behandelt. Die Bedeutung der Frage ist eine allgemeinere. Sie erhebt sich in gleicher Weise bei den einseitigen Rechtsgeschäften.

Gewisse Willenserklärungen ausgeschieden.

Nicht berücksichtigt bei der Entscheidung des Entwurfes sind die Willenserklärungen, zu deren Wirksamkeit nicht erforderlich ist, daß sie gegenüber einem Betheiligten abgegeben werden, vorbehaltlich der in Abs. 4 behandelten Fälle. Einseitige Rechtsgeschäfte der fraglichen Art sind, von wenigen, eine besondere Berücksichtigung nicht erheischenden Fällen (vergl. §§ 1472, 2029) abgesehen, einer Form unterstellt. Einbezogen sind ferner nicht diejenigen Willenserklärungen, welche in Anwesenheit der Person erfolgen, welcher gegenüber sie zu bewirken sind. Die Entscheidung ergiebt sich insoweit der Regel nach aus der Natur der Sache. Eine Lösung der Zweifel, zu welchen einzelne besonders geartete Fälle vielleicht Anlaß bieten mögen, ist nicht Aufgabe des Gesetzes.

Willenserklärungen unter Abwesenden.

Wird eine Willenserklärung, zu deren Wirksamkeit erforderlich ist, daß sie gegenüber einem Betheiligten abgegeben wird, in Abwesenheit desselben abgegeben, so können vier verschiedene Zeitpunkte für den Eintritt der Wirksamkeit der Willenserklärung als maßgebend in Betracht kommen: der Zeitpunkt, in welchem der Willensentschluß äußere Gestalt gewinnt, — der Zeitpunkt der Absendung der Willensäußerung (durch Aufgabe des Schreibens zur Post, durch Entsendung eines mit der Ueberbringung des Schreibens oder mit mündlicher Bestellung beauftragten Boten), — der Zeitpunkt, in welchem die Willensäußerung demjenigen zukommt, an den sie gerichtet ist (durch Ablieferung des Briefes, des Telegrammes, durch Ausrichtung von Seiten des Boten), — der Zeitpunkt, in welchem der Empfänger Kenntniß von der zugekommenen Willensäußerung genommen hat. Diesen verschiedenen Möglichkeiten entsprechen ebenso viele Theorieen; man kennt eine Aeußerungs-, eine Uebermittelungs-, eine Empfangs-, eine Vernehmungstheorie. Daneben finden sich noch Mittelmeinungen, von denen im Besonderen die sog. Entäußerungstheorie zwischen Wirksamkeit und Unwiderruflichkeit scheidet und jene mit der Entäußerung seitens des Erklärenden, diese mit dem Zukommen an den anderen Theil eintreten läßt. Der Widerstreit der Ansichten spiegelt sich in den Gesetzen wieder. Das sächs. G. B. § 815, das österr. G. B. § 862, das zür. G. B. §§ 904, 906, das schweiz. Gesetz über das Obligationenrecht Art. 3, 7 folgen der Empfangstheorie. Das Gleiche gilt wohl, was jedoch nicht unbestritten ist, von dem H. G. B. Art. 319—321. Die Bestimmungen des preuß. A. L. R., des code civil sowie des bayr., hess. und dresd. Entw. geben verschiedener Auffassung Raum.

a. ausdrückliche.

Die allgemeinen Grundsätze legen nahe, eine gegenüber einem Abwesenden abgegebene ausdrückliche Willenserklärung erst dann wirken zu lassen, wenn der Abwesende von derselben Kenntniß erhalten hat. Soviel in grundsätzlicher Hinsicht indessen auch für die hierauf abstellende Vernehmungstheorie sprechen mag: den Bedürfnissen des Verkehres wird die Theorie nicht gerecht. Sie hat gegen sich, daß in der Mehrzahl der Fälle es völlig in dem Belieben des anderen Theiles stehen würde, ob und wann er die Willenserklärung wirksam werden lassen will; er braucht nur der Kenntnißnahme des Inhaltes des die Erklärung enthaltenden Briefes bezw. Telegrammes oder dem Anhören des Boten sich zu verschließen, und die Erklärung ist wirkungslos. Ferner würde nach dieser Theorie derjenige, welcher eine Willenserklärung abgegeben hat, im Streitfalle zu dem Beweise genöthigt sein, daß der Empfänger die Erklärung in sein Bewußtsein aufgenommen habe, — ein Beweis, der nur in seltenen Fällen gelingen könnte, da es sich um einen inneren, aus den begleitenden Umständen für den Urheber der Willenserklärung nicht unmittelbar erkennbaren Vorgang handelt. Ungleich annehmbarer als die Vernehmungstheorie erweist sich die der letzteren zunächst stehende und nahe verwandte Empfangstheorie, welcher zufolge eine Willenserklärung in dem Zeitpunkte wirksam wird, in welchem sie in die Hände oder zu Gehör desjenigen gelangt, an den sie gerichtet ist. Diese Theorie vermeidet die angedeuteten Schwächen der Vernehmungstheorie und theilt doch zugleich deren Vorzüge vor den übrigen Theorieen. Die letzteren legen das Gewicht allzusehr auf die Willenserklärung als Rechtsakt des Erklärenden; es wird nicht genügend berücksichtigt, daß die Erklärung zu ihrem bezweckten vollen rechtlichen Erfolge erheischt, daß der andere Theil sie in Erfahrung bringt oder doch bringen kann. Jene Theorieen führen außerdem in ihrer Anwendung zu Ergebnissen, die mit den Verkehrsanschauungen und den Anforderungen der materiellen Gerechtigkeit schwer in Einklang zu bringen sind. Der von dem Entwurfe gewählte Ausdruck „zukommen" ist der neueren Jurisprudenz für die Empfangstheorie ziemlich geläufig und findet sich bereits in dem zür. G. B.; die in anderen Gesetzen vorkommenden Ausdrücke: anlangen, eingehen, eintreffen sind nicht bezeichnender. Selbstverständlich ist, daß die Willenserklärung dem anderen Theile infolge des Willens des Erklärenden zugekommen sein muß; es genügt nicht, daß ein Unberufener den auf dem Schreibtisch liegen gebliebenen Brief befördert oder die zufällig gehörte Aeußerung dem Dritten mittheilt. Wie die bisherigen Gesetze, so sieht auch der Entwurf von einer besonderen Hervorhebung des letzteren Umstandes ab.

Annahme der Empfangstheorie.

Der Zeitpunkt, mit welchem eine *stillschweigende* Willenserklärung gegenüber einem Abwesenden als abgegeben zu gelten hat, bedarf im Interesse der Rechtssicherheit gleichfalls der Feststellung. Die Feststellung erfolgt am geeignetsten durch eine allgemeine Bestimmung, nicht durch Einzelvorschriften. Liegen die Fälle auch in mancher Hinsicht verschieden, so ist doch allen die Voraussetzung gemein, daß es sich um eine Willenserklärung handelt, welche gegenüber einem Betheiligten abgegeben werden muß, und dieser gemeinsame Gesichtspunkt gestattet und erfordert gemeinsame Regelung. Bei der großen Zahl der in Betracht kommenden Willenserklärungen, von denen das Gesetz nur einen Theil zu behandeln vermag, würde zudem ein Einzelvorgehen bedenkliche Lücken lassen. Wirksam abgegeben kann eine stillschweigende Willenserklärung gegenüber einem Betheiligten nicht schon dann sein, wenn lediglich

b) stillschweigende.

Annahme der Vernehmungstheorie.

die den Willen offenbarende Thatsache sich vollzogen hat. Voraussetzung der Wirksamkeit muß vielmehr sein, daß der Betheiligte von der betreffenden Thatsache Kenntniß erhalten hat. Dazu tritt als weiteres Erforderniß, daß dieses Verhalten in der Richtung auf den Betheiligten sich vollzogen hat; das Thun oder Unterlassen muß in dem Bewußtsein oder in der Absicht geschehen sein, daß der Betheiligte von demselben und dem darin sich offenbarenden Willen Kenntniß erhält. Nur dann, wenn auch diese Voraussetzung zutrifft, läßt sich sagen, daß die Willenserklärung dem Betheiligten gegenüber abgegeben sei. Dies ist um so mehr festzuhalten, als nennenswerthe praktische Uebelstände nicht damit verknüpft sind und die ausdrückliche Willenserklärung füglich nicht strenger behandelt werden kann, als die stillschweigende; wenn die ausdrückliche Willenserklärung nur unter der Voraussetzung wirkt, daß sie dem anderen Theile infolge des Willens des Erklärenden zukommt, so kann die stillschweigende nicht schon dann wirksam sein, wenn der andere Theil sie nur zufällig erfährt. Wie aber bei der ausdrücklichen Willenserklärung das beabsichtigte Zukommen im Entwurfe nicht besonders hervorgehoben ist, so wird auch bei der stillschweigenden Willenserklärung in der bezüglichen Richtung geschwiegen. Der Zusammenhang ergiebt, daß beide Willenserklärungen unter dergleichen Regel stehen.

Terminologie. „Empfänger der Willenserklärung."

Anläßlich des dem Vorstehenden entsprechenden Abs. 1 der gegenwärtigen Vorschrift ist Gelegenheit genommen, zugleich den in dem Entwurfe mehrfach vorkommenden Begriff „Empfänger der Willenserklärung" (vergl. §§ 95, 97 Abs. 3, 4, § 99 Abs. 3, §§ 101, 103 Abs. 2) näher zu bestimmen. Eine Willenserklärung hat nach dem Entwurfe einen Empfänger nur dann, wenn deren Wirksamkeit davon abhängt, daß sie gegenüber einem Betheiligten abgegeben wird. Hinsichtlich der einseitigen Willenserklärungen, zu deren Wirksamkeit erforderlich ist, daß sie vor oder gegenüber einer Behörde abgegeben werden (vergl. § 872 Abs. 1, §§ 923, 960, 965, 977, 1015, 1048, 1061, 1142 Abs. 1, § 1266 Abs. 2, § 1398 Abs. 1, § 1403 Nr. 5, § 1475 Abs. 2, §§ 1478, 1537, 1557 Abs. 3, §§ 1890, 1892 Abs. 2, §§ 1895, 2032, 2040 Abs. 2, §§ 2041, 2094 Abs. 2, 4, § 2104), ergiebt sich hieraus, daß sie der Regel nach Willenserklärungen ohne Empfänger im Sinne des Entwurfes sind, da die Behörde nicht als „Betheiligter" angesehen werden kann.

Rechtzeitiger Widerruf.

Die Vorschrift des Abs. 2 bringt eine praktisch wichtige Folge des dem Abs. 1 zu Grunde liegenden Gedankens zum besonderen Ausdrucke. Gehört zur Wirksamkeit bei der ausdrücklichen Willenserklärung, daß sie dem anderen Theile zukommt, bei der stillschweigenden Willenserklärung, daß sie zu dessen Kenntniß gelangt, so ist der Erklärende unbehindert, die zur Herbeiführung der Wirksamkeit eingeleiteten Schritte rückgängig zu machen und dem Eintritte derselben durch rechtzeitigen Widerruf vorzubeugen. Der Widerruf ist eine Willenserklärung, zu deren Wirksamkeit erforderlich ist, daß sie gegenüber dem Betheiligten abgegeben wird. Rechtzeitig ist mithin der Widerruf, wenn er vorher oder gleichzeitig mit der Willenserklärung dem Betheiligten zukommt, bezw. soviel den stillschweigenden Widerruf betrifft, zu dessen Kenntniß gelangt*).

---

*) Vergl. H. G. B. Art. 320, sächs. G. B. § 815, bayr. Entw. Th. II Art. 11, dresd. Entw. Art. 48, schweiz. Gesetz über das Obligationenrecht Art. 7.

Ist eine Willenserklärung wirksam erfolgt, so wird deren Bestand, von besonderen Fällen abgesehen (vergl. §§ 1595, 1618, 1629 Abs. 5) nicht dadurch berührt, daß der Urheber derselben stirbt oder die Geschäftsfähigkeit verliert. Das Verkehrsbedürfniß gestattet jedoch nicht, dabei stehen zu bleiben. Der Tod oder der Verlust der Geschäftsfähigkeit muß der Regel nach schon dann ohne Einfluß sein, wenn derselbe eintritt, nachdem die ausdrückliche Willenserklärung behufs der Absendung abgegeben, die stillschweigende Willenserklärung durch das entsprechende Verhalten zum Ausdruck gelangt ist (Abs. 3). Der Erklärungsempfänger erfährt meist nicht oder doch nicht zur geeigneten Zeit, daß der Urheber der Willenserklärung inzwischen verstorben oder geschäftsunfähig geworden ist. Demgemäß trifft er die durch die ihm zugegangene Willenserklärung gebotenen Vorkehrungen; war die Erklärung auf den Rücktritt von einem Kaufvertrage gerichtet, so verkauft er den betreffenden Gegenstand an eine andere Person; war ihm als Miether gekündigt, so miethet er anderwärts, u. s. w. Sollte die Willenserklärung in einem solchen Falle unwirksam sein, so würde der Empfänger unverschuldet in eine mißliche, unter Umständen mit erheblichen Nachtheilen für ihn verbundene Lage gerathen. In Betracht kommt auch, daß der Urheber der Willenserklärung Alles gethan hat, was seinerseits gethan werden konnte, um die Wirksamkeit herbeizuführen, und daß den Erben bezw. dem gesetzlichen Vertreter die Widerrufsmöglichkeit nicht verschlossen ist, wennschon thatsächlich die erforderliche Zeit zur rechtzeitigen Ausübung des Widerrufes mitunter fehlen wird. Ist der Verlust der Geschäftsfähigkeit in der Zwischenzeit einflußlos, so gilt selbstverständlich das Gleiche von dem Eintritte der Beschränkung der Geschäftsfähigkeit als dem Geringeren. Einer Hervorhebung dessen in dem Entwurfe bedarf es ebensowenig wie des Hinweises darauf, daß die Vorschrift keine zwingende ist, mithin nur Platz greift, sofern nicht aus dem Inhalte der Erklärung oder aus den Umständen eine andere Willensmeinung des Erklärenden erhellt. Wenn in dem als ein Anwendungsfall des Abs. 3 sich darstellenden § 89 auf das letztere besonders hingewiesen wird, so geschieht dies mit Rücksicht auf den sonstigen Inhalt sowie auf die hervorragende praktische Bedeutung der betreffenden Vorschrift und darf nicht zu gegentheiligen Schlußfolgerungen hinsichtlich des Abs. 3 benutzt werden. Ueber einen ferneren Anwendungsfall vergl. § 828 Abs. 4.

Tod oder Eintritt der Geschäftsunfähigkeit nach Abgabe der Willenserklärung in der Regel einflußlos.

Der Abs. 4 trifft Vorsorge für die Fälle, in welchen die Wirksamkeit einer Willenserklärung davon abhängig ist, daß sie gegenüber einer Behörde abgegeben wird. Die Vorschrift des Abs. 1 ist auf eine solche Willenserklärung nicht für anwendbar erklärt, obwohl in sachlicher Hinsicht deren Geltung nicht zweifelhaft sein kann. Von der Verweisung auf den Abs. 1 ist Abstand genommen, einmal, weil Willenserklärungen, welche gegenüber Behörden abzugeben sind, der Regel nach ausdrücklich zu erfolgen haben, während der Abs. 1 sowohl von ausdrücklichen als von stillschweigenden Willenserklärungen handelt; sodann aber auch, weil das Mißverständniß nahe gelegt sein würde, als solle die Behörde in Ansehung einer solchen Willenserklärung als „Empfänger der Willenserklärung" (vergl. S. 158) gelten.

Willenserklärung gegenüber einer Behörde.

Ob eine Willenserklärung unter Anwesenden oder Abwesenden erfolgt, hängt von der Beschaffenheit des Falles ab. Wenn mit der herrschenden

Keine Bestimmung darüber,

wann eine Willenserklärung als unter Abwesenden erfolgt anzusehen ist.

Meinung für das eine oder das andere entschieden wird, je nachdem die Betheiligten sich in solcher körperlichen Nähe, daß sie von Person zu Person verhandeln können, befinden oder nicht befinden, so ist dieser Gesichtspunkt nicht ohne Weiteres verwerthbar für diejenigen Willenserklärungen, welche im Wege des unmittelbaren telephonischen Verkehres abgegeben werden; es wird zwar von Person zu Person verhandelt, aber die Betheiligten befinden sich nicht in körperlicher Nähe. Es spricht manches für die Annahme, daß auf diesen Verkehr die Grundsätze des mündlichen Erklärens unter Anwesenden Anwendung zu finden haben.

§§ 75, 76.

Mittheilung einer Willenserklärung: a) durch Vermittelung des Gerichtsvollziehers.

Die Vorschrift des § 75 gewährt für den Fall, daß Jemand zur Entgegennahme einer Willenserklärung verpflichtet ist, demjenigen, der die Erklärung abzugeben hat, die Möglichkeit, die Erklärung in dem gesetzlich ausgeprägten Zustellungsverfahren durch einen mit öffentlichem Glauben bekleideten Beamten an den Betheiligten gelangen zu lassen und eine öffentliche Beurkundung über die Zustellung sich zu sichern. Gefahren für den anderen Theil sind damit nicht verbunden. Die Regelung, welche das Zustellungswesen in der C. P. O. gefunden hat, wird von dem Gedanken getragen, daß dem Adressaten wenn irgend möglich persönlich behändigt werden soll, und die Art und Weise, wie die Ersatzzustellungen geordnet sind, bieten so wesentliche Garantieen, daß die Aufnahme weiterer schützender Bestimmungen für den Fall, daß der Adressat ohne eine ihm zur Last fallende Fahrlässigkeit Kenntniß von der Zustellung nicht erlangt, nicht von Nöthen sind. Ausgeschlossen ist die Inanspruchnahme der Vermittelung des Gerichtsschreibers. Für die Zustellung maßgebend sind die §§ 153, 155—159, 165—174, 176—178 der C. P. O. Das Vorgehen des Entwurfes ist nicht neu. Das preuß. Ausführungsgesetz zur C. P. O. vom 24. März 1879 ordnet § 1 Abs. 3 an, daß auch in nicht gerichtlichen Rechtsangelegenheiten die Betheiligten sich zur Bewirkung von Zustellungen der Gerichtsvollzieher bedienen können, und eine gleiche oder ähnliche Bestimmung findet sich in den Ausführungsgesetzen für Bayern vom 23. Februar 1879 Art. 17 ff., Sachsen-Weimar vom 10. Mai 1879 § 2, Sachsen-Meiningen vom 6. Juni 1879 § 1, Sachsen-Altenburg vom 25. März 1879 § 1, Sachsen-Coburg-Gotha vom 7. April 1879 § 1, Anhalt vom 10. Mai 1879 § 1, Schwarzburg-Rudolstadt vom 1. Mai 1879 § 3, Schwarzburg-Sondershausen vom 17. Mai 1879 § 1, Waldeck vom 1. September 1879 § 1, Reuß ä. L. vom 3. Mai 1879 § 7, Reuß j. L. vom 22. Februar 1879 § 1, Schaumburg-Lippe vom 30. Juni 1879 § 54, Lippe vom 26. Juni 1879 § 1, Lübeck vom 3. Februar 1879 Art. 4; vergl. auch die braunschweig. Geschäftsanweisung für die Gerichtsvollzieher § 43. Fremd ist diesen Gesetzen die Beschränkung auf den Fall, daß der andere Theil zur Entgegennahme der Willenserklärung verpflichtet ist. Bei Vertragsanträgen, einseitigen Versprechungen u. s. w. liegt indessen zu einer besonderen Fürsorge für den Erklärenden kein hinreichender Grund vor.

b) im Wege öffentlicher Zustellung.

Nach dem bayr. Ausführungsgesetze (Art. 17) ist es gestattet, auch Zustellungen im Auslande durch gerichtliche Vermittelung zu veranlassen und, wenn der Aufenthalt des Adressaten unbekannt ist, öffentliche Zustellung zu erwirken. In ersterer Hinsicht besteht kein zureichendes Bedürfniß zu einem Eingreifen. Dagegen kann nicht verkannt werden, daß, wenn das Gesetz zu der Wirksamkeit einer Willenserklärung erfordert, daß sie gegenüber einer bestimmten Person abgegeben wird und diese Person zur Entgegennahme der Willenserklärung verpflichtet ist, Vorsorge für den Fall getroffen werden muß, daß der Aufenthalt der Person unbekannt ist. Die Gesetzgebungen beschränken sich auf Abhülfebestimmungen für einzelne Rechtsgeschäfte, so das sächs. G. B. § 735 und der hess. Entw. Abth. IV, 1 Art. 244 für die Mahnung. Allein das Bedürfniß besteht nicht blos für die Mahnung, sondern auch für die Kündigung und alle anderen Willenserklärungen der fraglichen Art. Dem Bedürfnisse wird in § 76 dadurch genügt, daß für die fraglichen Fälle die Bewirkung der Mittheilung nach den für die öffentliche Zustellung einer Ladung in bürgerlichen Rechtsstreitigkeiten geltenden Vorschriften (C. P. O. §§ 187 bis 190) nachgelassen wird. Die Bestimmung ist wegen Gleichheit des Grundes auf den ähnlich liegenden Fall erstreckt, daß derjenige, welcher eine derartige Willenserklärung abzugeben hat, sich in einer nicht auf Fahrlässigkeit beruhenden Unkenntniß über die Person desjenigen befindet, welcher zur Entgegennahme der Willenserklärung verpflichtet ist. Die Regelung der Zuständigkeit der anzugehenden Gerichte in § 76 Satz 2 bedarf keiner besonderen Rechtfertigung.

Dritter Titel.

Vertragschließung.

§ 77.

Die Angemessenheit der Vorschrift kann Zweifeln begegnen, zumal der aufgestellte Grundsatz, daß zur Vertragschließung die gegenseitig erklärte und zum Bewußtsein gebrachte Willensübereinstimmung der Parteien gehört, bei den Verträgen unter Abwesenden durch die angenommene Empfangstheorie gelockert und für den Fall der gestatteten stillschweigenden Annahme eines Vertragsantrages in § 86 durchbrochen wird. Zu berücksichtigen ist indessen, daß die Vorschrift die Grundlage für die folgenden Bestimmungen bildet, daß sie die Aufgabe hat, verschiedenen abweichenden Theorieen entgegenzutreten, und daß Ausnahmen die Aufstellung der Regel nicht hindern. Auch findet sich eine ähnliche Vorschrift wohl in allen Gesetzgebungen und Entwürfen*). Begriffliche Merkmale.

*) Vergl. preuß. A. L. R. I, 5 §§ 1, 2, 4; code civil Art. 1101; sächs. G. B. § 782; bayr. Entw. Th. II Art. 7; hess. Entw. Abth. IV, 1 Art. 61, 77; dresd. Entw. Art. 42; österr. G. B. § 861; zür. G. B. § 903; schweiz. Ges. über das Obligationenrecht Art. 1.

§ 78.

Einigung erforderlich über die nach dem Gesetze und nach dem Willen der einen oder anderen Partei wesentlichen Punkte.

Voraussetzung für das Zustandekommen eines Vertrages ist, daß die Vertragschließenden über die nach dem Gesetze zu dem Wesen des zu schließenden Vertrages gehörenden Theile sich geeinigt haben (Abs. 1). Nicht minder ist eine Verständigung über diejenigen Punkte erforderlich, welche nach dem Willen des einen oder anderen Vertragschließenden für das Zustandekommen des Vertrages wesentlich sind. Jedem Theile steht frei, seine Zustimmung von besonderen, wenn auch an sich nebensächlichen Umständen abhängig zu machen. Ob einem Punkte wesentliche Bedeutung in den Augen der ihn setzenden Partei zukommt, haben die Umstände des Falles zu ergeben. Im Zweifel muß angenommen werden, daß, wenn ein Theil ausdrücklich oder stillschweigend erklärt hat, daß außer den getroffenen Bestimmungen noch andere zu vereinbaren seien, der Vertrag nicht eher geschlossen ist, als bis ein gegenseitig erklärtes Einverständniß über diese Bestimmungen erzielt ist (Abs. 2). Auf dem gleichen Standpunkte stehen das preuß. A. L. R. I, 5 § 125, das sächs. G. B. § 783, des bad. L. R. Satz 1340a, 1340c, der bayr. Entw. Th. II Art. 18, der dresd. Entw. Art. 52, das zür. G. B. § 910. Das schweiz. Gesetz über das Obligationenrecht Art. 2 stellt abweichend für den Fall, daß die Parteien über die wesentlichen Punkte eines Vertrages sich geeinigt haben, eine Vermuthung dafür auf, daß der Vorbehalt von Nebenpunkten die Verbindlichkeit des Vertrages nicht hindern solle; kommt eine Vereinbarung über diese Nebenpunkte nachträglich nicht zu Stande, so hat der Richter über dieselben nach der Natur des Geschäftes zu entscheiden. Durch eine solche Gestaltung wird dem Parteiwillen nach Befinden Gewalt angethan. Der Umstand, daß die der Vereinbarung vorbehaltenen Punkte nicht zu den nach dem Gesetze wesentlichen Bestandtheilen des Vertrages gehören, gestattet an sich allein nicht den Schluß, daß sie für die Parteien unerheblich seien und daß der Vertrag nach deren Absicht gelten solle, ohne Rücksicht darauf, ob eine Einigung über diese Punkte erzielt werde oder nicht. Das an sich Nebensächliche kann für den einzelnen Vertragschließenden Hauptsache sein, und es ist ein Eingriff in die Vertragsfreiheit, wenn das Gesetz durch Aufstellung einer gegentheiligen Vermuthung dem Willen einen anderen Inhalt giebt, als er wirklich hat. Allerdings ist nach der Bestimmung des Entwurfes nicht ausgeschlossen, daß nach langen Unterhandlungen und nachdem über die gesetzlichen Bestandtheile des Vertrages vollständige Einigung erzielt ist, die endliche Vertragschließung an einem Nebenpunkte scheitert und vielleicht in Wirklichkeit nicht einmal wegen dieses Nebenpunktes, sondern weil der eine oder andere Theil im Laufe der Unterhandlungen seine Meinung über die Nützlichkeit des Geschäftes geändert hat. Allein hiergegen sich zu sichern, muß den Vertragschließenden selbst überlassen werden. Jeder Vertragschließende weiß oder muß wissen, daß, wenn er auf die Anträge des Gegners nicht eingeht, sondern über einzelne Punkte Verhandlungen anknüpft, hieran das Zustandekommen des ganzen Vertrages scheitern kann. Will er dem vorbeugen, so ist es seine Aufgabe, eine Vereinbarung zu erwirken, welche die Geltung des Vertrages ohne Rücksicht auf die Erledigung der betreffenden Punkte sicherstellt.

Etwas Anderes kann auch dann nicht gelten, wenn eine Punktation in dem Sinne vorliegt, daß eine Aufzeichnung des in den nach dem Gesetze wesentlichen Bestandtheilen vereinbarten, in anderen Theilen aber noch unfertigen Vertrages stattgefunden hat. Der dresd. Entw. Art. 82 Satz 1 stellt, in Anlehnung an die Bestimmungen des sächs. G. B. § 827 und des österr. G. B. § 885, eine der Vermuthung des schweiz. Gesetzes ähnliche Auslegungsregel für den Fall auf, daß die Vertragschließenden, nach erfolgter Vereinbarung über die nach dem Gesetze zum Wesen des Vertrages gehörenden Punkte, zur Feststellung dieser Vereinbarung eine vorläufige Aufzeichnung unterschrieben und nur Nebenpunkte künftiger Vereinbarung überlassen haben; im Zweifel soll anzunehmen sein, daß die Punktation schon an sich einen bindenden Vertrag enthalte. Die Aufzeichnung für sich giebt indessen keinen Anhalt für die Auslegung des Willens in einer bestimmten Richtung. Auch kann für die Annahme, daß die Parteien sich zu binden beabsichtigt hätten, die Aufzeichnung umsoweniger entscheidend in die Wagschale fallen, als der Vorbehalt weiterer Vereinbarungen im Gegentheile dafür spricht, daß die endgültige Schließung des ganzen Vertrages noch aufgeschoben sein sollte. Punktation.

Haben die Vertragschließenden, wie der Entwurf offen läßt, den Vorbehalt weiterer Vereinbarungen in dem Sinne gemacht, daß die bereits getroffenen Vereinbarungen bindend sein sollen, und erfolgt eine Vereinigung über die unerledigt gebliebenen Nebenpunkte nicht, so ist es Sache der Prüfung des einzelnen Falles, ob nach dem Willen der Parteien der Richter auf Grund seines durch die Umstände und die muthmaßliche Absicht der Parteien geleiteten Ermessens zu entscheiden habe oder ob auf die sog. naturalia negotii zurückzugehen sei.

Einzelne Gesetzgebungen und Entwürfe enthalten besondere Bestimmungen über die Unverbindlichkeit der sog. Traktate, unter welchen die dem Abschlusse eines Vertrages vorausgehenden, dessen Herbeiführung bezielenden Unterhandlungen verstanden werden*). Was in dieser Beziehung ausgesprochen werden könnte, ist selbstverständlich. Im Uebrigen ergiebt sich die Antwort auf die Frage nach der rechtlichen Bedeutung der die Vertragschließung bezweckenden Verhandlungen aus den sonstigen Bestimmungen des Entwurfes. In Betracht kommen insbesondere die Vorschriften über die Gebundenheit des Antragenden an den Vertragsantrag sowie über die Folgen einer verspäteten oder einer unter Erweiterungen oder Einschränkungen erklärten Annahme (§§ 80 ff., 88). Traktate.

§ 79.

Der Verkehr bringt mit sich, daß ein gegenseitiger Vertrag nicht selten mit der Bestimmung geschlossen wird, der eine der Vertragschließenden solle an den Vertrag nur dann gebunden sein, wenn er wolle. Den Hauptfall bildet der Kauf auf Probe (§ 471). Ihm schließen sich der Dienst-, der Lehr- Gegenseitiger Vertrag, bei welchem nur ein Theil gebunden.

*) Preuß. A. L. R. I, 5 § 125; sächs. G. B. § 784; bayr. Entw. Th. II Art. 20; hess. Entw. Abth. IV, 1 Art. 77 Abs. 2; dresd. Entw. Art. 55; österr. G. B. § 861 Satz 2; zür. G. B. §. 910.

und der Miethvertrag auf Probe an. Unter Umständen können in diesem Sinne auch aufzufassen sein der Vertrag, durch welchen der Erwerber eines Grundstückes den Erwerb weiteren Areales von dem Veräußerer für den Bedarfsfall sich sichert, die Verträge, welche die Militärverwaltung über Kriegslieferungen schließt, u. s. w. In Uebereinstimmung mit dem bestehenden Rechte ist in § 138 Satz 2 eine in das bloße Wollen des Verpflichteten gestellte Verpflichtung für unwirksam erklärt. Der Vertragschließende, welcher den entsprechenden Vorbehalt gemacht hat, ist demgemäß seinerseits nicht gebunden. Ob der andere Theil gebunden sei, ob ein gegenseitiger Vertrag oder überhaupt ein Vertrag vorliege, wird in der Jurisprudenz verschieden beantwortet. Bei der Wichtigkeit der Frage ist eine Entscheidung räthlich. Entsprechend den Bedürfnissen des Verkehres wird dieselbe dahin getroffen, daß ein gegenseitiger Vertrag anzunehmen sei, der für den einen Theil bindend ist, für den anderen Theil nicht, so daß der Bestand des Vertrages von dem Willen der einen Partei abhängt. Der Vertrag steht nicht unter der aufschiebenden Bedingung, daß die Partei, welche den Vorbehalt gemacht hat, wolle. Die letztere ist gemäß § 138 Satz 2 in keiner Weise, auch nicht bedingt gebunden. Aufschiebend bedingt ist nur die Verpflichtung des anderen Theiles. Erklärt die Partei, daß sie wolle, so wird die Bedingung erfüllt; der gegenseitige Vertrag gelangt zur vollen Perfektion und begründet von da an die gegenseitigen Rechte und Verbindlichkeiten, wie sie bei dem Abschlusse des Vertrages festgesetzt sind. Ob und inwieweit diese Gestaltung die Grundsätze vom gegenseitigen Vertrage durchbricht, darf auf sich beruhen. Erreicht wird, daß zur Vollendung des Vertrages weder, wie nach verschiedenen in der Wissenschaft aufgestellten Konstruktionen der Fall, eine besondere Annahme seitens desjenigen erforderlich ist, der die freie Entschließung sich vorbehalten hat, noch daß die vorbehaltene Erklärung in der Form abgegeben werden muß, welche etwa für den Abschluß des Vertrages vorgeschrieben ist. Es entspricht dies der Regel nach dem, was die Parteien, wenn sie einen solchen Vertrag schließen, beabsichtigen. Die Vorschrift des Abs. 1 läßt abweichender Regelung Raum. Ergeben die Umstände des Falles, daß die Parteien etwas anderes gewollt, liegt insbesondere nicht ein zum Abschlusse gelangter Vertrag, sondern nur ein den einen Theil bindender Vertragsantrag vor, so greifen die hierauf bezüglichen Grundsätze Platz.

Die Vorschrift des Abs. 2 setzt der Gebundenheit desjenigen Vertragschließenden, welcher sich vorbehaltlos eingelassen hat, ein angemessenes Ziel.

§ 80.

Gebundenheit des Antragenden.

Die in einem Vertrage sich zusammenschließenden Willenserklärungen erfolgen der Regel nach nicht gleichzeitig. Die eine, der Vertragsantrag, geht voran, die andere, die Annahme des Antrages, folgt nach. Bei Verträgen unter Abwesenden liegt gewöhnlich sogar ein längerer Zeitraum zwischen den beiden Willenskundgebungen. Hat Jemand einen Vertragsantrag einem Anderen gemacht, so ist er nach dem Entwurfe an denselben gebunden; er kann nicht mehr von dem Antrage zurück; jede hierauf gerichtete Erklärung ist wirkungslos. Die herrschende Lehre des gemeinen und franz. Rechtes gestattet, den Vertragsantrag zu widerrufen, so lange nicht die Annahme desselben von dem anderen Theile wirksam erklärt ist. Auf demselben Standpunkte stehen der Hauptsache nach das sächs. G. B. § 816, das zür. G. B. § 905 und der hess. Entw. Abth. IV, 1 Art. 81. Diese Gesetzgebungswerke erklären jedoch den Antragenden wenigstens dann, wenn er dem anderen Theile eine bestimmte Frist zur Erklärung über den Vertragsantrag gesetzt hat, bis zum Ablaufe der Frist für gebunden. Mit dem Entwurfe stimmen überein das H. G. B. Art. 319, das preuß. A. L. R. I, 5 §§ 90—103, das österr. G. B. § 862, der bayr. Entw. Th. II Art. 8—10, der dresd. Entw. Art. 45—47, das schweiz. Gesetz über das Obligationenrecht. Art. 3—6 und für das Gebiet des Handelsrechtes auch das zür. G. B. § 906 Abs. 2. 1. Geltendes Recht.

Die Gebundenheit des Antragenden ist ein Bedürfniß des Verkehres. Wird Jemandem ein Vertragsantrag gemacht, so muß dieser darauf vertrauen können, daß mit der von seiner Seite rechtzeitig erklärten Annahme der Vertrag zu Stande kommt. Der Antragsempfänger bedarf eines sicheren Ausgangspunktes für die zu fassende Entschließung; er muß unter Umständen sofort die für den Fall des Zustandekommens des Vertrages erforderlichen Maßnahmen treffen; er wird andere Vertragsanträge in Bezug auf den in Frage stehenden Gegenstand ablehnen und unterlassen, seinerseits Vertragsanträge hinsichtlich desselben zu stellen. Sollte ein Widerruf des an den Empfänger gelangten Antrages vor dem Wirksamwerden der Annahmeerklärung noch zulässig sein, so würde der Antragsempfänger nach Befinden schwer geschädigt werden. Ingleichen würde wegen der möglichen Gefährdung die Geneigtheit, auf Vertragsanträge sich einzulassen, im Allgemeinen sich mindern, der Verkehr erschwert und beeinträchtigt werden. Die Gebundenheit des Antragenden entspricht auch der vernünftigerweise anzunehmenden Absicht des Antragenden selbst. Dies tritt am deutlichsten in den Fällen hervor, in welchen der Antragende eine besondere Frist zur Erklärung über den Antrag gesetzt hat. Eine solche Fristsetzung hat nach der Auffassung des Lebens nicht blos die Bedeutung, daß der Antrag zeitlich begrenzt sein soll, sondern zugleich die, daß der Antragende für die betreffende Zeit die Hände sich bindet. Dieser Erkenntniß haben die Gesetzgebungen, welche auf dem Boden des gemeinen Rechtes stehen, sich nicht zu entziehen vermocht. Wenn aber das Gebundensein für den Fall, daß ausdrücklich eine Frist gesetzt ist, anerkannt werden muß, so ist nicht abzusehen, weshalb nicht das Gleiche im Falle einer stillschweigenden Fristsetzung gelten soll. Eine stillschweigende Fristsetzung ist aber bei jedem schlechthin gemachten Vertragsantrage zu unterstellen. Denn ein Vertragsantrag wird zu dem Zwecke gemacht, die Annahme desselben durch denjenigen, dem er gemacht wird, herbeizuführen; der Antragende muß daher bei Stellung des Antrages auch wollen, daß dem anderen Theile die zu seiner Erklärung unumgängliche Zeit verstattet sein soll; sonst wäre der Antrag schon bei seiner Stellung zwecklos. Die Unzweckmäßigkeit der Widerruflichkeit des Vertragsantrages wird auch in der gemeinrechtlichen Wissenschaft nicht verkannt. Der Gefährdung, welcher der Antragsempfänger durch den Widerruf ausgesetzt ist, sucht man unter Herbeiziehung verschiedener juristischer Gesichtspunkte dadurch zu begegnen, daß dem Widerrufenden die Verpflichtung auferlegt wird, dem anderen Theile 2. Standpunkt des Entwurfes. a) Gründe für die Gebundenheit.

dasjenige zu ersetzen, was derselbe gehabt haben würde, wenn die Aussicht auf das Zustandekommen des Vertrages ihm nicht eröffnet worden wäre. Mit einer solchen Schadensersatzpflicht ist, bei der großen praktischen Bedeutung der Frage, dem Verkehre nicht gedient. Der Verkehr erfordert eine glatte und rasche Abwickelung der Geschäfte, während die Verweisung auf Schadensersatz erfahrungsgemäß zu Prozessen heikler Art und von zweifelhaftem Erfolge führt und auf den Verkehr lähmend einwirkt.

b) Gegengründe.

Daß gewisse Gründe gegen die Bindung des Antragenden sprechen, soll nicht in Abrede gestellt werden. Insbesondere ist der Einwand nicht ohne Gewicht, daß der Antragsempfänger in die Lage gesetzt wird, eine Aenderung der Umstände, die in der Zeit von der Stellung des Vertragsantrages bis zum Eintreffen der Annahmeerklärung sich vollzieht, zu seinen Gunsten auszunutzen, daß er, wie man sich ausdrückt, auf Kosten des Antragenden in der betreffenden Zeit spekuliren kann. Die Gefahr, die für den Antragenden hierin liegt, ist indessen nicht allzu groß. Derselbe kann sich jederzeit durch Ausschluß der Gebundenheit (§ 81) sichern. Erachtet er einen solchen Ausschluß nicht für zweckdienlich, so vermag er der Gefahr wenigstens dadurch vorzubeugen, daß er sofortige Annahme durch das schnellste dem Antragsempfänger zu Gebote stehende Verkehrsmittel fordert. Es sind auch in denjenigen Rechtsgebieten, in welchen die Gebundenheit bereits besteht, sowie im Handelsverkehre erhebliche Unzuträglichkeiten in dieser Richtung nicht hervorgetreten. Im Handelsverkehre hat sich im Gegentheil — und dies ist ein weiterer gewichtiger Grund für das Vorgehen des Entwurfes — die Gebundenheit des Antragenden so eingelebt, daß sie schlechthin unentbehrlich ist. Eine Verschiedenheit des Handelsrechtes und des bürgerlichen Rechtes in diesem wichtigen Punkte aber würde, zumal bei der Schwierigkeit der Bestimmung der Grenzlinie zwischen beiden, zu empfindlichen Uebelständen führen.

3. Voraussetzungen der Gebundenheit. a) Der Antrag muß so beschaffen sein, daß mit der Annahme der Vertrag unmittelbar zu Stande kommen soll.

Nicht jede einem Anderen gegenüber abgegebene, die Herbeiführung eines Vertrages einleitende Willenserklärung ist ein den Erklärenden bindender Vertragsantrag. Voraussetzung ist, daß der Wille des Erklärenden darauf geht und die Erklärung selbst derartig beschaffen ist, daß sofort mit der Zustimmung desjenigen, an welchen die Erklärung gerichtet ist, der Vertrag zu Stande kommt. Diese Voraussetzung trifft nicht zu, wenn, wie bisweilen geschieht, einer Erklärung, die an sich einen Vertragsantrag enthält, eine Klausel beigefügt ist, durch welche die Freiheit der Entschließung gewahrt und damit der Erklärung nur die Bedeutung einer Aufforderung zur Stellung von Vertragsanträgen gegeben wird. Die Voraussetzung trifft ferner der Regel nach nicht zu bei den im gewöhnlichen Verkehre täglich vorkommenden Anerbietungen zum Verkaufen oder Kaufen, zum Vermiethen oder Miethen, zu Dienst- oder Arbeitsleistungen gegen bestimmtes Entgelt, bei den mit Preisangabe versehenen Ankündigungen von Reise- und Transportgelegenheiten, Kunstgenüssen, Lustbarkeiten u. s. w.

Anpreisungen.

Bei derartigen Erklärungen, mögen sie durch öffentliche Bekanntmachung, durch Anschlag, durch Versendung von Zirkularen, durch Mittheilung von Preislisten, Tarifen u. s. w. erfolgen, geht der Wille des Anbietenden erfahrungsgemäß nicht dahin, sich irgend Jemand für den Fall seiner Zustimmung unmittelbar zu verpflichten. Die offensichtliche Absicht ist vielmehr nur die, das Publikum auf die Gelegenheit zum Kaufen, Verkaufen, Miethen, Vermiethen, Verfrachten, Reisen u. s. w. hinzuweisen und zugleich die Geneigtheit zur Entgegennahme von Vertragsanträgen zu erklären. Das H. G. B. Art. 337 hat ausdrücklich ausgesprochen, daß das Anerbieten zum Verkaufe, welches erkennbar für mehrere Personen, insbesondere durch Mittheilung von Preislisten, Lagerverzeichnissen, Proben oder Mustern geschieht, kein verbindlicher Antrag zum Kaufe sei, und eine ähnliche Bestimmung findet sich in dem zür. G. B. § 907; nur verneint das letztere nicht, daß ein Vertragsantrag im rechtlichen Sinne vorliege, sondern es unterstellt einen die Gebundenheit ablehnenden stillschweigenden Vorbehalt. Einer besonderen Vorschrift in dieser Richtung bedarf es nicht. Der Begriff des Vertragsantrages, die maßgebende Bedeutung des Willens des Anbietenden für die rechtliche Tragweite seiner Erklärung, bringen von selbst mit sich, daß derartige Angebote unverbindlich sind. Andererseits ist nicht jede Möglichkeit ausgeschlossen, daß bei der Beschaffenheit des besonderen Falles der Wille des Anbietenden doch darauf gerichtet ist, einen wirklichen Vertragsantrag zu stellen, und dem Willen des Anbietenden solchenfalls entgegenzutreten, liegt kein Grund vor, wie dies auch das H. G. B. sichtbar nicht bezweckt. Offen bleibt nicht minder die Behandlung der nahe verwandten Angebote an eine sog. persona incerta. Die Jurisprudenz wird auch ohne besondere Anleitung die richtige Entscheidung im einzelnen Falle treffen.

b) Der Antrag muß alle wesentlichen Bestandtheile des beabsichtigten Vertrages enthalten.

Der Vertragsantrag muß, soll er bindend sein, alle wesentlichen Bestandtheile des in Aussicht genommenen Vertrages enthalten, nicht nur diejenigen, welche nach dem Gesetze zu dem Wesen des Vertrages gehören, sondern auch diejenigen, bezüglich deren nach der Absicht des Antragenden überhaupt Bestimmungen getroffen werden sollen (§ 78). Ein auf die Vereinbarung weiterer Punkte bezüglicher Vorbehalt schließt — sofern er nicht in dem Sinne gestellt ist, daß der Abschluß des Vertrages dadurch nicht gehindert werden soll — die Verbindlichkeit des Vertragsantrages aus; der Zweck der Gebundenheit, die Möglichkeit des sofortigen Zustandekommens des Vertrages durch rechtzeitige Annahme zu sichern, fällt hier fort.

Der Zeitpunkt, mit welchem ein Vertragsantrag, der an einen Abwesenden gerichtet ist, wirksam wird, ergiebt sich aus § 74 Abs. 1 und 2. Ueber die Verbindlichkeit von Vertragsanträgen an Minderjährige, die in der Geschäftsfähigkeit beschränkt sind, und an die ihnen gleichgestellten Personen vergl. § 66 Abs. 2 Satz 2, §§ 70, 71.

Vertragsantrag bei formalisirten Geschäften.

Ob in Ansehung eines Vertrages, dessen Gültigkeit an die Beobachtung einer besonderen Form geknüpft ist, ein dem Formerfordernisse entsprechender Vertragsantrag mit der Wirkung gemacht werden kann, daß der Antragende gebunden ist, oder ob die Formvorschrift in sich schließt, daß eine Gebundenheit erst mit der Vollendung der Vertragsform eintreten kann, ist eine Frage, die bei ihrer geringen praktischen Bedeutung unbedenklich der Entscheidung durch die Wissenschaft überlassen werden kann.

§ 81.

Ablehnung der Gebundenheit seitens des Antragenden.

Lehnt der Antragende bei Stellung des Vertragsantrages die Gebundenheit ausdrücklich oder stillschweigend ab, so weiß der andere Theil, daß er auf den Bestand des Antrages nicht vertrauen darf, und kann sich darnach einrichten. Das Recht hat keinen Grund, einem solchen Ausschlusse der Gebundenheit entgegenzutreten; vergl. zür. G. B. § 907, schweiz. Gesetz über das Obligationenrecht Art. 6. Der Vorbehalt der Unverbindlichkeit braucht nicht in dem Antrage selbst gemacht zu sein; erforderlich ist nur, daß er dem anderen Theile nicht später als der Antrag zugeht. Der Vorbehalt kann auch nur ein beschränkter, insbesondere dahin abgeschwächt sein, daß der Vertrag schon dann stehen solle, wenn nicht bis zur Absendung der Annahmeerklärung widerrufen ist. Dem Vorbehalte steht es selbstverständlich gleich, wenn der andere Theil dem Antragenden vorher erklärt hat, daß er ihn an den von ihm zu stellenden Antrag nicht für gebunden erachten werde.

§§ 82—84.

Mit dem Wegfalle der Gebundenheit erlischt auch der Antrag.

Die Gebundenheit des Antragenden an den Vertragsantrag ist ihrem Grunde und Zwecke nach eine zeitlich begrenzte. Sie erstreckt und beschränkt sich auf die zur Erklärung der Annahme verstattete Zeit. Nur so lange will der Antragende gebunden sein und braucht er im Verkehrsinteresse gebunden zu werden. Erfolgt die Annahme nicht rechtzeitig, so erlischt auch der Antrag selbst. Die mehrfach vertretene Ansicht, daß nur die Gebundenheit fortfalle, der Antrag aber bis auf erfolgten Widerruf fortbestehe und der Annahme fähig sei, entspricht weder der Verkehrsanschauung noch der regelmäßig anzunehmenden Absicht des Antragenden. Vertragsanträge werden mit Rücksicht auf die jeweilige Lage der dem Wechsel unterworfenen Verhältnisse, nicht für immer gemacht. Sofern nicht ein Anderes ersichtlich ist, muß daher davon ausgegangen werden, daß mit dem Ablaufe der zur Annahme verstatteten Zeit dem Antrage selbst ein Ziel gesetzt ist. Dies ist auch, der herrschenden Meinung nach, der Standpunkt des H. G. B. Art. 318, 319 und jedenfalls derjenige des österr. G. B. § 862 und des zür. G. B. § 908. Das preuß. A. L. R. I, 5 §§ 103, 104 besagt zwar nur, daß der Antragende nach Ablauf der Annahmefrist zurücktreten könne; man nimmt aber an, daß damit das Erlöschen des Antrages ausgesprochen sei. Nach dem sächs. G. B. § 816 gilt das Anerbieten mit Ablauf einer besonders gesetzten Annahmefrist als widerrufen; im Uebrigen verliert dasselbe seine Kraft, wenn die Erklärung der Annahme verzögert wird (§ 817). Der bayr. Entw. Th. II Art. 8—10, der dresd. Entw. Art. 45—47 und das schweiz. Gesetz über das Obligationenrecht Art. 3—5 haben sich im Wesentlichen der Fassung des H. G. B. angeschlossen.

Zeitliche Begrenzung der Gebundenheit. a) Setzung einer besonderen Frist.

Der § 82 behandelt den Fall, daß einem An- oder Abwesenden eine besondere Frist zur Annahme des Vertragsantrages ausdrücklich oder stillschweigend gesetzt ist. Die Vorschrift ergiebt sich aus dem Vorbemerkten von selbst. Einer besonderen Bestimmung für den Fall, daß eine Bedenkzeit ohne nähere Bestimmung ihrer Dauer eingeräumt ist, bedarf es nicht. Vielfach wird die Vorschrift des § 84 Platz greifen; sonst ist die Frist nach den Umständen zu bemessen.

b) Ohne Setzung einer Frist bei einem An-

Wird einem Anwesenden ein Vertragsantrag ohne Bestimmung einer Annahmefrist gemacht, so ist nach der Absicht des Antragenden und der Verkehrsauffassung sofortige Antwort geboten. Erfolgt eine entsprechende Annahmeerklärung nicht, so verliert der Antrag seine Kraft (§ 83)*). Ob die Annahme-erklärung als eine sofortige zu betrachten sei, ist nach Lage des Falles zu entscheiden. Eine Einengung des richterlichen Ermessens in dieser Hinsicht könnte nur nachtheilig wirken. trage gegenüber einem Anwesenden.

c) Ohne Setzung einer Frist bei einem Antrage gegenüber einem Abwesenden.

Wird einem Abwesenden ein Vertragsantrag ohne Bestimmung einer Annahmefrist gemacht, so liegt, wie bereits hervorgehoben ist, in dem Begriffe und Zwecke des Vertragsantrages, daß dem Antragsempfänger diejenige Zeit zur Annahme verstattet sein soll und verstattet werden muß, deren er zur Bewirkung der letzteren bedarf (gesetzliche Annahmefrist). Ueber die Bemessung dieser Frist gehen die Ansichten auseinander. Das preuß. A. L. R. I, 5 §§ 96—101 enthält eine Reihe von Einzelbestimmungen, deren Grundgedanke ist, daß die Antwort des Antragsempfängers in der dem ordnungsmäßigen Geschäftsgange entsprechenden Zeit zu erfolgen habe. Das österr. G. B. § 862 läßt eine verschiedene Regelung eintreten, je nachdem die Betheiligten an demselben Orte sich befinden oder nicht; für den ersteren Fall wird eine Frist von vierundzwanzig Stunden gesetzt; im letzteren Falle muß die Annahme innerhalb des Zeitraumes erfolgen, der zur zweimaligen Beantwortung erforderlich ist, wobei davon ausgegangen wird, daß die Grundlage für die Berechnung von demjenigen Zeitraume gebildet werde, welcher nach dem gewöhnlichen Laufe der Dinge, also abgesehen von besonderen Zufällen, für die Beförderung von Nachrichten nöthig sei. Das sächs. G. B. § 817 und das zür. G. B. § 908 entziehen dem Anerbieten seine Kraft, wenn derjenige, dem es gemacht worden, die Erklärung der Annahme bezw. deren Mittheilung verzögert, und lassen die Frage, ob eine Verzögerung vorliegt, nach den Umständen und der Sitte des Verkehres beantworten. Das H. G. B. Art. 319 Abs. 1, der bayr. Entw. Th. II Art. 10 Abs. 1, der dresd. Entw. Art. 47 Abs. 1 und das schweiz. Gesetz über das Obligationenrecht Art. 5 Abs. 1 stehen auf dem Boden des preuß. A. L. R.; nur hat dessen Grundgedanke einen bestimmteren Ausdruck dahin gefunden, daß der Antragende bis zu dem Zeitpunkte gebunden ist, in welchem er bei ordnungsmäßiger rechtzeitiger Absendung der Antwort den Eingang der letzteren erwarten darf, und daß bei der Berechnung dieses Zeitraumes der Antragende von der Voraussetzung der rechtzeitigen Ankunft seines Antrages ausgehen darf. Der Entwurf (§ 84) schließt sich dem Vorgange des H. G. B. an. Wie im Handelsverkehre, so erwartet auch im Nichthandelsverkehre der Antragende eine alsbaldige Entschließung auf seinen Antrag. Entspricht längeres Zuwarten seinem Interesse, so wird er von selbst nicht unterlassen, eine erweiternde Fristbestimmung beizufügen. Zur näheren Bemessung der Frist empfiehlt sich aber eine Vorschrift, welche klar ausspricht, daß die Antwort so zeitig zu erfolgen habe, als dies nach dem ordnungsmäßigen Geschäftsgange geschehen kann, ungleich mehr, als die allgemeine Anordnung, daß eine nach den Umständen und der Sitte des Verkehres zu beurtheilende Verzögerung der Annahmeerklärung nicht eingetreten

---

*) Vergl. H. G. B. Art. 318; preuß. A. L. R. I, 5 § 94; bayr. Entw. Th. II Art. 9; dresd. Entw. Art. 46; österr. G. B. § 862; schweiz. Gesetz über das Obligationenrecht Art. 4.

sein dürfe. Die letztere Gestaltung schafft weder für den Antragenden noch für den Antragsempfänger einen festen Beurtheilungsmaßstab und begründet einen ungewissen Zustand, der beiden Theilen nicht erwünscht sein kann. Die nachgelassene Frist setzt sich zusammen aus der Beförderungszeit des Antrages, dem tempus modicum für die Erklärung der Annahme und aus der Beförderungszeit der Annahme. Für die Beurtheilung, ob die so bemessene Frist eingehalten ist, muß der Standpunkt des Antragenden maßgebend sein; er hat mit dem Antrage die Frist gestellt und die Billigkeit erfordert, daß die Dauer des für ihn nicht ganz ungefährlichen Schwebezustandes von ihm übersehen werden kann. Trifft der Antrag bei dem Antragsempfänger verspätet, d. h. später ein, als zu der auf dem gewählten Korrespondenzwege sonst erforderlichen Zeit, so ist es Sache des Antragsempfängers, den Zeitverlust durch beschleunigte Beförderung der Antwort einzubringen, es müßte denn der Antragende bei der Absendung das Hinderniß gekannt haben; letzterenfalls kann der Antragende die Antwort nur unter Einrechnung der von ihm vorausgesehenen Verspätung erwarten. Ebenso trägt der Antragsempfänger, vorbehaltlich der Bestimmung des § 85, die Folgen, wenn das rechtzeitige Eingehen der Antwort durch Zufall oder durch die Schuld eines Dritten verhindert wird. Die Fassung des § 84 weicht von derjenigen des H. G. B. insofern ab, als von der nach der Verkehrssitte als rechtzeitig zu betrachtenden Absendung der Antwort gesprochen wird. Die Abweichung ist keine sachliche; sie soll lediglich dem Gedanken des H. G. B. einen entsprechenderen Ausdruck verleihen.

Ueber die Behandlung derjenigen Fälle, in welchen es einer ausdrücklichen Annahmeerklärung seitens des Antragsempfängers nicht bedarf, vergl. § 86.

§ 85.

Keine allg. Benachrichtigungspflicht bei verspätetem Eingange der Annahmeerklärung.

Das preuß. A. L. R. I, 5 §§ 100, 104, 105 legt dem Antragenden die Verpflichtung auf, den Antragsempfänger, wenn eine Antwort desselben innerhalb der Annahmefrist nicht eingeht, zu benachrichtigen, daß der Antrag zurückgenommen sei, und giebt für den Fall der Unterlassung dieser Benachrichtigung dem Antragsempfänger, der die Erklärung seiner Annahme rechtzeitig abgesendet hat, einen Anspruch auf Ersatz des Schadens, welcher aus den zur Erfüllung des Vertrages gemachten Anstalten in der Zwischenzeit erwachsen ist. Das H. G. B. Art. 319 Abs. 2 verpflichtet den Antragenden nur im Falle der rechtzeitigen Absendung der Annahmeerklärung seitens des anderen Theiles zu dessen unverzüglicher Benachrichtigung von dem verspäteten Eintreffen und knüpft an die Unterlassung die Folge, daß der Vertrag besteht. Dem H. G. B. schließen sich der bayr. Entw. Th. II Art. 10 Abs. 2 und der dresd. Entw. Art. 47 Abs. 2 an. Das schweiz. Gesetz über das Obligationenrecht Art. 5 Abs. 2 kennt gleichfalls nur eine Anzeigepflicht für den bezeichneten Fall, verpflichtet aber den Antragenden bei Unterlassung der Anzeige, sofern er nicht gebunden sein will, zum Schadensersatze. Das H. G. B. schweigt dabei über den Fall, daß eine besondere Annahmefrist gesetzt ist; der bayr. Entw. Th. II Art. 8, der dresd. Entw. Art. 45 und das schweiz. Gesetz Art. 3 verneinen dagegen mittelbar für diesen Fall die Benachrichtigungspflicht.

Hat Jemand auf einen Vertragsantrag die Annahmeerklärung rechtzeitig abgesendet, so darf er der Erwartung sich hingeben, daß die Erklärung innerhalb der Annahmefrist bei dem Antragenden eingeht und der Vertrag zu Stande kommt. Die Rücksicht auf Treue und Glauben erfordert, daß der Antragende, wenn diese Erwartung den thatsächlichen Verhältnissen nicht entspricht, den Absender durch eine entsprechende Benachrichtigung ohne schuldhafte Verzögerung aufklärt. Die dem Antragenden daraus erwachsende Last steht in keinem Verhältnisse zu der Gefährdung, welcher der andere Theil bei diesbezüglichem Schweigen ausgesetzt sein kann. Das preuß. A. L. R. geht zu weit, wenn es für alle Fälle, in welchen eine Antwort nicht rechtzeitig bezw. überhaupt nicht erfolgt, Benachrichtigung vorschreibt. Nur bei rechtzeitiger Absendung der Antwort seitens des Antragsempfängers ist eine Rücksichtnahme auf den letzteren am Platze. Andererseits ist kein zureichender Grund ersichtlich, zwischen dem Falle der besonders gesetzten Annahmefrist und dem Falle der gesetzlichen Annahmefrist zu scheiden. Anlangend die Benachrichtigung selbst, so hat dieselbe nicht dahin zu gehen, daß der Antragende „zurücktrete" (H. G. B. Art. 319 Abs. 2); mit Ablauf der nicht gewahrten Frist ist die Gebundenheit wie der Antrag von selbst erloschen. Der Antragende braucht ferner selbstverständlich mit der Anzeige nicht bis zu dem Eingange der Antwort zu warten; es genügt, wenn er bereits in der Zwischenzeit d. h. nach Ablauf der Frist und vor dem Eintreffen der Antwort die Benachrichtigung ergehen läßt. Die Pflicht ist erfüllt, wenn seitens des Antragenden Alles geschehen ist, was nach der Sitte des Verkehres erforderlich ist, die Anzeige an den Antragsempfänger gelangen zu lassen; die Gefahr des Eintreffens der ordnungsmäßig abgesandten Anzeige trifft den Antragsempfänger.

Nur dann, wenn die Annahmeerklärung rechtzeitig abgesendet.

Die Folge der Unterlassung der Benachrichtigung würde an sich sein, daß der Antragende den durch seine Pflichtverletzung erwachsenen Schaden zu ersetzen habe. Allein damit ist dem Verkehre nicht gedient. Die Annahmeerklärung muß als eine rechtzeitige gelten und zwar in dem Sinne, daß die Annahme mit dem Zeitpunkte sich vollendet, in welchem die verspätete Erklärung dem Antragenden zugekommen ist. Mit Hülfe einer Fiktion die Annahme in den Zeitpunkt zu verlegen, in welchem dieselbe vollendet gewesen wäre, wenn der das rechtzeitige Eintreffen hindernde Umstand nicht vorgelegen hätte, empfiehlt sich ebensowenig, als die Vollendung erst in dem Zeitpunkte eintreten zu lassen, in welchem die Benachrichtigung seitens des Antragenden spätestens hätte abgesendet werden müssen. In dem einen wie in dem anderen Falle würde die Feststellung des maßgebenden Zeitpunktes erheblichen Schwierigkeiten unterliegen.

Bei Versäumung der Anzeige gilt die Annahme als rechtzeitig.

§ 86.

Die Regel des § 72, daß eine Willenserklärung sowohl ausdrücklich als stillschweigend erfolgen könne, ist in Ansehung der Annahmeerklärung nur beschränkt durchführbar. Die stillschweigende Annahme eines Vertragsantrages ist jedenfalls dann ausgeschlossen, wenn der Antragende ausdrückliche Annahme gefordert hat. Ihre Zulässigkeit ist der Regel nach aber auch für die Fälle zu verneinen, in welchen der Antragende ein derartiges Verlangen nicht besonders

Stillschweigende Annahme der Regel nach nicht zulässig.

gestellt hat. Die Verkehrsgrundsätze bringen mit sich, daß, wer einen Vertragsantrag macht, sich bezüglich der Annahme nicht auf Schlußfolgerungen verwiesen wissen will, sondern ausdrücklicher Bescheidung entgegensieht. Gründe, dem entgegenzutreten, sind nicht vorhanden. Insbesondere ist die Zulassung der stillschweigenden Annahme in solchem Umfange kein Gebot der Gerechtigkeit. In vielen Fällen wird in der entsprechenden stillschweigenden Erklärung ein neuer Vertragsantrag enthalten sein, durch dessen Annahme seitens des früheren Antragenden die Sache sich erledigt. Trifft letzteres nicht zu und liegt die stillschweigende Erklärung in der Verfügung über eine dem Antragsempfänger angebotene Sache des Antragenden, so ist das Interesse des letzteren durch die allgemeinen Grundsätze über Haftung wegen Schadensersatzes hinreichend gesichert. Die Zulassung würde auch kaum von praktischer Bedeutung sein. Jedenfalls müßte festgehalten werden, daß die stillschweigende Annahme innerhalb der Annahmefrist zur Kenntniß des Antragenden gelangte (§ 74 Abs. 1), und dies dürfte bei den weitaus die Mehrzahl bildenden Vertragsanträgen gegenüber Abwesenden ohne nähere Fristbestimmung kaum je zu erreichen sein. Der Ausweg, den Vertragsantrag, wenn der Antragende von der stillschweigenden Annahme nicht rechtzeitig Kenntniß erhält, zwar erlöschen zu lassen, den Antragsempfänger aber an seine Annahme dergestalt zu binden, daß er, wenn der Antragende will, dieselbe gegen sich gelten lassen muß, würde mit den in den §§ 84, 85 zur Geltung gebrachten Grundsätzen wenig in Einklang stehen und eine verwickelte Rechtslage schaffen, ohne die entsprechenden Vortheile zu bieten.

Anders nur, wenn der Antragende sie gestattet.

Die stillschweigende Annahme ist demgemäß nur für zulässig erklärt, wenn der Antragende sie ausdrücklich oder stillschweigend gestattet hat, und da in dieser Gestattung zugleich nach Lage der Sache ein Verzicht auf Antwort gefunden werden muß, so ist des Weiteren ausgesprochen, daß zur Wirksamkeit der Annahme solchenfalls nicht erforderlich ist, daß die Annahme zur Kenntniß des Antragenden gelangt (Abs. 1). Der letztere Satz enthält allerdings nicht nur eine Abweichung von der Vorschrift des § 74 Abs. 1, sondern durchbricht auch den Grundsatz des § 77, nach welchem der geeinte Wille der Vertragschließenden gegenseitig erklärt sein muß. Allein die Bestimmung entspricht dem Willen des Antragenden und ist, wenn überhaupt die Zulassung der stillschweigenden Annahme Bedeutung haben soll, unentbehrlich, wie man denn auch schon bisher kein Bedenken getragen hat, von dem Erfordernisse der Mittheilung der Annahme in einem solchen Falle Abstand zu nehmen (bayr. Entw. Th. II Art. 12, 13; schweiz. Gesetz über das Obligationenrecht Art. 5 Abs. 3; Entsch. des Reichsgerichtes in Civils. II Nr. 14 S. 43 ff.).

Fälle einer solchen Gestattung.

Als Fälle der Gestattung der stillschweigenden Annahme sind mit Rücksicht auf ihre praktische Bedeutung in Abs. 2 hervorgehoben, daß der Antragende in dem Antrage die sofortige Leistung verlangt oder daß aus dem Antrage erhellt, der Antragende erwarte nur Annahme, keine Antwort. Letzteres kann unter Umständen namentlich dann anzunehmen sein, wenn der Antragende mit dem Antrage gleichzeitig die angebotene Leistung zugehen läßt. Fälle der ersteren Art sind die im kaufmännischen wie im gewöhnlichen Verkehre eine hervorragende Rolle spielenden Kaufvertragsanträge, welche in der Form von Bestellungen ergehen. Bei diesen soll erfolgen und erfolgt die

Annahme durch Ausführung der Bestellung, und wenn daneben eine Mittheilung über die Annahme an den Antragenden ergeht, so ist dieselbe nicht die Annahmehandlung, sondern nur eine Benachrichtigung von der durch die Ausführung der Bestellung bereits erfolgten Annahme. Ueber sonstige, im Entwurfe besonders berücksichtigte Fälle vergl. §§ 438, 618 Abs. 1 Satz 2.

Zeitliche Begrenzung der Gebundenheit und des Antrages in Fällen dieser Art.

Der Antragende, welcher stillschweigende Annahme gestattet hat, kann nicht der Willkür des anderen Theiles preisgegeben sein. Ist von ihm eine besondere Annahmefrist gesetzt, so entscheidet diese. Fehlt es an einer solchen Fristsetzung, so ist dem Antragsempfänger diejenige Zeit als verstattet anzusehen, welche zur Bewirkung der Annahme nach den Umständen des Falles erforderlich ist. Dabei ist jedoch der Standpunkt des Antragenden, wie nach § 84, insofern maßgebend, als dieser voraussetzen darf, daß der Antrag dem anderen Theile innerhalb der gewöhnlichen Beförderungsfrist zugegangen ist, und als ferner Hindernisse in der Person des Antragsempfängers (Abwesenheit, Krankheit u. s. w.), sofern sie dem Antragenden unbekannt sind, nicht in Betracht kommen. In Abs. 3 ist dies dadurch zum besonderen Ausdrucke gebracht, daß auf den aus den Umständen des Falles zu entnehmenden Willen des Antragenden verwiesen ist.

Nur der Spezialfall geordnet, wenn sofortige Leistung verlangt ist.

Anders als durch den Hinweis auf die Umstände des einzelnen Falles läßt die Dauer der Gebundenheit bei der Vielgestaltigkeit der Verhältnisse sich nicht bestimmen. Nur für den Fall, daß sofortige Leistung verlangt ist, erscheint es mit Rücksicht auf dessen Wichtigkeit im Verkehre angezeigt, eine besondere Auslegungsregel aufzustellen. Wer sofortige Leistung verlangt, will im Zweifel für diejenige Zeit gebunden sein, welche für die Bewirkung der Leistung nöthig ist. Wird die Leistung verzögert, so muß damit der Antrag erlöschen. Ob eine Verzögerung vorliegt, ist nach den Umständen und der Verkehrssitte zu entscheiden (Abs. 4 Satz 1—3). Auch hier ist aber der Lage des Antragenden insofern Rechnung zu tragen, als er außergewöhnliche Umstände nicht gegen sich gelten zu lassen braucht. Demgemäß ist in Satz 4 besonders hervorgehoben, daß, wenn die Ankunft des Antrages durch Zufall, wozu auch die Schuld eines Dritten gehört, verspätet oder die sofortige Leistung durch besondere Umstände verhindert wird, der Antrag im Zweifel als erloschen anzusehen ist.

Ob und wann ein die Annahme des Antrages in sich schließendes Handeln seitens des Antragsempfängers vorliegt, hat die Beschaffenheit des Falles zu ergeben. In vielen Fällen wird es zur Vollendung der Annahme genügen, wenn mit der von dem Antragenden verlangten Leistung nur begonnen worden ist, in anderen Fällen wird ein Mehreres hinzutreten müssen. Im Allgemeinen ist, und dies gilt auch von dem Falle, daß sofortige Leistung verlangt ist, davon auszugehen, daß die stillschweigende Annahme in dem Zeitpunkte sich vollendet, in welchem die Handlungen oder Unterlassungen, welche den Willen der Annahme ergeben, vollendet sind. Darauf, ob der Antragsempfänger im Stande ist, die betreffende Handlung thatsächlich wieder rückgängig zu machen, die auf die Bestellung abgesandte Waare zurückzuholen u. s. w., kann es nicht ankommen.

§ 87.

Der Vertrag ist geschlossen mit dem Wirksamwerden der Annahmeerklärung.

Ist ein Vertragsantrag angenommen, so ist damit der Vertrag geschlossen. Ein Vertrag unter Abwesenden kommt sonach im Falle ausdrücklicher Annahme mit dem Zeitpunkte zu Stande, in welchem die Annahmeerklärung dem Antragenden zukommt, im Falle gestatteter stillschweigender Annahme mit dem Zeitpunkte, in welchem die konkludente Handlung vollendet ist (§ 74 Abs. 1, 2, § 86). Nach dem H. G. B. Art. 321 und dem dresd. Entw. Art. 50 soll bei einem unter Abwesenden mittels ausdrücklicher Annahmeerklärung geschlossenen Vertrage der Zeitpunkt der Abgabe der Annahmeerklärung behufs der Absendung als der Zeitpunkt des Abschlusses des Vertrages gelten. Das schweiz. Gesetz über das Obligationenrecht Art. 8 Abs. 1 spricht den dieser Bestimmung zu Grunde liegenden Gedanken unmittelbar dahin aus, daß die Wirkungen des Vertrages mit dem bezeichneten Zeitpunkte beginnen, und fügt in Abs. 2 hinzu, daß, wenn eine ausdrückliche Annahme nicht erforderlich sei, die Wirkungen des Vertrages mit dem Empfange des nicht abgelehnten Antrages ihren Anfang nehmen sollen (vergl. dazu Art. 5 Abs. 3). Innere Gründe stehen einer solchen Gestaltung nicht zur Seite. An sich ist es nicht regelgemäß, daß ein Vertrag eher seine Wirkungen äußert, als er geschlossen ist.

Ablehnung des Standpunktes des H. G. B.

Die Unterstellung aber, daß, wenn es zur Schließung des Vertrages gekommen sei, jeder Theil ein Interesse daran habe, die Wirksamkeit desselben auf einen möglichst frühen Zeitpunkt verlegt zu sehen, daß mithin die Rückbeziehung in dem Willen der Vertragschließenden liege, kann als allgemein berechtigt nicht anerkannt werden. Dem Antragsempfänger mag zwar die Vordatirung der Wirkungen der Regel nach erwünscht und vortheilhaft sein. Hinsichtlich des Antragenden trifft aber diese Voraussetzung nicht ohne Weiteres zu, und insbesondere kann nicht als Regel angenommen werden, daß er dem Antragsempfänger überlassen wolle, den Zeitpunkt für den Eintritt der Wirkungen durch eine Handlung zu bestimmen, welche diesen selbst, wegen der Möglichkeit, die Annahmeerklärung, so lange diese dem Antragenden noch nicht zugekommen ist, zu widerrufen (§ 74 Abs. 2), nicht sofort bindet. Wollen die Vertragschließenden im einzelnen Falle die Wirkungen des Vertrages zu einem vor dessen Schließung fallenden Zeitpunkte eintreten lassen, so ist es ihnen unbenommen, solches zu vereinbaren; zu einer diesfallsigen allgemeinen, den Antragsempfänger einseitig begünstigenden Bestimmung liegt kein Grund vor. Wenn das H. G. B. zu einer solchen gelangt ist, so wird man in der Annahme kaum irre gehen, daß dieselbe lediglich einem Kompromisse der verschiedenen über den Abschluß des Vertrages unter Abwesenden seiner Zeit bestehenden Ansichten ihre Entstehung verdankt.

Spezialfall.

Für den seltenen Fall, daß das Gesetz dem Antragsempfänger die Ablehnung des Vertragsantrages unter dem Präjudize der Annahme zur Pflicht macht und dieser sich schweigend verhält, bedarf es keiner besonderen Bestimmung über den Zeitpunkt des Zustandekommens des Vertrages. Sind die Voraussetzungen des § 438, sofern man denselben überhaupt hierher zu zählen hat, gegeben, so kann nach dieser Vorschrift auch kein Zweifel über den Zeitpunkt, in welchem die Annahme der Schenkung als erfolgt gilt, bestehen. Der

Hauptfall aber, der nach dem geltenden Rechte vornehmlich in Betracht kommt (vergl. H. G. B. Art. 323, preuß. A. L. R. I, 13 §§ 13, 14, sächs. G. B. § 1298), hat durch § 587 eine Regelung erfahren, welche diese Frage überhaupt nicht entstehen läßt.

Ist die Annahme eines Vertragsantrages gegenüber einer Person erklärt, welche in der Geschäftsfähigkeit beschränkt ist, so richtet sich die Gültigkeit und Wirksamkeit des Vertrages nach den Vorschriften des § 65.

Annahme gegenüber einer in der Geschäftsfähigkeit beschränkten Person.

§ 88.

Die verspätete Annahme ist als solche nicht wirksam. Sie enthält aber die Erklärung, den beantragt gewesenen Vertrag schließen zu wollen, und in dieser Erklärung liegt ein neuer Vertragsantrag, der als solcher im Falle der Annahme seitens des früheren Antragenden und nunmehrigen Antragsempfängers zur Vertragschließung führt (Abs. 1).

Verspätete Annahme gilt als neuer Antrag.

Wird ein Vertragsantrag abgelehnt, so erlischt derselbe, auch wenn die Annahmefrist noch nicht abgelaufen ist (Abs. 2). Die Annahmefrist ist nicht in dem Sinne gestellt, daß der Antragsempfänger innerhalb derselben jederzeit und ohne Rücksicht auf eine vorherige gegentheilige Willensäußerung annehmen kann, sondern in dem Sinne, daß derselbe sich innerhalb dieser Frist über die Annahme erklären soll, und diese Erklärung ist mit der Ablehnung erfolgt. Das H. G. B. Art. 322 geht sichtbar ebenfalls von dem Erlöschen des Antrages durch Ablehnung aus.

Bei Ablehnung erlischt der Antrag auch vor Ablauf der Annahmefrist.

Die Vorschrift des Abs. 3 steht im Einklange mit dem H. G. B. Art. 322, bayr. Entw. Th. II Art. 15 und dem dresd. Entw. Art. 51. Das preuß. A. L. R. I, 5 § 84, das österr. G. B. § 869 und das zür. G. B. § 909 beschränken sich auf die Bestimmung, daß bei einer mit Bedingungen oder Einschränkungen versehenen Annahme der Vertrag nicht zu Stande kommt. Eine solche Annahme enthält aber, ebenso wie die verspätete Annahmeerklärung, zugleich einen neuen Vertragsantrag, und es empfiehlt sich, dies im Gesetze hervorzuheben.

Annahme mit Klauseln gilt als Ablehnung und neuer Antrag.

§ 89.

Das preuß. A. L. R. I, 5 §§ 106—108, das sächs. G. B. § 818 und der dresd. Entw. Art. 49 gehen, abweichend von dem gemeinen Rechte, davon aus, daß ein Vertragsantrag weder durch den Tod des Antragenden noch durch den Tod desjenigen, welchem der Antrag gemacht ist, erlischt, es müßte denn der Antrag auf persönlichen Beziehungen beruhen, welche mit dem Tode wegfallen. Das H. G. B. Art. 297 faßt nur den Fall des Todes des Antragenden in's Auge und ordnet an, daß ein von einem Kaufmann in dem Handelsgewerbe ausgegangener Antrag nicht durch seinen Tod aufgehoben wird, sofern nicht eine entgegengesetzte Willensmeinung aus seiner Erklärung oder aus den Umständen hervorgeht. Der bayr. Entw. Th. II Art. 14 behandelt lediglich den entgegengesetzten Fall, daß derjenige, welchem ein Antrag gemacht ist, vor dem Zustandekommen des Vertrages stirbt, und läßt dessen Erben dann an seine Stelle treten, wenn derselbe seine Erklärung der Annahme

Der Antrag bleibt der Regel nach bestehen, wenn der Antragende oder der andere Theil nach der Absendung stirbt.

behufs der Absenduug bereits abgegeben hat und nicht das beabsichtigte Geschäft nach der Natur oder nach der Absicht des Antragenden auf die Person des Annehmenden beschränkt ist. Der den ersterwähnten Gesetzgebungen zu Grunde liegende Gesichtspunkt, daß Vertragsanträge regelmäßig aus einem wirthschaftlichen Bedürfnisse oder wenigstens aus einem Geldinteresse hervorgehen, und daß dieses Bedürfniß bezw. Interesse der Regel nach mit dem Vermögen bestehen bleibt, wenn solches auch mit dem Tode des bisherigen Inhabers in andere Hände übergeht, ist vollberechtigt. Der Gesichtspunkt führt aber in Verbindung mit den zu § 74 Abs. 3 in Erwägung gezogenen Verkehrsrücksichten dazu, den Tod des Antragenden in der Regel nicht blos dann für einflußlos zu erklären, wenn ein wirksamer Vertragsantrag zur Zeit seines Eintrittes bereits vorliegt, sondern auch dann, wenn dies noch nicht der Fall, wohl aber der Antrag schon zur Absendung gelangt war. Andererseits erscheint es ebenso angemessen als unbedenklich, einen Vertragsantrag auch dadurch nicht hinfällig werden zu lassen, daß derjenige, für welchen der Antrag bestimmt ist, nach dem vorbezeichneten Zeitpunkte stirbt; der Antrag ist solchenfalls als an die Erben desselben gerichtet anzusehen. Die Regel greift nicht Platz, wenn aus dem Antrage oder den Umständen des Falles ein anderer Wille des Antragenden hervorgeht; letzteres wird namentlich der Fall sein, wenn der Antragende Gegenstände bestellt hat, die ersichtlich zur Befriedigung seines persönlichen Bedürfnisses bestimmt sind oder wenn derselbe eine persönliche Begünstigung des anderen Theiles bezweckt hat. Der noch nicht wirksam angenommene Vertragsantrag erlischt in einem solchen Falle, mag der Tod des Betheiligten dem Gegentheile inzwischen bekannt geworden sein oder nicht.

Das Gleiche gilt bezüglich des Eintrittes der Geschäftsunfähigkeit.

Hinsichtlich des Eintrittes der Geschäftsunfähigkeit auf der einen oder anderen Seite gilt das Gleiche, wie im Falle des Todes. Die Anwendung der Regel kann hier u. A. ausgeschlossen sein, wenn der Antragende Gegenstände bestellt hat, von welchen er ersichtlich nur bei gesunden Sinnen Gebrauch machen kann.

§ 90.

Verschiedene Behandlung der Versteigerung im geltenden Rechte.

Soll im Wege der Versteigerung ein Vertrag geschlossen werden, um durch eintretenden Wettbewerb für einen Gegenstand den höchstmöglichen Preis zu erzielen oder einen Gegenstand für den möglichst geringen Preis sich zu verschaffen, so liegt es in der Natur der Sache, daß der Versteigerer nicht nur seine Absicht zu der entsprechenden Kenntniß bringt, sondern auch die näheren Bestimmungen kund giebt, unter welchen er, abgesehen von dem offen gehaltenen Preise, zur Abschließung des Vertrages geneigt ist. Die rechtliche Bedeutung eines solchen Ausgebotes erfährt verschiedene Beurtheilung. Man findet darin bald einen Vertragsantrag des Versteigerers an denjenigen, welcher den günstigsten Preis bietet, bald behandelt man das Ausgebot lediglich als eine Einladung der Versteigerers, ihm geeignete Vertragsanträge zu stellen. Bei der ersteren Annahme ist der Versteigerer durch das Ausgebot gebunden; mit jedem den Versteigerungsbestimmungen entsprechenden Gebote gelangt ein Vertrag zwischen dem Versteigerer und dem Bieter unter der aus dem Zwecke der Versteigerung sich ergebenden stillschweigenden Bedingung zum Abschlusse, daß nicht ein besseres Gebot nachfolgt; ergeht ein solches, so tritt an die Stelle des unwirksam gewordenen Vertrages ein neuer Vertrag, und der endgültige Vertrag kommt erst zu Stande durch das letzte Gebot, das gethan wird; der hinzutretende Zuschlag stellt nur fest, daß die Bedingung erfüllt oder, wenn man eine auflösende Bedingung annehmen will, daß dieselbe ausgefallen ist. Nach der anderen Auffassung ist der Versteigerer nicht an das Ausgebot, wohl aber der Bieter an sein Gebot gebunden und der Vertrag kommt zum Abschlusse, wenn der Versteigerer die Annahme eines der Gebote durch den Zuschlag ausgesprochen hat; der Zuschlag hat darnach die Bedeutung einer den Vertrag zur Vollendung bringenden Annahmeerklärung. An und für sich betrachtet kann eine Versteigerung sowohl in dem einen wie in dem anderen Sinne vorgenommen werden. Es handelt sich daher nur darum, welcher Sinn einer Versteigernng im Zweifel innewohnt, und dies wird von dem Entwurfe — abweichend von dem sächs. G. B. § 819, aber in Uebereinstimmung mit der in der Wissenschaft und Praxis herrschenden Meinung, mit dem zür. G. B. §§ 1470, 1471, dem bayr. Entw. Th. II Art. 16, dem hess. Entw. Abth. IV, 1 Art. 83, dem dresd. Entw. Art. 53 — dahin entschieden, daß das Ausgebot des Versteigerers lediglich die Bedeutung einer Aufforderung zur Stellung von Vertragsanträgen hat und daß der Vertrag mithin erst durch den Zuschlag geschlossen wird. Diese Gestaltung entspricht der Auffassung des Lebens und wird dem regelmäßigen Zwecke der Versteigerung gerecht. Dem letzteren ist nur dann ausreichend gedient, wenn der Versteigerer es in der Hand behält, den schließlich gebotenen Preis anzunehmen oder abzulehnen, je nachdem dieser seinem Interesse entspricht oder nicht entspricht.

Nach dem Entwurfe ist das Ausgebot im Zweifel nur eine Aufforderung zur Stellung von Vertragsanträgen.

Die Gebundenheit des Bieters ist, gleich der eines jeden Antragenden, eine zeitlich begrenzte. Nach der im Verkehre herrschenden, in der Theorie von den Meisten gebilligten und in den vorerwähnten Gesetzgebungsarbeiten zur Geltung gelangten Anschauung wird der Bieter im Zweifel frei und sein Gebot erlischt, sobald er von einem Anderen überboten worden ist. Der Entwurf bestimmt das Gleiche. Dem möglicherweise eintretenden Uebelstande, daß der Zweck der Versteigerung durch das Dazwischentreten eines zahlungsunfähigen Bieters vereitelt wird, sucht der bayr. Entw. dadurch zu begegnen, daß er den Bietenden im Falle eines Mehrgebotes nur dann frei werden läßt, wenn der Versteigerer das letztere nicht sofort zurückgewiesen hat. Obwohl Manches für ein solches Zurückweisungsrecht spricht, so ist doch ein allgemeines Bedürfniß in dieser Richtung bisher nicht hervorgetreten und von einer Anerkennung desselben kann um so unbedenklicher Abstand genommen werden, als der Versteigerer, falls er eine Abweichung von der Regel in seinem Interesse findet, jederzeit in der Lage ist, die erforderliche Vorkehrung bei Festsetzung der Versteigerungsbedingungen zu treffen. Wie das Gebot durch das Uebergebot, so muß, in Ermangelung einer besonderen Bestimmung, auch das Meist- bezw. Mindestgebot dadurch erlöschen, daß die Versteigerung ihr Ende erreicht, ohne daß der Zuschlag erfolgt. Der Bieter kann erwarten und wird der Regel nach davon ausgehen, daß bis zum Schlusse der Versteigerung über die Annahme oder Ablehnung seines Gebotes entschieden wird.

Das Gebot des Bieters erlischt mit dem Uebergebote.

Die Vorschrift des § 90 ist auch für die Versteigerung beweglicher Pfandstücke (§§ 1169 ff.) maßgebend; dem Versteigerer steht jedoch dabei gegenüber dem Gebote des Eigenthümers des Pfandes und des persönlichen Schuldners ein gewisses Zurückweisungsrecht zu (§ 1173 Abs. 3). Ob der auf die Zwangsversteigerung gepfändeter Sachen sich beziehende § 718 der C. P. O. mit der Vorschrift des § 90 in Einklange steht bezw. in Einklang zu setzen ist, wird bei Entwerfung des Einführungsgesetzes geprüft werden. Die Gestaltung der Zwangsversteigerung unbeweglicher Sachen bleibt vorbehalten. Vergl. im Uebrigen §§ 468, 469.

Anhang: Keine Bestimmungen über Vorverträge.

Von einer allgemeinen Regelung des Vorvertrages, pactum de contrahendo, — österr. G. B. § 936, bayr. Entw. Th. II Art. 18, 19, hess. Entw. Abth. IV 1 Art. 85, 86 — ist mangels zureichenden Bedürfnisses abgesehen. Daß ein Vorvertrag sowohl bei Realverträgen, soweit solche anerkannt werden, als bei Konsensualverträgen möglich und zulässig ist, kann ebensowenig einem begründeten Zweifel unterliegen, wie daß ein solcher Vertrag nur dann gültig ist, wenn der Inhalt des künftigen Vertrages, welcher auf Grund desselben geschlossen werden soll, zur Genüge bestimmt ist. Vergl. im Einzelnen §§ 458, 550, 551, 681, 682.

Vierter Titel.

Form der Rechtsgeschäfte.

§ 91.

1. Grundsatz der Formfreiheit. a) Geltendes Recht.

Der Grundsatz der Formfreiheit (Abs. 1) findet sich für die Rechtsgeschäfte anerkannt im gemeinen Rechte, in dem sächs. G. B. §§ 100, 821, bayr. Entw. Th. I Art. 14, hess. Entw. Abth. IV, 1 Art. 78, dresd. Entw. Art. 76, in dem österr. G. B. § 883, zür. G. B. § 911, dem schweiz. Gesetz über das Obligationenrecht Art. 9. Der Grundsatz gilt ferner in dem gesammten Deutschen Rechtsgebiete für den Bereich des Handelsrechtes (H. G. B. Art. 317; vergl. auch Art. 85 Abs. 2, 150 Abs. 3, 250 Abs. 2, 266, 309). Einen abweichenden Standpunkt nehmen das preuß. und franz. Recht ein. Das preuß. A. L. R. I, 4 § 94, I, 5 § 109 stellt zwar ebenfalls die Beobachtung einer besonderen Form nicht als Bedingung für die Gültigkeit der Rechtsgeschäfte hin, sondern fordert eine solche nur in den durch das Gesetz besonders bestimmten Fällen; allein diese Fälle sind so zahlreich und umfassen so weite Gebiete, daß das Erforderniß besonderer Form thatsächlich die Regel bildet. Bei dieser Regel ist es auch verblieben, obwohl die neuere preuß. Gesetzgebung verschiedene Formvorschriften des A. L. R. beseitigt hat (Ges. vom 11. Juli 1845, vom 1. Dezember 1869 u. s. w.). Das franz. Recht gelangt zu einem Formzwange dadurch, daß es die Beweislichkeit der Rechtsgeschäfte der Regel nach von der Einhaltung einer besonderen Form abhängig macht und so mittelbar zu der Beobachtung der Form nöthigt (code civil Art. 1341 ff., 1353, 1715, 1834, 1923, 1985, 2044, 2085).

Die Frage, ob für Rechtsgeschäfte die Formfreiheit oder der Formzwang als Regel den Vorzug verdiene, ist bis auf die neueste Zeit Gegenstand von Erörterungen gewesen. Die Entscheidung neigt sich fast allseitig der Formfreiheit zu. Insbesondere hat für dieselbe auch der zehnte deutsche Juristentag sich ausgesprochen (Verh. II S. 36—51, 273, 274, I S. 59—62, 112—121). Die Gründe für und wider bedürfen einer um so ernsteren Prüfung, als es sich um eine Lebensfrage für den Verkehr handelt. Dabei kann nicht zweifelhaft sein, daß bei Annahme des Formzwanges als die regelmäßige Form nur die einfache Schriftlichkeit in Betracht zu kommen hätte; die Aufstellung des Erfordernisses der gerichtlichen oder notariellen Beurkundung als Regel würde eine unerträgliche und überaus kostspielige Fessel für den Verkehr schaffen. b) Standpunkt des Entwurfes. Gründe für den Formzwang.

Die Vortheile, welche für den Formzwang in Anspruch genommen werden, lassen sich dahin zusammenfassen: die Nothwendigkeit der Beobachtung einer Form ruft bei den Betheiligten eine geschäftsmäßige Stimmung hervor, weckt das juristische Bewußtsein, fordert zur besonnenen Ueberlegung heraus und gewährleistet die Ernstlichkeit der gefaßten Entschließung. Die beobachtete Form ferner stellt den rechtlichen Charakter der Handlung klar, dient, gleich dem Gepräge einer Münze, als Stempel des fertigen juristischen Willens und setzt die Vollendung des Rechtsaktes außer Zweifel. Die beobachtete Form sichert endlich den Beweis des Rechtsgeschäftes seinem Bestande und Inhalte nach für alle Zeit; sie führt auch zur Verminderung oder doch zur Abkürzung und Vereinfachung der Prozesse.

Diese Vortheile sind anscheinend nicht gering. Dieselben treffen aber nicht allgemein zu und verlieren bei näherer Betrachtung erheblich an Gewicht. So gewiß die Nöthigung zur besonnenen Ueberlegung und der damit verbundene Schutz vor Uebereilung im Interesse der zahlreichen wirthschaftlich schwachen und geschäftlich unbewanderten Personen liegt, so bildet doch der Formzwang gerade für diese Personen ein zweischneidiges Schwert. Die Beobachtung der Form erfordert sowohl genaue Kenntniß derselben, wie auch das zu deren Handhabung erforderliche Geschick. Das letztere, wenn nicht beides, fehlt vielfach. Man unterschreibt auf Treu und Glauben, und dadurch wird die Form ein Fallstrick, in welchen der Unkundige zu seinem Schaden sich verwickelt, während ein gewissenloser Gegner in der Form eine willkommene Handhabe zur Uebervortheilung sieht und findet. Ebenso darf die Bedeutung, welche die Form für die Feststellung des rechtsgeschäftlichen Willens und die Sicherung des Beweises hat, nicht überschätzt werden. Läßt die Urkunde auch der Regel nach über den Abschluß des Rechtsgeschäftes keinen Zweifel, so giebt sie doch über den Inhalt desselben oft nur unzuverlässige Auskunft. Die Urkunde stellt zwar das Geschriebene fest, bietet aber keine Sicherheit dafür, daß das Geschriebene auch dem wirklichen Willen und den getroffenen Vereinbarungen der Parteien entspricht. Weder gegen den Irrthum noch gegen die Lüge giebt die Schrift Schutz, und wo eine solche absichtlich oder unabsichtlich ungenau, unvollständig oder unrichtig abgefaßt ist, leidet durch den mit dem Formzwange verbundenen Ausschluß der Ergänzung und Berichtigung der Urkunde auf Gegengründe.

Grund von stattgefundenen mündlichen Beredungen das materielle Recht. Der Annahme aber, daß durch die Nothwendigkeit der Beobachtung der schriftlichen Form Prozesse abgeschnitten bezw. vereinfacht würden, steht die Erfahrung gegenüber, daß die erzwungene Schriftlichkeit im Gegentheile als eine reiche Quelle von Prozessen sich erwiesen und der Chikane bedenklichen Vorschub geleistet hat.

Der Hauptgrund, der gegen den Formzwang spricht, ist die mit demselben verbundene Verkehrserschwerung. Der Verkehr erfordert gegenwärtig mehr denn je Bewegungsfreiheit. Der Verkehr läßt sich auch nicht meistern. Die mit der Handhabung der Form verknüpfte Unbequemlichkeit bringt mit sich, daß des Gebotes ungeachtet von der Form vielfach abgesehen wird und abgesehen werden muß; die Parteien sind nicht immer in der Lage, zur Feder zu greifen. Mitunter liegt auch in der Sitte und dem Anstande ein Hinderniß, die als eine Mißtrauensäußerung aufgefaßte Errichtung einer Urkunde zu verlangen. Dies führt dazu, daß nicht selten das Geschäft auf Treu und Glauben gestellt, daß der Vertrag im Vertrauen auf die Redlichkeit und Gewissenhaftigkeit des Mitbetheiligten ohne die vorgeschriebene Form, also ungültig, geschlossen wird. Je lästiger der Formzwang bei einzelnen Arten von Geschäften empfunden wird, um so mehr wird die Nichtbeobachtung der vorgeschriebenen Form zur Verkehrsgewohnheit. Damit schlägt aber die durch den Formzwang bezweckte Rechtssicherheit in ihr Gegentheil um, und der redliche und vertrauende Mann ist schutzlos gegen den Mißbrauch seines Vertrauens durch einen treubrüchigen Gegner. In der letzteren Hinsicht sind unter der Herrschaft des Formzwanges besonders ungünstige Erfahrungen gemacht worden.

Besondere Gründe für die Formfreiheit.

Für den Entwurf treten zwei Gesichtspunkte hinzu, welche zu der Annahme des Grundsatzes der Formfreiheit nöthigen. Das H. G. B. hat den letzteren bereits zur Geltung gebracht und der Handelsverkehr kann ihn nicht missen. Sollte für den gewöhnlichen Verkehr der Formzwang als Regel eingeführt werden, so würde bei der Schwierigkeit, die Grenzen beider auseinander zu halten, eine bedenkliche Verwirrung und Rechtsunsicherheit Platz greifen. Ferner hat die C. P. O. den Standpunkt des franz. Rechtes verworfen und die Art. 1341 ff. des code civil selbst für den Fall beseitigt, daß sie dem materiellen Rechte angehören sollten (Einf. Ges. § 14 Nr. 2, Mot. zu § 245 des Entw. der C. P. O.). Ist damit zunächst auch nur gegen die regelmäßige Beschränkung auf den Urkundenbeweis Stellung genommen, so liegt doch darin zugleich die Ablehnung des in den betreffenden Vorschriften enthaltenen mittelbaren Zwanges zur schriftlichen Vornahme der Rechtsgeschäfte. Hält aber der Gesetzgeber nicht einmal diesen mittelbaren Zwang für gerechtfertigt, so kann er noch weniger den unmittelbaren Zwang gutheißen und die Gültigkeit der Rechtsgeschäfte von der Einhaltung der schriftlichen Form abhängig machen, zumal für den unmittelbaren Zwang im Wesentlichen keine anderen Gründe, als für den mittelbaren, sich anführen lassen.

Die Verwerfung des Formzwanges als Regel schließt nicht aus, daß für einzelne Rechtsgeschäfte oder einzelne Arten derselben eine Form vorgeschrieben und deren Beobachtung zur Bedingung der Gültigkeit gemacht wird. Die Zahl solcher Vorschriften ist in dem Entwurfe keine unerhebliche. Von besonderer Bedeutung ist die Formalisirung des Vertrages, durch welchen Jemand zur Uebertragung des Eigenthumes an einem Grundstücke sich verpflichtet (§ 351).

2. Die Nichtbeobachtung einer gesetzlich vorgeschriebenen Form macht das Rechtsgeschäft der Regel nach nichtig.

Die Vorschrift des Abs. 2 Satz 1, daß die Nichtbeobachtung einer von dem Gesetze vorgeschriebenen Form Nichtigkeit des Rechtsgeschäftes zur Folge habe, sofern nicht ein Anderes bestimmt sei, gehört zu jenen Regeln des Entwurfes, welche einen den einzelnen Vorschriften zu Grunde liegenden Gedanken zusammenfassen und im Interesse der Vereinfachung der Sprache und der Förderung der Durchsichtigkeit aufgestellt sind*). Die Vorschrift trägt aber zugleich weiter, indem sie auch für alle späteren Gesetze privatrechtlichen Inhaltes die Auslegungsregel in sich schließt, daß eine schlechthin vorgeschriebene Form eine wesentliche, die Gültigkeit bedingende ist.

3. Gleiches gilt im Zweifel bei vereinbarter Form.

Vereinbaren die Parteien für ein Rechtsgeschäft, dessen Errichtung nach dem Gesetze formfrei ist, die Beobachtung einer Form, so kann die Vereinbarung ebensowohl die Bedeutung haben, daß die Gültigkeit des Rechtsgeschäftes von der Einhaltung der Form abhängen, als die, daß in und mit der Form nur ein Beweismittel für das Zustandekommen des Rechtsgeschäftes geschaffen werden solle. Für den Fall, daß hierüber im einzelnen Falle Zweifel bestehen, erscheint es angemessen, eine Auslegungsregel dahin aufzustellen, daß die Gültigkeit des Rechtsgeschäftes als durch die Beobachtung der Form bedingt anzusehen sei (Abs. 2 Satz 2). Die Gesetzgebungen gehen in dieser Hinsicht auseinander. Die einschlagenden Vorschriften des römischen Rechtes (l. 17 Cod. de. fide instr. 4, 21; pr. J. de emt. et vend. 3, 23) unterliegen verschiedener Deutung. Das preuß. A. L. R. I, 5 § 117, das zür. G. B. § 913 und das schweiz. Gesetz über das Obligationenrecht Art. 14 stimmen im Wesentlichen mit dem Entwurfe überein; das sächs. G. B. § 823 und der dresd. Entw. Art. 77 lassen die Form im Zweifel nur zur Erlangung eines Beweismittels verabredet sein. Wenn die Absicht der Betheiligten in Bezug auf die Bedeutung der vereinbarten Form zweifelhaft ist, so ist jedenfalls die Möglichkeit nicht ausgeschlossen, daß die Gültigkeit des vorzunehmenden Rechtsgeschäftes von der Einhaltung der Form abhängen sollte, und dieser Möglichkeit muß durch Anerkennung der strengeren Regel Rechnung getragen werden. Die Gesetzgebungen beschränken die betreffende Vorschrift der Regel nach auf die Verträge; es sind indessen auch die Fälle zu berücksichtigen, daß die Vertragschließenden für einen einseitigen, das unter ihnen begründete Rechtsverhältniß berührenden Willensakt (Kündigung, Rücktritt u. s. w.) eine Form festgesetzt haben, oder daß in einem Testamente oder einer Stiftungsurkunde eine Form für spätere Rechtsgeschäfte (Konsensertheilung von Anwärtern u. s. w.) vorgeschrieben worden ist. Wird für einen bereits geschlossenen Vertrag eine Form nachträglich verabredet, so greift die Regel des Entwurfes selbstverständlich nicht Platz. Ueber die Beweislast hinsichtlich

---

*) Vergl. einerseits sächs. G. B. §§ 100, 824, bayr. Entw. Th. II Art. 17 Abs. 1, dresd. Entw. Art. 78, schweiz. Gesetz über das Obligationenrecht Art. 9 Abs. 2, andererseits preuß. A. L. R. I, 3 §§ 40, 41 verb. mit I, 5 §§ 109, 110, bad. L. R. Satz 6 k.

der Behauptung, daß eine besondere Form rechtsgeschäftlich bestimmt sei, vergl. § 194 Abs. 2; über die Formfreiheit der Genehmigung eines unter Form gestellten Rechtsgeschäftes § 127 Abs. 2.

4. Mündliche Einigung giebt noch keinen Anspruch auf Errichtung der Form.

Hängt die Gültigkeit eines Rechtsgeschäftes nach Gesetz oder rechtsgeschäftlicher Bestimmung von der Beobachtung einer Form ab, so ist das Geschäft vor Vollendung der Form nicht geschlossen. Ein Anspruch auf Errichtung oder Vollendung der Form besteht nicht; selbst dann nicht, wenn die Betheiligten über den gesammten Inhalt des Rechtsgeschäftes sich mündlich geeinigt haben (sächs. G. B. § 824; bayr. Entw. Th. II Art. 17 Abs. 1; dresd. Entw. Art. 78). Hieran ändert auch die vorläufige Aufzeichnung der Vereinbarung, die Errichtung einer sog. Punktation nichts. Der Begriff der Punktation ist an sich mehrdeutig. Soweit darunter die vorläufige Aufzeichnung eines dem Inhalte nach unfertigen Vertrages verstanden wird, ist das Erforderliche § 78 Abs. 2 bestimmt (vergl. S. 163). Hier handelt es sich um die Aufzeichnung eines dem Inhalte nach völlig vereinbarten, aber der zu seiner Gültigkeit erforderlichen Form noch ermangelnden Vertrages. Gegenüber dem Umstande, daß die Beobachtung der Form einen wesentlichen Bestandtheil des rechtsgeschäftlichen Thatbestandes bildet, kann einer solchen Aufzeichnung nur die Bedeutung einer vorbereitenden Handlung zukommen. Sollte an dieselbe ein Anspruch auf Herstellung der Form geknüpft werden, so würde damit dem Formerforderniß selbst die Spitze abgebrochen. In verschiedenen Gesetzgebungen*) ist allerdings der Punktation in der fraglichen Hinsicht mehr oder minder rechtliche Bedeutung beigelegt. Wie indessen der Begriff der Punktation überhaupt im Dunkeln liegt, so ist auch die Tragweite der Mehrzahl dieser Bestimmungen schwer zu übersehen. Mitunter wird anscheinend lediglich der Fall vorausgesetzt, daß für einen Vertrag durch Gesetz oder Rechtsgeschäft die einfache schriftliche Form vorgeschrieben ist, daß die Parteien über alle zum Wesen des Vertrages gesetzlich gehörigen und nach ihrer Absicht zu vereinbarenden Bestimmungen sich geeinigt und daß sie eine vorläufige, d. h. bis zur förmlichen Errichtung der Vertragsurkunde vorgenommene Aufzeichnung der Bestimmungen unterschrieben haben. Liegt dieser Fall vor, so ist der geforderten Form genügt; die Errichtung der förmlichen Urkunde ist nur eine weitere Ausführung, und daß die letztere verlangt werden kann, braucht nicht besonders ausgesprochen zu werden. Die Sache verhält sich nicht anders, als wenn die Bestimmung der Form die Beschaffung eines Beweismittels bezweckt. Der dresd. Entw. Art 82 Satz 2 (Prot. dazu S. 3953—3955, 3967—3969, 3973) ist der Wirksamkeit der Punktation ausdrücklich entgegengetreten; der code civil, der bayr. und hess. Entw. haben mit Recht einer Bestimmung über dieselbe sich enthalten. Die Zweckmäßigkeit einer gegen die Rechtserheblichkeit der Punktation gerichteten Vorschrift könnte höchstens für die Fälle in Frage kommen, in denen die Gültigkeit des Vertrages durch Vereinbarung der Vertragschließenden von einer besonderen, über die einfache Schriftlichkeit hinausgehenden Form abhängig gemacht ist, um zum Ausdrucke zu bringen, daß aus

Punktation.

---

*) Preuß. A. L. R. I, 5 §§ 120—122, I, 10 §§ 15—17; sächs. G. B. § 827; bad. L. R. Satz 1340b; österr. G. B. § 885; zür. G. B. § 915.

einer der vereinbarten Form ermangelnden Aufzeichnung für sich allein ein Abgehen der Parteien von dem aufgestellten Formerfordernisse nicht gefolgert werden dürfe, sondern daß trotz der Aufzeichnung die Vermuthung bestehen bleibe, daß die Gültigkeit des Vertrages von der Beobachtung der besonderen Form abhängig sein solle. Es ist indessen mangels Bedürfnisses auch hiervon abgesehen.

Die Nichtigkeit eines Rechtsgeschäftes wegen Formmangels hat zur Folge, daß das zur Erfüllung des Rechtsgeschäftes Geleistete nach den Grundsätzen über ungerechtfertigte Bereicherung zurückgefordert werden kann. Beruht die Nothwendigkeit einer besonderen Form auf dem Willen der Betheiligten, so ist die Zurückforderung des Geleisteten allerdings dann ausgeschlossen, wenn nach den Umständen des Falles in der Leistung und deren Annahme ein Abgehen der Betheiligten von der auf die besondere Form bezüglichen Vereinbarung zu finden ist; wie es in ihrem Belieben steht, die Form zu bestimmen, so können sie auch diese Bestimmung wieder aufheben. Ist dagegen die Form durch Gesetz vorgeschrieben, so ändert die freiwillige Erfüllung des Vertrages an der Nichtigkeit desselben und deren Folgen schlechterdings nichts; der in der Erfüllung liegenden formlosen Willensäußerung kommt keine andere Bedeutung zu, als der vorangegangenen, der gesetzlichen Form ermangelnden Willenserklärung. Der in dem preuß. Rechte (A. L. R. I, 5 §§ 146, 147, 156—167, I, 11 § 1065, I, 14 §§ 243, 411), in dem österr. G. B. § 1432 und dem bayr. Entw. Th. II Art. 17 Abs. 2, Art. 906 sich findende gegentheilige Grundsatz, nach welchem die Erfüllung die Form ersetzt, wird durch den Hinweis zu rechtfertigen gesucht, daß auf diesem Wege die durch den Formzwang verdrängte Vertragstreue wieder zur Geltung gebracht werde. Allein mit Unrecht wird der Formzwang in einen grundsätzlichen Gegensatz zu der Vertragstreue gebracht. Wenn auch der Vertragsbruch sich nicht selten unter seine Fahne stellt, so ist dies doch ein Mißbrauch, nicht eine Folge des Formzwanges. Außerdem hat der Entwurf dem Satze, daß Jeder zu seinem Worte stehen muß, durch Annahme des Prinzipes der Formfreiheit für die Rechtsgeschäfte gebührende Rechnung getragen, und wenn für einzelne Rechtsgeschäfte dennoch eine besondere Form sich vorgeschrieben findet, so liegt darin zur Genüge, daß die Gründe für die Nothwendigkeit der Beobachtung der Form schwerer wiegen, als die Rücksicht auf die ethische Pflicht zum Worthalten. Eine dem preuß. Rechte (vergl. Gesetz vom 5. Mai 1872 § 10) sich nähernde Sondervorschrift enthält § 351 Abs. 2.

5. Die Erfüllung hebt an sich nicht den Formmangel.

Stellt das Gesetz ein Rechtsgeschäft unter eine besondere Form, so erstreckt das Formerforderniß sich auf alle von den Betheiligten zu treffenden Bestimmungen. Verabredungen, welche nicht in die erforderliche Form gebracht sind, haben keine Gültigkeit. Beruht die Nothwendigkeit der Beobachtung einer Form auf Rechtsgeschäft, so kommt es auf den Willen der Betheiligten an, ob und welche Wirkung etwaige Beredungen, bezüglich deren die Form nicht gewahrt ist, haben sollen. Im Zweifel muß angenommen werden, daß die Betheiligten die Form mit derjenigen Wirkung gewollt haben, welche dem Zwecke derselben entspricht, daß mithin die nicht in die Form gebrachten Vereinbarungen

6. Nebenberedungen, welche der erforderlichen Form ermangeln.

nichtig sind*). Es sind dies Sätze, die sich mit Nothwendigkeit aus der Vorschrift des Abs. 2 ergeben und keiner Hervorhebung im Gesetze bedürfen. Die sich anschließende Frage, welchen Einfluß die Nichtigkeit der nicht formgemäßen Vereinbarungen — mögen diese sich als Zusätze darstellen oder mit dem Inhalte der in die erforderliche Form gebrachten Bestimmungen in Widerspruch stehen —, auf die Gültigkeit der letzteren sowie überhaupt auf den Bestand des Vertrages im einzelnen Falle hat, muß der Beantwortung durch die Rechtswissenschaft überlassen werden. Die Frage kann nur im Zusammenhange mit den Grundsätzen über Simulation, Irrthum, theilweise Nichtigkeit eines Vertrages u. s. w. (vergl. §§ 95—100, 114) gelöst werden. Ist nach den einschlagenden Grundsätzen der in die Form gebrachte Vertrag, des Vorhandenseins nicht formgemäßer Bestimmungen ungeachtet, gültig und sind infolge der Nichtigkeit der letzteren gewisse Punkte offen geblieben, so gilt das zu § 78 Abs. 2 (S. 163) Bemerkte.

Der Rechtswissenschaft kann unbedenklich die Entscheidung auch darüber anheimgestellt werden, welche Bedeutung es hat, wenn in Fällen, in denen die Schriftform nicht nöthig war, aber von den Parteien angewandt worden ist, ein Widerspruch zwischen dem Inhalte der Urkunde und dem mündlich Vereinbarten hervortritt bezw. die Geltung mündlicher Abreden neben dem Inhalte der Urkunde in Frage kommt. Wie in allen Fällen aber, so muß auch in den letzteren die Vermuthung der Vollständigkeit des Inhaltes der über den Vertrag aufgenommenen Urkunde Platz greifen, also bis zum Beweise des Gegentheiles angenommen werden, daß die Parteien sich schließlich über dasjenige, was die Urkunde ergiebt, geeinigt, und alle anderen Abreden aufgegeben haben.

Keine Bestimmung über den Vorvertrag zu einem formalisirten Vertrage.

Der **Vorvertrag** ist nicht zum Gegenstande allgemeiner Regelung gemacht worden (vergl. S. 178); es kann daher auch die Frage, ob, wenn für den Hauptvertrag von dem Gesetze eine besondere Form vorgeschrieben ist, die Beobachtung dieser Form in gleicher Weise zur Gültigkeit des Vorvertrages gehöre (bayr. Entw. Th. II Art. 19), auf sich beruhen.

§ 92.

Gesetzlich vorgeschriebene einfache Schriftform.

Zur Erfüllung der von dem Gesetze vorgeschriebenen einfachen Schriftform wird im Wesentlichen mehr nicht erfordert, als daß das aufzunehmende Schriftstück den Voraussetzungen einer nach § 381 der C. P. O. voll beweisenden Privaturkunde entspricht. Dabei steht nur die **Gültigkeit** des dieser Form unterworfenen Rechtsgeschäftes in Frage. Welche Beweiskraft einer den aufgestellten Anforderungen im einzelnen Falle nicht entsprechenden Urkunde zukommt, bleibt dahingestellt.

a) Unterschrift überhaupt.

Das Schriftstück bedarf, soll der einfachen schriftlichen Form genügt sein, der **Unterschrift** des Ausstellers. Die Unterschrift bekundet, daß das Niedergeschriebene die zum Abschlusse gelangte Erklärung des Unterschreibenden ist.

---

*) Preuß. A. L. R. I, 5 §§ 127, 128; sächs. G. B. § 826; österr. G. B. § 887; zür. G. B. § 916; bayr. Entw. Th. I Art. 18; dresd. Entw. Art. 80.

Das Unterschreiben eines von fremder Hand abgefaßten Schriftstückes steht dem Unterschreiben des von dem Erklärenden eigenhändig geschriebenen gleich. Die Unterschrift hat die Person des Ausstellers hinreichend zu kennzeichnen. Die Zeichnung mit dem Familiennamen oder der Firma unbedingt zu erfordern, ist Anstand genommen, weil gewisse Personen, insbesondere erlauchte, bei der Unterschrift sich herkömmlich nur des Vornamens bedienen, auch nicht selten Personen mit einem ihnen nicht zukommenden, aber von ihnen angenommenen Namen unterzeichnen. Die Unterschrift muß ferner durch ihre örtliche Stellung sich äußerlich als eine den Inhalt der Urkunde deckende und dieselbe vollendende Willenserklärung darstellen. Im Verkehre finden sich allerdings auch Urkunden, welche nicht in diesem technischen Sinne unterschrieben sind, gleichwohl aber als vollendete Urkunden angesehen werden (sog. Quervermerke). Für den Bereich des Entwurfes kommen indessen solche Urkunden nicht in Betracht. Ob die Unterschrift zeitlich der Sonderschrift des Textes nachfolgt oder vorausgeht (Blankett), ist für die Frage der Formrichtigkeit ohne Belang. Die Unterschrift muß endlich von dem Erklärenden eigenhändig bewirkt sein. Ausgeschlossen ist damit, daß der Erklärende sich eines Anderen zum Schreiben seiner Unterschrift wirksam bedienen kann. Verlangt das Gesetz einmal die Form der Schriftlichkeit für eine Willenserklärung, so ist auch das zugleich zur Vereinfachung der Anerkennung der Echtheit dienende Erforderniß der Eigenhändigkeit der Unterschrift das dem Zwecke des Gesetzes Entsprechendere. Namensunterdruck ist nicht Namensunterschrift (vergl. jedoch § 685 Abs. 2). Der eigenhändigen Unterschrift steht gleich die Unterzeichnung mittels Handzeichens, sofern dasselbe gerichtlich oder notariell beglaubigt ist (W. O. Art. 94, C. P. O. a. a. O.). Das beglaubigte Handzeichen genügt, mag der desselben sich Bedienende des Schreibens kundig oder unkundig, am Schreiben gehindert oder nicht gehindert gewesen sein; die Erfüllung der Form ist in dieser Hinsicht durch keinen weiteren Nachweis bedingt (anders bayr. Entw. Th. I Art. 16 Abs. 2, schweiz. Gesetz über das Obligationenrecht Art. 13). Beifügung des Ortes und der Zeit der Ausstellung gehört an sich nicht zu den wesentlichen Erfordernissen der Schriftlichkeit.

b) Die Unterschrift muß den Inhalt decken.

c) Eigenhändigkeit der Unterschrift.

d) Unterzeichnung mittels Handzeichens.

Die Vorschrift des Abs. 2 trägt den Bedürfnissen des Verkehres Rechnung. Die schriftliche Form soll bei telegraphischer Uebermittelung einer einseitigen Willenserklärung als gewahrt gelten, wenn die Aufgabeschrift nach Maßgabe des Abs. 1 unterschrieben oder unterzeichnet ist (vergl. schweiz. Ges. Art. 12 Abs. 2). Das Bedenken, daß der Empfänger des Telegrammes nicht in der Lage sei, die Echtheit der Erklärungen zu prüfen, verliert dadurch an Gewicht, daß der Absender des Telegrammes die Feststellung seiner Person durch das Telegraphenamt und die Beifügung eines entsprechenden Vermerkes auf dem Telegramme herbeiführen kann, zu geschweigen, daß auch bei Uebermittelung einer Schrift im Briefverkehre der Empfänger oft außer Stande ist, die Echtheit des Schreibens zu beurtheilen. Ueber die Schließung eines der Schriftform unterstellten Vertrages im Wege telegraphischer Erklärungen vergl. § 94 Abs. 1 a. E.

Telegraphische Uebermittelung.

Der bayr. Entw. zieht auch die öffentliche Beurkundung in den Bereich der Regelung; es werden die Erfordernisse festgesetzt, welchen die nach gesetzlicher Vorschrift oder nach dem Parteiwillen über ein Rechtsgeschäft aufzunehmende

Keine Vorschriften über öffentliche Beurkundung.

öffentliche Urkunde genügen muß, wenn das Rechtsgeschäft gültig sein soll (Th. I Art. 15). Für ein Vorgehen in dieser Richtung liegt (vergl. C. P. O. § 380) ein Bedürfniß nur vor in Ansehung der über Verfügungen von Todeswegen aufzunehmenden Urkunden (§§ 1915—1921, 1923—1925, 1927 Abs. 2, §§ 1932, 1933, 1943 Abs. 2, §§ 1944, 1945, 1957 Abs. 4, §§ 1960, 1962 Abs. 2, §§ 2020, 2024). Im Allgemeinen ist festgehalten, daß das dem Gebiete der freiwilligen Gerichtsbarkeit angehörende Beurkundungswesen, soweit nicht besondere Vorschriften eingreifen, dem Landesrechte verbleibt. Sowohl die Zuständigkeit zur Aufnahme öffentlicher Urkunden bezw. zur Vornahme öffentlicher Beglaubigungen als die bei diesen Akten zu beobachtende Form bestimmt sich demnach in der Regel nach den Landesgesetzen. Aus dem gleichen Grunde ist den Landesgesetzen unbenommen, in den Fällen, in welchen der Entwurf zwischen mehreren Beurkundungsarten die Wahl läßt, die eine oder die andere Beurkundungsart für die innerhalb ihres Gebietes zu errichtenden Rechtsgeschäfte auszuschließen, insbesondere bei geforderter gerichtlicher oder notarieller Beurkundung bezw. Beglaubigung zu bestimmen, daß die Beurkundung oder Beglaubigung nur durch Gerichte oder nur durch Notare zu erfolgen habe. Letzteres ist schon deshalb unumgänglich, weil nicht in allen Theilen des Reiches Notare vorhanden sind und wieder in anderen Theilen es an Gerichten fehlt, zu deren Geschäftskreise die Beurkundung von Rechtsgeschäften der Privatpersonen gehört. Ebenso behält die Landesgesetzgebung in Ansehung der Beurkundung und Beglaubigung durch andere Behörden freie Hand, dieselbe auszuschließen oder zu gestatten. Nur insoweit als der Entwurf die Abgabe einer Erklärung vor einer bestimmten Behörde vorschreibt, ist für landesgesetzliches Eingreifen kein Raum. Der Entwerfung des Einführungsgesetzes bleibt die Prüfung vorbehalten, ob und inwieweit durch eine besondere Bestimmung dieser Standpunkt zum Ausdruck zu bringen sei (vergl. Note zu § 1914). Zur Erläuterung der Sprachweise des Entwurfes ist im Uebrigen noch zu bemerken: Die Errichtung eines Rechtsgeschäftes in gerichtlicher oder notarieller Form unterscheidet sich von der Errichtung eines solchen in öffentlicher Urkunde nach dem Entwurfe dadurch, daß im letzteren Falle eine Urkunde genügt, welche überhaupt von einer landesgesetzlich zu der Beurkundung zuständigen Behörde oder einem hierzu zuständigen Beamten aufgenommen worden ist. Der gleiche Gesichtspunkt liegt der Scheidung zwischen gerichtlicher oder notarieller Beglaubigung und öffentlicher Beglaubigung zu Grunde. Wenn ferner mehrfach zwischen der Abgabe einer Erklärung vor einer Behörde und der Abgabe einer Erklärung gegenüber einer Behörde geschieden wird, so geschieht dies in dem Sinne, daß die Erklärung vor der Behörde von dem Erklärenden oder, soweit Vertretung zulässig ist, von dem Vertreter persönlich und mündlich der Behörde abzugeben ist, während bei der Erklärung gegenüber der Behörde auch die Abgabe einer schriftlichen Erklärung zulässig ist. Die Scheidung endlich zwischen der Schließung eines Vertrages vor Gericht oder Notar (vgl. §§ 1616, 1943) und der Errichtung eines Vertrages in gerichtlicher oder notarieller Form hat die Bedeutung, daß in dem ersteren Falle die Parteien bei gleichzeitiger Anwesenheit vor Gericht oder Notar ihre Erklärungen mündlich abzugeben haben, in dem letzteren Falle dagegen nicht ausgeschlossen ist, daß jeder der Vertragschließenden

Terminologie.

seine Erklärung für sich vor Gericht oder Notar abgiebt und daß ein Austausch dieser einseitig erfolgten Erklärungen ohne eine Mitwirkung des Gerichtes oder Notares zur gültigen Schließung des Vertrages nach den allgemeinen Grundsätzen über das Zustandekommen eines solchen ausreichen kann.

Anstand ist genommen, eine Entscheidung darüber zu treffen, ob die Vorschriften des Entwurfes, in welchen für ein Rechtsgeschäft eine behördliche Mitwirkung durch Genehmigung, Bestätigung, Buchung u. dergl. vorgeschrieben oder nachgelassen ist, als Formvorschriften aufzufassen seien. Die nähere Bestimmung der Natur dieser Vorschriften ist zwar in verschiedener Richtung von Bedeutung; insbesondere beantwortet sich darnach die Frage, ob den Parteien bis zur Vornahme des behördlichen Aktes das Abgehen von dem Rechtsgeschäfte offen steht. Allein eine Entscheidung im Allgemeinen läßt sich nicht wohl geben; außerdem werden die einschlagenden Einzelbestimmungen unschwer das Erforderliche erkennen lassen; vergl. hinsichtlich der staatlichen Genehmigung bei Stiftungen § 62, sowie bei Ausgabe von Schuldverschreibungen auf Inhaber § 701, hinsichtlich der Eintragung in das Grundbuch §§ 828, 841, 872, 962, 965, 977, 1091, 1106, 1107, 1134, 1142, 1144, hinsichtlich der Bestätigung bei der Annahme an Kindesstatt und bei der Aufhebung des durch die Annahme an Kindesstatt begründeten Verhältnisses §§ 1617, 1629 Abs. 5.

Keine Bestimmung darüber, ob die in gewissen Fällen nothwendige Mitwirkung einer Behörde als Formerforderniß aufzufassen sei.

§ 93.

Die Beschaffenheit der gewillkürten Schriftform richtet sich nach dem Inhalte der rechtsgeschäftlichen Festsetzung. Die Vorschrift des § 92 Abs. 3, daß die gerichtliche oder notarielle Form die einfache Schriftform ersetzt, hat auch hier zur Geltung zu kommen. Die Vorschriften des Abs. 1 und 2 des § 92 können ebenfalls unbedenklich für im Zweifelsfalle anwendbar erklärt werden. Besonders hervorzuheben, daß zur Gültigkeit des Schriftstückes die Besiegelung nicht gehört (preuß. A. L. R. I, 5 § 119, österr. G. B. § 884, bayr. Entw. Th. I Art. 17), ist gegenüber der heutigen Verkehrssitte nicht erforderlich.

Erfordernisse der gewillkürten einfachen Schriftform.

Bedenken getragen ist, die Gültigkeit einer schriftlichen Willenserklärung von der Beobachtung der in § 92 Abs. 1 aufgestellten Erfordernisse, insbesondere von dem Vorhandensein einer Unterschrift auch dann schlechthin abhängig zu machen, wenn die Schriftform nicht durch Gesetz oder Rechtsgeschäft bestimmt ist, sondern nur thatsächlich angewandt wird (bayr. Entw. Th. I Art. 16). Im Verkehre kommen vielfach schriftliche Willenserklärungen vor, die keine Unterschrift tragen, aber nichts destoweniger gültige Willenserklärungen sind und als solche rechtliche Bedeutung haben (Einträge in gewisse Bücher, Rechnungen, Eintrittskarten u. s. w.).

Keine Bestimmung für den Fall, daß die Schriftform nur thatsächlich angewandt ist.

Keine besondere Vorsorge ist für diejenigen Fälle getroffen, in welchen eine einfache schriftliche Willenserklärung seitens eines Blinden, Taubstummen, Analphabeten u. s. w. in Frage steht (preuß. A. L. R. I, 5 §§ 171—179). Solchen Personen steht jederzeit frei, von der Vorschrift des § 92 Abs. 3 Gebrauch zu machen und die Willenserklärung gerichtlich oder notariell abzugeben. Einen Zwang in der letzteren Richtung auszuüben, empfiehlt sich nicht.

Keine Bestimmung in Ansehung der Blinden, Taubstummen, Analphabeten u. s. w.

Die körperlichen Gebrechen, um welche es sich zum Theile handelt, wirken auf die Lage der davon Betroffenen je nach deren Bildungsgrade und Lebensstellung in so verschiedener Weise ein, daß eine Geschäftserschwerung, welche dem Einen dienlich sein mag, von dem Anderen mit Recht als eine erhebliche Belästigung empfunden wird. Taubstumme können häufig lesen und schreiben. Der Blinde vermag sich von dem Inhalte eines Schriftstückes durch die Mittheilung Anderer Kenntniß zu verschaffen, und wenn er im Vertrauen auf die Gewissenhaftigkeit und Redlichkeit der ihm zur Seite Stehenden die Urkunde unterzeichnen will, so hat das Gesetz keinen genügenden Grund, diesem Wollen ein Verbot entgegenzusetzen. Daß im Falle des Betruges ihm Hülfsmittel nach Maßgabe der allgemeinen Grundsätze zustehen und daß ihm der Beweis der Nichtübereinstimmung seines Willens mit derjenigen Erklärung, die er durch die Unterzeichnung der Urkunde sich angeeignet hat, offen bleibt, ist an sich nicht durchschlagend, kommt aber immerhin in Betracht. Für Personen, welche nicht schreiben können, ist die Verpflichtung durch Schrift nicht ausgeschlossen, da die Unterschrift durch Handzeichen ersetzt werden kann. Soviel aber die eigentlichen Analphabeten anlangt, so spricht schon der Umstand, daß es deren unter den Reichsangehörigen nur eine verhältnißmäßig sehr geringe, in steter Abnahme befindliche Anzahl giebt, gegen die Aufnahme besonderer Bestimmungen. Ueberdies darf davon ausgegangen werden, daß den des Lesens und Schreibens Unkundigen füglich überlassen bleiben kann, durch eigene Vorsicht Schaden von sich fern zu halten. Die Nachtheile, welche hieraus möglicherweise im einzelnen Falle erwachsen, sind im Vergleiche mit denjenigen, welche den Verkehr bei Betretung des entgegengesetzten Weges bedrohen, nicht die schwerer wiegenden.

§ 94.

Eine Vertragsurkunde braucht nicht sämmtliche Unterschriften zu tragen.

Die den allgemeinen Grundsätzen entsprechende Regel des Abs. 1 Satz 1, daß bei einem Vertrage zur Vollendung der durch Gesetz vorgeschriebenen einfachen Schriftform die Unterschrift sämmtlicher Vertragschließenden auf derselben Urkunde erforderlich ist, kann nicht streng festgehalten werden. Das Verkehrsbedürfniß hat dazu geführt, daß Verträge der fraglichen Art vielfach durch Austausch gleichlautender Exemplare der Vertragsurkunde zum Abschlusse gebracht werden, wobei es so gehalten wird, daß jeder der Vertragschließenden ein von den übrigen Vertragschließenden unterschriebenes Exemplar erhält. Der Austausch solcher Urkunden ist der bequemste Weg für die Vertragschließung unter Abwesenden. Der Austausch ist ferner deshalb im Verkehre beliebt, weil, wenn jede der Parteien eine von allen Betheiligten vollzogene Vertragsurkunde in den Händen hat, leicht Zweifel entstehen können, ob ein oder mehrere Geschäfte geschlossen worden seien, dies namentlich dann, wenn eine lebhafte Geschäftsverbindung den Abschluß mehrerer gleichlautender Geschäfte nahelegt. Im Einklange mit dem sächs. G. B. § 825 und dem dresd. Entw. Art. 79 ist demgemäß eine dieser Verkehrssitte Rechnung tragende Bestimmung aufgenommen. Zugleich ist im Verfolge des dem § 92 Abs. 2 zu Grunde liegenden Gedankens die Schließung eines von dem Gesetze der einfachen Schriftform unterstellten Vertrages im Wege telegraphischer Uebermittelung der Vertragserklärungen für statthaft erklärt (Abs. 1 Satz 2). Die Vorschrift des Abs. 1 hat im Zweifelsfalle auch für die nach Vereinbarung der Parteien erforderliche Schriftform zu gelten (Abs. 2).

Der Briefwechsel (preuß. A. L. R. I, 5 § 142; schweiz. Gesetz über das Obligationenrecht Art. 12 Abs. 2) ist als solcher zur Wahrung der schriftlichen Form nicht geeignet. Er enthält nur den Ausdruck der Willenseinigung, zu welcher die Schrift als Form noch hinzutreten muß. Dies gilt im Zweifel auch dann, wenn das Erforderniß der Schriftform auf Vereinbarung der Vertragschließenden beruht. Dazu kommt, daß der Briefwechsel als Schriftform keine Begünstigung verdient. Der Inhalt eines Vertrages ist aus der Korrespondenz oft nur mühsam herauszulesen, und könnte daher diese Art der schriftlichen Form leicht zu einer Quelle von Streitigkeiten werden, während doch der Zweck der durch Gesetz oder Rechtsgeschäft bestimmten schriftlichen Form dahin geht, eine größere Klarheit des Inhaltes des Vertrages zu sichern. Der Briefwechsel bietet keine genügende Form.

Fünfter Titel.

Willensmängel.

Stimmen bei einer Willenserklärung Wille und Erklärung insofern nicht überein, als das in der Erklärung als gewollt Bezeichnete von dem Erklärenden in Wirklichkeit nicht gewollt ist, so ist eine zwiefache grundsätzliche Betrachtungsweise möglich. Man legt das Gewicht entweder auf das, was wirklich gewollt ist, oder auf das, was als gewollt erklärt ist. Im ersteren Falle ist die Willenserklärung nichtig, weil das Erklärte nicht gewollt und das Gewollte nicht erklärt ist; in letzterem Falle ist die Willenserklärung gültig. Vorbemerkung.

Die herrschende Lehre des gemeinen Rechtes behandelt eine dem wirklichen Willen nicht entsprechende Willenserklärung als nichtig. Die Gesetzeswerke, im Besonderen das preuß. A. L. R., der code civil, das sächs., österr. und zür. G. B., der bayr., hess. und dresd. Entw. sowie das schweiz. Gesetz über das Obligationenrecht versagen einer solchen Willenserklärung im Prinzipe gleichfalls die Gültigkeit. Leitend ist die Grundauffassung, daß der entscheidende Umstand, welcher eine Willenserklärung tauglich macht, rechtliche Wirkungen hervorzubringen, in dem durch die Erklärung an den Tag gelegten Wollen dieser Wirkungen liegt (Willensdogma). Nur in Ansehung der Mentalreservation ist man geneigt, der Erklärung als solcher in engeren oder weiteren Grenzen Wirksamkeit beizulegen; auch finden sich für die Auslegung der Verträge mitunter Regeln aufgestellt, welche mit der maßgebenden Bedeutung des wirklichen Willens nicht immer im Einklange stehen. In neuerer Zeit hat dieser Standpunkt mannigfach und von verschiedenen Gesichtspunkten aus Anfechtung erfahren. Die Berechtigung des Willensdogmas wird bestritten bald Willensdogma. 1. Geltendes Recht.

für alle Willenserklärungen, bald für die Willenserklärungen unter Lebenden, bald nur für Verträge oder in noch engerer Begrenzung für obligatorische Verträge. Man sieht in der Abgabe einer Erklärung, welche dem dem Erklärenden Gegenüberstehenden als Ausdruck wirklichen Wollens erscheint, einen Thatbestand, an welchen die Rechtsordnung schlechthin oder doch unter gewissen Voraussetzungen die rechtlichen Wirkungen ohne Rücksicht auf deren Begehrtsein knüpft oder doch knüpfen sollte. Das österr. G. B. hat dieser Auffassung insofern ein Zugeständniß gemacht, als nach § 876 dieses G. B. bei Vertragserklärungen ein den Willen ausschließender Irrthum keine Berücksichtigung findet, wenn er von dem Erklärenden ausschließlich verschuldet und der Mangel der Uebereinstimmung des wirklichen Willens mit dem erklärten Willen dem anderen Theile nicht erkennbar war. Ebenso bestimmt das bad. L. R. Satz 1110 a, daß derjenige Irrthum einen Vertrag nicht entkräftet, der selbstverschuldet ist. Vergl. auch preuß. A. L. R. I, 4 § 82.

2. Legislative Erwägungen. Die Rechtsordnung gewährt dem Einzelnen die Möglichkeit, innerhalb gewisser, durch höhere Rücksichten bedingter Schranken seine rechtlichen Verhältnisse frei zu gestalten. Dem auf die Hervorbringung einer rechtlichen Wirkung gerichteten Willen wird in Anerkennung dieses Willens Folge gegeben; die beabsichtigte rechtliche Gestaltung tritt ein, weil sie gewollt ist (vergl. S. 126). Dies scheint mit Nothwendigkeit darauf hinzuweisen, daß bei einem Zwiespalte zwischen Wille und Erklärung das Gesetz nicht an den in der Erklärung enthaltenen Scheinwillen anknüpfen, sondern einen Rechtserfolg nur dann eintreten lassen kann, wenn der Wille des Erklärenden in Wahrheit auf dessen Verwirklichung gerichtet ist. Andererseits kommt in Betracht: Dem Verkehre ist es wenig förderlich, wenn die Vermittlerin desselben, die Willenserklärung, keine Gewähr für ihren rechtlichen Bestand in sich birgt. Die Sicherheit und Freiheit wirthschaftlicher Bewegung wird beeinträchtigt, wenn der dem Erklärenden Gegenüberstehende auf dessen Worte sich nicht verlassen kann, wenn er besorgen muß, daß eine in ihrer äußeren Erscheinung völlig unzweideutige Erklärung durch den Nachweis später entkräftet wird, daß der nicht erkennbar gewordene innere Wille des Erklärenden ein anderer gewesen sei. Für den Empfänger der Willenserklärung ist damit unter Umständen eine Gefahr verbunden, deren Folgen von bedeutender Tragweite sein können und um so schwerer empfunden werden, wenn der Grund, wie nicht selten der Fall, nur in einer unvorsichtigen Gebahrung mit Worten auf Seiten des anderen Theiles gefunden werden muß.

Das Gewicht dieser, dem Verkehrsinteresse entnommenen Erwägungen ist nicht gering. Dieselben nöthigen indessen nicht zur Aufgabe des grundsätzlich richtigen Willensdogmas; sie können nur zur Folge haben, daß bei der Durchführung dieses Dogmas vorsichtig verfahren und bedenklichen Konsequenzen desselben die Anerkennung versagt wird. Es geht zu weit, wenn man allgemein den Satz aufstellt, daß eine dem Anscheine nach mangellose Erklärung zu Gunsten desjenigen, der sie guten Glaubens für eine Kundgebung des wirklichen Willens gehalten hat, als solche behandelt werden müsse. Die neuere Gesetzgebung ist zwar geneigt, den guten Glauben mit Rücksicht auf die Bedürfnisse des Verkehres thunlichst zu schützen und seitens des Entwurfes geschieht dies in erheblichem Umfange. Allein ein solcher Schutz ist doch nur ausnahmsweise und unter besonderen Umständen gerechtfertigt. Die Begünstigung des Gutgläubigen erfolgt auf Kosten des anderen Theiles; ihm kann nur gegeben werden, was diesem genommen wird, und auf die Lage des letzteren muß ebenmäßig Rücksicht genommen werden. Die um die Lage des Erklärenden sich nicht kümmernde Vertrauensmaxime hat, unterschiedslos angewandt, weit erheblichere Unbilligkeiten im Gefolge, als diejenigen, welchen sie vorbeugt.

3. Standpunkt des Entwurfes.

Der Entwurf folgt dem Willensdogma, durchbricht aber dasselbe in verschiedenen Richtungen. Die Mannigfaltigkeit der einschlagenden Fälle gestattet in der letzteren Hinsicht keine einheitliche Gestaltung. Im Allgemeinen ist festgehalten, daß der Erklärende zu seiner Erklärung stehen muß, soweit das Verkehrsinteresse dafür spricht und das Verhalten des Erklärenden ein solches ist, daß man sagen kann, es geschehe ihm nicht zu viel, wenn er bei dem Worte genommen werde.

Aeußere Anordnung der Behandlung der einzelnen Fälle.

Die äußere Anordnung des Stoffes beruht, soviel die §§ 95—99 anlangt, darauf, daß den Fällen, in welchen der Erklärende der Nichtübereinstimmung des wirklichen Willens mit dem erklärten Willen sich bewußt ist (§§ 95—97), diejenigen Fälle gegenüberstehen, in welchen dieses Bewußtsein fehlt, der Erklärende mithin im Irrthume ist (§§ 98, 99), und daß hinsichtlich der ersteren Fälle wieder zu scheiden ist, je nachdem der Erklärende bezweckt, die Nichtübereinstimmung des Willens mit der Erklärung zu verhehlen, also zu täuschen (§ 95), oder der Erklärende die Nichtübereinstimmung nicht verhehlen und nicht täuschen will (§ 97). Zwischen diesen Fällen liegt der Fall des Scheingeschäftes (§ 96), bei welchem zwar auch die Absicht, zu täuschen, obwaltet, diese Absicht aber nicht gegenüber dem Erklärungsempfänger besteht.

§ 95.

Kenntniß des Willensmangels auf Seiten des Erklärenden und Täuschungsabsicht.

Der Hauptfall, daß Jemand eine seinem Willen nicht entsprechende Erklärung wissentlich und unter Verschweigung des wirklichen Willens abgiebt, ist derjenige der sog. Mentalreservation. Eine Willenserklärung, abgegeben unter einem geheimen Vorbehalte, muß gültig sein. Die Beachtung geheimer Vorbehalte ist weder mit dem allgemeinen Rechtsbewußtsein noch mit einem geordneten Verkehre vereinbar. Ein einschlagender weiterer Fall, der vielfach auch als ein Unterfall der Mentalreservation behandelt wird, ist derjenige des sog. bösen Scherzes. Wer spottweise ein Rechtsgeschäft in der Absicht vornimmt, die Meinung zu erregen, daß im Ernste gehandelt werde, wer mithin täuschen will, hat es sich selbst zuzuschreiben, wenn er bei dem Worte genommen wird.

Die Willenserklärung ist in der Regel gültig.

Die Regel, daß Willenserklärungen der betreffenden Art gültig sind (Satz 1), hat für Vertragserklärungen wie andere Erklärungen Geltung. Eine Ausnahme tritt nur in Ansehung der letztwilligen Verfügungen ein (§ 1779); hinsichtlich der übrigen Verfügungen von Todeswegen vergl. §§ 1947, 1957 Abs. 4, § 2020. Die Bestimmung bezieht sich auch nicht blos auf ausdrückliche Willenserklärungen. Der verschieden beantworteten Frage, ob bezw.

inwieweit bei stillschweigenden Willenserklärungen eine Mentalreservation begrifflich möglich sei, soll damit nicht vorgegriffen sein.

Ausnahme von der Regel.

Die Regel des Satzes 1 greift nicht Platz, wenn der Willenserklärung ein Empfänger (§ 74 Abs. 1) gegenübersteht und dieser den Mangel der Uebereinstimmung des wirklichen Willens mit dem erklärten Willen gekannt hat (Satz 2). In einem solchen Falle hat es bei der aus dem Mangel der Uebereinstimmung von Wille und Erklärung an sich folgenden Nichtigkeit der abgegebenen Willenserklärung zu bewenden; die Möglichkeit einer Täuschung oder Schädigung des anderen Theiles liegt nicht vor. Die Nichtigkeit auch für den Fall auszusprechen, daß der Erklärungsempfänger den Mangel der Uebereinstimmung bei Aufwendung der Sorgfalt eines ordentlichen Hausvaters (vergl. § 146) hätte kennen müssen, ist Anstand genommen. Es handelt sich um eine Willenserklärung, die nach der Absicht des Erklärenden für eine rechte Willenserklärung gehalten werden soll, und einer solchen Absicht gegenüber entfällt für den anderen Theil die Prüfungspflicht. Besonderen Grundsätzen untersteht in dieser Hinsicht die Eheschließung; die Ehe ist auch dann nicht nichtig, wenn der entsprechende Willensmangel des einen der Eheschließenden dem anderen bekannt war (arg. § 1250). Die Gestaltung der Beweislage auf Grund der Vorschrift ergiebt sich aus der Fassung. Wer auf die Nichtigkeit sich beruft, mag dies der Urheber der Willenserklärung, der Empfänger derselben oder ein Dritter sein, muß den Mangel der Uebereinstimmung des erklärten Willens mit dem wirklichen Willen und außerdem das Wissen auf Seiten des Erklärungsempfängers beweisen.

Geltendes Recht.

In den Gesetzgebungen sind die Fälle der Mentalreservation und des bösen Scherzes meist übergangen. Die Vorschriften, welche das Erforderniß der Ernstlichkeit für die Willenserklärungen im Allgemeinen (preuß. A. L. R. I, 4 § 52, sächs. G. B. § 91, österr. G. B. §§ 565, 869) oder für Vertragserklärungen (hess. Entw. Abth. VI, 1 Art. 61) aufstellen, sollen wohl zunächst nur die Gültigkeit einer Willenserklärung verneinen, deren Nichternstlichkeit erkennbar ist. Der dresd. Entw. Art. 56 gestattet die Berufung auf die Nichternstlichkeit nur, wenn der andere Vertragschließende nach den Umständen erkennen mußte, daß die Erklärung eine ernstliche nicht gewesen sei. Das preuß. A. L. R. I, 4 § 56 behandelt den bösen Scherz milder als der Entwurf; wer einen Anderen durch ungebührlichen Scherz zu Anstalten und Handlungen, die diesem lästig sind, wissentlich verleitet, ist nur zum Schadensersatze verpflichtet (Entsch. des Reichsgerichtes in Civils. VIII Nr. 63 S. 248 ff.).

§ 96.

Scheingeschäfte sind nichtig.

Ein zum Scheine vorgenommenes Rechtsgeschäft ist nichtig (preuß. A. L. R. I, 4 §§ 52 ff., sächs. G. B. § 828, dresd. Entw. Art. 57). Das in dem Scheinakte als gewollt Erklärte ist ausgedrücktermaßen und im Einverständnisse mit demjenigen, an welchen die Erklärung gerichtet ist, nicht gewollt. Die Nichtigkeit ergiebt sich schon aus dem Grundsatze, daß nur der wirkliche Wille rechtserzeugende Kraft hat. Da dieser Satz indessen besonderen Ausdruck in dem Entwurfe nicht gefunden hat, auch der Fall von nicht unerheblicher praktischer Bedeutung ist, ist auf die Nichtigkeit des Scheingeschäftes ausdrücklich hingewiesen (Abs. 1).

Eine wesentliche Einschränkung erfährt die Nichtigkeit des Scheingeschäftes auf dem Gebiete des Grundbuchrechtes nach § 832 (§§ 834, 841, 1087, 1091 Abs. 3, § 1106 Abs. 2, § 1107 Abs. 2, §§ 1134, 1144). Ferner ist eine Ehe auch bei unterlaufender Simulation gültig (arg. § 1250). Allgemein die vor staatlichen Organen vorgenommenen bezw. die öffentlich beurkundeten Scheingeschäfte als gültig zu behandeln, würde zu weit führen. Einschränkung.

Die Nichtigkeit des Scheingeschäftes kann sowohl von den Parteien unter einander als auch gegenüber Dritten und von Dritten geltend gemacht werden. Besondere, den Schutz gutgläubiger Dritter bezweckende Vorschriften sind nicht erforderlich. Bei der Weiterveräußerung einer zum Scheine veräußerten beweglichen Sache erwirbt der gutgläubige Dritte Eigenthum in Gemäßheit des § 877; nicht minder ist derselbe nach § 1018 Abs. 2, § 1147 Abs. 2 geschützt, wenn ihm von einem Scheineigenthümer ein Nießbrauch oder ein Pfandrecht an einer beweglichen Sache bestellt wird. Die zum Scheine erfolgte Abtretung einer Forderung ist dem Schuldner unnachtheilig; der letztere kann sich auf die Nichtigkeit der Abtretung berufen; im Uebrigen steht ihm die Vorschrift des § 306 zur Seite. Zu einer Fürsorge für den Erwerber einer zum Scheine begründeten Forderung liegt weder im Allgemeinen noch insbesondere für den Fall Anlaß vor, daß eine Schuldurkunde aufgenommen und ihm ausgehändigt worden ist (vergl. code civil Art. 1321, schweiz. Gesetz über das Obligationenrecht Art. 16 Abs. 2). Dieselben Erwägungen, welche überhaupt dazu führen, von einem besonderen Schutze desjenigen, der im guten Glauben eine Forderung erwirbt, abzusehen, stehen auch hier entgegen. Ist eine Vollmacht zum Scheine ertheilt, so kann der Dritte ungefährdet mit dem angeblichen Vertreter sich einlassen, sofern die Voraussetzungen des § 120 Abs. 1 oder des § 121 Abs. 1 vorliegen. Die Nichtigkeit besteht auch für und gegen Dritte.

Der das Scheingeschäft enthaltende Thatbestand schließt unter Umständen ein anderes, von den Parteien ernstlich gewolltes Rechtsgeschäft in sich. Die Verhüllung des letzteren Geschäftes kann zu unerlaubten Zwecken erfolgen und auf ein Verbotsgesetz stoßen. Nothwendig ist dies nicht. Die Verhüllung an sich steht der Gültigkeit des Geschäftes nicht entgegen (Abs. 2; preuß. A. L. R. I, 11 §§ 70 ff.; sächs. G. B. § 829; österr. G. B. § 916; zür. G. B. § 934; bayr. Entw. Th. I Art. 19; hess. Entw. Abth. IV, 1 Art. 62; dresd. Entw. Art. 58). Das durch ein Scheingeschäft verdeckte andere Geschäft ist nicht ohne Weiteres nichtig.

§ 97.

Zu den Fällen, in welchen Jemand eine seinem wirklichen Willen nicht entsprechende Willenserklärung wissentlich, aber nicht in der Absicht, daß sie als eine Kundgebung rechtsgeschäftlichen Wollens aufgefaßt werde, also nicht in Täuschungsabsicht abgiebt, gehören vornehmlich diejenigen Gestaltungen scherzweiser Erklärungen, bei welchen der Erklärende glaubt, der Scherz werde verstanden werden, ferner die Fälle, in welchen eine Erklärung als höfliche Redensart, als Lehrbeispiel u. s. w. abgegeben wird, nicht minder der Fall, in welchem Jemand, der ein Scheingeschäft vornehmen will, die Kenntniß Kenntniß des Willensmangels des Erklärenden, aber keine Täuschungsabsicht.

seiner Simulationsabsicht und das Einverständniß mit derselben auf Seiten des anderen Theiles irrthümlich voraussetzt. Bei der nach dem Willensdogma sich ergebenden Nichtigkeit einer solchen Willenserklärung hat es zu bewenden, wenn dem Erklärenden eine Fahrlässigkeit nicht zur Last fällt, wie dies bei Erklärungen, welche anläßlich theatralischer oder didaktischer Darstellungen abgegeben werden, immer der Fall ist. Angemessen erscheint auch nicht, den Urheber der Willenserklärung solchenfalls für das sog. negative Interesse d. h. für den Schaden haften zu lassen, welcher dem Erklärungsempfänger dadurch erwächst, daß er auf die Rechtsbeständigkeit der Willenserklärung vertraut und bei seinem weiteren Verhalten sich darnach gerichtet hat. Ist von dem Erklärenden fahrlässig gehandelt worden, so entspricht es ebensowohl der Gerechtigkeit als dem praktischen Bedürfnisse, ihn am Worte festzuhalten, wenn die Fahrlässigkeit eine grobe ist (Abs. 2). Wer auf solche Weise unvorsichtig mit Worten spielt, wagt, und das Wagen geschieht auf seine Gefahr. Die gleiche Gestaltung kann für den Fall, daß die dem Erklärenden zur Last fallende Fahrlässigkeit keine grobe ist, in Frage kommen. Im Besonderen ist anzuerkennen, daß die Grenzlinie zwischen den beiden Graden der Fahrlässigkeit (§ 144) nicht selten schwer zu ziehen ist. Allein die Gleichstellung der beiden Fälle würde der Verschiedenheit in der Schwere des Verschuldens des Erklärenden nicht gerecht. Nur die grobe Fahrlässigkeit läßt sich dem Vorsatze in Ansehung der Rechtsfolgen (vergl. § 95) an die Seite setzen. Demgemäß wird an das nicht in den Bereich der groben Fahrlässigkeit fallende fahrlässige Verhalten des Erklärenden nur die Wirkung geknüpft, daß dieser dem Empfänger der Willenserklärung für das negative Interesse einzustehen hat; die Willenserklärung selbst bleibt nichtig (Abs. 3). Die grobe wie die nicht grobe Fahrlässigkeit ist aber ohne Einfluß, wenn der Empfänger der Willenserklärung den Zwiespalt zwischen Wille und Erklärung auf Seiten des Erklärenden kannte oder kennen mußte (Abs. 4). Bei dem Mangel jeder Täuschungsabsicht auf Seiten des Erklärenden kann das einfache Nichterkennen der wahren Bedeutung der Erklärung durch den Erklärungsempfänger nicht genügen; die dem Erklärenden nachtheiligen Rechtsfolgen dürfen nur eintreten, wenn auch den Erklärungsempfänger der Vorwurf der Fahrlässigkeit nicht trifft, mithin nur dann, wenn dieser bei Anwendung der Sorgfalt eines ordentlichen Hausvaters die Erklärung für eine wirliche Willenskundgebung halten mußte. Hinsichtlich der Tragweite des Abs. 2 und 3 im Uebrigen vergl. S. 200—201.

Die Willenserklärung ist nichtig, wenn der Erklärende nicht fahrlässig gehandelt hat.

Gültig bei grober Fahrlässigkeit.

Nichtig bei sonstiger Fahrlässigkeit, aber Ersatz des negativen Interesse.

Beweislast.

Die Beweislast vertheilt sich, wie die Vorschrift erkennen läßt, dahin, daß der Urheber der Willenserklärung, welcher die Nichtigkeit geltend macht, den Mangel der Uebereinstimmung zwischen dem wirklichen Willen und dem erklärten Willen, und wenn ihm der Nachweis grober Fahrlässigkeit geführt wird, das Kennen oder Kennenmüssen auf Seiten des Erklärungsempfängers darzuthun hat; umgekehrt hat der letztere, wenn er die Gültigkeit der Erklärung geltend macht, zunächst nur auf die Abgabe der Erklärung sich zu beziehen (§§ 193, 194), und erst dann, wenn der Gegenbeweis erbracht wird, daß Wille und Erklärung nicht übereinstimmen, den Nachweis einer dem Erklärenden zur Last fallenden groben Fahrlässigkeit zu führen, während es Aufgabe des

Erklärenden ist, diesen Nachweis dadurch zu entkräften, daß er das Kennen oder Kennenmüssen auf Seiten des Erklärungsempfängers beweist.

Ueber die Behandlung des Falles, wenn die Nichtübereinstimmung zwischen wirklichem Willen und erklärtem Willen nur zu einer theilweisen Nichtigkeit der Erklärung führt, vergl. §§ 114, 1787, 1959. Theilweise Nichtigkeit.

Die in Abs. 3 sowie an anderen Stellen (vergl. § 99 Abs. 2, §§ 101, 345, 347) anerkannte Haftung für die bei Eingehung eines Rechtsgeschäftes unterlaufende Fahrlässigkeit — culpa in contrahendo — ist schon den bisherigen Gesetzgebungen (vergl. preuß. A. L. R. I, 4 §§ 56, 79, I, 5 §§ 53, 284, 285, sächs. G. B. § 844, österr. G. B. § 878, schweiz. Gesetz über das Obligationenrecht Art. 23) nicht fremd und wird in der neueren gemeinrechtlichen Jurisprudenz vielfach als ein Gebot der materiellen Gerechtigkeit gefordert. Das dabei zu vertretende schädigende Ereigniß ist nicht das Nichtzustandekommen des Rechtsgeschäftes, sondern die Uebermittelung einer unzuverlässigen Willenserklärung; nur diejenigen Nachtheile kommen zum Ersatze, welche ohne die Abgabe der Willenserklärung nicht eingetreten sein würden. Dieses sog. negative Interesse wird in manchen Fällen mit dem Erfüllungsinteresse sich decken, in anderen dasselbe nicht erreichen; es kann aber auch jenes unter Umständen übersteigen. In letzterer Hinsicht muß eine Beschränkung Platz greifen; mehr, als bei dem Zustandekommen des Rechtsgeschäftes dem anderen Theile wegen Nichterfüllung zu ersetzen sein würde, kann bei dem Nichtzustandekommen füglich nicht geschuldet und gefordert werden (Abs. 3). Der gegen die Haftung für das negative Interesse erhobene Einwand, daß dem Verkehre wegen der obwaltenden Beweisschwierigkeiten mit einem solchen Anspruche wenig gedient sei, ist nicht ohne eine gewisse Berechtigung. Der Entwurf hat diesem Bedenken auch in verschiedenen Beziehungen Rechnung getragen; vergl. u. A. S. 165, 166. Allein die Fälle, in welchen die Haftung anerkannt wird, sind sämmtlich der Art, daß ein Hinausgehen über dieselbe, ein Festhalten des Erklärenden an der Erklärung selbst, sich verbietet. In den Fällen der §§ 345, 347 ist letzteres an sich nicht möglich; in den übrigen Fällen würde es die Grenzen der Billigkeit überschreiten. Ob begrifflich die Haftung für culpa in contrahendo auf einen Eingriff in den fremden Rechtskreis, mithin auf eine unerlaubte Handlung oder auf die Verletzung einer rechtsgeschäftlichen Pflicht zurückzuführen sei, ist eine Konstruktionsfrage, deren Lösung der Wissenschaft überlassen werden darf. Jedenfalls kann, soviel die aufzuwendende Sorgfalt anlangt, der Grad der Sorgfalt, der auf Grund des Schuldverhältnisses, wenn dasselbe zu Stande gekommen wäre, zu beobachten sein würde, nicht für die bei dem Nichtzustandekommen desselben zu vertretende Sorgfalt maßgebend sein (vergl. preuß. A. L. R. I, 5 § 284); insbesondere hat der Umstand, daß das beabsichtigte Rechtsgeschäft nur zur Vertretung grober Fahrlässigkeit verpflichten würde, nicht zur Folge, daß auch die Haftung bei dessen Nichtzustandekommen sich auf grobe Fahrlässigkeit beschränkt. Bei dem bestehenden Schuldverhältnisse bestimmt sich das Maß der hinsichtlich der Leistung erforderlichen Willensanstrengung nach dem Grunde des Schuldverhältnisses. Hier wird eine Willensanstrengung erfordert, welche verhindert, daß der Andere dem Vertrauen auf das Zustandekommen des Culpa in contrahendo.

Geschäftes sich hingiebt und in der Folge Schaden erleidet. Das Maß dieser Willensanstrengung muß ein einheitliches, das der Sorgfalt eines ordentlichen Hausvaters sein. Anders verhält es sich selbstverständlich, wenn bei einem bestehenden Schuldverhältnisse die Abgabe einer auf dasselbe bezüglichen Willenserklärung in der fraglichen Hinsicht mangelhaft ist; eine Haftung kann hier nur insoweit eintreten, als die durch das Schuldverhältniß gebotene Sorgfalt außer Auge gesetzt ist. Ueber einen besonderen Fall der Haftung für culpa in contrahendo vergl. § 622.

§ 98.

Unbewußter Willensmangel infolge Irrthumes.

Giebt Jemand eine seinem wirklichen Willen nicht entsprechende Willenserklärung ohne Kenntniß des Zwiespaltes zwischen Wille und Erklärung ab, so kann dies seinen Grund darin haben, daß bei der Erklärung des Willens ein Irrthum unterläuft, welcher bewirkt, daß die Erklärung der bezweckten Willenskundgebung nicht gerecht wird (Irrthum in der Erklärungshandlung), oder darin, daß die Erklärung den Willen zwar wiedergiebt, der Wille aber auf einer falschen Vorstellung beruht, welche die Willenswirklichkeit ausschließt (Irrthum über den Inhalt der Erklärung). Mitunter scheidet man auch zwischen Irrung (Fälle des Sichversprechens, Sichverschreibens, Sichvergreifens u. s. w.), Verlautbarungsirrthum (Fälle, in welchen mit der Erklärung ein anderer Sinn verbunden wird, als den gewählten Erklärungszeichen an sich zukommt) und Irrthum über den sachlichen Inhalt der Erklärung. Die Verschiedenheit des obwaltenden Irrthumes ist nur insofern von Belang, als je nach der Beschaffenheit desselben der Schluß auf das Vorhandensein einer Nichtübereinstimmung zwischen Wille und Erklärung mehr oder minder nahe liegt; die rechtliche Beurtheilung der Nichtübereinstimmung selbst, auf welche es allein ankommt, ist die gleiche. In dem Entwurfe wird deshalb von jeder Scheidung in dieser Richtung abgesehen und nur von Irrthum gesprochen. Ferner ist auch der Hinweis darauf unterblieben, daß es unerheblich sei, ob der Irrthum in Nicht- oder Falschwissen bestehe (sächs. G. B. § 95); ein solcher Ausspruch ist entbehrlich und insofern vielleicht nicht einwandsfrei, als die Meinung sich vertreten läßt, daß das Nichtwissen vorwiegend, wenn nicht ausschließlich, dem Bereiche des Irrthumes in den Beweggründen (§ 102) angehöre.

Die Rechtsentwickelung hat dazu geführt, daß nicht jedem durch Irrthum hervorgerufenen Willensmangel rechtliche Beachtung zu Theil wird. Man unterscheidet zwischen *wesentlichem* und *unwesentlichem* Irrthume in dem Sinne, daß das Auseinanderfallen von Wille und Erklärung rechtlich bedeutungsvoll oder bedeutungslos ist, je nachdem dasselbe einen wesentlichen oder unwesentlichen Theil der Willenserklärung trifft. Vielfach wird auch unter wesentlichem Irrthume der die Nichtigkeit der Willenserklärung nach sich ziehende, unter unwesentlichem Irrthume der dieselbe nicht vernichtende Irrthum verstanden. Es handelt sich dabei lediglich um eine Verschiedenheit der Ausdrucksweise, die zu demselben Ergebnisse führt, sofern der die wesentlichen Theile der Willenserklärung treffende Irrthum zugleich der die Willenserklärung entkräftende ist.

Der Entwurf folgt dem Gange der Rechtsentwickelung, indem er sowohl hinsichtlich der Willenserklärungen unter Lebenden als hinsichtlich der Verfügungen von Todeswegen (§§ 1779, 1947, 1957 Abs. 4, § 2020) zwischen beachtlichem und unbeachtlichem Irrthume scheidet. Der in der Wissenschaft aufgestellte Grundsatz, daß eine Willenserklärung schlechthin in allen Punkten der Willenswirklichkeit entsprechen müsse, wenn sie Bestand haben solle, weil jeder Punkt gleichwerthig sei, ist in seiner Durchführung von unleidlichen Folgen begleitet und mit der im Verkehrsinteresse liegenden thunlichsten Aufrechterhaltung der Rechtsgeschäfte nicht vereinbar. Bedenklich ist desgleichen, an den bezüglich eines unwesentlichen Theiles einer Willenserklärung infolge Irrthumes bestehenden Willensmangel die Folge zu knüpfen, daß die Erklärung zwar im Uebrigen besteht, der betreffende Theil aber nichtig ist. Dem Leben entspricht es ungleich mehr, einen solchen nebensächlichen Punkt, obwohl er nicht gewollt ist, in Kraft zu erhalten. Streng genommen mag hierin eine Abweichung von dem Willensdogma zu finden sein; allein die Korrektur des Willens ist jedenfalls nur eine geringe und liegt ebensowohl im eigenen Interesse des Erklärenden als im Verkehrsinteresse. Beachtlicher und unbeachtlicher Irrthum.

Schwierigkeiten bereitet die Aufstellung eines geeigneten Maßstabes für die Bestimmung dessen, was bei einer Willenserklärung als wesentlich anzusehen ist. Die herrschende gemeinrechtliche Doktrin bezeichnet als wesentliche Bestandtheile des Rechtsgeschäftes, über welche der Erklärende sich nicht irren darf, die Natur des Geschäftes und den Gegenstand, auf welchen dasselbe gerichtet ist. Bei der Person, in Bezug auf welche der Wille erklärt wird, soll es Thatfrage sein, ob dem Erklärenden die eine Person so lieb war wie die andere, ob also sein Geschäftswille als ein allgemeiner und eventueller sich erweise. Hinsichtlich der Eigenschaften des Gegenstandes, auf welchen die Willenserklärung sich bezieht, soll der Erklärende, der gewöhnlichen Ansicht nach, wenigstens insoweit eine richtige Vorstellung haben müssen, als ein Anderssein dieser Eigenschaften den Gegenstand zu einem anderen Verkehrsobjekte machen würde. Nach dem preuß. A. L. R. ist beachtlich der Irrthum über das Wesentliche des Geschäftes oder den Hauptgegenstand der Willenserklärung (I, 4 § 75), über die Person, wenn eine bestimmte in's Auge gefaßt war (§ 76), über ausdrücklich oder gewöhnlich vorausgesetzte Eigenschaften der Person oder Sache (§§ 77, 81; I, 5 §§ 325, 329). Der code civil Art. 1110 bezeichnet als cause de nullité de la convention den Irrthum über die Substanz der Sache, welche den Gegenstand des Vertrages bildet, und den Irrthum über die Person des Mitkontrahenten, sofern die Rücksicht auf diese Person den Hauptgrund des Vertrages ausmachte. Man darf hieraus nicht schließen, daß ein Irrthum über den Vertragsgegenstand selbst oder über die rechtliche Natur des Vertrages keine Beachtung finden solle. Das ital. G. B. folgt in Art. 1110 dem Vorbilde des code civil. Das bad. L. R. Satz 1110 stellt dem Irrthume über das Wesen der Sache denjenigen über die Eigenschaften, d. h. die Art des Vertrages gleich. Mit der herrschenden gemeinrechtlichen Lehre stimmen in der Hauptsache überein das sächs. G. B. §§ 95, 96, 838, 841, 842, der bayr. Entw. Th. I Art. 25—27, der hess. Entw. Abth. IV, 1 Art. 64—66, der dresd. Entw. Art. 59—64, das österr. G. B. §§ 871—873, das zür. G. B. Maßstab für diese Scheidung im geltenden Rechte.

§§ 927—929, das schweiz. Gesetz über das Obligationenrecht Art. 18—21. Ein Irrthum über Eigenschaften der Person ist erheblich nach dem sächs. G. B. § 84 und dresd. Entw. Art. 64, wenn ohne diese die Erfüllung des Vertrages unmöglich ist, nach dem bayr. Entw. Art. 27, wenn anzunehmen ist, daß das Rechtsgeschäft nur aus Rücksicht auf die bestimmten Eigenschaften eingegangen ist, nach dem hess. Entw. Art. 66, wenn eine bestimmte Eigenschaft nach der Natur und dem Zwecke des Vertrages Voraussetzung der Einwilligung ist.

Kein objektiver Maßstab.

Dem Entwurfe liegt die Auffassung zu Grunde, daß es sich nicht empfehle, die regelmäßigen Bestandtheile eines Rechtsgeschäftes objektiv zu sondern und den durch Irrthum hervorgerufenen Willensmangel bezüglich der einen für beachtlich zu erklären, bezüglich der anderen nicht. Eine solche Aussonderung gewährt zwar den für die Praxis nicht zu unterschätzenden Vortheil einer möglichst scharfen Abgrenzung des beachtlichen Irrthumes gegenüber dem unbeachtlichen und insbesondere auch gegenüber dem Irrthume in Beweggründen. Allein der Vortheil steht in keinem Verhältnisse zu der damit verbundenen Beeinträchtigung des materiellen Rechtes. Nicht der abstrakte Begriff des beabsichtigten Rechtsgeschäftes, sondern das konkret vorliegende Rechtsgeschäft muß in's Auge gefaßt werden. Wesentlich für dieses ist jeder Bestandtheil, welcher mit der Willenserklärung dergestalt in ursachlichem Zusammenhange steht, daß sich annehmen läßt, bei mangelndem Irrthume wäre die Willenserklärung nicht abgegeben worden. Dabei kann sich herausstellen, daß ein nach dem Gesetze nicht zu dem Wesen des Rechtsgeschäftes gehörendes Moment auf den Willensentschluß einen wesentlichen Einfluß übte, der Irrthum über dasselbe mithin ein beachtlicher ist; ausgeschlossen ist aber auch nicht, daß ein nach dem Gesetze wesentliches Moment für den Willensentschluß einflußlos war, mithin der Irrthum bezüglich desselben unbeachtlich ist. In Satz 1 wird dementsprechend bestimmt, daß der durch Irrthum hervorgerufene Willensmangel die Willenserklärung nichtig macht, wenn anzunehmen ist, daß der Erklärende bei Kenntniß der Sachlage die Willenserklärung nicht abgegeben hätte, während, wenn die Voraussetzung nicht zutrifft, die Willenserklärung gültig ist.

Nur der beachtliche Irrthum macht die Willenserklärung nichtig.

Der eingenommene subjektive Standpunkt ist auch den bisherigen Gesetzgebungen nicht völlig fremd, wennschon derselbe nur verhüllt zu Tage tritt. Insbesondere gilt dies von dem sächs. G. B. § 95; nicht minder hat das preuß. A. L. R. I, 4 § 75 und das österr. G. B. § 871 eine dahin gehende Auslegung erfahren. Während diese Gesetze aber einzelne Fälle hervorheben, in welchen ein beachtlicher Irrthum schlechthin angenommen werden soll, bleibt der Entwurf dem subjektiven Standpunkte auch insoweit treu. Die hervorragendsten Fälle werden in Satz 2 lediglich in dem Sinne aufgeführt, daß im Zweifel ein ursachlicher Zusammenhang zwischen Irrthum und Abgabe der Willenserklärung angenommen werden soll. Die angeführten Fälle selbst, die Fälle, in welchen ein Rechtsgeschäft anderer Art, die Beziehung des Rechtsgeschäftes auf einen anderen Gegenstand oder die Wirksamkeit des Rechtsgeschäftes unter anderen Personen beabsichtigt wurde, werden keinem Anstande begegnen; die unter Umständen schwierige Frage, ob eine den Willen ausschließende Verwechselung hinsichtlich der Person oder des Gegenstandes vorliegt, entzieht sich der gesetzlichen Lösung. Den Irrthum über Eigenschaften des Gegenstandes im Zweifel für beachtlich zu erklären, sofern der Gegenstand vermöge der vorausgesetzten Eigenschaften nach der Verkehrsanschauung zu einer anderen Gattung oder Art gehören würde, als wozu er gehört, ist Anstand genommen. Irrthum in den Gattungseigenschaften ist ebenso wie Irrthum über Eigenschaften der gegenüberstehenden Person ein Irrthum in den Beweggründen, schließt mithin die Willenswirklichkeit nicht aus. Das letztere gleichwohl zu bestimmen, fehlt es an genügenden Gründen; auch würde eine solche Vorschrift bei der Unmöglichkeit, die Merkmale ihrer Anwendbarkeit mit hinreichender Deutlichkeit zu bestimmen, eine Quelle von Streitigkeiten werden. Dazu kommt, daß, soweit ein Bedürfniß, den hinsichtlich der Eigenschaften einer Sache Irrenden zu schützen, wirklich vorliegt, durch die demselben zur Seite stehenden sonstigen Rechtsbehelfe genügend vorgesorgt ist. Von Bedeutung sind in dieser Hinsicht namentlich die Vorschriften über die Gewährleistung wegen Mängel einer veräußerten Sache (§§ 381 ff.), ferner die Vorschriften über die Anfechtung wegen Betruges bezw. die Haftung aus demselben (§§ 103, 704, 705), über die Wirksamkeit einer stillschweigend gesetzten Bedingung (vergl. § 137) u. s. w. **Irrthum über Eigenschaften unbeachtlicher Irrthum.**

Zu einer besonderen Bestimmung über die Bedeutung des Irrthumes hinsichtlich der Summe oder Menge bezw. der Größe des Gegenstandes des Rechtsgeschäftes (sächs. G. B. § 839, bayr. Entw. Th. I Art. 26, dresd. Entw. Art. 61, schweiz. Gesetz über das Obligationenrecht Art. 19 Nr. 4) ist gegenüber dem eingenommenen grundsätzlichen Standpunkte kein Anlaß. **Irrthum hinsichtlich der Menge, Summe u. s. w.**

Läuft bei einer aus mehreren Theilen bestehenden Willenserklärung nur bezüglich eines Theiles ein die Nichtigkeit dieses Theiles nach sich ziehender Irrthum unter, so greift bei Rechtsgeschäften unter Lebenden § 114, bei Verfügungen von Todeswegen § 1787 bezw. § 1959 Platz. **Theilweise Nichtigkeit.**

Dem geltenden Rechte entspricht es nicht allenthalben, daß der den Willen ausschließende wesentliche Irrthum die Willenserklärung schlechthin nichtig macht. Nach dem preuß. und österr. Rechte tritt bei Rechtsgeschäften unter Lebenden nur relative Nichtigkeit oder, wie Manche annehmen, Anfechtbarkeit ein. Im franz. Rechte (code civil Art. 1117) sind durch Irrthum hervorgerufene Verträge lediglich mit der action en nullité ou en rescision angreifbar. Aehnliches gilt nach dem hess. Entw. Abth. IV, 1 Art. 75. Nach dem bayr. Entw. (Th. I Art. 23, 24, 30 Abs. 3) ist die Nichtigkeit bei zweiseitigen Rechtsgeschäften eine heilbare. Das schweiz. Gesetz erklärt (Art. 18) den Vertrag für denjenigen Theil für unverbindlich, welcher bei der Schließung desselben sich in einem wesentlichen Irrthume befunden hat; der Vertrag ist genehmigungsfähig (Art. 28). Mit dem Entwurfe stimmen überein die gemeinrechtliche Jurisprudenz, das sächs. G. B. §§ 95, 837 ff., das zür. G. B. § 926, der dresd. Entw. Art. 59 ff. **Geltendes Recht hinsichtlich der Wirkungen des beachtlichen Irrthumes.**

Ueber die besondere Behandlung des auf Irrthum beruhenden Willensmangels bei der Eheschließung vergl. § 1259 Nr. 2, § 1263.

§ 99.

Die Richtigkeit der Willenserklärung infolge beachtlichen Irrthumes ist nur die Regel.

Die auf einem wesentlichen Irrthume beruhende Willenserklärung ist an sich nichtig, mag der Irrthum ein thatsächlicher oder ein Rechtsirrthum, mag er entschuldbar oder unentschuldbar sein; nicht der Irrthum, sondern der durch denselben hervorgerufene Mangel der Uebereinstimmung des wirklichen Willens mit dem erklärten Willen ist der Grund der Nichtigkeit. Die strenge Durchführung dieses Satzes ist nicht ohne Unzuträglichkeiten. Das österr. G. B. § 876 erfordert, um Härten vorzubeugen, daß der Irrende nicht selbst und allein an dem Irrthume Schuld trage; das bad. L. R. Satz 1110a, daß der Irrthum nicht selbstverschuldet sei (vergl. S. 190). Andere Gesetzgebungen — preuß. A. L. R. I, 4 § 79; sächs. G. B. § 844; schweiz. Gesetz über das Obligationenrecht Art. 23 — suchen, unter Festhaltung des Grundsatzes, eine Ausgleichung dadurch zu erreichen, daß dem Irrenden, wenn er durch seine Schuld in den Irrthum gerathen und der andere Theil den Irrthum nicht gekannt hat, die Verpflichtung zum Schadensersatze auferlegt wird.

Die Willenserklärung ist gültig bei grober Fahrlässigkeit des Erklärenden.

Der Entwurf durchbricht die Regel für diejenigen Fälle, in welchen dem Irrenden grobe Fahrlässigkeit zur Last fällt (Abs. 1). Wer infolge der Außerachtlassung der allergewöhnlichsten Sorgfalt eine seinem Willen nicht entsprechende Erklärung abgiebt, kann sich nicht darüber beschweren, wenn die Erklärung als der Ausdruck seines wirklichen Willens behandelt wird. Ist die dem Irrenden zur Last fallende Fahrlässigkeit keine grobe, so läßt sich an dieselbe billigerweise keine weitere Folge knüpfen, als daß der Erklärende dem Empfänger der Willenserklärung für das negative Interesse haftbar gemacht wird (Abs. 2). Das Eine wie das Andere greift jedoch nicht Platz, wenn der Empfänger der Willenserklärung den Zwiespalt zwischen Wille und Erklärung kannte oder kennen mußte (Abs. 3). Es gelten sonach dieselben Grundsätze wie in den Fällen des § 97 Abs. 2—4 und zwar im Wesentlichen aus denselben Gründen.

Bei sonstiger Fahrlässigkeit Haftung für das negative Interesse.

Dies gilt auch a) für einseitige Rechtsgeschäfte,

Die Vorschrift des Abs. 1 beschränkt ihre Geltung ebenso wie diejenige des § 97 Abs. 2 nicht auf Willenserklärungen, zu deren Wirksamkeit erforderlich ist, daß sie gegenüber einem Betheiligten abgegeben werden, denen mithin (§ 74 Abs. 1) ein Empfänger gegenübersteht. Beide Vorschriften finden — von den letztwilligen Verfügungen (§ 1779) abgesehen — auch auf streng einseitige Willenserklärungen Anwendung. Mag man die in diesen Vorschriften enthaltene Abweichung von dem Willensdogma um deswillen für geboten erachten, weil die grobe Fahrlässigkeit insoweit dem Vorsatze (§ 95) gleichzustellen sei, oder mag man das entscheidende Gewicht auf das Verkehrsinteresse legen: ein Grund zu einer verschiedenen Behandlung der Willenserklärungen, je nachdem sie einen Empfänger haben oder nicht haben, ist nicht gegeben. Auch bei den streng einseitigen Willenserklärungen handelt es sich, soviel den letzten Gesichtspunkt anlangt, um Verkehrs- und Vermögensinteressen, die ein Festhalten am Worte erheischen. Es genügt in dieser Hinsicht auf die Auslobung (§ 581), die Ausstellung einer Schuldverschreibung auf Inhaber (§ 685), die Dereliktion eines Grundstückes (§ 872), die Aufgabe des Vorkaufsrechtes sowie sonstiger Rechte an einem Grundstücke (§§ 960, 965, 977, 1015, 1048, 1061), die Annahme und Ausschlagung einer Erbschaft (§§ 2038 ff.), den Verzicht auf das Inventarrecht (§ 2094) u. s. w. zu verweisen. Zu berücksichtigen ist überdies die Bedeutung, welche die betreffenden Vorschriften mittelbar für Materieen haben, die in dem Gesetzbuche nicht geregelt werden, und bei denen streng einseitige Willenserklärungen eine Hauptrolle spielen. Die das Nachdrucks-, Muster-, Patent-, Krankenversicherungs-, Unfallversicherungswesen u. s. w. regelnden Gesetze nehmen sämmtlich insoweit stillschweigend auf das bürgerliche Recht Bezug.

b) für Freigebigkeitsakte,

Die Vorschriften des Abs. 1 und des § 97 Abs. 2 gelten des Weiteren ohne Unterschied, ob ein entgeltliches Rechtsgeschäft oder ein Akt der Freigebigkeit in Frage steht. Es spricht zwar bei Rechtsgeschäften, durch welche einem Anderen ohne Entgelt Etwas versprochen oder übertragen wird, Manches für eine mildere Behandlung des Erklärenden. Allein die Scheidung zwischen entgeltlichen und unentgeltlichen Rechtsgeschäften ist, so einfach sie an sich zu sein scheint, schwer durchführbar. Die Feststellung, ob bezw. inwieweit ein Rechtsgeschäft ein unentgeltliches ist, begegnet vielfach, namentlich bei den sog. gemischten Geschäften, erheblichen Schwierigkeiten. Mit der Scheidung würde eine Unsicherheit in die Anwendbarkeit der Bestimmungen gebracht werden, welche deren praktischen Werth wesentlich beeinträchtigen müßte.

c) insbes. auch für familienrechtliche Rechtsgeschäfte.

Die Vorschriften des Abs. 1 und des § 97 Abs. 2 gelten endlich nicht blos für Verkehrsgeschäfte, sondern für Rechtsgeschäfte jeder Art, im Besonderen auch, wenn man von der Eheschließung absieht, für die familienrechtlichen Rechtsgeschäfte. In Ansehung der den Güterstand betreffenden Eheverträge erhellt die Angemessenheit der Anwendung ohne Weiteres. Die Bestimmungen müssen aber auch für die sonstigen Rechtsgeschäfte maßgebend sein, welche die Begründung, Aenderung, Aufhebung oder Feststellung eines familienrechtlichen Rechtsverhältnisses oder die dazu erforderliche Einwilligung dritter Personen zum Gegenstande haben. Namentlich gilt dies auch für die Anerkennung der ehelichen Vaterschaft durch den Ehemann (§ 1472) und für die Annahme an Kindesstatt (§§ 1601 ff.). Bezüglich dieser Geschäfte mag an sich vielleicht nicht völlig ausgeschlossen sein, daß dem betreffenden familienrechtlichen Verhältnisse, welches nahe, auf die Dauer berechnete Beziehungen hervorruft und in seiner gedeihlichen Entwickelung von der Gesinnung und dem guten Willen der Betheiligten abhängt, unter Umständen Eintrag geschehen kann, wenn ein Theil auf Grund seines Verschuldens an dem von ihm erklärten, aber nicht wirklichen Willen festgehalten wird. Allein entscheidend ist, daß auch hier erhebliche Verkehrsinteressen in Frage stehen. Die bezeichneten Rechtsgeschäfte sind mit Rücksicht auf die an dieselben sich knüpfenden vermögensrechtlichen Folgen für den Verkehr mit Dritten von weittragender Bedeutung. Ueber die Anwendbarkeit des Abs. 1 und des § 97 Abs. 2 auf Verfügungen von Todeswegen, welche nicht letzwillige Verfügungen sind, vergl. §§ 1947, 1957 Abs. 4, § 2020.

Die Vorschriften des Abs. 2 und des § 97 Abs. 3 setzen nothwendig eine Willenserklärung voraus, welcher ein Empfänger gegenübersteht. Das vorstehend hinsichtlich der unentgeltlichen Rechtsgeschäfte sowie der familienrechtlichen Rechtsgeschäfte Bemerkte gilt auch bezüglich dieser Vorschriften.

§ 100.

Dissens im engeren und weiteren Sinne.

Bei der Schließung eines Vertrages kann es an einer Uebereinstimmung des beiderseitigen Willens der Parteien aus einem zwiefachen Grunde fehlen. Möglich ist, daß die Willenserklärungen der Vertragschließenden zwar übereinstimmen, aber auf Seiten eines der Vertragschließenden Wille und Erklärung sich nicht decken, die Willenserklärung dieses Vertragschließenden infolge dessen (§§ 95, 97—99) nichtig ist und demgemäß es an einer Uebereinstimmung des Willens der Vertragschließenden gebricht. Denkbar ist aber auch, daß Wille und Erklärung auf Seiten eines jeden der Vertragschließenden übereinstimmen, die beiderseitigen Willenserklärungen aber infolge eines Mißverständnisses sich nicht decken, ohne daß die Vertragschließenden sich dessen bewußt geworden sind (sog. Dissens im engeren Sinne). Beide Fälle, von denen der erstere sich als ein Unterfall des § 114 erweist, werden angemessen der gleichen Rechtsregel unterstellt.

Der Vertrag ist nichtig, es sei denn, daß der betr. Punkt unwesentlich ist.

Der Mangel der Uebereinstimmung des beiderseitigen Willens entzieht dem Vertrage die Gültigkeit, sofern der Mangel einen Punkt betrifft, der im Sinne der Parteien oder auch nur einer Partei ein wesentlicher ist. Stellt dagegen der Punkt, wie von demjenigen, der sich darauf beruft, zu beweisen ist, als ein solcher sich dar, daß anzunehmen ist, der Vertrag würde auch ohne eine Bestimmung über denselben eingegangen worden sein, so bleiben die übrigen Vertragsbestimmungen in Kraft und die durch den Wegfall des nichtigen Theiles entstehende Lücke ist an der Hand der ergänzenden Vorschriften des Gesetzes auszufüllen. Den Vertrag im Falle des Dissenses im engeren Sinne unterschiedslos als nichtig bezw. als nicht geschlossen zu behandeln, wenn sich ergiebt, daß es in irgend einer Beziehung an dem Einverständnisse der Parteien gebricht, ist weder durch § 78 Abs. 2 geboten, noch auch sonst gerechtfertigt. Die Vorschrift des § 78 Abs. 2 kann im Besonderen schon deshalb nicht ohne Weiteres maßgebend sein, weil in dem hier in Rede stehenden Falle vorausgesetzt wird, daß die Parteien den Vertrag als geschlossen angesehen haben und es sich erst nachträglich herausstellt, daß es an einer völligen Willensübereinstimmung fehlt. Eine solche strenge Behandlung des Falles des Dissenses würde auch von dem bestehenden Rechte, soweit sich dessen Stellung zu der Frage übersehen läßt (vergl. l. 34 pr. D. de contr. emt. 18, 1, l. 21 § 2 D. de act. emt. 19, 1; sächs. G. B. § 840), erheblich abweichen und den Bedürfnissen des Verkehres, in dessen Interesse die thunlichste Aufrechterhaltung der Verträge liegt, in keiner Weise gerecht werden.

Die über den Einfluß der Verschuldung in Ansehung des beachtlichen Irrthumes im § 99 getroffenen Bestimmungen sind auf den Fall des Dissenses im engeren Sinne nicht übertragen. Damit soll jedoch der Frage, ob die analoge Anwendung derselben statthaft sei, nicht vorgegriffen sein.

§ 101.

Die Erklärung durch eine Mittelsperson steht der eigenen Erklärung gleich.

Dem Falle, daß Jemand eine seinem wirklichen Willen nicht entsprechende Willenserklärung ohne Kenntniß der Nichtübereinstimmung abgiebt, ist in Ansehung der rechtlichen Beurtheilung der Fall gleichgestellt, daß Jemand zur

Uebermittelung seiner Willenserklärung an den Empfänger einer Mittelsperson sich bedient und diese Mittelsperson den Willen unrichtig wiedergiebt. Dabei ist sowohl die mündliche Bestellung durch einen Boten als die unter denselben rechtlichen Gesichtspunkt fallende Benutzung des Telegraphen in's Auge gefaßt. Die Gleichstellung der Fälle mag theoretisch anfechtbar sein, liegt aber im Verkehrsinteresse. Wer durch Vermittelung einer anderen Person seinen Willen kundgiebt, muß die auf die Wiedergabe des Willens gerichtete Erklärung dieser Person als seine Erklärung gelten lassen; er ist im Falle der unrichtigen Wiedergabe so zu behandeln, als ob er selbst seinen Willen in der betreffenden Richtung nicht zum entsprechenden Ausdrucke gebracht habe. Die Uebertragung des § 99 auf den Fall ergiebt, daß die Erklärung der Mittelsperson, selbst wenn eine Abweichung von dem Willen des Urhebers in einem wesentlichen Punkte vorliegt, gültig ist, sofern dem Urheber in der Auswahl oder Instruktion der Person grobe Fahrlässigkeit zur Last fällt, und daß, falls die den Urheber in dieser Hinsicht treffende Fahrlässigkeit keine grobe ist, die Erklärung zwar nichtig bleibt, der Urheber aber das negative Interesse zu ersetzen hat, — es müßte denn der Empfänger der Willenserklärung den wirklichen Willen des Urhebers gekannt haben oder haben kennen müssen. Die namentlich in der gemeinrechtlichen Wissenschaft vertretene Ansicht, daß Jeder, der eine Erklärung abgebe, ohne Rücksicht auf eine etwaige Fahrlässigkeit dafür verantwortlich sei, daß derjenige, an welchen sie bestimmtermaßen gelange, in seinem Vertrauen auf die Geltung derselben nicht getäuscht werde und zu Schaden komme, kann weder in dieser Allgemeinheit als berechtigt noch für den gegenwärtigen Fall als zutreffend anerkannt werden; eine so weit gehende Haftung hat hier der Regel nach nur Platz zu greifen, wenn sie besonders übernommen ist.

Selbstverständliche Voraussetzung der Anwendung der Vorschrift ist, daß die Mittelsperson nur Bote, nicht Vertreter (vergl. § 117) ist. Begeht die Mittelsperson in Ausführung der ihr übertragenen Aufgabe eine unerlaubte Handlung, so können in Ansehung der Haftung des Urhebers auch die Vorschriften des § 712 verb. mit § 711 Abs. 2 von Bedeutung werden.

§ 102.

Irrthum in den Beweggründen unerheblich.

Nach dem Vorgange der Mehrzahl der Gesetzeswerke ist zur Verdeutlichung der regelmäßigen Unerheblichkeit des Irrthumes in den Beweggründen ausdrücklich ausgesprochen, daß ein solcher Irrthum, soweit nicht das Gesetz ein Anderes bestimme, unbeachtlich sei (preuß. A. L. R. I, 4 § 149, sächs. G. B. § 96, bayr. Entw. Th. I Art. 23 Abs. 2, hess. Entw. Abth. IV, 1 Art. 67, dresd. Entw. Art. 66, zür. G. B. § 929, schweiz. Gesetz über das Obligationenrecht Art. 21). Berücksichtigung findet der Irrthum in den Beweggründen unter gewissen Voraussetzungen bei dem Vergleiche (§ 667), bei Verfügungen von Todeswegen (§§ 1781, 1782, 1948 Abs. 1, § 1960 Abs. 2), bei der Ausschlagung einer Erbschaft seitens eines Pflichttheilsberechtigten (§ 2040). Ueber den Rückforderungsanspruch wegen Bereicherung infolge Leistung einer

Besondere Fälle.

Nichtschuld vergl. §§ 737 ff.; ferner über den Irrthum bezüglich des Geschäftsherren bei der Geschäftsführung ohne Auftrag § 757.

§ 103.

Drohung. Betrug.

Die Rechtsordnung kann nicht gestatten, daß die freie Selbstbestimmung auf rechtsgeschäftlichem Gebiete in widerrechtlicher Weise beeinträchtigt wird. Ausgeschlossen, nicht blos beeinträchtigt ist die Selbstbestimmung im Falle körperlicher Ueberwältigung (vis absoluta). Der in solcher Weise Gezwungene handelt nicht, sondern ist nur ein vermittelndes Werkzeug. Die ihm abgenöthigte Erklärung ist, da sie ihm nicht zugerechnet werden kann, selbstverständlich nichtig (preuß. A. L. R. I, 4 § 31, sächs. G. B. §§ 92, 830).

Nichtigkeit bei vis absoluta selbstverständlich.

Anders verhält es sich, wenn eine Willenskundgebung durch Drohung (vis compulsiva) oder durch Betrug hervorgerufen wird. Sieht man auf den Vorgang der Willensbildung, so kann nicht zweifelhaft sein, daß einer derartigen Beeinflussung ungeachtet eine Willenswahl stattgefunden hat. Hieran anknüpfend behandelt die in der neueren gemeinrechtlichen Jurisprudenz herrschende Meinung eine durch Drohung oder Betrug hervorgerufene Willenserklärung als gültig bezw. nicht nichtig und legt der Beeinflussung nur die Wirkung bei, daß die Parteien obligatorisch verpflichtet sind, unter einander sich so zu behandeln, als ob die Willenserklärung nicht abgegeben worden wäre; der Beeinflußte erhält eine Einrede und einen Wiederherstellungsanspruch. Die Gestaltung bewegt sich, sieht man von der Richtung der actio quod metus causa auch gegen Dritte ab, im Wesentlichen innerhalb des Rahmens des in Folge der Drohung oder des Betruges begründeten Deliktsanspruches. Auf dem gleichen Boden der obligatorischen Anfechtbarkeit stehen in der Hauptsache der bayr. Entw. Th. I Art. 20, 29, der dresd. Entw. Art. 67, 69, 71, 74 und das sächs. G. B. §§ 93, 831, 833; das letztere jedoch mit der Maßgabe, daß die Anfechtung durch eine gegenüber dem Anfechtungsgegner abzugebende gerichtliche oder außergerichtliche Erklärung erfolgt und diese Erklärung die Wirkung hat, daß das Rechtsgeschäft unter den Parteien sich auflöst und das inzwischen Geleistete zurückgefordert werden kann (§§ 107, 849, 850). Einen wesentlich anderen Standpunkt nehmen, in Uebereinstimmung mit der früheren gemeinrechtlichen Doktrin, die übrigen Gesetzgebungen ein. Die freie, d. h. nicht rechtswidrig beeinflußte Willensentscheidung bildet nach ihnen ein Thatbestandsmoment des Rechtsgeschäftes und ein in dieser Hinsicht mangelhaftes Rechtsgeschäft wird dergestalt als unverbindlich behandelt, daß es in dem Willen des Verletzten steht, ob er die Nichtigkeit geltend machen will oder nicht (so das preuß. A. L. R. I, 4 §§ 31—51, 84—93, der code civil Art. 1109, 1111—1117, das österr. G. B. §§ 869—871, 875, der hess. Entw. Abth. IV, 1 Art. 71, 75, das schweiz. Gesetz über das Obligationenrecht Art. 24, 26, 28 und anscheinend auch das zür. G. B. §§ 922, 925).

1. Geltendes Recht.

Der Entwurf schließt sich der Sache nach den letzteren Gesetzgebungen an. Wer widerrechtlich durch Drohung oder durch Betrug zur Abgabe einer Willenserklärung bestimmt worden ist, kann die Willenserklärung mit der Wirkung anfechten, daß sie so angesehen wird, als ob sie nicht abgegeben

2. Standpunkt des Entwurfes. In rem wirkende Anfechtbarkeit.

worden wäre (Abs. 1; § 112). Der psychologische Akt der Willensbildung — quamvis si liberum esset noluissem, tamen coactus volui — ist für sich allein nicht entscheidend. Theoretisch mag derselbe nahelegen, die Willenserklärung als solche gelten zu lassen und dem Beeinflußten lediglich mit einem im Wege der Klage oder Einrede verfolgbaren Ausgleichungsanspruche zu Hülfe zu kommen. Rechtspolitisch empfiehlt sich eine solche Gestaltung nicht. Die bindende Kraft der durch eine widerrechtliche Drohung oder durch Betrug hervorgerufenen Willenserklärung ist nicht etwas natürlich Gegebenes, nicht ein Uebelstand, der thunlichst zu beseitigen ist, sondern die bindende Kraft beruht, wenn sie einer solchen Erklärung zu Theil wird, allein auf der Bewilligung der Rechtsordnung. Diese Bewilligung darf aber im Interesse des Bedrohten bezw. Betrogenen nur beschränkt erfolgen. Hat die Willenserklärung ausschließlich zu einer Aenderung der Rechtsbeziehungen zwischen dem Bedrohenden und dem Bedrohten bezw. dem Betrüger und dem Betrogenen geführt, so ist es im praktischen Ergebnisse der Regel nach gleich, ob die Erklärung in Kraft bleibt, aber das gesammte Interesse daran, daß sie ihre Kraft nicht verliert, ersetzt werden muß, oder ob die Erklärung auf den von dem Bedrohten bezw. Betrogenen kundgegebenen Willen hin ihrer Kraft unmittelbar entkleidet wird. Immerhin zeigt sich auch hier eine wichtige Verschiedenheit, wenn der Bedrohende oder Betrüger, welchem infolge der rechtswidrigen Beeinflussung ein Gegenstand geleistet ist, in Konkurs geräth; durch den persönlichen Wiederherstellungsanspruch ist der Beeinflußte solchenfalls nicht zur Genüge geschützt. Beschränken dagegen die Wirkungen der Willenserklärung sich nicht auf die unmittelbar Betheiligten, ist vielmehr das Geleistete im Wege der Sondernachfolge in die Hände eines Dritten gelangt, so versagt der persönliche Wiederherstellungsanspruch vollständig und der gegen den etwa mitschuldigen Dritten bestehende Deliktsanspruch befriedigt das Bedürfniß ebenfalls in keiner Weise. Die dem gemeinen Rechte folgenden Gesetzeswerke haben, gleich diesem, die Schwäche ihrer Regelung in der letzteren Hinsicht nicht verkannt und nach Abhülfe gesucht. Das gemeine Recht beläßt es hinsichtlich des Betruges bei der Regel, giebt dagegen im Falle der Drohung den Wiederherstellungsanspruch gegen Jeden, der das infolge der Drohung Verlorene hat. Der dresd. Entw. Art. 71 gewährt einen Rückforderungsanspruch nach Maßgabe der Kondiktionengrundsätze bei Drohung gegen Jeden, in dessen Hände die geleistete Sache gelangt ist, bei Betrug gegen den Dritten, der in Kenntniß des Betruges oder unentgeltlich die Sache erworben hat. Nach dem sächs. G. B. § 850 ist sowohl bei Drohung als bei Betrug der unredliche Erwerber der geleisteten Sache, aber auch nur dieser, zur Rückgabe verpflichtet; nach dem bayr. Entw. Th. I Art. 20 Abs. 2 trifft lediglich bei Drohung den unredlichen Erwerber eine Rückerstattungspflicht. Die Verschiedenheit der eingeschlagenen Wege läßt die Unsicherheit des Bodens erkennen, auf welchem diese Abhülfeversuche sich bewegen. Man ist genöthigt, den Wiederherstellungsanspruch auf dritte Personen auszudehnen, ohne daß auf deren Seite ein nach den für Schuldverhältnisse maßgebenden Grundsätzen gerechtfertigter Verpflichtungsgrund vorhanden wäre. Die Anknüpfung an die Unredlichkeit des dritten Erwerbers enthält eine Regelwidrigkeit, da bei dem Dritten es nach den betreffenden Gesetzen sich lediglich um die Kenntniß einer persönlichen Verpflichtung des Veräußeres handeln kann, eine solche Kenntniß aber noch nicht eine die Gültigkeit des Erwerbes berührende Unredlichkeit erzeugt. Ueberdies gewährt selbst das am weitesten gehende Gesetzgebungswerk, der dresd. Entw., dem Verletzten noch keinen ausreichenden Schutz. Ein solcher wird nur dadurch erzielt, daß der Verletzte das Recht erhält, die durch Betrug oder durch widerrechtliche Drohung ihm abgerungene Willenserklärung ohne weiteres als nichtig zu behandeln. Diese Regelung zeichnet sich zugleich durch Einfachheit aus und enthebt der Nothwendigkeit, irgend welche die allgemeinen Grundsätze durchbrechende Sondervorschriften aufzustellen. Dazu tritt, daß dieselbe die allein verwerthbare ist für wichtige familienrechtliche Rechtsgeschäfte (vergl. § 1259 Nr. 1, §§ 1260, 1478, 1600, 1630) sowie für die namentlich auf dem Gebiete des Erbrechtes bedeutsamen Rechtsgeschäfte, welche nicht gegenüber einer bestimmten Person vorgenommen werden (Ausschlagung oder Annahme der Erbschaft, § 2040 Abs. 2, § 2041; Verzicht auf das Inventarrecht, § 2094 Abs. 5 u. s. w.). Bedenken können höchstens in der Richtung obwalten, ob die unmittelbar wirkende Anfechtbarkeit nicht unter Umständen unschuldige Dritte, in deren Hände das durch Drohung oder Betrug Erlangte gekommen ist oder welche sonst mit der einen oder anderen Partei anläßlich der durch das anfechtbare Rechtsgeschäft geschaffenen Rechtslage in Verkehr getreten sind, zu hart trifft. Begründete Besorgnisse walten indessen, wie zu § 112 darzulegen sein wird, auch in dieser Hinsicht nicht ob. Ueber die bei Verfügungen von Todeswegen gleichfalls Platz greifende unmittelbar wirkende Anfechtbarkeit vergl. §§ 1780, 1948 Abs. 1, § 1960 Abs. 2.

Sonderbestimmung für den Fall, daß der Betrug von einem Dritten ausgeht.

Ist die Freiheit der Willensentscheidung Voraussetzung der Gültigkeit der Willenserklärung, so kann es an sich keinen Unterschied machen, ob die rechtswidrige Beeinflussung von einem bei dem Rechtsgeschäfte Betheiligten oder Unbetheiligten ausgeübt worden ist. Die strenge Durchführung dieses Grundsatzes führt indessen zu Härten, wenn bei einer Willenserklärung, welche gegenüber einer Person abgegeben werden mußte und abgegeben worden ist, die Beeinflussung von einem Dritten ausging, während der Empfänger der Willenserklärung bei der Beeinflussung nicht betheiligt war, auch dieselbe weder kannte noch kennen mußte. Es trifft dies sowohl bei der Drohung als bei dem Betruge zu. Nicht ohne Grund schützen aber fast alle Gesetze den Bedrohten, ohne Rücksicht darauf, von welcher Person die Drohung angewendet worden ist (preuß. A. L. R. I, 4 § 42, code civil Art. 1111, sächs. G. B. § 832, zür. G. B. § 923, schweiz. Gesetz über das Obligationenrecht Art. 26, bayr. Entw. Th. I Art. 20, dresd. Entw. Art. 69). Welche Berechtigung der hierfür mitunter geltend gemachte Grund hat, daß man sich wohl vor Betrug, aber nicht vor Drohung hüten könne, darf auf sich beruhen. Die Erfahrung lehrt, daß nicht selten, namentlich in aufgeregten Zeiten, einzelne Personen Drohungen im Interesse Vieler mit Erfolg anwenden, und es leuchtet ein, in welcher ungünstigen Lage der durch solche Drohungen zu Leistungen Veranlaßte sich befinden würde, wenn er Jedem, der infolge dessen etwas erlangt hat, seine Mitschuld oder auch nur sein Kennen oder Kennenmüssen nachweisen sollte. Von der Vorschrift des Abs. 1 ist demgemäß lediglich hinsichtlich des von einem Dritten ausgehenden Betruges eine Ausnahme gemacht; eine durch einen solchen Betrug hervorgerufene Willenserklärung ist der Anfechtung entzogen, wenn der Empfänger der Erklärung den Betrug nicht kannte oder kennen mußte (Abs. 2). Unerheblich ist, sofern die letztere Voraussetzung zutrifft, ob die Erklärung zu Gunsten des Dritten, der den Betrug verübt hat, abgegeben worden ist; ebenso ob ein Dritter, zu dessen Gunsten die Erklärung wirkt, den Betrug kannte oder kennen mußte. Die Anfechtung in diesen Fällen zu gestatten erscheint bedenklich, weil nicht ausgeschlossen ist, daß der Erklärungsempfänger ein Interesse daran hat, daß die von dem Betrogenen ihm gegenüber übernommene Verbindlichkeit bestehen bleibt. Die Zulassung der Anfechtung für den Fall, daß der Erklärungsempfänger den Betrug zwar nicht kannte, aber kennen mußte, beruht auf einer Abwägung der gegenseitigen Interessen und entspricht dem Vorgange des schweiz. Gesetzes Art. 25. Die Bestimmung des Abs. 2 erstreckt sich, dem ihr zu Grunde liegenden Gedanken gemäß, nicht auf solche Willenserklärungen, denen ein Empfänger nicht gegenübersteht. Die Anerkennung der Ehelichkeit eines Kindes, eine letztwillige Verfügung, die Erbschaftsannahme, die Erbschaftsausschlagung, der Verzicht auf das Inventarrecht u. s. w. können angefochten werden, gleichviel von wem der Betrug ausgegangen ist.

Theilweise Anfechtbarkeit.

Hat die Drohung oder der Betrug nur auf einen Theil eines Rechtsgeschäftes eingewirkt, so beschränkt sich die Anfechtbarkeit, soweit sie an sich begründet ist, auf diesen Theil, und im Falle der Anfechtung ist nach § 114 das ganze Rechtsgeschäft ungültig, sofern nicht erhellt, daß dasselbe auch ohne die angefachtene Bestimmung gewollt sein würde (hinsichtlich der Verfügungen von Todeswegen vergl. §§ 1787, 1959). Außerdem verbleibt dem Bedrohten bezw. Betrogenen selbstverständlich der Schadensersatzanspruch aus der unerlaubten Handlung. Es ist dies eine Gestaltung, welche im Ergebnisse von den Bestimmungen der neueren Gesetzgebungen über den sog. metus und dolus incidens (preuß. A. L. R. I, 4 §§ 87, 88, code civil Art. 1116, sächs. G. B. § 834, österr. G. B. § 872, bayr. Entw. Th. I Art. 21, 29 Abs. 3, dresd. Entw. Art. 73) nicht wesentlich verschieden ist.

Der Entwurf spricht, abweichend von der Mehrzahl der Gesetze, nicht von Zwang oder Erregung von Furcht, sondern, im Anschlusse an § 253 des St. G. B., von Drohung (vergl. preuß. A. L. R. I, 4 §§ 34 ff., zür. G. B. §§ 922 ff.). Es wird damit nicht nur der richtige Gedanke in zutreffenderer Weise zum Ausdruck gebracht, sondern zugleich die Einheit der Behandlung auf strafrechtlichem und privatrechtlichem Gebiete gewahrt. Neben der Drohung mit dem § 253 des St. G. B. die Gewalt zu erwähnen, ist Abstand genommen. Einerseits erscheint dies nicht nöthig, weil die Anwendung von Gewalt in der hier fraglichen Hinsicht immer eine Drohung — die Drohung mit der Fortsetzung eines gegenwärtigen Uebels — enthält; andererseits könnte das Mißverständniß entstehen, als habe auch der Fall der vis absoluta getroffen werden sollen. Die Drohung muß eine widerrechtliche sein (preuß. A. L. R. I, 4 § 38). Soweit ein Recht besteht, einen Anderen zur Abgabe einer Willenserklärung zu nöthigen (vergl. u. A. § 189), ist die abgenöthigte Erklärung gültig. Die Gesetze fordern fast durchgängig, daß die erregte Furcht eine gegründete sei. In der Regel wird damit der Sinn verbunden, daß die Drohung eine solche sein müsse, welche auf einen besonnenen Menschen Eindruck zu machen geeignet sei. Wie indessen der durch Betrug hervorgerufene Irrthum beachtet wird ohne Rücksicht darauf, ob er entschuldbar oder nicht entschuldbar ist, so muß es auch bei der Drohung genügen, daß dieselbe überhaupt den beabsichtigten Erfolg hervorbringt (preuß. A. L. R. I, 4 §§ 34—37). Die Unerheblichkeit des sog. metus reverentialis (preuß. A. L. R. I, 4 § 41, code civil Art. 1114, hess. Entw. Abth. IV, 1 Art. 74) versteht sich von selbst. Unentbehrlich ist bei der Drohung, wie bei dem Betruge, daß zwischen der Einwirkung und der Abgabe der Willenserklärung ein ursachlicher Zusammenhang besteht.

Begriff des Betruges.

Auf die Feststellung des Betrugsbegriffes (sächs. G. B. § 835) ist verzichtet. Die für die Tragweite desselben maßgebende Frage, inwieweit eine Rechtspflicht besteht, dem anderen Theile Umstände mitzutheilen, von denen vorauszusetzen ist, daß sie auf seine Entschließung von Einfluß sein würden, entzieht sich der gesetzlichen Lösung. Im Allgemeinen stellt sich jeder arglistige Verstoß gegen die Grundsätze von Treu und Glauben zum Nachtheile eines Anderen als Betrug dar. Der strafrechtliche Begriff (St. G. B. § 263) ist nicht ohne Weiteres maßgebend. Ueber eine in Ansehung des Betruges bei der Eheschließung gegebene Sonderbestimmung vergl. § 1259 Nr. 1. Auf den durch den Betrug erzeugten Irrthum ist, wie dies namentlich in dem österr. G. B. und dem hess. Entw. geschieht, nicht abgestellt. Im Interesse der Durchsichtigkeit des Rechtes müssen Irrthum und Betrug streng auseinander gehalten werden, wiewohl Betrug ohne Irrthum nicht denkbar ist. Hat der Betrug zu einem den Willen ausschließenden Irrthume geführt, so entscheiden die für den letzteren maßgebenden Grundsätze (§§ 98, 99); der Betrug ist für deren Anwendung bedeutungslos. Hat dagegen der Betrug einen nicht das Dasein, sondern nur die Entstehung des Willens betreffenden Irrthum (§ 102) erzeugt, so ist es der Betrug und nur dieser, welcher rechtlich von Bedeutung wird, und nur dieser Fall ist hier in's Auge zu fassen.

Kein besonderer Hinweis auf die Rechte aus der unerlaubten Handlung.

Von einem besonderen Hinweise darauf, daß durch die gegenwärtige Vorschrift die Rechte des Verletzten aus der unerlaubten Handlung (§§ 704, 705) nicht berührt werden (vergl. österr. G. B. § 874, bayr. Entw. Th. I Art. 20, 29, hess. Entw. Abth. IV, 1 Art. 69, 71, dresd. Entw. Art. 74), ist abgesehen. Der Verletzte kann von der Anfechtung Abstand nehmen und sich auf den Schadensersatzanspruch beschränken; er kann auch im Wege der Geltendmachung des Ersatzanspruches die Wiederaufhebung des Rechtsgeschäftes verlangen (§ 219); letzteres wird namentlich dann von Bedeutung, wenn die Präklusivfrist des § 104 Abs. 1 ungenützt verstrichen, der Ersatzanspruch aber noch nicht verjährt ist (§ 719). Der Verletzte kann ferner anfechten und außerdem, soweit die nachtheiligen Wirkungen der unerlaubten Handlung durch die Anfechtung nicht beseitigt sind, Ersatz beanspruchen.

§ 104.

Zeitliche Begrenzung der Anfechtbarkeit.

Die Ungewißheit, ob eine durch widerrechtliche Drohung oder durch Betrug hervorgerufene Willenserklärung angefochten wird, muß zeitlich eine

Grenze haben. Dem Anfechtungsberechtigten darf nicht freistehen, sich nach Gutdünken unentschieden zu verhalten. So wenig Rücksichtnahme das Gebahren des Drohenden oder Betrügers verdient, so darf doch dem Anfechtungsberechtigten nicht die Möglichkeit gewährt werden, die Rechtslage auf dessen Kosten auszubeuten. Schärfer noch tritt die Nothwendigkeit zeitlicher Begrenzung hervor, wenn nicht der Drohende oder Betrüger, sondern ein Anderer der Anfechtungsgegner ist. Die Gesetze schlagen verschiedene Wege ein. Das schweiz. Gesetz über das Obligationenrecht Art. 28 setzt dem Anfechtungsrechte eine einjährige Ausschlußfrist; der code civil Art. 1304, der hess. Entw. Abth. IV, 1 Art. 76 und das zür. G. B. § 932 lassen die action en nullité ou en rescision bezw. die Klage auf Nichtigkeitserklärung in zehn, vier oder einem Jahre verjähren; der bayr. Entw. Abth. I Art. 30 unterwirft die Geltendmachung der Anfechtbarkeit einer zweijährigen Verjährung. Die Anspruchsverjährung ist für den Entwurf nicht verwerthbar; die Anfechtungsbefugniß ist kein Anspruch. Eine Klageverjährung ist dem Entwurfe schon an sich unbekannt. Es bleibt mithin nur die präklusive Befristung. Gesetzt sind zwei Ausschlußfristen, eine einjährige, welche mit dem Zeitpunkte beginnt, in dem die Zwangslage aufgehört hat oder der Betrug entdeckt ist (Abs. 1), und eine dreißigjährige, welche ohne Rücksicht auf das Aufhören der Zwangslage oder die Entdeckung des Betruges mit der Abgabe der Willenserklärung ihren Anfang nimmt, selbstverständlich aber nur dann zur Geltung kommt, wenn die Anfechtung nicht schon infolge Versäumung der einjährigen Frist ausgeschlossen ist (Abs. 2). Die Setzung der dreißigjährigen Frist hat vornehmlich für den Fall des Betruges Bedeutung und soll der Möglichkeit vorbeugen, daß der Anfechtungsberechtigte bezw. dessen Erbe dadurch, daß die Voraussetzungen für den Beginn der einjährigen Frist nicht eher eintreten, in der Lage sein würde, noch nach unverhältnißmäßig langer Zeit, vielleicht erst nach fünfzig oder hundert Jahren, mit der Anfechtung hervorzutreten. Die Unzuträglichkeiten einer so späten Anfechtung würden sich um so fühlbarer machen, als die Angelegenheit mit der Anfechtung keineswegs abgethan wäre, vielmehr die aus der Anfechtung sich ergebenden Ansprüche noch innerhalb der ganzen, von der Anfechtung an laufenden Verjährungszeit geltend gemacht werden könnten. Für die Wahrung der einjährigen Frist in den Fällen, in welchen der Anfechtungsgegner nicht erreichbar ist, bietet die Vorschrift des § 76 die geeignete Abhülfe. Wie der Anfang der einjährigen Frist sich bestimmt, wenn zunächst, wie z. B. bei der Auslobung (§ 581) vorkommen kann, es an einem Anfechtungsgegner gebricht, bezw. ob solchenfalls die Voraussetzungen für das Platzgreifen der einjährigen Frist überhaupt als vorhanden angesehen werden können, darf bei der Seltenheit des Falles der Entscheidung durch die Wissenschaft und Praxis überlassen werden. Die Beweislast hinsichtlich der Frage, ob die Fristen gewahrt oder versäumt sind, bestimmt sich nach allgemeinen Grundsätzen.

Präklusivfristen.

Die entsprechende Uebertragung des § 166 (Abs. 3) ist durch die Fürsorge geboten, welche die Rechtsordnung den in dieser Vorschrift bezeichneten Personen schuldet. Eine weitere Abschwächung der den beiden Ausschlußfristen als

Entsprechende Anwendung des § 166.

solchen eigenen Strenge, insbesondere die Uebertragung des § 165, würde bedenklich sein.

Ueber einschlagende Bestimmungen auf dem erbrechtlichen Gebiete vergl. §§ 1785, 1786, 1948 Abs. 5, § 2040 Abs. 3—6, § 2041; ingleichen hinsichtlich der Anfechtung der Ehe § 1264.

Sechster Titel.

Unerlaubte Rechtsgeschäfte.

§ 105.

Ein Rechtsgeschäft, dessen Vornahme verboten ist, ist der Regel nach nichtig.

Die Streitfrage des gemeinen Rechtes, ob, wenn ein Gesetz die Vornahme eines Rechtsgeschäftes verbietet bezw. mit Strafe belegt, ohne die Nichtigkeit desselben auszusprechen, das dem Verbote zuwider vorgenommene Rechtsgeschäft der Regel nach nichtig sei, ist von der herrschenden Meinung (vergl. Entsch. des Reichsgerichtes in Civils. XVI Nr. 19 S. 106, XVII Nr. 67 S. 300) schon bisher mit Recht im bejahenden Sinne entschieden worden. Die Ausnahmen sind durch den der Vorschrift beigefügten, der gegentheiligen Absicht des Gesetzes Rechnung tragenden Vorbehalt gedeckt. Anders liegen meist die Fälle, in welchen bei einem Vertrage das Verbot nur den einen Theil trifft*). Der Regel nach wird anzunehmen sein, daß der Vertrag als solcher in einem derartigen Falle nicht ungültig ist. Es kommt indessen hier gleichfalls auf die Absicht des Gesetzes im einzelnen Falle an, und der Vorbehalt genügt daher auch in dieser Richtung. Ob ein Gesetz, welches die Vornahme eines obligatorischen Rechtsgeschäftes verbietet, durch dieses Verbot zugleich den zur Erfüllung des Rechtsgeschäftes dienenden dinglichen Vertrag treffen will, ist nicht minder Auslegungsfrage. Ueber die bei dem Abschlusse eines Vertrages, dessen Schließung durch Gesetz verboten ist, unter Umständen eintretende Haftung vergl. § 347 verb. mit § 345.

Hauptanwendungsgebiet der Vorschrift.

Die Vorschrift hat namentlich die gegen Rechtsgeschäfte gerichteten Verbotsgesetze des öffentlichen Rechtes, insbesondere des Strafrechtes, im Auge. Soweit der Entwurf der Vornahme eines Rechtsgeschäftes entgegentritt, ist dem letzteren der Regel nach die Gültigkeit unmittelbar entzogen; das Rechtsgeschäft ist für nichtig erklärt (vergl. § 319 Abs. 2, §§ 349, 350, 358 Abs. 2,

---

*) Beispiele bieten das H. G. B. Art. 69, das Gesetz, betr. die Inhaberpapiere mit Prämien, vom 8. Juni 1871 (R. G. Bl. S. 210) §§ 1, 2, 6, das Bankgesetz vom 14. März 1875 (R. G. Bl. S. 177) §§ 7, 11, 42, 43, 55—58, das Gesetz betr. den Wucher vom 24. Mai 1880 (R. G. Bl. S. 109), die Gewerbeordnung in der Fassung der Bekanntmachung vom 1. Juli 1883 (R. G. Bl. S. 177) § 146 Z. 1 verb. mit §§ 115—119, das St. G. B. §§ 301, 302 u. s. w. Ueber § 288 des St. G. B. vergl. Entsch. des Reichsgerichtes in Civilsachen VI Nr. 44 S. 169 f.

§§ 497, 649, 701 Abs. 2, §§ 1077, 1167, 1177 Abs. 2 u. s. w.), oder es wird, was gleichbedeutend ist, ausgesprochen, daß das Rechtsgeschäft nicht vorgenommen werden kann (vergl. § 185 Abs. 1, §§ 225, 295 Abs. 2, §§ 796, 871 Abs. 3, §§ 953, 961 Abs. 2, 3, §§ 968, 972, 974, 1045, 1047, 1052, 1053, 1057, 1063, 1086 Abs. 2, §§ 1102, 1138, 1186 Abs. 2, § 1207 u. s. w.). Ueber Fälle, in welchen nach dem Entwurfe Nichtigkeit nicht oder nur beschränkt Platz greift, vergl. u. A. §§ 468, 469, 664, 665. Terminologie.

§ 106.

Ein Rechtsgeschäft, dessen Inhalt gegen die guten Sitten oder die öffentliche Ordnung verstößt, ist nichtig.

Abgesehen von dem gemeinen Rechte, in welchem ein gegen die Sittlichkeit verstoßendes Rechtsgeschäft überwiegend als ungültig behandelt wird, bieten der code civil, der bayr. und hess. Entwurf einen Vorgang für die Vorschrift. Der code civil bestimmt Art. 1131: l'obligation . . . . sur une cause illicite ne peut avoir aucun effet; Art. 1133: La cause est illicite, quand elle est prohibée par la loi, quand elle est contraire aux bonnes moeurs ou à l'ordre public. Der bayr. Entw. Th. I Art. 80 Abs. 2 erklärt diejenigen Rechtsgeschäfte für nichtig, welche gegen ein gesetzliches Verbot, gegen die Sittlichkeit oder die öffentliche Ordnung abgeschlossen sind. Der hess. Entw. Abth. IV, 1 Art. 84 schließt sich eng an den code civil an. Die übrigen Gesetzgebungen sprechen in der Regel aus, daß ein Rechtsgeschäft, welches eine den guten Sitten widerstreitende Leistung zum Gegenstande hat, nichtig sei (vergl. §§ 344, 1853, 1886 dieses Entwurfes), und beschränken sich im Uebrigen auf Bestimmungen über unsittliche Bedingungen und über die condicio ob turpem causam.

Der Standpunkt der letzteren Gesetzgebungen ist zu eng. Es müssen auch solche Rechtsgeschäfte, durch welche eine sittenwidrige Leistung nicht versprochen wird, deren Inhalt aber mit den guten Sitten sich in Widerspruch setzt, unter Umständen nichtig sein. Ein Grund, dies nur dann anzuerkennen, wenn die Sittenwidrigkeit in der Rechtsform der Bedingung hervortritt, ist nicht vorhanden. Andererseits ist gewiß, daß das Gebiet der Sittenpflichten mit demjenigen der Rechtspflichten sich nicht deckt und daß nicht jedes vom Standpunkte der Sittlichkeit verwerfliche Rechtsgeschäft nichtig sein kann. Die Grenze ist dahin zu ziehen, daß Nichtigkeit eintritt, wenn der Inhalt eines Rechtsgeschäftes unmittelbar, in objektiver Hinsicht und unter Ausscheidung der subjektiven Seite, die guten Sitten verletzt. Neben den guten Sitten ist die öffentliche Ordnung erwähnt, weil der Inhalt eines Rechtsgeschäftes nicht blos gegen die moralischen Interessen, sondern auch gegen die allgemeinen Interessen des Staates verstoßen kann und ein Verstoß gegen die letzteren nicht immer einen Verstoß gegen die ersteren enthält. Es darf in dieser Beziehung namentlich auf die mit dem Prinzipe der Gewerbefreiheit sich in Widerspruch setzenden Verträge verwiesen werden.

Die Vorschrift stellt sich als ein bedeutsamer gesetzgeberischer Schritt dar, der vielleicht nicht ohne Bedenken ist. Dem richterlichen Ermessen wird ein Spielraum gewährt, wie ein solcher großen Rechtsgebieten bisher unbekannt ist. Fehlgriffe sind nicht ausgeschlossen. Bei der Gewissenhaftigkeit des deutschen Richterstandes darf indessen unbedenklich darauf vertraut werden, daß die Vorschrift im Ganzen und Großen nur in dem Sinne angewendet werden wird, in dem sie gegeben ist.

Die Vorschrift enthebt, wie anderen Ortes darzulegen sein wird, der Nothwendigkeit, die unsittlichen Bedingungen zum Gegenstande besonderer Bestimmungen zu machen. Ueber den Rückforderungsanspruch wegen verwerflichen Empfanges vergl. §§ 747, 684 Abs. 3; dazu § 743 Nr. 1.

§ 107.

Absolute und relative Veräußerungsverbote.

Die Wirksamkeit eines Veräußerungsverbotes gestaltet sich verschieden je nach dem Zwecke, welchem dasselbe dient. Der Zweck ist entweder Schutz der Interessen Aller oder Schutz der Interessen Einzelner. Es gilt dies ebensowohl für das gesetzliche wie für das richterliche Veräußerungsverbot. Die letztere Unterscheidung ist überhaupt mehr äußerer Natur; mittelbar beruht auch das richterliche Veräußerungsverbot auf Gesetz. Das im Interesse Aller, im öffentlichen Interesse, ergehende Veräußerungsverbot wirkt seiner Natur nach unbeschränkt; die zuwiderlaufende Veräußerung ist nichtig; der Zweck des Verbotes würde sonst nicht erreicht. Das zum Schutze der Interessen Einzelner erlassene Veräußerungsverbot geht in seiner Wirkung nicht weiter, als dieser Schutz erfordert; absolute Nichtigkeit kann nicht die Folge sein. Wenn Veräußerungsverbote sich finden, welche zu Gunsten gewisser Personen gereichen und dennoch unbeschränkt wirken, so lehrt eine nähere Betrachtung, daß zugleich das öffentliche Interesse und zwar überwiegend betheiligt ist.

Der Verstoß gegen ein absolutes Veräußerungsverbot hat Nichtigkeit zur Folge.

Die Nichtigkeit einer Veräußerung, welche gegen ein im öffentlichen Interesse erlassenes absolutes Veräußerungsverbot verstößt (bayr. Entw. Th. III Art. 91), bedarf keiner besonderen Hervorhebung; sie ergiebt sich — auch hinsichtlich des mittelbar auf Gesetz beruhenden richterlichen Veräußerungsverbotes (vergl. St. P. O. §§ 332—335, 480) — aus der Vorschrift des § 105. Bezüglich der Wirkung des zum Schutze privater Interessen dienenden Veräußerungsverbotes sind verschiedene Auffassungen möglich. Man kann für diesen Schutz eine persönliche Ersatzverbindlichkeit des Uebertreters des Verbotes als genügend erachten, ein Standpunkt, auf welchem zum Theil das sächs. G. B. § 223 steht. Nach dem bayr. Entw. Th. III Art. 91 verb. mit Th. I Art. 84 unterliegt das dem Verbote zuwiderlaufende Rechtsgeschäft der obligatorischen Anfechtung. Die Konk. O. § 6 (vergl. preuß. A. G. O. I, 29 § 83) spricht von relativer Nichtigkeit des Geschäftes. Denkbar wäre auch, die Wirksamkeit des Geschäftes von der Genehmigung desjenigen, als einer Gesetzesbedingung, abhängig zu machen, zu dessen Gunsten das Verbot besteht.

Der Verstoß gegen ein relatives Veräußerungsverbot macht das Rechtsgeschäft relativ unwirksam.

Die einfachste und zugleich zweckmäßigste Gestaltung ist sichtbar diejenige der relativen Unwirksamkeit; das Veräußerungsgeschäft geht seinen Weg, soweit es mit dem Rechte des Geschützten nicht in Widerspruch tritt, ist diesem gegenüber aber, soweit ein Widerspruch vorliegt, unwirksam (Abs. 1 Satz 1). Die Unwirksamkeit fällt dabei selbstverständlich fort, wenn der Geschützte in das Geschäft einwilligt oder dasselbe nachträglich genehmigt.

Welche Rechtsgeschäfte ein Veräußerungsverbot in seinen Bereich zieht, hängt von dem Inhalte des Verbotes ab. Der Begriff der Veräußerung umfaßt im Allgemeinen nicht blos das Aufgeben der Substanz eines Rechtes (Uebertragung und Aufhebung des Rechtes), sondern auch die Belastung eines Rechtes oder einer Sache. Der Entwurf gebraucht den Ausdruck Veräußerung der Regel nach nur in dem ersteren, engeren Sinne (S. 128). Es wird daher im Abs. 1 nicht von Veräußerung, sondern von der Uebertragung oder Aufhebung eines Rechtes und Belastung einer Sache oder eines Rechtes gesprochen. Unter die Aufhebung des Rechtes fällt auch das Einziehen einer Forderung, die Erfüllungsannahme. Das zur Erfüllung Geleistete geht in das Eigenthum des in der Verfügung Gebundenen über, aber die Erfüllung als solche ist dem durch das Verbot Geschützten gegenüber unwirksam. Ueber die ohne Zuthun des Gebundenen eintretende Erfüllung durch Aufrechnung vergl. § 286, über andere hier einschlagende Fragen S. 128, 129. Der Verfügung durch Rechtsgeschäft seitens des Gebundenen ist der von einem Dritten gegen den letzteren im Wege der Zwangsvollstreckung oder Arrestvollziehung durchgesetzte Rechtserwerb gleichgestellt. Es kann keinen Unterschied machen, ob der Gebundene selbst verfügt oder ob die Verfügung aus seinem Rechte erfolgt. Der Verfügung durch Urtheil ist gedacht, da, selbst wenn eine durch Urtheil ersetzte Verfügungserklärung (C. P. O. § 779) als eine rechtsgeschäftliche Willenserklärung aufzufassen sein sollte, immer noch andere Fälle, insbesondere der Fall des nach § 40 des St. G. B. auf Konfiskation gerichteten Urtheiles, verbleiben. Nicht getroffen werden die kraft des Gesetzes sich vollziehenden Erwerbungen seitens Dritter.

Die Tragweite eines Veräußerungsverbots bestimmt sich nach seinem Inhalte.

Verfügungen aus dem Rechte des Gebundenen stehen den eigenen Verfügungen desselben gleich.

Das zum Schutze des Interesses bestimmter Personen dienende, relative Veräußerungsverbot bedarf, soweit es ein Grundstück oder ein gebuchtes Recht an demselben betrifft, zur Sicherung seiner Wirksamkeit gegen den von dem Verbote nicht unterrichteten Dritten der Eintragung in das Grundbuch (§ 837). Das eingetragene Veräußerungsverbot sperrt das Grundbuch nicht gegen weitere Eintragungen. Ueber die Unwirksamkeit des Veräußerungsverbotes gegenüber einer bereits erklärten Eintragungsbewilligung vergl. § 831 (§§ 834, 841, 1087, 1091 Abs. 3, § 1106 Abs. 2, § 1107 Abs. 2, §§ 1134, 1142 Abs. 2, § 1144).

Eintragung des relativen Veräußerungsverbots in das Grundbuch.

Die Schwäche des einem relativen Veräußerungsverbote zuwiderlaufenden Rechtsgeschäftes beruht auf einem Rechtsmangel in der Person des Berechtigten. Die Vorschriften, welche zu Gunsten derjenigen bestehen, die Rechte von einem Nichtberechtigten herleiten, haben daher zur entsprechenden Anwendung zu gelangen (Abs. 1 Satz 2). Steht der gänzliche Mangel des Rechtes in der Person des Vorgängers dem Rechtserwerbe nicht im Wege, so kann auch ein theilweiser Mangel nicht hinderlich sein. In Betracht kommen namentlich diejenigen Vorschriften, vermöge deren das Vertrauen auf das Grundbuch oder der gute Glaube in der Person des Erwerbers eine Lücke des Rechtes in der Person des Vorgängers zu decken geeignet ist oder doch dem Erwerber den Vortheil gewährt, zur Herausgabe nur unter gewissen Einschränkungen verpflichtet zu sein; vergl. §§ 837, 838 (§§ 841, 1083, 1114, 1134, 1144), §§ 877—879, 939, 940 (§ 1018 Abs. 2, § 1147 Abs. 2, §§ 1182, 1209; §§ 945, 951 Abs. 1,

Schutz Dritter bei relativem Veräußerungsverbot.

§§ 1017, 1155), §§ 1152, 1180. Die entsprechende Anwendung dieser Vorschriften schließt in sich, daß der Erwerber das Veräußerungsverbot nicht gekannt haben und, soweit auf das Kennenmüssen Gewicht gelegt ist, seine Unkenntniß des Verbotes auch nicht auf Fahrlässigkeit beruhen darf. Nicht besonders geschützt ist im Falle der untersagten Veräußerung einer Forderung der in Unkenntniß des Verbotes leistende Schuldner. So billig es an sich erscheinen mag, die Leistung des nicht unterrichteten Schuldners als wirksame Erfüllung zu behandeln, so wenig ist dies unter Umständen mit dem Zwecke des einzelnen Verbotes vereinbar. Die Tragweite des Verbotes in dieser Richtung ist je nach dem Umfange, in welchem die Interessen, denen das Verbot dient, gesichert werden sollen, nothwendig eine verschiedene. Ob und inwieweit dem in Unkenntniß des Verbotes leistenden Schuldner ein Schutz zu Theil werden soll, kann daher nur bei Aufstellung der Vorschriften, welche ein solches Verbot aussprechen oder zulassen, entschieden werden, wie denn auch in § 7 der Konk. O. eine diesbezügliche Bestimmung getroffen worden ist. Was die auf richterlicher Anordnung beruhenden Veräußerungsverbote anlangt, so genügt der nach dem Zusammenhange aus §§ 815, 810, 808, 730 der C. P. O. sich ergebende Grundsatz, daß die Wirksamkeit des Verbotes gegenüber dem Drittschuldner von der Zustellung an denselben abhängt. Ungerechtfertigt würde es sein, hierüber hinauszugehen und den Schuldner auch dann zu schützen, wenn zwar ordnungsmäßig zugestellt, gleichwohl aber in Unkenntniß des Verbotes, z. B. weil eine Ersatzzustellung erfolgt oder ein Erbfall eingetreten ist, und der Erbe von der Zustellung nichts weiß, dem Gläubiger geleistet wurde. — Gegenüber den im öffentlichen Interesse erlassenen, absoluten Veräußerungsverboten findet der Schutz, welchen der öffentliche Glaube des Grundbuches gewährt, nicht statt. Das absolute Veräußerungsverbot ist nicht eintragungsfähig; es kann sich mithin Niemand darauf berufen, daß das Grundbuch keine Auskunft über dasselbe gegeben hat (vergl. § 837 Abs. 1). Die Grundsätze über den gutgläubigen Erwerb einer beweglichen Sache oder eines Rechtes an derselben greifen bei dem absoluten Veräußerungsverbote ebenfalls nicht Platz. Es handelt sich nicht blos um einen Mangel in dem Rechte des Veräußerers, sondern das Veräußerungsgeschäft selbst ist zugleich verboten und nichtig. Deshalb kann insbesondere auch § 877 keine Anwendung finden. Ob gegenüber einem absoluten Veräußerungsverbote Ersitzung (§§ 881 ff.) eintreten kann, ist dem Inhalte des Verbotes zu entnehmen.

Gegenüber dem absoluten Veräußerungsverbot ist der Dritte in keiner Hinsicht geschützt.

Rechte gegen den nicht geschützten dritten Erwerber bei relativem Veräußerungsverbot.

Das Verhältniß des durch ein relatives Veräußerungsverbot Geschützten gegenüber demjenigen, an welchen dem Verbote zuwider veräußert ist, bedarf keiner besonderen Regelung. Ist das Verbot zum Schutze einer Berechtigung mit dinglichem Charakter ergangen, so wirkt das dingliche Recht eintretendenfalls als solches gegen den dritten Erwerber. Das Veräußerungsverbot hat für diese Fälle überhaupt nur insofern Bedeutung, als durch seine Eintragung im Grundbuche oder seine sonstige Veröffentlichung den nachtheiligen Wirkungen vorgebeugt wird, welche das Vertrauen auf das Grundbuch bezw. der gute Glaube nach sich ziehen kann. Dient das relative Veräußerungsverbot zu Gunsten eines nur persönlichen Rechtes, so wird die Auslegung der Vorschrift des Abs. 1 zu ergeben haben, ob dem Geschützten auf Grund derselben ein unmittelbarer Anspruch gegen den Dritten dahin zusteht, nicht nur anzuerkennen, daß er, der Dritte, nicht befugt sei, der Einräumung des Rechtes an den Geschützten zu widersprechen, sondern auch dasjenige zu thun, was nach den Umständen seinerseits erforderlich ist, um das durch die unwirksame Veräußerung jener Einräumung bereitete Hinderniß zu beseitigen, z. B. die Sache herauszugeben oder die erforderliche Eintragung in das Grundbuch zu bewilligen.

Rechtsgesch. geg. Dritte wirks. Verfüg.-Beschränk. ein. rel. Veräuß.-Verb. gleich.

Dem gesetzlichen relativen Veräußerungsverbote ist im Abs. 2 die auf Rechtsgeschäft beruhende, nach gesetzlicher Vorschrift gegen Dritte wirksame Verfügungsbeschränkung gleichgestellt. Ob dahin der Fall des § 1901 gehört, wird nach dem Grunde und Zwecke dieser Vorschrift zu beantworten sein.

Das relative Veräuß.-Verb. wirkt nicht im Konkurse.

Die Vorschrift des Abs. 3 hat nur für die zum Schutze eines persönlichen Rechtes erlassenen Veräußerungsverbote Bedeutung und ergiebt sich aus der grundsätzlichen Gleichbehandlung aller Gläubiger im Konkursverfahren.

Der Gegenstand, auf welchen ein relatives Veräußerungsverbot sich bezieht, darf, soweit es sich nicht um früher erworbene Rechte handelt, im Wege der Zwangsvollstreckung nicht veräußert werden.

Im Zwangsvollstreckungsverfahren ist die Veräußerung des Gegenstandes, auf welchen ein relatives Veräußerungsverbot sich bezieht, unbeschränkt statthaft, soweit die Veräußerung zur Verwirklichung eines Rechtes an dem Gegenstande dient, welches vor dem Inkrafttreten des Verbotes, mithin ohne Verstoß gegen dasselbe erworben ist. Bereits bestehende Rechte Dritter können durch das Verbot nicht beeinträchtigt werden. Eine Veräußerung zum Zwecke der Befriedigung eines persönlichen Anspruches oder auf Grund eines Rechtes, welches erst nach dem Inkrafttreten des Veräußerungsverbotes erworben ist, würde gemäß Abs. 1 ebenfalls zulässig, aber dem durch das Verbot Geschützten gegenüber unwirksam sein. Die Gestattung einer solchen, dem Erwerber nur ungewisse Rechte gewährenden Veräußerung ist unzweckmäßig. Nur selten wird sich ein Ersteher finden, und jedenfalls ist kein angemessenes, dem Interesse desjenigen, dem der Gegenstand gehört, gerecht werdendes Gebot zu erzielen. Es bleibt daher nur die Wahl zwischen der vorbehaltlosen Gestattung und der Untersagung der Veräußerung. Obwohl die für die vorbehaltlose Gestattung sprechenden Gründe nicht ungewichtig sind, verdient doch die Untersagung den Vorzug. Die vorbehaltlose Gestattung würde vielfach gleichbedeutend sein mit völliger Schutzlosigkeit desjenigen, zu dessen Gunsten das Verbot besteht. Der in der Verfügung Gebundene wäre in der Lage, durch Vermittelung des Zugriffes eines Gläubigers das Verbot zu vereiteln. Das Auskunftsmittel, den Geschützten am Erlöse theilnehmen zu lassen, ist, abgesehen davon, daß dem Interesse des Geschützten damit nur selten gedient sein würde, nicht verwerthbar. Die Zuziehung des Geschützten bei der Vertheilung würde in allen Fällen, in welchen ihm ein vollstreckbarer Titel fehlt, ein solcher vielleicht auch in absehbarer Zeit nicht erlangt werden kann, auf kaum entwirrbare Schwierigkeiten stoßen und zu großen Weiterungen Anlaß geben; sie würde auch ohne Aenderung und Ergänzung der C. P. O. kaum vorgeschrieben werden können. Daß das Verbot im Konkurse nicht wirkt (Abs. 3), ist nicht maßgebend. Es würde zu weit gehen, wenn man annehmen wollte, daß die Zwangsvollstreckung außerhalb des Konkursverfahrens die Voraussetzungen des Konkursverfahrens liefere und deshalb derselben Beurtheilung unterliegen müsse; der Grundsatz der Gleichbehandlung der Gläubiger greift nicht Platz. Die Möglichkeit einer arglistigen Herbeiführung eines Veräußerungsverbotes gegenüber einer drohenden Zwangsvollstreckung schafft ebensowenig ein besonderes Bedenken; die gleiche Gefahr besteht bei jeder zum Nachtheile der Gläubiger vorgenommenen Scheinveräußerung. Reicht zudem das sonstige Vermögen des in der Verfügung Gebundenen zur Befriedigung eines persönlichen Gläubigers nicht aus, so ist diesem unbenommen, die Eröffnung des Konkursverfahrens zu beantragen. So lange aber letzteres nicht geschehen ist, erscheint die Heranziehung des dem Verbote unterstehenden Gegenstandes seitens der Gläubiger zum Zwecke der Befriedigung als eine unzulässige Handlungsweise. Wenn die Eröffnung des Konkursverfahrens unter Umständen schwierig oder unthunlich wird, so mögen allerdings Nachtheile für die Gläubiger eintreten können; aber die Gefährdung derselben liegt in den besonderen Verhältnissen des Falles und läßt sich nicht durch eine allgemeine, für die Mehrzahl der Fälle ungeeignete Vorschrift beseitigen. Die Gleichstellung der Ueberweisung im Wege der Zwangsvollstreckung mit der Zwangsveräußerung in Abs. 4 bedarf keiner besonderen Rechtfertigung. Die Untersagung der Veräußerung oder Ueberweisung ist eine Ordnungsvorschrift. Wird dem Verbote zuwider gehandelt, so bewendet es bei der Vorschrift des Abs. 1; die Veräußerung bezw. Ueberweisung ist demjenigen gegenüber, zu dessen Gunsten das Veräußerungsverbot besteht, unwirksam. Die Folge der Nichtigkeit an die Zuwiderhandlung zu knüpfen, würde über das Bedürfniß hinausgehen. Die entsprechende Vorschrift des Abs. 4 ist aber nicht blos eine Ordnungsvorschrift, sondern sie gewährt zugleich dem durch das Verbot Geschützten das Recht, der Veräußerung oder Ueberweisung zu widersprechen (C. P. O. § 690).

Vorbehalt für das Einführungsgesetz.

Bei der Entwerfung des Einführungsgesetzes wird mit Rücksicht darauf, daß nach Landesrecht mitunter auch andere Behörden als die Gerichte ein relatives Veräußerungsverbot erlassen können, geprüft werden, ob ein solches Veräußerungsverbot dem gerichtlichen Veräußerungsverbote im Sinne der Vorschrift gleichzustellen sei. (Note zu § 107 des Entwurfes.)

Siebenter Titel.

Ungültigkeit der Rechtsgeschäfte.

Anordnung des Stoffes.

Der Entwurf begreift unter Ungültigkeit der Rechtsgeschäfte sowohl die Nichtigkeit (§ 108) als die Anfechtbarkeit (§ 112). Der Ausdruck Unwirksamkeit wird nicht im Gegensatze zu Ungültigkeit gebraucht, sondern seinem Wortverstande gemäß im Allgemeinen zur Bezeichnung des Falles, in welchem das Rechtsgeschäft ohne die beabsichtigten rechtlichen Wirkungen ist, mögen diese von vornherein überhaupt wegen Nichtigkeit des Rechtsgeschäftes ausgeschlossen sein oder infolge einer vorgesehenen Eventualität, wie bei dem Ausfalle der aufschiebenden Bedingung, dem Willen der Parteien gemäß, ausbleiben.

§§ 108—110.

Begriff der Nichtigkeit nach dem Entwurfe.

Mit dem Ausdrucke Nichtigkeit wird in der Wissenschaft und Gesetzgebung ein bestimmter Begriff nicht so allgemein verbunden, daß der Begriffsinhalt als gegeben vorausgesetzt werden könnte. Nichtig im Sinne des Entwurfes ist dasjenige Rechtsgeschäft, welches hinsichtlich der gewollten rechtlichen Wirkungen so angesehen wird, als ob es nicht vorgenommen worden wäre (§ 108). Die Sprachweise steht der Hauptsache nach im Einklange mit dem sächs. G. B. § 103, dem bayr. Entw. Th. I Art. 80 Abs. 1 und dem dresd. Entw. Art. 136. Zur Vermeidung jedes Mißverständnisses ist besonders betont, daß bezüglich der gewollten rechtlichen Wirkungen das Rechtsgeschäft als nicht vorgenommen gelte. Eine nähere Betrachtung lehrt zwar schon an sich, daß anderweite unbeabsichtigte Wirkungen, welche an ein nichtiges Rechtsgeschäft sich knüpfen, nicht durch das Rechtsgeschäft, sondern durch einen in dem äußeren Akte sich findenden besonderen Thatbestand — culpa in contrahendo (§ 97 Abs. 3, § 99 Abs. 2) u. s. w. — erzeugt werden. Immerhin wird der Vorwurf unnöthiger Deutlichkeit nicht erhoben werden können. Von einem Hinweise darauf, daß zur Herbeiführung der Folgen der Nichtigkeit es einer Nichtigkeitserklärung durch Richterspruch nicht bedarf (sächs. G. B. § 849, dresd. Entw. Art. 136), ist als entbehrlich abgesehen. Die Nichtaufnahme der querela nullitatis ergiebt sich bei dem Schweigen des Entwurfes von selbst. Wird unter Umständen erforderlich, präjudiziell festzustellen, ob ein Rechtsgeschäft nichtig sei oder nicht, so bietet § 231 der C. P. O. den geeigneten Weg. Ueber die Nothwendigkeit der Erhebung einer solchen Feststellungsklage in Ansehung der Nichtigkeit der Ehe sowie über die hinsichtlich der nichtigen Ehe überhaupt geltenden Sondergrundsätze vergl. §§ 1252 ff.

Das nichtige Rechtsgeschäft wird nicht dadurch gültig, daß die Gründe der Nichtigkeit später wegfallen.

Das nichtige Rechtsgeschäft wird nach dem Entwurfe nicht dadurch gültig, daß die Gründe der Nichtigkeit später wegfallen (§ 109); vergl. sächs. G. B. § 104, bayr. Entw. Th. I Art. 81 Abs. 1, dresd. Entw. Art. 138 Satz 1. Den gesetzlichen Erfordernissen muß bei der Vornahme des äußeren Aktes genügt sein. Soweit in den sog. Konvaleszenzfällen ein Nachlaß von dem Vorhandensein des Thatbestandes zur Zeit der Vornahme des äußeren Aktes zugestanden ist, wird zur Wahrung jenes Grundsatzes das Rechtsgeschäft, dem es an dem nachholbaren Erfordernisse gebricht, nicht als nichtig, sondern als unwirksam behandelt; vergl. § 310 (§ 312), § 830 (§§ 834, 841, 1087, 1091 Abs. 3, § 1106 Abs. 2, § 1107 Abs. 2, §§ 1134, 1142 Abs. 2, §§ 1144, 1196), § 876 (§ 983 Abs. 2, § 1147 Abs. 2).

Bestätigung eines nichtigen Rechtsgeschäftes.

Wird ein nichtiges Rechtsgeschäft von dem Urheber nachträglich bestätigt, so ist das durch eine solche Redeweise gesetzte Ziel ein unerreichbares; die mangelnde Anerkennung seitens der Rechtsordnung kann nicht durch einen Privatwillensakt ersetzt werden. Die Bestätigung hat nur rechtliche Bedeutung, wenn und soweit sie sich als erneute, allen Erfordernissen gerecht werdende Errichtung eines Rechtsgeschäftes von gleichem Inhalte darstellt (§ 110 Abs. 1); vergl. preuß. A. L. R. I, 3 §§ 43, 44, I, 5 §§ 37, 38, 192, code civil Art. 1339, sächs. G. B. § 848, bayr. Entw. Th. I Art. 81 Abs. 2, dresd.

Entw. Art. 138. Trifft die letztere Voraussetzung bei einem Vertrage zu, so muß in der Wahl des Ausdruckes „Bestätigung" seitens der Betheiligten der Regel nach die Bekundung der Absicht gefunden werden, die Rechtslage unter sich so zu ordnen, als wenn der Vertrag von der Zeit an gültig gewesen wäre, zu welcher der nichtige Vertrag geschlossen worden ist. Die persönlichen Beziehungen unter den Betheiligten haben sich dementsprechend zu gestalten; eine in die Vergangenheit zurückreichende sachliche Wirkung äußert die Bestätigung nicht (§ 110 Abs. 2). Ueber eine dem Gebiete des Eherechtes angehörende Ausnahme, nach welcher einfache Genehmigung der nichtigen Ehe genügt, vergl. § 1251.

Vereinbarung einer Konventionalstrafe ist wirkungslos.

Ist ein Rechtsgeschäft vom Gesetze für nichtig erklärt, so kann der Zweck der Vorschrift auch nicht dadurch vereitelt werden, daß für den Fall der Nichterfüllung der nichtigen Verbindlichkeit eine Strafleistung vereinbart wird; die Vereinbarung ist nach § 424 nichtig.

§ 111.

Konversion.

Die Vorschrift behandelt die Fälle der sog. Konversion und entspricht dem bestehenden Rechte (vergl. sächs. G. B. § 103, bayr. Entw. Th. I Art. 82, dresd. Entw. Art. 141). Ob das in dem beabsichtigten, aber nichtigen Rechtsgeschäfte liegende andere Rechtsgeschäft in seinen Wirkungen von dem oder den Betheiligten gewollt sei, muß die Prüfung des Falles ergeben. Die Aufstellung einer für das Gewolltsein oder das Nichtgewolltsein sprechenden Vermuthung ist bedenklich. Platz greifen kann die Vorschrift u. A. bei einem auf die Bestellung des Nießbrauches an einem Gesellschaftsantheile gerichteten Vertrage. Ein solcher Vertrag ist nach § 1022 verb. mit § 644 Satz 1 nichtig. Geht dabei die Absicht der Parteien eventuell dahin, daß der Besteller dem anderen Theile die Ansprüche auf die ihm gebührenden Gewinnantheile und auf den bei der Auseinandersetzung sich ergebenden Ueberschuß über das Einlagekapital überlassen will und soll (§ 644 Satz 2), so steht der Aufrechterhaltung des Vertrages in soweit nichts entgegen. In Frage kann ferner kommen, ob im Wege der Konversion ein ungültiger einseitiger Erbeinsetzungsvertrag sich als letztwillige Verfügung aufrechterhalten läßt.

§ 112.

Begriff der Anfechtbarkeit nach dem Entwurfe.

Die Vorschrift hat die Aufgabe, den Sinn klarzustellen, welcher mit dem Ausdrucke Anfechtbarkeit verbunden wird, wenn derselbe in Ansehung eines Rechtsgeschäftes ohne nähere Bestimmung im Entwurfe gebraucht ist; vergl. § 103 (§§ 1478, 1600, 1630, 2040 Abs. 2, §§ 2041, 2094 Abs. 5), §§ 1780—1783, 1948, 2040 Abs. 1. Nicht berücksichtigt ist die Anfechtung, welche gegen ein Rechtsverhältniß sich richtet (§§ 1471 ff., 2046 ff.). Außer Betracht gelassen ist nicht minder der Anfechtungsbegriff, von welchem die Konk. O. §§ 22—24 und das Gesetz vom 21. Juli 1879 (R. G. Bl. S. 277) ausgehen; die von diesen Gesetzen behandelten Rechtsgebiete fallen nicht in den Bereich des Entwurfes. Selbständig geregelt ist der Begriff der Anfechtbarkeit bei der Ehe (§ 1260).

Unter Anfechtbarkeit wird diejenige Ungültigkeit verstanden, kraft deren einem Rechtsgeschäfte die Gültigkeit nicht sofort, sondern erst dann — dann aber auch rückwärts — entzogen wird, wenn eine darauf bezügliche Willenserklärung von dem hierzu Berechtigten abgegeben wird. Das anfechtbare Rechtsgeschäft steht unter einer auflösenden Gesetzesbedingung, deren Eintritt besonderer Bestimmung zufolge rückwirkende Kraft hat. So lange nicht angefochten ist, besteht das Rechtsgeschäft. Erfolgt die Anfechtung, so wird das Rechtsgeschäft hinsichtlich der gewollten rechtlichen Wirkungen so angesehen, als ob es nicht vorgenommen worden wäre. Der frühere Zustand wird alsdann unter den Parteien von Rechtswegen wieder hergestellt. Ist Eigenthum an einer beweglichen Sache anfechtbar übertragen, so fällt dasselbe mit der Anfechtung zurück, ohne daß es der Rückübertragung bedarf. Handelt es sich um ein Grundstück, so wird der Inhalt des Grundbuches unrichtig und es kann die Berichtigung desselben verlangt werden (§ 843). Abgetretene Forderungen fallen von selbst zurück; erlassene Forderungen leben wieder auf. Die Anfechtung wirkt in solcher Weise nicht nur unter den Parteien, sondern auch gegen Dritte, welche in der Zeit zwischen der Vornahme des Rechtsgeschäftes und der Anfechtung den auf Grund des anfechtbaren Rechtsgeschäftes übertragenen Gegenstand erworben bezw. Rechte an demselben erlangt oder sonst mit der einen oder anderen Partei anläßlich der durch das anfechtbare Rechtsgeschäft geschaffenen Rechtslage in Geschäfte sich eingelassen haben, — vorbehaltlich der Sonderbestimmungen in § 1270 und in § 2091. Eine Beeinträchtigung der Verkehrssicherheit steht dabei nicht zu besorgen. Soweit der Dritte Sondernachfolger ist, kommt ihm im Falle der Anfechtung der Schutz des Vertrauens auf den Inhalt des Grundbuches (vergl. §§ 837, 841, 1083, 1114, 1134, 1144), sowie der Schutz des guten Glaubens bei dem Erwerbe beweglicher Sachen und dem Erwerbe von Rechten an solchen (vergl. §§ 877, 878, 945, 1018 Abs. 2, § 1147 Abs. 2, §§ 1152, 1182, 1209) zu statten, sofern er zur Zeit des Erwerbes die Anfechtbarkeit nicht gekannt bezw., was den Erwerb im guten Glauben anlangt, seine Unkenntniß auch nicht auf grober Fahrlässigkeit beruht hat. Weiter zu gehen und den Sondernachfolger im Falle der Anfechtung günstiger zu stellen, als in anderen Fällen Personen, welche Rechte von einem Nichtberechtigten herleiten, liegt kein Grund vor. Wie daher, soviel im Besonderen die Abtretung einer Forderung anlangt, der gute Glaube bei dem Erwerbe überhaupt nicht geschützt wird, so kann auch hier ein solcher Schutz nicht eintreten. Ist der Dritte nicht Sondernachfolger, so steht ihm für den Bereich des Grundbuchrechtes der öffentliche Glaube des Grundbuches gemäß §§ 838, 841, 1083, 1114, 1134, 1144 ebenfalls zur Seite. Ferner wird, soweit eine anfechtbare Vollmachtsertheilung in Frage steht, der Dritte, der mit dem Bevollmächtigten in Verkehr getreten ist, der Regel nach durch die Vorschriften der §§ 120, 121 geschützt sein. Was aber die Fälle betrifft, in welche der Dritte, obwohl er die Anfechtbarkeit kennt, mit den Betheiligten sich doch einlassen muß, weil das anfechtbare, aber noch nicht angefochtene Rechtsgeschäft zu Recht besteht, im Besonderen die Fälle, in welchen ein begründeter Anspruch befriedigt werden muß, so sind hier einerseits die erwähnten Sonderbestimmungen der §§ 1270, 2091 von

Die Anfechtung wirkt rückwärts, auch gegen Dritte.

Beschränkter Schutz Dritter.

besonderer Bedeutung, andererseits ist für den ohne Zweifel wichtigsten Fall der Erfüllung seitens des Schuldners bei anfechtbarer Abtretung durch die §§ 306, 308 Fürsorge getroffen. Des Weiteren stehen dem Dritten der Regel nach das Hinterlegungsrecht nach § 272 Nr. 2, das Recht der Kondiktion nach §§ 745, 746 und unter Umständen das Recht der Streitverkündung nach § 69 der C. P. O. zu Gebote. Dritte Personen, welche nicht Sondernachfolger sind, gegenüber der Anfechtung allgemein zu schützen, muß Anstand genommen werden, weil damit einerseits über das Bedürfniß hinausgegangen, andererseits die Wirksamkeit der Anfechtung in zu großem Umfange abgeschwächt würde.

Die Kenntniß der Anfechtbarkeit steht nicht schlechthin der Kenntniß der Nichtigkeit gleich, soweit an letztere rechtliche Folgen sich knüpfen.

Wird das anfechtbare Rechtsgeschäft im Falle der Anfechtung so angesehen, als ob es nicht vorgenommen worden wäre, so liegt nahe, die Rechtsfolgen, welche das Gesetz in gewissen Fällen an das Kennen oder Kennenmüssen der Nichtigkeit eines Rechtsgeschäftes knüpft, ebenmäßig mit dem Kennen oder Kennenmüssen der Anfechtbarkeit eines Rechtsgeschäftes für den Fall zu verbinden, daß es zur Anfechtung kommt. Eine Gleichstellung des Kennens und Kennenmüssens der Anfechtbarkeit als der eventuellen Nichtigkeit mit dem Kennen und Kennenmüssen der Nichtigkeit in solcher Allgemeinheit ist jedoch bedenklich. Die Gleichstellung ist geboten, soweit es sich um den Schutz des Vertrauens auf das Grundbuch und des guten Glaubens handelt (vergl. S. 219), sowie überhaupt in Ansehung der Vorschriften zu Gunsten derjenigen, welche Rechte von einem Nichtberechtigten herleiten. Die Gleichstellung mag in gewissen anderen Fällen ebenfalls gerechtfertigt sein. Es finden sich aber auch Fälle, in welchen das Kennen bezw. Kennenmüssen der Anfechtbarkeit nicht die gleiche Folge erzeugen soll und kann, wie das Kennen oder das Kennenmüssen der Nichtigkeit (vergl. u. A. § 306 Abs. 2). Von der Aufstellung einer allgemeinen Regel des bezeichneten Inhaltes ist demgemäß abgesehen und das Erforderliche bei den einzelnen Vorschriften bestimmt; vergl. § 837 Abs. 2, §§ 877, 878, 881 Abs. 2, § 945 Abs. 1, §§ 1152, 1270, 1567.

Vorbehalt geringerer Wirkungen der Anfechtbarkeit.

Der Vorbehalt am Schlusse der Bestimmung trägt dem Falle des § 1277 Rechnung, in welchem die Anfechtung nur für die Zukunft wirkt. Die sog. obligatorische Anfechtbarkeit, welche lediglich einen durch Klage oder Einrede verfolgbaren persönlichen Wiederausgleichungsanspruch gewährt, hat in den Entwurf Eingang nicht gefunden.

Vereinb. einer Konv.-Strafe wirkungslos.

Ueber die Anfechtbarkeit des Versprechens einer Strafleistung für den Fall der Nichterfüllung einer anfechtbaren Verbindlichkeit vergl. § 424.

§ 113.

Die Anfechtung erfolgt durch eine Willenserklärung.

Zur Anfechtung eines anfechtbaren Rechtsgeschäftes genügt nicht eine beliebige, auf die Entkräftung desselben gerichtete Willenskundgebung des Anfechtungsberechtigten, sondern es ist eine gegenüber dem Anfechtungsgegner abzugebende, den Anfechtenden bindende Willenserklärung zu erfordern (Abs. 1). Die Anfechtung lediglich im Wege der Klagerhebung zuzulassen, würde zwar den Vortheil gewähren, daß das Vorhandensein oder Nichtvorhandensein der Voraussetzungen für die Wirksamkeit einer erfolgten Anfechtung alsbald festgestellt und einer möglicherweise längeren Dauer der Ungewißheit vorgebeugt würde. Die Ausübung der Anfechtung würde indessen damit ohne Noth erschwert. Die Betheiligten sind auch jederzeit durch ihnen zu Gebote stehende Rechtsbehelfe (vergl. C. P. O. §§ 231, 254) in der Lage, auf die Beseitigung einer etwa länger andauernden Unsicherheit hinzuwirken. Ausnahmsweise formalisirt ist die Anfechtung der Ehe (§ 1266), der Anerkennung der Ehelichkeit eines Kindes (§ 1478 verb. mit § 1475), der Ausschlagung und der Annahme einer Erbschaft (§ 2040 Abs. 2, § 2041) sowie des Verzichtes auf das Inventarrecht (§ 2094 Abs. 5).

Anfechtungsberechtigte.

Wer anfechtungsberechtigt ist, ergeben die betreffenden Einzelbestimmungen; vergl. insbesondere §§ 103, 1261, 1277 Abs. 2, §§ 1784, 1949, 1960 Abs. 2, § 2040 Abs. 1. Im Allgemeinen ist davon auszugehen, daß das Anfechtungsrecht nur demjenigen zusteht, zu dessen Schutze die Entkräftung des Rechtsgeschäftes nachgelassen ist. Anfechtungsgegner ist bei Verträgen und einseitigen Rechtsgeschäften, zu deren Wirksamkeit erforderlich ist, daß sie gegenüber einem Betheiligten vorgenommen werden, der Natur der Dinge nach der Empfänger der anfechtbaren Willenserklärung (Abs. 2; vergl. dazu § 1949 Abs. 1). Wenn gewisse Zweckmäßigkeitsrücksichten dafür sprechen, die Ausübung der Anfechtung auch gegenüber anderen Personen, insbesondere gegenüber dem etwaigen Sondernachfolger zu gestatten, so müssen diese Rücksichten vor der Erwägung zurücktreten, daß eine solche Gestaltung von einer Gefährdung der Rechtslage des Erklärungsempfängers nicht freigehalten werden könnte; der letztere hat, auch wenn der Gegenstand des anfechtbaren Rechtsgeschäftes in der Hand eines Dritten sich befindet, wegen der in der Regel ihn treffenden Gewährleistungspflicht ein wesentliches Interesse daran, sofortige Kenntniß von der erfolgten Anfechtung zu erhalten. Bei denjenigen einseitigen Rechtsgeschäften dagegen, zu deren Wirksamkeit nicht erforderlich ist, daß sie gegenüber einer bestimmten Person vorgenommen werden, muß die Anfechtung grundsätzlich gegenüber einem Jeden gestattet werden, welcher aus dem Rechtsgeschäfte ein Recht in Anspruch nimmt, dessen Aufhebung durch die Anfechtung bezweckt wird (Abs. 2). Ob die Ausübung des Anfechtungsrechtes gegen den Einen solchenfalls auch gegen den Anderen, mithin absolut wirkt, darf bei der geringen praktischen Bedeutung der Frage um so mehr auf sich beruhen, als deren Bejahung gegenüber der Natur des Anfechtungsrechtes kaum ernstlichen Zweifeln begegnen kann. Vorsorge für diejenigen Fälle zu treffen, in welchen der Anfechtungsgegner der Person nach unbekannt oder nicht erreichbar ist, erscheint mit Rücksicht auf die Vorschrift des § 76 entbehrlich. Sonderbestimmungen hinsichtlich der Richtung der Anfechtung finden sich in § 1266 Abs. 2, § 1277 Abs. 2, § 1478 verb. mit § 1475 Abs. 2, § 2040 Abs. 2, §§ 2041, 2094 Abs. 5.

Anfechtungsgegner.

Die Anfechtung ist nicht allgemein zeitlich begrenzt.

Die Anfechtungsbefugniß ist kein Anspruch und unterliegt demgemäß nicht der Verjährung. Eine zeitliche Begrenzung der Befugniß ist nur im Wege gesetzlicher Befristung möglich (vergl. S. 209). Eine solche Befristung einheitlich für alle Fälle der Anfechtbarkeit aufzustellen, erweist sich nicht als räthlich. Soweit ein Bedürfniß vorliegt, ist das Erforderliche an geeigneter Stelle vorgesehen. — Vergl. §§ 104, 1264, 1785, 1948 Abs. 5, § 2040 Abs. 3 bis 5, § 1993.

Genehmigung des anfechtbaren Rechtsgeschäftes.

Erklärt der Anfechtungsberechtigte ausdrücklich oder stillschweigend, daß er das anfechtbare Rechtsgeschäft genehmige, oder verzichtet er, was dem gleichsteht, auf das Anfechtungsrecht, so erhält das Rechtsgeschäft seine volle Gültigkeit (Abs. 3; vergl. § 1263 Abs. 3, § 1948 Abs. 3). Eine solche Genehmigung liegt namentlich vor, wenn der Anfechtungsberechtigte in Kenntniß des Anfechtungsgrundes das anfechtbare obligatorische Rechtsgeschäft durch Abschluß eines gültigen dinglichen Vertrages erfüllt. Ueber einen besonderen Fall des Ausschlusses der Anfechtung in Folge unthätigen Verhaltens vergl. § 1786.

§ 114.

Theilweise Ungültigkeit.

Den über die Nichtigkeit der Rechtsgeschäfte aufgenommenen Bestimmungen werden in einzelnen Gesetzgebungen Vorschriften beigesellt, welche aussprechen, daß die nur eine einzelne Bestimmung des Rechtsgeschäftes treffende Nichtigkeit die Gültigkeit der übrigen Bestimmungen unberührt lasse, sofern diese einen getrennten Bestand an sich und nach dem Willen der Betheiligten haben (sächs. G. B. §§ 103, 2083, bad. L. R. Satz 6n, dresd. Entw. Art. 137). Die betreffende Frage hat eine allgemeinere Bedeutung. Es handelt sich darum, inwieweit bei einem als einheitlich sich darstellenden Rechtsgeschäfte eine Bestimmung wegen Nichtigkeit oder in Folge Anfechtung hinfällig werden kann, ohne den Bestand des Rechtsgeschäftes im Uebrigen zu gefährden. Der maßgebende Grundsatz in dieser Hinsicht muß sein, daß das ganze Rechtsgeschäft ungültig ist, sofern nicht erhellt, daß dasselbe auch ohne die ungültige Bestimmung gewollt sein würde. Die Bedeutung, welche der Verbindung von mehreren, in einem Zusammenhange stehenden Willenserklärungen zukommt, kann lediglich dem Willen der Betheiligten entnommen werden; die Verbindung selbst spricht aber zunächst für die innere Zusammengehörigkeit, und demgemäß ist die Beweislage geregelt. Eine abweichende Gestaltung in Ansehung der letzteren greift gemäß § 1787 bei letztwilligen Verfügungen Platz; hinsichtlich der Erbeinsetzungsverträge dagegen vergl. § 1959. Modifizirt ist die Regel des § 114 in § 211 Abs. 1 (§ 1862) insofern, als bei einem wahlweisen Schuldverhältnisse die von Anfang an vorhanden gewesene Unmöglichkeit der einen der mehreren Leistungen nicht den Vertrag (§ 344) nichtig macht, sondern nur eine Beschränkung des Schuldverhältnisses auf die übrigen Leistungen zur Folge hat (vergl. § 345 Abs. 2).

Achter Titel.

Vertretung und Vollmacht.

Die §§ 115—117 handeln von der Vertretung, ohne Unterschied ob die Vertretungsmacht auf Gesetz (vergl. § 44 Abs. 1, § 50 Abs. 4, §§ 61, 1278, 1318, 1358, 1417, 1649, 1503 Abs. 1, §§ 1728, 1743, 1903, 2060) oder auf rechtsgeschäftlicher Ertheilung (Bevollmächtigung) beruht. Die §§ 118—122 befassen sich mit der Bevollmächtigung und der Vertretung auf Grund der Vollmacht, die §§ 123—126 mit der Vertretung ohne Vertretungsmacht. Anordnung des Stoffes.

§ 115.

Die grundsätzliche Zulässigkeit der Vornahme von Rechtsgeschäften durch Vertreter ist für den heutigen Verkehr unabweisbares Bedürfniß. Die neueren Gesetzgebungen erkennen durchgängig die sog. unmittelbare Stellvertretung an, und im gemeinen Rechte hat das Gewohnheitsrecht zu deren Zulassung geführt. Daß das römische Recht ausgekommen ist, ohne die Statthaftigkeit freigewählter Vertretung zur Regel zu machen, hängt mit der Gegenwart fremden Verhältnissen zusammen. A. Vertretung im Allgemeinen. I. Grundsätzl. Zulassung der Vertetung.

Unter Vertretung wird in dem Entwurfe Vertretung im Willen verstanden. Wirkt Jemand bei dem Zustandekommen eines Rechtsgeschäftes nur insofern mit, als er die Willenserklärung des einen Theiles auf dessen Veranlassung dem anderen Theile übermittelt, so ist er Mittelsperson, Bote (vergl. § 101). Wieweit der Begriff der Uebermittelung reicht, ob der Bote auch dann noch Bote bleibt, wenn ihm freigestellt ist, zwischen mehreren Willenskundgebungen des Erklärenden zu wählen oder auch wohl die Kundgebung zu unterlassen, mag unter Umständen zweifelhaft sein, eignet sich aber nicht zur Entscheidung durch das Gesetz. Im Allgemeinen wird festzuhalten sein, daß, soweit der Person, deren man sich bedient, eine Willenswahl offen gelassen ist, die Grundsätze von der Vertretung Platz zu greifen haben. Ob für die Theorie es förderlich ist, neben der Vertretung im Willen von der Vertretung in der Erklärung des Willens als einem Mittelgliede zwischen der eigentlichen Vertretung und dem einfachen Handeln durch Andere zu reden, darf dahin gestellt bleiben. Im Entwurfe ist eine solche Sprachweise vermieden. Vertretung ist Vertretung im Willen.

Zu dem Wesen der Vertretung gehört nach dem Entwurfe, daß ein Rechtsgeschäft im Namen eines Anderen vor- bezw. entgegengenommen wird. Die sog. mittelbare Stellvertretung, bei welcher Jemand ein Rechtsgeschäft in eigenem Namen, aber in der Absicht vornimmt, die rechtlichen Wirkungen einem Anderen zukommen zu lassen, ist juristisch betrachtet kein Fall der Vertretung. Das solchergestalt vorgenommene Rechtsgeschäft ist ausschließlich ein Rechtsgeschäft des in eigenem Namen Handelnden. Zur Herbeiführung des wirthschaftlichen Erfolges der Vertretung bedarf es eines weiteren Rechtsgeschäftes, durch welches die Wirkungen übertragen werden. Einen Sog. mittelbare Stellvertretung.

Uebergang kraft des Gesetzes für diese Fälle positiv vorzuschreiben (dresd. Entw. Art. 90 Abs. 2, zür. G. B. § 1027), fehlt es an zureichenden Gründen.

Ausnahmen von der Regel der Zulässigkeit der Vertretung.

Die Statthaftigkeit der Vertretung ist keine unbeschränkte. Ausnahmen sind namentlich auf dem Gebiete des Familien- und Erbrechtes geboten; das Institut der Vertretung gehört vorwiegend dem vermögensrechtlichen Verkehre an. Wenn in der gegenwärtigen Vorschrift neben dem Hinweise auf die bezüglichen besonderen Bestimmungen*) die Natur des Rechtsgeschäftes als Grund einer möglichen Ausnahme hingestellt wird (sächs. G. B. § 101; dresd. Entw. Art. 83), so sollen damit die Fälle getroffen werden, in welchen die aus dem Rechtsgeschäfte zu entnehmende Unzulässigkeit der Vertretung so offen ersichtlich ist, daß eine besondere Hervorhebung nicht für erforderlich erachtet worden ist. Ueber die Vertretung bei dem Erwerbe und der Aufgabe des Besitzes vergl. §§ 801, 805 Abs. 2, § 809.

Kontrahiren mit sich selbst.

Die in der Wissenschaft und besonders in der Praxis**) neuerdings mehrfach erörterte Frage, ob Jemand einerseits für sich und in eigenem Namen, andererseits als Vertreter eines Anderen und in dessen Namen handeln und so einen Vertrag zwischen sich und dem Anderen schließen könne, muß nach den allgemeinen Grundsätzen bejaht werden. Ebenso erscheint begriffsmäßig nicht ausgeschlossen, daß eine und dieselbe Person als Vertreter zweier anderer Personen und in deren Namen handelnd einen Vertrag zwischen diesen zu Stande bringt. Aus dem Vertragsbegriffe, welcher Aeußerung des Doppelwillens erfordert, folgt nur, daß es nicht genügt, wenn die gedachte Person den Doppelwillen lediglich in ihrem Inneren faßt oder für sich nach Art eines Monologes mündlich oder schriftlich verlautbart. Treten aber äußere Thatsachen hinzu, welche den auch für Dritte erkennbaren Vertragswillen bezw. Vertragsabschluß zur Genüge ergeben — z. B. Verlautbarung vor zugezogenen Zeugen oder vor einer öffentlichen Urkundsperson, welche über den Akt eine Urkunde errichtet, ferner Aenderung in dem Bestande des einen oder anderen Vermögens, insbesondere durch Zahlung u. s. w., Eintragung in die Handlungs- oder ähnliche Bücher —, so läßt sich das Zustandekommen eines gültigen Vertrages als möglich nicht in Abrede stellen. Dem Vertrage steht, wie in vielen anderen Beziehungen, so auch in dieser Hinsicht das einseitige Rechtsgeschäft, zu dessen Wirksamkeit erforderlich ist, daß es gegenüber einem Betheiligten vorgenommen wird, gleich. Allerdings erscheint die Zulassung der Ausübung der Vertretungsmacht in Fällen der fraglichen Art nicht immer ohne Bedenken. Bei dem Widerstreite der Interessen liegt die Gefahr des Mißbrauches nicht fern, und der dem Verletzten etwa zustehende Schadensersatzanspruch bietet nur einen beschränkten Schutz, der leicht auch ganz ver-

---

*) Vergl. § 1238 Abs. 2, § 1248 Abs. 1, § 1263 Abs. 1, §§ 1265, 1277 Abs. 5, § 1474 (§ 1478), § 1588 (§ 1600), § 1612 (§ 1629 Abs. 5, § 1630), §§ 1614, 1722 Abs. 1, § 1911 (§§ 1933, 2020), §§ 1935, 1941, 1948 Abs. 4, § 1957 Abs. 2, § 1958 (§ 1960).

**) Entsch. des Reichsgerichtes in Civilsachen IV Nr. 81 S. 302, VI Nr. 3 S. 11 ff., VII Nr. 38 S. 119 ff., in Strafsachen IX Nr. 77 S. 248 ff., Nr. 103 S. 337 ff.

sagen kann. Andererseits aber ist der Ausschluß der Zulässigkeit durch ein positives Verbot nicht minder mit Uebelständen verknüpft; das Verbot würde vielfach unhaltbare Verkehrserschwerungen schaffen und dem Interesse des Vertretenen, anstatt dasselbe zu fördern, nachtheilig sein. Es verdient daher den Vorzug, von der Zulässigkeit eines derartigen Handelns in Vertretung, soweit dasselbe nicht gegen allgemeine Rechtsnormen (vergl. insbesondere § 106) verstößt, an sich auszugehen und die Regel da, wo besondere Gründe deren Beugung erheischen, durch Sondervorschriften zu durchbrechen. Solche Sondervorschriften finden sich § 45 Satz 1, § 50 Abs. 4, §§ 61, 1651 (§ 1503 Abs. 1). Ferner ist für die Grundbuchordnung die Ordnungsvorschrift vorbehalten, daß die Vollmacht zur Bewilligung einer Eintragung nicht demjenigen ertheilt werden könne, welcher durch die Eintragung ein Recht erwerben soll, und die Ausdehnung dieser Vorschrift auf verwandte Fälle späterer Prüfung anheimgestellt (Note 1 zu § 828 lit. c). Anwendungsfälle der Regel ergeben § 805 Abs. 2, §§ 1168, 1326 Abs. 2 (§§ 1370, 1417).

Unzulässig ist, daß ein Vertreter im Namen des Vertretenen mit diesem ein Rechtsgeschäft vornimmt (Entsch. des Reichsgerichtes in Civils. V Nr. 14 S. 58 ff.); Niemand kann Berechtigter und Verpflichteter in einer Person sein. Ueber die besondere Gestaltung des Falles, daß ein Pfandgläubiger bei der Versteigerung der durch ihn zum Verkaufe gebrachten Pfandsache mitbietet, vergl. § 1173 Abs. 1.

§ 116.

II. Wirkung der Vertretung. Der Vertretene wird unmittelbar berechtigt und verpflichtet.

Das rechtsgeschäftliche Handeln in Vertretung hat, sofern die Grenzen der Vertretungsmacht innegehalten werden, zur Folge, daß der Vertretene unmittelbar und nur der Vertretene, nicht auch der Vertreter, durch das vorgenommene Rechtsgeschäft berechtigt und verpflichtet wird (Abs. 1 Satz 1). Das sächs. G. B. § 788 und der dresd. Entw. Art. 84 schicken der entsprechenden Bestimmung den Satz voraus, daß die Willenserklärung des Vertreters so zu gelten habe, als ob sie von dem Vertretenen abgegeben worden sei. Eine derartige besondere Stellungnahme zu der juristischen Konstruktion der Vertretung ist nicht Sache des Gesetzes und für den Entwurf um so entbehrlicher, als die Vorschriften der §§ 117, 118 über den in dieser Hinsicht eingenommenen Standpunkt keinen Zweifel lassen.

Kundgebung des Vertretungswillens.

Zu dem rechtsgeschäftlichen Handeln in Vertretung gehört, daß der Vertretungswille kundgegeben ist. Die Kundgebung bildet einen wesentlichen Bestandtheil des in Vertretung vorgenommenen Rechtsgeschäftes; sie ergiebt den Träger der durch dasselbe zu schaffenden Rechte und Verpflichtungen. Wie jede Willenserklärung, so kann auch diese Kundgebung ausdrücklich oder stillschweigend erfolgen. Daß der Vertretungswille bei der Vornahme des Rechtsgeschäftes selbst erklärt wird, ist nicht schlechthin erforderlich; eine frühere Erklärung kann für spätere Rechtsgeschäfte maßgebend sein, sofern der Vertreter in der übernommenen Rolle beharrt. Um alle Fälle zu umfassen, ist im Einklange mit dem H. G. B. Art. 52 Abs. 2 und dem dresd. Entw. Art. 84 Satz 4 die Ausdrucksweise gewählt, es genüge, wenn die Umstände ergeben, daß das Rechtsgeschäft nach dem Willen der Handelnden im Namen des Vertretenen vorgenommen werden sollte (Abs. 1 Satz 2). Eine einschlagende Sonderbestimmung hinsichtlich der Beweislast enthält § 1278 Abs. 2.

Unterlassung derselben.

Fehlt es an der Kundgebung des Vertretungswillens und hat andererseits der Handelnde auch nicht beabsichtigt, das Rechtsgeschäft in eigenem Namen einzugehen, so greifen an sich die Bestimmungen der §§ 95, 97—100 Platz. Das Gewollte ist nicht erklärt und das Erklärte nicht gewollt. Das praktische Bedürfniß erfordert eine andere Gestaltung. Mit der Zulassung des Einwandes würde, namentlich bei der Häufigkeit der sog. mittelbaren Vertretung, Chikanen und Streitigkeiten in zahlreichen Fällen Thür und Thor geöffnet werden, — ein Umstand, der schon jetzt die Praxis dazu geführt hat, denjenigen, der die Kundgebung des Vertretungswillens unterläßt, als Kontrahenten in eigenem Namen zu behandeln (vergl. Entsch. des Reichsgerichtes in Civils. II Nr. 53 S. 194 f.). Der Abs. 2 stellt sich auf den gleichen Standpunkt.

Entgegennahme von Rechtsgeschäften in Vertretung.

Von der Entgegennahme eines Rechtsgeschäftes in Vertretung gilt dasselbe wie von der Vornahme; der Vertretene wird, sofern der Vertreter in dieser Richtung Vertretungsmacht hat, unmittelbar berechtigt und verpflichtet (Abs. 3). Ob gegenüber dem Vertreter ein Rechtsgeschäft mit Wirksamkeit gegen den Vertretenen vorgenommen werden kann, wenn der Vertreter ablehnt, von der Vertretungsbefugniß für den betreffenden Fall Gebrauch zu machen, bezw. ob der Vertreter zu einer solchen Ablehnung im einzelnen Falle befugt ist, darf der Entscheidung durch die Doktrin und Praxis überlassen werden. Eine dem preuß. A. L. R. I, 13 § 157 entsprechende Vorschrift erscheint nicht am Platze.

§§ 117, 118.

III. Inwieweit die Gültigkeit des Rechtsgeschäftes sich bestimmt.

Besonderer Entscheidung bedarf die Frage, inwieweit die für die Gültigkeit und Wirksamkeit eines in Vertretung vorgenommenen Rechtsgeschäftes maßgebenden Momente aus der Person des Vertreters und inwieweit solche aus der Person des Vertretenen zu entnehmen sind. Die zu treffende Entscheidung steht in engem Zusammenhange mit der Grundauffassung der rechtlichen Natur der Vertretung. Das Ergebniß ist ein verschiedenes, je nachdem man davon ausgeht, daß das Rechtsgeschäft in der Person des Vertreters zu Stande kommt und nur die Wirkungen auf den Vertretenen bezogen werden, oder davon, daß der Vertretene der rechtsgeschäftlich handelnde Theil ist, der seine Willenserklärung durch Vermittelung des Vertreters abgiebt; vergl. einerseits sächs. G. B. §§ 788, 846, dresd. Entw. Art. 85—87, andererseits bayr. Entw. Th. I Art. 28, hess. Entw. Abth. IV, 1 Art. 68. Der Entwurf folgt der ersteren Auffassung. Das Geschäft ist ein Geschäft des Vertreters; aber es wird dem Vertretenen so zugerechnet, als ob es von ihm vorgenommen worden wäre. Daraus ergiebt sich, daß die Voraussetzungen der Gültigkeit und Wirksamkeit des Geschäftes in der Person des Vertretenen insoweit gegeben sein müssen, als ohne dieselben eine Beziehung auf den Vertretenen nicht möglich ist.

1. Nach der Person des Vertretenen.

Nach der Person des letzteren bestimmt sich insbesondere die Rechtsfähigkeit, der Inhalt, die Form; hinsichtlich der Geschäftsfähigkeit kommt in Betracht, daß die gesetzliche Vertretung die Aufgabe hat, den Mangel derselben zu decken. Bei dem Vertreter liegt dagegen die Vornahme des Rechtsgeschäftes. Etwaige Willensmängel können nur da gesucht werden, wo die Willensentscheidung stattgefunden hat, mithin in der Person des Vertreters. Der letztere muß sonach willensfähig sein, während Beschränkung in der Geschäftsfähigkeit nicht schadet; die Beschränkung bezieht sich ihrem Grunde und Zwecke nach nur auf die eigenen Angelegenheiten des Betreffenden (vergl. auch § 1646 Abs. 2 verb. mit § 1640 Nr. 1). Des Weiteren entscheidet die Person des Vertreters, soweit es sich um die Uebereinstimmung des wirklichen Willens mit dem erklärten Willen, um die Erheblichkeit von Zwang, Betrug, Irrthum, Wissen und Wissenmüssen handelt (vergl. Entsch. des Reichsgerichtes in Civils. IV Nr. 12 S. 38). Bei Auslegungsfragen kommt es ebenfalls auf das an, was der Vertreter gewollt und erklärt hat. Die entsprechende Vorschrift des § 117 steht im Wesentlichen mit den angeführten Bestimmungen des sächs. G. B. und des dresd. Entw. im Einklange; nur sind die aus der Person des Vertreters zu entnehmenden Momente vollständiger aufgeführt. Letzteres ermöglicht zugleich, von einem besonderen Hinweise auf die aus der Person des Vertretenen zu beurtheilenden Momente abzusehen. Die abweichende Regelung des bayr. und hess. Entw., nach welcher es, wenigstens bei freigewählter Vertretung, hinsichtlich des Irrthumes und mithin auch hinsichtlich des guten Glaubens nur auf die Person des Vertretenen ankommen soll, führen zu erheblichen Härten; bei Generalvollmachten wird darnach kaum je ein Irrthum in Frage kommen können und fast immer guter Glaube angenommen werden müssen. 2. Nach der Person des Vertreters.

Bestimmt sich das Wissen und Wissenmüssen, soweit dasselbe rechtlich bedeutsam ist, grundsätzlich nach der Person des Vertreters, so kann doch das Wissen und Wissenmüssen des Vertretenen dann nicht unerheblich sein, wenn der Vertreter auf Grund rechtsgeschäftlicher Ermächtigung handelt und die Ermächtigung auf ein bestimmtes Rechtsgeschäft sich bezieht. Der Vertretene beeinflußt in einem solchen Falle die Willensentscheidung und hat Theil an derselben. Das Wissen und Wissenmüssen des Vertretenen muß daher die gleiche Wirkung haben, wie das Wissen und Wissenmüssen des Vertreters (§ 118). Die Vorschriften des sächs. G. B. § 846 und des dresd. Entw. Art. 86, welche dies nur für den Fall aussprechen, daß der Vertreter zur Schließung eines *Vertrages* über einen bestimmten Gegenstand besonders ermächtigt ist, sind zu eng. Andererseits kann das entscheidende Gewicht nicht auf die Person des Vertretenen allein gelegt werden; das Rechtsgeschäft ist und bleibt, auch bei dem Handeln auf Grund einer solchen Vollmacht, eine Willensthat des Vertreters; es muß daher auch dessen Wissen oder Wissenmüssen in Betracht kommen. Die Vorschrift auf alle Vollmachtsfälle bezw. alle Vertretungsfälle auszudehnen, in welchen der Vertretene Kenntniß von der Vornahme eines Rechtsgeschäftes in seinem Namen hat, ist bedenklich, und praktisch liegt kein Bedürfniß dazu vor. Spezialfall.

Hat ein Vertreter bei dem Zustandekommen eines Rechtsgeschäftes sich einer Drohung oder eines Betruges schuldig gemacht, so ist das Rechtsgeschäft, soweit die Voraussetzungen des § 103 vorliegen, anfechtbar, ohne Rücksicht darauf, ob der Vertretene von der Drohung oder dem Betruge Kenntniß hatte Drohung oder Betrug des Vertreters oder des Vertretenen.

oder nicht. Das Rechtsgeschäft ist mit einem Thatbestandsmangel behaftet, den der Vertretene gegen sich gelten lassen muß. Hat der Vertretene die Drohung oder den Betrug verübt, so ist, mag dies mit oder ohne Vorwissen des Vertreters geschehen sein, das Rechtsgeschäft ebenfalls anfechtbar; der Vertretene ist kein Dritter im Sinne des § 103 Abs. 2.

Haftung des Vertretenen für die Vertreter.

Für den Schaden, welchen der Vertreter durch eine in Ausübung seiner Vertretungsmacht begangene widerrechtliche Handlung Dritten zufügt, ist der Vertretene, von den für die juristischen Personen gegebenen besonderen Bestimmungen (§§ 46, 50 Abs. 4, § 61) abgesehen, nur innerhalb der aus §§ 711, 712 ersichtlichen Schranken haftbar. Ob und inwieweit der Vertretene für eine von dem Vertreter bei Eingehung eines Rechtsgeschäftes begangene Fahrlässigkeit (culpa in contrahendo, §§ 97, 99, 101, 345, 347, 622) einzustehen hat, hängt davon ab, ob in dem Begehen dieser Fahrlässigkeit eine unerlaubte Handlung oder lediglich eine Verletzung rechtsgeschäftlicher Pflichten zu erblicken ist — eine Frage, die bereits (S. 195) als der Wissenschaft angehörig bezeichnet worden ist. Ueber die Haftung des Vertretenen in Ansehung der Erfüllung wegen eines Verschuldens des Vertreters bei gesetzlicher Vertretung vergl. § 224 Abs. 2.

§ 119.

B. Bevollmächtigung und Vertretung auf Grund der Vollmacht. Das Rechtsgeschäft der Bevollmächtigung.

Unter Vollmacht versteht der Entwurf, wie schon § 118 erkennen läßt, die auf rechtsgeschäftlicher Ertheilung beruhende Ermächtigung zur Vertretung. Die Vollmacht ist ein eigenartiges Rechtsinstitut. Die Rechtsordnung legt einer Willenserklärung die Wirkung bei, daß ein Anderer die rechtliche Macht erhält, an Stelle des Erklärenden und in dessen Namen thätig zu werden. Die Erkenntniß, daß damit ein von dem Auftrage verschiedenes Rechtsgeschäft gegeben sei, gehört verhältnißmäßig neuerer Zeit an.

Behandlung im geltenden Rechte.

Die Gesetzgebungen haben fast sämmtlich Bevollmächtigung und Auftrag in schwer scheidbarer Weise vermischt oder doch die Bevollmächtigung als einen Bestandtheil des Vertrages aufgefaßt, durch welchen Jemandem die Vornahme eines fremden Geschäftes übertragen wird (vergl. preuß. A. L. R. I, 13 § 5, code civil Art. 1984, österr. G. B. § 1002, sächs. G. B. §§ 101, 1295, 1327, zür. G. B. §§ 949, 1156, bayr. Entw. Th. I Art. 32 Abs. 1, Th. II Art. 685, hess. Entw. Abth. IV, 2 Art. 266, dresd. Entw. Art. 83 Abs. 1, 687, 707, 715). Das schweiz. Gesetz über das Obligationenrecht scheidet entsprechend der neueren Jurisprudenz zwischen Vollmacht (Art. 39—45) und Auftrag (Art. 372 ff.). In dem H. G. B. tritt ebenfalls an verschiedenen Stellen bereits eine Sonderung zwischen Vollmacht und Auftrag zu Tage (vergl. Art. 58, 67, 69, 190 Abs. 2, 221 Abs. 2, 269 Abs. 2, 297, 298, 323, 360, 362, 367 Abs. 2, 376 Abs. 3, 377, 378, 452, 495, 498, 506, 786, 787).

Scheidung zwischen Bevollmächtigung und Auftrag im Entwurfe.

Die Verschmelzung von Bevollmächtigung und Auftrag ist nahegelegt, wenn man den Auftrag auf diejenigen Fälle beschränkt, in welchen die Thätigkeit des Beauftragten in der Vornahme eines Rechtsgeschäftes in fremdem Namen besteht. Eine solche, dem Rechtsleben wenig gerecht werdende

Einengung des Auftragsbegriffes ist dem Entwurfe fremd. Nach § 585 kann der Auftrag jedes Geschäft, eine rechtliche wie eine sonstige Thätigkeit, zum Gegenstande haben und sowohl darauf gerichtet sein, daß der Beauftragte ein Rechtsgeschäft im Namen des Auftraggebers, als darauf, daß er ein Rechtsgeschäft in eigenem Namen für den Auftraggeber vornimmt. Ausreichend ist andererseits ebensowenig die Betrachtung, welche in der Bevollmächtigung einen untrennbaren Bestandtheil des auf die Vornahme eines Rechtsgeschäftes in fremdem Namen gerichteten Auftrages erblickt und die Bevollmächtigung insofern durch die Vorschriften über den Auftrag für gedeckt erachtet. Eine Willenserklärung, durch welche ein derartiger Auftrag ertheilt wird, enthält allerdings zugleich eine Vollmachtsertheilung. Aber dieses Zusammentreffen beruht nicht auf begrifflicher Einheit, sondern auf dem Verhältniß von Mittel und Zweck. Durch die Annahme des Auftrages übernimmt der Beauftragte die Verpflichtung, das Rechtsgeschäft im Namen des Auftraggebers einzugehen, und um dieser Verpflichtung genügen zu können, erhält er gleichzeitig, aber durch ein besonderes Rechtsgeschäft, die Macht, im Namen des Auftraggebers aufzutreten. Der beauftragte Vertreter handelt, wie bereits das Reichsoberhandelsgericht Entsch. II S. 402 ff. ausgesprochen hat, nicht kraft Auftrages, sondern kraft der ihm ertheilten Vollmacht. Es ist auch sehr wohl möglich, daß der Auftrag gültig, die Vollmacht dagegen — z. B. wegen Verabsäumung der erforderlichen Form (H. G. B. Art. 190 Abs. 2, 221 Abs. 2) — nichtig ist. Ebenso kann die Vollmacht allgemein lauten, aber die Art und Weise, wie der Bevollmächtigte sich ihrer bedienen soll, besonders festgesetzt, der Auftrag mithin beschränkt sein. Dazu kommt, daß die Bevollmächtigung, wenngleich sie der Regel nach mit einem Auftrage verbunden sein wird, doch mit einem solchen nicht verbunden sein muß. Es giebt auch Vollmachten ohne Auftrag. So namentlich die Vollmacht des Gesellschafters (§ 640), ingleichen die Vollmacht bei der Anweisung, sowie die Vollmacht auf Grund eines Dienstverhältnisses. Ferner stellt die Vollmacht sich im Verkehre nicht selten als ein Mittel dar, um dem Bevollmächtigten durch sein Handeln in fremdem Namen eine von dem Vollmachtgeber ihm geschuldete Leistung zu verschaffen — ein Fall, der nicht unter die Anweisung im Sinne des § 605 fällt, aber auch nicht auf einen Auftrag zurückgeführt werden kann, weil der Bevollmächtigte nicht *verpflichtet* ist (§ 585), von der gegebenen Vollmacht Gebrauch zu machen.

I. Entstehung der Vollmacht.

I. Zur *Entstehung* der Vollmacht ist die Annahme der Ermächtigungserklärung seitens desjenigen, der bevollmächtigt werden soll, nicht erforderlich. Die Vollmachtsertheilung wird von dem Entwurfe als ein einseitiges Rechtsgeschäft aufgefaßt; sie bindet den Vollmachtgeber und gewährt dem Bevollmächtigten die Macht zu einem Wollen und Handeln im Namen des Vollmachtgebers. Wenn bei der Bevollmächtigung behufs Ausführung eines Auftrages eine Annahmeerklärung hinzuzutreten hat, so bezieht diese Erklärung sich auf den Antrag zur Uebernahme des Auftrages, nicht auf die Bevollmächtigung; die letztere steht solchenfalls unter der Bedingung, daß der bezüglich des Auftrages gestellte Vertragsantrag angenommen wird. Ob der Bevollmächtigte von der Vertretungsmacht Gebrauch zu machen dem Vollmachtgeber gegenüber verpflichtet ist, hängt von dem Rechtsgrunde ab, auf welchem die Bevollmächtigung beruht.

Keine Bestimmungen über stillschweigend ertheilte und über vermuthete Vollmachten.

Keine Bestimmung ist darüber aufgenommen, unter welchen Voraussetzungen eine Vollmacht für stillschweigend ertheilt zu erachten sei. Zur angemessenen und gründlichen Erledigung der Frage müßte das nicht zu erschöpfende Gebiet der Kasuistik betreten werden. Ueber einen Einzelfall vergl. § 640 Abs. 1. Nicht anerkannt ist das Institut der vermutheten Vollmacht (vergl. insbesondere das preuß. A. L. R. I, 13 §§ 119 ff.). Das Institut ist, wie es auch gestaltet werden mag, mit praktischen Unzuträglichkeiten verbunden und zur Hervorrufung von mancherlei Streitigkeiten geeignet; auch ist von der Aufnahme desselben ein wesentlicher Nutzen um so weniger zu erwarten, als die Vorschriften über die Vertretung ohne Vertretungsmacht (§§ 123—126) meist als ausreichend sich erweisen werden.

II. Umfang der Vollmacht.

II. Der Umfang einer Vollmacht bestimmt sich nach dem von dem Vollmachtgeber ihr gegebenen Inhalte. So einfach und unbedenklich dieser Grundsatz erscheint, so ist doch dessen Festhaltung mit gewissen Unzuträglichkeiten verbunden. Die betreffende Willenserklärung läßt nicht selten die erforderliche Bestimmtheit vermissen. Ferner ist, damit der Bevollmächtigte sich nicht unthätig verhält, wo die Umstände sein Handeln im Interesse des Vollmachtgebers erheischen, und damit auch Dritte, mit welchen der Bevollmächtigte verhandeln will, sich nicht zurückhalten, der Vollmachtgeber oft genöthigt, den Umfang der Vertretungsmacht weiter zu erstrecken, als bei Würdigung der zur Zeit der Ertheilung der Vollmacht vorliegenden Umstände sich zunächst als nothwendig erweist. Es geschieht dies erfahrungsgemäß nicht blos, wenn ein Inbegriff von Geschäften in Frage steht, sondern häufig auch dann, wenn es sich um die Erledigung eines einzelnen, aber in verschiedener Weise ausführbaren Geschäftes handelt. Eine solche nicht zu vermeidende Erstreckung der Vollmacht über das nächste Bedürfniß hinaus ist für den Vollmachtgeber mit der Gefahr verbunden, daß der Bevollmächtigte unter anderen als den vorgesehenen Voraussetzungen von der ihm eingeräumten Macht Gebrauch macht. Zur Minderung dieser Gefahr und zugleich zur Klarstellung der Tragweite einer Vollmacht Dritten wie dem Bevollmächtigten gegenüber bietet sich als Ausweg dar, gewisse Geschäfte wegen ihrer hervorragenden Wichtigkeit auszuzeichnen und durch das Gesetz zu bestimmen, ein Geschäft der fraglichen Art dürfe von dem Bevollmächtigten nur vorgenommen werden, wenn der Vollmachtgeber dies besonders ausgesprochen habe. Der Ausweg ergiebt das Institut der Spezialvollmacht. Das Institut ist fast allen modernen Gesetzgebungen in der Gestalt des Spezialauftrages geläufig. Als Rechtsgeschäfte, zu deren Vornahme es einer besonderen Ermächtigung bedarf, werden gewöhnlich bezeichnet: Veräußerung und Erwerb von Grundstücken, Begründung, Uebertragung und Aufhebung von Rechten an Grundstücken, Abtretung von Forderungen, Empfangnahme von Geld und Quittungsleistung darüber, Abschluß eines Vergleiches und Uebereinkommen auf Schiedsspruch. Hier und da werden auch darunter gebracht: Veräußerung und Verpfändung beweglicher, dem Verderben nicht ausgesetzter Sachen, Aufnahme und Gewährung von Darlehen, Vornahme von Schenkungen, Eingehung wechselmäßiger Verpflichtungen u. s. w.*). Der Entwurf hat das Institut der Spezialvollmacht und bezw. des Spezialauftrages, im Einklange mit dem zür. G. B., nicht aufgenommen. Das Institut leidet schon an sich an einer inneren Unvollkommenheit, die von vornherein die Angemessenheit seiner Aufnahme zweifelhaft erscheinen läßt. Die Rechtsgeschäfte, zu deren Vornahme eine besondere Ermächtigung erforderlich sein soll, können nur klassenweise nach ihrem juristischen Charakter oder nach der Beschaffenheit des Gegenstandes, auf welchen sie sich beziehen, bestimmt werden. Die dem Vollmachtgeber drohende Gefahr gründet sich aber oft weit weniger in einer solchen Eigenschaft des Rechtsgeschäftes, als vielmehr in dem Umfange des letzteren und in dem Maße der daraus entspringenden Verpflichtungen. Die Auszeichnung der betreffenden Geschäfte kann ferner wegen der Verschiedenheit der in Betracht kommenden Verhältnisse in befriedigender Weise nicht gelingen. Es giebt Fälle, in welchen die Ausnahme eines gewissen Geschäftes unbedenklich ist, während in anderen Fällen die Ausnahme desselben Geschäftes völlig unpassend erscheint. So waltet z. B. in Bezug auf Gelderhebung, Kreditgewährung, Eingehung von Darlehens- und sonstigen Kreditgeschäften ein großer Unterschied ob, je nachdem die Vollmacht für den Betrieb eines Gewerbes der einen oder anderen Art oder für die Verwaltung eines oder mehrerer Grundstücke gegeben ist. Noch deutlicher zeigt sich der Unterschied, wenn nur ein einzelnes, jedoch eine verschiedene Art der Erledigung zulassendes Geschäft zu besorgen ist, dessen Beschaffenheit oft an die Hand geben wird, ob und inwieweit eine gewisse Art der Erledigung gestattet ist oder nicht. Ein weiteres Bedenken ist, daß die Auszeichnung gewisser Rechtsgeschäfte die Auslegung rechtfertigt, alle übrigen Rechtsgeschäfte seien, sofern der Vollmachtgeber nicht ein Anderes bestimmt habe, gestattet. Die für den Vollmachtgeber hieraus erwachsende Gefahr ist nicht gering. Das Institut, das vorzugsweise seinem Interesse dienen soll, droht damit in der Praxis zu seinem Nachtheile sich zu gestalten. Der Fälle sind nicht wenige, in welchen die Umstände die Annahme nahe legen, daß ein gewisses, zu den ausgezeichneten Geschäften nicht gehörendes Geschäft nach der Absicht des Vollmachtgebers nicht in den Bereich der Vollmacht fallen soll, weil es bei der Ausführung von Geschäften der übertragenen Art mehr oder weniger ungewöhnlich ist (Aufnahme eines Darlehens u. s. w.). Dem Institute der Spezialvollmacht gegenüber ist es aber unvermeidlich, daß solchenfalls der Regel nach, unter unvollständiger Würdigung der näheren Umstände, zum Nachtheile des Vollmachtgebers entschieden wird. In der Rechtsprechung hat sich infolge dessen mitunter die Ansicht geltend gemacht, daß die ausgezeichneten Fälle nur Beispiele seien. Allein eine solche Behandlung der Spezialvollmacht entzieht andererseits dem Institute einen beträchtlichen Theil seines praktischen Werthes. Von Bedeutung ist ingleichen, daß, da die künftige Gestaltung der Verhältnisse sich nicht übersehen läßt, der Vollmachtgeber vielfach genöthigt ist, die Vollmacht auf die ausgezeichneten Rechtsgeschäfte zu erstrecken und daß diese

Ablehnung des Institutes der Spezialvollmacht.

*) Vergl. preuß. A. L. R. I, 13 §§ 99—108, code civil Art. 1988, 1989 Satz 2, sächs. G. B. § 1306, bayr. Entw. Th. II Art. 690, hess. Entw. Abth. IV, 2 Art. 270, dresd. Entw. Art. 691, österr. G. B. § 1008, schweiz. Gesetz Art. 394 Abs. 2.

Erstreckung im Verkehre sogar die Regel bildet, da sie fast allenthalben in die Vollmachtsformulare übergegangen ist. Der Zweck, den das Institut verfolgt, ist durch diese Gepflogenheit wesentlich beeinträchtigt. Außerdem läuft Mancher, der ohne nähere Ueberlegung ein solches Vollmachtsformular vollzieht, Gefahr, Machtbefugnisse zu seinem Schaden zu ertheilen, deren Ertheilung ihm vollständig fern lag. Endlich leidet, soweit es mit der Prüfung der zu ertheilenden Vollmacht ernst genommen wird und eine Erstreckung auf die ausgezeichneten Geschäfte nicht erfolgt, der Verkehr. Dies erhellt zur Genüge aus einer großen Zahl neuer Gesetze, welche mehr oder weniger von dem Bestreben geleitet sind, den gewillkürten Vertreter nach Innen in der einen oder anderen Richtung zu beschränken, dagegen im Interesse des Verkehres nach Außen von jeder Beschränkung zu befreien. Den Uebelständen läßt sich auch nicht in der einen oder anderen Weise mit Erfolg begegnen. Insbesondere versagt die Abhülfe, für gewisse Rechtsgeschäfte eine Spezialvollmacht nur im Zweifel als nöthig hinzustellen und so die Ermittelung der wirklichen Absicht des Vollmachtgebers unter Würdigung aller Umstände zu sichern. Durch eine solche Gestaltung würden die Vortheile des Institutes nahezu verloren gehen. Eine andere Abhülfe könnte gesucht werden in der Beschränkung des Erfordernisses der Spezialvollmacht auf die Generalvollmacht im engeren Sinne, d. h. auf die Fälle, in welchen Jemand einen Anderen mit seiner generellen Vertretung auf dem vermögensrechtlichen Gebiete betraut oder ihn zum Verwalter seines ganzen Vermögens oder eines bestimmten Theiles desselben cum libera potestate u. s. w. ernennt. Allein auf diesem Gebiete läßt sich ein Bedürfniß für das Institut am wenigsten anerkennen. Es sind dies Fälle, in welchen das Interesse des Vollmachtgebers diesen selbst nöthigt, keinen Zweifel darüber zu lassen, wie weit die Machtbefugnisse des Bevollmächtigten reichen sollen. Beruft Jemand einen solchen allgemeinen Vertreter, so hat er sich vorzusehen, und es kann billigerweise von ihm verlangt werden, daß er das Erforderliche vorkehrt, wenn er den Abschluß einzelner Rechtsgeschäfte dem Vertreter nicht gestatten will. Wollte übrigens das Gesetz durch eine besondere Bestimmung für diese Fälle eingreifen, so würde großes Maß zu halten sein und zwar in dem Grade, daß mit der Bestimmung nur wenig erreicht würde.

Substitutionsbefugniß.

Eine den Umfang der Vollmacht betreffende Einzelfrage ist, inwieweit ein Bevollmächtigter sich in der Lage befindet, einen Dritten als Vollmachtsträger zu substituiren. Reicht die Vollmacht im einzelnen Falle so weit und macht der Bevollmächtigte von der Substitutionsbefugniß dergestalt Gebrauch, daß er im Namen des Vollmachtgebers den Dritten zu dessen Bevollmächtigten bestellt, so ist der Dritte unmittelbarer Bevollmächtigter des Vollmachtgebers. Das letztere ist u. A. für das Erlöschen der Vollmacht des Substituten nicht ohne Bedeutung. Ist dieser Vollmacht nicht die ausdrückliche oder stillschweigende Beschränkung gegeben, daß sie nur so lange wie die Hauptvollmacht bestehen soll, so erlischt sie nicht schon dadurch, daß die dem Substituirenden ertheilte Vollmacht widerrufen oder von diesem zurückgegeben wird*).

---

*) Ueber den Umfang der Substitutionsbefugniß des Prozeßbevollmächtigten vergl. Entsch. des Reichsgerichtes in Civils. XI Nr. 93 S. 368 f.

Das der Spezialvollmacht nahestehende mandatum ad hoc, die besondere Bevollmächtigung zu der Vornahme eines konkret bestimmten Rechtsgeschäftes, wird in §§ 2032, 2094 Abs. 2 erfordert; vergl. auch die in der Note zu Buch IV Abschn. I Tit. 1 Nr. IV unter Ziff. II 2 in Aussicht genommene Ergänzung der C. P. O. (§ 573a) sowie die in der Note zu § 1476 unter Ziff. 2 erwähnten Ergänzungen der C. P. O. (§§ 627a—627c). Mandatum ad hoc.

Sind mehrere Bevollmächtigte für die Erledigung derselben Angelegenheit bestellt, so hat die Prüfung des Falles zu ergeben, ob jeder der Bevollmächtigten für sich oder nur alle zusammen handeln können. Eine Auslegungsregel in der einen oder anderen Richtung aufzustellen, ist bei der Seltenheit des Falles kein Anlaß. Hinsichtlich der Geschäftsführung mehrerer Gesellschafter vergl. § 634. Mehrere Bevollmächtigte.

III. Die Vollmacht erlischt durch Widerruf seitens des Vollmachtgebers. Die Vollmacht ist, gleichviel auf welchem Rechtsgrunde sie beruht und zu welchem Zwecke sie ertheilt ist, jederzeit widerruflich. Auf die Widerruflichkeit kann auch nicht verzichtet werden (Abs. 1, 2; schweiz. Gesetz Art. 40 Abs. 2). Die dem Bevollmächtigten eingeräumte Machtstellung, innerhalb eines fremden Rechtskreises zu verfügen, ist eine Vertrauensstellung, die mit dem Vertrauen, auf welchem sie beruht, endigen muß (Entsch. des Reichsgerichtes in Civils. III Nr. 33 S. 186 ff.). Der Vollmachtsempfänger kommt auch durch die Vollmacht nur in die Rechtslage eines zum rechtlichen Handeln in fremdem Interesse Ermächtigten, nicht in diejenige eines Berechtigten. Außerdem würde in dem Verzichte auf den Widerruf nicht nur gegenüber dem Vertreter, sondern auch gegenüber Dritten eine Machtentäußerung liegen, die über das zulässige Maß weit hinausgehen würde. Ueber eine auf besonderen Gründen beruhende Abweichung vergl. § 640 Abs. 2. Ob und inwieweit der Vollmachtgeber dem Bevollmächtigten durch die Entziehung der Vollmacht schadensersatzpflichtig wird, bestimmt sich, wie besonderer Hervorhebung (schweiz. Gesetz Art. 40 Abs. 1) nicht bedarf, nach dem zwischen ihnen bestehenden Rechtsverhältnisse (vergl. dazu § 596 Abs. 2). Der Verzicht auf die Widerruflichkeit berechtigt an sich, weil unzulässig, zu keiner Interesseforderung; ebensowenig kann die Unwirksamkeit des Verzichtes durch die Ausbedingung einer Konventionalstrafe inhaltslos gemacht werden (§ 424). Der Widerruf der Vollmacht hat der Regel nach gegenüber dem Bevollmächtigten zu geschehen; eine öffentliche Bekanntmachung des Widerrufes genügt zu dem Ende nicht; ist der Bevollmächtigte nicht zu erreichen, so zeigt § 76 den einzuschlagenden Weg. Der Widerruf kann aber auch gegenüber demjenigen wirksam erklärt werden, mit welchem der Bevollmächtigte als Vertreter zu verhandeln ermächtigt ist; dies schon deshalb, weil der Vollmachtgeber der Geschäftsherr ist. III. Erlöschen der Vollmacht: 1. Widerruf; unverzichtbar.

Die Endigungsgründe der Vollmacht im Uebrigen bestimmen sich, abgesehen von besonderen Festsetzungen des Vollmachtgebers (zeitliche Begrenzung u. s. w.), nach dem Rechtsgrunde, auf welchem die Vollmacht beruht. Die Bevollmächtigung bringt keine unmittelbare sachliche Rechtsänderung mit sich. Die Endigungsgründe des Rechtsverhältnisses, aus dessen Anlaß und zu dessen Zwecke die Vollmacht ertheilt ist, beendigen auch die Vollmacht. Mit 2. Sonstige Erlöschungsgründe.

Rücksicht hierauf sowie zugleich in der Erwägung, daß in den weitaus meisten Fällen der ertheilten Vollmacht ein Auftrag zu Grunde liegt, ist in Abs. 3 bestimmt, daß für das Erlöschen der Vollmacht die Vorschriften über das Erlöschen des Auftrages gelten, soweit nicht aus dem Verhältnisse des Vollmachtgebers zu dem Bevollmächtigten ein Anderes sich ergiebt. Ueber eine in letzterer Hinsicht bei den im § 120 Abs. 1 und § 121 Abs. 1 behandelten Vollmachtsfällen eintretende Beschränkung vergl. S. 237—239.

Das schweiz. Gesetz hat die Erlöschungsgründe der Vollmacht selbständig geordnet (Art. 40—42). Dieselben stimmen mit den Erlöschungsgründen für den Auftrag (Art. 402, 403) bis auf zwei Abweichungen überein. Während die Vollmacht durch den Tod, eingetretene Geschäftsunfähigkeit oder den Konkurs des Vollmachtgebers oder des Bevollmächtigten schlechthin erlischt, bildet dies für den Auftrag nur die Regel; der Auftrag erlischt nicht, wenn das Gegentheil vereinbart ist oder aus der Natur des Geschäftes gefolgert werden muß. Ferner bleibt, so oft durch das Erlöschen des Auftrages eine Gefahr für das Geschäft eintritt, der Beauftragte bezw. sein Erbe oder sein Vertreter verpflichtet, so lange für die Fortführung des Geschäftes zu sorgen, bis der Auftraggeber bezw. sein Erbe oder sein Vertreter in der Lage ist, es selbst zu thun. Die strengere Behandlung der Vollmacht beruht sichtbar auf der Erwägung, daß eine Vertretung im Willen nur so lange möglich sei, als ein Wille da ist, welcher vertreten werden kann oder durch welchen die Vertretung erfolgen kann. Das zeitliche Auseinanderfallen von Vollmacht und Auftrag ist indessen da, wo die Vollmacht dem Zwecke des Auftrages dient, von so erheblichen Unzuträglichkeiten begleitet und der Regel nach den Interessen des Auftrag- und Vollmachtgebers selbst so nachtheilig, daß, auch wenn theoretische Bedenken in dieser Hinsicht obwalteten, aus praktischen Gründen Auftrag und Vollmacht in den Erlöschungsgründen gleichgestellt werden müssen. Der Entwurf hat um so weniger Anlaß, Bedenken der fraglichen Art Folge zu geben, als bereits in der C. P. O. (§§ 82, 223) hinsichtlich der Prozeßvollmacht der Standpunkt eingenommen worden ist, daß dieselbe durch den Tod des Vollmachtgebers, durch eine Veränderung in Betreff seiner Prozeßfähigkeit oder seiner gesetzlichen Vertretung nicht aufgehoben wird; vergl. außerdem H. G. B. Art. 54 Abs. 2.

3. Schutz Dritter. a) Geltendes Recht.

Die Gesetzgebungen treffen mehr oder minder Fürsorge zu Gunsten des Dritten, der nach dem Erlöschen des Auftrages und der damit verbundenen Vollmacht mit der bevollmächtigt gewesenen Person in ein Rechtsgeschäft sich eingelassen hat, ohne Kenntniß von dem Erlöschen gehabt zu haben. Sofern und solange der Bevollmächtigte für seine Person von dem Erlöschen der Vollmacht nicht unterrichtet ist, wird fast durchgängig das Vollmachtsverhältniß als fortbestehend behandelt und die unmittelbare Verpflichtung und Berechtigung des Vertretenen aus den von dem Bevollmächtigten in dieser Zeit vorgenommenen Rechtsgeschäften nur für den Fall verneint, daß der Dritte von der Erlöschungsthatsache wußte oder wissen mußte (vergl. code civil Art. 2008, 2009; sächs. G. B. § 1326; bayr. Entw. Th. II Art. 719; hess. Entw. Abth. IV, 2 Art. 297; dresd. Entw. Art. 715; schweiz. Gesetz über das Obligationenrecht Art. 44). Der Grund dieser Gestaltung liegt nahe. Würde der Fortbestand der Vollmacht verneint, so hätte der Bevollmächtigte als nicht ermächtigter Vertreter gehandelt. Der Dritte würde sich an ihn als solchen halten, und dem Bevollmächtigten könnte wiederum, da er von dem Erlöschen der Vollmacht nichts wußte, der Rückgriff gegen den Auftraggeber nicht versagt werden. Der letztere würde mithin nichts gewinnen; zwar wäre er an das in seinem Namen vorgenommene Geschäft nicht gebunden, wohl aber hätte er für das Interesse wegen dessen Nichterfüllung dem Bevollmächtigten aufzukommen, wobei noch der Bevollmächtigte in eine mißliche Lage dann gerathen könnte, wenn der Auftraggeber als zahlungsunfähig sich erweisen sollte. Verschiedene Behandlung erfährt der Fall, wenn der Bevollmächtigte den Wegfall der Vollmacht kannte, gleichwohl aber gegenüber Dritten noch als Bevollmächtigter auftrat. Der bayr. Entw. Th. II Art. 720 versagt solchenfalls dem Erlöschen der Vollmacht, ohne Rücksicht auf den Erlöschungsgrund, die Wirksamkeit gegenüber dem in Unkenntniß befindlichen Dritten dann, wenn der Vollmachtgeber dem Dritten die Bevollmächtigung selbst bekannt gegeben oder der Bevollmächtigte eine ihm ausgehändigte Vollmachtsurkunde noch im Besitz hatte. Das sächs. G. B. § 1327 läßt den Widerruf und die Rückgabe der Vollmacht gegen den gutgläubigen Dritten nicht wirken, wenn der Vollmachtgeber die öffentliche Bekanntmachung der Vollmacht nicht auf gleiche Weise widerrufen oder dem Dritten, welchem er die Bevollmächtigung angezeigt hatte oder mit welchem der Bevollmächtigte unterhandeln sollte oder mit Wissen des Vollmachtgebers in Unterhandlung stand, von dem Erlöschen keine Nachricht gegeben oder die dem Bevollmächtigten ausgestellte Vollmachtsurkunde in dessen Händen belassen hat. Aehnlich der dresd. Entw. Art. 716. Das zür. G. B. § 1184 gestattet dem Vollmachtgeber die Berufung auf den Widerruf nicht, wenn er ihn einem Dritten, mit welchem der Bevollmächtigte als „anerkannter" Stellvertreter des Vollmachtgebers in Verkehr gestanden, nicht bekannt gemacht hat. Das schweiz. Gesetz über das Obligationenrecht behandelt den Widerruf gegenüber einem gutgläubigen Dritten als unwirksam, wenn die Vollmacht ausdrücklich oder thatsächlich kundgegeben und der Widerruf nicht ebenfalls bekannt gemacht worden ist (Art. 41); hat der Vollmachtgeber eine Vollmachtsurkunde ausgestellt und für deren Einziehung keine Sorge getragen, so haftet er dem gutgläubigen Dritten für den Schaden (Art. 43). Nach franz. Rechte ist die Vollmacht gegenüber Dritten, die sich im guten Glauben mit dem Bevollmächtigten eingelassen haben, auch dann als fortbestehend anzusehen, wenn der Bevollmächtigte von dem Erlöschungsgrunde Kenntniß gehabt hatte (code civil Art. 2005, 2009). Das preuß. A. L. R. und das österr. G. B. legen darauf, ob der Bevollmächtigte die Erlöschungsthatsache kannte oder nicht kannte, gleichfalls kein besonderes Gewicht. Das österr. G. B. § 1026 erklärt schlechthin den von dem Bevollmächtigten mit einem Dritten, welchem die Aufhebung der Vollmacht ohne sein Verschulden unbekannt war, geschlossenen Vertrag in Ansehung des Vollmachtgebers für bindend. Nach dem preuß. A. L. R. wird durch ein Geschäft, welches von dem Bevollmächtigten mit einem Dritten abgeschlossen worden ist, ehe der letztere von dem Tode oder von der eingetretenen Unfähigkeit des Vollmachtgebers Wissenschaft erlangt hat, der Vollmachtgeber verpflichtet und berechtigt, auch wenn der Bevollmächtigte selbst von der betreffenden Thatsache unterrichtet gewesen ist (I, 13 § 200).

Ingleichen ist im Falle des Widerrufes ein nach demselben geschlossenes Geschäft für den Vollmachtgeber verbindlich, wenn dieser dem Bevollmächtigten die Unterhandlung mit dem Dritten besonders aufgetragen hatte oder von derselben wußte und es gleichwohl versäumte, solchem ihm bekannten Dritten den Widerruf anzuzeigen, es müßte denn der Dritte den Widerruf sonst erfahren haben (I, 13 §§ 167, 168). Ueber die hinsichtlich des Erlöschens der Prokura geltenden besonderen Grundsätze vgl. H. G. B. Art. 46.

b) Standpunkt des Entwurfes.

Die nach der gegenwärtigen Vorschrift in Ansehung des Erlöschens der Vollmacht der Regel nach maßgebenden Grundsätze vom Auftrage ergeben folgende Gestaltung:

1. Gemäß § 603 wird ein Auftrag, wenn derselbe aus einem anderen Grunde als durch einen nicht bedingten Widerruf erlischt, hinsichtlich der dem Beauftragten zukommenden Rechte so lange als fortbestehend angesehen, bis der Beauftragte von der das Erlöschen bewirkenden Thatsache Kenntniß erlangt hat oder hätte erlangen müssen. Die Uebertragung dieser Vorschrift auf die Bevollmächtigung bringt mit sich, daß ein Bevollmächtigter, so lange er das Erlöschen der Vollmacht weder kannte noch kennen mußte, im Namen des Vollmachtgebers gültig handelt, es sei denn, daß das Erlöschen auf einem nicht bedingten Widerrufe beruht, in welchem letzteren Falle das Wirksamwerden des Widerrufes (§ 74 Abs. 1, §§ 75, 76) dem gültigen Handeln des Bevollmächtigten ein Ziel setzt. Dem praktischen Bedürfnisse geschieht damit insoweit Genüge. Kein Gewicht ist darauf zu legen, ob der betheiligte Dritte zur Zeit der Vornahme des Geschäftes von dem Eintritte der Erlöschungsthatsache unterrichtet war oder nicht. Wenn die Mehrzahl der Gesetze bei Kenntniß des Dritten das Geschäft gegenüber dem Vertretenen für unwirksam erklärt, so liegt darin eine Durchbrechung der Annahme des Fortbestandes der Vollmacht, für welche es, abgesehen davon, daß sie eine gefügige Handhabe zu Chikanen und Streitigkeiten bietet, an zureichenden Gründen gebricht.

2. Ist von dem Bevollmächtigten im Namen des Vollmachtgebers gehandelt worden, nachdem ein nicht bedingter Widerruf wirksam geworden ist oder nachdem der Bevollmächtigte von einer das Erlöschen der Vollmacht sonst bewirkenden Thatsache Kenntniß hatte oder haben mußte, so wird der Vertreter, von den besonderen Fällen des § 599 Abs. 2, des § 601 Abs. 2 und des § 602 Satz 2 abgesehen, durch die Handlung des Vertreters nicht gebunden. Die Rechtslage für den Dritten ist mithin die, daß er sich mit einem nicht ermächtigten Vertreter (§§ 123—125) eingelassen hat. Die Geneigtheit der Gesetzgebungen, den Vollmachtgeber auch in solchen Fällen zu Gunsten des Dritten, der das Erlöschen der Vollmacht weder kannte noch kennen mußte, zu binden, hat nur eine beschränkte Berechtigung. Der Schutz des guten Glaubens ist kein allgemeines Rechtsprinzip, sondern eine Ausnahme von den allgemeinen Grundsätzen, die nur insoweit gerechtfertigt ist, als sie durch dringende Gründe praktischer Zweckmäßigkeit geboten wird. Anlaß, dem Dritten zu Hülfe zu kommen, liegt nur vor, wenn er für sein Vertrauen auf den Fortbestand der Vollmacht einen besonderen Anhalt hatte. Ein derartiger Anhalt ist geboten, wenn die Ertheilung der Vollmacht an den Bevollmächtigten dem Dritten durch den Vollmachtgeber besonders kundgegeben worden ist, sonst nicht. Der

Umstand, daß dem Bevollmächtigten eine bestimmte Person als Kontrahent bezeichnet war oder der Vollmachtgeber Kenntniß davon hatte, daß der Bevollmächtigte mit einer bestimmten Person in Verhandlung getreten war, reicht allein nicht hin, dem Vollmachtgeber eine Benachrichtigungspflicht unter dem Rechtsnachtheile der ferneren Bindung aufzuerlegen. Erforderlich ist sonach, daß die Voraussetzungen des § 120 Abs. 1 oder des § 121 Abs. 1 vorhanden sind (vergl. hierzu die Vorschriften in § 120 Abs. 2 und in § 121 Abs. 4).

Für die seltenen Fälle, in welchen das Erlöschen der Vollmacht nicht nach den Grundsätzen vom Auftrage sich bestimmt, ist eine über die maßgebenden bezüglichen Vorschriften hinausgehende Fürsorge im Interesse Dritter, vorbehaltlich der Bestimmungen in § 120 Abs. 2 und in § 121 Abs. 4, nicht geboten.

§§ 120, 121.

IV. Selbständige Bevollmächtigung Dritten gegenüber. 1. Besondere Mittheilung oder öffentliche Bekanntmachung.

Hat Jemand die Vollmachtsertheilung durch besondere Mittheilung oder durch öffentliche Bekanntmachung Dritten kundgegeben, so liegt nach der Auffassung des Lebens wie nach der vernünftiger Weise anzunehmenden Absicht des Vollmachtgebers in dieser Kundgebung — erstenfalls gegenüber dem besonders benachrichtigten Dritten, letztenfalls gegenüber jedem Dritten, welcher mit der als bevollmächtigt bezeichneten Person in Verkehr tritt oder welchem gegenüber diese die Rechtsgeschäfte vornimmt — nicht blos ein Hinweis auf die Thatsache der Bevollmächtigung, sondern die Erklärung, daß der Dritte sich darauf verlassen kann, daß die betreffende Person Vertretungsmacht habe. Die Rechtsfolge dieser Erklärung darf, soll dem praktischen Bedürfnisse Genüge geschehen, nicht darauf sich beschränken, daß, wenn nachträglich die Ungültigkeit der Vollmachtsertheilung wegen Willensmängel u. s. w. sich herausstellt, oder wenn die Vollmacht in engeren Grenzen gehalten ist, als der Kundgebung zu entnehmen war, der Vollmachtgeber dem Dritten obligatorisch verpflichtet wird, sich so behandeln zu lassen, als habe der Vertreter Vollmacht gehabt bezw. in dem Umfange gehabt, welcher der Kundgebung entspricht. Der Verkehr erfordert vielmehr, daß diejenige Rechtslage schlechthin eintritt, welche sich ergeben würde, wenn der Kundgebung die Bedeutung einer für sich bestehenden Vollmachtsertheilung innewohnte. Eine solche für sich bestehende Vollmachtsertheilung ist nicht minder dann anzunehmen, wenn, ohne daß eine Vollmachtsertheilung an die Person, welche als Vertreter in Aussicht genommen ist, vorausgegangen ist, eine Kundgebung an den Dritten, mit welchem ein Rechtsgeschäft eingegangen werden soll, oder überhaupt an Dritte dahin erfolgt, daß die Person Vollmacht habe bezw. haben solle. Nach allgemeinen Grundsätzen steht nichts entgegen, daß die Ermächtigung zur Vertretung auch in dieser Weise wirksam ertheilt wird. Umfang und Bestand einer derartigen Ermächtigung können sichtbar durch die etwa nachträglich gegenüber dem Bevollmächtigten gemachten Einschränkungen u. s. w. nicht berührt werden. Demgemäß ist in § 120 Abs. 1 bestimmt, daß die bezeichnete Kundgebung in dem einen wie in dem anderen Falle gegenüber dem betheiligten Dritten als eine selbständige Bevollmächtigung zu gelten habe. Vergl. preuß. A. L. R. I, 13 § 147.

2. Ausstellung einer Vollmachtsurkunde.

Der Kundgebung durch besondere Mittheilung oder durch öffentliche Bekanntmachung ist hinsichtlich der daran geknüpften rechtlichen Wirkungen der Fall gleichgestellt, daß der Vollmachtgeber dem Bevollmächtigten zum Nachweise der Bevollmächtigung eine Vollmachtsurkunde ausgestellt und der Bevollmächtigte dieselbe einem Dritten vorgelegt hat (§ 121 Abs. 1). Gegen die Gleichstellung scheint zu sprechen, daß die Bevollmächtigung der Regel nach mit der Ueberlieferung der Vollmachtsurkunde an den Bevollmächtigten in einem Rechtsakte sich vollzieht und daß der einheitliche Akt nur eine einheitliche Beurtheilung zulasse. Allein einmal ist das Zusammenfallen der beiden Vorgänge nicht nothwendig, und sodann kommt, selbst wenn dies zutrifft, in Betracht, daß gegenüber dem Bevollmächtigten die Bevollmächtigung deshalb hinfällig sein kann, weil derselbe von einem unterlaufenden Willensmangel oder Betruge Kenntniß gehabt hat, während der Dritte, welcher mit ihm auf Grund der Urkunde sich eingelassen hat, jenen Umstand weder kannte noch kennen mußte. Der Dritte muß solchenfalls geschützt werden. Es zeigt sich hier augenfällig die besondere Bedeutung der Ueberlieferung einer Vollmachtsurkunde und ergiebt sich zugleich, daß darin eine Art von einer durch den Vollmachtgeber eingeleiteten und ihm zuzurechnenden Kundgebung der Bevollmächtigung liegt. Leiden beide Akte, jeder für sich betrachtet, an gleichen, die Ungültigkeit nach sich ziehenden Mängeln, so sind selbstredend auch beide hinfällig.

Die Behandlung der nach Maßgabe des § 120 Abs. 1 oder des § 121 Abs. 1 bewirkten Kundgebung der Vollmachtsertheilung als selbständige Bevollmächtigung ist nicht nur für die Beurtheilung der Gültigkeit und des Umfanges, sondern in gewisser Hinsicht auch für das Erlöschen der Vollmacht gegenüber dem Dritten, an welchen die Kundgebung erfolgt ist, von Bedeutung. Der Grundsatz, daß die Vollmacht endigt, wenn sie nach dem ihr zu Grunde liegenden Rechtsverhältnisse nicht mehr bestehen soll oder kann, kommt nur insoweit zur Geltung, als das Rechtsverhältniß bei der Kundgebung in Bezug genommen worden ist. Ist dies nicht geschehen, so ist der Bestand der Vollmacht gegenüber dem Dritten von dem Rechtsgrunde unabhängig. Die Unterstellung einer stillschweigenden Verweisung auf den Rechtsgrund würde in mehr als einer Hinsicht bedenklich und gefährlich sein. Die darnach erforderliche besondere Regelung des Erlöschens der Vollmacht erfolgt, da fast immer ein Auftrag zu Grunde liegen wird, am angemessensten im Anschlusse an die Grundsätze über das Erlöschen des Auftrages, so daß die Vorschrift des § 119 Abs. 3 auch hier Platz greift. Nur entfällt selbstverständlich die derselben beigefügte, auf ein abweichendes Rechtsverhältniß zwischen Vollmachtgeber und Bevollmächtigten hinweisende Beschränkung. Eine Abweichung von den Grundsätzen über den Auftrag findet vielmehr nur insoweit statt, als dies der Kundgebung zu entnehmen ist.

Sonstige besondere Grundsätze für diese Fälle.

Ist die gegenüber dem Dritten erfolgte Kundgebung der Vollmachtsertheilung als eine selbständige Bevollmächtigung aufzufassen, so ist dieselbe doch immer eine Bevollmächtigung des Bevollmächtigten, und die in der Regel nach den Grundsätzen vom Auftrage sich bestimmenden Erlöschungsthatsachen vollziehen sich, abgesehen von dem Widerrufe, welcher auch dem Dritten unmittelbar erklärt werden kann (vergl. S. 233, 234), zwischen dem Vollmachtgeber und dem Bevollmächtigten. Der Kundgebung der Bevollmächtigung an den Dritten ist aber in dieser Hinsicht (vergl. S. 236) die weitere Bedeutung beizulegen, daß der dem Bevollmächtigten erklärte Widerruf sowie die seitens des letzteren erfolgte Niederlegung der Vollmacht gegenüber dem Dritten nur dann wirksam sein darf, wenn der Widerruf bezw. die Niederlegung der Vollmacht diesem in derselben Weise, wie seinerzeit die Vollmachtsertheilung, kundgegeben worden ist, es wäre denn, daß der Dritte sonst schon Kenntniß von dem betreffenden Vorgange erlangt hätte oder erlangt haben müßte. Bezüglich der übrigen Erlöschungsthatsachen kann von einer gleichen Vorsorge Abstand genommen werden, da im praktischen Leben ein Bedürfniß in dieser Richtung nicht hervorgetreten ist. Der Vollmachtgeber hat demgemäß, wenn er die Bevollmächtigung dem Dritten besonders angezeigt hat, diesem den Widerruf bezw. die Kündigung ebenso anzuzeigen. Hat eine öffentliche Bekanntmachung der Vollmachtsertheilung stattgefunden, so ist der Widerruf oder die Kündigung gleichfalls öffentlich bekannt zu machen (§ 120 Abs. 2). Die Wirksamkeit der Bekanntmachung im letzteren Falle dahin zu beschränken, daß sie gegen denjenigen nicht wirkt, welcher von der Bekanntmachung Kenntniß weder hatte noch haben mußte (H. G. B. Art. 46 Abs. 2), geht zu weit. Eine solche Vorschrift entbehrt der inneren Rechtfertigung und bedroht die Rechtssicherheit. Für den seltenen Fall, daß Jemand gleichzeitig mit der Bekanntmachung oder doch in so kurzer Frist nach derselben mit dem Vertreter in ein Rechtsgeschäft sich einläßt, daß er Kenntniß von der Bekanntmachung nicht haben konnte, braucht nicht besonders vorgesorgt zu werden. Die Umstände werden solchenfalls der Regel nach ohne Weiteres ergeben, daß eine wirkliche öffentliche Bekanntmachung überhaupt noch nicht vorliegt. Hat der Vollmachtgeber den Bevollmächtigten mit einer Vollmachtsurkunde ausgerüstet, so entspricht dem Erfordernisse der gleichartigen Kundgebung des Erlöschens der Vollmacht die Rücknahme der Urkunde (§ 121 Abs. 4). Uebrigens genügt zur Anwendung des § 121 Abs. 4, daß der Bevollmächtigte die Urkunde dem Dritten überhaupt vorgelegt hat; nicht nöthig ist die Wiederholung der Vorlegung bei dem Abschlusse etwaiger späterer Rechtsgeschäfte.

a) Schutz bei Erlöschen der Vollmacht.

Die Verpflichtung des Bevollmächtigten zur Rückgabe der Vollmachtsurkunde ist eine unbedingte; jede Zurückbehaltungsbefugniß ist ausgeschlossen (§ 121 Abs. 2). Die Urkunde ist zum Zwecke des Nachweises der Vollmacht gegeben, und mit dem Erlöschen des Vollmachtsverhältnisses erledigt sich der Zweck. Zur Gestattung der öffentlichen Hinterlegung der Urkunde (schweiz. Gesetz Art. 43 Abs. 1; bayr. Entw. Th. II Art. 718) liegt kein Grund vor. Insbesondere kann nicht maßgebend sein, daß der Bevollmächtigte möglicherweise ein Interesse daran hat, auch nach Aufhebung des Verhältnisses einen Nachweis über Bestand und Umfang der ihm ertheilt gewesenen Vollmacht in den Händen zu behalten (vergl. Entsch. des Reichsgerichtes in Civils. III Nr. 53 S. 186 f.). Scheitert die Rückerlangung an irgend einem Umstande, sei es daß die Urkunde verloren gegangen oder von dem Bevollmächtigten nicht zu erlangen ist, so muß dem Vollmachtgeber ein Mittel zu Gebote stehen, dem Mißbrauche der Vollmachtsurkunde auf andere Weise vorzubeugen. Demgemäß ist im § 121 Abs. 3 eine besondere Kraftloserklärung der Vollmachtsurkunde nachgelassen. Bei der Regelung des betreffenden Verfahrens ist das Bestreben

b) Verpflichtung zur Rückgabe der Vollmachtsurkunde.

c) Kraftloserklärung der Vollmachtsurkunde.

leitend gewesen, die Kraftloserklärung nicht nur, soweit angängig, thunlichst zu erleichtern, sondern ihr auch eine durchgreifende, von der Kenntniß oder Nichtkenntniß Dritter absehende Wirkung beizulegen. Die Kraftloserklärung steht der Rücknahme der Urkunde im Sinne des § 121 Abs. 4 gleich.

Die Vorschriften des § 120 Abs. 2 und des § 121 Abs. 4 kommen nur demjenigen zu statten, welcher mit der bevollmächtigt gewesenen Person unmittelbar in Verkehr getreten ist, bezw. welchem gegenüber dieselbe ein Rechtsgeschäft vorgenommen hat. Ist ein solcher Dritter bei der Vornahme des Rechtsgeschäftes von dem Erlöschen der Vollmacht unterrichtet gewesen, hat mithin ihm gegenüber die Vollmacht keine Geltung mehr gehabt, so können andere Personen, welche mit diesem in Rechtsgeschäfte sich einlassen, deren Wirksamkeit von dem Bestande der Vollmacht zur Zeit jenes Rechtsgeschäftes abhängig ist, sich nicht darauf berufen, daß sie ihrerseits auf den Bestand der Vollmacht vertraut haben.

§ 122.

In Vollmacht vorgenommene einseitige Rechtsgeschäfte.

Nimmt Jemand ein einseitiges Rechtsgeschäft, dessen Wirksamkeit davon abhängt, daß es gegenüber einem Betheiligten vorgenommen wird (Kündigung, Mahnung u. s. w.), als Bevollmächtigter im Namen eines Anderen vor, ohne über die ertheilte Vollmacht sich auszuweisen, so geräth der Betheiligte insofern in eine ungünstige Lage, als er keine Gewißheit darüber hat, ob das Rechtsgeschäft von einem wirklichen Bevollmächtigten ausgeht und der Vertretene dasselbe gegen bezw. für sich gelten lassen muß. Es erscheint angemessen, dem Dritten dadurch zu Hülfe zu kommen, daß ihm das Recht gegeben wird, ein ohne Vorlegung einer Vollmachtsurkunde ihm gegenüber vorgenommenes einseitiges Rechtsgeschäft der fraglichen Art sofort bei der Vornahme oder doch, soviel insbesondere die Geschäfte unter Abwesenden anlangt, ohne schuldhaftes Zögern nach der Vornahme wegen mangelnden Nachweises der Vollmacht zurückzuweisen (vergl. preuß. A. L. R. I, 13 §§ 91, 140, 141). Ueber eine ähnliche Gestaltung vergl. §§ 308, 511, 1118. Die Vorschrift entspricht einer billigen Rücksichtnahme, während andererseits von derselben eine Beengung des Verkehres und namentlich eine Erschwerung der Erledigung der Geschäfte durch Vermittelung von Rechtsanwälten kaum zu besorgen steht.

§§ 123—125.

C. Vertretung ohne Vertretungsmacht. Statthaftigkeit einer solchen.

Das Verkehrsbedürfniß nöthigt, zu gestatten, daß auch durch einen nicht ermächtigten Vertreter für einen Anderen mit rechtlichem Erfolge gehandelt werden kann. Die Möglichkeit, daß derjenige, welcher einer fremden Angelegenheit sich annehmen will, als Zwischenperson in eigenem Namen auftreten kann, genügt nicht. Bliebe dem zur Geschäftsführung Bereiten nichts übrig, als das Geschäft auf den eigenen Namen zu stellen, so würde die Besorgung fremder Angelegenheiten vielfach unterlassen werden, wo sie den Betheiligten von Nutzen und dem Verkehre förderlich ist. Abgesehen von den Fällen, in welchen nach der Natur des Rechtsverhältnisses nur im Namen des Geschäftsherrn gehandelt werden kann, liegen die Verhältnisse häufig so, daß der Dritte im Vertrauen auf die Leistungsfähigkeit des Geschäftsherrn geneigt ist, mit diesem, nicht aber mit dem Geschäftsführer in Rechtsbeziehungen zu treten, oder daß andererseits der letztere nicht gewillt ist, sich selbst zu verpflichten. Es muß deshalb zugelassen werden, daß der auf die Aneignung eines von Jemand im Namen eines Anderen vorgenommenen Rechtsgeschäftes gerichtete Wille, welcher durch Ertheilung der Vollmacht vor der Vornahme des Rechtsgeschäftes erklärt wird, auch nach der Vornahme durch die Genehmigung des Rechtsgeschäftes wirksam erklärt werden kann.

Behandlung im geltenden Rechte.

Die Gesetzgebungen befassen sich der Mehrzahl nach nur wenig mit der Vornahme von Rechtsgeschäften durch einen nicht ermächtigten Vertreter. Das preuß. A. L. R. giebt I, 13 §§ 142—146 einige Bestimmungen über die Verpflichtung des Machtgebers durch hinzukommende Genehmigung bei Ueberschreitung des Vollmachtsauftrages: die Handlungen werden durch die nachfolgende Genehmigung gültig; Zueignung der Vortheile steht der ausdrücklichen Genehmigung gleich; der Machtgeber ist gegenüber dem Bevollmächtigten und gegenüber dem Dritten zur alsbaldigen Erklärung verpflichtet (vergl. ferner code civil Art. 1998 Abs. 2, 1338 Abs. 3, sächs. G. B. §§ 789, 1340, bayr. Entw. Th. II Art. 752, hess. Entw. Abth. IV, 2 Art. 359). Eine eingehendere Regelung findet sich in dem dresd. Entw. Art. 88, 89, dem zür. G. B. §§ 950, 952—954 und in dem schweiz. Gesetz über das Obligationenrecht Art. 46 bis 49. Im Allgemeinen halten die Gesetzgebungen an dem Satze der l. 12 § 4 D. de sol. 46, 3: ratihabitio mandato aequiparatur fest.

I. Verträge.

Die vornehmlich in Betracht kommenden Fälle, daß ein nicht ermächtigter Vertreter im Namen eines Anderen einen **Vertrag** abschließt, bedürfen einer gesonderten Betrachtung, je nachdem der Vertreter bei der Schließung des Vertrages ausdrücklich oder stillschweigend kundgegeben hat, daß er ohne Vertretungsmacht sei, oder diese Kundgebung unterlassen hat.

1. Abschluß unter Kundgebung des Vertretungsmangels.

1. Der von einem nicht ermächtigten Vertreter **unter Kundgebung** des Mangels der Vertretungsmacht geschlossene Vertrag wird von dem Entwurfe im Wesentlichen den gleichen Grundsätzen unterstellt, denen ein von einem in der Geschäftsfähigkeit beschränkten Minderjährigen ohne Einwilligung des gesetzlichen Vertreters eingegangener Vertrag untersteht (§ 65 Abs. 3—5, § 127 Abs. 1, 2, 4). Die thatsächlichen und rechtlichen Gesichtspunkte sind für beide Fälle in der Hauptsache dieselben (vergl. S. 134 ff.). Der Vertrag steht bis zur Ertheilung oder Verweigerung der Genehmigung seitens des Vertretenen dergestalt, daß der andere Vertragschließende seine Erklärung weder einseitig noch mit Zustimmung des Vertreters zurücknehmen kann (§ 123 Abs. 1, 2). Die Genehmigung ist die Gesetzesbedingung für die Wirksamkeit des Vertrages. Die Genehmigung ist demgemäß auch formfrei (§ 127 Abs. 2 Satz 2); es genügt, wenn die für das Rechtsgeschäft vorgeschriebene Form bei dessen Vornahme gewahrt ist. Die Ertheilung und die Verweigerung der Genehmigung kann sowohl dem anderen Vertragschließenden als dem Vertreter gegenüber erfolgen; sie kann eine ausdrückliche oder eine stillschweigende sein (§ 127 Abs. 1, Abs. 2 Satz 1). Der Verweigerung der Genehmigung steht es gleich, wenn dem anderen Vertragschließenden auf seine Aufforderung hin,

Die Wirksamkeit hängt von der Genehmigung des Vertretenen ab.

über die Ertheilung oder Verweigerung der Genehmigung sich zu erklären, innerhalb einer zweiwöchigen Frist eine bestimmte Erklärung nicht zukommt. Die Genehmigung oder deren Verweigerung ist nach ergangener Aufforderung gegenüber dem anderen Vertragschließenden zu erklären und die bezügliche Erklärung muß eine ausdrückliche sein (§ 123 Abs. 3). Die Vorschrift des § 65 Abs. 3, daß die Genehmigung und deren Verweigerung überhaupt nur gegenüber dem anderen Vertragschließenden, also auch ohne die besondere Aufforderung seitens desselben, wirksam ausgesprochen werden könne, beruht auf Gründen, die hier nicht zutreffen. Der Vertreter steht dem Vertretenen selbständig gegenüber und hat ein wesentliches Interesse daran, daß die Entscheidung des Vertretenen über die Anerkennung oder Ablehnung des Vertrages, so lange der andere Vertragschließende nicht selbständig vorgegangen ist, auch ihm gegenüber wirksam erfolgen kann. Die Aufforderung zur Erklärung ist von dem anderen Vertragschließenden an den Vertretenen zu richten. Auch wenn der letztere noch keine Kenntniß von dem geschlossenen Vertrage hat, bietet ihm die zweiwöchige Frist hinreichende Zeit, die erforderliche Entschließung zu treffen und kundzugeben. Würde gestattet, die Aufforderung auch an den Vertreter zu stellen, so käme dieser, in Widerspruch mit § 123 Abs. 2, in die Lage, dem anderen Vertragschließenden den Rücktritt zu ermöglichen; er brauchte nur die erhaltene Aufforderung dem Vertretenen zu verschweigen. Ist die Genehmigung einmal ertheilt oder verweigert, so bewendet es dabei; mit der Genehmigung wird der Vertrag wirksam, mit der Verweigerung der Genehmigung unwirksam. Hat der Vertretene vor der seitens des anderen Vertragschließenden ergangenen Aufforderung den Vertrag gegenüber dem Vertreter genehmigt, so bleibt der Vertrag wirksam, auch wenn der Vertretene später auf die Aufforderung hin sich nicht erklärt; das Schweigen des Vertretenen kann die nach § 123 Abs. 3 an dasselbe an sich geknüpfte Folge nicht mehr haben. Der Genehmigung ist des Weiteren nicht die Bedeutung beigelegt, daß die rechtlichen Wirkungen des Vertrages erst mit der Ertheilung der Genehmigung eintreten, die Parteien aber verpflichtet sind, sich so zu behandeln, als seien die Wirkungen bereits mit dem Vertragsabschlusse eingetreten. Eine solche Gestaltung entspräche zwar im Wesentlichen den für rechtsgeschäftliche Bedingungen aufgestellten Grundsätzen (§§ 128, 130), würde aber weder der Absicht der Parteien noch den Bedürfnissen des Verkehres gerecht. Die Ertheilung der Genehmigung muß vielmehr die Folge haben, daß der Vertrag sowohl unter den Parteien wie Dritten gegenüber so behandelt wird, als habe der Vertreter zur Zeit der Schließung desselben Vertretungsmacht gehabt. Die Genehmigung hat mithin rückwirkende Kraft — unbeschadet derjenigen Rechte, welche ein Dritter vor der Genehmigung durch eine Verfügung des Vertretenen oder im Wege einer gegen diesen erwirkten Zwangsvollstreckung oder Arrestvollziehung an dem Gegenstande des Vertrages erworben hat (§ 127 Abs. 4). Einer besonderen Vorschrift, daß der Vertretene den Vertrag nicht theilweise genehmigen kann (dresd. Entw. Art. 88 Abs. 2), bedarf es nicht; solchenfalls würde ein anderes Geschäft genehmigt, als zur Genehmigung verstellt ist. Zur Vermeidung von Zweifeln ist in § 123 Abs. 4 noch besonders hervorgehoben, daß, wenn der Vertretene stirbt, ohne sich über die Ertheilung oder Verweigerung

Die Genehmigung hat rückwirkende Kraft.

der Genehmigung erklärt zu haben, die durch den Abschluß des Vertrages geschaffene Rechtslage keine Aenderung erfährt (vergl. § 132).

2. Abschluß ohne Kundgebung der Vertretungsmacht.

2. Der Fall, daß ein nicht ermächtigter Vertreter ohne Kundgebung des Mangels der Vertretungsmacht einen Vertrag schließt, kann entweder so liegen, daß der Betreffende dem wirklichen Sachverhalte zuwider ausdrücklich erklärt hat, die erforderliche Vertretungsmacht zu besitzen, oder so, daß derselbe ohne jede weitere Auslassung im Namen des Anderen handelnd aufgetreten ist. Nach der Anschauung des Verkehres liegt in dem Auftreten im Namen eines Anderen schon an sich die Behauptung, Vertretungsmacht zu besitzen; der Unterschied ist daher nur, daß in dem einen Falle eine ausdrückliche, in dem anderen eine stillschweigende Behauptung des Zustehens der Vertretungsmacht vorliegt. Im Allgemeinen haben, soviel das Verhältniß des anderen Vertragschließenden zu dem Vertretenen anlangt, die unter Ziffer 1 entwickelten Grundsätze auch hier Platz zu greifen; im Besonderen ist der Vertrag genehmigungsfähig. Dagegen kommt hinzu:

Es gilt das Gleiche wie zu 1, aber

a) der andere Vertragschließende hat ein Rücktrittsrecht,

a) Wenn Jemand offen erklärt, Vertretungsmacht nicht zu besitzen und ein Dritter sich gleichwohl mit ihm als Vertreter einläßt, so ist die Annahme gerechtfertigt, der Dritte habe sich bereit erklärt, so lange gebunden zu bleiben, bis der Vertretene die Genehmigung ertheilt oder versagt habe. Tritt dagegen Jemand unter Verschweigung des Mangels der Vertretungsmacht als Vertreter auf, so fehlt es auf Seiten des Dritten, welcher Kenntniß von dem Mangel nicht hat, für jene Annahme an einem zureichenden Grunde; im Gegentheile wird die Regel die sein, daß der Dritte zur Eingehung des Vertrages sich nur deshalb verstand, weil er an das Vorhandensein der Vertretungsmacht glaubte und voraussetzte, daß der Vertrag mit dem Vertretenen sofort und bedingungslos zu Stande komme. Dem in seiner Voraussetzung Getäuschten muß billigerweise das Recht zugestanden werden, von dem Vertrage zurückzutreten. Der Rücktritt kann sowohl gegenüber dem Vertreter als gegenüber dem Vertretenen erklärt werden. Dem Rücktrittsrechte darf jedoch unbedenklich die Schranke gesetzt werden, daß dasselbe nicht mehr ausgeübt werden kann, sobald der Vertretene den Vertrag genehmigt hat; mit der Genehmigung ist derjenige Rechtszustand verwirklicht, den der andere Vertragschließende durch die Schließung des Vertrages anstrebte (§ 124). Wenn in Ansehung der Verträge Minderjähriger dem anderen Vertragschließenden ein solches Rücktrittsrecht für den Fall, daß der Minderjährige sich für volljährig ausgegeben oder die Ertheilung der Einwilligung seitens des gesetzlichen Vertreters unrichtigerweise behauptet hat, nicht eingeräumt worden ist, so gründet sich dies in einer besonderen Rücksichtnahme auf die Stellung der Minderjährigen.

b) bei Versagung der Genehmigung haftet der Vertreter persönlich (Erfüllung oder Schadensersatz).

b) Kommt der Vertrag infolge der Versagung der Genehmigung seitens des Vertretenen zu Falle, so hat der Vertreter persönlich einzustehen. Theoretisch mag Manches dafür sprechen, soweit nicht Betrug vorliegt, auf die culpa in contrahendo abzustellen und die Haftung des Vertreters auf das sog. negative Interesse, d. h. auf den Ersatz desjenigen zu beschränken, was der Dritte gehabt haben würde, wenn ihm die Aussicht auf das Zustandekommen des Vertrages nicht eröffnet worden wäre (vergl. preuß. A. L. R. I, 13 §§ 9, 96, 128, 171; Entsch. des Reichsgerichtes in Civils. VI Nr. 72 S. 258 ff.). Dem Verkehrsinteresse wird indessen damit nicht genügende Rechnung getragen. Der Verkehr erfordert, daß Jeder, der als ermächtigter Vertreter auftritt, ohne Rücksicht darauf, ob ihn eine Fahrlässigkeit trifft, voll dafür einzustehen habe, daß die Vertretungsmacht vorhanden sei oder doch die Genehmigung des Vertretenen nachträglich hinzutrete. Es kann daher für die Haftpflicht des Vertreters, der den Mangel der Vertretungsmacht kundzugeben unterlassen hat, keinen Unterschied machen, ob derselbe bewußt als nichtermächtigter Vertreter gehandelt hat oder ob er, was der Regel nach der Fall sein wird, über das Vorhandensein der Vertretungsmacht bezw. über den Umfang einer vorhandenen Vertretungsmacht sich im Irrthume befunden hat. Desgleichen ist die Haftung des Vertreters jedenfalls auf das positive Interesse, das Erfüllungsinteresse, zu erstrecken. Die W. O. Art. 95 Abs. 1 läßt denjenigen, der eine Wechselerklärung als Bevollmächtigter eines Anderen unterzeichnet, ohne dazu Vollmacht zu haben, persönlich in gleicher Weise haften, wie der angebliche Machtgeber gehaftet haben würde, wenn die Vollmacht ertheilt gewesen wäre. Das H. G. B. Art. 55, 298 Abs. 2 erklärt gleichfalls den nicht ermächtigten Vertreter für persönlich verhaftet und giebt, ebenso wie das sächs. G. B. § 789 und der dresd. Entw. Art. 89, dem Dritten die Wahl, Schadensersatz oder Erfüllung zu verlangen (vergl. dazu Entsch. des Reichsgerichtes in Civils. VI Nr. 60 S. 214 ff.). Der Entwurf (§ 125 Abs. 1) schließt sich dem H. G. B. an. Dem anderen Vertragschließenden nur das Recht auf Erfüllung zuzusprechen, erscheint nicht angemessen, weil, wenn auch das Recht auf Erfüllung das Recht auf das Erfüllungsinteresse in sich schließt, dem anderen Vertragschließenden doch an dem Schadensersatze wegen Nichterfüllung unter Umständen ungleich mehr liegen kann, als an der Erfüllung. Die Haftung des Vertreters fällt (§ 125 Abs. 2) nothwendig fort, wenn der Dritte den Mangel der Vertretungsmacht gekannt hat. Mit dem schweiz. Gesetze über das Obligationenrecht Art. 48 die Haftung auch dann auszuschließen, wenn der Dritte den Mangel der Vertretungsmacht zwar nicht kannte, aber hätte kennen sollen, ist bedenklich. Wenn die Haftung nicht auf eine dem Vertreter zur Last fallende Schuld, sondern, wie geschehen, gewissermaßen auf ein stillschweigendes Garantieversprechen gestellt wird, so kann dem Dritten eine besondere Verpflichtung, über das Vorhandensein der Vertretungsmacht Erkundigungen einzuziehen, nicht angesonnen werden.

c) Im Falle des Rücktrittes erledigt sich die Haftpflicht des Vertreters.

c) Ist der andere Vertragschließende vor der Genehmigung von dem Vertrage zurückgetreten, so trifft den Vertreter, von besonderen Gründen abgesehen, eine Haftpflicht nicht. Mehr als die Wahl zwischen dem Erlangen sofortiger Bewegungsfreiheit und dem Rechte auf Erfüllung bezw. Schadensersatz kann der andere Vertragschließende nicht beanspruchen.

Der besonderen Hervorhebung im Entwurfe, daß die §§ 124, 125 auch dann Anwendung finden, wenn ein Vertreter unter Ueberschreitung einer ihm ertheilten Vertretungsmacht einen Vertrag schließt (sächs. G. B. § 789, dresd. Entw. Art. 88, 89) bedarf es nicht.

§ 126.

II. Einseitige Rechtsgeschäfte.

Das Bedürfniß für die Zulassung des rechtsgeschäftlichen Handelns in Vertretung ohne Vertretungsmacht beschränkt sich im Wesentlichen auf die Eingehung von Verträgen. Dem Interesse des Geschäftsherrn würde es zwar entsprechen, wenn ein nicht ermächtigter Vertreter auch einseitige Rechtsgeschäfte, deren Wirksamkeit davon abhängt, daß sie gegenüber einem Betheiligten vorgenommen werden, diesem gegenüber mit der Wirkung vornehmen könnte, daß sie bei hinzutretender Genehmigung so behandelt werden, als seien sie von Anfang an von dem Geschäftsherrn ausgegangen. Allein dem steht die dem Betheiligten schuldige Rücksicht entgegen, welcher der Vornahme eines solchen Rechtsgeschäftes sich nicht entziehen kann und dabei allen Unzuträglichkeiten ausgesetzt sein würde, welche die bis zur Entscheidung über die Ertheilung oder Verweigerung der Genehmigung bestehende Ungewißheit nothwendig mit sich bringt. Von dieser Rücksichtnahme kann nur Umgang genommen werden, wenn der Betheiligte mit der Vornahme des Rechtsgeschäftes sich einverstanden erklärt und damit den etwaigen nachtheiligen Folgen sich unterwirft. Der Vornahme des Rechtsgeschäftes durch einen nicht ermächtigten Vertreter, entsprechend dem § 122, schon dann Wirkungen beizulegen, wenn der Betheiligte dasselbe nicht unverzüglich zurückweist, würde zu weit gehen; es ist ein wesentlicher Unterschied, ob, wie im § 122 vorausgesetzt wird, der Vertreter bevollmächtigt ist und nur unterläßt, über seine Bevollmächtigung sich auszuweisen, oder ob es dem Vertreter an jeder Vertretungsmacht gebricht. Ist der Betheiligte mit der Vornahme des Rechtsgeschäftes einverstanden, so haben die für die Verträge geltenden Grundsätze (§ 123) entsprechende Anwendung zu finden (Satz 2).

Einverständniß des Betheiligten, gegenüber welchem das Rechtsgeschäft vorgenommen wird, erforderlich.

Die Vornahme eines einseitigen Rechtsgeschäftes, dessen Wirksamkeit davon abhängt, daß es gegenüber einem Betheiligten vorgenommen wird, gegenüber einem nicht ermächtigten Vertreter des Betheiligten zu gestatten, ist weder Bedürfniß noch unbedenklich.

In Ansehung derjenigen einseitigen Rechtsgeschäfte, zu deren Wirksamkeit nicht gehört, daß sie gegenüber einer bestimmten Person vorgenommen werden, stehen der Zulassung der Vornahme durch einen nicht ermächtigten Vertreter ebenfalls Bedenken entgegen.

Bei streng einseitigen Rechtsgeschäften unstatthaft.

Neunter Titel.

Einwilligung und Genehmigung.

§ 127.

Vorbemerkung.

In dem Entwurfe finden sich nicht wenige Vorschriften, welche die Wirksamkeit eines Rechtsgeschäftes davon abhängig machen, daß ein Anderer im Voraus in die Vornahme desselben einwilligt oder nachträglich das vorgenommene Rechtsgeschäft genehmigt. In Betracht kommen namentlich die Rechtsgeschäfte der in der Geschäftsfähigkeit beschränkten Personen (vergl. §§ 65, 70, 71, 1232 Abs. 1), die Rechtsgeschäfte, welche Jemand im Namen eines Anderen vornimmt, ohne Vertretungsmacht zu besitzen, oder hinsichtlich deren ein Vertreter der Zustimmung eines weiteren Organes — Vormundschaftsgericht, Gegenvormund, Beistand u. s. w. — bedarf (§§ 123, 124, 126, 1681, 1682, 1514, 1542), die Rechtsgeschäfte, durch welche Jemand über einen ihm nicht gehörigen Gegenstand verfügt (§§ 309, 310, 830, 876), die Rechtsgeschäfte, durch welche Jemand, indem er über ein ihm zustehendes Recht verfügt, ein einem Dritten an diesem Rechte zustehendes Recht beeinträchtigt (§ 960 Abs. 2, § 965 Abs. 2, § 977 Abs. 2, §§ 1015, 1016 Abs. 2, §§ 1024, 1025, 1048, 1061 Abs. 2, § 1177 Abs. 1, §§ 1189, 1213); vergl. ferner §§ 266, 315, 468, 469, 533, 1238, 1239, 1277, 1288, 1300—1303, 1307, 1320, 1353, 1362, 1390, 1393, 1587, 1606, 1609—1611, 1831, 1900 Abs. 2, § 1907.

Zweck der Vorschrift.

Die gegenwärtige Vorschrift bezweckt, durch Aufstellung gewisser allgemeiner Grundsätze über die Rechtsgeschäfte der vorherigen Einwilligung und der Genehmigung Einzelbestimmungen entbehrlich zu machen und Lücken zu vermeiden. Die Anwendung der Grundsätze im einzelnen Falle, die Berechtigung dieser Anwendung und die Nothwendigkeit etwaiger Abweichungen wird in der Begründung zu den einschlagenden Vorschriften dargelegt. Im Allgemeinen ist hervorzuheben:

1. Theilweise Uebertragung der Grundsätze über Vollmacht auf die Einwilligung.

1. Die vorherige Einwilligung ist der Vollmachtsertheilung nahe verwandt. Die Verwandtschaft tritt besonders in den Fällen hervor, in welchen Jemand mit Einwilligung eines Anderen über dessen Gut in eigenem Namen verfügt (§§ 309, 830, 876 Abs. 1). Auch sonst aber handelt es sich bei der Einwilligung der Regel nach um eine der Vollmachtsertheilung ähnliche Erweiterung einer fremden Machtvollkommenheit. Die Uebertragung der für die Vollmacht aufgestellten Grundsätze auf die Einwilligung liegt daher nahe. Die Uebertragung ist jedenfalls auch in der Richtung gerechtfertigt, daß die Einwilligung nicht blos gegenüber demjenigen, welcher derselben bedarf, sondern auch gegenüber demjenigen wirksam erklärt werden kann, der bei dem betreffenden Rechtsgeschäfte betheiligt ist (Abs. 1). Desgleichen ist das Erlöschen der Einwilligung denselben Grundsätzen zu unterstellen, die für das Erlöschen der Vollmacht gelten (Abs. 3). Für die Uebertragung der sonstigen Vorschriften über die Vollmacht fehlt dagegen das Bedürfniß; auch begegnet in Betreff dieser die Anwendbarkeit mindestens hinsichtlich des § 118 unter Umständen Bedenken. Der besonderen Beschaffenheit der einzelnen Fälle ist durch Sonderbestimmungen Rechnung getragen. Abweichend von der Vorschrift des Abs. 3 (§ 119) ist die Widerruflichkeit ausgeschlossen in § 960 Abs. 2, § 965 Abs. 2, § 977 Abs. 2, §§ 1015, 1016 Abs. 2, §§ 1024, 1025, 1048, 1061 Abs. 2, §§ 1189, 1213, 1390, 1393, 1591, 1616 Abs. 2. In diesen Vorschriften finden sich fast durchgängig zugleich besondere Anordnungen darüber, wem gegenüber die Einwilligung abzugeben ist.

Der in dem Abs. 1 enthaltene weitere Satz, daß auch die Genehmigung sowie deren Verweigerung bei einem Vertrage oder bei einem einseitigen Rechtsgeschäfte, das gegenüber einem Betheiligten vorzunehmen ist, sowohl gegenüber dem einen als gegenüber dem anderen Theile wirksam erklärt werden kann, erfährt gewisse Einschränkungen durch die Vorschriften in § 65 Abs. 3, § 123 Abs. 3, § 315 Abs. 2, § 1288 Abs. 1, §§ 1300, 1681 Abs. 1, 3 (§§ 1514, 1542, 1682).

2. Die Vorschrift des Abs. 2 Satz 1 entspricht dem Grundsatze des § 72. Ausdrückliche Ertheilung oder Verweigerung der Genehmigung ist ausnahmsweise erforderlich nach § 65 Abs. 5, § 123 Abs. 3, § 315 Abs. 2, § 1288 Abs. 1. Die Nothwendigkeit der ausdrücklichen Ertheilung der Einwilligung oder Genehmigung ergiebt sich außerdem in den Fällen, in welchen, zugleich abweichend von dem Abs. 2 Satz 2, die Ertheilung in gerichtlicher oder notarieller Form vorgeschrieben oder sonst formalisirt ist; vergl. §§ 1390, 1393, 1591, 1616 Abs. 2, § 1831. 2. Einwilligung und Genehmigung können in der Regel ausdrücklich oder stillschweigend erfolgen.

3. Von einer Vorschrift des Inhaltes, daß die Genehmigung, wenn sie einmal verweigert warden sei, nachträglich nicht mehr ertheilt werden könne, ist abgesehen. Es erscheint richtiger, die Entscheidung der Prüfung des einzelnen Falles zu überlassen. Vergl. § 315 Abs. 2, sowie S. 138, 241. 3. Keine allg. Vorschr. dar., ob d. Genehm., wenn sie verw., später noch wirks. erth. werd. kann.

Die Rückwirkung der Genehmigung auf die Zeit, in welcher das genehmigte Rechtsgeschäft vorgenommen worden ist (Abs. 4), bildet, auf die einzelnen Fälle gesehen, die Regel. Die Rückwirkung findet ihre Schranke in den Rechten, welche Dritte vor der Genehmigung durch Verfügungen des Genehmigenden an dem Gegenstande des Rechtsgeschäftes erworben haben. Abgesehen von sonstigen, der Beschaffenheit des einzelnen Falles zu entnehmenden Gründen, ist hierfür schon die Erwägung ausschlaggebend, daß es weder billig noch gerecht wäre, dem Genehmigenden die Macht einzuräumen, den von ihm in der Zwischenzeit hinsichtlich des betreffenden Gegenstandes gültig getroffenen Verfügungen die Wirksamkeit wieder zu entziehen. Den eigenen Verfügungen des Genehmigenden stehen diejenigen gleich, welche aus seinem Rechte erfolgen. Es ist daher zugleich der gegen den Genehmigenden erwirkten Zwangsvollstreckung und Arrestvollziehung gedacht. Soweit der Genehmigende ein Vertreter ist, kommt die in der Zwischenzeit gegen den Vertretenen erwirkte Zwangsvollstreckung und Arrestvollziehung in Betracht. Um ganz vollständig zu sein, wären auch die Verfügungen im Konkurse des Genehmigenden bezw. des Vertretenen zu erwähnen gewesen; es würde aber damit nur etwas ausgesprochen worden sein, was sich von selbst versteht. Rückwirkung der Genehmigung.

4. Uebergangen ist die gleichzeitige Einwilligung, d. h. der Fall, in welchem der zur Einwilligung Berechtigte bei der Vornahme des Rechtsgeschäftes zugegen ist und die Einwilligung ertheilt. Vielfach wird in einem solchen Falle der Einwilligende der eigentliche rechtsgeschäftlich handelnde Theil sein. Soweit dies nicht zutrifft, stellt die Zustimmung zeitlich betrachtet sich vorwiegend, wenn nicht immer, entweder als vorherige Einwilligung oder als nachfolgende Genehmigung dar. Keine Bestimmung über gleichzeitige Einwilligung.

An der Scheidung zwischen vorheriger Einwilligung und Genehmigung ist übrigens nicht festgehalten in Ansehung der Zustimmung, welche das Vormundschaftsgericht, der Gegenvormund oder der Beistand der mit der elterlichen Gewalt bekleideten Mutter zu gewissen Rechtsgeschäften zu ertheilen hat; insoweit wird aus besonderen Gründen schlechthin von Genehmigung gesprochen (§§ 1541, 1542, 1681, 1682).

Zehnter Titel.

Bedingung und Befristung.

Vorbemerkung.

Die einer Willenserklärung an und für sich zukommenden rechtlichen Wirkungen können von demjenigen, der die Willenserklärung abgiebt, beschränkt werden. Eine solche Selbstbeschränkung der rechtsgeschäftlichen Wirkungen liegt in der Setzung einer Bedingung oder Befristung. Die herrschende gemeinrechtliche Lehre stellt neben die Bedingung und Befristung den Modus im Sinne einer auf eine Schenkung oder letztwillige Zuwendung gemachten Auflage. Es findet sich aber auch die Ansicht, die Kategorie des Modus sei zu eng und durch eine dritte allgemeinere Art der Selbstbeschränkung der Wirkungen der Rechtsgeschäfte, durch die Kategorie der Voraussetzung zu ersetzen.

Keine allgemeinen Vorschriften über Voraussetzung und Modus.

Das preuß. A. L. R. behandelt in dem die Willenserklärungen im Allgemeinen betreffenden vierten Titel des ersten Theiles neben den Bedingungen und Befristungen den Zweck oder Endzweck (§§ 152—162). Die Vorschriften, welche ihrer Fassung nach sich nicht auf unentgeltliche Zuwendungen beschränken, verstehen unter Zweckbestimmung die von dem Erklärenden dem Empfänger auferlegte Verpflichtung, das Empfangene ganz oder theilweise zu einem bestimmten Zwecke zu verwenden (vergl. I, 5 § 226, I, 12 §§ 61, 508 bis 515, I, 16 §§ 200—205). Das österr. G. B. §§ 709—712 giebt Regeln über die Zuwendung eines Nachlasses unter einem „Auftrag" und bestimmt hinsichtlich der Verträge (§ 901), daß, wenn die Parteien den Bewegungsgrund oder den Endzweck ihrer Einwilligung ausdrücklich zur Bedingung gemacht haben, der Bewegungsgrund oder Endzweck wie eine andere Bedingung angesehen werde, daß aber außerdem derartige Aeußerungen auf die Gültigkeit entgeltlicher Verträge keinen Einfluß haben. Der hess. Entw. Abth. IV, 1 Art. 111 bis 113 stellt der Bedingung und Zeitbestimmung als Drittes die Zweckbestimmung zur Seite. Unter letzterer wird die einem Vertrage beigefügte Nebenbestimmung verstanden, daß einer der Vertragschließenden etwas zu einem bestimmten Zwecke verwenden, thun oder unterlassen soll. Die Zweckbestimmung gilt als eine Auflage, von deren Erfüllung das Dasein des Vertrages selbst nicht abhängt, es müßte ihr denn von den Vertragschließenden die Eigenschaft einer Bedingung unzweifelhaft beigelegt sein. Der bayr. Entw. Th. I Art. 63—68 handelt neben der Bedingung und Zeitbestimmung ebenfalls von der Zweckbestimmung, bestehend „in der einem Beschenkten oder demjenigen, welchem durch letztwillige Verfügung ein Vortheil zugewendet wird, gemachten Auflage, das Empfangene ganz oder zum Theil zu einem bestimmten Zwecke zu verwenden oder sonst etwas für die Zuwendung zu leisten". Auflagen, welche in einem entgeltlichen Vertrage von dem einen Theile dem anderen gemacht werden, sind nach Art. 68 des bayr. Entw. als Bestandtheil dieses Vertrages zu behandeln. Keine allgemeine Vorschriften über Auflage oder Endzweck finden sich in dem code civil, dem sächs. und zür. G. B.; ebenso nicht in dem dresd. Entw. und dem schweiz. Gesetze über das Obligationenrecht.

Der Entwurf beschränkt sich an dieser Stelle auf Bestimmungen über die Bedingung und Befristung. Die Lehre von der Voraussetzung als einer allgemeinen Kategorie der Selbstbeschränkung der rechtsgeschäftlichen Wirkungen hat zur Zeit nicht diejenige Durchbildung und Anerkennung erfahren, welche es unbedenklich erscheinen ließe, auf derselben gesetzgeberische Bestimmungen aufzubauen. Soweit der Voraussetzung als solcher rechtliche Bedeutung zukommt, ist das Erforderliche an geeigneter Stelle vorgesehen. Die Grundsätze über die Rückforderung einer Leistung wegen Nichteintrittes eines vorausgesetzten künftigen Ereignisses oder rechtlichen Erfolges finden sich in §§ 742—744. Vergl. ferner § 290 Abs. 4, § 667 Abs. 2, § 684 Abs. 2, §§ 1229, 1781 (§§ 1948, 1949, 1960 Abs. 2). Von diesen Fällen abgesehen, hat die Voraussetzung, sofern sie nicht im einzelnen Falle als Bedingung aufzufassen ist, nur die Bedeutung eines die Wirksamkeit des Rechtsgeschäftes nicht berührenden Beweggrundes. Die Grundsätze über die Auflage (Modus) finden ebenfalls am geeignetsten ihre Erledigung bei den einschlägigen Instituten; vergl. hinsichtlich der Schenkung § 448, hinsichtlich der letztwilligen Verfügungen §§ 1757, 1886—1888.

Ablehnung des generellen Begriffes der Nebenbestimmungen.

Die Gesetzgebungen bezeichnen fast durchgängig die Bedingung und die Befristung als Nebenbestimmungen der Rechtsgeschäfte. Die gleiche Ausdrucksweise ist der Jurisprudenz geläufig. Für eine Zusammenfassung der Bedingung und Befristung unter einer einheitlichen Bezeichnung liegt kein zwingendes Bedürfniß vor und die Vermeidung jener Ausdrucksweise empfiehlt sich um so mehr, als dieselbe keineswegs einwandsfrei ist.

Der Bedingung und Befristung ist der Regel nach jedes Rechtsgeschäft zugänglich.

Der Beifügung einer Bedingung oder Befristung sind Rechtsgeschäfte nur ausnahmsweise unzugänglich. Es wird deshalb von dem Entwurfe als eine der besonderen Hervorhebung nicht bedürfende Regel angesehen, daß jedem Rechtsgeschäfte eine Bedingung oder Zeitbestimmung beigefügt werden kann, soweit nicht ein Anderes bestimmt ist oder die Natur des Rechtsgeschäftes, wie z. B. bei der Mahnung und Kündigung, von selbst entgegensteht. Nur in Ansehung der letztwilligen Verfügungen wird in § 1760 auf die Zulässigkeit der Beifügung aus naheliegenden Gründen besonders hingewiesen. Bestimmungen, welche die Beifügung einer Bedingung oder eines Termines für unstatthaft erklären, sind enthalten in § 282 Abs. 2, §§ 870, 1137, 1248 Abs. 2, §§ 1472, 1594, 1615 (§ 1629 Abs. 5), § 1892 Abs. 2, § 2035 (§ 1873 Abs. 3), § 2094 Abs. 3. Die Fassung dieser Vorschriften ergiebt zugleich, daß die fraglichen Rechtsgeschäfte, wenn ihnen gleichwohl eine Bedingung oder ein Termin beigefügt wird, nichtig bezw. unwirksam sind.

Ausnahmen.

Die allgemeinen Vorschriften gehören in den allgemeinen Theil.

Neuerdings ist davor gewarnt worden, in den allgemeinen Theil des Gesetzbuches Bestimmungen über Begriff, Arten und Wirkungen der Bedingungen aufzunehmen; man hat empfohlen, bei jeder einzelnen Geschäftsgattung das Erforderliche festzusetzen. Soweit die Abwehr gegen die Aufnahme von Vorschriften gerichtet ist, welche nicht in das Gesetz, sondern in ein Lehrbuch gehören, oder die deshalb bedenklich erscheinen, weil sie das, was nur für gewisse Fälle berechnet ist, in täuschendem Sinne verallgemeinern, hat die Warnung hier wie anderwärts ihre Berechtigung. Aber der Allgemeine Theil eines bürgerlichen Gesetzbuches ist der rechte Ort für die Aufnahme solcher Vorschriften, welche allen bedingten Rechtsgeschäften oder doch Hauptgattungen derselbengemeinsam sind. Ein Verzicht auf die Zusammenfassung dieser Vorschriften würde entweder zu schleppenden Wiederholungen nöthigen oder eine Unvollständigkeit zur Folge haben, die angesichts der tiefgehenden Meinungsverschiedenheiten die Rechtssicherheit gefährden müßte. Ausgeschieden sind selbstverständlich diejenigen Bestimmungen, welche in der Eigenthümlichkeit der Gattung oder Art des bedingten Rechtsgeschäftes ihren Grund haben, im Besonderen die speziellen Vorschriften, welche für bedingte Zuwendungen von Todeswegen (vergl. §§ 1761—1765, 1946, 1956 Abs. 1, § 1962 Abs. 2) nöthig werden.

Nur rechtsgeschäftlich gesetzte Bedingungen und Befristungen.

Die Vorschriften der §§ 128—143 befassen sich lediglich mit rechtsgeschäftlich gesetzten Bedingungen und Befristungen. Eine Bestimmung darüber zu treffen, ob und inwiefern die Vorschriften auf Rechtsbedingungen, welche von dem Gesetze unmittelbar ausdrücklich (vergl. § 833 Abs. 2, § 938 Abs. 1, § 939 Abs. 2) oder stillschweigend gesetzt sind, anwendbar seien, ist Anstand genommen. Es versteht sich von selbst, daß die für die in Frage kommenden Rechtsverhältnisse maßgebenden sonstigen Normen, die mit diesen Vorschriften übereinstimmen, aber auch von ihnen abweichen können, Anwendung zu finden haben.

Beweislast.

Ueber die Beweislast bei bedingten und betagten Rechtsgeschäften vergl. §§ 196, 197.

§§ 128, 129.

Keine gesetzliche Begriffsbestimmung.

Eine gesetzliche Begriffsbestimmung der Bedingung*) ist nicht aufgestellt. Der Entwurf geht von der eigentlichen Bedingung aus und behandelt die uneigentliche Bedingung, soweit Anlaß dazu vorliegt, besonders (vergl. §§ 137, 140). Ebenso ist von einer grundsätzlichen Entscheidung der überwiegend rechtswissenschaftlichen Frage Abstand genommen, ob bezw. inwieweit die allgemeinen Voraussetzungen für die Wirksamkeit eines bedingten Rechtsgeschäftes zur Zeit der Errichtung des Rechtsgeschäftes oder zur Zeit der Erfüllung der Bedingung gegeben sein müssen (vergl. §§ 346, 347).

Die Schuleintheilung der Bedingungen in bejahende und verneinende (österr. G. B. § 696, hess. Entw. Abth. IV, 1 Art. 89), in willkürliche, zufällige und gemischte (code civil Art. 1169—1171, bayr. Entw. Th. I Art. 35, hess. Entw. Art. 91) gehört dem Bereiche der Rechtssystematik an. Von praktischer Bedeutung ist die Scheidung in aufschiebende und auflösende Bedingungen, je nachdem das Entstehen oder das Bestehen der gewollten rechtlichen Wirkung in das Ungewisse gestellt ist.

Wesen der auflösenden Bedingung.

Das Wesen der auflösenden Bedingung begegnet verschiedener Beurtheilung. Von Mittelmeinungen abgesehen, stehen sich namentlich zwei Auffassungen gegenüber. Nach der einen ist das unter einer auflösenden Bedingung errichtete Rechtsgeschäft eine einheitliche Willenserklärung, welcher die Bedingung untrennbar innewohnt, so daß die auflösende Bedingung gleich der aufschiebenden nichts

*) Vergl. preuß. A. L. R. I, 4 § 100, code civil Art. 1168, österr. G. B. § 696, bayr. Entw. Theil I Art. 34, hess. Entw. Abth. IV, 1 Art. 88, schweiz. Gesetz über das Obligationenrecht Art. 171.

anderes ist, als eine besondere Gestaltung des rechtserzeugenden Wollens; nach der anderen Auffassung setzt sich das auflösend bedingte Rechtsgeschäft aus zwei selbständigen Theilen zusammen, einer unbedingten Hauptwillenserklärung und einer auf die Wiederaufhebung der Wirkungen dieser gerichteten aufschiebend bedingten Nebenwillenserklärung. Welche dieser Auffassungen rechtsphilosophisch den Vorzug verdient, darf dahin gestellt bleiben. Jedenfalls kann auch bei Annahme einer unbedingten Haupt- und einer bedingten Nebenwillenserklärung das Verhältniß dieser beiden Willenserklärungen zu einander nicht als das zweier trennbarer, verschiedenen Schicksalen unterliegender Rechtsgeschäfte betrachtet werden, und damit verliert die Meinungsverschiedenheit ihre praktische Bedeutung; der entsprechende grundsätzliche Standpunkt des Entwurfes, daß die auflösende Bedingung einen wesentlichen und untrennbaren Bestandtheil des Gesammtinhaltes der Willenserklärung bildet, hat seinen äußeren Ausdruck gefunden in der Vorschrift des § 139, nach welcher eine unverständliche oder widersinnige auflösende Bedingung das Rechtsgeschäft nichtig macht, sowie in dem die Beweislast regelnden § 196.

Ist die Setzung einer Bedingung nicht an sich unzulässig, so kann ein Rechtsgeschäft ebensowohl unter einer aufschiebenden als unter einer auflösenden Bedingung errichtet werden. Eine Ausnahme tritt hinsichtlich der Auflassung ein; die unter einer aufschiebenden Bedingung erfolgte Auflassung ist nach § 870 unwirksam. Wenn es als gesetzgeberisch richtiger bezeichnet worden ist, die einer Sachveräußerung oder der Abtretung einer Forderung beigefügte aufschiebende Bedingung nicht als solche, sondern als auflösende dergestalt wirken zu lassen, daß das Recht zunächst voll auf den Erwerber übergehen, aber bei dem Ausfalle der Bedingung an den anderen Theil wieder zu übertragen sei, so kann dem nicht beigetreten werden. Das Verkehrsinteresse nöthigt zu einem solchen Schritte nicht, der um so bedenklicher ist, als er weder der geschichtlichen Entwickelung noch dem geltenden Rechte entspricht und vielfach gleichbedeutend sein würde mit einer Vergewaltigung des Parteiwillens.

Auslegungsfrage, ob ein Bedingung aufschiebend oder auflösend ist.

Läßt die im einzelnen Falle gebrauchte Redeweise nicht ohne Weiteres erkennen, ob die gesetzte Bedingung eine aufschiebende oder eine auflösende ist, so muß der Wille der Betheiligten aus den Umständen des Falles ermittelt werden. Die Aufstellung einer Auslegungsregel oder Rechtsvermuthung zu Gunsten der auflösenden oder der aufschiebenden Bedingung, allgemein (bayr. Entw. Th. I Art. 37) oder in Ansehung der vorbezeichneten Uebertragungsgeschäfte, ist weder nothwendig noch sachgemäß.

Als von der Erfüllung der Bedingung abhängig ist bezeichnet bei der aufschiebenden Bedingung (§ 128) das Eintreten der *rechtlichen Wirkung* (vergl: § 1867 Abs. 2 Nr. 1), bei der auflösenden Bedingung (§ 129) das Endigen der erzeugten *rechtlichen Wirkung*. Die Gesetze drücken sich verschieden aus. Das preuß. A. L. R. I, 4 §§ 101, 114 läßt abhängig sein die Vollendung der Erwerbung des Rechtes bezw. das Wiederaufhören der Wirkung der Willenserklärung, — das sächs. G. B. § 108 die Vollendung bezw. die Aufhebung des Rechtsgeschäftes, — der bayr. Entw. Th. I Art. 34, 36 den Beginn bezw. das Ende der Wirksamkeit des Rechtsgeschäftes, — der hess. Entw. Abth. IV, 1 Art. 88, 90 das Anheben bezw. die Wiederauflösung des

Daseins des Rechtsgeschäftes, — der dresd. Entw. Art. 92 den Eintritt bezw. das Aufhören des Rechtsverhältnisses; vergl. dazu österr. G. B. 696, zür. G. B. § 973, schweiz. Ges. über das Obligationenrecht Art. 171, 174. Der dresd. Entw. hat mit Recht davon abgesehen, das Rechtsgeschäft selbst als durch die Erfüllung der Bedingung in seinem Dasein bedingt hinzustellen. Die von ihm gebrauchte Ausdrucksweise ist aber ebenfalls anfechtbar. Die aufschiebende Bedingung kann nicht blos die Entstehung, sondern auch die Beendigung eines Rechtsverhältnisses und die auflösende Bedingung nicht blos die Aufhebung, sondern auch die Entkräftung der Aufhebung eines Rechtsverhältnisses (z. B. auflösend bedingter Schulderlaß) zum Gegenstande bezw. zur Folge haben.

Die Erfüllung der aufschiebenden Bedingung hat keine rückwirkende Kraft.

Mit der Erfüllung der aufschiebenden Bedingung tritt die dem Rechtsgeschäfte zukommende rechtliche Wirkung ein. In der gemeinrechtlichen Wissenschaft bestehen Meinungsverschiedenheiten darüber, ob bezw. in welchem Umfange die erfüllte aufschiebende Bedingung rückwirkende Kraft habe. Von dem preuß. A. L. R. (vergl. I, 4 § 102) und dem österr. G. B. ist zu der Frage besondere Stellung nicht genommen. Rückwirkung lassen eintreten das bayr. L. R. IV, 1 § 8 Nr. 8, der code civil Art. 1179, der hess. Entw. Abth. IV, 1 Art. 103 und der Regel nach das zür. G. B. § 977. Nach dem preuß. Entwurfe eines Obligationenrechtes § 191 kann das unter einer aufschiebenden Bedingung erworbene Recht zwar erst mit dem Eintritte der Bedingung ausgeübt werden; wo es aber rücksichtlich dritter Personen auf den Zeitpunkt des Erwerbes ankommt, wird dieser auf den Zeitpunkt der bedingten Erwerbung des Rechtes zurückerstreckt. Einen ähnlichen Standpunkt nimmt der bayr. Entw. Th. I Art. 39, Th. III Art. 97 ein. Das sächs. G. B. § 112, der dresd. Entw. Art. 95 und das schweiz. Gesetz über das Obligationenrecht Art. 171 erkennen Rückwirkung nur an, wenn der Parteiwille ersichtlich auf dieselbe gerichtet ist. Bei der Wichtigkeit der Frage und der bestehenden Rechtsverschiedenheit ist eine Entscheidung unumgänglich. Die Entscheidung wird in § 128 dahin gegeben, daß Rückwirkung nicht eintritt. Die erfüllte Bedingung greift in den bestehenden Rechtszustand unmittelbar, aber nur für die Folgezeit ein, unbeschadet der Bestimmung des § 130. Für die Zulassung dinglicher Rückwirkung liegt kein Bedürfniß vor. Allerdings muß dem bedingt Berechtigten gegen Verfügungen, welche der bedingt Verpflichtete zu Gunsten Dritter vornimmt, soweit dieselben die Verwirklichung der von der Bedingung abhängigen Rechtslage hindern oder beeinträchtigen würden, ausreichender Schutz gewährt werden. Zur Gewährung dieses Schutzes genügt es aber, daß, dem Inhalte der Willenserklärung gemäß, dem bedingt Verpflichteten die Möglichkeit derartiger Verkümmerungen genommen wird.

Die Erfüllung der auflösenden Bedingung wirkt ebenfalls nicht zurück.

Wie für die aufschiebende Bedingung, so wird in § 129 auch für die auflösende Bedingung die Rückwirkung im Erfüllungsfalle verneint. Der bedingt Berechtigte ist durch die Gebundenheit des bedingt Verpflichteten ebenfalls zur Genüge gesichert. Außer den Gesetzgebungen, welche der Rückwirkung der Bedingungen grundsätzlich entgegen sind (sächs. G. B. §§ 112, 875, dresd. Entw. Art. 98, 99, schweiz. Gesetz über das Obligationenrecht Art. 174), sprechen der auflösenden Bedingung auch das preuß. A. L. R.

I, 4 §§ 115, 116 (preuß. Entw. eines Obligationenrechtes §§ 200, 201) und der bayr. Entw. Th. I Art. 44, 45 die rückwirkende Kraft der Regel nach ab. Eine andere Frage ist, ob die rechtliche Wirkung, welche bis zur Erfüllung der auflösenden Bedingung bestand, ohne Weiteres dergestalt aufhört, daß der frühere Rechtszustand für die Zukunft von Rechtswegen wieder eintritt, oder ob nur eine persönliche Verpflichtung des bisher Berechtigten zur Wiederherstellung des früheren Zustandes entsteht. Nach der mit der herrschenden Lehre des gemeinen Rechtes in Einklang stehenden Auffassung des Entwurfes erheischt das Wesen der auflösenden Bedingung die unmittelbare Wiederaufhebung. Von einer auflösenden Bedingung kann nur gesprochen werden, wenn die Absicht der Betheiligten dahin geht, die rechtliche Wirkung einer Willenserklärung mit dem Eintritte eines bestimmten Ereignisses endigen zu lassen, somit eventuell zeitlich zu begrenzen. Ist diese Absicht nicht vorhanden, soll vielmehr nur ein persönlicher Anspruch auf Rückgängigmachung der Wirkung von der Bedingung abhängig sein, so ist das Rechtsgeschäft kein auflösend bedingtes, sondern ein unbedingtes Rechtsgeschäft, an welches ein aufschiebend bedingter Nebenvertrag sich anschließt, der ebenso gut erst später hinzutreten könnte. Für die einzelnen Arten der auflösend bedingten Rechtsgeschäfte ergiebt sich hieraus: Bei dem auflösend bedingten Schuldvertrage wird mit Erfüllung der Bedingung der Vertrag nicht rückgängig, sondern es erlischt nur die Fortdauer des Schuldverhältnisses und die Parteien haben das, was sie vermöge des Vertrages von einander erhalten haben, sich zurückzuerstatten, bezw. soweit die Voraussetzung des § 130 zutrifft, unter einander sich so zu behandeln, als ob das Schuldverhältniß bereits zu dem in's Auge gefaßten früheren Zeitpunkte geendigt hätte (vergl. sächs. G. B. § 875, bayr. Entw. Th. I Art. 44, 45, dresd. Entw. Art. 98, 99). Bei der auflösend bedingten Uebertragung einer Forderung fällt die letztere, ohne daß es einer besonderen Rückübertragung bedarf, an den Uebertragenden zurück. Bei der Erbeseinsetzung äußert die Erfüllung der auflösenden Bedingung ihre Wirkung in dem weiteren Anfalle der Erbschaft (§ 1804). Hinsichtlich der Uebertragung des Eigenthumes an einem Grundstücke ist in § 871 Abs. 4 Satz 1 noch besonders ausgesprochen, daß mit der Erfüllung der auflösenden Bedingung das Eigenthum auf den Rückfallsberechtigten ohne Weiteres wieder übergeht. Das Gleiche gilt, wenn der Uebertragung des Eigenthumes an einer beweglichen Sache eine auflösende Bedingung beigefügt ist, bei Erfüllung der Bedingung. Ist ein Vorkaufsrecht, ein Erbbaurecht, eine Grunddienstbarkeit, ein Nießbrauch an einem Grundstücke, eine beschränkte persönliche Dienstbarkeit, eine Reallast, eine Hypothek unter einer auflösenden Bedingung im Grundbuche eingetragen, so erlischt das betreffende Recht mit der Erfüllung der Bedingung und ist das Grundbuch entsprechend zu berichtigen (§ 843). Löschung im Grundbuche gehört zur Aufhebung dieser Rechte nach dem Entwurfe nur, wenn die Aufhebung durch Rechtsgeschäft unmittelbar erfolgt (§§ 960, 965, 1015, 1048, 1061, 1091). Der praktische Schwerpunkt der Wirkung der auflösenden Bedingung liegt sichtbar bei der Eigenthumsübertragung. In dieser Beziehung ist nicht zu verkennen, daß, abgesehen von einer im gemeinen Rechte ziemlich verbreiteten Ansicht, sowohl das preuß. (A. L. R. I, 11 § 262) als das sächs.

Der frühere Zustand wird von Rechtswegen wieder hergestellt.

Insbesondere gilt dies auch bei der auflösend bedingten Eigenthumsübertragung.

Recht (G. B. §§ 291, 825, vergl. dazu § 223) nur einen persönlichen Anspruch auf Rückübertragung des unter einer auflösenden Bedingung übertragenen Eigenthumes gewähren. So bedeutsam dieser Vorgang indessen ist, so kann ihm doch entscheidendes Gewicht nicht beigelegt werden. Bestimmend für diese Rechte sind im Wesentlichen Verkehrsrücksichten und diesen Rücksichten wird von dem Entwurfe in anderer geeigneter Weise Rechnung getragen. Im Falle der Auflösung eines Grundstückes unter einer auflösenden Bedingung wird nach § 871 Abs. 1 bei der Eintragung des Erwerbers als Eigenthümers zugleich das Rückfallsrecht des Veräußerers von Amtswegen in das Grundbuch eingetragen (vergl. auch § 1826 Abs. 1). Jeder Dritte, welcher das Eigenthum oder ein sonstiges, von der Eintragung abhängiges Recht an dem Grundstücke erwerben will, muß infolge dessen nicht nur das eingetragene Rückfallsrecht gegen sich gelten lassen, sondern es trifft ihn auch außerdem die Verpflichtung, über den Stand der Bedingungserfüllung außerhalb des Grundbuches auf seine Gefahr hin sich zu vergewissern. Kommt er der letzteren Verpflichtung nicht nach, so kann er sich nicht für beschwert erachten, wenn die bereits erfolgte oder spätere Erfüllung der Bedingung gegen ihn wirkt. Für die Beseitigung der mit dieser Erfüllung eintretenden Unrichtigkeit des Grundbuches ist in § 871 Abs. 4 Satz 2 vorgesorgt. Hat die Eintragung des Rückfallsrechtes des Veräußerers bei der Eintragung des Erwerbers als Eigenthümers dem § 871 Abs. 1 zuwider nicht stattgefunden, so greift gemäß § 135 Satz 2 die Vorschrift des § 837 Platz, durch welche der von der Bedingung nicht unterrichtete dritte Erwerber zur Genüge gesichert ist. Was aber die Uebertragung des Eigenthumes an einer beweglichen Sache unter einer auflösenden Bedingung anlangt, so gewährt der Entwurf dem gutgläubigen Erwerber in § 135 Satz 2 (vergl. § 877) ebenfalls einen so weitgehenden Schutz, daß von jeder Sonderbestimmung abgesehen werden kann.

§ 130.

Rückbeziehung unter den Parteien.

Die Vorschrift trägt der sog. Privatautonomie Rechnung. Die Parteien können ein Interesse daran haben, daß bei Erfüllung der Bedingung das Rechtsverhältniß unter ihnen so beurtheilt werde, als seien die Wirkungen des Rechtsgeschäftes schon in einem früheren Zeitpunkte, insbesondere zur Zeit der Errichtung des Rechtsgeschäftes, eingetreten oder beendigt. Von Werth kann dies namentlich sein wegen des Früchtebezuges, der Tragung der Gefahr, der Abwendung des Verfalles einer Konventionalstrafe u. s. w. Die Rechtsbeständigkeit einer entsprechenden Vereinbarung zu verneinen, liegt kein Grund vor. Andererseits kann nicht angenommen werden, daß die Absicht der Betheiligten immer oder doch der Regel nach auf diese Rückbeziehung gerichtet sei; die letztere hat nur Platz zu greifen, wenn die Absicht aus dem Inhalte des Rechtsgeschäftes erhellt.

Das sächs. G. B. § 874, der dresd. Entw. Art. 96 und das schweiz. Gesetz über das Obligationenrecht Art. 173 bestimmen, daß, wenn eine bedingt versprochene Sache während des Schwebens der aufschiebenden Bedingung dem bedingt Berechtigten übergeben worden sei, diesem im Erfüllungsfalle die von ihm inzwischen gezogenen Früchte gebühren bezw. verbleiben. Eine solche Bestimmung hat nur als Auslegungsregel und nur dann eine gewisse Berechtigung, wenn die Uebergabe der bedingt versprochenen Sache zum Zwecke der bedingten Eigenthumsübertragung erfolgt ist. Zu einem positiven Eingreifen in dieser Richtung liegt kein Anlaß vor.

§ 131.

Ausfall der Bedingung.

Mit dem Ausfalle der aufschiebenden Bedingung wird die bedingte Willenserklärung unwirksam; die abhängig gemachte rechtliche Wirkung kann nicht mehr entstehen (Abs. 1). Die in den Gesetzen übliche Ausdrucksweise, daß das Rechtsgeschäft (der Vertrag) als nicht errichtet zu betrachten sei (sächs. G. B. § 872, bayr. Entw. Th. I Art. 42 Abs. 1, hess. Entw. Abth. IV, 1 Art. 105, Abs. 1, dresd. Entw. Art. 97) ist vermieden. Die Thatsache der Errichtung des Rechtsgeschäftes bleibt bestehen. Fällt die auflösende Bedingung aus, so ist das Rechtsgeschäft als unbedingt geschlossen anzusehen (Abs. 2). Ueber die Beweislast hinsichtlich des Ausgefallenseins der Bedingung vergl. § 197.

Das sächs. G. B. § 872 versagt demjenigen, der eine unter einer aufschiebenden Bedingung versprochene Sache bereits übergeben hat, bei Ausfall der Bedingung den dinglichen Anspruch auf Herausgabe der Sache und gewährt nur einen persönlichen Rückforderungsanspruch (vergl. dazu dresd. Entw. Art. 97). Die Bestimmung ist richtig, zugleich aber selbstverständlich, wenn die Eigenthumsübertragung unbedingt erfolgt, der Eigenthumsübergang nicht aufgeschoben worden ist. Die Bestimmung ist nicht haltbar, wenn das Eigenthum entsprechend der aufschiebend bedingten Verpflichtung ebenfalls nur aufschiebend bedingt übertragen war.

§§ 132—135.

I. Schwebezustand bei der aufschiebenden Bedingung.

I. So lange die aufschiebende Bedingung schwebt, ist der Eintritt der von der Bedingung abhängig gemachten Wirkung unentschieden. Recht und Verpflichtung sind noch nicht vorhanden. Eine bedingte Schuld ist noch keine Schuld. Erfüllung kann nicht begehrt werden, auch nicht bedingte Erfüllung. Wird geleistet, so unterliegt, soweit nicht besondere Umstände Platz greifen, das Geleistete der Rückforderung (§ 737). Ein bedingt übertragenes Recht ist ebenfalls noch nicht übertragen, eine bedingt belastete Sache noch nicht belastet. Gleichwohl kommt dem den Grund zur Entstehung des künftigen Rechtes legenden Rechtsgeschäfte schon während des Schwebens der Bedingung eine gewisse Wirksamkeit zu. Der Eintritt oder Nichteintritt der rechtlichen Wirkung ist allein von dem Ausgange der Bedingung abhängig. Die Betheiligten sind dieser Entscheidung unterworfen. Der bedingt Berechtigte hat eine unverbringliche Aussicht auf das Recht bei Erfüllung der Bedingung; der bedingt Verpflichtete ist entsprechend gebunden. Auch kann auf die Feststellung des während der Schwebezeit bestehenden Rechtsverhältnisses nach Maßgabe des § 231 der C. P. O. geklagt werden. Zur Bezeichnung der

Terminologie. entsprechenden Rechtslage des bedingt Berechtigten und des bedingt Verpflichteten dienen gewöhnlich die Ausdrücke „bedingtes Recht“ und „bedingte Verpflichtung“. Es wird keinen Anstand haben, der gleichen Ausdrucksweise sich zu bedienen, wennschon fraglich sein mag, ob das bedingte Recht und die bedingte Verpflichtung inhaltlich etwas gemein haben mit dem Rechte und der Verpflichtung, welche mit der Erfüllung der Bedingung begründet werden. Einwandsfrei sind, wie ferner anerkannt werden muß, auch die Ausdrücke „bedingt Berechtigter“, „bedingt Verpflichteter“ nicht; insbesondere paßt der letztere Ausdruck streng genommen nur bei bedingten Schuldverträgen. Allein die Ausdrücke empfehlen sich wegen ihrer Kürze und werden bei der sonstigen Fassung des Entwurfes zu Mißverständnissen keinen Anlaß bieten.

1. Vererblichk. des bedingten Rechtes und der bedingten Verpflichtung. 1. Das bedingte Recht und die bedingte Verpflichtung sind nach den für das unbedingte Recht und die unbedingte Verpflichtung geltenden Vorschriften vererblich (§ 132; preuß. A. L. R. I, 4 §§ 161, 162, code civil Art. 1179, sächs. G. B. §§ 889, 852, österr. G. B. § 900, bayr. Entw. Th. I Art. 38 Abs. 2, dresd. Entw. Art. 93 Abs. 2). Die in § 1761, verb. mit §§ 1946, 1956 Abs. 1, § 1962 Abs. 2 hinsichtlich der Zuwendungen von Todeswegen getroffene, auch für die bedingte Anordnung einer Nacherbfolge (§ 1810) geltende Bestimmung ändert an dieser Vererblichkeit an sich nichts. Es wird nur für den Zweifelsfall als Wille des Erblassers angenommen, daß zum Wirksamwerden einer aufschiebend bedingten Zuwendung von Todeswegen erforderlich sein solle, nicht blos daß das Ereigniß, auf welches die Bedingung gestellt ist, eingetreten sei, sondern auch, daß der bedingt Bedachte das Eintreten dieses Ereignisses erlebt habe, daß mithin in Wirklichkeit eine zwiefache Bedingung zu erfüllen sei. Thatsächlich haben allerdings diese Bestimmungen zur Folge, daß das Recht aus einer aufschiebend bedingten Zuwendung von Todeswegen im Zweifel nicht vererbt wird. Ueber eine einschlagende Vorschrift auf dem Gebiete des Vermächtnißrechtes vergl. § 1867 Abs. 3 (§ 1956 Abs. 1, § 1962 Abs. 2).

Das bedingte Recht und die bedingte Verpflichtung können des Weiteren auch Gegenstand von Rechtsgeschäften sein; namentlich ist das bedingte Recht übertragbar, soweit das unbedingte Recht übertragbar ist. Darüber, daß für eine bedingte Forderung eine Bürgschaft übernommen oder ein Pfandrecht bestellt werden kann, vergl. §§ 669, 1062 Abs. 2, § 1145 Abs. 2.

2. Recht auf Sicherung. a) Außerhalb des Konkurses. 2. Der unter einer aufschiebenden Bedingung Berechtigte hat ein Recht auf Sicherheitsleistung. Ueber den Umfang des Rechtes auf Sicherung gehen, wie die Ansichten im gemeinen Rechte, so auch die Gesetzgebungen auseinander. Nach dem preuß. A. L. R. I, 14 § 5 hat derjenige, welchem der künftige Anfall einer Sache oder eines Rechtes durch Gesetze oder Willenserklärungen versichert ist, zur Erhaltung dieses seines Anfallrechtes die Mittel, welche die Gesetze einem jeden Eigenthümer an die Hand geben. Der code civil Art. 1180 gestattet dem bedingt berechtigten Gläubiger tous les actes conservatoires de son droit (vergl. hess. Entw. Abth. IV, 1 Art. 96 Abs. 2). Nach dem sächs. G. B. § 971 kann der Gläubiger Maßregeln zur Sicherstellung seiner bedingten Rechte ergreifen. Nach dem bayr. Entw. Abth. I Art. 38 Abs. 3 ist der Berechtigte befugt, Sicherheitsleistung zu verlangen, wenn der künftige Rechtserwerb durch den Verpflichteten gefährdet wird. Nach

dem dresd. Entw. Art. 93 kann er für den Fall der Gefährdung seiner Rechte deren Sicherstellung fordern. Das schweiz. Gesetz über das Obligationenrecht Art. 172 Abs. 2 giebt dem bedingt Berechtigten bei Gefährdung seiner Rechte die Befugniß, dieselben Sicherungsmaßregeln zu verlangen, wie wenn seine Forderung eine unbedingte wäre. In der C. P. O. findet sich eine Vorschrift über die Zulässigkeit des Arrestes bei bedingten Forderungen nicht. Die Motive zu § 796 (§ 741 des Entw.) bemerken: es habe bedenklich erscheinen müssen, bedingte Ansprüche ganz allgemein den unbedingten gleichzustellen, so lange die Wirkungen eines suspensiv bedingten Rechtsgeschäftes für alle deutschen Rechtsgebiete nicht gemeinsam geregelt seien; andererseits fehle es an jedem Anlaß, den Arrest bei bedingten Ansprüchen gänzlich auszuschließen; denn sofern nach dem materiellen Rechte pendente conditione Sicherheit für den Fall der Realisirung der durch den bedingten Anspruch eröffneten Aussicht verlangt werden könne oder mit der Begründung des bedingten Anspruches zugleich ein Anspruch auf Erhaltung desselben für den Fall des Eintrittes der Bedingung erwachse, stehe der Anspruch auf Kaution und auf Erhaltung des bedingten Rechtes einem unbedingten Anspruche gleich und sei deshalb der Sicherung durch Arrest empfänglich.

Der Entwurf (§ 133 Abs. 1) gewährt dem bedingt Berechtigten einen Anspruch auf Sicherheitsleistung, wenn die Voraussetzungen vorhanden sind, unter welchen nach den §§ 796, 797 der C. P. O. Arrest stattfindet. Die Thatsache, daß vorerst kein Recht auf Erfüllung besteht, macht die künftige Verwirklichung der eröffneten Aussicht noch nicht zu einer gefährdeten. Nichts rechtfertigt, demjenigen, der noch kein gegenwärtiges Recht auf künftige Erfüllung hat, ohne Weiteres ein Recht auf Sicherung der künftigen Erfüllung einzuräumen. Erst mit der Thatsache der Gefährdung wird der Schutz zum Bedürfnisse und nur in ihr findet derselbe seine Rechtfertigung. Ein Anspruch auf Sicherheitsleistung kann daher nur im Falle der Gefährdung, nicht schon im Voraus für den möglichen Fall einer Gefährdung gegeben werden. Wann ein bedingtes Recht dergestalt gefährdet ist, daß Sicherheitsleistung verlangt werden kann, wird angemessen im Anschlusse an § 797 der C. P. O. (vergl. dazu Entsch. des Reichsgerichtes in Civils. III Nr. 119 S. 416 ff.) bestimmt. An die in dieser Vorschrift sowie in § 796 der C. P. O. aufgestellten materiellen Voraussetzungen anzuknüpfen, ist um so mehr geboten, als derjenige, der einen bedingten Anspruch hat, hinsichtlich der Sicherungsmöglichkeit nicht besser gestellt sein kann, als derjenige, dem ein unbedingter, betagter oder unbetagter Anspruch zusteht.

Der bedingt Berechtigte hat gemäß § 133 Abs. 1 zunächst nur einen im Klagwege zu verfolgenden Anspruch auf Sicherheitsleistung. Da aber dieser Anspruch nur gegeben ist, wenn die Voraussetzungen des Arrestes vorliegen, so wird zugleich der Anbringung eines Arrestgesuches zur Sicherung dieses unbedingten Anspruches auf Sicherheitsleistung der Regel nach nichts entgegenstehen. Ueber die Art und Weise, wie die Sicherheit zu leisten ist, vergl. §§ 199 ff.

Ob der unter einer aufschiebenden Bedingung Berechtigte die Eröffnung des Konkursverfahrens über das Vermögen des bedingt Verpflichteten beantragen kann, ist eine Frage des Konkursrechtes, deren Entscheidung, soweit eine solche erforderlich ist, angemessen einer Revision der Konkursordnung vorbehalten bleibt.

b) Im Konkurse des bedingt Verpflichteten.

Befindet der bedingt Verpflichtete sich im Konkurse, so hat der bedingt Berechtigte nach § 60 der Konk. O. ein Recht auf Sicherung. Die bedingte Forderung wird zunächst wie eine unbedingte behandelt, nur daß die ausgeworfenen Beträge bei den Abschlagsvertheilungen zurückbehalten werden. Erfüllt die Bedingung während des Konkurses sich nicht, so werden die zurückbehaltenen Beträge für die Masse frei und vertheilt, als wenn die bedingte Forderung nicht bestände, es sei denn, daß nach dem bürgerlichen Rechte ein Anspruch auf Sicherheitsleistung begründet ist; letzterenfalls werden die Beträge erst bei dem Ausfalle der Bedingung frei (Konk. O. §§ 142, 155 Nr. 2, §§ 156, 144, 153). Es erscheint sachgemäß, dem aufschiebend bedingt Berechtigten vorbehaltlos diejenige Rechtsstellung einzuräumen, welche die Konkursordnung ihm unter der Voraussetzung zugesteht, daß der Gemeinschuldner zur Sicherheitsleistung verpflichtet ist. Einerseits erweist sich diese Rechtsstellung lediglich als der Ausfluß des Rechtes auf Sicherheitsleistung, andererseits ergiebt der Konkursfall klar, daß die Vereitelung des Rechtes droht, wenn die Sicherheitsleistung bezw. der Ersatz derselben versagt bleibt (§ 133 Abs. 2). Dementsprechend gestaltet sich künftig auch die Behandlung der Aufrechnung einer aufschiebend bedingten Forderung im Konkurse des bedingt Verpflichteten (Konk. O. §§ 47, 158, 153). Bestimmungen über die Wirksamkeit im Konkurse bezüglich bedingter Rechte zu treffen, welche nicht zu den Ansprüchen gehören, ist mangels Bedürfnisses Abstand genommen.

Einschränkung des Rechtes auf Sicherung.

Das Recht auf Sicherung in oder außerhalb des Konkurses wird dem unter einer aufschiebenden Bedingung Berechtigten nach § 133 Abs. 3 dann versagt, wenn das bedingte Recht wegen der entfernten Möglichkeit der Erfüllung der Bedingung als ein gegenwärtiger Vermögensbestandtheil sich nicht betrachten läßt. Die Vorschrift mag nicht unbedenklich erscheinen, insofern sie dem richterlichen Ermessen einen weiten Spielraum läßt und zu Mißgriffen Raum bietet; sie ist aber nothwendig, um den aus dem Rechte auf Sicherheitsleistung unter Umständen für den bedingt Verpflichteten und für die Gläubiger des letzteren sich ergebenden Härten vorzubeugen.

Einstweilige Verfügungen.

Die Zulässigkeit einer einstweiligen Verfügung richtet sich auch bei einem aufschiebend bedingten Rechte nach den §§ 814—822 der C. P. O. Der Hinweis hierauf (§ 133 Abs. 4) ist vielleicht entbehrlich, fördert aber die Durchsichtigkeit des Rechtes.

Gebundenh. des bedingt Verpflichteten a) Hinsichtlich thatsächlicher nachtheiliger Verfügungen.

3. Der unter einer aufschiebenden Bedingung Verpflichtete hat während des Schwebens der Bedingung sich jeder thatsächlichen Verfügung zu enthalten, durch welche die Verwirklichung des von der Bedingung abhängigen Rechtes vereitelt oder beeinträchtigt werden könnte; insbesondere darf er eine bedingt geschuldete Sache nicht zerstören oder beschädigen. Im Falle vorsätzlicher oder fahrlässiger Zuwiderhandlung haftet er, wenn die Bedingung erfüllt wird, für Schadensersatz. Das Maß der Sorgfalt, welches der bedingt Verpflichtete anzuwenden hat, ist dasjenige, welches er anzuwenden haben würde, wenn das Rechtsgeschäft unbedingt errichtet worden wäre (§ 134). Die Haftpflicht entspricht dem bestehenden Rechte und wird in verschiedenen Gesetzes-

werken besonders hervorgehoben; vergl. bayr. Entw. Th. I Art. 38 Abs. 3, dresd. Entw. Art. 93 Abs. 1, schweiz. Gesetz über das Obligationenrecht Art. 172 Abs. 1. Ist die bedingt geschuldete Leistung vor der Erfüllung der Bedingung ohne einen von dem bedingt Verpflichteten zu vertretenden Umstand unmöglich geworden, so greift die Vorschrift des § 238 Abs. 2 Platz.

b) Hinsichtlich rechtlicher Verfügungen.

Anlangend die rechtlichen Verfügungen des unter einer aufschiebenden Bedingung Verpflichteten, so ist zwischen bedingten obligatorischen Rechtsgeschäften und bedingten Rechtsgeschäften, welche die Uebertragung oder Aufhebung eines Rechtes, die Belastung einer Sache oder eines Rechtes zum Gegenstande haben, zu unterscheiden. Der bedingt Verpflichtete ist bei den einen wie bei den anderen gebunden; sein rechtliches Können ist gelähmt. Aber die Tragweite der Gebundenheit ist eine verschiedene. Die beschränkte Wirksamkeit des obligatorischen Rechtes, seine Richtung auf ein Leisten seitens des Schuldners und nur seitens dieses bringt es mit sich, daß der Schuldner in der Verfügung über den Leistungsgegenstand selbst rechtlich nicht behindert ist. Der Schuldner handelt durch eine solche Verfügung seiner obligatorischen Verpflichtung zuwider und macht sich in der Regel schadensersatzpflichtig (§§ 359, 240); aber die Verfügung ist und bleibt wirksam. Die Gebundenheit des bedingten Schuldners kann nicht weiter tragen, als die Verpflichtung des unbedingten Schuldners. Der bedingte Schuldner haftet demgemäß, wenn er über den Leistungsgegenstand während des Schwebens der Bedingung verfügt, nur für Schadensersatz (§ 134). Anders gestaltet es sich bei bedingten Rechtsgeschäften der zweiten Art. In der bedingten Verfügung über ein Recht oder eine Sache liegt eine Machtentäußerung, welche dem bedingt Verpflichteten es unmöglich macht, über das Recht oder die Sache fernerweit anders zu verfügen, als unter Wahrung der durch die bedingte Verfügung geschaffenen Rechtslage. Hat der Eigenthümer einer beweglichen Sache (hinsichtlich der Grundstücke vergl. § 870) das Eigenthum an der Sache unter einer aufschiebenden Bedingung auf einen Anderen übertragen und überträgt er später, nachdem er zufällig wieder in deren Inhabung gelangt ist, während des Schwebens der Bedingung nochmals das Eigenthum auf einen Dritten, so wird mit der Erfüllung der Bedingung die spätere Uebertragung unwirksam und der Dritte ist der Eigenthumsklage seitens des vorher bedingt Berechtigten ausgesetzt. Hat ferner der Eigenthümer einer Sache, nachdem er unter einer aufschiebenden Bedingung ein Recht an derselben bestellt, die Sache weiter belastet, so geht im Falle der Erfüllung der Bedingung das mit der Erfüllung der Bedingung unbedingt gewordene Recht dem späteren unbedingt bestellten Rechte vor (vergl. § 840 Abs. 1). Ebenso wird, wenn Jemand eine unter einer aufschiebenden Bedingung abgetretene oder erlassene Forderung später nochmals überträgt oder dieselbe verpfändet, die spätere Uebertragung oder Verpfändung mit der Erfüllung der Bedingung unwirksam. Die Vorschrift des § 135 Satz 1 bringt dies zum Ausdrucke. Die in der Gebundenheit liegende Beschränkung der Verfügungsmacht ergreift jede Verfügung. Ueber die Tragweite des Verfügungsbegriffes in Ansehung einzelner Rechtsgeschäfte, wie Einziehung einer Forderung, Kündigung u. s. w., vergl. S. 128, 129. Die Gebundenheit des bedingt Verpflichteten wirkt auch im Konkurse. Durch

Bei bedingt obligatorisch. Rechtsgeschäften.

Bei bedingten Uebertragungsgeschäften u. s. w.

Verschiedenheit der sachlichen Gebundenheit von der Beschränkung der Verfügungsmacht durch ein relatives Veräußerungsverbot.

letzteres unterscheidet dieselbe sich nicht unwesentlich von der auf Grund eines relativen Veräußerungsverbotes eintretenden Unterbindung der Verfügungsmacht (§ 107 Abs. 3). Außerdem kann die Unwirksamkeit, welche sich an den Verstoß gegen ein solches Veräußerungsverbot knüpft, nur von demjenigen geltend gemacht werden, zu dessen Gunsten das Verbot besteht, während bei dem bedingten Rechtsgeschäfte im Falle der Erfüllung der Bedingung nicht blos der Berechtigte, sondern ein Jeder sich auf die Unwirksamkeit der den Eintritt der rechtlichen Wirkung hindernden oder beeinträchtigenden Verfügung zu berufen befugt ist. Hat der bedingt Berechtigte in die anderweite Verfügung eingewilligt oder dieselbe nachträglich genehmigt, so fällt die Unwirksamkeit fort. Die Grundsätze über Konvaleszenz (vergl. insbesondere §§ 309, 310, 830, 876) greifen Platz; steht der gänzliche Mangel des Rechtes in der Person des Verfügenden dem Wirksamwerden des Rechtsgeschäftes bei hinzutretender Einwilligung oder Genehmigung des Berechtigten nicht entgegen, so kann auch die als ein theilweiser Mangel des Rechtes sich darstellende Unterbindung der Verfügungsmacht nicht hinderlich sein. Der eigenen Verfügung des bedingt Verpflichteten sind (vergl. S. 213) diejenigen Verfügungen gleichzustellen, welche im Wege einer gegen ihn erwirkten Zwangsvollstreckung oder Arrestvollziehung erfolgen. Kommt es zur Zwangsversteigerung bezw. zwangsweisen Ueberweisung des Gegenstandes, so findet dieselbe mit der Beschränkung statt, daß die Veräußerung bezw. Ueberweisung mit der Erfüllung der Bedingung unwirksam wird. Entsprechend dem § 107 Abs. 4 die Veräußerung und Ueberweisung im Wege der Zwangsvollstreckung wegen eines persönlichen Anspruches oder auf Grund eines Rechtes, das bei Erfüllung der Bedingung unwirksam wird, zu verbieten, ist, zumal Grundstücke (vergl. § 870) nicht in Betracht kommen, Bedenken getragen. Zwar wird die Veräußerung mit Rücksicht auf die mögliche Unwirksamkeit nur selten zu einem dem Werthe des Gegenstandes entsprechenden Ergebnisse führen und ebenso ist dem Gläubiger mit einer derart beschränkten Ueberweisung wenig gedient. Allein andererseits würde durch das Verbot die Möglichkeit eröffnet, durch bedingte Rechtsgeschäfte Gegenstände des Vermögens beliebig der Zwangsvollstreckung zu entziehen. Die für die Gläubiger hierin liegende Gefahr fällt um so mehr in's Gewicht, als der Schuldner leicht Bedingungen wählen kann, deren Erfüllung oder Ausfall erst in ferner, kaum absehbarer Zeit sich entscheidet. Bei dem Veräußerungsverbote trifft diese Gefahr nicht zu, da die Gläubiger in Ermangelung bereiter Befriedigungsmittel Konkurs beantragen und damit zugleich dem Veräußerungsverbote seine Kraft entziehen können.

Geltendes Recht.

Die Vorschrift des § 135 Satz 1 entspricht der herrschenden Lehre des gemeinen Rechtes. Die Gesetzeswerke, welche der Rückwirkungstheorie folgen, gelangen im Wesentlichen zu den gleichen Ergebnissen. Die Rückwirkung schießt aber über das Ziel hinaus, insofern sie nicht blos die dem in Aussicht gestellten Rechte nachtheiligen, sondern auch die für dasselbe vortheilhaften Verfügungen beseitigt. Für das preußische Recht wird anerkannt, daß ein bedingt begründetes dingliches Recht dem während der Schwebezeit der Bedingung an derselben Sache eingeräumten unbedingten Rechte vorgeht. Nach sächs. Rechte wird mit Rücksicht auf §§ 112, 871 des G. B. angenommen, daß, abgesehen von den besonderen Wirkungen, welche bei Grundstücken mit einer für den künftigen Erwerber zur Sicherung seines Rechtes im Grundbuche eingetragenen Verwahrung verbunden sind (§§ 143, 224), der Erwerber bei Erfüllung der aufschiebenden Bedingung nur einen persönlichen Anspruch gegen den Verpflichteten auf Beseitigung der während der Schwebezeit Dritten eingeräumten Rechte oder, wenn die Beseitigung nicht möglich, auf Schadensersatz habe. Gegen eine solche Gestaltung sprechen erhebliche Gründe. Die praktische Bedeutung aufschiebend bedingter Rechtsgeschäfte besteht darin, daß sie die Möglichkeit gewähren, künftige Rechtsverhältnisse auf gewisse Eventualitäten hin im Voraus mit Sicherheit zu begründen. Der in der Gewährung dieser Möglichkeit liegende Rechtszweck verlangt mehr als einen unter Umständen werthlosen, blos obligatorischen Schutz des bedingt Berechtigten; er verlangt Unverkümmerbarkeit des in Aussicht gestellten Rechtes. Verkehrsrücksichten stehen dem nicht entgegen. Ihnen wird hinreichend Rechnung getragen durch die in § 135 Satz 2 für entsprechend anwendbar erklärten Vorschriften zu Gunsten derjenigen, welche Rechte von einem Nichtberechtigten herleiten. Die Uebertragung dieser Vorschriften beruht auf dem Gesichtspunkte, welcher zu der gleichen Bestimmung in § 107 Abs. 1 Satz 2 geführt hat (vergl. S. 213). Die entsprechende Anwendung der betreffenden Vorschriften schließt in sich, daß, soweit es bei denselben auf ein Nichtkennen oder Nichtkennenmüssen des Mangels in dem Rechte des Autors ankommt, das Nichtkennen oder Nichtkennenmüssen sich auf die Gebundenheit des Autors zu beziehen hat.

Schutz Dritter.

II. Das unter einer auflösenden Bedingung errichtete Rechtsgeschäft tritt sofort in Wirksamkeit; der Schwebezustand bezieht sich auf die Wiederaufhebung der eingetretenen rechtlichen Wirkung. Derjenige, zu dessen Gunsten diese Wirkung eingetreten, ist unbedingt berechtigt, aber möglicherweise vorübergehend und insofern bedingt verpflichtet. Bedingt berechtigt ist derjenige, welchem für den Fall der Erfüllung der Bedingung der Rückerwerb des eingeräumten Rechtes, die Befreiung von der übernommenen Verbindlichkeit in Aussicht steht. Das bedingte Recht und die bedingte Verpflichtung unterstehen den gleichen Grundsätzen wie bei der aufschiebenden Bedingung. Sie sind in derselben Weise vererblich und veräußerlich, wie das unbedingte Recht und die unbedingte Verpflichtung. Eine Ausnahme tritt ein bei der unter einer auflösenden Bedingung erfolgten Uebertragung des Eigenthumes an einem Grundstücke; des Rückfallsrecht kann nach § 871 Abs. 3 nicht veräußert oder belastet werden. Der bedingt Berechtigte ist ferner befugt, Sicherheitsleistung bezw. Sicherstellung des Leistungsgegenstandes in Gemäßheit des § 133 Abs. 1, 3, 4 zu verlangen (vergl. preuß. A. L. R. I, 4 §§ 121—125, code civil Art. 1180, bayr. Entw. Th. I Art. 43 Abs. 2, dresd. Entw. Art. 93). Der Fall, daß der bedingt Verpflichtete in Konkurs geräth, bedarf keiner besonderen Berücksichtigung; durch die §§ 59, 155 Nr. 4, §§ 153, 47 der Konk. O. ist zur Genüge vorgesorgt. Erheblich erweitert ist das Recht auf Sicherung für den bedingt berechtigten Nacherben durch die Bestimmungen des § 1815 verb. mit § 1004 sowie des § 1818 Satz 3. Endlich haben auch die Vorschriften der §§ 134, 135 ebenmäßig zur Anwendung zu gelangen.

II. Schwebezustand bei der auflösenden Bedingung.

Von besonderer Bedeutung hinsichtlich des § 135 sind die Vorschriften des § 871 und der §§ 1828, 1829. In § 871 Abs. 2 Satz 2 findet sich zugleich die Sonderbestimmung, daß wegen persönlicher Verbindlichkeiten des bedingt Verpflichteten oder auf Grund eines Rechtes, welches nach Erfüllung der Bedingung unwirksam sein würde, die Zwangsversteigerung des Grundstückes nicht zulässig ist. Eine ähnliche Vorschrift enthält der § 1829.

Prozeßführung.

Zur Prozeßführung in Ansehung eines unter einer Bedingung übertragenen Rechtes ist während der Schwebezeit der bedingt Verpflichtete berufen. Handelt es sich jedoch um eine auflösende Bedingung, so wirkt im Falle der Erfüllung das Urtheil nicht für und gegen den an seine Stelle tretenden Berechtigten. Die Vorschrift des § 192 greift nicht Platz, da eine Rechtsnachfolge im Sinne des Entwurfes nicht vorliegt; vergl. S. 271 und zu § 192. Eine Ausnahme enthält § 1830.

Ueber die Behandlung bedingter Rechte und bedingter Verbindlichkeiten bei Feststellung des Nachlaßbestandes zum Zwecke der Berechnung des Pflichttheiles und zur Bemessung des abzuziehenden Betrages im Falle der Geltendmachung der Abzugseinrede seitens des Inventarerben vergl. §§ 1986, 2137, 2138.

§ 136.

Wann ist eine Bedingung als erfüllt anzusehen?

Die in den Gesetzgebungen sich findenden Bestimmungen über die Erfüllung von Bedingungen ergeben sich zum Theile aus dem Wesen der Bedingung bezw. der Natur der Sache von selbst. Dahin gehören die Sätze, daß auf die Erfüllung der Bedingung nicht geklagt werden könne (l. 41 pr. D. de contr. emt. 18, 1, sächs. G. B. § 871, dresd. Entw. Art. 101 Satz 2), — daß bei wahlweise gesetzten Bedingungen die Erfüllung der einen oder anderen genüge, bezw. daß derjenige, auf dessen Handeln die Bedingungen gestellt sind, die Wahl zwischen denselben habe (preuß. A. L. R. I, 4 § 139, I, 12 § 490, hess. Ent. Abth. IV, 1 Art. 101), — daß unvollständige Erfüllung der Nichterfüllung gleichstehe (preuß. A. L. R. I, 12 §§ 491, 492, bayr. Entw. Th. I Art. 49 Abs. 1, hess. Entw. Abth. IV, 1 Art. 102 Abs. 1). Andere Vorschriften tragen den Karakter kasuistischer Auslegungsregeln an sich und sind, soweit richtig, selbstverständlich, zumeist aber in der Allgemeinheit, in welcher sie aufgestellt werden, nicht unbedenklich; so die Vorschriften, daß, wenn eine Leistung mehreren Personen als Bedingung gesetzt ist, solche als von keiner dieser Personen erfüllt zu gelten habe, so lange die Leistung nicht vollständig geschehen sei, möge sie theilbar oder nicht theilbar sein (bayr. Entw. Th. I Art. 49 Abs. 2, hess. Entw. Abth. IV, 1 Art. 102 Abs 2), — daß, wenn die Bedingung auf eine Handlung des bedingt Berechtigten gestellt ist, bei welcher es auf die Persönlichkeit des letzteren nicht ankommt, die Bedingung auch von dessen Erben erfüllt werden könne (preuß. A. L. R. I, 4 § 161, sächs. G. B. § 890, dresd. Entw. Art. 101, schweiz. Gesetz über das Obligationenrecht Art. 175), — daß eine auf die Handlung eines Dritten gestellte Bedingung nur von diesem und nicht von dessen Erben erfüllt werden könne (sächs. G. B. § 891, dresd. Entw. Art. 102), — daß, wenn derjenige, dessen Handlung zur Bedingung gemacht worden ist, die Bedingung nicht erfüllen zu wollen erklärt, diese Erklärung unwiderruflich sei und die Bedingung als nicht erfüllt gelte (sächs. G. B. § 892, dresd. Entw. Art. 104), — daß, wenn ein Dritter, welchem durch die Erfüllung der Bedingung ein Vortheil zugewendet werden soll, die Annahme des Vortheiles verweigert und so die Erfüllung unmöglich macht, die Bedingung als erfüllt zu gelten habe (sächs. G. B. §§ 111, 2146, bayr. Entw. Th. I Art. 48 Abs. 1, hess. Entw. Abth. IV, 1 Art. 100, dresd. Entw. Art. 103 (vergl. dagegen preuß. A. L. R. I, 4 §§ 112, 113, I, 12 § 507, österr. G. B. § 699). Ueber eine in der letzteren Richtung für das Erbrecht aufgestellte Auslegungsvorschrift vergl. § 1763. (§§ 1946, 1956 Abs. 1, § 1962 Abs. 2).

Wenn der bedingt Verpflichtete die Erfüllung der Bedingung vereitelt.

Positiv und nicht zu entbehren ist die Vorschrift des § 136. Der bedingt Verpflichtete muß zu seinem Worte stehen. Er verstößt gegen dasselbe, wenn er die Erfüllung der Bedingung und damit den Eintritt der von der Bedingung abhängig gemachten rechtlichen Wirkung unredlicher Weise verhindert. Folge dieser Handlungsweise kann nicht blos sein, daß der bedingt Verpflichtete für den entstandenen Schaden zu haften hat. Dem Interesse des bedingt Berechtigten wird nur dadurch genügende Rechnung getragen, daß die Bedingung als erfüllt angesehen wird, und zwar als zu der Zeit erfüllt, zu welcher sie bei ordnungsmäßigem Verhalten des bedingt Verpflichteten eingetreten sein würde (Entsch. des Reichsgerichtes in Civils. II Nr. 38 S. 144). Eine entsprechende Vorschrift findet sich in mehr oder minder zutreffender Fassung in allen Gesetzgebungen*). Die Bestimmung kann selbstverständlich dann nicht Platz greifen, wenn die Bedingung auf die Vornahme oder Nichtvornahme einer von dem freien Ermessen des bedingt Verpflichteten abhängigen Handlung gestellt ist; der letztere macht solchenfalls, wenn er die Handlung unterläßt bezw. vornimmt, nur von seinem Rechte Gebrauch. Aber auch dann, wenn die Erfüllungshandlung eines Dritten oder ein Ereigniß, welches von der Thätigkeit eines Anderen abhängig ist, in Frage steht, darf nicht ohne Weiteres angenommen werden, daß der bedingt Verpflichtete gehalten sei, sich jeglicher Einwirkung auf den Ausgang zu enthalten. Ob und in welcher Weise derselbe die Entscheidung beeinflussen oder seine etwa erforderliche Mitwirkung leihen und versagen darf, läßt sich nicht im Allgemeinen bestimmen, sondern hängt von dem Inhalte der bedingten Willenserklärung ab. Indem der Entwurf die Fiktion der Erfüllung der Bedingung davon abhängig macht, daß der bedingt Verpflichtete die wirkliche Erfüllung „in einer dem Inhalte des Rechtsgeschäftes zuwiderlaufenden Weise" verhindert, sind diese Fälle zur Genüge berücksichtigt. Das schweiz. Gesetz über das Obligationenrecht Art. 176 fordert, um dieselben auszuschließen, einen Verstoß gegen Treu und Glauben.

Bestimmungen in der Richtung, daß unter gewissen Voraussetzungen eine erfüllte Bedingung als **nicht** erfüllt gelte, sind nicht aufgenommen. Die von dem preuß. A. L. R. I, 4 §§ 104, 117, 119 in's Auge gefaßten Fälle bedürfen

---

*) l. 161 D. de R. J. 50, 17, preuß. A. L. R. I, 4 §§ 104—107, code civil Art. 1178 (Entsch. des Reichsgerichtes in Civils. X Nr. 86 S. 296 ff.), sächs. G. B. § 111, bayr. Entw. Th. I Art. 48, hess. Entw. Abth. IV, 1 Art. 100, dresd. Entw. Art. 103, zür. G. B. § 976, schweiz. Gesetz über das Obligationenrecht Art. 176.

keiner besonderen Regelung. Bei denselben handelt es sich darum, ob ein unter gewissen Einflüssen verwirklichter Thatbestand nach dem wahren Sinne der Bedingung als Erfüllung derselben angesehen werden könne oder nicht; ist dies zu verneinen, so ergiebt sich von selbst, daß die Bedingung je nach Lage der Umstände als noch nicht erfüllt oder als ausgefallen zu betrachten ist.

Keine Bestimmung über unnütze Bedingungen.

Die in dem preuß. A. L. R. I, 4 §§ 133—135 sich findende Sonderbehandlung von Bedingungen, „von deren Erfüllung kein Nutzen abzusehen ist", hat schon bisher in der Gesetzgebung mit Recht keine Nachahmung gefunden.

§ 137.

Auf die Gegenwart oder die Vergangenheit gestellte Bedingungen.

Die Bedingung, welche auf den Eintritt oder Nichteintritt eines der Vergangenheit oder der Gegenwart angehörigen Ereignisses gestellt ist, bewirkt keinen rechtlichen Schwebezustand; Bestand oder Nichtbestand der abhängig gemachten rechtlichen Wirkung ist bereits entschieden. Entspricht der zum Gegenstande der Bedingung gemachte Umstand der Wirklichkeit, so ist das Rechtsgeschäft, wenn die Bedingung eine aufschiebende ist, wie ein unbedingtes wirksam, wenn die Bedingung eine auflösende ist, wirkungslos. Entspricht der zum Gegenstande der Bedingung gemachte Umstand der Wirklichkeit nicht, so ist das Rechtsgeschäft, wenn die Bedingung eine aufschiebende ist, wirkungslos, wenn sie eine auflösende ist, unbedingt wirksam (preuß. A. L. R. I, 4 §§ 140—143, sächs. G. B. §§ 881, 883 Satz 1, bayr. Entw. Th. I Art. 51, hess. Entw. Abth. IV, 1 Art. 104, dresd. Entw. Art. 105). Von einer Hervorhebung dieser Gestaltung (Abs. 1) könnte abgesehen werden, wenn nicht andere, sich anschließende Fragen einer Erledigung bedürften. Der thatsächlichen Gewißheit über den Bestand oder Nichtbestand der rechtlichen Wirkung steht der Regel nach eine subjektive Ungewißheit der Betheiligten über den Sachverhalt gegenüber, sei es daß dieselben überhaupt nicht wissen, daß die Sache erledigt ist, oder daß sie letzteres zwar wissen, aber nicht wissen, wie die Erledigung stattgefunden hat. Diesem thatsächlichen Schwebezustande wird besondere Berücksichtigung zumeist nicht zu Theil. Was das Recht auf Sicherung anlangt, kann aber der unter einer eigentlichen Bedingung Berechtigte sichtbar nicht besser gestellt sein, als der unter einer derartigen uneigentlichen Bedingung Berechtigte. Für den Fall und die Dauer des Nichtbekanntseins des Ausganges der Bedingung sind demgemäß die Vorschriften des § 133 für entsprechend anwendbar erklärt (Abs. 2). Des Weiteren kann nicht verkannt werden, daß, wenn ein Rechtsgeschäft einen rechtlichen Schwebezustand und deshalb die Beifügung einer Bedingung nicht erträgt, der Regel nach dasselbe auch einem thatsächlichen, durch eine uneigentliche Bedingung der fraglichen Art herbeigeführten Schwebezustande nicht zugänglich ist, mithin die Beifügung einer solchen Bedingung, soweit nicht ein Anderes bestimmt ist, gleichfalls ausgeschlossen sein muß (Abs. 3).

Schwebezustand.

Der dem Erbrechte angehörende besondere Fall, daß das Ereigniß, auf welches die Bedingung gestellt ist, zwar nach der Errichtung der letztwilligen Verfügung, aber vor dem Erbfalle, mithin vor dem Zeitpunkte eingetreten ist, von welchem an die Verfügung zu wirken bestimmt ist, hat in § 1762 Berücksichtigung gefunden (vergl. dazu §§ 1946, 1956 Abs. 1, § 1962 Abs. 2).

Nach einigen Gesetzgebungen soll, wenn das zur Bedingung gemachte Ereigniß zur Zeit des Vertragsabschlusses eingetreten ist, jedoch mehrmals eintreten kann, zur Erfüllung der Bedingung das nochmalige Eintreten desselben nur erforderlich sein, wenn die Betheiligten wußten, daß es eingetreten war (vergl. sächs. G. B. §§ 882, 883 Satz 2, § 2145, dresd. Entw. Art. 106). Bei der Enthaltsamkeit, welche in der Aufstellung von Auslegungsregeln beobachtet worden ist, wird es nur als gerechtfertigt anerkannt werden können, wenn von der Aufnahme einer solchen Bestimmung Abstand genommen ist, zumal dieselbe, soweit sie über die durch die Umstände des Falles ohnehin an die Hand gegebene Entscheidung hinausgreift, nicht einwandsfrei erscheint.

Keine Bestimmung über nothwendige und unmögliche Bedingungen.

Die nothwendige und die unmögliche Bedingung ist mit Stillschweigen übergangen. Hinsichtlich der ersteren haben bereits der bayr. und der hess. Entw., ingleichen das österr. G. B., das zür. G. B. und das schweiz. Gesetz über das Obligationenrecht von Bestimmungen Umgang genommen*). Die Kategorie der nothwendigen Bedingung ist an sich eine mißliche. Der Begriff der Nothwendigkeit zwingt auf die menschliche Einsicht abzustellen, und diese bietet einen schwankenden, mit den Fortschritten der Wissenschaft wechselnden Maßstab. Dazu kommt, daß, wenn es auch im Allgemeinen richtig ist, daß ein unter einer aufschiebenden nothwendigen Bedingung errichtetes Rechtsgeschäft einem unbedingt errichteten gleichsteht, während eine auflösende nothwendige Bedingung das Rechtsgeschäft unwirksam macht, doch die Fälle der affirmativen und der negativen nothwendigen Bedingungen insofern verschieden liegen, als bei den ersteren der Regel nach eine Befristung beabsichtigt ist, und daß sich kaum eine Fassung finden läßt, welche Mißverständnissen in zweifelsfreier Weise vorbeugt. Anlangend die von Anfang an unmögliche Bedingung, so kann keinem Zweifel unterliegen, daß das Rechtsgeschäft, wenn die Bedingung eine aufschiebende ist, als unwirksam, wenn sie eine auflösende ist, als unbedingt errichtet anzusehen ist**). Dies auszusprechen, erscheint um so entbehrlicher, als die Fälle, in welchen auf eine solche Bedingung abgestellt wird, im Leben überaus selten sind. Wird die anfänglich mögliche Erfüllung einer Bedingung in der Folge unmöglich, so handelt es sich um das Ausfallen einer möglichen Bedingung. Ist die Erfüllung zur Zeit der Errichtung des Rechtsgeschäftes zwar unmöglich, kann sie aber in der Folge möglich werden, so liegt eine in der Schwebe befindliche, unentschiedene Bedingung vor (vergl. § 346). Eine Bedingung, welche die künftige Aenderung einer Rechtsregel zum Inhalte hat, ist eine Bedingung der letzteren Art. Die gemeinrechtliche Streitfrage, ob es für die Möglichkeit einer Bedingung genüge, daß das

---

*) Vergl. im Uebrigen preuß. A. L. R. I, 4 §§ 126, 127, 130, code civil Art. 1173, sächs. G. B. § 884 Satz 1, § 885 Satz 1, § 887, dresd. Entw. Art. 107.

**) Vergl. preuß. A. L. R. I, 4 §§ 129—131, I, 12 §§ 62, 504, code civil Art. 1172, 900, sächs. G. B. § 884 Satz 2, § 885 Satz 2, § 2125, bayr. Entw. Th. I Art. 52, 53, hess. Entw. Abth. IV, 1 Art. 92 Abs. 1, 93 Abs. 1 und 3, dresd. Entw. Art. 108, österr. G. B. §§ 897, 698, zür. G. B. § 974.

Ereigniß, auf welches sie gestellt ist, unter der Voraussetzung einer künftigen Rechtsänderung eintreten könne, bedarf keiner positiven Lösung.

§ 138.

Die auf eine Handlung des Verpflichteten gestellte Bedingung ist zulässig.

Daß einem Rechtsgeschäfte wirksam eine Bedingung beigefügt werden kann, welche auf eine von der Willkür des Verpflichteten abhängige Handlung gestellt ist, wird gegenwärtig ziemlich allgemein angenommen und hat bereits in dem sächs. G. B. § 876 Satz 2, § 2124 Satz 2, dem bayr. Entw. Th. I Art. 35 Abs. 1 und dem dresd. Entw. Art. 109 Satz 2 ausdrücklich Anerkennung gefunden. Der Umstand, daß die Erfüllung der Bedingung ohne den Willen des Verpflichteten nicht erfolgen kann, schließt das Vorhandensein eines gegenwärtigen und selbständigen bedingten Verpflichtungswillens nicht aus. Die in der gemeinrechtlichen Wissenschaft vertretene Ansicht, daß eine derartige Bedingung den Verpflichteten nicht wie eine gewöhnliche Bedingung binde (vergl. preuß. A. L. R. I, 4 §§ 109—111, hess. Entw. Abth. IV, 1 Art. 103 Abs. 4) entbehrt der inneren Berechtigung. Die praktische Bedeutung des entsprechenden ersten Satzes tritt namentlich in den Fällen hervor, in denen Jemand für den Fall, daß er eine übernommene Verpflichtung nicht rechtzeitig erfüllen sollte, sich zur Leistung einer Konventionalstrafe verpflichtet (§ 421).

Die auf das bloße Wollen des Verpflichteten gestellte Bedingung macht die Verpflichtung unwirksam.

Besteht die einem Rechtsgeschäfte beigefügte Bedingung nicht in einem Handeln, sondern in dem bloßen Wollen des Verpflichteten, so tritt in Ansehung der Rechtsgeschäfte unter Lebenden eine verschiedene Beurtheilung ein, je nachdem die Bedingung als eine aufschiebende oder als eine auflösende gesetzt ist. Während kein Grund vorliegt, die Zulässigkeit einer auflösenden Bedingung der fraglichen Art zu beanstanden, macht die aufschiebende Bedingung die Verpflichtung unwirksam (Satz 2)*). Eine Willenserklärung, welche den ihr zukommenden rechtlichen Erfolg von dem künftigen Wollen des Eintrittes dieses Erfolges seitens des Erklärenden abhängig macht, ist rechtlich bedeutungslos, weil es an einem gegenwärtigen wirklichen Willen fehlt. An sich gilt dies nicht nur, wenn der Erklärende verpflichtet, sondern auch, wenn derselbe berechtigt werden soll. Der letztere Fall bedarf indessen keiner besonderen Berücksichtigung, wie ihn auch die bisherigen Gesetzgebungen übergehen. Ueber die Behandlung eines gegenseitigen Vertrages, an welchen getroffener Vereinbarung zufolge der eine Vertragschließende nur dann gebunden sein soll, wenn er will, vergl. § 79. Eine Zuwendung von Todeswegen ist, wenn die beigefügte Bedingung in dem bloßen Wollen des Beschwerten besteht, gemäß § 1765 verb. mit §§ 1946, 1956 Abs. 1, § 1962 Abs. 2 unwirksam, mag die Bedingung eine aufschiebende oder eine auflösende sein.

Die Bestimmung des zweiten Satzes trifft auch den Fall, daß ein Verpflichteter zunächst noch nicht vorhanden ist, sondern erst einem Dritten eine Verpflichtung unter er Bedingung, wem er wolle, auferlegt wird.

---

*) l. 8 D. de O. et A. 44, 7, l. 17, l. 46 § 3, l. 108 § 1 D. de V. O. 45, 1, preuß. A. L. R. I, 4 § 108, sächs. G. B. § 876 Satz 1, § 2124 Satz 1, bayr. Entw. Th. I Art. 35 Abs. 2, dresd. Entw. Art. 109 Satz 1.

§ 139.

Die unverständliche oder widersinnige Bedingung macht das Rechtsgeschäft nichtig.

Ist eine einem Rechtsgeschäfte unter Lebenden beigefügte Bedingung *unverständlich oder widersinnig*, so ist das Rechtsgeschäft, wenn die Bedingung eine aufschiebende ist, anerkanntermaßen*) nichtig. Das Gleiche muß gelten, wenn die Bedingung eine auflösende ist. Es bleibt im Unklaren, inwieweit der Bestand der rechtlichen Wirkung gewollt ist, und im Besonderen fehlt jeder Anhalt dafür, daß die unbeschränkte Fortdauer der Wirkung dem Willen der Betheiligten entsprechen würde. Das sächs. G. B. § 886 und der bayr. Entw. Th. I Art. 58, 52 Abs. 2 behandeln die auflösende unverständliche oder widersinnige Bedingung als nicht beigefügt, das Rechtsgeschäft mithin als unbeschränkt wirksam. Soweit diese Gestaltung auf der Auffassung beruht, daß jede unter eine auflösende Bedingung gestellte Willenserklärung aus zwei selbständigen Theilen, aus einer unbedingten Hauptwillenserklärung und einer aufschiebend bedingten Nebenwillenserklärung, bestehe, ist der Standpunkt des gegenwärtigen Entwurfes schon an sich ein anderer (Vergl. S. 250, 251). Die Bedingung läßt sich von dem Gesammtinhalte des Geschäftes jedenfalls nicht dergestalt trennen, daß der unbedingte Theil in Kraft bliebe, wenn der bedingende Theil hinfällig würde. Als zutreffend erscheint aber ebensowenig der Gesichtspunkt, daß die unverständliche oder widersinnige Bedingung wegen ihrer Unerfüllbarkeit der unmöglichen Bedingung gleichzustellen sei. Im Falle der Unmöglichkeit der Bedingung entspricht der Fortbestand der rechtlichen Wirkung dem Parteiwillen; bei der unverständlichen oder widersinnigen Bedingung dagegen kann der Parteiwille nicht ermittelt und infolge dessen auch nicht zur Geltung gebracht werden. Die Vorschrift des Entwurfes gilt ebenmäßig für die Verfügungen von Todeswegen.

Kein Unterschied zwischen der aufschiebenden und auflösenden Bedingung.

Unerlaubte Bedingungen.

Von einer besonderen Bestimmung hinsichtlich der *unerlaubten* Bedingungen**) ist Abstand genommen. Erweist die Bedingung sich als eine solche, daß sie die Vornahme des Rechtsgeschäftes selbst zu einer gesetzlich verbotenen macht, so ist das Rechtsgeschäft schon nach § 105 nichtig. Ist die Bedingung dazu angethan, ein den guten Sitten oder der öffentlichen Ordnung widerstreitendes Verhalten zu veranlassen oder zu fördern, so wird der Inhalt des Rechtsgeschäftes ein unerlaubter und das Rechtsgeschäft ist gemäß § 106 nichtig. Dabei macht es keinen Unterschied, ob die Bedingung als aufschiebende oder auflösende beigefügt ist. In dem einen wie in dem anderen Falle bildet die Bedingung einen wesentlichen und untrennbaren Bestandtheil der Willenserklärung; das bezüglich der unverständlichen und widersinnigen Bedingung Bemerkte gilt auch hier. Die Gleichstellung der Rechtsgeschäfte unter Lebenden

---

*) Preuß. A. L. R. I, 4 § 132, sächs. G. B. § 886, bayr. Entw. Th. I Art. 58, 52 Abs. 1, hess. Entw. Abth. IV, 1 Art. 95, dresd. Entw. Art. 114, österr. G. B. § 898 verb. mit § 697.

**) l. 123, l. 137 § 6 D. de V. O. 45, 1, l. 9, l. 14, l. 15 D. de cond. inst. 28, 7, preuß. A. L. R. I, 4 §§ 136, 137 I, 5 §§ 227, 228, code civil Art. 1172, sächs. G. B. §§ 109, 880, bayr. Entw. Th. I Art. 52, 54, hess. Entw. Abth. IV, 1 Art. 92 Abs. 2, 93 Abs. 2, dresd. Entw. Art. 110, zür. G. B. § 975, schweiz. Gesetz über das Obligationenrecht Art. 177.

und der Verfügungen von Todeswegen in Ansehung der unerlaubten Bedingung zu rechtfertigen, bleibt der Begründung zum Erbrechte vorbehalten.

In dem sächs. G. B. §§ 877, 878, 2129, 2130 ist der Versuch gemacht, für die unter Umständen schwierige Beurtheilung der Frage, ob eine Bedingung eine unerlaubte sei, durch Aufstellung allgemeiner Gesichtspunkte eine gewisse Anleitung zu geben. Ein solches Vorgehen führt zu einer der Natur der Sache nach nicht erschöpfenden Kasuistik. Ueberdies würden derartige Bestimmungen nicht auf die Bedingungen zu beschränken, sondern allgemein für den Inhalt der Rechtsgeschäfte zu treffen sein. Räthlich erscheint des Weiteren auch nicht, einzelne bestimmte Fälle herauszuheben, wie dies in den Gesetzgebungen*) namentlich hinsichtlich der Bedingungen geschehen ist, welche auf die Aenderung oder Beibehaltung der Konfession, auf die Verehelichung, Nichtverehelichung, Scheidung einer bestehenden Ehe u. s. w. gestellt sind. Der materiellen Gerechtigkeit wird ungleich mehr gedient, wenn der Richter in dieser Hinsicht nicht an allgemeine, von der Beschaffenheit der verschieden liegenden einzelnen Fälle nothwendig absehende Vorschriften gebunden ist.

Wird die unerlaubte Bedingung mit Schweigen übergangen, so erledigt sich von selbst ein Eingehen auf die Frage, ob, wenn einem Rechtsgeschäfte eine unerlaubte und eine erlaubte Bedingung dergestalt beigefügt ist, daß die Erfüllung einer dieser Bedingungen genügen soll, die unerlaubte Bedingung als nicht beigefügt anzusehen oder ob auch in einem solchen Falle das Rechtsgeschäft nichtig sei (vergl. bayr. Entw. Th. I Art. 57, hess. Entw. Abth. IV, 1 Art. 94, dresd. Entw. Art. 112).

§ 140.

Rechtsbedingungen.

Die Beifügung einer Rechtsbedingung im engeren Sinne, d. h. einer Bedingung, welche zwar auf einen zukünftigen und ungewissen, aber nicht auf einen willkürlich gewählten, sondern auf einen solchen Umstand gestellt ist, von welchem die Verwirklichung des Willens mit rechtlicher Nothwendigkeit abhängt, stellt sich als ein überflüssiger und deshalb bedeutungsloser Zusatz dar. Die Rechtsbedingung bildet einen Theil der das Rechtsgeschäft beherrschenden Rechtsregel. Sie steht außerhalb des Beliebens des Erklärenden und wird dadurch, daß dieser sie ausspricht, nicht zu einer rechtsgeschäftlichen oder gewillkürten. An der Bestimmtheit des rechtlichen Verhältnisses wird durch ihre Setzung nichts geändert. Anders, wenn die Betheiligten bei Setzung der Rechtsbedingung ein Mehreres beabsichtigt, als das Gesetz an sich ergiebt. Letzteres wird selbstverständlich durch die gegenwärtige Vorschrift nicht ausgeschlossen. Die Fassung des sächs. G. B. § 888 und des dresd. Entw. Art. 113, daß das unter eine Rechtsbedingung gestellte Rechtsgeschäft als unbedingtes gelte, ist als nicht völlig einwandsfrei vermieden.

Die Beifügung einer Rechtsbedingung im weiteren Sinne d. h. einer Bedingung, welche auf einen der Gegenwart angehörigen, ein gesetzliches

---

**) Vergl. preuß. A. L. R. I, 4 § 136 verb. mit I, 4 §§ 9—12, § 120, sächs. G. B. §§ 879, 2135, 2136, bayr. Entw. Th. I, Art. 55, hess. Entw. Abth. III Art. 61, 62.

Erforderniß des Rechtsgeschäftes bildenden Umstand gestellt ist, bildet selbstverständlich gleichfalls einen bedeutungslosen Zusatz. Das Rechtsgeschäft ist entweder gültig oder nichtig.

Die Natur der Rechtsbedingung bringt mit sich, daß ihre Beifügung auch in den Fällen nicht ausgeschlossen ist, in welchen das Rechtsgeschäft an sich die Beifügung einer gewillkürten Bedingung nicht erträgt, es müßte denn für den einzelnen Fall ein Anderes bestimmt sein.

§§ 141, 142.

Befristung. I. Anfangstermin.

Ist einem Rechtsgeschäfte ein bestimmter künftiger Zeitpunkt oder ein künftiges Ereigniß, dessen Eintritt gewiß ist, als Anfangstermin beigefügt, so wird die Absicht der Betheiligten vielfach die sein, daß die rechtliche Wirkung sofort entstehen und nur deren Geltendmachung bis zu dem Anfangstermine hinausgeschoben sein soll. Die Willensmeinung kann aber auch dahin gehen, daß die rechtliche Wirkung nicht sofort, sondern erst mit dem Eintritte des betreffenden Zeitpunktes oder Ereignisses zur Entstehung gelangen soll. Auf dem Gebiete der Schuldverhältnisse bildet erfahrungsgemäß die erstere Gestaltung, welche von den bisherigen Gesetzgebungen allein in's Auge gefaßt wird*), die Regel. Dem entspricht auch die Vorschrift des § 738, ingleichen die Bestimmung der Konk. O. § 58, daß betagte Forderungen im Konkursverfahren als fällige gelten. Bei Rechtsgeschäften dagegen, welche die Begründung, Uebertragung oder Aufhebung eines Rechtes oder die Belastung einer Sache oder eines Rechtes zum Gegenstande haben, hat die Beifügung eines Anfangstermines nicht selten die Bedeutung, daß die rechtliche Wirkung erst mit dem Anfangstermine eintreten soll. Liegt ein Fall der letzteren Art vor, so ist ein gleicher rechtlicher Schwebezustand gegeben, wie bei der aufschiebenden Bedingung; der Unterschied ist nur, daß die bei der Bedingung vorhandene Ungewißheit, ob die abhängig gemachte Wirkung eintreten wird, bei der Befristung nicht besteht; der Eintritt ist gewiß. Der unter einem die Entstehung des Rechtes hinausschiebenden Anfangstermine Berechtigte kann nicht anders gestellt sein, als der aufschiebend bedingt Berechtigte. Es sind demgemäß die für den Schwebezustand bei der aufschiebenden Bedingung geltenden Vorschriften in Satz 2 des § 141 für entsprechend anwendbar erklärt. Ausgenommen von der Uebertragung sind nur die Absätze 2 und 3 des § 133; der Abs. 2, weil es insoweit bei den einschlagenden Vorschriften der Konk. O. zu bewenden hat; der Abs. 3, weil die ihm zu Grunde liegende Voraussetzung hier nicht zutreffen kann. Desgleichen schlägt die Vorschrift des § 238 Abs. 2 ein. Ein unter besonderen Grundsätzen stehender Fall eines die Entstehung des Rechtes hinausschiebenden Anfangstermines ist derjenige der betagten Erbeinsetzung, §§ 1804 ff.; vergl. auch § 1771 Abs. 2. Hinsichtlich des Sprachgebrauches

Hinausschiebung der Geltendmachung oder der Entstehung des Rechtes.

Gleichstellung des letzteren Falles mit der aufschiebenden Bedingung.

*) Preuß. A. L. R. I, 4 §§ 164, 165, code civil Art. 1185, sächs. G. B. § 115, bayr. Entw. Th. I Art. 61 Abs. 1, hess. Entw. Abth. IV, 1 Art. 106, dresd. Entw. Art. 115. Das zür. G. B. und das schweiz. Gesetz über das Obligationenrecht enthalten sich allgemeiner Bestimmungen über Befristung.

des Entwurfes ist zu bemerken, daß der Ausdruck „betagt", soweit nicht etwa der Zusammenhang ein Anderes ergeben sollte, für beide Fälle, sowohl wenn die Geltendmachung als wenn die Entstehung des Rechtes hinausgeschoben ist, gebraucht wird (vergl. § 158 Abs. 2, § 414). Ueber die Unwirksamkeit einer unter Beifügung eines Anfangstermines erfolgten Auflassung vergl. § 870.

II. Endtermin.

Ist einem Rechtsgeschäfte ein bestimmter künftiger Zeitpunkt oder ein künftiges Ereigniß, dessen Eintritt gewiß ist, als Endtermin beigefügt, so endigt die rechtliche Wirkung mit dem Eintritte des Endtermines für die Zukunft (§ 142 Abs. 1)*). Auf den Schwebezustand in der Zwischenzeit haben die für die auflösende Bedingung geltenden Vorschriften der §§ 132, 133 Abs. 1, 4, §§ 134, 135 entsprechende Anwendung zu finden. Wenn neben diesen Vorschriften in § 142 Abs. 2 zugleich der § 129 in Bezug genommen worden ist, so ist dies geschehen, um keinen Zweifel darüber zu lassen, daß der Eintritt des Endtermines unmittelbar wirkt, der frühere Zustand mithin kraft des Gesetzes für die Zukunft wieder hergestellt wird. Das letztere gilt im Besonderen auch in Ansehung der unter einem Endtermine im Grundbuche eingetragenen Rechte; mit dem Eintritte des Endtermines entspricht der Inhalt des Grundbuches nicht mehr der wirklichen Rechtslage und greift infolge dessen der § 843 Platz. Ueber die unter Beifügung eines Endtermines erfolgte Auflassung vergl. § 871.

Uebertragung der Vorschriften über die auflösende Bedingung.

§ 143.

Bedingung oder Befristung.

So klar die begriffliche Grenze zwischen Bedingung und Befristung ist, so zweifelhaft kann im einzelnen Falle sein, ob die Setzung einer Bedingung oder eines Termines von den Betheiligten beabsichtigt ist. Sache der Auslegung ist es, solchenfalls die Willensmeinung festzustellen. Die gegenwärtige, einer abweichenden Regelung Raum lassende Vorschrift mag als selbstverständlich erscheinen, ist aber wegen ihrer praktischen Bedeutung nach dem Vorgange des sächs. G. B. § 114 aufgenommen worden**). Getroffen wird sowohl der dies incertus an et quando als der dies incertus an, certus quando. Nicht berührt von der Vorschrift werden die Fälle, in welchen auf ein künftiges Ereigniß, dessen Eintritt nicht gewiß ist, das aber, wenn überhaupt, zu einem im Voraus berechenbaren Zeitpunkte eintritt, in dem Sinne abgestellt ist, daß es nicht auf das Eintreten des Ereignisses, sondern nur auf den nach demselben sich ergebenden Termin ankommen soll.

Dies incertus an Bedingung.

Von einer Bestimmung hinsichtlich des dies certus an, incertus quando ist Umgang genommen. Der Regel nach handelt es sich bei demselben um eine Zeitbestimmung; es versteht sich aber auch hier von selbst, daß der erkennbare Parteiwille Maß und Ziel für die rechtliche Beurtheilung zu geben hat.

---

*) Preuß. A. L. R. I, 4 §§ 167—169, sächs. G. B. § 132 (§§ 115, 593, 652), bayr. Entw. Th. I Art. 61 Abs. 2, hess. Entw. Abth. IV, 1 Art. 110, dresd. Entw. Art. 115.

**) Vergl. preuß. A. L. R. I, 4 § 163, bayr. Entw. Th. I Art. 60 Abs. 1, hess. Entw. Abth. IV, 1 Art. 107 Abs. 1, dresd. Entw. Art. 116, österr. G. B. § 704.

Ein Abschnitt über „Rechte im Allgemeinen", wie ein solcher in dem sächs. G. B. Th. I Abth. 5 §§ 127—135 sich findet, ist nicht aufgenommen.

Anhang: Die Rechte im Allgemeinen.

I. Die Verschiedenheiten der Rechte.

I. Die Verschiedenheiten der Rechte und ihre begriffliche Abgrenzung können nicht zum Gegenstande allgemeiner gesetzlicher Vorschriften gemacht werden. Soweit das Wesen einzelner Rechte oder Rechtsgattungen eine positiv-rechtliche Ausprägung zu erfahren hat, ist das Erforderliche am geeigneten Orte bestimmt. Nach § 704 Abs. 2 Satz 2 sind Leben, körperliche Unversehrtheit, Gesundheit, Freiheit und Ehre Rechtsgüter, deren vorsätzliche oder fahrlässige Verletzung durch eine widerrechtliche Handlung zum Schadensersatze verpflichtet. Ob aus dieser Bestimmung sich ableiten läßt, daß Rechte an der eigenen Person in dem Entwurfe anerkannt seien, darf der Entscheidung durch die Rechtswissenschaft anheimgestellt bleiben. Zu dem Wesen des Forderungsrechtes gehört nach § 206 nicht, daß die Leistung für den Gläubiger ein Vermögensinteresse, einen Geldwerth habe. Für das dingliche Recht, einschließlich des Eigenthumes, wird in dem Entwurfe der Ausdruck „Recht an der (einer) Sache" gebraucht. Die Kategorie des Rechtes zur Sache (jus ad rem, preuß. A. L. R. I, 2 § 124) ist dem Entwurfe fremd. Daß die auf die immateriellen Güter sich beziehenden Rechte nicht unberücksichtigt geblieben sind, ergeben die §§ 312, 1212.

II. Entstehung der Rechte u. s. w. 1. Entstehung bezw. Erwerb.

II. Ueber die Entstehung, Veränderung und das Erlöschen der Rechte, den Erwerb und Verlust derselben sind allgemeine Bestimmungen nicht am Platze.

Das preuß. A. L. R. Einl. § 82 versucht einen Ueberblick über die Entstehungsthatsachen der Rechte zu geben, indem es als „Quellen des Rechtes" die Geburt und den Stand, sowie Handlungen oder Begebenheiten bezeichnet, mit welchen die Gesetze eine bestimmte Wirkung verbinden. Nachahmung hat der Versuch nicht gefunden.

Rechtsnachfolge.

Der für den Erwerb der Rechte bedeutsame Begriff der Rechtsnachfolge umfaßt nach dem Entwurfe — in Uebereinstimmung mit §§ 236, 665 der C. P. O. — sowohl diejenigen Fälle, in welchen ein bestehendes Recht von seinem bisherigen Träger auf einen anderen übergeht, als diejenigen Fälle, in welchen das erworbene Recht sich auf ein vorhandenes Recht dergestalt stützt, daß das erstere ein aus dem letzteren erzeugtes Recht anderer Art ist (Bestellung einer Dienstbarkeit u. s. w.). Wesentlich für den Begriff ist ferner, daß der Erwerber sein Recht von dem Vorgänger herleitet; es genügt nicht bloße zeitliche Aufeinanderfolge. Rechtsnachfolge im Sinne des Entwurfes liegt demgemäß nicht vor, wenn die Uebertragung eines Rechtes infolge des Eintrittes einer auflösenden Bedingung (§ 129) oder eines Endtermines (§ 142) oder infolge Anfechtung (§ 112) hinfällig wird und das Recht an den früheren Berechtigten zurückgelangt. Rechtsnachfolge liegt ebensowenig vor, wenn Jemand durch selbständigen, originären Erwerb ein Recht erlangt, wie dies bei der Ersitzung (§§ 881 ff.) der Fall ist.

Der Satz, daß man nicht mehr Recht auf einen Anderen übertragen kann, als man hat (l. 54 D. de R. J. 50, 17, preuß. A. L. R. Einl. § 101, sächs. G. B. § 131), bedarf ebensowenig besonderer Hervorhebung im Gesetze, wie der weitere

Satz, daß, wer einem Anderen ein Recht überträgt, vermuthlich demselben zugleich alle damit verbundenen Vortheile habe übertragen wollen (preuß. A. L. R. Einl. § 100).

Ob ein Rechtserwerb, der kraft besonderer Vorschrift mit rechtlicher Wirksamkeit sich vollzieht, obwohl derjenige, welcher überträgt oder einräumt, ein Nichtberechtigter ist, als abgeleiteter oder als selbständiger Erwerb zu betrachten sei, ist eine Frage der Rechtswissenschaft. Dem Gesetze fällt lediglich zu, in dieser Hinsicht keinen Zweifel zu lassen, ob das erworbene Recht von Beeinflussungen und Beschränkungen des früher begründeten Rechtes unberührt oder in welchen Beziehungen es solchen Beeinflussungen und Beschränkungen unterworfen sein soll. Vergl. hinsichtlich des Rechtserwerbes bei unbeweglichen Sachen §§ 837, 841, 1083, 1114, 1134, 1144, bei beweglichen Sachen §§ 877, 878, 879, 1018 Abs. 2, § 1147 Abs. 2, §§ 1152, 1180, 1182, 1209, sowie hinsichtlich des Rechtserwerbes auf Grund eines Erbscheines § 2077.

2. Uebertragbarkeit und Vererblichkeit der Rechte.

Welchen Rechten die Eigenschaft der Uebertragbarkeit zukommt oder nicht zukommt, ist der Natur der Rechte und den besonderen Bestimmungen zu entnehmen. Das Gleiche gilt von der Vererblichkeit. Die einschlagenden Sätze des preuß. A. L. R. Einl. §§ 99, 102—104 eignen sich nicht zur Aufnahme. Vermögensrechte sind der Regel nach übertragbar und vererblich. Uebertragbar ist im Besonderen nach dem Entwurfe auch der Nießbrauch (§ 1011). Fälle der Nichtübertragbarkeit ergeben die § 295 Abs. 1, § 296 Abs. 1, § 486 (§ 954), §§ 644, 724 Abs. 3 (§§ 727, 734—736), §§ 728, 871 Abs. 3, §§ 974, 1047, 1057, 1059, 1298 (§ 1417), § 1339 Abs. 3, § 1345 Abs. 1 (§ 1397 Abs. 1), § 1458 Abs. 2, § 1534. Fälle der Nichtvererblichkeit finden sich in §§ 447, 450, 451, 487 Nr. 1, §§ 599, 652, 660, 663, 728, 1014 (§ 1049), § 1406 Abs. 5, §§ 1453, 1496 (§ 1575 Abs. 2).

Verpfändbarkeit und Pfändbarkeit.

In der Nichtübertragbarkeit eines Rechtes liegt zugleich der Ausschluß der Verpfändbarkeit durch Rechtsgeschäfte (§ 1207), sowie der Ausschluß der Begründung eines Nießbrauches an demselben (§ 1022). Soweit ein Recht übertragbar ist, unterliegt dasselbe der Regel nach auch der Pfändung. Ausnahmen hiervon enthalten u. A. die § 1299 (§§ 1535, 2002 Abs. 2), § 1992 Abs. 2. Ein nichtübertragbares Recht ist vorbehaltlich besonderer Bestimmung nach § 296 Abs. 2 § 312 Satz 1 der Pfändung nicht unterworfen. Die Befugniß, über ein Recht durch Uebertragung zu verfügen, kann durch Rechtsgeschäft mit Wirkung gegen Dritte nicht ausgeschlossen oder beschränkt werden (§ 295 Abs. 2, § 312 Satz 1, §§ 796, 1077).

3. Erlöschen der Rechte.

Als allgemeine Erlöschungsgründe der Rechte werden in §§ 132, 134 des sächs. G. B. aufgeführt: Die Vereinigung des Rechtes und der ihm entsprechenden Verbindlichkeit in einer Person, der Eintritt eines Endtermines oder einer auflösenden Bedingung sowie der Verzicht.

Konfusion, Konsolidation.

Der Hinweis auf die Erlöschung eines Rechtes im Wege der Konfusion oder Konsolidation gehört nicht in den Allgemeinen Theil; eine hierauf bezügliche Vorschrift empfängt, soweit sie nicht im einzelnen Falle als eine gesetzlicher Anerkennung überhaupt nicht bedürftige Rechtswahrheit erscheint, ihren wahren Inhalt erst aus den einschlagenden besonderen Bestimmungen (vergl. hinsichtlich der Konfusion §§ 291, 333, 339 Abs. 2, §§ 340, 499, 1032, 1097, 1223, 1402, 1833, 1866, 2114, hinsichtlich der Konsolidation §§ 499, 835, 1016 Abs. 1, §§ 1025, 1097, 1833, 2114. Die Wirkung des Eintrittes der auflösenden Bedingung und des Endtermines ist in §§ 129, 142 geordnet. Mit der Bestimmung, daß Rechte erlöschen, wenn der Berechtigte darauf verzichtet (sächs. G. B. § 134 Satz 1), ist für die praktische Rechtsanwendung wenig gewonnen. Es wird dabei entweder ein mit Rücksicht auf die Beschaffenheit des einzelnen Rechtes wirksamer Verzicht vorausgesetzt, in welchem Falle das, worauf es ankommt, nämlich die Frage, welche Rechte verzichtbar sind, keine Lösung findet, oder es wird über die Beschaffenheit des einzelnen Rechtes hinweggesehen und damit ein in seiner Allgemeinheit zu weit tragender Satz ausgesprochen. Von der Aufstellung einer allgemeinen Vorschrift über die Verzichtbarkeit der Rechte ist mit Rücksicht auf die verschiedene Natur der einzelnen Rechte in dem Entwurfe Abstand genommen. Bei den Vermögensrechten bildet, wie die Uebertragbarkeit, so auch die Verzichtbarkeit die Regel. Unzulässig bezw. unwirksam ist der Verzicht u. A. nach § 119 Abs. 2, §§ 225, 597 Abs. 2, §§ 649, 858, 1177 Abs. 2, § 1495 Abs. 1, § 1561. Besonders für zulässig erklärt ist der Verzicht z. B. in § 191 Abs. 2, §§ 582, 1398, 2019, 2024, 2094. Die in dem sächs. G. B. § 134 sich anschließende weitere Bestimmung, daß es der Annahme des Verzichtes durch den Anderen nur in den Fällen bedürfe, in welchen die Gesetze dies aussprechen (vergl. preuß. A. L. R. I, 16 §§ 388 ff.), stellt, abgesehen davon, daß die Bestimmung, wenn sie Aufnahme zu finden hätte, in den das Rechtsgeschäft behandelnden Abschnitt gehörte, eine Regel auf, deren Berechtigung für den Entwurf nicht zutrifft. Gemäß § 290 Abs. 5 ist ein von dem Schuldner nicht angenommener Verzicht des Gläubigers auf die Forderung unverbindlich. Auf dem Gebiete des Sachenrechtes kommt dagegen der Regel nach auch dem einseitigen Verzichte Wirksamkeit zu, §§ 808, 834, 872 Abs. 1, § 904 (§ 950), §§ 960, 965, 977 (§§ 1015, 1048), § 1016 Abs. 2, §§ 1061, 1189 (§ 1226). Vergl. ferner §§ 1393, 1398, 1537 und im Besonderen hinsichtlich des Erbverzichtes und des Verzichtes auf das Inventarrecht §§ 2019, 2024, 2094. — Daß endlich Rechte durch Nichtausübung nur in den Fällen erlöschen, für welche die Gesetze dies aussprechen (sächs. G. B. § 133; dazu preuß. A. L. R. Einl. § 107), braucht ebensowenig im Gesetze besonders betont zu werden, wie, daß ein Recht, welches von dem Dasein oder der Dauer eines anderen Rechtes oder einer Sache abhängt, mit dem Rechte oder der Sache, worauf es beruht, verloren geht (preuß. A. L. R. Einl. § 108). Eine Bestimmung über den concursus causarum lucrativarum ist in den Entwurf nicht aufgenommen.

Verzicht.

concursus causarum lucrativarum.

III. Soviel die **Ausübung** der Rechte anlangt, so folgt aus dem Wesen des Rechtes an sich, daß es in dem Belieben des Berechtigten steht, das Recht innerhalb der gestatteten Grenzen auszuüben oder die Ausübung ganz oder zum Theil zu unterlassen. Demgegenüber sind Bestimmungen des Inhaltes entbehrlich, daß in der Regel Niemand zur Ausübung eines Rechtes gezwungen werden könne (sächs. G. B. § 127), und daß wer zu einem Mehreren berechtigt sei, auch ein Recht auf das darin enthaltene Wenigere habe, soweit die letztere Bestimmung sich überhaupt auf die Ausübung der Rechte bezieht (preuß. A. L. R. Einl. § 91, sächs. G. B. § 128). Erforderlich ist ferner nicht,

III. Ausübung der Rechte.

hervorzuheben, daß derjenige, welchem ein Recht eingeräumt ist, auch befugt sei, die Mittel anzuwenden, ohne welche dasselbe nicht ausgeübt werden kann (preuß. A. L. R. Einl. § 89). Der letztere Satz hat im Wesentlichen nur für Grunddienstbarkeiten (adminicula servitutum) Bedeutung.

1. Art und Maß der Ausübung. Art und Maß der Ausübung bestimmen sich nach dem Inhalte der Rechte. Regel ist, daß der Berechtigte das ihm zustehende Recht nach freiem Ermessen seinem ganzen Gehalte nach auszuüben befugt ist (preuß. A. L. R. Einl. §§ 88, 90). Die Gesetzeswerke pflegen den Folgesatz, daß derjenige, welcher in gesetzmäßiger Ausübung seines Rechtes einem Anderen Schaden zufügt, keine Rechtswidrigkeit begehe (l. 55, 151, 155 D. de R. J. 50, 17) und deshalb den Schaden nicht zu ersetzen habe, bei Regelung der Schuldverhältnisse aus unerlaubten Handlungen zum besonderen Ausdrucke zu bringen*). Gegenüber dem § 704 erledigt sich eine solche Bestimmung. Schranken der freien Rechtsausübung ergeben insbesondere die Vorschriften über das Nachbarrecht, §§ 850 ff. Vermöge der Vorbehalte in § 856 Abs. 2 und § 866 werden die Landesgesetze in der Lage sein, noch weitere Schranken auf diesem Gebiete zu ziehen.

Chikane. Anstand ist genommen, die aus Chikane, zum Schaden eines Anderen und ohne eigenen Nutzen erfolgende Ausübung eines Rechtes für widerrechtlich zu erklären. Von Schriftstellern des gemeinen Rechtes wird die Widerrechtlichkeit auf Grund einiger Quellenstellen vertreten, während Andere, unter Hervorhebung der Besonderheiten der in diesen Stellen behandelten Fälle, die bezüglichen Aussprüche auf diese Fälle beschränkt wissen wollen. Das preuß. A. L. R. I, 6 § 37 läßt denjenigen, der sich seines Rechtes bedient, für Schadensersatz haften, wenn aus den Umständen klar erhellt, daß er unter mehreren möglichen Arten der Ausübung seines Rechtes diejenige, welche dem Anderen nachtheilig wird, in der Absicht gewählt habe, denselben zu schädigen; dazu I, 8 § 27: „Niemand darf sein Eigenthum zu Kränkung oder Beschädigung Anderer mißbrauchen"; § 28: „Mißbrauch heißt ein solcher Gebrauch des Eigenthumes, welcher vermöge seiner Natur nur die Kränkung eines Anderen zur Absicht haben kann". Die neueren Gesetzeswerke sehen von Vorschriften nach dieser Richtung ab. Der Entwurf schließt sich ihnen an. So gerechtfertigt es erscheinen mag, dem Mißbrauche eines Rechtes zur Chikane entgegenzutreten, so bedenklich wäre es andererseits, eine hierauf abzielende Vorschrift von allgemeiner Tragweite zu geben (vergl. im Einzelnen §§ 970, 1048). Die Rechte sind dazu da, die Befriedigung wirklicher Bedürfnisse und die Erreichung fördernswerther Zwecke zu ermöglichen. Der Rechtsordnung fällt deshalb die Aufgabe zu, nur solche Rechte anzuerkennen, welche an sich geeignet sind, dem Wohle der menschlichen Gemeinschaft zu dienen. Wer aber ein ihm zustehendes Recht geltend macht, macht einen auch nach der Seite des Interesses anerkannten Willensinhalt geltend. Damit muß man sich begnügen. Es ist nicht räthlich, einem Streite über die Beschaffenheit des Interesses, welches

*) Preuß. A. L. R. I, 6 § 36, I, 8 § 26, Einl. § 94, sächs. G. B. §§ 118, 1487, österr. G. B. § 1305, bayr. Entw. Th. II Art. 54, hess. Entw. Abth. IV, 1 Art. 207 Abs. 1, dresd. Entw. Art. 211.

der Berechtigte an der Ausübung des Rechtes hat und dessen Vorhandensein er durch die Thatsache des Ausübens bekundet, die Thüre zu öffnen. Was damit erreicht werden sollte, würde sich nur in einer verhältnißmäßig kleinen Zahl von Fällen wirklich erreichen lassen. Die Absicht, zu schaden, mag in der Handlungsweise des Berechtigten hervortreten; der Gegner wird, auch unter der Herrschaft der freien Beweiswürdigung, nur selten darzuthun vermögen, daß der Berechtigte nach der Gestaltung der thatsächlichen Verhältnisse an der Ausübung keinerlei sonstiges Interesse irgend welcher Art habe. Mißliche Prozesse werden veranlaßt und durch Entscheidungen erledigt, die ihrem materiellen Gehalte nach nicht selten von zweifelhaftem Werthe sind. Dazu kommt, daß das, was zur Abwehr des Mißbrauches verordnet wird, zur Bestreitung rechtmäßiger Ausübung, zur Rechtskränkung, mißbraucht werden kann. Der Standpunkt des Entwurfes ergiebt sich aus dem diesbezüglichen Schweigen. Die chikanöse Ausübung eines Rechtes unmittelbar oder mittelbar im Gesetze als zulässig zu bezeichnen, ist weder nothwendig noch räthlich; letzteres nicht, weil in einer solchen Bestimmung leicht eine Billigung dieses offenbar unsittlichen Verhaltens gefunden werden könnte. Daß die Vorschrift des § 705 auf die Chikane nicht anwendbar ist, ergiebt sich daraus, daß die Vorschrift ein Handeln kraft allgemeiner Freiheit, nicht kraft besonderen Rechtes voraussetzt.

2. Uebertragbarkeit der Ausübung.

Die Uebertragbarkeit der Rechtsausübung giebt zu einer Vorschrift von allgemeiner Bedeutung keinen Anlaß. Natur und Inhalt der Rechte haben hierüber zu entscheiden. Die Nichtübertragbarkeit des Rechtes selbst schließt nicht immer die Nichtübertragbarkeit der Ausübung in sich. Soweit der Inhaber eines Rechtes dasselbe durch Dritte für sich ausüben lassen kann, ist er der Regel nach auch Dritten die Ausübung zu deren eigenem Nutzen zu überlassen befugt. Besondere Beschränkungen hinsichtlich der Ueberlassung der Ausübung sind aufgestellt in § 974 Abs. 2 und § 1047. Ein nicht übertragbares Recht ist nach § 312 Satz 2 insoweit, als die Ausübung einem Anderen überlassen werden kann, in der Regel auch der Pfändung unterworfen; Ausnahmen ergeben u. A. die §§ 1298, 1417, 2002 Abs. 2.

IV. Kollision der Rechte. 1. Allgemeine Kennzeichnung.

IV. Von einer Kollision der Rechte wird vielfach nicht blos dann gesprochen, wenn Rechte von gleicher Art und Stärke dergestalt zusammentreffen, daß sie neben einander überhaupt nicht oder nicht vollständig ausgeübt werden können, sondern auch dann, wenn Rechte von ungleicher Art oder Stärke in einer sich beengenden oder ausschließenden Weise sich gegenüber treten. Die Fälle der letzteren Art bieten nichts Eigenthümliches. Das stärkere Recht geht begrifflich dem schwächeren Rechte vor (preuß. A. L. R. Einl. § 95). Die Frage, welche dabei zu Erörterungen Anlaß giebt, ist meist nur die, ob ein Recht und welches Recht das stärkere ist, und diese Frage beantwortet sich entweder nach den Grundsätzen der Rechtslogik oder nach den einschlagenden besonderen Bestimmungen. An der Hand der Rechtslogik ergiebt sich u. A., daß das dingliche Recht dem persönlichen Rechte vorgeht, daß derjenige, welchem ein Recht an einer fremden Sache zusteht, in der Ausübung des Rechtes, von besonderen Fällen abgesehen, vor dem Eigenthümer den Vorrang hat, daß, weil Niemand mehr Recht übertragen kann, als er hat, das frühere an einer

Sache bestellte Recht dem später bestellten Rechte vorgeht. Unter den einschlagenden besonderen Bestimmungen ist von hervorragender Bedeutung der die Rangordnung der im Grundbuche eingetragenen Rechte regelnde § 840. Vergl. ferner §§ 841, 842, 858 Abs. 1 Satz 2 (§§ 860, 863), § 945 Abs. 2, §§ 1151, 1152, 1166, 1218 Abs. 3, § 1222 Abs. 2 (§ 1224).

2. Die zu berücksichtigenden Fälle. Treffen mehrere Rechte von gleicher Art und gleichem Range zusammen, so kann weder der im gemeinen Rechte mitunter vertretene Grundsatz des Zuvorkommens noch der Grundsatz der Theilung oder gegenseitigen Beschränkung (preuß. A. L. R. Einl. §§ 97, 98, sächs. G. B. § 130) schlechthin maßgebend sein. Es hat vielmehr die Beschaffenheit des Falles zu entscheiden. a) Dingliche Rechte. In Ansehung der dinglichen Rechte liegt der Schwerpunkt auf dem Gebiete der Dienstbarkeiten, und für diese ist durch §§ 973, 986, 1048 das Erforderliche vorgesehen; die betreffenden Bestimmungen lassen zudem ein Prinzip erkennen, welches kraft der Analogie nach Befinden auch eine weiter greifende Anwendung gestattet. Bestehen mehrere Faustpfandrechte mit gleichem Range, so ergeben die einschlagenden Grundsätze, daß der Pfandgläubiger, welcher die Pfandsache inne hat, der Herausgabe derselben an den gleichstehenden Pfandgläubiger zum Zwecke des Verkaufes sich nicht entbrechen und den sein Pfandrecht zum Erlöschen bringenden Verkauf nicht hindern kann, vielmehr mit der antheiligen Befriedigung aus dem Erlöse sich zu begnügen hat. Bei dem Vorhandensein mehrerer gleich starker Forderungspfandrechte erhellt, daß der Schuldner mit Sicherheit nur an alle Pfandgläubiger gemeinschaftlich leisten kann und zu leisten verpflichtet ist. b) Forderungen. Gehen mehrere Forderungsrechte auf eine Leistung, welche vermöge ihrer Beschaffenheit nur einem der Gläubiger zu Theil werden kann, so handelt es sich nicht um eine eigentliche Rechtskollision. Das Wesen der obligatorischen Willensherrschaft schließt die Möglichkeit einer solchen aus. Nicht die Forderungsrechte, nur das Interesse, welches die Gläubiger an der Erfüllung durch Naturalleistung haben, kann in Widerstreit gerathen. Treffen Ansprüche auf Uebertragung des Eigenthumes an derselben beweglichen Sache zusammen, so ergiebt sich von selbst, daß derjenige, welcher infolge erlangter Uebergabe Eigenthum erwirbt, aus dem Kreise der Forderungsberechtigten ausscheidet. Darf der Schuldner, der durch nach einander abgeschlossene Verträge die Verbindlichkeit übernommen hat, denselben Gegenstand verschiedenen Personen zu übertragen, keinem der Forderungsberechtigten gegenüber sich darauf berufen, daß er aus einem älteren oder jüngeren Vertrage Anderen verpflichtet sei, so ist nicht abzusehen, weshalb zwischen den Gläubigern, die unter sich in keinem Rechtsverhältnisse stehen, das Alter der Forderung oder das Zuvorkommen durch Klagerhebung oder durch Erlangung eines rechtskräftigen Urtheiles oder das Loos — vergl. sächs. G. B. § 764, bayr. Entw. Th. II Art. 143, 144, hess. Entw. Abth. IV, 1 Art. 258, dresd. Entw. Art. 318 — einen Vorzug begründen soll. Das Gleiche gilt, wenn es sich um die Leistung eines bestimmten Dienstes handelt. Der allgemeine, für Forderungsrechte jeden Inhaltes maßgebende Grundsatz kann nur sein, daß die Entscheidung lediglich von der Erfüllung des Anspruches abhängig gemacht wird (vergl. § 323). Der Wettbewerb um die Erfüllung steht frei, und kein Berechtigter braucht dabei auf den anderen Rücksicht zu nehmen.

Dies gilt auch für die Zwangsvollstreckung, während im Konkursfalle die besonderen konkursrechtlichen Grundsätze Platz greifen. Bezüglich der Zwangsvollstreckung für den Spezialfall Vorsorge zu treffen, daß die Vollstreckung gleichzeitig vorgenommen ist oder Dispositionsbeschränkungen vorausgegangen sind, welche ohne Begründung eines Vorzugsrechtes die Verfügungsmacht des Schuldners unterbinden, liegt kein Bedürfniß vor. Sonderbestimmungen finden sich in § 2118 und § 2127 Abs. 3. Die bei der Gemeinschaft hinsichtlich der Verwaltung und Benutzung des gemeinschaftlichen Gegenstandes maßgebenden Grundsätze sind in §§ 765, 772 niedergelegt (vergl. auch § 817). Die Vorschrift des § 1483 Abs. 2, daß der Unterhaltsanspruch des Ehegatten und der Unterhaltsanspruch eines minderjährigen unverheiratheten Kindes des Verpflichteten gleichstehen, hat selbstverständlich die Bedeutung, daß diese Ansprüche im Falle des Zusammentreffens verhältnißmäßig zu befriedigen sind. In Ansehung des Gesindedienstvertrages wird die Landesgesetzgebung infolge der ihr auf diesem Gebiete zu verstattenden Freiheit nicht behindert sein, besondere Bestimmungen für den Fall zu treffen, daß Gesinde für dieselbe Zeit bei verschiedenen Personen sich verdungen hat (vergl. die Seemannsordnung vom 27. Dezember 1872, R. G. Bl. S. 409, § 26).

3. Das Bestehen eines Rechtes hindert das Entstehen eines anderen Rechtes.

Eine Kollision von Rechten ist nicht gegeben, wenn das Bestehen eines Rechtes das Entstehen eines anderen Rechtes hindert. Die in der gemeinrechtlichen Wissenschaft erörterte Frage, ob der Eigenthümer einer Sache neben einem Rechte, welches seinem Inhalte nach den Nutzen, den die dienende Sache in der von dem Rechte erfaßten Beziehung zu gewähren vermag, erschöpft, ein weiteres Recht von gleicher Art und Ausschließlichkeit (Erbbaurecht, Nießbrauch u. s. w.) gültig bestellen könne, darf bei der Seltenheit eines solchen Falles unbedenklich der Entscheidung durch die Jurisprudenz anheimgestellt werden.

4. Ungewiß, welcher von mehreren Personen ein Recht zukommt.

Eine Kollision von Rechten liegt gleichfalls nicht vor, wenn nur ein Recht in Frage steht, aber ungewiß ist, welcher von mehreren Personen dasselbe zukommt. Die praktisch bedeutsamsten Fälle finden ihre Erledigung durch die Vorschriften der § 310 Satz 2, §§ 583, 584 Abs. 3, § 876 Abs. 2, § 983 Abs. 2, § 1147 Abs. 2. Hinsichtlich der sonst einschlagenden Fälle, in welchen die Ungewißheit zumeist in der Schwierigkeit der Feststellung thatsächlicher Verhältnisse ihren Grund hat — vergl. über einen Fall S. 30 —, erscheint es räthlicher, die Lösung der jeweiligen Beweislage zu überlassen, als den Versuch einer künstlichen Regelung zu machen. Selbstverständliche Voraussetzung ist übrigens, daß das Recht durch die obwaltende Ungewißheit in seinem Entstehen und Bestehen an sich nicht gehindert ist (vergl. §§ 1768, 1946, 1956 Abs. 1, § 1962 Abs. 2).

Gleichzeitige Verfügung Mehrerer über denselben Gegenstand.

Besondere Verwickelungen können sich ergeben, wenn die Verfügungsmacht bezüglich eines Gegenstandes in den Händen des Berechtigten und eines Vertreters ruht und beide in dem gleichen Zeitpunkte über den Gegenstand verfügen, z. B. eine Forderung verschiedenen Personen abtreten (vergl. preuß. A. L. R. I, 13 §§ 86—89). Die Schwierigkeiten einer zutreffenden Entscheidung mögen unter Umständen solchenfalls nicht gering sein; zu einem positiven Eingreifen liegt indessen kein Anlaß vor.

V. Klagenkonkurrenz.

V. Die sog. Klagenkonkurrenz, das Zusammentreffen mehrerer, in ihrem Endzwecke auf ein und dasselbe gerichteten Ansprüche in einer Person, zum Gegenstande gesetzlicher Bestimmungen zu machen, empfiehlt sich nicht. Die bezüglichen Vorschriften des sächs. G. B. § 149 und des dresd. Entw. Art. 320 sind, richtig verstanden, selbstverständlich, können aber durch ihre Fassung zu Mißverständnissen Anlaß geben. Eine zweifelsfreie Fassung des maßgebenden Grundsatzes läßt sich überhaupt nicht wohl finden. Außerdem würde bei einem Lösungsversuche eine Stellungnahme zu der rechtswissenschaftlichen Streitfrage über die Bedeutung des Zweckes bei der Obligation kaum zu vermeiden sein.

Fünfter Abschnitt.

Fahrlässigkeit. Irrthum.

§§ 144, 145.

Die einem fahrlässigen Gebahren innewohnende rechtliche Bedeutung tritt bei der Nichterfüllung obligatorischer Verpflichtungen und bei unerlaubten Handlungen besonders hervor, beschränkt sich aber nicht auf das Gebiet der Schuldverhältnisse. Rechtsfolgen zieht auch diejenige Fahrlässigkeit nach sich, welche bei Eingehung eines Rechtsgeschäftes unterläuft (vergl. §§ 97, 99, 101, 345, 347, 622). Ebenso kommen die zahlreichen sonstigen Vorschriften in Betracht, welche eine Rechtsnorm zu Gunsten desjenigen, welcher dem Vorwurfe einer Fahrlässigkeit nicht ausgesetzt ist, oder eine Rechtsnorm zum Nachtheile desjenigen, welchen ein solcher Vorwurf trifft, aufstellen. Die allgemeinen Bestimmungen über Fahrlässigkeit sind daher hier aufgenommen. Vorbemerkung.

Fahrlässigkeit im Sinne des Entwurfes liegt vor, wenn diejenige Sorgfalt nicht angewendet worden ist, welche ein ordentlicher Hausvater in seinen Angelegenheiten anzuwenden pflegt (§ 144 Abs. 1). Der angelegte Maßstab verlangt nichts Außerordentliches, keine Auszeichnung vor Anderen, keine besondere körperliche oder geistige Beanlagung, nicht die äußerste Kraftanstrengung, nicht übertriebene Aengstlichkeit. Die pflichtmäßige Sorgfalt wird gemessen an dem Fleiße, der Umsicht, der Thatkraft eines tüchtigen, sorgsamen Hausvaters, welcher über die Seinigen und das Seine mit Gewissenhaftigkeit und Treue wacht. Der letztere nicht zu entbehrende Gesichtspunkt ginge verloren, wenn, wie in der Wissenschaft angeregt worden ist, nicht von der Sorgfalt eines ordentlichen Hausvaters, sondern von der Sorgfalt eines ordentlichen Mannes gesprochen würde. Die Ausdrucksweise des H. G. B. (Art. 282, 344, 361, 367, 380, 343, 397, 399) hat ihre besondere Veranlassung*). Begriff der Fahrlässigkeit.

In der gemeinrechtlichen Jurisprudenz sowie in verschiedenen Gesetzeswerken wird die Fahrlässigkeit, welche in der Außerachtlassung der Sorgfalt Geringe Fahrlässigkeit ist die Fahrlässigkeit schlechthin.

*) Der Maßstab des Verhaltens eines ordentlichen Hausvaters hat auch sonst in dem Entwurfe Verwendung gefunden; vergl. § 427 Abs. 2, § 595 Abs. 1, § 621 Abs. 1, § 711 Abs. 1, § 734 Abs. 1, § 735 Abs. 1, § 749 Abs. 2, § 753 Abs. 2, § 765 Abs. 3, § 914 Nr. 1, § 988 Abs. 2, §§ 1001, 1033 Abs. 3, § 1040 Abs. 3, § 1041 Abs. 2, § 1217 Abs. 2, § 1297 Nr. 4, § 1340 Abs. 1, § 1531 Nr. 4, §§ 1818, 1986 Abs. 4, § 2137 Abs. 2.

eines ordentlichen Hausvaters besteht, als geringe (leichte) Fahrlässigkeit bezeichnet und der groben Fahrlässigkeit gegenübergestellt*). Abgesehen davon, daß die grobe Fahrlässigkeit keinen Gegensatz zu der geringen Fahrlässigkeit bildet, sondern eine Qualifikation der Fahrlässigkeit überhaupt darstellt, liegt zur Annahme der der culpa levis des römischen Rechtes nachgebildeten Bezeichnung kein Anlaß vor, da nach dem Entwurfe es der Regel nach auf das Vorhandensein von Fahrlässigkeit überhaupt ankommt (vergl. §§ 146, 224, 704 ff.), mithin schon der Vereinfachung wegen räthlich ist, von der sog. geringen Fahrlässigkeit als der Fahrlässigkeit schlechthin zu reden. Das „geringe Versehen" des preuß. A. L. R. I, 3 § 22 im Sinne der culpa levissima der früheren Doktrin ist dem Entwurfe fremd.

Grobe Fahrlässigkeit.

Unter grober Fahrlässigkeit**) wird eine solche Fahrlässigkeit verstanden, bei welcher die Sorgfalt eines ordentlichen Hausvaters in besonders schwerer Weise vernachlässigt worden ist (§ 144 Abs. 2). Eine schärfere Kennzeichnung ist nicht wohl möglich. Alle in dieser Richtung gemachten Versuche sind fehlgeschlagen. Insbesondere kann nicht mit dem dresd. Entw. Art. 228 bestimmt werden, daß die grobe Fahrlässigkeit in der Außerachtlassung derjenigen Sorgfalt bestehe, welche jeder gewöhnliche Mensch anzuwenden pflege. Die Sorgfalt eines gewöhnlichen Menschen ist der Regel nach diejenige eines ordentlichen Hausvaters. Es erübrigt nichts, als darauf hinzuweisen, daß der Richter im einzelnen Falle zu prüfen habe, ob mit ausnehmender Sorglosigkeit verfahren worden sei.

Diligentia quam in suis.

Wer nach gesetzlicher Vorschrift oder nach Vereinbarung nur diejenige Sorgfalt anzuwenden hat, welche er bei Erledigung seiner Angelegenheiten anzuwenden pflegt (vergl. §§ 633, 1279), haftet für grobe Fahrlässigkeit, hat aber für eine Fahrlässigkeit, welche keine grobe ist, dann nicht einzustehen, wenn er bei Besorgung seiner eigenen Angelegenheiten nicht sorgsamer verfährt (§ 145; vergl. sächs. G. B. § 730, dresd. Entw. Art. 231). Eine über die Sorgfalt eines ordentlichen Hausvaters hinausgehende Sorgfalt wird nicht verlangt, selbst wenn der Verpflichtete hier und da oder gewöhnlich eine dieses Maß übersteigende Aengstlichkeit und Bedachtsamkeit in seinen Angelegenheit an den Tag legen sollte.

Vorsatz.

Die auf die Vornahme einer Handlung oder die Herbeiführung eines Erfolges gerichtete Willensbestimmung bezeichnet der Entwurf in Uebereinstimmung mit dem St. G. B. als „Vorsatz"; vorsätzlich ist somit gleichbedeutend mit wissentlich und willentlich***). Der Entwurf spricht von „Absicht", wenn der Zweck bezeichnet werden soll, dessen Erreichung gewollt ist. Das Wort „böswillig" in § 368 Abs. 2 macht erkennbar, daß die daselbst bezeichnete Unter-

*) Sächs. G. B. § 122, bayr. Entw. Th. II Art. 110 Abs. 2, 111 Abs. 2, hess. Entw. Abth. IV, 1 Art. 141, 142, dresd. Entw. Art. 228, 229, zür G. B. §§ 1000, 1001.

**) Vergl. § 97 Abs. 2, § 99 Abs. 1, § 257 Abs. 1, § 382 Abs. 2, §§ 442, 508, 550, 648 Abs. 2, §§ 750, 877, 878, 881 Abs. 2, §§ 889, 945 Abs. 1, §§ 1152, 1195 Abs. 2, §§ 1258, 1270, 1563—1567.

***) Vergl. §§ 56, 134, 187, 224 Abs. 1, §§ 225, 257 Abs. 1, §§ 287, 338, 427 Abs. 4, § 430 Nr. 1, §§ 442, 449, 450, 550, 648 Abs. 2, §§ 704, 722 Abs. 1, § 726 Abs. 1, § 727 Abs. 1, § 736 Abs. 1, § 749 Abs. 1, §§ 750, 857 Abs. 1, §§ 863, 931 Abs. 1, §§ 935, 1559 Abs. 1, § 2001 Nr 2, § 2045 Nr. 1, 2.

lassung in der Absicht, den Gläubiger zu schädigen, erfolgt sein müsse, in § 2001 Nr. 6, daß der Abkömmling eine Pflicht verletzt haben müsse, welche er kannte und die zu erfüllen er im Stande war. In § 1443 ist zur Kennzeichnung der aus bösem Willen hervorgegangenen, bewußt rechtswidrigen Zerreißung der häuslichen Gemeinschaft im Anschlusse an die in der Wissenschaft, Praxis und Gesetzgebung übliche Redeweise der Ausdruck „bösliche" Verlassung gebraucht. — Vergl. hierzu über bösliche Handlungsweise H. G. B. Art. 396, 427, 610; Entsch. des Reichsgerichtes in Civils. I Nr. 10 S. 22, Nr. 18 S. 36.

Unter „Verschulden" wird ein auf Vorsatz oder Fahrlässigkeit beruhendes Verhalten verstanden. Der Regel nach ist dabei Voraussetzung, daß gegen eine einer anderen Person gegenüber bestehende Verpflichtung zur Aufwendung von Sorgfalt verstoßen wird. Der Kürze halber ist aber der Ausdruck mitunter auch da gebraucht, wo diese Voraussetzung nicht zutrifft, gleichwohl aber an ein vorsätzliches oder fahrlässiges Gebahren Rechtsfolgen geknüpft werden*). Verschulden.

Die Verletzung einer Verpflichtung**) setzt im Sinne des Entwurfes immer ein Verschulden voraus. Verletzung einer Verpflichtung.

§ 146.

Die Vorschrift giebt, soviel den Irrthum anlangt, an die Hand, daß die Möglichkeit der Entschuldbarkeit auch bei dem Rechtsirrthume anerkannt wird. Der Umstand, daß in Ansehung der Rechtsnormen einem Jeden ein meist zum Ziele führender Weg zur Erkenntniß gewiesen ist, erschwert die Annahme der Entschuldbarkeit, schließt sie aber nicht unbedingt aus. Der in den Gesetzgebungen sich findende Satz, daß Niemand mit der Unkenntniß eines gehörig bekannt gemachten Gesetzes sich entschuldigen könne (preuß. A. L. R. Einl. § 12, sächs. G. B. § 97, bad. L. R. Satz 1b, österr. G. B. § 2) ist, soweit richtig, selbstverständlich. Ueber den Begriff der die Entschuldbarkeit ausschließenden Fahrlässigkeit vergl. § 144 Abs. 1. Auch der Rechtsirrthum kann entschuldbar sein.

In dem gleichen Sinne wie Kennen- oder Wissenmüssen (§ 97 Abs. 4, § 99 Abs. 3, § 103 Abs. 2, §§ 117, 118, 120 Abs. 2, § 121 Abs. 4, § 345 Abs. 1, §§ 622, 1259 Nr. 1) ist gebraucht: Kenntniß erlangt haben müssen (§§ 603, 654), bekannt sein müssen (§§ 1336, 1337), voraussehen müssen (§ 704 Abs. 1). Wo dem Kennen oder Wissen nur ein auf grober Fahrlässigkeit (§ 144 Abs. 2) beruhendes Nichtkennen oder Nichtwissen gleichgestellt wird, ist dies besonders hervorgehoben; vergl. §§ 877, 878, 881, 889, 945 Abs. 1, §§ 1152, 1195 Abs. 2, §§ 1258, 1270.

---

*) Vergl. §§ 205, 211 Abs. 2, §§ 222, 223 Abs. 2, § 319 Abs. 1, §§ 325, 334 Abs. 2, §§ 419, 516 Abs. 2, §§ 562, 672 Abs. 2, §§ 708, 714, 851 Abs. 2, § 988 Abs. 3, §§ 1148, 1228 Abs. 2, § 1490 Abs. 1, § 2098 Abs. 1.

**) Vergl. §§ 47, 56, 648 Abs. 2, § 710 Abs. 1, § 711 Abs. 2, §§ 712, 734 Abs. 1, § 735 Abs. 1, §§ 736, 914 Nr. 2, §§ 920, 1006 Abs. 1, § 1156 Abs. 2, § 1181 Abs. 2, § 1328 Nr. 1, 2, § 1339 Abs. 4, § 1372 Abs. 1 Nr. 3, § 1444 Abs. 1, § 1547 Abs. 1, §§ 1639, 1696 Abs. 3, § 1702.

Sechster Abschnitt.

Zeitbestimmungen.

§ 147.

Die §§ 148 bis 150 sind Auslegungsregeln.

Die §§ 148—153 enthalten Auslegungsregeln und finden auf Zeitbestimmungen, welche durch Gesetz, richterliche Verfügung oder Rechtsgeschäft festgesetzt sind, gleichmäßig Anwendung. Zweck der Vorschriften ist, Bestimmtheit und Einfachheit der Sprache zu ermöglichen und eine Gewähr dafür zu bieten, daß Ausdrucksweisen, welche einer mehrfachen Deutung empfänglich sind, so verstanden werden, wie dies der aus der Regel des Lebens geschöpften muthmaßlichen Absicht des Verfügenden entspricht. Das Bedürfniß für die Aufstellung solcher Normen ist bereits im römischen Rechte hervorgetreten. Die neuere Gesetzgebung hat demselben in erhöhtem Maße Rechnung getragen.

Bedeutung des Ausdruckes „Frist".

Der Ausdruck „Frist" bezieht sich im engeren Sinne auf Zeiträume, innerhalb deren eine Handlung vorgenommen, im Besonderen ein Recht ausgeübt oder eine Willenserklärung abgegeben werden soll; der Entwurf gebraucht den Ausdruck in dem weiteren Sinne, in welchem er jeden abgegrenzten Zeitraum bezeichnet.

§§ 148, 149.

1. Civilkomputation.

Im Einklange mit allen bestehenden Rechten wird von der sog. Civilkomputation als Regel ausgegangen. Eine nach Tagen, Wochen, Monaten oder Jahren bemessene Frist wird so berechnet und bestimmt, daß sie mit dem Anfange eines Kalendertages beginnt und mit dem Schlusse eines solchen endigt (non ad momenta temporum, sed ad dies numeramus; l. 134 D. de V. S. 50, 16). Die natürliche Berechnungsweise mit ihrer Betonung der Stunde und Minute, in welche das maßgebende Anfangsereigniß oder der maßgebende Anfangszeitpunkt fällt, entspricht weder der regelmäßigen Absicht der Betheiligten noch dem praktischen Bedürfnisse. Eine solche Rechnungsweise ist nur am Platze bei Zeiterstreckungen, welche nach Stunden oder nach kleineren Zeittheilen bemessen sind; sie ist hier von selbst gegeben, wenn es sich um wenige, den Umfang eines Tages nicht erreichende Stunden handelt; sie tritt, wenigstens im Zweifel, ein bei Zeiträumen, die auf 24, auf zweimal 24 oder auf 48 Stunden festgesetzt sind.

Der Tag, in dessen Verlauf das Ereigniß oder der Zeitpunkt, nach welchem der Anfang der Frist sich richten soll, fällt, bleibt bei der Berechnung außer Ansatz (§ 148 Abs. 1). Das römische Recht steht auf dem entgegengesetzten Standpunkte; die Frist wird von dem Beginne dieses Tages an gerechnet. Im preuß. und österr. Rechte sind die Meinungen darüber, ob das eine oder das andere anzunehmen sei, getheilt. Das sächs. G. B. § 87, der dresd. Entw. Art. 260 Abs. 1 und das schweiz. Gesetz über das Obligationenrecht Art. 88 Nr. 1, 150, 751 Nr. 1 haben sich für die Nichteinrechnung des Tages entschieden. Das Gleiche gilt von der W. O. Art. 32 Abs. 1 Nr. 1, dem H. G. B. Art. 328 Abs. 1 Nr. 1, der C. P. O. § 199 und der St. P. O. § 42. Hinsichtlich des Standpunktes des St. G. B. vergl. die Mot. zu § 67 des St. G. B. und Entsch. des Reichsgerichtes in Straff. I Nr. 19 S. 41 ff. Die Vortheile der Civilkomputation lassen sich nur durch eine bald größere bald kleinere, das Maß von 24 Stunden nie ganz erreichende, für die Betheiligten meist gleichgültige Unregelmäßigkeit erkaufen. Wird der Ausgangstag eingerechnet, so ist die Frist um einen Stücktag zu klein; wird er nicht eingerechnet, um einen Stücktag zu groß. Die Entscheidung für das eine oder das andere hängt von der Verkehrsanschauung ab, und diese ist, wie auch in der gemeinrechtlichen Jurisprudenz anerkannt wird, gegen die Einrechnung*). Zu den nach Tagen bestimmten Fristen im Sinne des § 148 Abs. 1 gehören auch die eintägigen Fristen.

2. Der Tag, in dessen Lauf der Anfangspunkt der Frist fällt, wird nicht mitgerechnet.

Ist eine Frist nach einer Woche oder nach mehreren Wochen bestimmt, so ist es unerheblich, ob die Woche in 7 Tage aufgelöst und sodann die gegebenen Tage unter Hinweglassung des Ausgangstages gezählt oder ob von Wochentag zu Wochentag gerechnet und der Ablauf des letzten Tages gefordert wird. In § 149 Abs. 1 ist die letztere Rechnungsweise als die bequemere vorgezeichnet. Bei einer Frist, welche nach einem oder mehreren Monaten oder nach einem mehrere Monate umfassenden Zeitraume — Jahr, halbes Jahr, Vierteljahr — bemessen ist, hat die Rechnung von Datum zu Datum einzutreten. Das römische Recht löst den Zeitmonat in 30 Tage auf. Nach dem preuß. A. L. R. I, 9 § 550 sind bei auf Monate eingeschränkten Verjährungsfristen soviel mal 30 Tage zu rechnen, als die Frist Monate umfaßt. Von den Einen wird hieraus abgeleitet, daß das A. L. R. dem Vorgange des römischen Rechtes gefolgt sei; Andere sehen darin eine für die Berechnung sonstiger Monatsfristen nicht maßgebende Besonderheit. Dem österr. G. B. § 902 zufolge soll in Ansehung der Erfüllungszeit bei Verträgen ein Monat für 30, ein Jahr für 365 Tage gehalten werden — eine Bestimmung, deren Tragweite ebenfalls verschiedener Auffassung begegnet. Die Rechnung von Datum zu Datum ist zur Anerkennung gelangt in dem code de commerce Art. 132, dem sächs. G. B. §§ 83, 85, dem dresd. Entw. Art. 260 Abs. 1, dem schweiz. Gesetz über das Obligationenrecht Art. 88 Nr. 3, 150, 751 Nr. 3, ferner in der W. O. Art. 32 Abs. 1 Nr. 2, dem H. G. B.

3. Bei Fristen nach Wochen, Monaten, Jahren Berechnung von Datum zu Datum.

*) Vergl. dazu Entsch. des Reichsoberhandelsgerichtes III Nr. 26 S. 130, Nr. 86 S. 417; Entsch. des Reichsgerichtes in Civilf. XI Nr. 12 S. 44.

Art. 328 Abs. 1 Nr. 2, der C. P. O. § 200 Abs. 1, der St. P. O. § 43 Abs. 1. Auch das St. G. B. bestimmt § 19 Abs. 1, daß bei Freiheitsstrafen der Monat und das Jahr nach der Kalenderzeit gerechnet werden sollen; selbst bei dem Strafvollzuge findet somit die über die ungleiche Länge der Monate und die Schaltjahre hinwegsehende Berechnung statt. Die Rechnungsweise von Datum zu Datum hat die Zweckmäßigkeit für sich und ist diejenige des heutigen Verkehres. Die Leichtigkeit und Bequemlichkeit der Handhabung der Berechnung wird höher gestellt, als die Gleichförmigkeit der betreffenden Zeitabschnitte. Eine nothwendige Folge der Rechnungsweise ist, daß wenn das Ereigniß oder der Zeitpunkt, nach welchem der Beginn der Frist sich bestimmt, auf einen Monatstag fällt, welcher in dem Endmonate fehlt, der letzte Tag dieses Monates als der letzte Tag der Frist behandelt werden muß. Hinsichtlich des Schalttages gilt nichts Besonderes; er bildet in jeder Beziehung einen selbständigen Tag. Die Rechnung von Datum zu Datum ist in § 149 Abs. 1 sowohl für Monatsfristen als für Fristen, die nach Jahren oder Jahrestheilen bemessen sind, vorgeschrieben; infolge des Schweigens der C. P. O. in der letzteren Richtung sind Meinungsverschiedenheiten über die Berechnung der Jahresfristen nicht ausgeblieben. Die Nichteinrechnung des Tages, in welchen der mathematische Anfangspunkt der Frist fällt, ergiebt sich aus dem Erfordernisse, daß der entsprechende Tag des letzten Monates abgelaufen sein muß. Der Hervorhebung bedarf kaum, daß in dem Satze des § 149 Abs. 1 „welcher durch seine Benennung oder Zahl dem Tage entspricht" das Wort „Benennung" sich ausschließlich auf die Wochentage, das Wort „Zahl" auf die Monatstage bezieht.

Der letzte Tag muß abgelaufen sein.

Den in der Natur der Sache begründeten Satz, daß eine Frist mit Ablauf des letzten Tages endigt, durch Ausnahmen zu durchbrechen, liegt kein Grund vor. Das römische Recht erklärt in einzelnen Fällen schon den Anbruch des letzten Tages für genügend. Diese Fälle haben im gemeinen Rechte zu der Lehre Anlaß gegeben, daß, soweit es sich um den Erwerb eines Rechtes handele, die Erreichung des letzten Tages genüge, während, wenn ein Recht durch Unthätigkeit binnen einer gewissen Frist verloren gehen solle, der letzte Tag abgelaufen sein müsse. Die Lehre, welcher das preuß. A. L. R. I, 3 §§ 46, 47, I, 9 § 547 und das österr. G. B. § 903 nicht fern stehen, entbehrt der inneren Berechtigung. Bedenklich ist im Besonderen, die Vollendung der Altersstufen bereits mit dem Beginne des letzten Tages des betreffenden Zeitabschnittes eintreten zu lassen (l. 5 D. qui test. fac. 28, 1, preuß. A. L. R. I, 5 § 18). Einerseits würde dies mit dem Standpunkte, welchen das St. G. B. (§§ 55—57, 65, 173 Abs. 4, § 176 Abs. 1 Nr. 3, § 182) in dieser Hinsicht einnimmt, in Widerspruch stehen; andererseits geht, soweit in Rechtsgeschäften auf die Vollendung einer Altersstufe Bezug genommen wird, der Wille der Parteien keineswegs immer dahin, daß die Erreichung des letzten Tages entscheidend sein solle, namentlich dann nicht, wenn innerhalb eines bestimmten Lebensalters eine Handlung zum Zwecke des Erwerbes oder der Wahrung eines Rechtes vorgenommen werden soll. Die C. P. O. hat nach den Mot. zu §§ 192, 193 d. Entw. für überflüssig erachtet, besonders hervorzuheben, daß eine nach Tagen bestimmte Frist mit Ablauf des letzten Tages der Frist endige;

für den Bereich des bürgerlichen Rechtes ist die Hervorhebung (§ 148 Abs. 2, § 149 Abs. 1) bei dem Stande des bisherigen Rechtes rathsam.

In dem Vorstehenden ist vorausgesetzt, daß die zu berechnende Frist von einem in den Lauf eines Kalendertages fallenden, zwischen Mitternacht und Mitternacht liegenden Punkte zu laufen beginnt, mag der letztere durch Angabe der Stunde bezw. des Bruchtheiles einer solchen unmittelbar oder durch Angabe eines Ereignisses mittelbar bezeichnet sein. Nicht selten finden sich auch Fristen, deren Anfang auf den Beginn eines Kalendertages gesetzt ist. Handelt es sich dabei um einen nach Tagen bestimmten Zeitraum, so ergiebt sich von selbst, daß in diesem, von dem § 148 Abs. 1 schon dem Wortlaute nach nicht berührten Falle der erste Tag in die Frist eingerechnet werden muß; ein Stücktag, der außer Ansatz zu bleiben hätte, liegt nicht vor. Das Gleiche muß aber aus gleichem Grunde auch dann gelten, wenn der Zeitraum nach Wochen, Monaten oder Jahren bestimmt ist (z. B. Vermiethung einer Wohnung vom künftigen 1. Januar ab auf drei Jahre; vergl. auch § 6 Abs. 2 Satz 2, § 537 Abs. 2). Die Folge ist, daß als letzter Tag nicht, wie nach § 149 Abs. 1, der wiederkehrende Wochen- bezw. Monatstag, sondern der demselben vorhergehende Tag zu gelten hat. Zur Vermeidung von Mißverständnissen ist der Fall im § 149 Abs. 2 besonders berücksichtigt.

4. Fristen, deren Anfang auf den Beginn eines Tages fällt.

§ 150.

Halber Monat.

Die W. O. Art. 32 Abs. 2, das H. G. B. Art. 328 Abs. 2, das sächs. G. B. § 84, der dresd. Entw. Art. 260 Abs. 2, das schweiz. Gesetz über das Obligationenrecht Art. 88 Nr. 3 Satz 2, 751 Nr. 3 Satz 2 stellen als Regel auf, daß unter einem halben Monate fünfzehn Tage zu verstehen seien, und fügen, das sächs. G. B. ausgenommen, hinzu, daß, wenn eine Frist auf einen oder mehrere Monate und einen halben Monat gestellt ist, die fünfzehn Tage zuletzt gezählt werden sollen. Die gleiche Bestimmung nimmt der Entwurf auf und vervollständigt dieselbe hinsichtlich der Ausdrücke „halbes Jahr“, „Vierteljahr“.

Halbes Jahr. Vierteljahr.

Nach dem H. G. B. Art. 328 Abs. 1 Nr. 1 sind, wenn Fristen zur Erfüllung auf acht oder vierzehn Tage festgestellt sind, darunter volle acht oder vierzehn Tage zu verstehen. Das schweiz. Gesetz über das Obligationenrecht Art. 88 Nr. 1, 751 Nr. 1 zieht mit Rücksicht auf den französischen Sprachgebrauch (quinze jours) die Setzung einer Frist von acht oder fünfzehn Tagen in Betracht und bestimmt, daß eine solche Frist volle acht oder fünfzehn Tage umfaßt. Die C. P. O. sieht nach den Mot. zu §§ 192, 193 d. Entw. von der Aufstellung einer solchen Regel ab, weil deren besondere Hervorhebung nicht erforderlich sei. Für das bürgerliche Recht liegt ein Bedürfniß, auslegend einzugreifen, nicht vor. Der Ausdruck „acht Tage“ kann acht Tage, er kann aber auch nach dem Sprachgebrauche den Zeitraum von einer Woche bezeichnen, letzteres namentlich bei den den ersten Stücktag als vollen Tag einrechnenden, den wiederkehrenden Wochentag ins Auge fassenden Formeln „heut über acht Tage“, „heut in acht Tagen“.

Acht Tage. Vierzehn Tage.

Keiner Berücksichtigung bedarf die dem heutigen Verkehre fremd gewordene Zeitbestimmung „Jahr und Tag“ (vergl. preuß. A. L. R. I, 3 § 49).

§ 151.

Fälle, in denen die Berechnung von Datum zu Datum ausgeschlossen ist.

Greift bei einem nach Monaten oder Jahren bemessenen Zeitraume die Rechnung von Datum zu Datum nicht Platz, sind vielmehr nach dem Sinne der Zeitbestimmung die gesetzten Monate oder Jahre als eine gleichmäßige Zahl von Tagen umfassende Zeiträume gedacht, so ist der Monat zu 30, das Jahr zu 365 Tagen zu rechnen (sächs. G. B. § 83 a. E., § 85 a. E.). Die Vorschrift hat namentlich für diejenigen Fälle Bedeutung, in welchen eine Zeitbestimmung nicht eine zwischen dem Anfangs- und Endpunkte liegende zusammenhängende Zeiterstreckung, sondern eine Summe von nicht nothwendig auf einander folgenden Tagen bezeichnet. Dahin gehören beispielsweise die Zusicherung eines dreimonatigen, aber nicht auf einmal zu nehmenden Urlaubes an einen Schauspieler, die Anstellung eines Geschäftsreisenden mit der Klausel, daß er sich mindestens neun Monate im Jahre auf der Reise befinden solle, die Auflage, ein vermachtes Grundstück sechs Monate im Jahre zu bewohnen, u. s. w.

§ 152.

Fristverlängerung.

Die Bestimmung hat sowohl die Verlängerung einer im Laufe begriffenen als die Verlängerung einer abgelaufenen Frist im Auge und entspricht im Wesentlichen dem H. G. B. Art. 333, der C. P. O. § 202 Abs. 3, dem dresd. Entw. Art. 261 Abs. 2 und dem schweiz. Gesetz über das Obligationenrecht Art. 93. Ob in einer nach dem Ablaufe einer Frist erfolgten Bestimmung einer neuen Frist eine Verlängerung der früheren Frist liegt, hat die Beschaffenheit des Falles zu ergeben; nur wenn eine solche Verlängerung gewollt ist, greift die Vorschrift Platz. Kein Raum für die letztere ist, wenn eine im Laufe begriffene Frist erkennbar nur in dem Sinne verlängert wird, daß dieselbe eine längere Dauer erhält, als anfänglich bestimmt war. Ebenso liegt selbstredend keine Verlängerung einer Frist vor, wenn eine laufende Frist aufgehoben und durch eine neue von der Bewilligung an zu berechnende Frist ersetzt wird.

§ 153.

Anfang, Mitte, Ende des Monats.

Zweck der Vorschrift ist, für die nicht selten vorkommenden Terminsfestsetzungen: Anfang, Mitte, Ende des Monates, den in verschiedenen Beziehungen wichtigen dies certus zu gewinnen*).

Kein Bedürfniß liegt vor, auszusprechen, daß, wenn ein Kalendertag ohne Angabe des Jahres rechtsgeschäftlich gesetzt ist, darunter im Zweifel der nächste entsprechende Kalendertag zu verstehen sei.

Keine Bestimmung über die Einwirkung von Sonn- und Feiertagen auf Termine und den Ablauf von Fristen.

Abgesehen ist von einer Vorschrift in Betreff der Einwirkung von Sonn- und Feiertagen auf Termine und den Ablauf von Fristen (vergl. preuß. A. L. R. I, 3 § 48, schweiz. Gesetz über das Obligationenrecht Art. 90, 91, 819). Die für den Wechsel- und Handelsverkehr sowie für den gerichtlichen Verkehr

---

*) Vergl. W. O. Art. 30 Abs. 2 verb. mit der nürnberger Novelle Nr. 7 (Gesetz vom 5. Juni 1869 § 1), H. G. B. Art. 327 Abs. 2, sächs. G. B. § 84, dresd. Entw. Art. 260 Abs. 3, schweiz. Ges. über das Obligationenrecht Art. 87, 749 Abs. 2, 3.

in dieser Hinsicht getroffenen besonderen Bestimmungen (W. O. Art. 92 H. G. B. Art. 329, 330 Abs. 2, C. P. O. § 200 Abs. 2, St. P. O. § 43 Abs. 2) haben in besonderen Verhältnissen ihren Grund und eignen sich nicht zur Uebertragung auf das bürgerliche Recht. Für das letztere eine allgemeine Bestimmung des Inhaltes aufzustellen, daß an Sonn- oder Feiertagen eine Rechtshandlung gegenüber einem Anderen ohne dessen Zustimmung mit Wirksamkeit nicht vorgenommen oder deren Vornahme nicht gefordert werden könne, würde sichtlich zu weit gehen. Die leitende Regel muß sein, daß Sonn- und Feiertage, soweit nicht der Wille der Parteien ein Anderes ergiebt, auf die Zeitberechnung im Allgemeinen ohne Einfluß sind. Mit Rücksicht hierauf erledigt sich auch ein Eingehen auf die Frage, ob eine einheitliche Regelung der Feiertage für den bürgerlichen Rechtsverkehr anzustreben sei. Bei Berathung des Gerichtsverfassungsgesetzes ist in der Reichstagskommission ein die Feststellung der für die Gerichte geltenden Feiertage bezielender Antrag gestellt worden, ohne daß derselbe Anklang gefunden hätte. Man hat sowohl das Bedürfniß als die Durchführbarkeit in Zweifel gezogen (Prot. der Reichstagskommission S. 67, 68).

Siebenter Abschnitt.

Anspruchsverjährung*).

Vorbemerkung. Entgegen der in die Gesetzgebungen zum Theil übergegangenen früheren gemeinrechtlichen Theorie, welche die Institute der Ersitzung (usucapio), des Erlöschens von Rechten an Sachen durch Nichtgebrauch (non usus) und des

*) Von den in den deutschen Staaten betreffs der Verjährung ergangenen Spezialgesetzen sind hervorzuheben:

Preußen: Gesetz vom 31. März 1838, betr. Einführung kürzerer Verjährungsfristen (Ges. S. S. 249); ausgedehnt durch V. vom 6. Juli 1845 auf die damals vorhandenen gemeinrechtlichen Gebiete, durch Gesetz vom 12. März 1860 (Ges. S. S. 97) auf Hohenzollern, vom 9. Februar 1869 (Ges. S. S. 341) auf Schleswig-Holstein, vom 13. März 1869 (Ges. S. S. 484) auf Frankfurt a. M; Gesetz vom 15. April 1842, betr. die Aufhebung der dem Gesetze vom 31. März 1838 sowie den §§ 54 und 55 Tit. 6 Th. I des A. L. R. und der Deklaration vom 31. März 1838 entgegenstehenden provinziellen und statutarischen Bestimmungen (Ges. S. S. 114); Gesetz vom 18. Juni 1840, betr. die Verjährungsfristen bei öffentlichen Abgaben (Ges. S. S. 140); hannöv. Gesetz vom 22. Sept. 1850, betr. die Verjährung persönlicher Klagen und die Einführung kurzer Verjährungsfristen für dieselben (Ges. S. f. d. ehem. Kgr. Hannover I S. 187); kurhess. Gesetz vom 14. Juli 1853 wegen Einführung kürzerer Verjährungsfristen bei Klagen aus Schuldverhältnissen (Ges. S. f. d. ehem. Kurfürstenth. Hessen S. 99); nassauisches Gesetz vom 5. April 1849, betr. die Abkürzung der Verjährungsfristen für gewisse Arten von Forderungen (V. Bl. für d. ehem. Herzogth. Nassau S. 75); hessen-homb. Gesetz vom 15. August 1854, betr. die Verjährung der persönlichen Klagen (Reg. Bl. f. d. ehem. Landgrafsch. Hessen-Homburg S. 748).

Bayern: Gesetz vom 26. März 1859, betr. die Verjährungsfristen (Ges. Bl. S. 26).

Württemberg: Gesetz vom 6. Mai 1852, betr. die Einführung einer kürzeren Verjährungsfrist für gewisse Forderungen (Reg. Bl. S. 112).

Hessen: Gesetz vom 19. März 1853, betr. die Verjährung der persönlichen Klagen in den Provinzen Starkenburg und Oberhessen (Reg. Bl. S. 117).

Mecklenburg-Schwerin: Verordnung vom 12. Mai 1855, betr. die Einführung kurzer Verjährungsfristen für mehrere Arten persönlicher Klagen (Reg. Bl. Nr. 20).

Unterganges der Klagen oder Ansprüche infolge von Nichtausübung (sog. praescriptio actionum) unter den Gattungsbegriff Verjährung zusammenfaßte und für den letzteren allgemeine Grundsätze aufstellte, wird in dem Entwurfe streng zwischen Ersitzung (§§ 881—889) und Anspruchsverjährung (§§ 154 bis 185) geschieden, während das Erlöschen von Rechten an Sachen durch Nichtgebrauch Anerkennung überhaupt nicht gefunden hat. Der Verjährungsbegriff in jener Allgemeinheit mag insofern nicht ohne Berechtigung sein, als die erwähnten Rechtsbildungen auf dem gemeinsamen Grundgedanken beruhen, daß gewisse thatsächliche Zustände, welche längere Zeit hindurch unangefochten bestanden haben, im Interesse des Rechtsfriedens und der Rechtssicherheit als zu Recht bestehend anerkannt werden; die Rechtsbildungen selbst aber sind so verschieden, daß sie keine einheitliche Behandlung gestatten.

Anspruchsverjährung.

Der Ausdruck Anspruchsverjährung ist nicht der gemeinübliche; mitunter findet sich die Bezeichnung Rechtsverjährung oder Schuldverjährung, zumeist die Bezeichnung Klageverjährung. Gegen den Ausdruck Rechtsverjährung

---

Mecklenburg-Strelitz: Verordnung vom 2. Juni 1855, betr. die Einführung kurzer Verjährungsfristen für mehrere Arten persönlicher Klagen (Anzeigen S. 57 ff.).

Sachsen-Weimar: Gesetz vom 26. März 1839 über Abkürzung der Fristen zur Verjährung gewisser Forderungsrechte und zur Beseitigung einiger, die Verjährung der Forderungsrechte im Allgemeinen betreffenden Zweifel (Reg. Bl. S. 88).

Oldenburg: Verordnung für das Herzogthum Oldenburg vom $\frac{\text{26. Juli}}{\text{7. August}}$ 1841, betr. die kurze Verjährung gewisser Forderungen und deren Geltendmachung (Ges. S. S. 615).

Braunschweig: Gesetz vom 3. Juli 1853, betr. die Verjährung persönlicher Klagen und die Einführung kurzer Verjährungsfristen für dieselben (G. u. V. Bl. S. 174).

Sachsen-Meiningen: Gesetz vom 15. April 1853, betr. die Einführung einer kürzeren Verjährungsfrist für gewisse Forderungen (L. V. S. 157); dazu Schiedsmannsordnung vom 24. Juni 1879 (L. V. S. 158) § 31 Abs. 4.

Sachsen-Altenburg: Gesetz vom 31. Dezember 1855, betr. die Einführung einer kürzeren Verjährungsfrist für gewisse Forderungen (G. S. S. 239); dazu Gesetz vom 25. März 1879, die Ausführung d. C. P. O. betr. (G. S. S. 9) § 2.

Sachsen-Coburg: Gesetz vom 26. Juli 1858, betr. die Verjährung gewisser Klagen (Ges. S. S. 316).

Sachsen-Gotha: Gesetz vom 28. Juni 1856, betr. die Verjährung gewisser Klagen (Ges. S. S. 553).

Anhalt-Bernburg: Gesetz vom 17. März 1859 wegen Einführung einer dreijährigen Verjährungsfrist für gewisse Forderungen (Ges. S. S. 9); Zusatz vom 21. Juli 1859 (Ges. S. S. 21).

Anhalt-Dessau-Köthen: Verordnung vom 18. März 1863, betr. die Verjährungsfristen (Nr. 612. Ges. S. S. 3693); dazu das für das ganze Herzogthum Anhalt geltende Gesetz, betr. die Einführung von Grundbüchern vom 11. März 1877 (Ges. S. S. 279) § 37.

spricht, daß die in Frage stehende Verjährung das dingliche Recht unberührt läßt; gegen den Ausdruck Schuldverjährung, daß unter Schuld gewöhnlich nur die dem Forderungsrechte entsprechende Verbindlichkeit verstanden wird. Der Ausdruck Klageverjährung dagegen legt das Mißverständniß nahe, daß das spezifische Moment der Klagebefugniß den Gegenstand der Verjährung bilde. Die Verjährung richtet sich nicht gegen die prozessuale Zuständigkeit der gerichtlichen Verfolgung, sondern gegen die Berechtigung selbst. Die von dem Entwurfe gewählte Bezeichnung hat den Vorzug, letzteres von vornherein klarzustellen*).

Schwarzburg-Rudolstadt: Gesetz vom 3. März 1854, betr. die Abkürzung der Verjährungsfristen (Ges. S. S. 28).

Schwarzburg-Sondershausen: Gesetz vom 27. April 1850, betr. die Einführung kurzer Verjährungsfristen (Ges. S. S. 474).

Waldeck: Gesetz vom 12. Dezember 1850 wegen Einführung kürzerer Verjährungsfristen (R. Bl. S. 263).

Reuß älterer Linie: Verordnung vom 30. November 1856, betr. die Abkürzung der Verjährungsfristen für bestimmte Forderungen (Ges. S. S. 367); Gesetz vom 6. Juli 1879, Bestimmungen über die Unterbrechung der landesrechtlichen dreijährigen Verjährung rücksichtlich gewisser Forderungen betr. (Ges. S. S. 160).

Reuß jüngerer Linie: Gesetz vom 24. Mai 1856 über Einführung einer kürzeren Verjährungsfrist für gewisse Forderungen (Ges. S. S. 81); Gesetz, betr. die Abänderung des Gesetzes vom 24. Mai 1856 u. s. w., vom 12. September 1879 (Ges. S. S. 113).

Schaumburg-Lippe: Gesetz vom 5. Mai 1865, betr. die Einführung einer kürzeren Verjährungsfrist für gewisse persönliche Klagen (L. V. Bd. 9 S. 417).

Lippe: Gesetz vom 8. Juli 1851 über die Einführung kürzerer Verjährungsfristen für bestimmte Arten von Forderungen nebst einigen allgemeinen Bestimmungen hinsichtlich der Verjährung überhaupt (L. V. Bd. 10 S. 489).

Lübeck: Gesetz vom 25. November 1859, betreffend die Verjährungsfristen für persönliche Klagen (V. S. 58).

Bremen: Bekanntmachung vom 7. Dezember 1868, betr. die Abkürzung der Verjährungsfristen bei Forderungen aus Schuldverhältnissen (Ges. S. S. 81).

Vergl. ferner sächs. G. B. §§ 1017, 1018; dresd. Entw. Art. 407, 408.

*) Der Sprachgebrauch der bisherigen Reichsgesetze ist kein übereinstimmender. Das H. G. B. Art. 146, 172, 349, 386, 408, das Gesetz vom 4. Juli 1868, betr. die privatrechtliche Stellung der Erwerbs- und Wirthschaftsgenossenschaften (B. G. Bl. S. 415), § 63, das Gesetz vom 11. Juni 1870, betr. das Urheberrecht u. s. w. (B. G. Bl. S. 339) §§ 33, 34, das Patentgesetz vom 25. Mai 1877 (R. G. Bl. S. 501) § 38 sprechen von Verjährung der Klage; das Gesetz vom 7. Juni 1871, betr. die Verbindlichkeit zum Schadensersatze u. s. w. (R. G. Bl. S. 207) § 8, das Gesetz vom 8. April 1876, betr. die Abänderung des Titels VIII der Gewerbeordnung (R. G. Bl. S. 134), Art. 1 von Verjährung der Forderungen; die W. O. Art. 77—79, 98 [Ziff. 10], 100 und das Gesetz vom 28. Oktober 1871 über das Postwesen des deutschen Reiches (R. G. Bl. S. 347) § 14 von Verjährung des Anspruches. Das Reichsgericht hat (Entsch. in Civils. II Nr. 40 S. 158 ff.) ausgesprochen, daß nach dem Wesen der Sache in Betreff des Obligationenrechtes das Klagerecht und der Anspruch selbst für identisch zu halten und folglich die Klageverjährung als Verjährung des Anspruches anzusehen sei.

Begriff des Anspruches.

Der Anspruchsbegriff, von welchem der Entwurf hier wie anderwärts ausgeht, ist in § 154 Abs. 1 festgestellt. Unter Anspruch wird das Recht in seiner Richtung gegen eine bestimmte Person verstanden, vermöge dessen von derselben eine gewisse Leistung — die zur Verwirklichung des Rechtes erforderliche Handlung oder Unterlassung — verlangt werden kann. Das obligatorische Recht erschöpft sich in dieser persönlichen Richtung, es geht auf in dem Anspruche oder in den Ansprüchen, welche es erzeugt. Das dingliche Recht erstreckt sich über den aus ihm erwachsenen dinglichen Anspruch hinaus, das Erlöschen des letzteren läßt das Recht selbst unberührt. Nicht unter den Anspruchsbegriff im Sinne des Entwurfes fällt das Recht auf Feststellung des Bestehens oder Nichtbestehens eines rechtlichen oder thatsächlichen Verhältnisses durch richterlichen Spruch (C. P. O. § 231). Gegenstand dieses Rechtes ist nicht eine Leistung. Die C. P. O. steht in letzterer Hinsicht auf einem abweichenden Standpunkte; die Motive zu § 223 d. Entw. werden von dem Gedanken eines der Feststellungsklage zu Grunde liegenden Anspruches beherrscht (vergl. auch § 293 der C. P. O.).

Grund und Zweck der Anspruchsverjährung.

Grund und Zweck der Anspruchsverjährung ist, der Behelligung mit veralteten Ansprüchen ein Ziel zu setzen. Der Verkehr erträgt es nicht, daß lange verschwiegene, in der Vergangenheit vielleicht weit zurückliegende Thatsachen zur Quelle von Anforderungen in einem Zeitpunkte gemacht werden, in welchem der in Anspruch genommene Gegner infolge der verdunkelnden Macht der Zeit entweder nicht mehr oder doch nur schwer noch in der Lage ist, die ihm zur Seite stehenden entlastenden Umstände mit Erfolg zu verwerthen. Anforderungen dieser Art sind der Regel nach innerlich unbegründet oder bereits erledigt. Der Schwerpunkt der Verjährung liegt nicht darin, daß dem Berechtigten sein gutes Recht entzogen, sondern darin, daß dem Verpflichteten ein Schutzmittel gegeben wird, gegen voraussichtlich unberechtigte Ansprüche ohne ein Eingehen auf die Sache sich zu vertheidigen. Die Verjährung ist das Mittel zum Zwecke, nicht Selbstzweck. Geschieht im einzelnen Falle der materiellen Gerechtigkeit Eintrag, geht der Berechtigte seines wohlbegründeten Anspruches durch die Verjährung verlustig, so ist dies ein Opfer, das der Betroffene dem Gemeinwohle bringen muß. Gegenüber der beharrlichen Nichtbethätigung des Anspruches, ohne welche die Verjährung nicht möglich, und dem daraus abzuleitenden geringen Interesse des Berechtigten an dem Inhalte des Anspruches wird dieses Opfer kaum als ein solches angesehen werden können, welches besonders hart empfunden werden dürfte.

Ansprüche, nicht Einreden verjähren.

Ansprüche, nicht Einreden sind Gegenstand der Verjährung. Gründet sich der die Geltendmachung eines Anspruches in Form der Einrede ausschließende Umstand in einem der Verjährung unterworfenen Rechte, so hat die Verjährung des Rechtes auch den Verlust der Einrede zur Folge (vergl. Entsch. des Reichsgerichtes in Civils. II Nr. 40 S. 158 ff.). Wenn an einzelnen Stellen des Entwurfes besonders darauf hingewiesen wird, daß mit der Verjährung eines Rechtes auch die einredeweise Geltendmachung derselben ausgeschlossen sei (vergl. § 397 Abs. 1, 407 Abs. 1, § 571 Abs. 1), so ist dies mit Rücksicht auf die besondere Beschaffenheit des Falles im Interesse der Deutlichkeit geschehen. Soweit Einreden eine selbständige Bedeutung zukommt (vergl. §§ 364,

427 Abs. 1, §§ 664, 684 Abs. 1, § 1952 Abs. 2, § 1956 Abs. 3, §§ 2088, 2133 Abs. 1), unterliegen sie der Verjährung nicht; eine besondere Einredeverjährung ist dem Entwurfe fremd. Nicht zu den selbständigen Einreden gehört nach dem Entwurfe — abweichend von l. 5 § 6 D. de dol. mal. 44, 4 — die Einrede des Betruges.

Scheidung gegenüber der präklusiven Befristung.

Streng aus einander gehalten ist die Anspruchsverjährung und die präklusive Befristung. Zur Vermeidung von Zweifeln, ob eine gesetzte Frist eine Verjährungsfrist oder eine Ausschlußfrist sei, wird in dem Entwurfe überall da, wo die Setzung einer Verjährungsfrist bezweckt ist, ausdrücklich von „Verjährung", „verjähren" gesprochen.

§ 154.

Die Anspruchsverjährung bildet die Regel.

Die Ansprüche sind der Verjährung unterstellt, mögen sie vermögensrechtlicher Natur sein oder nicht. Eine Einschränkung der Verjährung auf Ansprüche der ersteren Art ist, von anderen Gründen abgesehen, schon deshalb nicht angängig, weil davon ausgegangen wird, daß zu dem Wesen eines Schuldverhältnisses ein vermögensrechtliches Interesse des Gläubigers an der Leistung nicht gehört (§ 206). Nach Abs. 1 Satz 2 macht es ferner keinen Unterschied, ob der Anspruch auf einem Schuldverhältnisse oder auf einem anderen Rechtsgrunde beruht. Forderungen wie Ansprüche aus absoluten Rechten unterliegen der Verjährung. Eine Einschränkung in beiden Beziehungen enthält der Abs. 2; vergl. ferner §§ 768, 847, 853.

Auch der dingliche Anspruch verjährt. α) Gründe gegen die Verjährbarkeit.

Die Verjährbarkeit des dinglichen Anspruches, soweit derselbe auf Herstellung des dem dinglichen Rechte entsprechenden Zustandes für die Zukunft gerichtet ist, wird mehrfach beanstandet. Man verweist darauf, daß das dingliche Recht durch Verjährung des dinglichen Anspruches im Wesentlichen seines sachlichen Inhaltes entkleidet werde, und bezeichnet es als wenig angemessen, das dingliche Recht zu einem solchen Scheinrechte herabsinken zu lassen. Im Besonderen wird hinsichtlich des Eigenthumsanspruches geltend gemacht, die Verjährung desselben führe, sofern sie nicht durch die Ersitzung des Eigenthumes seitens des Besitzers gegenstandslos werde, zu der dem Rechte und dem Zwecke der Verjährung widersprechenden Halbheit, daß der Eigenthümer wohl sein Recht behalte, aber des nothwendigen Schutzes desselben gegen den anmaßenden Besitzer ermangele, und daß umgekehrt der letztere in seiner Anmaßung sich behaupten könne, ohne einen Rechtstitel erlangt zu haben, folglich nach keiner Seite hin ein gesicherter Rechtszustand herbeigeführt werde. Der Einwand ist nicht ohne Gewicht. Die Verjährbarkeit des Eigenthumsanspruches kann in der That ein sog. Eigenthum sine re zur Folge haben, sofern nicht die Sache wieder in die Hände des wirklichen Eigenthümers oder in die eines Dritten gelangt, der nicht zugleich Rechtsnachfolger des Besitzers ist oder unabhängig von dessen Recht seinerseits Rechte erwirbt. Mit Rücksicht hierauf haben auch verschiedene Gesetzgebungen nach Abhülfe gesucht. Insbesondere sind zwei Wege eingeschlagen worden. Man hat entweder die Erfordernisse der Verjährung vermehrt oder die Erfordernisse der Ersitzung vermindert. Das erstere ist seitens des kanonischen Rechtes geschehen, es verlangt, daß derjenige, zu dessen Gunsten die Verjährung läuft, sich im guten Glauben befinde (c. 5, 20 X de praescr. 2, 26). Das letztere seitens des code civil; Verjährung des Anspruches und Erwerb des dinglichen Rechtes seitens des Besitzers fallen zusammen; wird der Eigenthumsanspruch dreißig Jahre lang nicht geltend gemacht, so ist das Eigenthum verloren und von dem Besitzer erworben, mag dieser einen Titel zur Seite haben oder nicht, mag er sich in gutem oder schlechtem Glauben befinden (Art. 2262 verb. mit Art. 2180). Die beiden Wege haben den gleichen Erfolg: Verjährung und Ersitzung decken sich; der Zweck ist hier wie dort: der dingliche Anspruch soll nicht eher verjähren, als das dingliche Recht erloschen ist. Ein dritter Weg, der dasselbe Ziel in ungleich einfacherer Weise erreicht, ist die Unverjährbarkeit der dinglichen Ansprüche. Diesen Weg hat der Hauptsache nach der hess. Entw. (Abth. II) betreten. Der Eigenthumsanspruch und der Anspruch wegen sonstiger Beeinträchtigung des Eigenthumes werden für unverjährbar erklärt, „es sei denn, daß ein Anderer dieses Eigenthum oder ein die Freiheit desselben beschränkendes Recht gegen den bisherigen Eigenthümer ersitzt" (Art. 2), während die Verjährung des Anspruches wegen Beeinträchtigung eines dinglichen Rechtes an einer fremden Sache den Untergang des Rechtes zur Folge hat (Art. 27). Keinen Anstoß an der Verjährbarkeit der dinglichen Ansprüche haben genommen das gemeine Recht, das sächs. G. B. (§ 170; Mot. dazu), der bayr. Entw. (arg. Theil III Art. 180). Die Verjährbarkeit wird nicht minder anerkannt von der herrschenden Meinung in der preuß. und österr. Jurisprudenz. Die Entscheidung ist nicht unzweifelhaft. Außer Betracht bei derselben haben zu bleiben die bezeichneten beiden Gestaltungen, welche auf einer Vermischung der Institute der Verjährung und Ersitzung beruhen. Wenn das Fortbestehen eines dinglichen Rechtes ohne dinglichen Anspruch auf Wiederherstellung des dem Rechte entsprechenden Zustandes für die Zukunft nicht zugelassen werden kann, so verdient die Anerkennung der Unverjährbarkeit des dinglichen Anspruches vor beiden den Vorzug. Das Fortbestehen eines dinglichen Rechtes ohne dinglichen Anspruch ist zweifellos ein Uebelstand. Der Uebelstand wiegt aber nicht so schwer, wie die Unzuträglichkeiten, welche mit der Beseitigung desselben durch einen Eingriff in die Verjährungsgrundsätze verbunden sind. Wenn die Verjährung auch keinen festen Rechtszustand zu Gunsten des Besitzers schafft, so erfüllt sie doch den ihr gesetzten Zweck, die Sicherung des Rechtsfriedens durch Abschneidung lang verschwiegener Ansprüche, auch hier vollständig. Die gerügte Halbheit des Rechtes kann bisher auch kaum schwer empfunden worden sein; anderenfalls würde es der gemeinrechtlichen Jurisprudenz nicht gelungen sein, die einschlagenden Vorschriften des kanonischen Rechtes zu beseitigen. Dieses Vorgehen der gemeinrechtlichen Jurisprudenz zeigt im Gegentheile, daß für die Verjährbarkeit sich ein praktisches Bedürfniß geltend gemacht hat, und dieses Bedürfniß liegt noch vor, wennschon der Bedeutung der Frage dadurch engere Grenzen gezogen sind, daß einerseits in Ansehung der Grundstücke die in gebuchten Rechten sich gründenden dinglichen Ansprüche an und für sich der Verjährung entzogen sind (§ 847), andererseits in Ansehung der beweglichen Sachen die dinglichen Ansprüche erheblichen, durch die Rücksicht auf den redlichen Rechtserwerb gebotenen Beschränkungen unterliegen (§§ 877

b) Gründe für die Verjährbarkeit.

bis 879, 1182 u. s. w.). Ferner kommt in Betracht, daß eine Entscheidung für die Unverjährbarkeit zugleich dazu nöthigen würde, in sichtbarem Widerspruche mit dem Verkehrsbedürfnisse den Erbschaftsanspruch ebenfalls für unverjährbar zu erklären oder doch einer regelwidrigen Behandlung zu unterwerfen. Dazu tritt, daß die Verjährbarkeit der dinglichen Ansprüche der geschichtlichen Entwickelung der Anspruchsverjährung entspricht und daß die Aufstellung des gegentheiligen Grundsatzes zu einer Aenderung des geltenden Rechtes in erheblichem Umfange führen würde.

Der Verjährung unterliegen nicht gewisse familienrechtliche Ansprüche.

Anders als mit den dinglichen Ansprüchen verhält es sich mit den familienrechtlichen Ansprüchen, soweit solche auf Herstellung des dem familienrechtlichen Verhältnisse entsprechenden Zustandes für die Zukunft gerichtet sind. Die eigenthümliche Natur dieser Ansprüche gestattet nicht, daß dieselben durch Nichtausübung verloren gehen. Der Person nicht um ihrer selbst willen, sondern mit Rücksicht auf die Familienverbindung, in welcher sie steht, gegeben, bilden sie lediglich die Kehrseite einer zur Rechtspflicht erhobenen sittlichen Pflicht. So lange diese im Vordergrunde stehende Pflicht dauert, muß auch das derselben entsprechende Recht mit den darauf beruhenden Ansprüchen, soweit letztere auf Herstellung des dem familienrechtlichen Verhältnisse entsprechenden Zustandes gerichtet sind, bestehen bleiben. Es gilt dies ohne Unterschied, ob die Ansprüche vermögensrechtlicher Natur sind oder nicht; es gilt dies auch dann, wenn die Ansprüche gegen Dritte sich richten. Die Tragweite der Vorschrift des Abs. 2, welche dies zum Ausdrucke bringt (vergl. österr. G. B. § 1481), ist nicht allzu groß. Die Klagen auf Feststellung des Bestehens oder Nichtbestehens eines familienrechtlichen Verhältnisses entziehen sich an und für sich der Verjährung (vergl. S. 295). Das Recht auf Anfechtung familienrechtlicher Verhältnisse und das Recht auf Scheidung oder auf Trennung von Tisch und Bett entbehren des Anspruchskarakters und sind hinsichtlich ihrer Ausübung fast durchgängig einer Ausschlußfrist unterstellt (vergl. §§ 1264, 1447, 1473; §§ 1478, 1600, 1630 verb. mit § 104). Nicht zu dem Kreise der in's Auge gefaßten familienrechtlichen Ansprüche gehören: die Ansprüche bei Aufhebung eines Verlöbnisses (§§ 1228—1230), der Anspruch auf Zurückgabe der Geschenke nach erfolgter Scheidung (§ 1453), der Anspruch der Mutter eines unehelichen Kindes auf Ersatzleistung wegen der Kosten der Entbindung und der Kosten des Unterhaltes während der ersten sechs Wochen nach der Geburt des Kindes (§§ 1577, 1578). Ob der Anspruch des unschuldig geschiedenen Ehegatten auf Unterhalt gegen den schuldigen Theil (§ 1454) einzubeziehen sei, darf dahingestellt bleiben. Ohne Bedeutung für die Verjährungsfrage sind des Weiteren die auf der den Eltern obliegenden Sorge für die Person des Kindes und der elterlichen Nutznießung beruhenden familienrechtlichen Ansprüche, soweit dieselben auf Herstellung eines dem familienrechtlichen Verhältnisse entsprechenden Zustandes gerichtet sind (vergl. insbesondere §§ 1504, 1505); diese familienrechtlichen Verhältnisse endigen mit der Volljährigkeit, sind mithin ihrem Bestande nach von kürzerer Dauer als die ordentliche Verjährung. Dasselbe gilt von dem Anspruche des Vormundes auf Herausgabe des von einem Anderen widerrechtlich vorenthaltenen minderjährigen Mündels (§ 1655 verb. mit § 1505). Nicht minder scheidet aus der

Anspruch des unehelichen Kindes auf Unterhalt gegenüber dem Vater, da der letztere nach § 1573 nur bis zu der Zurücklegung des vierzehnten Lebensjahres des Kindes Unterhalt zu gewähren verpflichtet ist. Von der Vorschrift getroffen werden in der Hauptsache nur die auf dem persönlichen Verhältnisse der Ehegatten und auf dem ehelichen Güterrechte beruhenden Ansprüche der Ehegatten unter einander und gegen Dritte (vergl. insbesondere §§ 1272, 1275, 1280, 1281, 1339), die Ansprüche der Eltern gegen die Kinder auf Leistung von Diensten in dem Hauswesen und dem Gewerbe der Eltern, soweit diese Ansprüche über die Volljährigkeit der Kinder hinaus dauern (§§ 1498, 1499), der auf dem Verwandtschaftsverhältnisse beruhende Anspruch auf Unterhalt (§§ 1480 ff.), der Anspruch des Vormundes auf Herausgabe des volljährigen Pflegebefohlenen (§ 1728 verb. mit §§ 1655, 1505).

Die Feststellungsklage verjährt nicht.

Die Jurisprudenz erkennt an, daß der Status, die Stellung, welche die Person auf Grund der Familienverbindung zu anderen Personen einnimmt, unverjährbar sei. Gleichwohl wird von einer Verjährung der Statusklage in dem Sinne gesprochen, daß, sobald ein vorhandenes Familienrechtsverhältniß als nicht vorhanden behauptet und behandelt wird, der Anspruch auf Anerkennung des Status zu verjähren beginne und bei vollendeter Verjährung sammt allen auf seiner Voraussetzung beruhenden Ansprüchen dem betreffenden Gegner gegenüber verloren gehe. Das sächs. G. B. § 151 erklärt „die Klagen auf Familienzustände" (§ 1455) für unverjährbar. Nach dem code civil ist die action en réclamation d'état, sofern sie dem Kinde selbst zusteht, unverjährbar (Art. 328), sofern sie den Erben zusteht, verjährbar (Art. 329, 2262); ebenso nach dem hess. Entw. Abth. I Tit. 3 Art. 14, 15. Ob die action en contestation d'état der Verjährung unterliege, wird im franz. Rechte verschieden beantwortet (vergl. bad. L. R. Satz 2277a). Statusklagen sind Feststellungsklagen (C. P. O. § 231) und heben sich von den übrigen Klagen dieser Art nur deshalb ab, weil sie wegen der wichtigen Folgen, die an das Familienverhältniß sich knüpfen, von besonderer Bedeutung sind. Feststellungsklagen sind der Verjährung nicht unterworfen. Es geht dies schon daraus hervor, daß es bei ihnen an einem Anspruche im Sinne des Entwurfes fehlt (vergl. S. 291). Aber auch abgesehen hiervon wäre eine Verjährung dieser Klagen nicht am Platze. Die zeitliche Beschränkung der prozessualen Befugniß, Feststellung zu verlangen, würde mit dem Zwecke des Institutes selbst in Widerspruch treten, welches die Möglichkeit gewähren will, zweifelhafte oder dem Streite ausgesetzte Verhältnisse jederzeit, so lange dieselben bestehen, der richterlichen Entscheidung zu unterstellen, sofern nur ein rechtliches Interesse hierfür dargelegt werden kann.

§ 155.

Die ordentl. Verjährungsfrist beträgt 30 Jahre.

Gemeinrechtlich verjähren Ansprüche der Regel nach in dreißig Jahren (l. 3 Cod. de praescr. 7, 39). Ebenso nach dem preuß. A. L. R. I, 9 § 546, dem code civil Art. 2262, dem sächs. G. B. § 150, dem hess. Gesetze Art. 8 Abs. 1*),

---

*) Der hess. Entw. Abth. II Tit. 5 behandelt ebenfalls die Verjährung, ist aber älter als dieses Gesetz; es wird daher hier wie in dem Folgenden nur letzteres in Bezug genommen.

dem österr. G. B. § 1479, 1486, dem niederl. G. B. Art. 2004 und dem ital. G. B. Art. 2135. Für Forderungen aus Schuldverhältnissen bestimmen das hannöv. und das braunschweig. Gesetz § 1, die brem. Bek. § 1, der dresd. Entw. Art. 406 und das schweiz. Gesetz über das Obligationenrecht Art. 146 eine zehnjährige Verjährung.

Gegen die Frist von dreißig Jahren als regelmäßigen Verjährungszeitraum haben sich in der neueren Zeit nicht ungewichtige Stimmen erhoben. Man bestreitet das Bedürfniß für die Beibehaltung einer so langen Verjährungsdauer. Die Frist, die nahezu ein Menschenalter umfasse, führt man aus, sei dem bescheidenen Verkehre vergangener Zeiten entsprungen und für diesen wohl geeignet gewesen. Für die völlig umgestalteten Verkehrsverhältnisse der Gegenwart erscheine sie zu lang. In unserem rasch lebenden Jahrhundert prägten sich die Rechtsakte nicht mehr mit jener Bestimmtheit dem Erinnerungsvermögen der betheiligten Personen ein, welche den Zeiten weniger entwickelten ökonomischen und juristischen Lebens eigen sei. Ein Verjährungszeitraum von zehn oder zwanzig Jahren genüge vollständig. Länger werde kein irgend gewissenhafter Mann mit der Geltendmachung berechtigter Ansprüche zaudern.

Der Entwurf beläßt es bei der Frist von dreißig Jahren. Durch die dem Verjährungsinstitute gegebene Gestaltung erhält dasselbe eine wesentlich einschneidendere Bedeutung und Wirksamkeit als bisher. Die Art und Weise, wie der Beginn der Verjährung geregelt ist, die Beschränkung der Hemmungsgründe, die Nichtberücksichtigung der Unkenntniß von dem Vorhandensein des Anspruches, die Erstreckung auf bisher Privilegirte, die Beseitigung der Wiedereinsetzung in den vorigen Stand werden nur dann völlig unbedenklich sein, wenn ihnen eine entsprechend lange Verjährungsfrist gegenübersteht. Es wird sich auch kaum behaupten lassen, daß die dreißigjährige Frist, für welche noch die neuesten Gesetzgebungswerke, das ital. und das sächs. G. B., sich entschieden haben, zu Uebelständen Anlaß gegeben habe. Dem im Einzelnen hervortretenden Bedürfniß nach einer kürzeren Frist ist durch Sonderbestimmungen in weitem Umfange Rechnung getragen (vergl. § 397 Abs. 1, 2, § 407 Abs. 1, § 408 Abs. 2, §§ 411, 444 Abs. 2, § 571 Abs. 1, 2, § 579 Nr. 2, § 719 Abs. 1, §§ 732, 733, 1230, 1578, 1952 Abs. 1, § 1999 Abs. 1). Für die Forderungen aus Geschäften des täglichen Verkehres ist schon an sich in umfassendem Maße eine kurze Verjährung vorgesehen (§§ 156, 157). So wünschenswerth eine kräftige Wirkung des Institutes im Interesse des Verpflichteten wie der Allgemeinheit ist, — auf Kosten des Berechtigten darf sie nicht überspannt werden.

Eine längere Verjährungsfrist als dreißig Jahre ist nirgends vorgeschrieben. Die bezüglichen Bestimmungen des römischen Rechtes, des preuß. A. L. R. (I, 9 § 629) und des österr. G. B. (§§ 1485, 1472) entsprechen den heutigen Rechtsanschauungen nicht.

Guter Glaube auf Seite des Verpflichteten ist nicht erforderlich.

Besteht der Grundgedanke der Anspruchsverjährung darin, daß veraltete Ansprüche deshalb, weil sie veraltet sind, aus Gründen des öffentlichen Interesses als erloschen behandelt werden sollen, so ergiebt sich von selbst, daß zu den Voraussetzungen der Anspruchsverjährung guter Glaube auf Seiten desjenigen, zu dessen Gunsten sie gereicht, oder, nach der Ausdrucksweise des

Entwurfes, der Umstand nicht gehören kann, daß der Verpflichtete das Vorhandensein eines wirksamen Anspruches nicht kannte, seine Unkenntniß auch nicht auf grober Fahrlässigkeit beruhte. Die Anspruchsverjährung entnimmt ihre Voraussetzungen dem Verhalten des Berechtigten, nicht demjenigen des Verpflichteten. Den abweichenden Standpunkt des kanonischen Rechtes haben einzelne Gesetze*) insofern festgehalten, als sie guten Glauben erfordern, soweit es sich um die Herausgabe einer fremden Sache handelt. Verschiedene Gesetze heben ausdrücklich hervor, daß es bei der Anspruchsverjährung auf den guten Glauben des Verpflichteten nicht ankomme**). Das Schweigen des Gesetzes giebt das Gleiche zur Genüge zu erkennen.

§ 156.

Abkürzung der Verjährung bei Forderungen aus Geschäften des täglichen Verkehres. I. Allgemeine Erwägungen.

Die ordentliche Verjährungsfrist bedarf einer wesentlichen Abkürzung in Ansehung der Ansprüche aus den Geschäften des täglichen Verkehres. Den Vorgang für die neuere Gesetzgebung in dieser Richtung bildet der code civil. Während die von dem letzteren eingeführte besondere Verjährung aber (Art. 2271—2277) nur die Vermuthung einer kurzer Hand erfolgten Tilgung bewirkt, so daß dem Gläubiger, wenigstens in der Mehrzahl der Fälle, der Gegenbeweis durch Eideszuschiebung, daß Zahlung in Wahrheit nicht erfolgt sei, unbenommen bleibt, haben die deutschen Gesetzgebungen den Schwerpunkt auf die im allgemeinen Interesse erforderliche rasche Abwickelung dieser Schuldverhältnisse gelegt und so die sog. kurze Verjährung im Wesentlichen den allgemeinen Verjährungsgrundsätzen unterstellt***). Die Bemessung der Dauer derselben ist dabei eine verschiedene; sie schwankt zwischen einem halben Jahre und zehn Jahren.

Rechtspolizeiliche Gesichtspunkte.

Das Bedürfniß für die Abkürzung der Verjährungsfrist in der bezeichneten Richtung ist unabweisbar. Die Geschäfte des täglichen Verkehres sind zu zahlreich und dem Gegenstande nach in der Regel zu unbedeutend, als daß sie dem Gedächtnisse der Betheiligten längere Zeit gegenwärtig blieben. Schriftliche Notizen werden vom Verpflichteten nur ausnahmsweise gemacht, Quittungen über die vom gewissenhaften Schuldner gewöhnlich sofort oder doch in üblichen Fristen bewirkte Berichtigung selten ertheilt, noch seltener, wenn ertheilt, aufbewahrt. Eine in kurzer Zeit eintretende Verdunkelung des Sachverhältnisses ist unvermeidlich. Der Schuldner und namentlich dessen Erben dürfen nicht

*) Gesetz für das ehem. Königreich Hannover § 11, für Braunschweig § 11, Schwarzburg-Rudolstadt § 12, Schwarzburg-Sondershausen § 14, Lippe § 9, Lübeck § 8.

**) Code civil Art. 2262, württemb. Gesetz Art. 4, hess. Gesetz Art. 31, dresd. Entw. Art. 405, österr. G. B. §§ 1478, 1493, niederl. G. B. Art. 2004, ital. G. B. Art. 2135.

***) Das bad. L. R. (Satz 2275) ist dem code civil gefolgt. Die Verjährung begründet in den fraglichen Fällen gleichfalls nur eine Rechtsvermuthung der Zahlung. Das bad. Einf.-Ges. zu den Reichsjustizgesetzen vom 3. März 1879 hat mit Rücksicht auf § 14 Nr. 2 des Einf.-Ges. zur C. P. O. in § 146 dem L. R. Satz 2275 eine Fassung gegeben, durch welche dem Gläubiger der Beweis, daß die Zahlung nicht geleistet worden sei, schlechthin gestattet ist.

der Gefahr ausgesetzt werden, nach einer Reihe von Jahren wegen Forderungen in Anspruch genommen zu werden, die voraussetzlich bezahlt sind, über deren Bezahlung aber ein Nachweis nicht vorhanden ist. Die Gefahr liegt in der möglichen Gewissenlosigkeit des Gläubigers, der darauf baut, daß der anständige Schuldner sich wegen eines geringen Betrages nicht in einen Prozeß und die damit fast untrennbare Eidesleistung einlassen werde; sie liegt nicht minder darin, daß der Gläubiger die Tilgung übersehen, die in seinen Büchern eingetragene Forderung zu löschen vergessen hat und daraufhin er bezw. seine Erben sich zu der Forderung einer nochmaligen Bezahlung für völlig berechtigt erachten. Andererseits entspricht es ebenmäßig dem Interesse des Gläubigers, daß gegenüber einem säumigen Schuldner das Sachverhältniß alsbald klar gestellt und demselben die Gelegenheit zu späteren prozessualen Weiterungen, die mit der Höhe des Streitgegenstandes in keinem Verhältnisse stehen, entzogen wird.

Wirthschaftliche Gesichtspunkte.

In der neueren Zeit wird die Abkürzung der Verjährungsfrist zum Theil unter einem anderen Gesichtspunkte betrachtet. Man sieht in derselben ein Mittel, der allzugroßen Ausdehnung des Borgsystemes im Geschäftsverkehre wirksam entgegenzutreten. Rücksichten auf die Konkurrenten und auf die Nachsicht, welche diese ihren Kunden gewähren, hindern, so wird geltend gemacht, den Einzelnen an der rechtzeitigen und strengen Einziehung der Geschäftsaußenstände. Ist schon die Mahnung für den säumigen Schuldner empfindlich, — die Klagerhebung zieht in der Regel die Aufhebung der Geschäftsverbindung nach sich. Dem Verluste der Kundschaft und der damit Hand in Hand gehenden Verringerung des Absatzgebietes wird die Festlegung eines Theiles des Betriebskapitales als das geringere Uebel vorgezogen. Die Folge ist, daß der Geschäftsmann nicht nur an der anderweiten gewinnbringenden Verwendung seiner Mittel, an dem schnellen Umsatze, der Grundbedingung alles geschäftlichen Aufblühens, sich verhindert sieht, sondern auch gezwungen wird, von denjenigen, denen er als Abnehmer gegenübersteht, längere Nachsicht für die Erfüllung seiner Verbindlichkeiten zu fordern. Der ungesunde Zustand, der anscheinend nur Einzelinteressen schädigt, wird dadurch auf die übrigen Gebiete des Verkehrslebens übertragen, und am Ende leiden Handel und Gewerbe in gleichem Maße. Fordert das Gesetz dagegen, daß die Außenstände binnen kurzer Frist beigetrieben werden, droht es für den Fall, daß dies nicht geschieht, mit deren Verlust, so ist die entschiedenere Wahrnehmung der Geschäftsinteressen von selbst gegeben; der Betriebsfonds wird rechtzeitig wieder vervollständigt; der Verlust an Zinsen und sonstigem Gewinne verringert sich und das Vorgehen gegen den Schuldner verliert das Anstößige, was es sonst haben würde. Diese der kurzen Verjährung für den Kreditverkehr beigelegte Bedeutung ist bereits bei dem Erlasse verschiedener Partikulargesetze, insbesondere des bayr. und hess. Gesetzes, zur Sprache gekommen. Eine weitgreifende Geschäftsstockung jüngst vergangener Zeit hat derselben die Aufmerksamkeit in erhöhtem Maße zugewendet. In dem Handels- und Gewerbestande sind vielfach Stimmen laut geworden, welche eine wirksamere Gestaltung der kurzen Verjährung in dieser Richtung fordern und das Mittel hierfür darin sehen, daß die Verjährungsfrist gegenüber dem bisherigen

Rechte abgekürzt, insbesondere auf ein Jahr herabgemindert werde. Der Kommission sind verschiedene darauf bezügliche Petitionen zugegangen*).

Der Entwurf legt das entscheidende Gewicht auf den rechtspolizeilichen Zweck der kurzen Verjährung und setzt die Verjährungsfrist auf zwei Jahre fest. Die kurze Verjährung ist auch in wirthschaftlicher Hinsicht zweifellos von Bedeutung; aber die Bedeutung darf nicht überschätzt werden. Insbesondere erweisen sich die Erwartungen, welche an die Einführung einer einjährigen Verjährung geknüpft werden, nicht als begründet. Die betheiligten Kreise haben sich dem zum Theil selbst nicht verschlossen. Die Schäden, welche das Kreditwesen unverkennbar gezeigt hat und noch zeigt, beruhen vornehmlich darauf, daß bei der Kreditgewährung das für die nutzbringende Verwendung des geschäftlichen Betriebskapitales erforderliche Maß nicht eingehalten wird. Diesem Maße entspricht der Zeitraum von einem Jahre nicht. Eine einjährige Verjährungsfrist würde daher schon an und für sich zu lang sein, um eine Besserung herbeizuführen, ganz abgesehen davon, daß diese Frist füglich erst vom Schlusse des Jahres zu laufen beginnen könnte, in welchem der Anspruch fällig geworden ist (vergl. § 159). Aber auch eine noch weitergehende Abkürzung der Verjährung würde nicht den gewünschten Erfolg haben. Auf Grund sonstiger Verjährungsgrundsätze bliebe der Gläubiger in der Lage, durch Stundung (§ 162) die Verjährung des Anspruches nach Belieben hinauszuschieben; ebenso hätte er in dem leicht herbeizuführenden Anerkenntnisse der Schuld seitens des Verpflichteten (§ 169) ein Mittel, die Verjährung jederzeit unterbrechen und von neuem beginnen zu lassen. Die Konkurrenz, deren schädliche Einwirkung so vielfach betont worden ist, würde alsbald auf diese Auswege verfallen und so den besten Absichten Einzelner hindernd entgegentreten. Es wäre daher jedenfalls erforderlich, zu bestimmen, daß die Verjährung durch Stundung nicht gehemmt und durch Anerkenntniß der Schuld nicht unterbrochen werde, — Vorschriften, welche der Frist den Karakter der Verjährungsfrist theilweise entziehen und dieselbe der Präklusivfrist nähern. Selbst hierbei könnte es aber nicht bewenden. Wenn der sichtbar angestrebte Zweck, dem Detailisten, Gewerbtreibenden u. s. w. ein längeres Kreditiren seiner Forderungen ohne Gefahr des Verlustes unmöglich zu machen, wirklich erreicht werden sollte, so müßte die Frist nicht allein voll und ganz als Präklusivfrist ausgestaltet, sondern auch ein Verbotsgesetz hinzugefügt werden, welches jede der gesetzlichen Anordnung zuwiderlaufende Vereinbarung untersagt

Standpunkt des Entwurfes.

---

*) Petition der Handels- und Gewerbekammer für Oberbayern vom 7. August 1876,
" des kaufmännischen Vereines zu Breslau vom 2. Januar 1877,
" der Handelskammer für die Kreise Hirschberg und Schönau vom 14. Februar 1877,
" des kaufmännischen Vereines zu Marienburg vom 20. März 1877,
" des Ausschusses des schlesischen Central-Gewerbevereines zu Breslau vom 15. Januar 1878,
" der Wanderversammlung der württembergischen Gewerbevereine vom September 1878,
" der Gewerbekammern zu Lübeck, Bremen, Hamburg.

und für ungültig erklärt. Eine solche Regelung fällt aus dem Rahmen der Verjährung heraus. Sie steht zugleich mit den allgemeinen Rechtsgrundsätzen dergestalt in Widerspruch und hat nach verschiedenen Richtungen so einschneidende Folgen, daß sie nur dann zur Geltung gebracht werden könnte, wenn Gründe der zwingendsten Art sie unabweislich erforderten, und solche Gründe sind zur Zeit nicht dargethan. Ob auf dem Gebiete des Handelrechtes durch besondere Vorschriften Abhülfe zu schaffen ist bezw. geschaffen werden kann, darf der Prüfung bei Revision des H. G. B. anheimgestellt werden.

Zweijährige Verjährungsfrist.

Ist aber der wirthschaftliche Gesichtspunkt für die Bemessung der Verjährungsfrist nicht maßgebend, kommt es vielmehr auf den rechtspolizeilichen Zweck der kurzen Verjährung an, so erweist sich eine Verjährungsfrist in der Dauer von einem Jahre als zu kurz. Häufung der Prozesse und, wo von solchen wegen zeitweiliger Vermögenslosigkeit des Schuldners abgesehen wird, Verlust wohlbegründeter Ansprüche wären die unausbleibliche Folge. Die einjährige Frist würde sich auch nicht für alle Ansprüche, die einer kurzen Verjährung zu unterwerfen sind, eignen; für gewisse Ansprüche wäre die Setzung einer mehrjährigen Verjährungsfrist unumgänglich. Eine einheitliche Verjährungsfrist ist aber von hohem Werthe. Das Gesetz wird vereinfacht und seine Anwendung erleichtert, indem namentlich manchem anderenfalls entstehenden Zweifel und Streite darüber vorgebeugt wird, welche der verschiedenen Verjährungsfristen im einzelnen Falle Platz zu greifen habe. Einfachheit und Klarheit ist um so mehr geboten, als die einschlagenden Vorschriften vor Allem bestimmt sind, in das Volksbewußtsein überzugehen. Ob für die einheitliche Verjährungsfrist ein Zeitraum von zwei, drei oder vier Jahren zu wählen sei, ist Zweckmäßigkeitsfrage. Eine zweijährige Frist erscheint angemessen und ausreichend.

In der Auszeichnung der Ansprüche, welche der kurzen Verjährung unterstehen sollen (Nr. 1—15), ist im Wesentlichen das bestehende Recht zum Vorbilde genommen. Im Anschlusse an dasselbe sind einzelne Ansprüche einbezogen, die nicht ohne Weiteres als aus den Geschäften des täglichen Verkehres herrührend sich bezeichnen lassen, die aber mit Recht einer gleichen Behandlung unterstellt werden.

II. Im Einzelnen. Ansprüche der Kaufleute, Fabrikanten u. s. w.

Zu Nr. 1: Ausgegangen wird von dem Begriffe des Kaufmannes, wie er im H. G. B. Art. 4 (Art. 272) bestimmt ist. Neben den Kaufleuten sind die Fabrikanten, Handwerker sowie diejenigen, welche ein Kunstgewerbe betreiben, aufgeführt, da diese Personen nicht immer Kaufleute im Sinne des H. G. B. sind. Dagegen bedürfen neben den Kaufleuten keiner Erwähnung die in den einzelnen Gesetzen besonders genannten Buch-, Musikalien-, Kunsthändler, Inhaber von Druckereien, Apotheker und Händler. Vermieden ist die Erstreckung auf Künstler. Die Bezeichnung ist mehrdeutig und können darunter Personen begriffen werden, für deren Ansprüche die kurze Verjährung sich nicht eignet. Den Ansprüchen für gelieferte Waaren sind die Ansprüche für geleistete Arbeiten durchgängig, auch in Ansehung der Kaufleute und Fabrikanten gleichgestellt, um keinen Zweifel zu lassen, daß zugleich die Werklieferung getroffen werde. Ebenso ist hinsichtlich der Ansprüche wegen Ersatz von Auslagen zwischen den verschiedenen Personen und Leistungen nicht unterschieden. Auslagen kommen auch bei Kaufleuten und Fabrikanten, hinsichtlich der Emballage u. s. w. in Frage. Die in der Mehrzahl der Gesetze sich findende Beschränkung, daß Ansprüche aus Lieferungen an einen Kaufmann oder sonstigen Gewerbtreibenden zum Behufe seines Geschäftsbetriebes der kurzen Verjährung nicht unterliegen, ist nicht aufgenommen. Für eine solche Ausnahme liegt kein Bedürfniß vor und ist von derselben um so mehr Abstand zu nehmen, als sie die Handhabung des Gesetzes erschwert, in der Praxis zu manchen Streitigkeiten führt und den Zweck des Gesetzes zum Theil, insbesondere bei Lieferungen an Detailisten und gewisse Handwerker, zu vereiteln droht*).

Ansprüche aus dem Landwirthschaftsbetriebe.

Zu Nr. 2: Die bezeichneten Ansprüche sind zur Zeit nur in wenigen Gesetzen berücksichtigt**). Es giebt eine Reihe von Geschäften, durch welche der Landwirth, der an sich nur für seinen Selbstbedarf wirthschaftet, anderen Personen Bedürfnisse der Haushaltung, insbesondere Lebensmittel und Brennmaterialien, veräußert. Eine schnelle Abwickelung derartiger Geschäfte liegt im allseitigen Interesse.

Ansprüche wegen Unterricht, Verpflegung, Heilung u. s. w.

Zu Nr. 4: Nicht berührt durch die Vorschrift wird das Schulgeld, zu dessen Entrichtung das öffentliche Recht verpflichtet. Den Ansprüchen der Verpflegungsanstalten (Pensionsanstalten) sind diejenigen der Heilanstalten beigefügt. Eine abweichende Behandlung der letzteren verbietet sich schon deshalb, weil Heilanstalten der Regel nach zugleich Verpflegungsanstalten sind. Die Gesetze von Württemberg (Art. 1 Nr. 6) und Bremen (§ 2 Nr. 5) stellen, ebenso wie der dresd. Entw. Art. 407 Nr. 3, den Anstalten solche Personen gleich, welche Zöglinge zur Verpflegung oder Erziehung übernehmen. Die Bestimmung verdient Billigung, ist aber zu eng. Es kann weder darauf ankommen, daß die Aufnahme zur Erziehung oder Verpflegung gewerbsmäßig erfolgt, noch sind lediglich Zöglinge in's Auge zu fassen. Pensionsverhältnisse der fraglichen Art gehen auch andere Personen vielfach ein. Zu treffen ist insbesondere das sog. Kostkinderverhältniß sowie der Fall, daß ältere Personen in Pflege und Kost genommen werden. In beiden Fällen ist nicht allgemeine Menschenliebe, sondern Eigennutz in der Regel die Triebfeder für die Verpflegung. Daß die Pflegenden zur Fortsetzung der Pflege sich verstehen, selbst wenn sie den der kurzen Verjährungsfrist entsprechenden Zeitraum hindurch irgend welches Entgelt nicht erhalten, läßt sich kaum voraussetzen. Den der Pflege bedürftigen Personen schadet daher die kurze Verjährung nicht. Sie gewährt aber andererseits einen heilsamen Schutz vor unberechtigten, oft alles Maß übersteigenden Anforderungen, mit denen Pfleger namentlich dann hervortreten mögen, wenn die hinsichtlich der Beerbung oder sonstiger besonderer

*) Die Beschränkung ist bereits aufgegeben in den Gesetzen für das ehem. Kgr. Hannover, für Württemberg, Braunschweig, Sachsen-Meiningen, Schaumburg-Lippe, Bremen sowie in dem dresd. Entw.

**) Gesetz für das ehem. Kurfürstenth. Hessen § 1 Nr. 7, 13, für das Großherzogth. Hessen Art. 14 Nr. 5, für Sachsen-Altenburg § 1 Nr. 2, für Reuß ä. L. § 1 Nr. 1, für Bremen § 2 Nr. 1.

Vergütungen gehegten Erwartungen sich nicht erfüllt haben; ein Schutz, der um so gebotener erscheint, als die Erben in Ermangelung jeder Kenntniß, inwieweit eine Tilgung stattgefunden hat, gewöhnlich den Anforderungen gegenüber wehrlos sind.

Ansprüche der Lehrer u. s. w. Zu Nr. 5: Die Berechtigung der entsprechend dem preuß. Gesetze (§ 1 Nr. 4), dem sächs. G. B. (§ 1017 Nr. 7) und anderen Gesetzen beigefügten Ausnahme ist nicht unangefochten (vergl. u. A. dresd. Prot. S. 1401 ff.). Für die Ausnahme spricht, daß die Stundung der fraglichen Ansprüche auf eine unbestimmte Zeit hinaus, bis zu dem Eintritte besserer Vermögensverhältnisse, ertheilt wird, also bis zu einem Zeitpunkte, dessen Eintritt in Erfahrung zu bringen und festzustellen bei der in der Regel in der Zwischenzeit eintretenden örtlichen Entfernung des Schuldners ungemein schwierig ist, so daß der Gläubiger bei kurzer Verjährungsfrist Gefahr laufen würde, seines Anspruches verlustig zu gehen, noch ehe er von der den Beginn der Verjährung in sich schließenden besseren Vermögenslage des Schuldners Kenntniß erlangt hat. Den Gläubiger einer solchen Gefahr auszusetzen, ist mit dem Grunde und Zwecke der Stundung und dem Umstande, daß nicht dieser, sondern eine Behörde sie nach ihrem Ermessen ertheilt, schwer vereinbar.

Ansprüche der Rechtsanwälte, Notare, Gerichtsvollzieher rc. Zu Nr. 7: Die Ansprüche der Rechtsanwälte wegen Gebühren und Auslagen werden von sämmtlichen Partikulargesetzen der kurzen Verjährung unterstellt. Die Rechtsanwaltsordnung vom 1. Juli 1878 (R. G. Bl. S. 177) und die Gebührenordnung für Rechtsanwälte vom 7. Juli 1879 (R. G. Bl. S. 176) enthalten eine bezügliche Vorschrift nicht. Eine solche ist daher hier gegeben. Dieselbe gilt auch für die nach Landesrecht sich bemessenden Gebühren und Auslagen der Rechtsanwälte in Angelegenheiten der nichtstreitigen Gerichtsbarkeit. Die Ansprüche der Notare wegen Gebühren und Auslagen können nicht anders behandelt werden, wie diejenigen der Rechtsanwälte. Dagegen liegt kein Bedürfniß vor, die betreffenden Ansprüche der Prozeßbevollmächtigten, welche nicht Rechtsanwälte sind, der Beistände und Zustellungsbevollmächtigten — soweit diese Ansprüche nicht etwa nach anderweiten Vorschriften der kurzen Verjährung unterliegen (vergl. insbesondere Nr. 9) — der ordentlichen Verjährung zu entziehen. Unbedenklich können des Weiteren die Ansprüche der Gerichtsvollzieher wegen Gebühren und Auslagen der kurzen Verjährung unterstellt werden (code civil Art. 2272). Insoweit einzelne Staaten von der in § 24 Nr. 2 der Gebührenordnung vom 24. Juni 1878 (R. G. Bl. S. 166) ertheilten Ermächtigung Gebrauch gemacht haben, den Gerichtsvollziehern anstatt der Gebühren und Auslagen, welche dieselben zu fordern haben, eine anderweite Vergütung zu gewähren, sind diese Staaten hinsichtlich der von den pflichtigen Personen zu erhebenden Beträge an die Stelle der Gerichtsvollzieher getreten; die Vorschrift findet daher auf sie gleichfalls Anwendung. Zu den Personen, „welche zur Besorgung gewisser Geschäfte öffentlich bestellt oder zugelassen sind", gehören außer den in den meisten Gesetzen besonders erwähnten Feldmessern (Feldgeschworenen, Kondukteuren, Geometern, Markscheidern) die Schiffs- und Gütervermesser (brem. Bek. § 2 Nr. 7), die Auktionskommissarien, Auktionshalter, Auktionatoren (Gesetz für Preußen § 2 Nr. 2, für das ehem. Königr. Hannover § 3 Nr. 2, für Mecklenburg-Schwerin § 1 Nr. 8 u. s. w.), die

Taxatoren und Ausmiener (Gesetz für Sachsen-Altenburg § 1 Nr. 12; brem. Bek. § 2 Nr. 7), die bei den Gerichten zugelassenen Rechnungssteller (V. für Oldenburg § 10 Nr. 2) u. s. w. Zeugen und Sachverständige gehen nach der Gebührenordnung vom 30. Juni 1878 (R. G. Bl. S. 173) § 16 Satz 2 ihres Anspruches auf Gebühren verlustig, wenn das Verlangen nicht binnen drei Monaten nach Beendigung der Zuziehung oder Abgabe des Gutachtens bei dem zuständigen Gerichte angebracht worden ist. Die Gebührenordnung hat nur ein beschränktes Anwendungsgebiet; außerdem läßt sie den Fall offen, daß die Gebühren nach erfolgter Anmeldung nicht erhoben werden. Die kurze Verjährung ist daher auch hier nicht zu entbehren.

Ansprüche der Aerzte, Hebammen u. s. w.

Zu Nr. 8: Die von den bisherigen Gesetzen abweichende Fassung knüpft im Wesentlichen an die Ausdrucksweise der Gewerbeordnung § 29 Abs. 1, § 30 Abs. 2 an. Einbezogen sind auch diejenigen Personen, welche Dienste der Aerzte oder Hebammen, ohne approbirt zu sein, geleistet haben, da diese nicht besser gestellt sein können, als die approbirten Aerzte und Hebammen.

Ansprüche aus der gewerbsmäßigen Leistung von Diensten.

Zu Nr. 9: Die von den Gesetzen fast durchgängig hier aufgeführten Spediteure und Kommissionäre sind bereits durch die Vorschrift der Nr. 1 getroffen. Zu den in Nr. 9 bezeichneten Personen gehören vornehmlich Mäkler, Agenten, soweit sie nicht Kaufleute sind, Stellenvermittler, Gesindevermiether, Lohnbediente, Wäscherinnen, Dienstmänner, Fremdenführer. Mit dem dresd. Entw. (Art. 407 Nr. 9) und der brem. Bek. (§ 2 Nr. 9) die Lotteriekollekteure wegen der aus dem Geschäftsbetriebe herrührenden Forderungen einzubeziehen, fehlt es an ausreichendem Grunde.

Ansprüche aus Transportgeschäften.

Zu Nr. 10: Es kann fraglich erscheinen, ob die Ansprüche der Eisenbahnverwaltungen aus Transportgeschäften nicht schon unter die Vorschrift der Nr. 1 fallen. Die Streitfrage indessen, ob der Fiskus, soweit er sich dem Eisenbahnbetriebe unterzieht, als Kaufmann anzusehen sei, nöthigt zu einer besonderen Bestimmung. Die Erstreckung der kurzen Verjährung auf die übrigen in Nr. 10 erwähnten Ansprüche entspricht ebenfalls im Wesentlichen dem bisherigen Rechtszustande.

Ansprüche aus der gewerbsmäßigen Vermiethung beweglicher Sachen.

Zu Nr. 11: Die Ansprüche gehören an sich zu den im § 157 behandelten Ansprüchen; die Verjährungsfrist von vier Jahren ist für dieselben jedoch zu lang. In Betracht kommt namentlich Leihgeld für Bücher, Noten, Zeitschriften, Musikinstrumente, Garderobengegenstände, Möbel u. s. w.

Ansprüche der im Privatdienste Stehenden.

Zu Nr. 12: Die allgemeine Fassung beseitigt verschiedene Zweifel und Streitfragen, zu welchen einzelne Partikulargesetze Anlaß gegeben haben. Getroffen werden im Besonderen Haus- und Wirthschaftsbeamte einschließlich der Güterdirektoren und sonstigen Beamten der Großgrundbesitzer, Angestellte bei industriellen Unternehmungen, Handlungs- und andere Geschäftsgehülfen, Erzieherinnen, Gesellschafterinnen, Vorleserinnen, Hauslehrer, Privatsekretäre, Privatschreiber, Personen des Gesindestandes.

Ansprüche der gewerblichen Arbeiter ꝛc.

Zu Nr. 13: Die Fassung hinsichtlich der gewerblichen Arbeiter schließt sich der Ausdrucksweise der Gewerbeordnung Tit. VII an. Die Ansprüche der öffentlichen Arbeitsanstalten heranzuziehen, wie seitens der Gesetze für Sachsen-Weimar (§ 2 Nr. 2) und für Schwarzburg-Rudolstadt (§ 2 Nr. 10) geschieht, ist, soweit dieselben nicht schon nach anderen Bestimmungen (vergl. Nr. 9) der kurzen Verjährung unterstehen, bedenklich.

Ansprüche wegen Vorschüsse an gewerbliche Arbeiter.

Zu Nr. 14: Einschlagende Bestimmungen enthalten die Gesetze für Preußen (§ 1 Nr. 2), das ehem. Kgr. Hannover (§ 2 Nr. 1), das ehem. Kurfürstenth. Hessen (§ 1 Nr. 2), das ehem. Herzogth. Nassau (§ 1 Nr. 2), für Württemberg (Art. 1 Nr. 4), Braunschweig (§ 2 Nr. 1), Schwarzburg-Rudolstadt (§ 2 Nr. 8), Schwarzburg-Sondershausen (§ 3 a), Waldeck (§ 1 Nr. 2), Schaumburg-Lippe (§ 1 Nr. 1), Lippe (§ 1 Nr. 1). Dem württemb. Gesetze gemäß auch die Ansprüche wegen der an Personen, die in Privatdienstverhältnissen stehen, gegebenen Vorschüsse der kurzen Verjährung zu unterstellen, ist kein Bedürfniß.

Ansprüche wegen Vorschüsse an Rechtsanwälte.

Zu Nr. 15: Eine entsprechende Vorschrift findet sich nur in wenigen Gesetzen (Württemberg Art. 1 Nr. 7, Bremen § 2 Nr. 8, dresd. Entw. Art. 407 Nr. 8); die Angemessenheit derselben wird nicht in Frage gezogen werden können. Dagegen bedarf es der weiteren, in diesen Gesetzen sowie in anderen Gesetzen anzutreffenden Vorschrift nicht, daß der kurzen Verjährung auch die Ansprüche der Parteien gegen ihre Rechtsanwälte wegen Auslieferung von Urkunden und sonstigen aus Anlaß der Geschäftsbesorgung entstandenen oder anvertrauten Aktenstücke unterliegen. Der Zweck dieser Vorschrift wird in geeigneterer Weise durch § 32 Abs. 2 der Rechtsanwaltsordnung vom 1. Juli 1878 (R. G. Bl. S. 177) erreicht.

Nicht einbezogen sind die in einzelnen Gesetzen aufgeführten Ansprüche

1. auf Erstattung von Prozeßkosten,
2. aus öffentlichen Mobiliarverkäufen,
3. wegen Honorar für Beiträge in Zeitschriften sowie wegen der Gebühren für Abonnements auf dieselben und für Einrückungen.

Nicht einbezogene Ansprüche.

Die Unterstellung des Anspruches auf Erstattung von Prozeßkosten unter die kurze Verjährung durchbricht nicht nur den Grundsatz des § 177, daß rechtskräftig feststehende Forderungen, gleichviel welcher Natur sie sind, der ordentlichen Verjährung unterliegen, sondern hat auch gegen sich, daß es unter Umständen mißlich ist, die obsiegende Partei vor endgültiger Erledigung des Rechtsstreites zur Beitreibung der Kosten zu nöthigen. Dazu kommen die Schwierigkeiten, welche bei der Anwendung auf vorläufig vollstreckbare Entscheidungen sich ergeben. Hinsichtlich der Ansprüche aus öffentlichen Mobiliarverkäufen ist ein Bedürfniß für die kurze Verjährung nicht anzuerkennen; Baarzahlung bildet hierbei die fast ausschließliche Regel. Die Herbeiziehung der unter 3 genannten Forderungen ist bereits bei der Berathung des dresd. Entw. mit Recht um deswillen abgelehnt worden, weil einerseits es kaum angemessen erscheint, die Ansprüche für Erzeugnisse geistiger und wissenschaftlicher Thätigkeit der kurzen Verjährung zu unterwerfen, andererseits eine derartige Bestimmung von nur geringer praktischer Bedeutung ist, da Abonnements- und Einrückungsgebühren fast allenthalben im Voraus entrichtet zu werden pflegen (dresd. Prot. S. 1407).

Keine Privilegirung des Fiskus.

Eine Privilegirung des Fiskus hinsichtlich der kurzen Verjährungsfristen ist nach den in den meisten Rechtsgebieten gemachten Erfahrungen, wie auch bereits zu Nr. 10 unterstellt worden, entbehrlich.

§ 157.

Einer vierjährigen Verjährung werden die Rückstände regelmäßig wiederkehrender Leistungen unterworfen. Zu den die Abkürzung der Verjährung rechtfertigenden rechtspolizeilichen Gründen tritt der wirthschaftliche Gesichtspunkt, daß die Ansammlung derartiger Rückstände keine Begünstigung verdient. Aus praktischen Rücksichten ist die Vorschrift auch auf solche Zinsen, Mieth- und Pachtgelder erstreckt, welche nur einmal zu zahlen sind, vorbehaltlich der Bestimmung in § 156 Nr. 11. Die von der Vorschrift des § 156 abweichende Bemessung des Verjährungszeitraumes hat ihren Grund in dem wesentlich anderen Charakter der in Frage stehenden Ansprüche. Außerdem fällt in's Gewicht, daß die vierjährige Verjährung für diese Ansprüche in dem größeren Theile Deutschlands bereits gilt und sich eingelebt hat, sowie daß dieselbe in der Reichsgesetzgebung Eingang gefunden hat*). Rückstände regelmäßig wiederkehrender Leistungen verjähren in 4 Jahren.

Anlangend die einzelnen Ansprüche, so ist die kurze Verjährung in Ansehung der Zinsen auf die Rückstände von rechtsgeschäftlich bestimmten Zinsen beschränkt. Einzelne Gesetze sprechen schlechthin von Zinsen. Das bayr. Gesetz (Art. 1) und das hess. Gesetz (Art. 9) beziehen ihrer Fassung und den über dieselbe gepflogenen Verhandlungen nach auch die Verzugszinsen ein; ob das Gleiche für das Gebiet des code civil zu gelten hat, wird verschieden beantwortet. Verzugszinsen können ihrer Natur nach ebenso wie sonstige gesetzliche Zinsen keiner anderen Verjährung als der für den Hauptanspruch geltenden unterliegen. Wenn Zinsen sowohl infolge Rechtsgeschäftes als auf Grund des Verzuges geschuldet werden, so ist demgemäß der Gläubiger auch nach Verjährung der bedungenen Zinsen berechtigt, Verzugszinsen zu fordern und zwar in dem vollen Umfange, welcher sich aus dem Verzuge ergiebt. Die kurze Verjährung ergreift ebenmäßig die hypothekarischen Zinsen und die Grundschuldzinsen (§§ 847, 1141), nicht minder die zu einer Schuldverschreibung auf Inhaber ausgestellten Zinsscheine, wennschon die Bedeutung der Verjährung in letzterer Hinsicht wegen der in § 691 Abs. 2 aufgestellten Ausschlußfrist nur eine geringe sein kann; vergl. ferner § 697 Abs. 1. Der Anspruch auf Rückerstattung gezahlter nicht schuldiger Zinsen unterliegt der ordentlichen Verjährung. Zinsen.

Unter den Renten sind vornehmlich inbegriffen die Rentenkupons (vergl. § 691 Abs. 2), die in Gemäßheit der §§ 724, 726, 727, 730—736, 857, 863 zu entrichtenden Renten, die Leibrenten (§§ 660 ff.), mögen diese von Privaten oder Rentenanstalten zu entrichten sein, die Renten und Apanagen, die aus Stiftungen oder Fideikommissen gezahlt werden, die Renten, welche aus dem ehemaligen lehens-, guts- und grundherrlichen Verbande stammen, bezw. die an deren Stelle getretenen Ablösungsrenten, die auf dem Ewiggelde beruhende Renten.

---

*) Vergl. hinsichtlich der Zinsen von Anleihen und Schatzanweisungen die Gesetze vom 9. November 1867 (B. G. Bl. S. 157) §§ 5, 8 und vom 6. April 1870 (B. G. Bl. S. 65) § 5 u. s. w.; hinsichtlich der Rückstände von Dividenden der Reichsbank das Bankgesetz vom 14. März 1875 (R. G. Bl. S. 177) § 24; hinsichtlich der Wittwen- und Waisengelder die Gesetze vom 20. April 1881 (R. G. Bl. S. 85) § 16 Abs. 2 und vom 17. Juni 1887 (R. G. Bl. S. 237) § 18 Abs. 2.

Gilt. Ob die Leistungen in Geld oder anderen vertretbaren Sachen bestehen, ist einflußlos.

Auszugsleistungen.

Gegen die Unterstellung der Auszugs- (Altentheils-) Rückstände unter die kurze Verjährung sind bei der Berathung des dresd. Entw. (Prot. S. 1408 ff.) verschiedene Bedenken geltend gemacht worden. Selbst wenn indessen in dieser Hinsicht gewisse Bedenken sich ergeben sollten, so haben dieselben doch zurückzutreten vor den Vortheilen, welche die kurze Verjährung gerade in Ansehung derartiger Rückstände bietet. Die Auszugsleistungen sind der mannigfachsten Art und im Einzelnen höchst geringfügig. In der Regel zur Befriedigung der täglichen Bedürfnisse des Berechtigten bestimmt, werden sie den Erzeugnissen der Wirthschaft entnommen und vielfach von dem Personale des Verpflichteten, ohne daß dieser selbst Kenntniß im Einzelnen erhält, abgegeben. Während die Leistungen fast durchgängig schriftlich feststehen, die Verbindlichkeiten des Pflichtigen mithin außer Zweifel sind, ist der letztere nach Verlauf längerer Zeit außer allem Stande, zu wissen und festzustellen, ob und inwieweit eine Tilgung der einzelnen Leistung vorliegt. Der Chikane des Auszugsberechtigten und namentlich dessen Erben gegenüber steht der Auszugspflichtige fast ohne alle Vertheidigungsmittel da. Der letztere Umstand ist von besonderer Bedeutung. Die Chikane spielt bei Auszugsstreitigkeiten eine nicht geringe Rolle.

Besoldungen, Pensionen u. s. w.

Rückstände von Besoldungen, Wartegeldern, Pensionen (einschließlich der Wittwen- und Waisengelder) werden für längere Zeit nur selten vorkommen. Das Gesetz, betr. die Pensionirung und Versorgung der Militärpersonen u. s. w., vom 27. Juni 1871 (R. G. Bl. S. 275) und das Gesetz, betr. die Rechtsverhältnisse der Reichsbeamten, vom 31. März 1873 (R. G. Bl. S. 61) haben eine besondere Verjährung nicht vorgesehen. Eine solche findet sich dagegen in dem Gesetze, betr. die Fürsorge für die Wittwen und Waisen der Reichsbeamten der Civilverwaltung, vom 20. April 1881 (R. G. Bl. S. 85) § 16 Abs. 2 und in dem Gesetze, betr. die Fürsorge für die Wittwen und Waisen von Angehörigen des Reichsheeres und der Kaiserl. Marine, vom 17. Juni 1887 (R. G. Bl. S. 237) § 18 Abs. 2. Daß die diesbezüglichen Ansprüche der Landesstaatsbeamten einer kurzen Verjährung gleichfalls unterstellt sind, entspricht dem in dem größten Theile Deutschlands bereits geltenden Rechte und wird sachlich nicht zu beanstanden sein.

Unterhaltsgelder.

Die Erstreckung der kurzen Verjährung auf rückständige und nachzuleistende Unterhaltungsgelder (§§ 1280, 1281, 1454, 1460, 1462, 1480 ff., 1571 ff.) ist durch das praktische Bedürfniß besonders dringend geboten. Unter den sonstigen in regelmäßig wiederkehrenden Zeiten zu entrichtenden Leistungen sind Geldgefälle wie andere Leistungen begriffen. Dahin gehören namentlich Reallasten, soweit bei diesen die bezeichnete Voraussetzung zutrifft (§§ 1060, 847), ferner Amortisationsquoten, nicht aber Theilzahlungen eines Kapitales. Abstand ist genommen, der vierjährigen Verjährung auch diejenigen Ansprüche zu unterwerfen, welche dritten Personen aus der Bestreitung von Rückständen der bezeichneten Art im Wege der Geschäftsführung ohne Auftrag (§§ 753 ff.) erwachsen. Ein hinreichender Anlaß, die allgemeinen Grundsätze insoweit zu durchbrechen, liegt nicht vor. Auch das bisherige Recht kennt eine derartige Vorschrift nicht.

Nach dem Vorgange des hess. Gesetzes (Art. 17) eine Bestimmung des Inhaltes aufzunehmen, daß alle Ansprüche, welche nicht schon unter die Vorschriften der §§ 156, 157 fallen, einer abgekürzten Verjährung (von fünf Jahren) dann unterliegen, wenn sie einen bestimmten geringen Werthbetrag nicht übersteigen und urkundlich nicht festgesetzt sind, ist sachlich nicht ohne Bedenken und kein Bedürfniß.

Bei der Entwerfung des Einführungsgesetzes wird geprüft werden, ob bezw. inwieweit eine kurze, insbesondere eine vierjährige Verjährung zu bestimmen sei für die Ansprüche des Reichsfiskus wegen der Kosten eines vor einer Reichsbehörde stattfindenden Verfahrens sowie für die Ansprüche des Fiskus eines Bundesstaates wegen Gerichtskosten und ähnlicher Kosten, soweit solche reichsgesetzlich geregelt sind. Wenn ungeachtet des öffentlichrechtlichen Karakters dieser Ansprüche ein Eingreifen für geboten erachtet werden sollte, so hat dasselbe angemessen unter dem Gesichtspunkte der Ergänzung des Gerichtskostengesetzes u. s. w. im Einführungsgesetze zu erfolgen. Vorbehalt für das Einf. Ges.

§ 158.

Wird davon ausgegangen, daß der Anspruch, nicht das Klagerecht verjährt, so kann für den Beginn der Verjährung nicht der Zeitpunkt maßgebend sein, mit welchem die Befugniß zur Klagerhebung gegeben bezw. eine Rechtsverletzung eingetreten ist, sondern nur der Zeitpunkt, von welchem ab die Befriedigung des Anspruches rechtlich verlangt werden kann (Abs. 1). Die der früheren Doktrin geläufige Rechtsverletzungstheorie ist den neueren Gesetzgebungen fremd oder doch von denselben nicht grundsätzlich anerkannt*); die Theorie läßt vielfach den sicheren Anfangspunkt für den Lauf der Verjährung vermissen, giebt zu Beweisschwierigkeiten Anlaß und führt unter Umständen dazu, daß zweifelhafte Ansprüche im Widerspruche mit dem Zwecke der Verjährung lange Zeit hindurch fortbestehen können, ohne der Verjährung zugänglich zu sein. Der nach dem Entwurfe für den Beginn der Verjährung maßgebende Zeitpunkt trifft in den weitaus meisten Fällen mit der Entstehung des Anspruches zusammen und bietet so der Regel nach einen ebenso sicheren als leicht erkennbaren Anhalt für die Bestimmung des Anfanges der Verjährung. Beginn der ordentlichen Verj. Regel.

Der Vorschrift des Abs. 1 zufolge beginnt die Verjährung des dinglichen Anspruches, sobald infolge des Dazwischentretens eines Dritten der thatsächliche Zustand der in dem Rechte liegenden Herrschaft über die Sache nicht mehr entspricht, mag auch der Dritte die Sache für den Eigenthümer innehaben (§ 929). Die Verjährung des persönlichen Anspruches beginnt, wenn das Recht auf ein Thun gerichtet ist, mit der Entstehung desselben, wenn es ein Unterlassen gebietet, mit der den Zustand des Befriedigtseins aufhebenden Zuwiderhandlung. In denjenigen Fällen, in welchen, obwohl die Befriedigung jederzeit verlangt werden darf, doch sofortige Befriedigung nicht erwartet wird, der

*) Vgl. preuß. A. L. R. I, 9 § 545 (Pensum XIII 1, 9 § 30, Entwurf § 367), sächs. G. B. § 158, hess. Gesetz Art. 2, dresd. Entw. Art. 400, österr. G. B. § 1478, zür. G. B. § 1065, schweiz. Gesetz über das Obligationenrecht Art. 149.

Berechtigte vielmehr stillschweigend zu erkennen gegeben hat, daß er den ihm zustehenden Anspruch eine unbestimmte Zeit hindurch nicht geltend zu machen beabsichtige, nimmt die Verjährung ebenfalls mit dem Zeitpunkte ihren Anfang, in welchem die rechtliche Möglichkeit der Anforderung gegeben ist. Hat der Eigenthümer seine Sache hinterlegt, so verjährt sowohl der Eigenthumsanspruch als der persönliche Anspruch aus dem Hinterlegungsvertrage von der Hingabe der Sache an. Das Verhältniß besteht mit dem Willen des Berechtigten, der Verpflichtete begeht durch das Behalten keinerlei Unrecht; aber der Geber kann zurückfordern, und der Zweck des Verjährungsinstitutes gebietet, an den Nichtgebrauch dieses Dürfens den Verlust desselben zu knüpfen. Ob der andere Theil die Sache seiner Verbindlichkeit gemäß als eine ihm anvertraute verwahrt oder ob er den Willen faßt, sich dieselbe anzueignen, macht ebensowenig einen Unterschied, als das Vorhandensein einer Uebereinkunft, vermöge deren der Verpflichtete vor einem gewissen Zeitpunkte zurückzugeben nicht berechtigt ist. Unter Umständen führt allerdings diese Gestaltung zu einem Ergebnisse, das nicht ohne Bedenken zu sein scheint. Der Berechtigte kann seines Anspruches verlustig gehen, obwohl der Verpflichtete denselben nie bestritten hat. Allein solche besonders geartete Fälle können, abgesehen davon, daß sie kaum praktisch werden, für die Regelung im Allgemeinen nicht maßgebend sein. Regel ist, daß die in Frage stehenden Rechtsverhältnisse in nicht allzu langer Zeit geordnet werden. Nur selten kommt es vor, daß dreißig Jahre darüber hingehen. Geschieht dies, so liegt eine Verdunkelung der Rechtsbeziehungen nahe und die Verjährung ist am Platze. Außerdem würde durch eine entsprechende Ausnahme der an sich so einfache, den Beginn der Verjährung bestimmende Grundsatz in erheblichem und dem Verkehrsinteresse kaum dienlichem Umfange durchbrochen werden.

Der besonderen Hervorhebung, daß der Beginn der Verjährung durch eine vorgängige Mahnung des Verpflichteten oder durch eine vorgängige Verweigerung der Anerkennung des Anspruches seitens des Verpflichteten nicht bedingt ist (dresd. Entw. Art. 400 Abs. 1), bedarf es bei der Fassung des Abs. 1 nicht. Als Anfangspunkt ist derjenige Zeitpunkt bezeichnet, in welchem die Befriedigung des Anspruches *rechtlich* verlangt werden kann. Es soll damit klargestellt werden, daß es lediglich darauf ankommt, wann nach der Natur des Anspruches an sich, nicht wann thatsächlich Befriedigung angesprochen werden kann.

Terminologie. „Fälligkeit."

Anläßlich des Abs. 1 ist Gelegenheit genommen, zugleich den Sinn festzustellen, welchen der Entwurf mit dem Begriffe der Fälligkeit (§§ 190, 232, 233, 245 Abs. 1, § 267 Abs. 2, § 358 Abs. 2, § 595 Abs. 3, § 693 Abs. 2, § 738 u. s. w.) verbindet.

Die Bestimmung des Abs. 2 enthält nur eine wegen ihrer praktischen Bedeutung besonders zum Ausdruck gebrachte Folgerung aus Abs. 1.

Abhängigkeit des Anspruches von dem bloßen Willen des Berechtigten.

Der Regel der älteren gemeinrechtlichen Wissenschaft: toties praescribitur actioni nondum natae, quoties nativitas est in potestate creditoris ist Berechtigung für den Fall nicht abzusprechen, daß die Entstehung eines Anspruches von dem bloßen Wollen des Berechtigten abhängig ist. Ein solcher Anspruch muß, wenn die Verjährung mit Sicherheit durchgeführt werden soll, wie ein bereits entstandener Anspruch behandelt und sofortiger Verjährung unterstellt werden (Abs. 3). Ist das Zustandekommen eines Vertrages oder der Rücktritt von einem solchen lediglich von dem Belieben einer Partei abhängig, so beginnt demgemäß die Verjährung des solchergestalt bedingten Anspruches nicht erst mit der Abgabe der denselben ins Leben rufenden Willenserklärung, sondern mit dem Zeitpunkte, in welchem derselbe durch die Willenserklärung in das Leben gerufen werden konnte. Ueber die der Ausübung des Rücktrittsrechtes gesetzte zeitliche Schranke vergl. § 432.

Die vielbestrittene Frage, mit welchem Zeitpunkte die Verjährung in den Fällen beginnt, in welchen die Befriedigung getroffener Uebereinkunft oder gesetzlicher Bestimmung zufolge nach vorgängigem Verlangen, insbesondere nach Kündigung seitens des Berechtigten zu geschehen hat, ist in Abs. 4 Satz 1, in Uebereinstimmung mit der herrschenden Meinung des gemeinen Rechtes, dem sächs. G. B. § 1016 und dem dresd. Entw. Art. 400 Abs. 3, dahin entschieden, daß die Verjährung mit dem Zeitpunkte beginnt, in welchem das Verlangen oder die Kündigung erfolgen konnte. Die Festsetzung einer solchen Kündigung enthält vielfach eine hinsichtlich der Dauer von dem Belieben des Berechtigten abhängige Stundung. Der Berechtigte, der jederzeit in der Lage ist, diese Stundung aufzuheben, kann sich nicht für beschwert erachten, wenn Rücksicht auf dieselbe nicht genommen wird. Die Rücksicht ist aber zu versagen, weil nur so zu einem festen Anfangspunkte für den Beginn der Verjährung zu gelangen ist. Der letztere Gesichtspunkt nöthigt zugleich, die Fälle einzubeziehen, in welchen die Kündigung sich nicht lediglich als ein Verlangen der Leistung darstellt, sondern zugleich ein Aufgeben von Rechten (Wegfall von Zinsen u. s. w.) in sich schließt. Auf einem anderen Standpunkte stehen der preuß. Entw. § 368, das hess. Gesetz Art. 3 Abs. 1 und in Ansehung der verzinslichen Forderungen das zür. G. B. § 1066.

Auf Kündigung gestellte Forderungen.

Die in Abs. 4 Satz 2 getroffene Entscheidung entspricht dem sächs. G. B. und dem dresd. Entw. (a. a. O.), wird von hervorragenden Rechtslehrern auf dem Gebiete des gemeinen Rechtes vertreten und hat auch für das preuß. Recht die Billigung des vorm. O. T. zu Berlin (Entsch. III S. 165 f.) gefunden. Eine zum Theil abweichende Bestimmung enthält das Gesetz, betr. die privatrechtliche Stellung der Erwerbs- und Wirthschaftsgenossenschaften, vom 4. Juli 1868 (B. G. Bl. S. 415) § 63 Abs. 2. Die Verjährung soll sofort beginnen, ohne daß Kündigung erforderlich ist, und die Dauer der Verjährung sich um die Kündigungsfrist verlängern. Die Abweichung besteht darin, daß die Kündigungsfrist zu einem Theile der Verjährungsfrist gemacht ist, mithin die Verjährung in diesem Zeitraume auch gehemmt und unterbrochen werden kann, während nach dem Entwurfe die Kündigungsfrist, der in ihr liegenden Stundung gemäß, den Beginn der Verjährung um die entsprechende Zeit hinausschiebt.

Kündigung mit Leistungsfrist.

Besonders und zum Theil abweichend von der Vorschrift des Abs. 1 ist der Beginn der Verjährung, abgesehen von §§ 159, 160, bestimmt in § 397 Abs. 4, §§ 411, 571 Abs. 4, §§ 719, 732, 1230, 1578, 1952 Abs. 1, § 1999 Abs. 1, 2.

§ 159.

Beginn der kurzen Verjährung der §§ 156, 157.

Die Vorschrift entspricht im Wesentlichen dem bisherigen Rechtszustande. Das Verkehrsinteresse erheischt für die in § 156 bezeichneten Ansprüche einen unschwer festzustellenden und leicht im Gedächtnisse zu behaltenden Anfangspunkt der Verjährung. Sollte es bei dem allgemeinen Grundsatze bewenden, so würden den Geschäftsleuten so viele einzelne Verjährungsfristen gegenüber jedem ihrer Abnehmer laufen, als sie Waaren oder Arbeiten geliefert haben. Ein tägliches Studium der Geschäftsbücher wäre unumgänglich und aller Sorgfalt ungeachtet würde nicht zu vermeiden sein, daß einzelne übersehene Posten verloren gingen. Außerdem pflegen Leistungen und Lieferungen der fraglichen Art, sofern sie überhaupt auf Rechnung erfolgen, erst nach Ablauf einer gewissen Frist, gewöhnlich mit Schluß des Jahres, beglichen zu werden, so daß die vorgeschlagene Erstreckung des Verjährungsbeginnes zugleich die übliche Stundungsfrist deckt. In Ansehung der in § 157 gedachten Ansprüche treffen diese Erwägungen nicht allenthalben zu; die Einfachheit und Praktikabilität des Rechtes läßt es aber wünschenswerth erscheinen, den gleichen Anfangspunkt zu wählen (vergl. auch § 691 Abs. 2). Daß der Beginn der Verjährung nicht dadurch gehindert wird, daß das Verhältniß, aus welchem der Anspruch entstanden ist, fortgedauert hat (preuß. Gesetz § 6, u. s. w.), darf als selbstverständlich betrachtet werden.

Einzelne Gesetze lassen die Ansprüche der in Privatdienstverhältnissen stehenden Personen erst vom Schlusse des Jahres an verjähren, in welchem das Dienstverhältniß sein Ende gefunden hat*). Zu einer solchen Ausnahme liegt kein zureichender Anlaß vor. Die Vorschrift des sächs. G. B. § 1018 und anderer Gesetze**), daß der Anspruch eines Arztes, sofern es sich um eine bestimmte Kur handelt, mit dem Schlusse des Jahres zu verjähren beginnt, in welchem die Kur endigt, ergiebt sich entweder von selbst — wenn es sich um eine übernommene besondere Kur handelt, da der Arzt solchenfalls die Gegenleistung erst nach deren Ausführung beanspruchen kann —, oder sie geht zu weit, wenn sie zugleich die mehrjährige Behandlung chronischer Leiden umfaßt. Hinsichtlich der Fälligkeit der Ansprüche der Rechtsanwälte wegen ihrer Gebühren und Auslagen (§ 156 Nr. 7) greift die Vorschrift der Gebührenordnung vom 7. Juli 1879 (R. G. Bl. S. 176) § 85 Platz. Für die durch diese Vorschrift nicht getroffenen Fälle etwas Besonderes vorzuschreiben, fehlt das Bedürfniß.

§ 160.

Beginn der Verjährung des Gesammtanspruches bei gewissen wiederkehrenden Leistungen.

Ob bei wiederkehrenden, von einem Hauptrechte nicht abhängenden Leistungen ein über den Ansprüchen auf die einzelnen Leistungen stehender Gesammtanspruch anzunehmen sei, hängt von der Natur des zu Grunde liegenden Rechtsverhältnisses ab und mag im einzelnen Falle nicht unzweifelhaft sein. Aber auch da, wo die Voraussetzungen für die Annahme eines Gesammt-

*) Gesetz für das ehemalige Kurfürstenth. Hessen (§ 2), für Reuß ä. L. (§ 2), Reuß j. L. (§ 3), Schaumburg-Lippe (§ 2).

**) Gesetz für Sachsen-Altenburg (§ 3), Schwarzburg-Rudolstadt (§ 5 Nr. 4), Reuß ä. L. (§ 2), Reuß j. L. (§ 3).

anspruches nicht gegeben sind, ist die Unterstellung eines solchen hinsichtlich der Verjährbarkeit aus praktischen Gründen, insbesondere im Interesse der Rechtssicherheit, unumgänglich. Es haben auch fast alle neueren Gesetzgebungen sich für die Verjährbarkeit des Rechtes im Ganzen in den in Betracht kommenden Fällen entschieden *).

Die Verjährung des Gesammtanspruches beginnt mit dem Zeitpunkte, in welchem die Verjährung des Anspruches auf eine Leistung begonnen hat. So lange es an einem nicht befriedigten Einzelanspruche fehlt, kann dem Gesammtanspruche die Verjährung nicht laufen. Insoweit demgemäß die Einzelleistungen in Unterlassungen bestehen, muß eine Zuwiderhandlung hinzutreten. Ist ferner ein entsprechendes Rechtsverhältniß am 1. Januar 1888 begründet und soll die erste Leistung am 1. Juli 1888 fällig sein, so beginnt die Verjährung des Gesammtanspruches keinesfalls vor dem 1. Juli 1888; sie beginnt an diesem Tage und, soweit § 159 in Verb. mit § 157 Platz greift, mit dem Schlusse des Jahres 1888 nur dann, wenn die Leistung ausbleibt, nicht dann, wenn sie entrichtet wird (vergl. schweiz. Gesetz über das Obligationenrecht Art. 152). Die Bestimmung des dresd. Entw. Art. 401, nach welcher die Verjährung des Gesammtanspruches von dem Zeitpunkte an läuft, wo die erste Leistung gefordert werden kann, entbehrt der inneren Berechtigung, wennschon sie den Vorzug der Vereinfachung in mancher Hinsicht für sich hat. Bezüglich der Beweislast wird keinem Zweifel unterliegen, daß derjenige, welcher sich auf die Verjährung beruft, die Nichterfüllung nicht schlechthin, sondern nur dann zu beweisen hat, wenn die Leistung in einem Unterlassen besteht.

Auf wiederkehrende Leistungen, welche von einem Hauptrechte abhängen, ist die Vorschrift nicht erstreckt. In der Annahme eines Gesammtanspruches darf nicht weiter gegangen werden, als wirklich nothwendig ist, und eine solche Nothwendigkeit liegt namentlich in Ansehung der rechtsgeschäftlich bestimmten Zinsen nicht vor, deren enger Zusammenhang mit der Kapitalforderung es vielmehr angezeigt erscheinen läßt, daß die Zinspflicht nur mit der letzteren verjähren kann.

Keine Anwendung findet die Vorschrift auf den in dem ehelichen oder verwandtschaftlichen Verhältnisse (§§ 1280, 1281, 1480 ff.) sich gründenden gesetzlichen Unterhaltsanspruch. Das Unterhaltenwerden ist ein dem betreffenden familienrechtlichen Verhältnisse entsprechender Zustand und der Anspruch auf Herstellung dieses Zustandes für die Zukunft unterliegt gemäß § 154 Abs. 2 nicht der Verjährung. Für den Unterhaltsanspruch des unehelichen Kindes gegen den Vater ist die Vorschrift mit Rücksicht auf § 1573 ohne Bedeutung.

§ 161.

In den Gesetzgebungen wird der Regel nach nur der Begriff und die Bedeutung der **Unterbrechung** der Verjährung festgestellt **). Das Gleiche Begriff der Unterbrechung und Hemmung.

*) Vergl. preuß. A. L. R. I, 9 § 509, sächs. G. B. § 160, dresd. Entw. Art. 401, österr. G. B. § 1480, schweiz. Gesetz über das Obligationenrecht Art. 152.

**) Vergl. preuß. A. L. R. I, 9 § 563, sächs. G. B. § 169, hess. Gesetz Art. 26, dresd. Entw. Art. 416.

erscheint hinsichtlich der Hemmung der Verjährung angezeigt. Ist die Unterbrechung beendet, so beginnt die Verjährung von neuem, sofern die Voraussetzungen hierfür vorliegen. Die Verjährung der in §§ 156, 157 bezeichneten Ansprüche im Falle einer Unterbrechung erst mit Schluß des Jahres wieder beginnen zu lassen, in welchem die Verjährung ihr Ende erreicht hat (brem. Bek. § 6 Abs. 2), geht über das Bedürfniß hinaus.

Die Wirkung beschränkt sich auf die unmittelbar Betheiligten. Hauptschuld und Bürgschaftsschuld.

Die Hemmung sowohl als die Unterbrechung wirken regelmäßig nur unter den Personen, zwischen welchen der Hemmungs- bezw. Unterbrechungsgrund eingetreten ist, sowie deren Rechtsnachfolgern; vergl. §§ 335, 339 Abs. 2, § 340*). Auf die Verpflichtung des Bürgen ist die gegenüber dem Hauptschuldner eingetretene Hemmung oder Unterbrechung der Verjährung insofern von Einfluß, als die dem Bürgen nach § 671 Abs. 1 zu Statten kommende Vollendung der Verjährung des Hauptanspruches hinausgeschoben oder ausgeschlossen wird; der Lauf der Verjährung des Anspruches des Gläubigers gegen den Bürgen wird durch eine solche Hemmung oder Unterbrechung nicht berührt. Das bestehende Recht zeigt in dieser Hinsicht zum Theil eine abweichende Gestaltung. Einzelne Gesetze bestimmen, in Anschluß an die in § 335 abgelehnte l. 5 Cod. de duobus reis 8, 40, daß die Unterbrechung der Verjährung gegen den Hauptschuldner auch gegen den Bürgen wirkt. Andere Gesetze sprechen aus, daß die dem Hauptschuldner gegenüber eingetretene Unterbrechung der Verjährung gegen den Bürgen nur dann wirksam sei, wenn die Unterbrechung bei oder schon vor der Verbürgung stattgefunden hat und solches dem Bürgen bekannt gewesen ist (vergl. dazu § 672)**). Eine gegenüber dem Bürgen eingetretene Hemmung oder Unterbrechung der Verjährung des Bürgschaftsanspruches wirkt auf den Lauf der Verjährung des Anspruches gegen den Hauptschuldner selbstverständlich ebenfalls nicht ein. —

Persönliche Schuld und Hypothek.

Anlangend die Ansprüche, für welche eine Hypothek bestellt ist, so hat die Hemmung oder Unterbrechung der Verjährung des persönlichen Anspruches keinen Einfluß auf den Lauf der Verjährung des dinglichen Anspruches, soweit für letzteren nach § 847 überhaupt eine Verjährung in Frage kommt. Das Gleiche gilt im umgekehrten Falle.

§ 162.

Allgemeine Kennzeichnung der Hemmungsgründe.

So lange die Geltendmachung eines Anspruches rechtlich ausgeschlossen ist, muß die Verjährung der Regel nach ruhen — agere non valenti non currit praescriptio. Einzelne Gesetze und Entwürfe sprechen diesen Satz unmittelbar aus***). Derselbe enthält indessen mehr ein gesetzgeberisches Prinzip als eine

---

*) Vergl. W. O. Art. 80 Abs. 1, H. G. B. Art. 148, Gesetz, betr. die privatrechtliche Stellung der Erwerbs- und Wirthschaftsgenossenschaften, vom 4. Juli 1868 (B. G. Bl. S. 415) § 64 verb. mit dem Einf. Gesetz zur Konk.-O. § 3 Abs. 4.

**) Zu der ersteren Klasse von Gesetzen gehören das preuß. A. L. R. I, 14 § 392, code civil Art. 2250, die Gesetze für Hessen Art. 29, für Mecklenburg-Schwerin und Mecklenburg-Strelitz § 3 Nr. 5; zu der letzteren Klasse die Gesetze für Anhalt-Bernburg § 8, für Reuß ä. L. § 7, Reuß j. L. (vom 12. September 1879) § 4.

***) Vergl. insbesondere preuß. A. L. R. I, 9 § 526, dresd. Entw. Art. 402 Abs. 1.

Rechtsnorm. Angemessener und der Handhabung des Rechtes förderlicher wird es sein, die rechtlichen Hindernisse der Geltendmachung, denen hemmende Wirkung zukommen soll, unmittelbar festzustellen. Diese Feststellung erledigt sich, soweit es sich um die Hemmung des Beginnes der Verjährung handelt, auch nicht durch die Vorschrift des § 158 Abs. 1, welche als allgemeine Regel lediglich auf die rechtliche Möglichkeit der Geltendmachung des Anspruches an sich Gewicht legt und naturgemäß die in den Umständen des einzelnen Falles sich gründenden besonderen Hindernisse der Geltendmachung außer Betracht läßt.

Rechtliche Hindernisse der Geltendmachung, welche in der Beschaffenheit des Anspruches sich gründen.

Rechtliche Hindernisse der fraglichen Art können vor Allem ihren Grund haben in der Beschaffenheit des Anspruches selbst. Nahe verwandt ist der Fall, daß die Geltendmachung eines Anspruches durch eine besondere Vorschrift ausgeschlossen ist. Mit diesen Hindernissen befaßt sich die gegenwärtige Vorschrift sowie § 163. Die verschieden beantwortete Frage, ob die Eröffnung des Konkursverfahrens die Verjährung hemme, ist von der Konk. O. § 13 Satz 1 im verneinenden Sinne bereits erledigt.

Sistirungs-, Moratorien-gesetze.

Der Ausschluß der Rechtsverfolgung durch eine besondere Vorschrift wird nur ausnahmsweise vorkommen, darf aber nicht unberücksichtigt bleiben. Es können Sistirungsgesetze ergehen, welche zur Erreichung wichtiger gesetzgeberischer Zwecke den Gerichten die Annahme gewisser Klagen für eine Zeit untersagen. Auch mit Moratoriengesetzen ist zu rechnen. Das Einf. Ges. zur C. P. O. § 14 Nr. 4 tritt zwar der Bewilligung von Moratorien entgegen. Die Möglichkeit, daß bei außerordentlichen Anlässen Moratorien mittelbar oder unmittelbar ertheilt werden, ist gleichwohl auch künftig nicht ausgeschlossen. Werden derartige Gesetze erlassen, so muß die Verjährung der betroffenen Ansprüche gehemmt sein; die Verjährung kann weder beginnen noch, wenn sie begonnen hat, weiter laufen.

Entgegenstehen einer materiell-rechtlichen Einrede.
a) Der Regel nach tritt Hemmung ein.

Als Hindernisse der Geltendmachung, welche mit der Beschaffenheit des Anspruches im Zusammenhange stehen, kommen vornehmlich die (materiell-rechtlichen) Einreden in Betracht*). In der gemeinrechtlichen Wissenschaft sind die Ansichten darüber, ob und inwieweit das Entgegenstehen einer Einrede die Verjährung des Anspruches hemme, getheilt, und die Gesetzgebungen haben bisher Anstand genommen, die Frage grundsätzlich zu entscheiden. Eine solche Entscheidung ist nicht zu umgehen. Der Schwerpunkt derselben liegt auf dem Gebiete der verzögernden Einreden. Der Verpflichtete, der eine zerstörende Einrede („durch welche die Geltendmachung des Anspruches dauernd ausgeschlossen wird" § 737 Abs. 2, §§ 1093, 1192 Abs. 2) dem erhobenen Anspruche entgegenstellen zu können glaubt, wird schwerlich von derselben Gebrauch machen, wenn ihm die in der Regel eines besonderen Beweises nicht bedürftige Einrede der Verjährung zu Gebote steht; der Berechtigte aber wird sich hüten, dem Einwande der Verjährung mit der Behauptung und dem Zugeständnisse zu begegnen, daß der Verpflichtete eine zerstörende Einrede habe. Immerhin sind Fälle denkbar, in welchen es von Bedeutung sein kann, ob

*) Ueber einen anderen einschlagenden Fall vergl. Entsch. des Reichsgerichtes in Civils. V Nr. 13 S. 51 ff.

der zerstörenden Einrede hemmende Wirkung zukommt. Anlangend die verzögernden Einreden, so ist gewiß, daß nicht wenige derselben die Verjährung hindern müssen — Stundungseinrede, Einrede des Miethers gegenüber dem Eigenthumsanspruche (§ 942), u. s. w. —; andererseits ist ebenso gewiß, daß nicht alle derartige Einreden die Verjährung hindern können. Ob die Regel dahin zu fassen sei, daß Einreden die Verjährung hemmen, oder dahin, daß sie dieselbe nicht hemmen — in beiden Fällen vorbehaltlich von Ausnahmen —, kann fraglich sein. Ueberwiegende Gründe der Gerechtigkeit und Billigkeit sprechen für ersteres.

b) Ausnahmen.

Hemmende Kraft kommt nach Abs. 2 ausnahmsweise nicht zu der Einrede des nicht erfüllten Vertrages (§§ 364, 366), des Zurückbehaltungsrechtes (§§ 233 ff.), der Vorausklage (§§ 674, 675). Eine einschlagende Ausnahme enthält ferner die Bestimmung des § 1999 Abs. 3 in Verb. mit §§ 1980, 1981. Es steht nicht nur in der Macht des Berechtigten, die betreffenden Einreden zu beseitigen, sondern die Beseitigung ist für ihn auch Pflicht. Den letzteren Gesichtspunkt zum Gegenstande einer grundsätzlichen Bestimmung zu machen und alle Einreden auszunehmen, durch welche der Verpflichtete verlangt, daß der Berechtigte vorher oder gleichzeitig eine Rechtspflicht erfülle oder eine geschuldete Leistung bewirke, ist Anstand genommen. Die Tragweite einer solchen Bestimmung läßt sich schwer übersehen; Zweifel und Streitigkeiten könnten leicht die Folge sein. Der Frage, ob die Vorschrift des Abs. 2, ihres Ausnahmekarakters ungeachtet, einer Ausdehnung auf andere Einreden der bezeichneten Art zugänglich sei, soll damit nicht vorgegriffen sein. Der in dem Abs. 2 ferner erwähnten Abzugseinrede des Inventarerben (§ 2133 Abs. 1) ist die hemmende Wirkung aus Gründen anderer Art versagt. Wenn diese Einrede in dem Entwurfe auch als eine den Anspruch selbst betreffende aufgefaßt wird, so richtet dieselbe sich der Sache nach doch nur gegen die Verwirklichung des Anspruches in seinem vollen Umfange. Von diesem Gesichtspunkte aus kann der Einrede hemmende Kraft nicht beigelegt werden. Dazu kommt, daß, wenn man Hemmung zulassen wollte, die kurze Verjährung (§§ 156, 157) ihre Bedeutung für den Erben verlieren würde, während diese Verjährung vorzugsweise die Aufgabe hat, den Erben vor der Behelligung mit veralteten und voraussichtlich befriedigten Ansprüchen aus Geschäften des Erblassers im täglichen Verkehre zu schützen.

Der Fall des Wiederauflebens aufgehobener Ansprüche ist nicht besonders berücksichtigt.

Die seltenen Fälle, daß ein aufgehobener Anspruch wieder auflebt, weil z. B. ein Erlaßvertrag mit Erfolg wegen Betruges angefochten worden ist, oder daß ein auf die Begründung eines Anspruches gerichtetes unwirksames Rechtsgeschäft nachträglich rückwärts wirksam wird (vergl. C. P. O. § 613 Abs. 2), bedürfen keiner besonderen Berücksichtigung. Dieselben erledigen sich durch die Vorschrift des Abs. 1 bezw. des § 158 Abs. 1 insofern, als von der Verjährung des Anspruches, so lange er aufgehoben oder noch nicht entstanden ist, nicht die Rede sein kann. Die Fälle zu übergehen, ist überdies um so räthlicher, als mitunter der aufgehobene Anspruch als neu entstanden zu betrachten, das bloße Ruhen der Verjährung mithin zu verneinen ist und nur der Beginn einer neuen Verjährung in Frage kommen kann.

Die Verjährung eines Anspruches kann — Abs. 3 — nicht dadurch gehemmt sein, daß derselbe der Anfechtung unterliegt. Die Verfolgung eines solchen, zunächst zu Recht bestehenden Anspruches ist zulässig und wird nur dann vereitelt, wenn der Anfechtungsberechtigte von dem in sein Ermessen gestellten Anfechtungsrechte Gebrauch macht. Die Verjährung wird ferner dadurch nicht gehemmt, daß einem Anspruche eine zur Aufrechnung geeignete Forderung gegenübersteht. Für die Annahme einer Einrede der Aufrechnung ist gegenüber den Bestimmungen der §§ 282, 283 kein Raum. Die Aufrechenbarkeit steht in der hier fraglichen Beziehung der Anfechtbarkeit gleich. Die Anfechtbarkeit u. das Gegenüberstehen einer zur Aufrechnung geeigneten Forderung hemmen nicht.

§ 163.

Die Vorschrift enthält im Wesentlichen eine wegen ihrer praktischen Bedeutung besonders hervorgehobene Folgerung aus § 162 Abs. 1. Es soll dem Mißverständnisse vorgebeugt werden, als eigne sich der Fall zu einer entsprechenden Anwendung des § 162 Abs. 2. Der Eigenthümer als Anspruchsberechtigter ist nicht verpflichtet, dasjenige zu thun, was erforderlich ist, um die Einrede des Pfandrechtes zu beseitigen, auch wenn er selbst der persönliche Schuldner ist. Die Verjährung des Eigenthumsanspruches ist gehemmt, so lange nicht der Pfandgläubiger befriedigt oder ein sonstiger Aufhebungsgrund für das Pfandrecht eingetreten ist. Hemmung der Verj. des Eigenthumsanspruches gegenüber dem Pfandgläubiger.

Das Recht des Pfandgläubigers, aus dem in seiner Inhabung befindlichen Pfande Befriedigung zu suchen, ist kein Anspruch und unterliegt demgemäß nicht der Verjährung. Dies gilt auch dann, wenn der innehabende Gläubiger nicht völlig selbständig verkaufen kann, sondern zu dem Ende die Einwilligung oder sonst eine Art von Mitwirkung des Eigenthümers herbeiführen muß, z. B. in den Fällen des Mitverschlusses des Pfandgegenstandes (§ 1153 Satz 2 verb. mit § 1147 Abs. 3) oder wenn vereinbart ist, daß der Verkauf nach Maßgabe der Vorschriften zu bewirken sei, welche für den Verkauf der im Wege der Zwangsvollstreckung gepfändeten beweglichen Sachen gelten (§ 1177). Das Recht des Pfandgläubigers, aus dem Pfande sich zu befriedigen, kein Anspruch.

§§ 164, 165.

In der Bestimmung des Einflusses, welchen die thatsächliche Behinderung an der Geltendmachung eines Anspruches auf den Beginn oder Lauf der Verjährung desselben ausübt, gehen die bestehenden Rechte erheblich auseinander. Hemmung der Verjährung infolge thatsächlicher Behinderung an der Geltendmachung des Anspruches. 1. Geltendes Recht.

Das gemeine Recht läßt bei einjährigen und kürzeren Verjährungsfristen die Berechnungsweise des tempus utile eintreten, zählt mithin die Tage nicht, an welcher der Berechtigte ohne sein Verschulden außer Stande war, den Anspruch geltend zu machen. Abgesehen davon wird die Verjährung nur gehemmt durch feindlichen Einbruch und bei Ansprüchen der römischen Kirche durch ein Schisma. Ausgedehnte Berücksichtigung findet die thatsächliche Behinderung in dem preuß. A. L. R. Als Hemmungsgründe der Verjährung im Allgemeinen werden anerkannt: entschuldbare Nichtkenntniß des Anspruches

(I, 9 §§ 512—514), thatsächliche Erschwerung oder Unmöglichkeit der Geltendmachung, insbesondere infolge Abwesenheit in Staatsgeschäften außer Landes (§§ 516—518), Entfernung einer Militärperson von ihrem Standorte oder Wohnsitze während eines Krieges (§ 522), Stillstand der Rechtspflege (§ 523), Versagung rechtlichen Gehöres (§ 528). Den gleichen Standpunkt nimmt der preuß. Entw. (§ 322) ein. Fast noch weiter geht das zür. G. B. §§ 1067, 1068. Andere Gesetzgebungen sind enger. Soweit nicht, wie in dem code civil, völlig über thatsächliche Hindernisse hinweggesehen wird, finden nur solche Thatsachen Berücksichtigung, welche der Geltendmachung des gekannten oder nicht gekannten Anspruches objektiv entgegenstehen. Das sächs. G. B. § 157 und das hess. Gesetz Art. 6 erklären ausschließlich höhere Gewalt und Stillstand der Rechtspflege für beachtlich; das hess. Gesetz noch mit der Einschränkung, daß bei der ordentlichen Verjährung keinerlei Hemmung stattfindet (Art. 10). Der dresd. Entw. Art. 402 erwähnt Stillstand der Rechtspflege, Abwesenheit des Gläubigers im Kriegsdienste, höhere Gewalt; das österr. G. B. § 1496 Abwesenheit des Berechtigten vom Wohnsitze in Civil- oder Kriegsdiensten und Stillstand der Rechtspflege. Das schweiz. Ges. über das Obligationenrecht Art. 153 Nr. 7 läßt Hemmung nur eintreten, wenn und so lange ein Anspruch vor einem schweizerischen Gerichte nicht geltend gemacht werden kann.

Eine weitere Verschiedenheit zeigen die Rechte darin, daß die thatsächliche Behinderung entweder immer Berücksichtigung findet, mag sie vorhanden sein zu der Zeit, in welcher die Verjährungsfrist beginnen, fortlaufen oder ablaufen würde, oder nur dann, wenn sie zur Anfangs- oder Endzeit, oder nur dann, wenn sie zur Anfangszeit, oder nur dann, wenn sie zur Endzeit vorhanden ist. Soweit im gemeinen Rechte Hemmung bezw. die Berechnungsweise des tempus utile Platz greift, steht das Hinderniß dem Beginne und jedem Weiterlaufe der Frist entgegen. Ebenso durchgreifend wirken die Hemmungsgründe nach dem sächs. G. B., dem hess. Gesetze, dem österr. G. B. und dem schweiz. Gesetze über das Obligationenrecht. Das zür. G. B. § 1069 beachtet eine Verhinderung nur, wenn sie in die Zeit fällt, in welcher die Frist anfangen oder enden würde; vorübergehende Verhinderung zwischen Anfang und Ende bleibt außer Betracht. Nach dem dresd. Entw. hemmt Stillstand der Rechtspflege und Abwesenheit des Gäubigers im Kriegsdienste den Beginn und den Weiterlauf, dagegen anderweite höhere Gewalt nur den Ablauf der Frist. Das preuß. A. L. R. endlich legt der Verhinderung hemmende Wirkung dann bei, wenn sie in der Zeit bestand, mit welcher die Verjährung beginnen sollte (I, 9 §§ 512, 516, 530); eine Ausnahme macht die Versagung rechtlichen Gehöres, welche auch den Fortlauf der Verjährung hemmt (I, 9 §§ 528—530).

2. Standpunkt des Entwurfes. a) Unkenntniß des Berechtigten nicht berücksichtigt.

Soll die wohlthätige Wirkung der Verjährung nicht für zahlreiche Fälle versagen, so muß in der Berücksichtigung thatsächlicher Hindernisse der Geltendmachung thunlichst Maß gehalten werden. Insbesondere darf der Unkenntniß des Berechtigten in Betreff der Zuständigkeit des Anspruches oder der Person des Verpflichteten Einfluß auf den Beginn oder Lauf der Verjährung der Regel nach nicht eingeräumt werden. Mit gutem Grunde hat schon das römische Recht hiervon abgesehen — nulla scientia vel ignorantia expectanda, ne altera dubitationis inextricabilis oriatur occasio (l. 12 § 3 i. f. Cod. de praescr. 7, 33). Die Berücksichtigung des Nichtwissens oder des Irrthumes macht die Erreichung des festzuhaltenden Zieles, den Beginn der Verjährung in einer Zweifel und Streit möglichst ausschließenden Weise festzusetzen, unmöglich. Sie führt ferner im Ergebnisse dazu, daß ein Anspruch je nach der Kenntniß oder Unkenntniß des Berechtigten zu einem verjährbaren oder unverjährbaren wird. Die Strenge, welche in der Nichtberücksichtigung der Unkenntniß liegt, trifft auch den Berechtigten nicht so schwer, als es vielleicht scheinen mag. Bei der ordentlichen Verjährung wird es nur selten vorkommen, daß der Berechtigte während der ganzen Verjährungsfrist ohne die erforderliche Kenntniß bleibt. Für die Fälle der kurzen Verjährung verbürgt schon die Art und Entstehung der meisten ihr unterworfenen Ansprüche die Kenntniß, während andererseits wirthschaftliche Gründe gerade auf diesem Gebiete strenge Durchführung der Verjährung fordern. Ausnahmen von der Regel finden sich § 719 Abs. 1, § 1999 Abs. 1.

Dem Stillstande der Rechtspflege kommt nothwendig hemmende Wirkung zu (vergl. C. P. O. § 222). Die Schwierigkeiten, welchen die Feststellung des Vorhandenseins bezw. der Dauer des Stillstandes im einzelnen Falle vielleicht begegnet, können nicht dazu führen, ihm die gebührende Beachtung überhaupt zu versagen. Bei der nahen Verwandtschaft, welche das Justitium seiner Natur nach mit einem Hindernisse rechtlicher Art hat, ist demselben in Uebereinstimmung mit dem gemeinen, sächs., österr. und schweiz. Rechte sowie dem dresd. Entw. die Bedeutung beigelegt, daß es den Beginn und den Lauf der Verjährung hemmt (§ 164). b) Stillstand der Rechtspflege.

Hindernisse, welche auf höherer Gewalt beruhen, sollen Beachtung finden, wenn und soweit sie in den letzten sechs Monaten der Verjährungsfrist oder bei einer Verjährung von sechsmonatiger oder kürzerer Dauer der Rechtsverfolgung sich entgegenstellen (§ 165). Die Verjährungsfrist verlängert sich alsdann um den der Dauer der Verhinderung entsprechenden Zeitraum. Eine unbeschränkte Berücksichtigung dieser Hindernisse könnte leicht zu Störungen der Rechtssicherheit führen. Sie darf, wenigstens bei der ordentlichen Verjährung, um so unbedenklicher ausgeschlossen werden, als der Berechtigte den Einfluß derselben, wenn sie in den Anfang oder in die Mitte der Frist fallen, in der Regel nicht empfindet. Andererseits geht der dresd. Entw. zu weit, wenn er der Verhinderung durch höhere Gewalt nur für den Fall hemmenden Einfluß zugesteht, daß sie zu der Zeit stattfindet, in welcher die Verjährung ablaufen würde. Die Billigkeit fordert, auch die Fälle zu treffen, in welchen die Behinderung zwar bei Ablauf der Verjährungsfrist nicht mehr besteht, aber nur kurze Zeit vorher weggefallen ist, vielleicht so kurze Zeit, daß der noch verbleibende Zeitraum zur Geltendmachung des Anspruches nicht ausreicht. Es ist dies um so mehr geboten, als einerseits Wiedereinsetzung in den vorigen Stand gegen unverschuldeten Ablauf der Verjährung ferner nicht zulässig sein soll, andererseits zur Unterbrechung der Verjährung keineswegs mehr die einfache Klaganmeldung genügt. Der Ausdruck „höhere Gewalt“ wird, obwohl er an und für sich ein verschiedenes Verständniß gestattet, nicht zu beanstanden sein (vergl. § 626 Abs. 1, § 2098 Abs. 1). Wissenschaft und Praxis verbinden c) Höhere Gewalt.

mit dem Ausdrucke einen bestimmten, der Verdeutlichung durch Gesetz sich entziehenden Sinn*).

d) Abwesenheit im Kriegsdienste besonderer Regelung vorbehalten.

Soviel die Abwesenheit im Kriegsdienste betrifft, so ist von der Aufnahme einer einschlagenden Bestimmung in der Erwägung abgesehen, daß eine allgemeine Vorschrift in genügender Weise weder bezüglich der Personen, zu deren Gunsten die Verjährung zu hemmen ist, noch bezüglich des Beginnes und des Aufhörens der Hemmung gegeben werden kann, daß vielmehr die allerdings erforderliche Fürsorge besonderen, eintretendenfalls zu gebenden Gesetzen überlassen werden muß; vergl. das für den deutsch-französischen Krieg erlassene Bundesgesetz vom 21. Juli 1870, betr. die zu Gunsten der Militärpersonen eintretende Einstellung des Civilprozeßverfahrens (B. G. Bl. S. 493) §§ 2, 13—15.

Ueber einen besonderen Fall der Hemmung der Verjährung vergl. § 694.

§ 166.

Ansprüche der Minderjährigen u. s. w. I. Geltendes Recht. 1. In Ansehung der Minderjährigen.

I. Das römische Recht läßt gegen Minderjährige, welche geschlechtsunreif sind, keine Verjährung, gegen geschlechtsreife Minderjährige die dreißigjährige oder längere, nicht aber eine kürzere Verjährung laufen. Auch in neueren Gesetzgebungen findet sich die Auffassung, daß die Verjährung, soweit sie den Minderjährigen zum Nachtheil gereiche, auszuschließen oder doch nur unter Beschränkungen zuzulassen sei. Neben dem Einflusse des römischen Rechtes macht sich die Rücksicht auf die Lage des Mündels und des Vormundes geltend. Die Vertretung sichert den Minderjährigen nicht schlechthin dagegen, daß ihm zustehende Ansprüche nicht verjähren; ist der Vormund vermögenslos, so nützt dem Minderjährigen auch dessen Haftung wegen Verschuldens nichts. Andererseits wird durch die Zulassung der Verjährung die Verantwortlichkeit des Vormundes und sein auf allgemeiner Bürgerpflicht beruhendes Amt erschwert. Das preuß. A. L. R. I, 9 §§ 535 ff. läßt gegen Minderjährige die regelmäßige Verjährung nicht beginnen, aber die im Laufe begriffene sich fortsetzen. Der code civil Art. 2252 schließt die Verjährung von zehn-, zwanzig- oder dreißigjähriger Dauer gegen die Minderjährigen aus, während kürzere Verjährungen nicht gehemmt werden (Art. 2278). Das österr. G. B. § 1494 hat einen anderen Weg eingeschlagen. Es wird Gewicht darauf gelegt, ob der Minderjährige einen gesetzlichen Vertreter hat oder nicht. Im ersteren Falle nimmt die Verjährung ihren Anfang; im letzteren ist der Beginn gehemmt. Der Lauf der einmal begonnenen Verjährung wird in keinem Falle gehemmt; die Verjährung kann aber nie früher, als binnen zwei Jahren „nach den gehobenen

*) Der Ausdruck „höhere Gewalt" ist für die Sprache der Reichsgesetzgebung kein fremder. Er findet sich bereits in dem H. G. B. Art. 395, 607, dem Gesetze, betr. die Nationalität der Kauffahrteischiffe, vom 25. Oktober 1867 (B. G. Bl. S. 35) § 16, dem Gesetze, betr. die Verbindlichkeit zum Schadensersatze u. s. w., vom 7. Juni 1871 (R. G. Bl. S. 207) § 1, dem Gesetze über das Postwesen des Deutschen Reiches vom 28. Oktober 1871 (R. G. Bl. S. 347) § 11. Vergl. außerdem sächs. G. B. § 157, hess. Gesetz Art. 6, dresd. Entw. Art. 402 Abs. 2. Die C. P. O. § 211 und die St. P. O. § 44 sprechen von „Naturereignissen und anderen unabwendbaren Zufällen".

Hindernissen", vollendet werden. Ob unter den Hindernissen das Hinderniß der selbständigen Geltendmachung des Anspruches oder nur der Mangel eines gesetzlichen Vertreters zu verstehen sei und ob demgemäß die zweijährige Frist allen Minderjährigen oder nur denjenigen zu gute komme, welche unvertreten gewesen sind, wird verschieden beantwortet. Das hess. Gesetz, welches dem österr. G. B. im Wesentlichen folgt, gewährt (Art. 4) die Frist allen Minderjährigen. Nach dem preuß. Entw. § 322 Nr. 3, § 326 ist die Verjährung gegenüber einem durch einen Vormund vertretenen Minderjährigen in ihrem Beginne nicht gehemmt; hat die Verjährung begonnen, so läuft sie während der Minderjährigkeit fort und ab; es findet nur Wiedereinsetzung in den vorigen Stand statt. Das sächs. G. B. § 154 und der dresd. Entw. Art. 403 hemmen den Beginn der Verjährung ebenfalls nur gegenüber dem Unvertretenen, lassen die einmal begonnene Verjährung fort- und ablaufen, berücksichtigen aber den Vertretungsmangel, wenn derselbe in das letzte Jahr der Verjährung oder in eine Verjährung von einjähriger oder kürzerer Dauer fällt. Das zür. G. B. und das schweiz. Gesetz über das Obligationenrecht endlich nehmen keinerlei Rücksicht auf die Minderjährigen.

2. In Ansehung der Geisteskranken.

Geisteskrankheit des Berechtigten bildet nach römischem und gemeinem Rechte, dem zür. G. B. und dem angef. schweiz. Gesetze keinen Hemmungsgrund. Der code civil Art. 2251, 2252 behandelt die Entmündigten wie die Minderjährigen, läßt aber gegen Geisteskranke, so lange sie nicht entmündigt sind, selbst bei offensichtlichem Krankheitszustande die Verjährung laufen. Im preuß. Rechte greifen in Ansehung der nicht entmündigten Geisteskranken die auf die Behinderung in der Geltendmachung im Allgemeinen sich beziehenden Vorschriften des A. L. R. I, 9 §§ 512, 516 Platz. Das sächs. G. B. § 154, das hess. Gesetz Art. 4, das österr. G. B. § 1494 und der dresd. Entw. Art. 104 unterstellen Geisteskranke hinsichtlich der Verjährung durchgängig denselben Grundsätzen, wie die Minderjährigen.

II. Standpunkt des Entwurfes hinsichtlich dieser Personen.

II. Eine Vergleichung der auf die Minderjährigen bezüglichen Vorschriften der Gesetzgebungen zeigt den Gang, den die Rechtsentwickelung genommen hat. Der Gedanke, daß der Minderjährige um seines Zustandes willen, ohne Rücksicht auf die ihm beigeordnete Vertretung, gegen die Verjährung geschützt werden müsse, ist allmälig der Auffassung gewichen, daß die Unfähigkeit des Minderjährigen durch die gesetzliche Vertretung nach außen gehoben werde und eine besondere Fürsorge nur insofern in Frage komme, als die Vertretung, welche hätte vorhanden sein sollen, nicht vorhanden war. Der Entwurf folgt dieser durch die Natur der gesetzlichen Vertretung gerechtfertigten und mit dem Verkehrsinteresse im Einklange stehenden Auffassung.

Bei Vertretungsmangel Fürsorge.

Entsprechend dem zür. G. B. und dem schweiz. Gesetze bei mangelnder Vertretung von jeder Fürsorge abzusehen, würde zu weit gehen. Der Minderjährige darf nicht privilegirt, aber auch nicht schutzlos sein. Andererseits ist kein Bedürfniß, dem Vertretungsmangel auf Seiten des Minderjährigen hemmende Wirkung in Ansehung des *Beginnes* der Verjährung beizulegen. Ingleichen muß der Vertretungsmangel, der in den *Lauf* der Verjährung fällt, der Regel nach bedeutungslos sein. Eine unübersehbare Anzahl von Ansprüchen gelangt im Wege des Erbganges ganz oder zum Theil an minderjährige und zunächst unvertretene Erben. Sollte die Verjährung aller dieser Ansprüche die entsprechende Zeit hindurch gehemmt sein, so wären schwere Unzuträglichkeiten unvermeidlich. Ein Schutz des Minderjährigen ist nur geboten und am Platze, wenn der Vertretungsmangel in die letzte Zeit der Verjährung fällt. Die einschlagende Vorschrift des sächs. G. B. gewährt diesen Schutz nicht vollkommen. Hat ein in das letzte Jahr der Verjährung oder in einen kürzeren Verjährungszeitraum fallender Vertretungsmangel lediglich die Folge, daß die Verjährung während der Zeit, in welcher der Mangel bestand, nicht läuft, so ergeben sich Härten für diejenigen Fälle, in welchen nach Hebung des Vertretungsmangels nur noch ein kurzer, für die Wahrung des Anspruches durch den bestellten neuen Vertreter bezw. den Volljähriggewordenen nicht ausreichender Zeitraum übrig bleibt. Die Regelung des dresd. Entw. ist diesem Bedenken nicht ausgesetzt, da neben der Hemmung während der entsprechenden Zeit zugleich die für die Geltendmachung des Anspruches verbleibende Frist, falls sie weniger als sechzig Tage beträgt, auf diesen Zeitraum verlängert wird. Einfacher und zweckentsprechender erscheint es indessen, eine besondere Hemmung der Verjährung in einem solchen Falle überhaupt nicht eintreten zu lassen, dafür aber zu bestimmen, daß die Verjährung nicht eher abläuft, als sechs Monate nach dem Zeitpunkte, in welchem der Minderjährige einen anderen Vertreter erhalten oder er selbst das Volljährigkeitsalter erreicht hat bezw. für volljährig erklärt worden ist, und daß, sofern die Verjährungsfrist weniger als sechs Monate beträgt, an die Stelle der sechsmonatigen Frist die Verjährungsfrist tritt. Hierdurch wird insbesondere auch den Schwierigkeiten vorgebeugt, welche bei der Gestaltung des dresd. Entw. sich ergeben, wenn in der einjährigen bezw. kürzeren Frist wiederholt ein Vertretungsmangel vielleicht nur für kurze Zeit stattgefunden hat und infolge davon nicht nur dessen Dauer in den verschiedenen Fällen festgestellt, sondern auch berechnet werden muß, inwieweit eine Verlängerung der Verjährungsfrist einzutreten habe.

Der Vertretungsmangel muß in die letzte Zeit fallen.

Gleichstellung der Geisteskranken mit den Minderjährigen.

Die Geisteskranken sind den Minderjährigen gleichgestellt. Zwischen den entmündigten und den nicht entmündigten Geisteskranken besteht allerdings der wesentliche Unterschied, daß bei der Entmündigung der Zustand der Geschäftsunfähigkeit öffentlich klargestellt ist, während das bloße Vorhandensein der Krankheit der Wahrnehmung Dritter sich häufig entzieht, so daß die spätere Feststellung derselben erheblichen Schwierigkeiten begegnet und die Berufung darauf wohl auch zur Chikane benutzt werden kann. Allein so mißlich diese Umstände sich geltend machen können, so darf die Rücksicht auf sie doch nicht dazu führen, dem nicht entmündigten Geisteskranken den nothwendigen Schutz zu entziehen. Die Schwierigkeit der Feststellung tritt überdies nicht blos in der hier fraglichen Richtung hervor.

Fassung.

Dem in dem Entwurfe sonst festgehaltenen Sprachgebrauche gemäß werden die Minderjährigen und die Geisteskranken mit dem Ausdrucke „eine Person, welche geschäftsunfähig oder in der Geschäftsfähigkeit beschränkt ist,“ in Abs. 1 zusammengefaßt. Getroffen werden damit zugleich diejenigen Personen, welche in §§ 70, 71 den über sieben Jahre alten Minderjährigen hinsichtlich der Geschäftsfähigkeit gleichgestellt sind. Ueber die abweichende Behandlung des Verschwenders im preuß. Rechte vergl. A. L. R. I, 9 § 542.

In Ansehung der Geisteskranken versteht es sich, soviel die Fassung des Abs. 2 betrifft, von selbst, daß bei nicht entmündigten „der Grund der gesetzlichen Vertretung“ mit der Genesung, bei entmündigten erst mit der Aufhebung der Entmündigung wegfällt.

Minderjährige, welchen das Gesetz die Fähigkeit beilegt, durch Vornahme gewisser Rechtsgeschäfte sich selbständig zu verpflichten (vergl. § 67), besitzen auch die Fähigkeit, die aus solchen Rechtsgeschäften ihnen erwachsenden Ansprüche selbständig vor Gericht zu verfolgen (C. P. O. § 51). Auf die Verjährung dieser Ansprüche erstreckt sich daher die Vorschrift des Abs. 2 nicht. Man kann dies schon aus der Fassung des Abs. 1 ableiten; im Interesse der Deutlichkeit wird es jedoch in Abs. 3 besonders hervorgehoben. Soweit Prozeßfähigkeit, bewendet es bei der allgemeinen Regel.

Zu einer dem sächs. G. B. § 155 entsprechenden Sonderbestimmung in Ansehung vertretener Minderjähriger liegt kein zureichender Grund vor.

III. Dieselbe Gestaltung, wie bei einer geschäftsunfähigen und in der Geschäftsfähigkeit beschränkten Person, hat Platz zu greifen bei der der Vertretung nicht minder bedürftigen juristischen Person (sächs. G. B. § 154, dresd. Entw. Art. 403). Es handelt sich dabei nicht um eine Begünstigung, nicht um die Uebertragung von Sonderrechten Minderjähriger auf Körperschaften und Stiftungen, sondern um die Gewährung des in der Natur der Sache begründeten Rechtsschutzes. In Ansehung der Körperschaften läßt sich allerdings erinnern, daß die Vertretungsorgane selten, am seltensten da fehlen werden, wo die Körperschaft Zwecke des öffentlichen Rechtes verfolgt und mit ihrer Verfassung und Verwaltung in dem letzteren wurzelt, während bei Vereinigungen, welche ausschließlich den Vortheil ihrer jeweiligen Mitglieder erstreben, die Berücksichtigung zeitweiligen Mangels der Organe vielleicht bedenklich erscheinen kann. Der Hinweis darauf, daß mangelnde Vertretung nur in vereinzelten Fällen vorkommen werde, reicht indessen nicht aus, um den juristischen Personen das zu versagen, was ihnen ihrer rechtlichen Natur nach zu gewähren ist. Unterscheidungen je nach der Zwecktendenz aber sind bei der außerordentlichen Vielgestaltigkeit der Zwecke der Körperschaften nicht durchführbar. III. Juristische Personen. Ebenfalls den Minderjährigen gleichgestellt.

IV. Nicht einbezogen sind Personen, welchen nach § 1740 wegen Abwesenheit ein Pfleger bestellt worden ist oder zu bestellen gewesen wäre (preuß. A. L. R. I, 9 § 541). Bei solchen Personen liegt nicht rechtliche Unfähigkeit, sondern eine der Beachtung sich entziehende thatsächliche Verhinderung vor. IV. Nicht einbezogen Personen, denen ein Abwesenheitspfleger bestellt ist.

V. Die Vorschrift des § 166 ist für jede Verjährung, auch für die Verjährung der in §§ 156 und 157 bezeichneten Ansprüche maßgebend. Allerdings nehmen verschiedene Reichsgesetze hinsichtlich kurzer Verjährungsfristen einen abweichenden Standpunkt ein. Sie lassen die Verjährung, in Uebereinstimmung mit einzelnen Landesgesetzen (code civil Art. 2278, preuß. Gesetz vom 18. Juni 1840 § 11, oldenburg. Verordnung § 5), gegen Minderjährige, Bevormundete und juristische Personen beginnen, laufen und endigen, ohne zu unterscheiden, ob die Minderjährigen und die juristischen Personen vertreten oder nicht vertreten sind (H. G. B. Art. 149; Gesetz, betr. die privatrechtliche Stellung der Erwerbs- und Wirthschaftsgenossenschaften, vom 4. Juli 1868, B. G. Bl. S. 415, § 65; Gesetz, betr. die Verbindlichkeit zum Schadensersatze u. s. w., vom 7. Juni 1871, V. Die Bestimmung greift auch bei der kurzen Verjährung der §§ 156, 157 Platz.

R. G. Bl. S. 207, § 8). Der Zweck dieser Vorschriften geht unverkennbar dahin, die den Minderjährigen und den ihnen gleichgestellten Personen nach verschiedenen Landesrechten zustehenden, mit den Verkehrsinteressen unvereinbaren Privilegien zu beseitigen. So berechtigt dies ist, so ist es doch bedenklich, auch über den Fall hinwegzusehen, daß jene Personen unvertreten sind. Ein gewisser Schutz muß bei mangelnder Vertretung gegen jede Verjährung gegeben werden. Der Entwurf hat demselben so enge Grenzen gezogen, daß die Sicherheit des Verkehres nicht beeinträchtigt wird. In der That haben auch die meisten Spezialgesetze zwischen gehörig vertretenen und unvertretenen Minderjährigen u. s. w. unterschieden und den Vertretungsmangel in mehr oder minder umfassender Weise berücksichtigt.

VI. Keine besondere Bestimmung bei Ansprüchen gegen Minderjährige u. s. w.

VI. Kein Anlaß liegt vor, dem Mangel der Vertretung besondere Bedeutung dann beizulegen, wenn es sich nicht um Ansprüche der in Abs. 1 bezeichneten Personen, sondern um Ansprüche gegen diese Personen handelt. Gemäß § 55 der C. P. O. hat, sobald eine nicht prozeßfähige Partei, welche ohne gesetzlichen Vertreter ist, verklagt werden soll, der Vorsitzende des Prozeßgerichtes der Partei, falls mit dem Verzuge Gefahr verbunden ist, auf Antrag bis zu dem Eintritte des gesetzlichen Vertreters einen besonderen Vertreter zu bestellen. Bei drohendem Ablaufe der Verjährung ist Gefahr im Verzuge gegeben. Der Berechtigte ist mithin jederzeit in der Lage, einen Prozeßgegner zum Zwecke der Unterbrechung durch Klagerhebung (§ 170) sich zu verschaffen. Für den nicht vorauszusetzenden Fall, daß der Richter dem in Gemäßheit des § 55 der C. P. O. gestellten Antrage pflichtwidrig kein Gehör oder nicht rechtzeitig Gehör gewährt, braucht nicht vorgesorgt werden. Sollte der Fall vorkommen, so wird zu erwägen sein, ob nach den Umständen des Falles nicht die Vorschrift des § 164 oder des § 165 Platz zu greifen hat; für die Annahme des Vorhandenseins eines rechtlichen Hindernisses (§ 162 Abs. 1) ist nach dem Standpunkte des Entwurfes kein Raum.

§ 167.

Erbfolge.

Gemäß § 2057 Abs. 1 Satz 1 ist der Erbe vor der Annahme der Erbschaft nicht verpflichtet, auf einen Rechtsstreit sich einzulassen, durch welchen gegen ihn als Erben ein Anspruch geltend gemacht wird. Der Nachlaßgläubiger ist aber, wenn der berufene Erbe vor der Annahme der Erbschaft für die Befriedigung des Anspruches nicht sorgt, nach § 2059 Abs. 2 in der Lage, die Bestellung eines Nachlaßpflegers, gegen welchen er im Klagewege vorgehen kann (§ 2062), zu beantragen. Nicht abhängig von der Annahme der Erbschaft durch den Erben ist ferner nach § 2057 Abs. 1 Satz 2 die Verfolgung sofort exekutionsfähiger Ansprüche gegenüber dem Nachlasse. Ist der Erbe unbekannt, so ist die Möglichkeit der Einleitung einer Nachlaßpflegschaft gemäß § 2059 Abs. 1 gleichfalls gegeben. Einer verbreiteten Meinung zufolge kann in einem solchen Falle auch die Anwendung des § 55 der C. P. O. unter Umständen zur Bestellung eines Vertreters führen. Demgegenüber mag fraglich erscheinen, ob dem Eintritte des Erbfalles und der Thatsache der Erbfolge überhaupt ein Einfluß auf die Verjährung der gegen den Nachlaß gerichteten Ansprüche einzuräumen sei. Zweckmäßigkeits- und Billigkeitsgründe sprechen indessen dafür, zu Gunsten der Nachlaßgläubiger und sonstigen Berechtigten eine ähnliche Gestaltung wie in dem Falle des § 166 eintreten zu lassen. Es erscheint nicht angemessen und liegt auch nicht im Interesse des berufenen Erben, die Nachlaßgläubiger zu nöthigen, lediglich zur Abwehr der drohenden Verjährung die Anordnung einer Nachlaßpflegschaft herbeizuführen. Der Anordnung der Nachlaßpflegschaft werden zudem der Regel nach Erörterungen seitens des Nachlaßgerichtes vorhergehen, die leicht längere Zeit in Anspruch nehmen können, so daß der Berechtigte möglicherweise Gefahr läuft, in der Zwischenzeit seines Rechtes durch die Verjährung verlustig zu gehen. Die zur Geltendmachung des Anspruches nachgelassene sechsmonatige Frist hat mit dem Zeitpunkte zu beginnen, in welchem die Geltendmachung keiner Beengung mehr unterliegt. Abgesehen von der Annahme der Erbschaft durch den Erben ist dies der Fall, wenn in der Zwischenzeit über den Nachlaß der Konkurs eröffnet wird. Soweit die Ansprüche zur Anmeldung im Konkurse sich eignen, ist die Möglichkeit der Geltendmachung durch die Anmeldung geboten; soweit die Ansprüche auf Aussonderung oder auf abgesonderte Befriedigung gerichtet sind, schafft die mit der Konkurseröffnung verbundene Bestellung eines Konkursverwalters die Vertretung, gegen welche vorgegangen werden kann. Die Geltendmachung steht ferner offen, wenn ein Nachlaßpfleger bestellt oder ein sonstiger Vertreter, welcher belangt werden kann, insbesondere auch ein Abwesenheitspfleger vorhanden ist, welcher letztere den Abwesenden, selbst wenn dieser gestorben ist, so lange vertritt, bis der Abwesende für todt erklärt ist oder das Vormundschaftsgericht die Pflegschaft aufhebt (§ 1748). 1. Ansprüche gegen den Nachlaß.

Der Schwerpunkt der entsprechenden Vorschrift des Abs. 2 liegt auf dem Gebiete der bereits in der Person des Erblassers begründeten Ansprüche. In Ansehung der erst mit dem Erbfalle oder nach demselben gegenüber dem Nachlasse entstehenden Ansprüche (vergl. §§ 2055, 2092 Abs. 2, § 2164) wird der Fall nur selten sein, daß die Verjährung vor der Annahme der Erbschaft durch den Erben oder vor einem der vorbezeichneten Zeitpunkte ihrem Ende sich naht. Immerhin fehlt es an ausreichendem Anlasse, diese Ansprüche anders zu behandeln, und kann die Vorschrift namentlich für die Pflichttheilsberechtigten bei der kurzen Verjährung des § 1999 Abs. 1 von Bedeutung werden. Die Einbeziehung dieser Ansprüche hat zur Folge, daß im Eingange des Abs. 1 nicht auf den Eintritt des Erbfalles, sondern allgemein auf die Erbfolge abgestellt ist, eine Fassung, die zugleich den Fall der Nacherbfolge nicht ausschließt.

Ausgenommen von der Vorschrift des Abs. 2 sind auch diejenigen Ansprüche nicht, welche sofort im Wege der Zwangsvollstreckung gegen den Nachlaß geltend gemacht werden können (§ 2057 Abs. 1 Satz 2). Prozessualen Vorschriften zufolge ist die Ausführbarkeit der Zwangsvollstreckung vielfach von einer Zustellung an den Schuldner abhängig; der Nachlaßgläubiger würde daher immer noch genöthigt sein, die Bestellung eines Nachlaßpflegers zu betreiben. Die seltenen Fälle aber, in welchen die Zwangsvollstreckung gegen den Erblasser so weit gediehen ist, daß letzteres nicht mehr nothwendig wird, rechtfertigen die Aufstellung einer besonderen Ausnahme nicht. Die Jurisprudenz wird möglicherweise auch ohne eine bezügliche Vorschrift dazu gelangen, die Hemmung der Verjährung solchenfalls zu verneinen. Es kann aber auch in der entgegengesetzten Entscheidung ein Uebelstand nicht erblickt werden.

2. Ansprüche, welche zu dem Nachlasse gehören.

Ansprüche, welche zu dem Nachlasse gehören, können von dem berufenen Erben zwar während der Ueberlegungsfrist im Wege der Geschäftsführung für denjenigen, der Erbe sein wird, geltend gemacht werden (§ 2056 Abs. 1). Allein eine Verpflichtung hierzu besteht nicht, und der Erbe wird der Regel nach von einem solchen Vorgehen um so mehr Abstand nehmen, als dasselbe leicht den Anschein eines stillschweigenden Verzichtes auf die Ausschlagungsbefugniß (§ 2029) erweckt. Dazu kommen die Fälle, in welchen der Erbe zunächst von dem Erbfalle bezw. seiner Berufung überhaupt noch keine Kenntniß hat. Es erscheint daher nur gerecht und zugleich auch im Interesse der Gläubiger des Nachlasses gelegen, welche anderenfalls Gefahr laufen würden, daß ihnen vielleicht werthvolle Bestandtheile des Nachlasses im Wege der Verjährung verloren gehen, wenn den Erben die gleiche Wohlthat einer sechsmonatigen Frist, gerechnet von der Annahme der Erbschaft an, zu Theil wird. Der Annahme der Erbschaft ist auch hier die Eröffnung des Konkurses über den Nachlaß sowie das Vorhandensein eines Vertreters, von welchem der Anspruch geltend gemacht werden kann, gleichzustellen. Als ein solcher Vertreter kommt neben dem Nachlaßpfleger oder Abwesenheitspfleger auch ein vorhandener Testamentsvollstrecker in Betracht, da dieser nach § 1899 Abs. 1 zu der Geltendmachung der zu dem Nachlasse gehörenden Rechte im Klagewege berechtigt bezw. verpflichtet ist. Hat der durch Ernennung eines Testamentsvollstreckers beschränkte Erbe die Erbschaft vor der Annahme des Vollstreckeramtes durch den Ernannten angenommen und lehnt der letztere nachträglich die Uebernahme des Amtes ab, so beginnt die sechsmonatige Frist nicht erst mit dieser Ablehnung, sondern dieselbe läuft von der Annahme der Erbschaft an. Die Vorschriften des § 1901 und des § 1903 Abs. 1 sind nicht geeignet, eine abweichende Regelung in dem ersteren Sinne zu rechtfertigen.

§ 168.

Ansprüche zwischen Personen, die in einem Pietätsverhältnisse stehen. Hemmung während der Dauer des Verhältnisses.

Schon das bisherige Recht ist in erheblichem Umfange dazu gelangt, Ansprüche zwischen Ehegatten, Eltern und Kindern, Vormund und Mündel der Verjährung zu entziehen*). Die Rücksicht auf das der Schonung dringend bedürftige Pietätsverhältniß, welches zwischen diesen Personen besteht, gebietet, jede Störung fernzuhalten und zu einer solchen auch dadurch keinen Anlaß zu geben, daß bei zweifelhaften Ansprüchen der eine oder andere Theil genöthigt wird, zur Verhinderung des Ablaufes der Verjährung den Klageweg zu betreten. Außerdem sind die betreffenden Ansprüche vielfach derart, daß eine Auseinandersetzung hinsichtlich ihrer überhaupt erst nach Beendigung des betreffenden Verhältnisses am Platze ist. In den Gesetzgebungen läuft zum Theil der

*) Preuß. A. L. R. I, 9 §§ 524—526, code civil Art. 2253, sächs. G. B. § 156, hess. Gesetz Art. 5, dresd. Entw. Art. 404, österr. G. B. § 1495, schweiz. Gesetz über das Obligationenrecht Art. 153 Nr. 1—3.

weitere Gesichtspunkt unter, daß die Durchführung der Ansprüche wegen mangelnder Vertretung auf Schwierigkeit stoße. Mit Rücksicht hierauf wird insbesondere sowohl in dem preuß. A. L. R. I, 9 § 526 als in dem schweiz. Gesetze über das Obligationenrecht Art. 153 Nr. 2 davon ausgegangen, daß in dem Verhältnisse zwischen Vormund und Mündel nur die Verjährung der Ansprüche des Mündels gegen den Vormund, nicht aber die Verjährung der Ansprüche des Vormundes gegen den Mündel gehemmt werde. Der letztere Gesichtspunkt hat für den Entwurf im Hinblicke auf § 166 auszuscheiden.

Ist lediglich die Rücksicht auf das Pietätsverhältniß maßgebend, so können:

1. Vormund und Mündel. 1. die Ansprüche des Mündels gegen den Vormund und die Ansprüche des Vormundes gegen den Mündel nicht verschieden behandelt werden. Die Verjährung der einen wie der anderen Ansprüche muß auch selbst dann gehemmt sein, wenn dem Mündel ein weiterer Vertreter zur Seite steht und die Wahrung des betreffenden Anspruches bezw. die Vertheidigung gegen denselben zu dem Geschäftskreise dieses Vertreters gehört. Dem Verhältnisse zwischen Vormund und Mündel steht nach § 1743 das Verhältniß zwischen Pfleger und Pflegebefohlenem gleich. Die Hemmung der Verjährung greift daher auf Grund des § 1743 auch bei den Ansprüchen zwischen Pfleger und Pflegbefohlenem Platz.

2. Eltern und Kinder. 2. In Betreff der Ansprüche zwischen Eltern und Kindern darf nicht mit dem preuß. A. L. R. I, 9 § 525, dem sächs. G. B. § 156 und dem dresd. Entw. Art. 404 ausschließlich auf das Verhältniß zwischen dem Vater bezw. dem Inhaber der elterlichen Gewalt und dem Kinde abgestellt werden. Das Verhältniß zwischen dem anderen Elterntheile und dem Kinde kommt ebenfalls in Betracht. Ueberhaupt ist es einflußlos, ob die elterliche Gewalt besteht oder nicht besteht. Die Verjährung der Ansprüche muß gehemmt sein, auch wenn die elterliche Gewalt verwirkt ist (§ 1559) oder wenn ein Anderer das Kind adoptirt hat und dadurch den leiblichen Eltern die elterliche Gewalt verloren gegangen ist (§ 1626). Die Hemmung hat nicht minder Platz zu greifen zwischen der unehelichen Mutter und dem unehelichen Kinde (§ 1570). Ferner kann es keinen Unterschied machen, ob die Ehe zwischen den Eltern noch besteht oder etwa durch Scheidung gelöst ist. Mit Rücksicht darauf jedoch, daß das enge Band zwischen Eltern und Kindern erfahrungsgemäß mit der Volljährigkeit der letzteren sich lockert, erscheint es angemessen, die Hemmung der Verjährung in Ansehung der zwischen denselben bestehenden Ansprüche nur für die Dauer der Minderjährigkeit der Kinder eintreten zu lassen. **Nur während der Dauer der Minderjährigkeit der Kinder.** Dem Bedürfnisse und dem Zwecke der Bestimmung geschieht damit Genüge. Den Eltern und Kindern stehen gleich die durch Abstammung aus einer in gehöriger Form geschlossenen, aber ungültigen Ehe in erstem Grade Verbundenen (§§ 1562, 1567), der legitimirende Vater und das legitimirte uneheliche Kind (§§ 1579, 1583), der an Kindesstatt Annehmende und der Angenommene (§ 1601 Abs. 1); vergl. S. 66.

3. Ehegatten. 3. Die Hemmung der Verjährung der Ansprüche zwischen Ehegatten bestimmt sich im Falle der Ungültigkeit der Ehe nach den Vorschriften der §§ 1252, 1260. Kommt es zur Ungültigkeitserklärung oder zur Auflösung der Ehe und treffen in dem letzteren Falle, soviel die anfechtbare Ehe anlangt, die in § 1260 Abs. 2 sonst bezeichneten Voraussetzungen zu, so gilt die Hemmung der Verjährung als nicht eingetreten, vorbehaltlich der Bestimmungen der §§ 1258, 1270. Hierin mag vielleicht eine Härte gegen den gutgläubigen Ehegatten gefunden werden. Der in den §§ 1258, 1270 gewährte mittelbare Schutz versagt, wenn beide Ehegatten in gutem Glauben sind; der Schutz genügt nicht, wenn der nur vorhandene eine gutgläubige Ehegatte aus anderen Gründen ein dringendes Interesse daran hat, die ihm nach den bezeichneten Bestimmungen zustehende Wahl dahin zu treffen, daß es bei den aus der Ungültigkeit der Ehe sich ergebenden Folgen verbleibe. Allein den Grundsatz des § 1252 Abs. 2 und des § 1260 Abs. 2 durch eine Ausnahme in der hier fraglichen Hinsicht zu durchbrechen (vergl. sächs. G. B. § 156), muß bei der Seltenheit des Falles und in Ermangelung eines zwingenden praktischen Bedürfnisses Anstand genommen werden. Jener Grundsatz führt auch in anderen Richtungen zu Härten gegen einen gutgläubigen Ehegatten, und doch ist seine Aufstellung bezw. Festhaltung geboten.

4. Das Verhältniß zwischen juristischen Personen und ihren Vertretern kommt nicht in Betracht.

4. Nicht zu berücksichtigen ist das Verhältniß zwischen der juristischen Person und ihrem Vertreter. Der Gesichtspunkt der persönlichen Beziehungen fehlt.

5. Ebenso nicht das Verhältniß der Dienstboten zur Herrschaft.

5. Nach dem Vorgange des schweiz. Gesetzes über das Obligationenrecht Art. 153 Nr. 4 die Verjährung der Ansprüche der Dienstboten gegen die Dienstherrschaft während der Dauer des Dienstverhältnisses zu hemmen, empfiehlt sich nicht (vergl. S. 311).

§ 169.

Unterbrechung der Verjährung durch Anerkennung des Anspruches.

Daß die Verjährung eines Anspruches durch Anerkennung des letzteren seitens des Verpflichteten unterbrochen wird, ist im gemeinen Rechte nicht unbestritten, von den Gesetzgebungen aber allseitig anerkannt*). In Betracht kann nur ein solches ausdrücklich oder stillschweigend erfolgtes Anerkenntniß kommen, welches die unzweideutige Erklärung des Ueberzeugtseins von der Verpflichtung enthält. Demgemäß wird erfordert, daß das Anerkenntniß gegenüber dem Berechtigten abgegeben ist. Es gilt dies ohne Unterschied, ob es sich um die Unterbrechung der Verjährung eines persönlichen oder eines dinglichen Anspruches, insbesondere des Eigenthumsanspruches, handelt. Nicht nothwendig ist die Annahme des Anerkenntnisses seitens des Berechtigten. Theoretisch mag es vielleicht richtiger erscheinen, nur ein solches Anerkenntniß als Unterbrechungsgrund wirken zu lassen, welches nach allgemeinen Grundsätzen eine neue, besondere Bindung des Verpflichteten in sich schließt. Allein damit würde den im praktischen Leben zahlreichsten und wichtigsten Fällen der Anerkennung, denjenigen des stillschweigenden Anerkenntnisses, die ihnen gebührende Wirksamkeit entzogen. Der letztere Gesichtspunkt ist es auch, welcher nicht gestattet, die unterbrechende Kraft des Anerkenntnisses von der Beobachtung

---

*) Preuß. A. L. R. I, 9 § 562, code civil Art. 2248, sächs. G. B. § 162, hess. Gesetz Art. 23, dresd. Entw. Art. 411, österr. G. B. § 1497, zür. G. B. § 1070, schweiz. Gesetz über das Obligationenrecht Art. 154 Nr. 1.

einer besonderen Form bei Abgabe desselben abhängig zu machen, wie solches in verschiedenen Partikulargesetzen geschehen ist*).

Aufführung von Beispielen.

Entsprechend dem dresd. Entw. und dem schweiz. Gesetze über das Obligationenrecht sind die häufigsten Fälle stillschweigender Anerkennung beispielsweise aufgeführt. Abschlags- oder Zinszahlungen können die Verjährung unterbrechen, auch wenn sie seitens eines Dritten erfolgen, sofern nur der Dritte in der Weise zahlt, daß dem Berechtigten gegenüber zugleich ein Anerkenntniß des Verpflichteten vorliegt (vergl. sächs. G. B. § 1404, dresd. Entw. Art. 412 Abs. 2). Unter der gleichen Voraussetzung kann die Bestellung eines Pfandrechtes an einem Grundstücke oder einem anderen Vermögensgegenstande seitens eines Dritten die Verjährung unterbrechen.

Spezialfall.

Bei wiederkehrenden Leistungen, welche von einem Hauptrechte nicht abhängen (§ 160), wird die Verjährung des Anspruches im Ganzen auch dadurch unterbrochen, daß eine einzelne Leistung erfolgt, bezw. die Verpflichtung zu derselben anerkannt wird. Sind alle fälligen Leistungen erfolgt, so beginnt die neue Verjährung des Anspruches im Ganzen in Gemäßheit des § 160.

§ 170.

I. Unterbrechung der Verjährung durch Klagerhebung.

I. Die wichtige Frage, mit welchem Zeitpunkte die Verjährung im Falle der klageweisen Geltendmachung des Anspruches als unterbrochen gilt, ist bereits von der C. P. O. § 239 dahin entschieden, daß die Unterbrechung mit der Erhebung der Klage (§§ 230, 460, 461, 471 Abs. 2, § 636) eintritt. Daneben ist § 190 der C. P. O. von Bedeutung.

Die Erhebung der Klage oder Widerklage unterbricht die Verjährung des Anspruches, mag die Klage auf Leistung oder auf Feststellung des Anspruches (C. P. O. §§ 231, 253, 254) gerichtet sein. Bei der Feststellungsklage ist selbstverständliche Voraussetzung der Unterbrechung, daß dem Anspruche überhaupt die Verjährung läuft, der Anspruch mithin z. B. nicht ein bedingter oder betagter ist. Die Klagerhebung unterbricht die Verjährung insoweit, als der Anspruch durch sie der richterlichen Entscheidung unterstellt ist. Nur in diesem Umfange kann das Urtheil Rechtskraft und damit Rechtsgewißheit schaffen (C. P. O. § 293 Abs. 1). Dementsprechend unterbricht die Einklagung eines Zinspostens nicht die dem Hauptanspruche laufende Verjährung.

Der Erhebung der Klage auf Ertheilung der Vollstreckungsklausel (C. P. O. § 667) oder auf Erlassung des Vollstreckungsurtheiles (C. P. O. §§ 660, 868) ist ebenfalls unterbrechende Wirkung beigelegt, da es an genügenden Gründen fehlt, diesen Klagen die der Klage im Allgemeinen zukommende Wirkung zu versagen.

Einzelne Gesetze stellen der Klagerhebung eine bei Gericht angebrachte Verwahrung für den Fall gleich, daß der Aufenthalt des Verpflichteten nicht

---

*) Für Forderungen aus Schuldverhältnissen überhaupt: brem. Bek. § 6; für die kurze Verjährung: Gesetz für das ehem. Kurfürstenth. Hessen § 3, Württemberg Art. 5, Sachsen-Meiningen Art. 4, Sachsen-Altenburg § 7, Reuß ä. L. § 4, Reuß j. L. § 4, Schaumburg-Lippe § 4.

zu ermitteln ist bezw. derselbe keinen Wohnsitz im Inlande hat*). Einer derartigen Vorschrift bedarf es gegenüber den Bestimmungen der C. P. O. §§ 13, 18, 24, 186, 189, 190 nicht. Ebensowenig erscheint es angezeigt, eine besondere Vorsorge für den Fall, daß der Klagerhebung die Bestellung eines Vertreters für den Gegner in Gemäßheit des § 55 der C. P. O. vorauszugehen hat, dahin zu treffen, daß die Verjährung bereits mit Stellung des bezüglichen Antrages unterbrochen werde. Bei einer solchen Vorschrift könnte es zudem nicht bewenden, vielmehr müßten noch weitere Bestimmungen getroffen, insbesondere auch eine Frist gesetzt werden, innerhalb deren die Klage gegen den Vertreter erhoben sein müßte, wenn die mit dem Antrage verbundene Unterbrechung aufrechterhalten bleiben sollte.

II. Einredeweise Geltendmachung eines Anspruches unterbricht nicht die Verjährung.

II. Die Verwendung des Anspruches zur Einrede gilt im gemeinen und österr. Rechte nicht als Unterbrechungsgrund. Im preuß. Rechte sind die Ansichten getheilt. Die neueren Gesetzeswerke nehmen Unterbrechung an**). Gewisse Billigkeitsgründe mögen für die Zulassung der Unterbrechung sprechen, können indessen nicht entscheiden. Abgesehen von der Frage, ob die einredeweise Geltendmachung eines Anspruches denselben nach der C. P. O. überhaupt rechtshängig macht (vergl. S. 364), erweist die Einredehandlung sich nicht als ein solcher Vorgang, welcher den für die Anerkennung derselben als Unterbrechungsgrund erforderlichen Vorbedingungen entspricht. Den Vorschriften der C. P. O. zufolge bezweckt der Berechtigte, welcher, ohne den jederzeit offenen Weg der Widerklage zu betreten, seinen Anspruch im Wege der Einrede geltend macht, lediglich Abwehr des Klagebegehrens, nicht Zusprechung eigenen Rechtes. Er verzichtet zugleich, da die Rechtskraft des Urtheiles auf die Entscheidung über den durch die Klage oder Widerklage erhobenen Anspruch sich beschränkt, auf die Betreibung der Feststellung des Anspruches und damit auf dasjenige, was begrifflich allein geeignet ist, eine Unterbrechung der Verjährung herbeizuführen. Der Mangel jeder Feststellung würde, sollte die Einredehandlung unterbrechende Kraft äußern, zu Verwickelungen führen, welche thunlichst zu vermeiden dringender Anlaß vorliegt. Die Einrede der Aufrechnung, für welche in der Jurisprudenz vornehmlich unterbrechende Wirkung in Anspruch genommen worden ist (vergl. Entsch. des R. O. H. G. XII S. 234 ff.), kommt für den Entwurf nicht in Betracht. Selbst wenn die Aufrechnungserklärung erst in dem Prozesse erfolgt, handelt es sich im Hinblicke auf die §§ 282, 283 nicht um die Geltendmachung einer Einrede, sondern um die Einwendung einer rechtsaufhebenden Thatsache.

III. Unterbrechung durch Einleitung des Mahnverfahrens. Durch Anmeldung im Konkurse.

III. Die Einleitung des Mahnverfahrens steht der Verfolgung des Anspruches im Klagewege gleich (C. P. O. §§ 628, 633). Daß die Anmeldung einer Konkursforderung im Konkursverfahren die Ver-

---

*) Vergl. l. 2 Cod. de ann. exc. 7, 40, sächs. G. B. § 164, dresd. Entw. Art. 411 Abs. 3, die Gesetze für Oldenburg § 8, Sachsen-Meiningen Art. 4, Sachsen-Altenburg § 7, Anhalt-Bernburg § 4, Schwarzburg-Rudolstadt § 8, Schwarzburg-Sondershausen § 10.

**) Sächs. G. B. § 163, hess. Ges. Art. 25, brem. Bek. § 7 Abs. 2, dresd. Entw. Art. 411 Abs. 1, schweiz. Gesetz über das Obligationenrecht Art. 154 Nr. 2.

jährung unterbricht, ist bereits in der Konk. O. § 13 bestimmt. Die Bestimmung ist hier eingefügt, weil dieselbe von den übrigen allgemeinen Vorschriften über die Verjährung, ohne die Uebersichtlichkeit zu beeinträchtigen und Dunkelheiten zu verursachen, sich nicht trennen läßt.

IV. Bei der Anerkennung der Streitverkündung als Unterbrechungsgrund ist nicht außer Acht geblieben, daß die von der C. P. O. (§§ 69—72) der Streitverkündung — im Gegensatze zu dem preußischen Rechte — gegebene Gestaltung an sich vielleicht eine andere Entscheidung erheischen mag (Entsch. des Reichsgerichtes in Civils. X Nr. 84 S. 290 ff.). Rücksichten der Zweckmäßigkeit jedoch, insbesondere die Erwägung, daß bei kurzen Verjährungsfristen der Prozeß, durch welchen die Voraussetzungen der Regreßpflicht ganz oder zum Theil erst festgestellt werden, oft länger als diese Fristen währt und so die Geltendmachung des Regreßanspruches ohne jedes Verschulden des Berechtigten erschwert, wenn nicht gefährdet werden kann, haben dazu geführt, in Uebereinstimmung mit Art. 80 Abs. 2 der W. O. der Streitverkündung den gleichen Einfluß auf die Verjährung des Regreßanspruches einzuräumen wie der bezüglichen Klagerhebung. Von großer Tragweite ist die Vorschrift nicht. Es scheiden diejenigen Fälle der Streitverkündung aus, in welchen sie um deswillen (C. P. O. § 69) gestattet ist, weil die Partei für den Fall des ihr ungünstigen Ausganges des Prozesses den Anspruch eines Dritten zu besorgen hat. Hier gilt es nicht, einen Anspruch zu erhalten, sondern einen solchen abzuwehren. Aber auch in den Fällen, in welchen die Streitverkündung erfolgt, um bei ungünstigem Verlaufe des Rechtsstreites einen Anspruch auf Gewährleistung oder Schadloshaltung gegen einen Dritten erheben zu können, wird der Regreßanspruch der Regel nach erst durch den Ausgang des Hauptprozesses begründet. Von Bedeutung ist die Vorschrift namentlich für die Verjährung der aus der Gewährleistung wegen Mängel einer veräußerten Sache sich ergebenden Ansprüche (§§ 397, 407).

IV. Unterbrechung durch Streitverkündung.

V. Die Vornahme einer Vollstreckungshandlung ist als Unterbrechungsgrund ebenso unentbehrlich für die rechtskräftig festgestellten Ansprüche wie für diejenigen Ansprüche, welchen ein sonstiger, die unmittelbare Vollstreckung ermöglichender Schuldtitel zur Seite steht (§ 177). Der Berechtigte muß in der Lage sein, die Verjährung dieser Ansprüche zu hindern. Seitens der Gesetzgebung ist dem Bedürfnisse erst in neuester Zeit und nur vereinzelt Rechnung getragen (vergl. S. 363, 364). Der Vornahme der Vollstreckungshandlung ist, soweit die Zwangsvollstreckung den Gerichten oder anderen Behörden zugewiesen ist, die Stellung des auf die Zwangsvollstreckung gerichteten Antrages gleichgestellt. Der Berechtigte darf unter einer, dem zuständigen Gerichte oder der zuständigen Behörde zur Last fallenden Verzögerung nicht leiden — eine Erwägung, auf welcher zum Theil auch die Vorschrift des § 190 der C. P. O. beruht.

V. Unterbrechung durch Vornahme einer Vollstreckungshandlung, durch den Antrag auf Zwangsvollstreckung.

VI. Die Ladung des Gegners zum Zwecke eines Sühneversuches (C. P. O. § 471) giebt einen Unterbrechungsgrund nicht ab; — anders code civil Art. 2245, schweiz. Gesetz über das Obligationenrecht Art. 154 Nr. 2. Die Sondervorschrift des § 571 Abs. 2 der C. P. O. erledigt sich. Hinsichtlich

VI. Ladung zum Sühneversuche unterbricht nicht.

der Klage auf Scheidung der Ehe und der Klage auf zeitweilige Trennung von Tisch und Bett greift die Bestimmung des § 1447 Platz, und die Klage auf Herstellung des ehelichen Lebens (§ 1276) unterliegt gemäß § 154 Abs. 2 gleichfalls nicht der Verjährung.

Mahnung unterbricht nicht.

Der Mahnung ist im Einklange mit dem geltenden Rechte unterbrechende Kraft nicht zugestanden. Führt die Mahnung zur Befriedigung, so erledigt sich die Sache von selbst; führt dieselbe zu einem Anerkenntnisse, so unterbricht dieses; bleibt sie erfolglos, so ist der Berechtigte um so mehr veranlaßt, das zur Wahrung seines Anspruches Erforderliche vorzunehmen.

Einfache gerichtliche Erklärung ebenfalls nicht.

Endlich liegt auch kein Grund vor, einer auf die Unterbrechung der Verjährung gerichteten einfachen Erklärung bei Gericht oder gegenüber dem Verpflichteten unter Vermittelung des Gerichtsvollziehers (sachsenaltenburg. Gesetz vom 25. März 1879 § 2) Einfluß auf den Lauf der Verjährung einzuräumen.

Die durch das Einf. Ges. zur C. P. O. § 13 Nr. 4 nicht betroffene Sonderbestimmung in § 14 des Gesetzes über das Postwesen des Deutschen Reiches vom 28. Oktober 1871 (R. G. Bl. S. 347) bleibt unberührt.

§ 171.

Einfluß der Zurücknahme und der Abweisung der Klage.

Daß die Unterbrechung der Verjährung mittels Klagerhebung als nicht erfolgt gilt, wenn der Berechtigte die Klage zurücknimmt, entspricht dem § 243 Abs. 3 der C. P. O. Der Zurücknahme der Klage muß grundsätzlich gleichstehen die Klagabweisung, welche deshalb erfolgt, weil es an einer für die sachliche Entscheidung unentbehrlichen prozessualen Voraussetzung gebricht. Verschiedene Gesetze nehmen zwar einen milderen Standpunkt ein*). Den Billigkeitsrücksichten, von welchen dieselben sich leiten lassen, wird indessen völlig Rechnung getragen durch die in Abs. 2—4 hinsichtlich der Abweisung wegen Unzuständigkeit oder wegen Unzulässigkeit der gewählten Prozeßart gemachten Ausnahmen. Der Ausdruck „wegen Mangels einer Prozeßvoraussetzung" wird keinem Mißverständnisse begegnen; gemeint sind alle Verstöße gegen Prozeßregeln, welche es zu einer sachlichen Entscheidung nicht kommen lassen. Wenn und soweit nach der C. P. O. eine Abweisung in angebrachter Art wegen ungenügender Begründung zulässig ist, wird auch diese getroffen, sie müßte denn gegebenenfalls eine sachliche Entscheidung in sich schließen. Nicht berührt werden die Fälle, in welchen eine Klage aus sachlichen Gründen nur zur Zeit und nicht endgültig (auf Grund der Einrede der Stundung, der Vorausklage u. s. w.) abgewiesen wird; die Unterbrechung bleibt bestehen und dauert bis zur Rechtskraft der abweisenden Entscheidung.

Abweisung wegen Unzuständigkeit.

Die milde Behandlung der Abweisung wegen Unzuständigkeit des Gerichtes (Abs. 2) entspricht nicht nur den im ersten Satze der untenstehenden Note erwähnten Gesetzeswerken, sondern auch dem preuß. A. L. R. I, 9 §§ 552, 553 und

---

*) Sächs. G. B. § 166, Gesetze für Württemberg Art. 6, Hessen Art. 24, Bremen § 7, dresd. Entw. Art. 414, schweiz. Gesetz über das Obligationenrecht Art. 158. Vergl. dagegen code civil Art. 2247.

dem code civil Art. 2246. Die Tragweite der Vorschrift ist gegenüber den §§ 249, 466, 467 der C. P. O. nicht groß. Die sechsmonatige Frist ist im Anschluß an § 637 der C. P. O. gewählt. Der in § 36 Nr. 6 der C. P. O. berührte Fall wird nur selten vorkommen; immerhin erscheint dessen Regelung (Abs. 3) angezeigt.

Der im Urkundenprozesse drohenden Abweisung wegen Unzulässigkeit der gewählten Prozeßart kann der Kläger zwar durch eine dem § 559 der C. P. O. entsprechende Erklärung entgehen. Allein die Frage, ob die dem Kläger zu Gebote stehenden Urkunden für die Prozeßart ausreichen, liegt nicht immer klar vor, und solchenfalls den Kläger lediglich zu mehrerer Sicherheit gegen den Ablauf der Verjährung zu nöthigen, unter Aufgabe seiner günstigen Lage den Rechtsstreit in das ordentliche Verfahren überzuleiten, würde unbillig sein. Die Vorschrift des Abs. 4 trägt dem Rechnung. Abweisung wegen Unzulässigkeit der Prozeßart.

Der Zweck, welchem die in Abs. 2—4 gesetzten Ausschlußfristen dienen, macht erforderlich, auf dieselben die Vorschriften der §§ 164, 166 für entsprechend anwendbar zu erklären (Abs. 5).

§ 172.

Die Bestimmung findet ihre Rechtfertigung durch §§ 637, 640, 641 der C. P. O. Wegfall der Unterbrechung

Der Fall, daß eine Partei die von ihr bewirkte Streitverkündung zurücknimmt, obwohl der Regreßanspruch fortbesteht, dürfte kaum vorkommen; gegebenenfalls bietet die Gleichstellung der Streitverkündung mit der Klagerhebung (§ 170 Abs. 2) genügenden Anhalt für die zu treffende Entscheidung. a) im Mahnverfahren, b) bei der Streitverkündung,

§ 173.

Die durch Vornahme oder Beantragung einer Vollstreckungshandlung herbeigeführte Unterbrechung der Verjährung kann nicht aufrecht erhalten werden, wenn der Berechtigte die erwirkte Vollstreckungsmaßregel selbst wieder rückgängig macht. Das Gleiche hat zu gelten, wenn die Vollstreckungsmaßregel sich nachträglich als eine gesetzwidrige erweist und wieder aufgehoben wird. Ist eine Vollstreckungsmaßregel auf Grund von § 2110 oder von § 2130 Abs. 1 aufgehoben, so verbleibt es bei der Unterbrechung. Die Vorschrift des Abs. 2 bedarf keiner besonderen Rechtfertigung. c) im Zwangsvollstreckungsverfahren.

§ 174.

Der Rechtsstreit findet sein Ende mit dem rechtskräftigen Urtheile. Daneben liegt die anderweite Erledigung durch Vergleich u. s. w. Wird der Rechtsstreit in regelmäßigem Fortbetriebe der Erledigung entgegengeführt, so kann und muß die durch die Klagerhebung bewirkte Unterbrechung der Verjährung bis zur Erledigung des Rechtsstreites fortdauern. Die Unterbrechung durch Klagerhebung dauert bis zur Erledigung des Rechtsstreites.

Der Fall, daß der Rechtsstreit unbetrieben liegen bleibt, findet in dem bestehenden Rechte eine verschiedene Behandlung. Das gemeine Recht kennt die sog. Verjährung der Litispendenz. Der Rechtsstreit kann innerhalb Stillstand des Prozesses.

eines Zeitraumes von 40 Jahren, gerechnet von der letzten Gerichts- oder Parteihandlung, fortgesetzt werden; nach Ablauf dieser Zeit ist der Anspruch erloschen. Das Gleiche gilt nach dem codex juris bavarici judiciarii cap. III § 9 Nr. 5. Daran reihen sich diejenigen Gesetzgebungen, welche nach eingetretenem Stillstande die ursprüngliche Verjährung von Neuem laufen lassen (preuß. A. L. R. I, 9 §§ 554, 555, Gesetz für das ehem. Herzogth. Nassau § 5, preuß. Entw. § 370, sächs. G. B. § 168, württemb. Gesetz Art. 7). Andere Gesetze sind strenger. Nach dem österr. G. B. § 1497 hat die Unterbrechung der Verjährung durch Klagerhebung zur Voraussetzung, daß die Klage gehörig fortgesetzt wird. Das hess. Gesetz Art. 24, die brem. Bek. § 7, der dresd. Entw. Art. 414 behandeln die Unterbrechung als nicht erfolgt, wenn der Rechtsstreit zwei bezw. drei Jahre hindurch unbetrieben liegen bleibt. Dem franz. Rechte kommt das ihm eigene Institut des Erlöschens des Rechtszuges (Peremtion der Instanz; code de proc. Art. 397—401) zu Statten. Läßt der Kläger das Verfahren im ersten Rechtszuge erlöschen, so wird die Unterbrechung der Verjährung als nicht geschehen betrachtet (Art. 2247).

In dem Reichs-Prozeßrechte hat die Peremtion der Instanz Aufnahme nicht gefunden. Die C. P. O. enthält auch, außer den die Besonderheiten des Mahnverfahrens betreffenden Bestimmungen (§§ 637, 640, 641), keine Vorschrift, nach welcher die Wirkungen der Rechtshängigkeit infolge der Unthätigkeit der Parteien aufhören. Die Rechtshängigkeit besteht der Regel nach fort, bis der Rechtsstreit erledigt ist. Der materiellrechtlichen Frage nach der Dauer der Unterbrechung der Verjährung bei Stillstand des Rechtsstreites wird durch diesen prozessualen Grundsatz selbstverständlich nicht vorgegriffen (nordd. Prot. S. 433). Das Prozeßrecht kann guten Grund haben, den Fortgang des Rechtsstreites von dem Willen der Parteien abhängig zu machen; das bürgerliche Recht muß im Auge behalten, daß die Verjährung, soweit möglich, dem Privatwillen entzogen wird.

Der Gedanke, von welchem die neueren Gesetzgebungen geleitet werden, steht mit dem Verjährungszwecke in vollem Einklange. Die Erhebung der Klage bekundet den auf Feststellung des Rechtszustandes gerichteten Willen; sie ist das zur Erreichung dieses Zieles geeignete Mittel; aber beides nur unter der Voraussetzung, daß der Streit betrieben und seiner endlichen Erledigung zugeführt wird. Kann der rechtshängig gewordene Anspruch nach noch so lange dauerndem Stillstande und ungeachtet der inzwischen eingetretenen Verdunkelung der Sachlage in dem wieder aufgenommenen Verfahren mit Erfolg geltend gemacht werden, so verliert die Verjährung innerhalb des Prozeßbereiches ihre Bedeutung. Eine Bestimmung, welche der Möglichkeit vorbeugt, daß die in den Prozeß gezogenen Ansprüche sich verewigen, ist nicht zu entbehren; sie entspricht zugleich dem im § 185 Abs. 1 ausgesprochenen Grundsatze. Der angestrebte Zweck läßt sich aber schon dadurch erreichen, daß mit dem Zeitpunkte, in welchem der Rechtsstreit unbetrieben liegen bleibt, der infolge der Klagerhebung eingetretenen Unterbrechung ein Ziel gesetzt und der Anspruch von Neuem der Verjährung unterworfen wird. Geht man weiter und legt der Unterlassung des Fortbetriebes die Bedeutung bei, daß die Unterbrechung rückwärts ihre Kraft verliert, so kann dies im einzelnen Falle leicht zu Härten führen, welche besser vermieden werden.

Die Unterbrechung endigt nach Abs. 2, wenn der Prozeß infolge einer Vereinbarung der Parteien oder infolge der Unterlassung des Betriebes seitens derselben in Stillstand geräth, nicht auch dann, wenn das Gericht, soweit dasselbe, wie z. B. im Beweisverfahren, von Amtswegen für den Fortgang des Prozesses zu sorgen hat, es zu einem Stillstande kommen läßt (preuß. A. L. R. I, 9 § 555). Manches spricht zwar dafür, die Unterbrechung in dem letzteren Falle dann endigen zu lassen, wenn das Gericht sich eine Zeit lang unthätig verhält und die Parteien versäumen, durch Stellung von Anträgen das Gericht zur Fortsetzung des Verfahrens zu veranlassen. Von anderen Gründen abgesehen, ist aber eine derartige Vorschrift schon deshalb bedenklich, weil es schwer sein würde, den Zeitpunkt zu bestimmen, in welchem ein Stillstand in diesem Sinne vorliegt. Das Ende der Unterbrechung ist auf den Zeitpunkt gestellt, in welchem der Stillstand eintritt (preuß. A. L. R. I, 9 § 554). Die Gesetze verlegen der Regel nach das Ende auf die letzte Prozeßhandlung. Allein wenn auch eine derartige Regelung den Vorzug eines festen Endpunktes gewährt, so fällt doch andererseits in's Gewicht, daß zu dieser Zeit der Stillstand mitunter noch nicht eingetreten und die Unterbrechung doch so lange dauern muß, als ein solcher nicht vorliegt. Die Fälle der Unterbrechung oder Aussetzung des Verfahrens (C. P. O. §§ 217 ff.) geben zu einer besonderen Bestimmung keinen Anlaß; ein Stillstand im Sinne des Abs. 2 ist bei ihnen an sich und zunächst nicht gegeben. Die Unterbrechung endigt mit dem durch die Parteien veranlaßten Stillstande.

Das sächs. G. B. § 168 und der dresd. Entw. Art. 416 ordnen an, daß, wenn ein Rechtsstreit durch Urtheil entschieden, die neue Verjährung von der Rechtskraft, und wenn in dem Urtheile dem Verurtheilten eine Frist zur Leistung bestimmt ist, vom Ablaufe dieser Frist an beginnt. Die Verjährung, welcher rechtskräftig festgestellte Ansprüche unterliegen, ist eine neue selbständige Verjährung, die auch da, wo dem einzelnen Anspruche vorher eine kürzere Verjährung lief, dreißig Jahre betragen soll (§ 177). Der Beginn dieser Verjährung untersteht den allgemeinen, für den Anfang der Verjährung überhaupt aufgestellten Grundsätzen. In § 161 Abs. 2 ist auch nicht ausgesprochen, daß die Verjährung sofort wieder mit dem Wegfalle der Unterbrechung beginnt. Demnach wird insbesondere der judikatmäßige Anspruch auf eine Duldung oder Unterlassung nicht mit der Rechtskraft des Urtheiles, sondern erst dann zu verjähren beginnen, wenn eine erneute Zuwiderhandlung seitens des Verpflichteten eintritt. Beginn der neuen Verjährung.

Für einen Anspruch, auf dessen Feststellung vor Beginn der Verjährung desselben Klage erhoben ist, beginnt die Verjährung nicht, so lange nach der gegenwärtigen Vorschrift die Unterbrechung einer begonnenen Verjährung dauern würde. Wissenschaft und Praxis werden auch ohne besondere Anleitung zu diesem Ergebnisse gelangen.

§ 175.

Soll die Anerkennung der Streitverkündung als Unterbrechungsgrund ihren Zweck erfüllen, so darf die Unterbrechung nicht auf den Zeitpunkt der Dauer der Unterbrechung bei Streitverkündung.

Streitverkündung beschränkt werden, sondern dieselbe muß bis zu der rechtskräftigen Entscheidung oder sonstigen Erledigung des Prozesses, in welchem die Streitverkündung erfolgt ist, fortdauern. Wenn demgemäß Abs. 1 des § 174 für entsprechend anwendbar erklärt wird, so erscheint es nicht minder angemessen, für den Fall, daß der Prozeß, in welchem die Streitverkündung stattgefunden hat, unbetrieben liegen bleibt, auch den Abs. 2 des § 174 zur entsprechenden Anwendung zu bringen. Die Verjährung beginnt unter denselben Voraussetzungen von Neuem, unter welchen sie beginnen würde, wenn die Unterbrechung durch die Einleitung dieses Rechtsstreites herbeigeführt worden wäre.

Von einer näheren Bestimmung der Dauer der mittels Vornahme oder Beantragung einer Vollstreckungshandlung herbeigeführten Unterbrechung der Verjährung (§ 173 Abs. 1) ist abgesehen. Mögen auch in dieser Hinsicht hin und wieder Schwierigkeiten sich ergeben, so ist doch eine gesetzliche Entscheidung bei der geringen praktischen Bedeutung der Frage nicht erforderlich; in den meisten Fällen ist die in solcher Weise unterbrochene Verjährung gemäß § 177 eine dreißigjährige. Außerdem würde eine erschöpfende Lösung zur Unterscheidung verschiedener Fälle und zur Aufnahme kasuistischer Einzelbestimmungen nöthigen.

§ 176.

Dauer der Unterbrechung durch Anmeldung im Konkurse.

Die Konk. O. beschränkt sich auf die in § 170 Abs. 2 Nr. 2 übernommene Vorschrift, daß die Anmeldung im Konkurse die Verjährung unterbricht (Konk. O. § 13 Satz 2). Nach Landesrecht soll sich bestimmen, welche Bedeutung es für die herbeigeführte Unterbrechung hat, wenn die Anmeldung zurückgenommen wird oder wenn die angemeldete Forderung infolge Bestreitens von Seiten des Verwalters oder eines Gläubigers der Feststellung im Wege des Spezialprozesses oder durch Aufnahme eines bereits anhängigen Prozesses bedarf und das zur Feststellung Dienliche entweder geschieht oder unterbleibt (Mot. zu § 13; S. 60 ff.). Ebenso ist die Frage offen geblieben, welchen Einfluß es auf die Dauer der Unterbrechung bezw. den Wiederbeginn der Verjährung hat, wenn der Verwalter und die Konkursgläubiger die Forderung anerkennen, der Gemeinschuldner aber dieselbe bestreitet. Die Erledigung dieser Fragen ist Zweck der gegenwärtigen Vorschrift.

1. Der Gläubiger nimmt die Anmeldung zurück.

1. Nimmt der Berechtigte die Anmeldung zurück, so steht der Uebertragung der Vorschrift des § 243 Abs. 3 der C. P. O. nichts entgegen. Die Anmeldung gilt als nicht erfolgt, mithin die Verjährung als nicht unterbrochen. Die bezügliche Bestimmung des Abs. 2 gehört in systematischer Hinsicht vielleicht an eine frühere Stelle, hat aber der Uebersichtlichkeit wegen hier Aufnahme gefunden. Ob die Verjährung durch die Anmeldung auch dann nicht als unterbrochen zu gelten hat, wenn die Eröffnung des Konkurses nachträglich auf erhobene sofortige Beschwerde des Gemeinschuldners wieder aufgehoben wird (Konk. O. §§ 101, 105), darf der Entscheidung durch die Wissenschaft und Praxis anheimgestellt bleiben.

2. Kein Widerspruch gegen die Anmeldung.

2. Findet die angemeldete Forderung von keiner Seite Widerspruch, so wird dieselbe bei der Vertheilung der Konkursmasse entsprechend berücksichtigt; außerdem verleiht die Eintragung in die Tabelle einen vollstreckbaren Titel

gegen den Gemeinschuldner (Konk. O. § 152 Abs. 2). Die Unterbrechung der Verjährung währt hier bis zur Beendigung (Aufhebung oder Einstellung) des Konkursverfahrens. Mit der Möglichkeit einer Verschleppung des letzteren braucht nicht gerechnet zu werden.

3. Widerspruch des Gemeinschuldners.

3. Wird die angemeldete Forderung von dem Gemeinschuldner, nicht aber von dem Konkursverwalter oder einem Konkursgläubiger bestritten, so gilt sie als festgestellt, und ihre Eintragung in die Tabelle wirkt gegenüber den Konkursgläubigern gleich einem rechtskräftigen Urtheile; den Gemeinschuldner bindet dagegen die Feststellung nicht und die Eintragung gewährt keinen gegen ihn verwerthbaren Vollstreckungstitel (Konk. O. § 129 Abs. 2, § 132 Abs. 1, §§ 133, 152 Abs. 2). Dem Widerspruche des Gemeinschuldners hier die Bedeutung beizulegen, daß die Unterbrechung ihm gegenüber endigt und die Verjährung von Neuem beginnt, weil der Gläubiger von da ab Klage auf Feststellung der Forderung oder auf Erfüllung nach dem Konkurse gegen denselben erheben bezw. einen bereits früher eingeleiteten Prozeß fortsetzen kann, ist bedenklich. Es empfiehlt sich nicht, den Gläubiger, bevor er weiß, was bei dem Konkurse für ihn ausfällt, zur Klagerhebung gegen den Gemeinschuldner lediglich zu dem Zwecke zu nöthigen, damit er die Verjährung von Neuem unterbricht. Außerdem wird vermieden, daß die Forderung gegenüber dem Gemeinschuldner vielleicht verjähren würde, während sie gegenüber der Konkursmasse mit voller Wirksamkeit besteht.

4. Widerspruch des Konkursverwalters oder eines Konkursgläubigers.

4. Wird die angemeldete Forderung nicht von dem Gemeinschuldner, aber von dem Verwalter oder einem Konkursgläubiger bestritten, so gestaltet sich die Sachlage verschieden, je nachdem dem Berechtigten ein mit der Vollstreckungsklausel versehener Schuldtitel, ein Endurtheil oder ein Vollstreckungsbefehl zur Seite steht oder nicht (Konk. O. § 134). Im letzteren Falle hat der Widerspruch zur Folge, daß die Berücksichtigung der Forderung bei der Vertheilung der Masse nur dadurch gesichert werden kann, daß der Gläubiger die Feststellung derselben gegenüber dem Bestreitenden alsbald im Klagewege betreibt und den Nachweis, daß und für welchen Betrag dies geschehen, dem Verwalter rechtzeitig führt (Konk. O. §§ 134, 140, 143).

a) Unterläßt der Gläubiger diese Betreibung, so endigt nach der Ansicht Mancher die durch die Anmeldung herbeigeführte Unterbrechung der Verjährung mit dem im Prüfungstermine erhobenen Widerspruche. Durch den Widerspruch wird indessen die Anmeldung nicht ohne Weiteres unwirksam, das Theilnahmerecht am Verfahren hört nicht schlechthin auf; dem Gläubiger kann für die bestrittene Forderung ein Stimmrecht bei den Abstimmungen gewährt werden (Konk. O. § 87 Abs. 1), und er muß bei der Vertheilung berücksichtigt werden, wenn er dem Verwalter den Nachweis über die Erhebung bezw. Fortsetzung des Feststellungsprozesses noch rechtzeitig bei der Schlußvertheilung führt (Konk. O. §§ 140, 143). Richtiger erscheint daher, die Unterbrechung bis zur Beendigung des Konkursverfahrens dauern zu lassen. Es ist allerdings auch eine andere Behandlung möglich. Ausgehend davon, daß der Gläubiger, der lediglich auf den Widerspruch Mitbetheiligter hin die Sache nicht weiter verfolgt, der Anmeldung nicht den gehörigen Nachdruck gebe, läßt sich der Satz aufstellen, daß eine solche nicht weiter betriebene Anmeldung überhaupt nicht den Voraussetzungen entspreche, von denen die Konk. O. bei der Zuerkennung der unterbrechenden Kraft geleitet worden sei, und daß der Fall daher der Zurücknahme der Anmeldung gleichzustellen sei. Gegen eine derartige Gestaltung, welche den Wegfall der Unterbrechung auch gegenüber dem Gemeinschuldner in sich schließen würde, spricht aber, daß der Gläubiger seine guten Gründe haben, insbesondere mit Rücksicht auf den Stand der Masse sich veranlaßt sehen kann, von der kostspieligen Betreibung der Feststellung abzusehen, und daß es unbillig sein würde, den Gläubiger solchenfalls zu nöthigen, lediglich zum Zwecke der Aufrechterhaltung der Unterbrechung der Verjährung die Feststellung dennoch zu betreiben oder, um eine neue Unterbrechung zu erwirken, gegen den voraussichtlich vermögenslosen und zunächst vor der Zwangsvollstreckung geschützten Gemeinschuldner klagend vorzugehen.

b) Betreibt der Gläubiger infolge des Widerspruches die Feststellung und findet der Spezialprozeß noch vor der Beendigung des Konkursverfahrens dahin seine Erledigung, daß die Forderung unter Verwerfung des Widerspruches festgestellt wird und demgemäß bei der Vertheilung der Konkursmasse Berücksichtigung zu finden hat, so dauert die Unterbrechung bis zur Beendigung des Konkursverfahrens. Das Gleiche soll aber auch für den Fall gelten, daß durch das in dem Spezialprozesse vor der Beendigung des Konkursverfahrens ergehende Urtheil der erhobene Widerspruch für begründet erklärt worden ist. Zwar scheidet mit der Rechtskraft dieses Urtheiles die Forderung aus dem Bereiche des Konkurses endgültig aus; allein auch hier greift der Billigkeitsgesichtspunkt Platz, welcher es verbietet, den Gläubiger in die Zwangslage zu versetzen, ausschließlich wegen Unterbrechung der Verjährung den Gemeinschuldner belangen zu müssen. Erreicht der Spezialprozeß erst nach der Beendigung des Konkurses seine Endschaft und ist ein Betrag aus der Masse aus Anlaß des Prozesses zurückbehalten worden (Konk. O. § 155 Nr. 1), so ist sachlich der Konkurs noch nicht zu Ende; die Unterbrechung muß daher auch gegenüber dem Gemeinschuldner fortdauern; das Ende derselben bestimmt sich nach den in § 174 gegebenen Vorschriften. Für diejenigen Fälle dagegen, in denen nichts von der Masse zurückbehalten ist, liegt — sofern solche Fälle überhaupt vorkommen können — kein Anlaß vor, von der Regel, daß die Unterbrechung mit dem Abschlusse des Konkursverfahrens ihr Ende erreicht, abzuweichen.

Steht dem Gläubiger in Ansehung der angemeldeten Forderung ein mit der Vollstreckungsklausel versehener Schuldtitel, ein Endurtheil oder ein Vollstreckungsbefehl zur Seite, so ist es nach § 134 Abs. 6 der Konk. O. Aufgabe des Bestreitenden, den Widerspruch zu verfolgen; die Forderung wird inzwischen bei der Vertheilung mit der Beschränkung berücksichtigt, daß die auf die Forderung ausgefallenen Antheile vorläufig zurückbehalten werden (Konk. O. §§ 140, 155 Nr. 1). Betreibt der Widersprechende den erhobenen Widerspruch nicht, so dauert die Unterbrechung bis zur Beendigung des Konkurses; betreibt er ihn, so gilt das Gleiche wie in dem Falle unter b.

5. Widerspruch des Gemeinschuldners sowie des Konkursverwalters oder eines Konkursgläubigers.

5. Wenn sowohl der Konkursverwalter oder ein Konkursgläubiger als der Gemeinschuldner die angemeldete Forderung bestreiten, so kommen die unter Ziff. 4 entwickelten Gesichtspunkte nothwendig ebenfalls zur Anwendung.

6. Welche Bedeutung im Falle des Zustandekommens eines Zwangsvergleiches (Konk. O. §§ 160 ff.) die Bewilligung sog. Akkordfristen für die Verjährung hat, ist an der Hand der allgemeinen Grundsätze festzustellen.

6. Zwangsvergleich.

Die österr. Konk. O., welche, ebenso wie die deutsche, die Verjährung durch die Anmeldung im Konkurse unterbrechen läßt, bestimmt § 8 Abs. 3: „Wird die Richtigkeit des angemeldeten Anspruches bei der Konkursverhandlung bestritten und zur Austragung desselben ein besonderer Prozeß eingeleitet oder das vor der Konkurseröffnung vorhanden gewesene Verfahren wieder aufgenommen, so ist die Verjährung nur als gehemmt anzusehen und die Zeit von dem Tage der Einbringung der Anmeldung bis zu dem Tage, an welchem dem Gläubiger zur Einleitung oder Wiederaufnahme der Rechtssache die erforderlichen Belege hinausgegeben worden sind, in die Verjährungszeit nicht einzurechnen." Das schweiz. Gesetz über das Obligationenrecht, nach welchem die Verjährung durch die Eingabe im Konkurse unterbrochen wird, unterwirft den Anspruch von Neuem der Verjährung, wenn derselbe nach dem Konkursrechte wieder geltend gemacht werden kann (Art. 154 Nr. 2, 157 Abs. 3).

Gestaltung im österr. und schweiz. Rechte.

§ 177.

Die Mehrzahl der deutschen Gesetzeswerke läßt, entsprechend dem römischen Rechte, nach rechtskräftiger Verurtheilung des Beklagten die ordentliche Verjährungsfrist auch dann Platz greifen, wenn dem Anspruche eine kürzere Verjährung gelaufen ist*). Der preuß. Entwurf (§ 372) erklärt „die frühere nach Beschaffenheit des Anspruches stattfindende Verjährung" für anwendbar. Das württemb. Gesetz (Art. 8) beläßt es ebenfalls bei der in demselben bestimmten Verjährungsfrist von drei Jahren. Auf dem gleichen Standpunkte steht das schweiz. Gesetz über das Obligationenrecht. Das hess. Gesetz (Art. 27) schlägt einen Mittelweg insofern ein, als es verordnet, daß die neue Frist bei Ansprüchen, welche einer kürzeren Verjährung unterworfen sind, jedenfalls fünf Jahre betragen solle. In gleichem Sinne setzt das Gesetz für das ehem. Herzogth. Nassau (§ 5 Abs. 3) dem rechtskräftig festgestellten Anspruche eine Verjährungsfrist von zehn Jahren.

Rechtskräftig festgestellte Ansprüche verjähren in 30 Jahren.

Der Entwurf schließt sich dem in dem größten Theile Deutschlands bestehenden Rechte an. So verschiedenartig die Gründe sind, welche zu einer Abkürzung der Verjährung im Einzelnen führen: im Allgemeinen stimmen sie darin überein, daß die besondere Gestaltung der betreffenden Rechtsverhältnisse die alsbaldige Ordnung und Abwickelung derselben nothwendig oder wenigstens wünschenswerth erscheinen läßt. Für die rechtskräftig festgestellten Ansprüche verliert dieser Gesichtspunkt wesentlich an Gewicht. Das ursprüngliche Rechtsverhältniß tritt gegenüber der in dem Urtheile erstrittenen neuen Grundlage

*) Vergl. das preuß. Gesetz vom 31. März 1838 § 10, das Gesetz für das ehem. Kurfürstenth. Hessen § 4, das sächs. G. B. § 169, die Gesetze für Mecklenburg-Schwerin und Mecklenburg-Strelitz § 3, Schwarzburg-Rudolstadt § 10, Schwarzburg-Sondershausen § 13, Waldeck § 6, Reuß ä. L. § 5, Reuß j. L. § 5, Lippe § 7, Bremen § 8. Auch das bayr. Gesetz vom 26. März 1859 wird in diesem Sinne ausgelegt. Das Gleiche gilt nach österr. und, wie wohl angenommen werden darf, auch nach franz. Rechte.

zurück; der Rechtsfriede ist gewahrt, die Verdunkelung des Sachstandes für lange Zeit ausgeschlossen. Dazu kommt, daß bei Verjährungsfristen von kurzer Dauer der Berechtigte gegenüber einem zeitweilig vermögenslosen Schuldner genöthigt sein würde, in kurzen Zwischenräumen voraussichtlich erfolglose Vollstreckungshandlungen lediglich zu dem Zwecke vornehmen zu lassen, um den Lauf einer abermaligen kurzen Verjährung zu unterbrechen. Das letztere würde namentlich hinsichtlich der in §§ 156, 157 behandelten Ansprüche zu Unzuträglichkeiten führen.

Die ordentliche Verjährung tritt ein, ohne Unterschied, ob das Urtheil auf die Bewirkung einer Leistung oder nur auf die Feststellung des Anspruches gerichtet ist. Die Erstreckung der Vorschrift auf Feststellungsurtheile mag nicht ohne jedes Bedenken sein. Für die Erstreckung spricht indessen, daß der für die Verlängerung der Verjährung bei Judikatsansprüchen hauptsächlich maßgebende Gesichtspunkt, die unter öffentlicher Autorität erfolgte Klarstellung, bei den im Wege des Feststellungsprozesses festgestellten Ansprüchen ebenfalls in vollem Maße zutrifft, daß ferner die gleiche Behandlung beider der Vervielfältigung der Prozesse steuert und daß die unter Umständen mißliche Untersuchung entbehrlich wird, ob ein Feststellungsurtheil oder zugleich ein verurtheilendes Erkenntniß vorliegt.

Gleichstellung anderer Ansprüche.

Den rechtskräftig festgestellten Ansprüchen stehen die Ansprüche gleich, bezüglich deren ein dem Einspruche nicht mehr unterworfener Vollstreckungsbefehl erlangt ist (C. P. O. § 640, Mot. zu §§ 581—596 des Entw. derselben). Die Vorschrift ist des Weiteren auf diejenigen Ansprüche zu erstrecken, welche durch Vergleiche, Urkunden oder im Konkurse in der Weise festgestellt sind, daß ihnen ein vollstreckbarer Titel zur Seite steht (C. P. O. § 702 Nr. 1, 2, 5, § 786, Einf. G. § 22, Konk. O. § 152 Abs. 2, §§ 179, 192 Abs. 2).

Ausnahme.

Werden Rückstände von regelmäßig wiederkehrenden Leistungen (§ 157) eingeklagt, so läuft von der Rechtskraft des Urtheiles an die ordentliche Verjährung. Erstreckt sich das Urtheil zugleich auf künftig verfallende Leistungen (§ 190 Abs. 2) oder hat der Schuldner bezüglich derselben in einer vollstreckbaren Urkunde der Zwangsvollstreckung sich unterworfen, so hat es insoweit bei der ursprünglichen Verjährung des § 157 zu bewenden (Abs. 2). Die Ansprüche auf solche Leistungen im Voraus der ordentlichen Verjährung zu unterwerfen, welche vom jeweiligen Verfalltage an zu laufen haben würde, ist kein Bedürfniß. Die preuß. Jurisprudenz hat keinen Anstand genommen, den § 10 des preuß. Gesetzes vom 31. März 1838 trotz seiner allgemeinen Fassung dahin auszulegen, daß er auf derartige Leistungen Anwendung nicht zu finden hat. In Oesterreich ist die Frage in gleichem Sinne durch eine besondere Verordnung vom 21. Juli 1858 gelöst.

§ 178.

Rechtskräftige Entscheidung im Sinne des § 174 Abs. 1 und des § 177 Abs. 1.

Als rechtskräftige Entscheidung im Sinne des § 174 Abs. 1 und des § 177 Abs. 1 hat auch ein im Urkundenprozesse oder Wechselprozesse unter Vorbehalt der Rechte und ein in der Berufungsinstanz unter Vorbehalt der Geltendmachung von Vertheidigungsmitteln erlassenes rechtskräftiges Urtheil (C. P. O. §§ 502, 562) zu gelten. Es kann nicht verkannt werden, daß nach der C. P. O. diese Urtheile eine rechtskräftige Entscheidung enthalten, und daß, wenn der Prozeß gleichwohl noch als anhängig gilt, dies nur auf prozessualen Erwägungen beruht, welche für die Anwendung des § 177 Abs. 1 sowie des § 174 Abs. 1, ohne den Zweck der in Betracht kommenden prozeßrechtlichen Normen zu gefährden, nicht den Ausschlag geben können. Wird der Prozeß auf Grund des Vorbehaltes fortgesetzt, so wird die Verjährung von Neuem wie durch Klagerhebung unterbrochen.

In der Note zu § 746 ist eine Ergänzung der C. P. O. dahin in Aussicht genommen, daß, wenn die getrennte Verhandlung einer zur Aufrechnung gebrachten Gegenforderung angeordnet ist, das Urtheil unter Vorbehalt der Entscheidung über die Aufrechnung zu erlassen und, wenn die Aufrechnung als begründet erkannt wird, aufzuheben ist. Findet diese Ergänzung der C. P. O. statt, so steht ein unter einem derartigen Vorbehalte ergangenes Urtheil den vorerwähnten Urtheilen gleich. Die Fassung der gegenwärtigen Vorschrift ist eine solche, daß auch dieser Fall nicht ausgeschlossen wird. Die Kürze der Ausdrucksweise „ein unter Vorbehalt ergangenes rechtskräftiges Urtheil“ wird zu Mißverständnissen keinen Anlaß geben (vergl. auch das Gesetz vom 21. Juli 1879, betr. die Anfechtung von Rechtshandlungen u. s. w., R. G. Bl. S. 277, § 10).

§ 179.

Sofern privatrechtliche Ansprüche vor Schieds- oder Sondergerichten, vor Verwaltungsbehörden oder Verwaltungsgerichten zu verfolgen sind (C. P. O. §§ 851 ff., G. V. G. §§ 12—14), müssen die §§ 170—175, 177, 178 entsprechende Anwendung finden. Ueber den Zeitpunkt, mit welchem die Klagerhebung bei diesen Gerichten und Behörden als erfolgt zu gelten hat, vergl. S. 360, 361. *Analoge Anwendung der Vorschriften auf Ansprüche, welche vor Schiedsgerichte u. s. w. gehören.*

Besondere Vorsorge ist für diejenigen Fälle des schiedsgerichtlichen Austrages getroffen, in welchen die Einleitung des Verfahrens ohne Verschulden des Berechtigten in bedenklicher Weise sich verzögert, sei es, daß in dem Schiedsvertrage auf die Ernennung von Schiedsrichtern nicht Bedacht genommen worden ist, oder daß das Schiedsgericht zwar bestellt, aber die Angehung desselben von der Erfüllung besonderer Vorbedingungen noch abhängt. In dem ersteren Falle wird den bezüglichen Vorschriften der C. P. O. §§ 855 ff. gegenüber die Einsetzung des Schiedsgerichtes zwar nicht allzu lange Zeit in Anspruch nehmen; immerhin kann die damit verbundene Verzögerung bei kurzen Verjährungsfristen, wie solche namentlich auf dem Gebiete des die Schiedsgerichte bevorzugenden Versicherungswesens sich finden können, von erheblichem Belange werden. Der Berechtigte ist hier vor einer Gefährdung seines Anspruches nur dann völlig gesichert, wenn er die Verjährung schon dadurch zu unterbrechen vermag, daß er diejenigen Rechtshandlungen vornimmt, welche zur Herbeiführung der Einsetzung des Schiedsgerichtes bezw. zur Anrufung desselben seinerseits erforderlich sind (Abs. 2). *Bes. Bestimmung bei schiedsgerichtlichem Austrage.*

Dem Abschlusse eines **Schiedsvertrages** zum Zwecke der Erledigung eines bereits streitig gewordenen Anspruches kann ein Einfluß auf den Lauf der Verjährung nicht zugestanden werden. Ein solcher Vorgang *Der Abschluß eines Schiedsvertrages ohne Einfluß auf die Verjährung.*

schließt weder ein Anerkenntniß noch eine gerichtliche Geltendmachung des Anspruches in sich. Der Berechtigte, welcher, des drohenden Ablaufes der Verjährung ungeachtet, auf den Abschluß eines Schiedsvertrages sich einläßt und hierdurch die rechtzeitige Geltendmachung des Anspruches versäumt, hat die Folgen sich zuzuschreiben.

Bewendet bei dem Landesrechte. Nicht getroffen durch die Vorschrift werden diejenigen privatrechtlichen Ansprüche, welche Materieen angehören, die der Landesgesetzgebung überwiesen werden. Wie die Regelung der Verjährung dieser Ansprüche überhaupt, so ist auch die Bestimmung der Voraussetzungen, unter welchen die Verjährung derselben als unterbrochen zu gelten hat, Sache des Landesprivatrechtes.

§ 180.

Die Zulässigkeit des Rechtsweges hängt von der Vorentscheidung einer Behörde ab. Die Bestimmung trägt den Fällen Rechnung, in welchen der Berechtigte an der Geltendmachung seines Anspruches vor den Gerichten dadurch gehindert ist, daß eine gesetzliche Vorschrift die Beschreitung des Rechtsweges von der Genehmigung oder sonstigen Vorentscheidung einer Behörde abhängig macht (Einf. Ges. zum G. V. G. § 11 Abs. 2, bayr. Gesetz zur Ausführung der R. C. P. O. und Konk. O. vom 23. Februar 1879 Art. 2, u. s. w.). Die Verjährung beginnt mit der Entstehung des Anspruches, wird durch das der sofortigen Geltendmachung im Rechtswege entgegenstehende Hinderniß nicht gehemmt, aber durch das Gesuch um Erlassung der erforderlichen Entscheidung unterbrochen. Näher liegt anscheinend, die Unterbrechung erst mit der Benachrichtigung des Gegners von dem Eingange des Gesuches um Vorentscheidung eintreten zu lassen. Praktische Rücksichten sprechen indessen für die Regelung des Entwurfes. Zu einer besonderen Berücksichtigung des Falles, daß das zur Erledigung des Gesuches eingeleitete Verfahren unbetrieben liegen bleibt, fehlt es an genügendem Anlasse.

§ 181.

Rechtsnachfolge in den Anspruch. Eine durch Rechtsnachfolge in den Anspruch herbeigeführte Aenderung in der Person des Berechtigten oder Verpflichteten berührt das Wesen des Anspruches nicht. Die Verjährung, welche dem Anspruche zu laufen begonnen hat, setzt ihren Lauf fort. Der Erbe des Verpflichteten rechnet die bei Lebzeiten seines Erblassers verstrichene Verjährungszeit ein; der aus einer Uebertragung sich ergebende neue Gläubiger muß die gegen den bisherigen verstrichene Verjährungszeit gegen sich gelten lassen.

Accessio temporis. Besteht ein dinglicher Anspruch in Ansehung einer Sache und gelangt die Sache durch Rechtsnachfolge in den Besitz eines Dritten, so kommt die während des Besitzes des Rechtsvorgängers verstrichene Verjährungszeit nach der gegenwärtigen Vorschrift dem Dritten ebenfalls zu Statten. Gegen die Einrechnung der gelaufenen Verjährungszeit in einem solchen Falle, die accessio temporis des gemeinen Rechtes (vergl. auch österr. G. B. § 1493), wird zwar eingewendet, daß der Anspruch des dinglich Berechtigten gegen den Dritten ein neuer, selbständiger sei, der mit dem Anspruche gegen den Besitzvorgänger nichts gemein habe, daß die Einrechnung daher innerlich nicht gerechtfertigt sei und daß dieselbe auch vom praktischen Standpunkte sich nicht empfehle, weil damit die Fälle nur vermehrt würden, in welchen ein Eigenthum u. s. w. ohne sachlichen Inhalt vorliege, und weil der Vorschrift über das Erforderniß des guten Glaubens für die Ersitzung Eintrag geschehe. Allein auch wenn ein neuer Anspruch gegenüber dem Dritten vorliegt, muß doch, nachdem einmal die Verjährbarkeit des dinglichen Anspruches anerkannt worden ist, die Einrechnung aus denselben Gründen zugelassen werden, welche dazu nöthigen, dem Besitznachfolger zu gestatten, auf die zur Zeit seines Erwerbes bereits vollendete Verjährung sich zu berufen. Eine Unterscheidung in dieser Hinsicht würde der im Verkehre vorherrschenden Auffassung nicht entsprechen, nach welcher dem Besitznachfolger dieselbe Rechtslage verbleibt, die sein Vorgänger eingenommen hat. Von Wichtigkeit ist die Vorschrift u. A. für den Erwerber eines Grundstückes in Ansehung rückständiger Hypothekenzinsen oder Leistungen auf Grund von Reallasten; die Einrechnung der dem dinglichen Anspruche zu Gunsten des Rechtsvorgängers gelaufenen Verjährungszeit ist für den Erwerber bei bedeutenden Rückständen von erheblichem Interesse.

Kommt die an den Dritten veräußerte Sache in Folge später eintretender Unwirksamkeit der Uebertragung (Anfechtung wegen Betruges, Eintritt einer auflösenden Bedingung u. s. w.) von dem Dritten in den Besitz des Veräußerers zurück, so ist letzterer insoweit nicht Rechtsnachfolger des Dritten. Die Vorschrift findet daher keine Anwendung. Gleichwohl kann nicht zweifelhaft sein, daß die Zeit, innerhalb welcher die Sache bei dem Dritten sich befunden hat, in die Verjährungszeit einzurechnen ist; der Umstand, daß der Dritte die Sache hatte, begründet weder eine Hemmung noch eine Unterbrechung der Verjährung des gegen den Veräußerer bestehenden Anspruches.

§ 182.

Die Verjährung erzeugt eine zerstörende Einrede.

Die Wirkung der vollendeten Verjährung ist keine unmittelbare. Der in ihr liegende Schutz vor Behelligung mit einem veralteten Anspruche wird nur gewährt, soweit ein Bedürfniß vorhanden ist. Macht der als Verpflichteter in Anspruch Genommene von dem gebotenen Schutze keinen Gebrauch, so liegt kein Grund vor, ihm denselben aufzudrängen. Das bei der Verjährung gleichzeitig obwaltende öffentliche Interesse ist zur Genüge gewahrt, wenn der Einzelne jederzeit in der Lage ist, auf die Verjährung sich zu berufen und so seine Befreiung zu erzielen. Folge dieser Gestaltung ist einerseits, daß die Vollendung der Verjährung im Prozesse von dem Richter nicht von Amtswegen berücksichtigt werden darf, andererseits, daß auf die vollendete Verjährung einseitig mit der Wirkung verzichtet werden kann, daß der Anspruch seine volle Kraft behält. Beide Sätze finden sich fast in allen Rechten anerkannt*). Eine Verschiedenheit tritt, abgesehen von der Frage nach der sog. stärkeren oder schwächeren Wirkung der Verjährung, in der Hauptsache nur insofern hervor,

---

*) Vergl. hinsichtlich der Nothwendigkeit, auf die vollendete Verjährung sich zu berufen: code civil Art. 2223, sächs. G. B. § 153, die Gesetze für Hessen Art. 32, Oldenburg § 7, Sachsen-Coburg § 8, Reuß ä. L. § 10, Schwarzburg-Rudolstadt § 14, Schwarzburg-Sondershausen § 16, Bremen § 9, dresd. Entw. Art. 417, österr. G. B.

als manche Gesetze neben jenen Sätzen aussprechen, daß der Anspruch durch den Ablauf der Verjährung erlischt, andere Gesetze auf die Aufstellung jener beiden Sätze sich beschränken, während man im gemeinen Rechte, ohne diese Sätze besonders zu betonen, der vollendeten Verjährung die Wirkung beilegt, daß sie eine peremtorische Einrede begründet (vergl. auch sächs. G. B. § 170). Der Entwurf schließt sich in Abs. 1 dem letzteren Rechte an. Der Begriff der materiellrechtlichen Einrede, welcher dem Entwurfe auch sonst geläufig ist (vergl. S. 358), gewährt eine feste Kategorie, welche jeder Unklarheit vorbeugt und die Zweifel ausschließt, zu welchen die Fassung einzelner Gesetze, insbesondere diejenige des österr. G. B. Anlaß gegeben hat. Eines besonderen Hinweises auf die Verzichtbarkeit sowie darauf, daß der Richter die Verjährung nicht von Amtswegen zu berücksichtigen hat, bedarf es dabei nicht, weil die rechtliche Natur der Einrede beides von selbst mit sich bringt.

Sog. stärkere Wirkung der Verjährung.

Steht dem verjährten Anspruche eine Einrede entgegen, durch welche dessen Geltendmachung dauernd ausgeschlossen wird (Abs. 1), so ist damit zugleich die sog. stärkere Wirkung der Verjährung anerkannt. Es kann weder die dem verjährten Anspruche entsprechende Leistung dem Verpflichteten gegen dessen Willen abgezwungen, noch auch der verjährte Anspruch dazu verwendet werden, einen von dem Verpflichteten erhobenen Anspruch abzulehnen. Für die im gemeinen, franz. und österr. Rechte mehrfach vertretene und in den Verordnungen für Mecklenburg-Schwerin und Mecklenburg-Strelitz (§ 4) zur gesetzlichen Geltung gelangten Ansicht, daß die Verjährung einer Forderung dieser nur die Klagbarkeit entzieht, ist auf dem Gebiete der Anspruchsverjährung schon an sich kein Raum. Der Zweck der Verjährung wird auch nur erreicht, der Rechtsfriede nur gewahrt, wenn der verjährten Forderung sowohl die klageweise als die einredeweise Geltendmachung versagt ist. Wie indessen die Mehrzahl der Gesetze und namentlich auch solche, welche der Verjährung die stärkere Wirkung beilegen, eine Ausnahme in der Richtung eintreten lassen,

Condictio indebiti ausgeschlossen.

daß das zur Befriedigung eines verjährten Anspruches Geleistete nicht zurückgefordert werden kann, selbst wenn in Unkenntniß des Ablaufes der Ver-

---

§ 1501, schweiz. Gesetz über das Obligationenrecht Art. 160; hinsichtlich der Zulässigkeit des Verzichtes: code civil Art. 2220—2222, die Gesetze für Württemberg Art. 12, Hessen Art. 33, Sachsen-Coburg § 7, Lippe § 12, Bremen § 9, dresd. Entw. Art. 420, österr. G. B. § 1502, schweiz. Gesetz über das Obligationenrecht Art. 159. Die Frage, ob die Verjährung von Amtswegen zu berücksichtigen sei oder nicht, war früher streitig und ist in der kursächs. const. 25 p. I ausdrücklich im ersteren Sinne entschieden worden. Im Anschlusse an diese const. enthält noch das sachsen-altenburg. Gesetz § 12 eine dem Richter die Berücksichtigung der vollendeten Verjährung zur Pflicht machende Vorschrift. Die Jurisprudenz ist aber wohl jetzt fast überall, auch in Preußen, dazu gelangt, die Berücksichtigung der vollendeten Verjährung im Prozesse davon abhängig zu machen, daß der Verpflichtete sich auf dieselbe beruft. In Ansehung der Verzichtbarkeit, die auch da angenommen wird, wo die Gesetze sie nicht besonders ausgesprochen haben, enthält das preuß. A. L. R. I, 9 § 564 die Sonderbestimmung, daß ein Anerkenntniß des erloschenen Rechtes die Wirkung der Verjährung nur insofern aufhebt, als aus diesem Anerkenntnisse, nach den Gesetzen, ein neuer Rechtsgrund entsteht.

jährung geleistet worden ist*), so ist das Gleiche auch, unter Durchbrechung der Vorschrift des § 737 Abs. 2, in Abs. 2 bestimmt. Die Vorschrift ist gerechtfertigt, mag das Gewicht darauf gelegt werden, daß für das natürliche Rechtsgefühl eine verjährte Schuld immer noch eine Schuld bleibt, oder darauf, daß der Ausschluß der Rückforderung durch den Zweck der Verjährung nicht geboten ist. Ob die Vorschrift theoretisch dahin aufzufassen sei, daß der Verjährung ungeachtet insoweit eine unvollkommene Rechtspflicht zurückgeblieben ist, darf ebenso auf sich beruhen wie die weitere Frage, ob eine analoge Ausdehnung der Vorschrift dahin statthaft sei, daß auch bei anderen in Unkenntniß der Verjährung vorgenommenen, den Bestand der Verbindlichkeit voraussetzenden Rechtsgeschäften, wie Hingabe an Erfüllungsstatt, Pfand-, Bürgschaftsbestellung, die Rückgängigmachung ausgeschlossen sei.

Eine verjährte Forderung eignet sich nicht zur Aufrechnung.

Zur Aufrechnung ist eine verjährte Forderung nach Abs. 1 verb. mit § 281 Abs. 2 nicht verwendbar. Verschiedene Gesetze lassen die Aufrechnung dann zu, wenn die Forderung vor ihrer Verjährung der Forderung, gegen welche sie aufgerechnet werden soll, als zur Aufrechnung geeignet gegenübergestanden hat**). Ausreichende Gründe hierfür liegen nicht vor. Das Gegenüberstehen einer solchen Forderung hemmt die Verjährung nicht (§ 162 Abs. 3). Ebensowenig gewährt die Aufrechnungsmöglichkeit ein unentziehbares Recht zur Aufrechnung. Der Umstand aber, daß im Falle der Aufrechnung die beiderseitigen Forderungen in dem sich deckenden Betrage als mit dem Zeitpunkte erloschen gelten, in welchem sie zur Aufrechnung geeignet sich gegenübergetreten sind (§ 283), schließt keineswegs in sich, daß auch eine inzwischen verjährte und infolge dessen wirthschaftlich werthlos gewordene Forderung zur Aufrechnung verwendet werden könne. Eine Abweichung hiervon ist weder nothwendig, noch angemessen. Bedenken gegen die Zulassung der Aufrechnung ergeben sich namentlich für den Fall, daß der einen Forderung eine kurze, der anderen Forderung eine lange Verjährung läuft; gestattet man mit jener auch nach Eintritt der Verjährung aufzurechnen, so wird der Anspruch der kurzen Verjährung entzogen. Der Einwand, daß die Ausschließung der Aufrechnung unbillig erscheine, wenn der Gläubiger, gegen den eine kurze Verjährung läuft, die Geltendmachung seines Anspruches deshalb unterläßt, weil er darauf vertraut, daß auch der Gegner einen entsprechenden Theil seiner Forderung als getilgt ansehe, oder weil er Anstand nimmt, durch die Ein-

---

*) Sächs. G. B. § 1522, bayr. Entw. Th. II Art. 905, dresd. Entw. Art. 977 Abs. 2, Gesetze für Württemberg Art. 11, Hessen Art. 33 Abs. 2, Mecklenburg-Schwerin und Mecklenburg-Strelitz § 4 Nr. 3, Sachsen-Weimar § 4, Sachsen-Coburg § 7 Abs. 2, Schwarzburg-Rudolstadt § 11, Anhalt-Bernburg § 9, Anhalt-Dessau § 2 Abs. 2, Reuß ä. L. § 10, Reuß j. L. § 8, Schaumburg-Lippe § 7 Abs. 2, Lippe § 11; österr. G. B. § 1432, schweiz. Gesetz über das Obligationenrecht Art. 72 Abs. 2. Im preuß. Rechte sind ebenso wie im gemeinen Rechte die Ansichten über diese Frage getheilt.

**) H. G. B. Art. 911, preuß. A. L. R. I, 16 § 377 (Entscheid. des Reichsgerichtes in Civils. XII Nr. 62 S. 254 ff.), die Gesetze für Württemberg Art. 11, Sachsen-Weimar § 14, Oldenburg § 6, Sachsen-Meiningen Art. 7, Sachsen-Coburg § 6, Anhalt-Bernburg § 11, Anhalt-Dessau § 2, Reuß ä. L. § 9, Reuß j. L. § 9, Lippe § 11, Bremen § 9.

klagung eines vielleicht geringfügigen Betrages den Gegner zur Geltendmachung seiner größeren Forderung zu veranlassen, fällt dem Verjährungszwecke gegenüber nicht in die Wagschale. Ein ordentlicher Hausvater darf, ohne Rücksicht auf das Verhältniß von Soll und Haben, nicht unterlassen, sich mit dem anderen Theile zur gehörigen Zeit auseinanderzusetzen. Von der gleichen Auffassung wie der Entwurf gehen aus: das sächs. und österr. G. B., der dresd. Entw. (Prot. dazu S. 1445), die Gesetze für Schwarzburg-Rudolstadt § 11, Lübeck § 7. Welche rechtliche Beurtheilung einzutreten hat, wenn der andere Theil in Kenntniß oder Unkenntniß der eingetretenen Verjährung in die Aufrechnung willigt, darf der Entscheidung durch die Wissenschaft und Praxis überlassen werden.

Die Wirkung der Verjährung beschränkt sich auf diejenigen Personen, unter denen sie sich vollzogen hat (vergl. §§ 336, 339 Abs. 2, §§ 340, 1344). Auf die zu Gunsten des Hauptschuldners vollendete Verjährung kann sich auch der Bürge berufen (§ 671 Abs. 1). Ein Verzicht des Hauptschuldners auf die vollendete Verjährung ist für den Bürgen unnachtheilig, sofern die Bürgschaft zur Zeit des Verzichtes bereits bestellt war (§ 672 Abs. 2).

§ 183.

Die Verjährung einer Pfandschuld hindert den Pfandgläubiger nicht, sich aus dem Pfande zu befriedigen.

Durch die **Bestellung** eines Pfandrechtes (an einem Grundstücke oder einem anderen Vermögensgegenstande) wird gemäß § 169 die Verjährung des Anspruches, welcher durch das Pfandrecht gesichert werden soll, unterbrochen, sofern die Pfandbestellung von dem Verpflichteten ausgeht oder durch ihn veranlaßt ist. Soll der Verkehrsanschauung Genüge geschehen, so muß auch dem **Bestehen** eines von dem Verpflichteten oder einem Dritten bestellten Pfandrechtes ein Einfluß auf die Verjährung der gesicherten Forderung eingeräumt werden. Dies zwar nicht in der Weise, daß, wie in der gemeinrechtlichen Wissenschaft in Anlehnung an l. 7 § 5 Cod. de praescr. XXX 7, 39, l. 2 Cod. de luit. pign. 8, 31 sich mehrfach vertreten findet, die Forderung der Verjährung überhaupt entzogen wird. Für eine solche Gestaltung sprechen weder innere noch Zweckmäßigkeitsgründe. Wohl aber ist dem Berechtigten die Befugniß zu wahren, der Verjährung des Anspruches ungeachtet seine Befriedigung aus dem Pfande zu verlangen (Abs. 1). Es ist dies im Wesentlichen auch der Standpunkt des preuß. A. L. R. I, 20 §§ 247, 248, der Gesetze für Mecklenburg-Schwerin und Mecklenburg-Strelitz § 4 Nr. 5, Sachsen-Altenburg § 11, Anhalt-Bernburg § 7, des österr. G. B. § 1483. Daß damit die Haftung für eine Schuld auf einen bestimmten Vermögenstheil beschränkt wird, kann nicht Bedenken erregen. Ob im Uebrigen die Vorschrift dahin aufzufassen ist, die Forderung bleibe bis zur Höhe des Werthes des Pfandes und unter Beschränkung auf die Befriedigung aus demselben unverjährt, oder dahin, die verjährte Forderung bestehe nur insofern fort, als das Pfandrecht seiner akzessorischen Natur wegen einer Grundlage bedürfe, darf dahin gestellt bleiben. Jedenfalls finden die Bestimmungen des § 1093 und des § 1192 Abs. 2 insoweit keine Anwendung. Die Vorschrift des Abs. 1 ist nicht erstreckt auf

Einschränkung.

rückständige Zinsen oder andere wiederkehrende Leistungen (Abs. 2); den

Interessen des Pfandeigenthümers würde ohne diese, auch im preuß. A. L. R. sich findende Beschränkung in unbilliger Weise zu nahe getreten werden. Wie in § 847 Satz 2, so ist auch hier kein Gewicht darauf gelegt, ob die betreffenden Leistungen in regelmäßigen Zeiten wiederkehren oder nicht.

Die Vorschrift des Abs. 3 beruht auf demselben Gedanken wie diejenige des Abs. 1. Es kann keinen Unterschied machen, ob die Forderung durch Bestellung eines Pfandrechtes oder durch Uebertragung eines Rechtes (Eigenthum, Grundschuld u. s. w.) sichergestellt worden ist. Wirthschaftlich stehen sich beide Fälle im Wesentlichen gleich. Gleichstehender Fall.

§ 184.

Gesetzlicher Lösung bedarf die Frage, ob mit der Verjährung des Hauptanspruches auch der Anspruch auf die bis dahin bereits fällig gewordenen Nebenleistungen verjährt, selbst wenn die für den letzteren Anspruch geltende besondere Verjährung noch nicht vollendet ist. Nach l. 26 pr. Cod. de usuris 4, 32 wird mit der Verjährung der Hauptforderung auch jeder Zinsanspruch hinfällig. Die Vorschrift wird von Manchen als regelwidrig, von Anderen als in der Natur der Sache begründet angesehen. Ob das eine oder das andere richtig sei, bedarf keiner Untersuchung. Jedenfalls rechtfertigen Gründe praktischer Zweckmäßigkeit diese Gestaltung*). Die entsprechende Vorschrift des Abs. 1 steht zugleich im Einklange mit der preuß., franz. und österr. Jurisprudenz, dem sächs. G. B. §§ 160, 674 Satz 2 und dem schweiz. Gesetze über das Obligationenrecht Art. 151. Dieselbe Regelung ist für den Fall geboten, daß bei selbständigen wiederkehrenden Leistungen der Anspruch im Ganzen verjährt ist. Mit der Verjährung dieses Anspruches ist auch der Anspruch auf die verfallenen Einzelleistungen verjährt (Abs. 2); vergl. sächs. G. B: § 160, angef. schweiz. Gesetz Art. 152 Abs. 2. Der dresd. Entw. Art. 419 steht in beiden Beziehungen auf einem abweichenden Standpunkte. Einfluß der Verjährung des Hauptanspruches auf den Anspruch wegen Nebenleistungen.

Der enge Zusammenhang zwischen Hauptanspruch und Nebenleistungen führt dazu, daß die für den Hauptanspruch bestimmte kurze Verjährung auch für die Ansprüche auf Nebenleistungen gelten muß, selbst wenn solche auf selbständigem Entstehungsgrunde beruhen und an sich vielleicht einer längeren Verjährung unterworfen sein würden. Von Bedeutung ist dies in den Fällen, in welchen der Hauptanspruch durch Zahlung u. s. w. erlischt. Die allgemeine Fassung der §§ 156, 157 läßt in Verbindung mit der gegenwärtigen Vorschrift eine besondere Hervorhebung dessen im Gesetze entbehrlich erscheinen.

§ 185.

Die Verjährungsvorschriften sind zwingender Natur. Ein Anspruch, der für unverjährbar erklärt ist, kann durch Belieben der Parteien nicht zu einem verjährbaren gemacht werden (sächs. G. B. § 152). Aus demselben Grunde ist jedes Rechtsgeschäft für unwirksam zu erklären, durch welches die vorgeschriebene Verjährung ausgeschlossen oder hinsichtlich der Dauer der Frist, Verjährungsvorschriften sind zwingender Natur.

*) l. 26 cit.: „principali enim actione non subsistente satis supervacuum est, super usuris vel fructibus adhuc judicem cognoscere“.

des Beginnes, der Unterbrechungs- oder Hemmungsgründe u. s. w. erschwert werden soll. Die entsprechende Vorschrift des Abs. 1 stimmt mit den Prinzipien der gemeinrechtlichen Doktrin und Praxis sowie der Mehrzahl der neueren Gesetzeswerke überein*). Das preuß. A. L. R. I, 9 §§ 565—567 gestattet sowohl Entsagung auf künftige Verjährung als auch Verlängerung der Verjährungsfristen. Der preuß. Entw. § 321 (vergl. Pensum XIII, I, 9 § 145) ist dem nicht gefolgt. Nach dem sächs. G. B. § 152 ist die Verlängerung der kürzeren Verjährungsfristen zulässig und der Verzicht auf die kurze Verjährung hat die Folge, daß der Anspruch der ordentlichen Verjährung unterliegt (vergl. dazu dresd. Prot. S. 4298 ff.). Einzelne Ausnahmen von der Vorschrift des Abs. 1 finden sich § 397 Abs. 3 (§ 444 Abs. 2), § 571 Abs. 3.

Die Erleichterung der Verjährung durch Rechtsgeschäft ist jedoch statthaft.

Ein genügender Grund, die Erleichterung der Verjährung der Privatwillkür zu entziehen, liegt nicht vor (Abs. 2). Derartige Verfügungen fördern den Verjährungszweck. Es lassen deshalb auch verschiedene Gesetze im Besonderen die Abkürzung der Verjährungsfristen zu. Im einzelnen Falle wird freilich zuzusehen sein, ob die Absicht der Betheiligten wirklich dahin geht, daß die Verjährungsfrist gekürzt werden soll; möglich ist auch, daß nicht eine Aenderung der Verjährung, sondern die Setzung einer Ausschlußfrist beabsichtigt ist.

Beseitigung des restitutio in integrum.

Ueber die Beseitigung der Wiedereinsetzung in den vorigen Stand gegen den Ablauf der Verjährung vergl. die Bemerkung am Schlusse.

Unvordenkliche Verjährung.

Das Institut der unvordenklichen Verjährung (Immemorialverjährung, unvordenkliche Zeit, unvordenklicher Besitz) ist nicht aufgenommen. Der Schwerpunkt desselben liegt auf dem Gebiete des öffentlichen Rechtes. Für das bürgerliche Recht ist die Bedeutung an sich eine geringe und die Bedürfnißfrage muß um so schärfer ins Auge gefaßt werden, als es sich um eine Rechtsbildung handelt, über deren Werth die Meinungen von jeher getheilt gewesen sind und welche, ihres Jahrhunderte langen Bestehens ungeachtet, eine feste Gestalt nicht anzunehmen vermocht hat, auch infolge der Unbestimmtheit ihres Wesens sich kaum je so gestalten lassen wird, daß eine sichere Handhabung möglich ist. Die neueren Gesetzgebungen haben sich ablehnend verhalten. Das preuß. A. L. R. hat das Institut beseitigt und nur in einigen Fällen, gewissermaßen als Ersatz, Verjährungsfristen von ungewöhnlich langer Dauer eingeführt (I, 9 §§ 656—664, II, 7 § 430, II, 9 § 18). Völlig fremd ist die unvordenkliche Verjährung dem code civil (Art. 691), dem sächs., österr. und zür. G. B., dem hess. Entw. (Mot. zu Abth. II S. 208 Ziff. II). In neuerer Zeit hat auch der sechzehnte deutsche Juristentag gegen die Aufnahme des Institutes in das bürgerliche Gesetzbuch sich ausgesprochen (Verhdl. I

*) code civil Art. 2220; Gesetze für das ehem. Kgr. Hannover § 12, für Württemberg Art. 12, Hessen Art. 8, 33, Braunschweig § 12, Sachsen-Meiningen Art. 8, Sachsen-Coburg und Sachsen-Gotha § 7, Sachsen-Altenburg § 13, Schwarzburg-Rudolstadt § 13, Schaumburg-Lippe § 8, Lippe § 12, Bremen §§ 4, 9 Abs. 2; dresd. Entw. Art. 399, 409, österr. G. B. § 1502, schweiz. Gesetz über das Obligationenrecht Art. 148, 159.

S. 117—130, 241—339, II S. 52—72). Ein Bedürfniß für die Aufnahme liegt nicht vor. Das auf dem Gebiete des Immobiliarsachenrechtes zur Geltung gebrachte Grundbuchsystem läßt weder für die Verjährung (§ 847) noch für die Ersitzung oder den Verlust eines Rechtes durch Nichtgebrauch, geschweige denn für die unvordenkliche Verjährung Raum. Zur Beseitigung etwaiger Zweifel über den Fortbestand von Forderungsrechten genügt die Anspruchsverjährung; den Erwerb von Forderungsrechten durch Zeitablauf zu ermöglichen, fehlt jeder Anlaß. Der unvordenklichen Verjährung aber die ihr mehrseitig beigelegte Bedeutung zuzugestehen, daß sie den Erwerb von Rechten, welchen verbietende Gesetze entgegenstehen, ermöglicht, ist mit der heutigen Auffassung von Recht und Gesetz unvereinbar. Nichtaufnahme des Institutes.

Die Beseitigung des Institutes hat zur Folge, daß eine unvordenkliche Verjährung, welche in Gemäßheit des bisherigen Rechtes begonnen hat, aber noch nicht vollendet ist, nicht fortgesetzt werden kann. Es ergiebt sich dies aus den allgemeinen Grundsätzen über die Einwirkung neuer Gesetze. So wenig an dieser Folge Anstoß zu nehmen ist, so darf doch nicht außer Betracht bleiben, daß dieser Umstand geeignet ist, auch solche unvordenkliche Verjährungen, welche zur Zeit des Inkrafttretens des Gesetzbuches sich bereits vollzogen haben, in ihrer Wirksamkeit zu gefährden. Der Berechtigte ist fortan gezwungen, bei dem Beweise seines durch die unvordenkliche Verjährung erworbenen bezw. gefestigten Rechtes sich lediglich auf die Zeit vor dem Inkrafttreten des Gesetzbuches zu stützen, und dieser Beweis wird, je länger das Gesetzbuch in Geltung steht, um so schwieriger, zuletzt unmöglich. Bei der Entwerfung des Einführungsgesetzes wird zu prüfen sein, inwieweit durch Uebergangsbestimmungen Vorsorge dahin zu treffen sei, daß erworbene Rechte hierdurch nicht beeinträchtigt werden. Ebendaselbst wird auch darüber befunden werden, ob nicht in Ansehung derjenigen Materieen des bürgerlichen Rechtes, deren Ordnung den Landesgesetzen verbleibt (Wasserrecht, Forstrecht u. s. w.), es bei dem partikularen Fortbestande des Institutes zu bewenden habe. Vorbehalte für die Entwerfung des Einf. Gesetzes.

Allgemeine Vorschriften über die im Entwurfe sich findenden zahlreichen Ausschlußfristen (Präklusivfristen) sind nicht aufgestellt. Der Begriff der Ausschlußfrist giebt, wie neuere Untersuchungen auf diesem Gebiete gezeigt haben, die maßgebenden Grundsätze ohne Weiteres an die Hand. Soweit eine Abschwächung der der Ausschlußfrist eigenen Strenge im einzelnen Falle unbedenklich erschien, ist das Erforderliche an geeigneter Stelle bestimmt. Dahin gehören insbesondere die Vorschriften in § 104 Abs. 3, § 171 Abs. 5, § 1264 Abs. 2, § 1447 Abs. 3, § 1473 Abs. 2, §§ 1478, 1785 Abs. 3, § 1948 Abs. 5, § 2030 Abs. 2, § 2040 Abs. 6, § 2046 Abs. 6, § 2100, durch welche die Vorschriften der §§ 164, 166 bezw. die eine oder andere dieser Vorschriften auf gewisse Ausschlußfristen für entsprechend anwendbar erklärt sind. Die Zulässigkeit der Hemmung einer Ausschlußfrist ist ferner anerkannt in §§ 694, 1786, 1926 Abs. 2 (§§ 1928, 1930, 1931 Abs. 2). Allgem. Bestimmungen üb. Präklusivfristen nicht aufgestellt.

Achter Abschnitt.

Selbstvertheidigung und Selbsthülfe.

Vorbemerkung.

In Uebereinstimmung mit dem neueren Sprachgebrauche wird von dem Entwurfe zwischen Selbstvertheidigung und Selbsthülfe unterschieden und unter dieser die aktive, unter jener die passive Selbsthülfe verstanden. Das preuß. A. L. R. behandelt die Selbstvertheidigung in dem Titel über Besitz und Gewahrsam (I, 7 §§ 141 ff.). Der bayr. Entw. (Th. II Art. 58), der dresd. Entw. (Art. 215), das zür. G. B. (§ 1838) und das schweiz. Gesetz über das Obligationenrecht (Art. 56) gedenken derselben als eines Ausschließungsgrundes der Ersatzpflicht wegen unerlaubter Handlungen. Weder die eine noch die andere Behandlungsweise erscheint gerechtfertigt. Die Vorschriften über die Selbstvertheidigung haben eine allgemeinere Tragweite. Selbst auf dem Gebiete der Schuldverhältnisse beschränkt deren Bedeutung sich nicht auf die Frage, ob die Vertheidigungshandlung ein die Verpflichtung zum Schadensersatze begründendes Delikt sei. Wer eine verkaufte, aber noch in seinem Besitze befindliche Sache zur Abwehr eines rechtswidrigen Angriffes des Käufers mit dem Erfolge verwendet, daß dieselbe vernichtet wird, macht zwar die ihm obliegende Erfüllung der Verpflichtung aus dem Kaufvertrage unmöglich, aber das Unmöglichwerden kann ihm nicht zur Schuld angerechnet werden. Schon das sächs. G. B. §§ 178 ff. hat daher auch die Vorschriften über Selbstvertheidigung in den Allgemeinen Theil aufgenommen.

Die Vorschriften gehören in den Allg. Theil.

§ 186.

Nothwehr. Anschluß an das Strafrecht.

Die Selbstvertheidigung gehört ihrer Bedeutung nach ebensowohl dem bürgerlichen Rechte als dem Strafrechte an. Das St. G. B. § 53 bezeichnet die Vertheidigung, welche erforderlich ist, um einen gegenwärtigen rechtswidrigen Angriff von sich oder einem Anderen abzuwenden, als Nothwehr und erklärt eine durch Nothwehr gebotene Handlung für nicht strafbar. Der Standpunkt des St. G. B. ist für den Entwurf an sich nicht maßgebend. Aus der Straflosigkeit einer in Nothwehr verübten Handlung folgt noch nicht, daß eine solche Handlung auch in privatrechtlicher Hinsicht erlaubt sein müsse; ebensowenig steht, wenn das Nothwehrrecht privatrechtlich anerkannt wird, etwas entgegen, den Kreis der erlaubten Nothwehrhandlungen enger zu ziehen, als im Strafrechte geschehen ist. Gleichwohl schließt der Entwurf sich dem St. G. B. sowohl hinsichtlich des Begriffes der Nothwehr als darin an, daß eine durch Nothwehr gebotene Handlung für nicht unerlaubt erklärt wird. Die Abwehr eines gegenwärtigen rechtswidrigen Angriffes muß privatrechtlich zulässig sein, und es leuchtet ein, wie groß der Gewinn ist, welchen die völlige Uebereinstimmung mit dem Strafrechte bietet. Erreicht wird namentlich, daß alle Einzelfragen, welche sich erheben, für das Privat- und Strafrecht einheitlicher Erledigung zugeführt werden. Die Rücksicht auf die Wahrung dieser einheitlichen Erledigung ist es auch, welche von einer Entscheidung der Frage Abstand nehmen läßt, ob die Nothwehrhandlung privatrechtlich dann noch eine erlaubte sei, wenn durch dieselbe die Person oder das Vermögen nicht des Angreifers, sondern eines Dritten geschädigt wird. Die Frage darf um so eher auf sich beruhen, als sie nur geringe praktische Bedeutung hat.

Besonders bedeutsam für die Nothwehr ist die Vorschrift des § 814. Der Satz, daß Niemand ohne den Willen des Inhabers einer Sache diesem die Inhabung entziehen oder ihn in derselben stören darf, macht, soweit nicht besondere Bestimmungen Platz greifen (vergl. namentlich §§ 189, 521 Abs. 2, § 861), jeden auf eine solche Entziehung oder Störung gerichteten Angriff zu einem rechtswidrigen und stellt in Verbindung mit §§ 815—817 für verschiedene Fälle, in denen die Nothwehrlage zweifelhaft sein kann, fest, wem dieselbe zusteht. Die §§ 814 und 815 finden gemäß §§ 979, 1048 auch bei der Hinderung oder Störung in der Ausübung einer Grunddienstbarkeit oder einer beschränkten persönlichen Dienstbarkeit entsprechende Anwendung.

Liegt Ueberschreitung der Nothwehr (St. G. B. § 53 Abs. 3) vor oder ist der Stand der Nothwehr irrthümlich angenommen, so bleibt die Handlung eine unerlaubte, während die Frage, ob Schadensersatz zu leisten sei, nach den Vorschriften über die Vertretung unerlaubter Handlungen (§§ 704 ff.) sich bestimmt.

Ueberschreitung oder irrthüml. Annahme der Nothwehr.

§ 187.

Nothwehr setzt begrifflich einen rechtswidrigen Angriff voraus. Ein solcher Angriff kann nach der in der Strafrechtswissenschaft herrschenden Meinung lediglich von einer Person ausgehen. Nur vereinzelte Stimmen haben sich dafür erhoben, daß Nothwehr auch gegenüber andringenden, nicht als Mittel zum Angriffe benutzten Thieren begründet sei. Sollte die letztere Ansicht richtig sein, so würde, dem zu § 186 eingenommenen Standpunkte gemäß, die Vorschrift des § 186 Platz greifen. Es darf jedoch vorausgesetzt werden, daß der herrschenden Meinung der Vorzug gebührt und daß die abweichende Auffassung lediglich durch das Bestreben hervorgerufen ist, gewissen Bedenken zu begegnen, zu welchen die herrschende Meinung Anlaß giebt, — Bedenken, welche durch die gegenwärtige Vorschrift sich von selbst erledigen. Jedenfalls trifft der Nothwehrbegriff bei der Gefährdung durch fremde leblose Sachen nicht zu. Selbstschutz muß auch in dieser Richtung zulässig sein. Die Statthaftigkeit der Selbstvertheidigung gegen andringende Thiere und gefahrdrohende

Vertheidigungsrecht gegen fremde gefahrdrohende Sachen.

leblose Sachen wird für das gemeine Recht von hervorragenden Schriftstellern vertreten und ist in dem sächs. G. B. §§ 182, 183 anerkannt. Das preuß. A. L. R. I, 9 § 155 faßt nur die Gefährdung der Person durch wilde Thiere in's Auge; die Praxis hat aber keinen Anstand genommen, ein Vertheidigungsrecht auch hinsichtlich des Vermögens und gegen andere als wilde Thiere dem Bedrohten zuzugestehen (Rechtspr. des O. T. XVII S. 261).

Begründet die Gefährdung durch fremde Sachen (Thiere oder sonstige Sachen) nicht die Nothwehrlage, so läßt sich andererseits ebensowenig, wie vielfach geschieht, ein Nothstandsfall (St. G. B. § 54) unterstellen. Die Beseitigung der drohenden Gefahr erfolgt nicht durch den Uebergriff in den Rechtskreis eines unbetheiligten Dritten, sondern dadurch, daß die gefahrdrohende Sache selbst verletzt wird. Die Verletzung der gefahrdrohenden Sache entspricht der Verletzung des Angreifers bei der Nothwehr. Ferner werden Handlungen, welche unerlaubt sind, privatrechtlich nicht deshalb zu erlaubten, weil sie im Nothstande begangen sind, mögen sie auch straffrei sein; der Thäter ist und bleibt für dieselben verantwortlich. Die Beschädigung oder Vernichtung einer fremden gefahrdrohenden Sache in Ausübung des Selbstvertheidigungsrechtes dagegen ist rechtmäßig; eine Haftpflicht tritt nicht ein und der Mangel der Rechtswidrigkeit schließt auch die Anwendbarkeit der §§ 303—305 des St. G. B. aus. Endlich ist gegenüber einer im Nothstande begangenen Handlung Nothwehr zulässig, während dieselbe gegenüber der berechtigten Selbstvertheidigung ausgeschlossen sein muß.

Voraussetzungen.

Die Statthaftigkeit der Vertheidigung gegen eine fremde Sache hat zur Voraussetzung, daß die Vertheidigungshandlung zur Abwendung der von der Sache drohenden Gefahr erforderlich ist. Die Abwehr hat sich innerhalb der durch die Gefährdung gezogenen Grenzen zu bewegen. Auch versteht es sich von selbst, daß, wenn Jemand vor der Gefahr sich dadurch mit Erfolg zu schützen vermag, daß er der Sache, z. B. einem anstürmenden Thiere, aus dem Wege geht, dies letztere zu geschehen hat. Vorbedingung ist ferner, daß die Gefahr nicht vorsätzlich oder fahrlässig verursacht ist. Diese Beschränkung ist dem verwandten Nothwehrbegriffe fremd, für das Vertheidigungsrecht gegen eine Sache aber nicht zu entbehren. Hat Jemand ein Thier, das ihn angefallen, vorher gereizt, so wäre es ungerecht, ihn der Verantwortlichkeit für die demselben bei der Abwehr zugefügte Verletzung zu entheben.

Immer erforderlich ist eine wirkliche Gefährdung. Das sächs. G. B. § 183 geht zu weit, wenn dasselbe — anscheinend in Anlehnung an l. 1 §§ 3, 4, l. 2 pr. D. de per. et commod. 18, 6 — die Beschädigung oder Vernichtung einer fremden Sache schon dann gestattet, wenn dieselbe den Gebrauch einer Sache auch nur hindert. Dem Inhalte nach steht das Vertheidigungsrecht gegen eine fremde Sache der Nothwehr völlig gleich. Es ist gegeben bei der Gefährdung der Person wie des Vermögens, und hinsichtlich des letzteren macht es keinen Unterschied, ob die gefährdete Sache eine eigene oder eine solche ist, die man nur zu benutzen berechtigt ist oder inne hat. Des Weiteren ist nicht nur die Unterstützung in der Vertheidigung, sondern auch die Ausübung des Rechtes für den Bedrohten durch Andere zulässig, mag es sich um die Gefährdung der Person oder des Vermögens desselben handeln. In der letzteren Hinsicht Dritten ein Eingreifen nur bei Gefährdung der Person zu gestatten, erscheint aus denselben Gründen nicht angezeigt, aus denen bei der Nothwehr von einer solchen Beschränkung abgesehen wird. Geht die Abwehrhandlung von einem Dritten, nicht von dem Bedrohten aus, so hängt die Erlaubtheit der Handlung davon ab, daß weder der Handelnde noch der Bedrohte die Gefahr vorsätzlich oder fahrlässig verursacht hat. Ist der Handelnde von dem schuldhaften Gebahren des Bedrohten nicht unterrichtet gewesen, so greift unter Umständen die Vorschrift des § 707 Platz.

Tauben. Bienen.

Das Selbstvertheidigungsrecht ist, wie gegen Thiere überhaupt, so insbesondere auch gegen Tauben und Bienen gegeben. Das aus der allgemeinen Freiheit folgende Recht eines Jeden, Tauben zu halten, schließt selbstverständlich für die Grundstücksbesitzer nicht die Verpflichtung in sich, die Feldfrucht fremden Tauben preiszugeben. Landesgesetzliche Vorschriften, welche das Recht, Tauben zu halten, an gewisse Voraussetzungen knüpfen oder verordnen, daß die Tauben zu bestimmten Zeiten, namentlich innerhalb der Saatzeit, einbehalten werden sollen, gewähren nur lokale und beschränkte Abhülfe. Anlangend die Bienen, so ist wiederholt von Bienenzüchtern im Interesse der Bienenwirthschaft eine Beschränkung des Selbstvertheidigungsrechtes gefordert worden, während andererseits die Inhaber der durch die Bienen hauptsächlich geschädigten Gewerbebetriebe gegen eine derartige Begünstigung Widerspruch erhoben haben*). Es ist davon abgesehen, den allgemeinen Grundsatz hinsichtlich der Bienen zu durchbrechen, in der Erwägung, daß den Interessen der Bienenzüchter durch privatrechtliche Bestimmungen genügende Rechnung nicht getragen werden kann, ein wirksamer Schutz vielmehr nur von polizeilichen Vorschriften zu erwarten ist. Immerhin wird bei Entwerfung des Einführungsgesetzes zu erwägen sein, ob den Landesgesetzen nicht der Erlaß besonderer privatrechtlicher Vorschriften in dieser Richtung vorzubehalten sei.

Vorbehalte zu Gunsten der Landesgesetze.

Nicht eingegriffen wird durch die Vorschrift in das Landespolizeirecht. Ebenso bleiben die jagdpolizeilichen und sonstigen agrarpolizeilichen Vorschriften unberührt. Im Einführungsgesetze wird das Geeignete vorzusehen sein.

---

*) In dem Bienenwirthschaftszentralblatte Jahrg. 1881 Nr. 6 wird für das bürgerliche Gesetzbuch eine Bestimmung des Inhaltes vorgeschlagen: „Bienenhalter, Nachbarn, Zuckersieder, Konditoren u. s. w. dürfen sich vor den sie beraubenden oder eindringenden Bienen nur durch einfache äußere Vorrichtungen, z. B. Drahtgitter, Gazefenster, schützen, hingegen die Eindringlinge durch Gift, Feuer, Dämpfe oder künstliche, die Rückkehr hindernde Vorrichtungen nicht massenhaft vernichten." In dem von dem Wandervereine deutscher und österreichischer Bienenwirthe wiederholt den Reichs- und Landesbehörden eingereichten Entwurfe eines Gesetzes, den Schutz der Bienenzucht und die einschlagenden Rechtsverhältnisse betr., sowie in dem in dem Reichstage Session II 1882 eingebrachten Entwurfe eines diesbezüglichen Gesetzes wird der Erlaß einer Bestimmung verlangt, welche denjenigen, der vorsätzlich fremde Bienen auf eigenem oder fremdem Grund und Boden massenhaft tödtet, mit Strafe bedroht. Einspruch gegen solche Bestimmung ist insbesondere erhoben in einer Petition des Vereines der Industriellen des Regierungsbezirkes Köln vom 24. September 1883.

Die Frage, ob die gegenwärtige Vorschrift auch auf die Gefährdung durch eine ohne Willen thätig werdende Person Anwendung zu finden hat, bleibt der Entscheidung durch die Wissenschaft und Praxis überlassen.

§ 188.

Geltendes Recht.

Der Meinungsstreit, ob die Selbsthülfe als solche unerlaubt sei, ist noch unausgeglichen. Die gegen die Selbsthülfe gerichteten Vorschriften des römischen Rechtes*) begegnen verschiedener Auffassung. Die Einen sehen in ihnen Einzelanwendungen des allgemeinen Grundsatzes von der Unerlaubtheit der Selbsthülfe, Andere finden darin nur eine theils durch Lücken im Rechtssysteme, theils durch die Erschlaffung des Rechtssinnes in der späteren Kaiserzeit nothwendig gewordene Bekämpfung gewisser, besonders hervorgetretener Erscheinungsformen der an sich erlaubten Selbsthülfe. Das preuß. A. L. R. Einl. § 77, das sächs. G. B. § 179, das württemberg. Gesetz vom 5. September 1839 Art. 12, das österr. G. B. § 19 verbieten die Selbsthülfe ausdrücklich. Der dresd. Entw. Art. 1016 zählt dieselbe zu den unerlaubten Handlungen. Keine Bestimmung über die Selbsthülfe enthalten der code civil, der bayr. und hess. Entw., das zür. G. B. und das schweiz. Gesetz über das Obligationenrecht. Die franz. Jurisprudenz erachtet ebenso wie der hess. Entw. deren Unzulässigkeit für selbstverständlich. Hand in Hand mit dem privatrechtlichen Verbote ging früher vielfach die Stellung der Selbsthülfe unter öffentliche Strafe. Man sah in der eigenmächtigen Rechtsverfolgung ein Vergehen gegen die Justizhoheit des Staates, eine Störung des öffentlichen Friedens, einen strafbaren Eingriff in das Recht des Gegners auf staatlichen Austrag. Mit dieser Auffassung hat das preuß. St. G. B. vom Jahre 1851 gebrochen, und das R. St. G. B. ist ihm darin gefolgt. Die Selbsthülfe verfällt nur noch insoweit der öffentlichen Strafe, als sie sich strafbarer Mittel bedient; eine selbständige strafbare Handlung ist sie nicht mehr. Diese Wandlung auf dem Gebiete des Strafrechtes ist nicht ohne Rückwirkung für das Privatrecht geblieben. Das Bestreben geht neuerdings mehr und mehr dahin, den im Strafrechte zur Geltung gebrachten Standpunkt auf das Privatrecht zu übertragen. Man behandelt den Selbsthülfezweck als rechtlich bedeutungslos und lehrt, daß eine an sich erlaubte oder nicht unerlaubte Handlung nicht dadurch unerlaubt werde, daß sie in Absicht der Selbsthülfe vorgenommen sei, während eine an sich unerlaubte Handlung, auch wenn sie der Verwirklichung der Selbsthülfe diene, unerlaubt bleibe.

Gründe für das Verbot.

Die Gründe, welche für das Verbot der Selbsthülfe heutzutage geltend gemacht werden, lassen sich im Wesentlichen dahin zusammenfassen, daß das Verbot für die Rechtsordnung und insbesondere für die Wahrung des Rechtsfriedens von hohem Werthe sei, — daß dasselbe der geschichtlichen Entwickelung und dem in dem größten Theile Deutschlands bestehenden Rechte entspreche, — daß die dem Verbote abgeneigte Theorie ver-

*) l. 7 D. ad leg. Jul. de vi priv. 48, 7; l. 13 D. quod metus causa 4, 2; l. 7 Cod. unde vi 8, 4; nov. 52 c. 1; nov. 134 c. 7.

hältnißmäßig neuer Zeit angehöre und sich noch nicht bewährt habe, — daß, wenn auch die Gefahr der Rechtsvergewaltigung gegenwärtig nicht eine allzu große sei, doch der Einzelne überhaupt nicht in die Lage gebracht werden dürfe, nach seinem vielleicht wenig geeigneten Ermessen die unter Umständen schwierige Frage zu entscheiden, ob die zur Rechtsverwirklichung dienliche Handlung eine an sich erlaubte oder unerlaubte sei. Durchschlagendes Gewicht kann diesen Erwägungen nicht beigelegt werden. Der Unterschied zwischen dem Verbote der Selbsthülfe und der Anerkennung des Grundsatzes, daß der Selbsthülfezweck für die Beurtheilung einer Handlung rechtlich unerheblich sei, hat an sich nur geringe praktische Bedeutung. Der Regel nach ist die Selbsthülfehandlung eine schon an sich unerlaubte; dies um so mehr, als nach § 814 jeder Eingriff in fremde Inhabung verboten ist. Die Rechtsbehelfe, welche das Gesetz insoweit zum Zwecke der Wiederherstellung bezw. Ausgleichung zur Verfügung stellt, gewährleisten denselben Erfolg, welchen das Verbot der Selbsthülfe haben könnte; denn die Privatstrafen des römischen Rechtes können bei dem Stande des heutigen Strafrechtes nicht wieder aufgenommen werden (vergl. Entsch. des Reichsgerichtes in Civils. XI Nr. 50 S. 244 ff.). Erweist sich aber eine Handlung als an sich erlaubt oder doch nicht unerlaubt, so ist kein Grund ersichtlich, dieselbe für den Fall, daß sie der Selbsthilfe dienen soll, zu verbieten. Die Absicht, den Zustand herbeizuführen, der dem Rechte entspricht, ist nicht widerrechtlich. Ebensowenig wird durch eine solche auf dem Boden des Rechtes sich bewegende Handlung der Rechtsfriede gestört. Wenn das Verbot in der Mehrzahl der bisherigen Gesetzgebungen sich findet, so ist dies ein Nachklang aus früheren Zeiten, in welchen eine besondere Bekämpfung der Selbsthülfe geboten gewesen sein mag. Die Schwierigkeiten aber, zu welchen die Entscheidung der Frage Anlaß geben kann, ob eine Handlung erlaubt sei oder nicht, sind nicht blos dann gegeben, wenn es sich um Selbsthülfe handelt, sondern überhaupt, wenn die Vornahme der betreffenden Handlung in Frage steht. Die Bestimmungen der §§ 814—817, 979, 1048 sind zudem geeignet, die hauptsächlichsten Zweifel in dieser Richtung zu beseitigen. Ablehnung des Verbotes.

Fälle der **erlaubten** Selbsthülfe in dem Sinne, daß zu ihrer Verwirklichung auch eine an sich **unerlaubte** Handlung vorgenommen werden darf, enthalten namentlich die §§ 189, 521 Abs. 2, § 861. Ob die Befugniß der Eltern und des Vormundes zur Gewaltanwendung bei Zurückführung flüchtiger Kinder bezw. Mündel und zur Durchsetzung von Erziehungsmaßregeln gegenüber denselben (§§ 1504, 1505, 1655) unter den gleichen Gesichtspunkt fällt oder ob es sich dabei nicht vielmehr um die Ausübung einer im öffentlichen Interesse übertragenen Gewalt handelt, darf dahingestellt bleiben. Uebt Jemand Selbsthülfe in einem Falle, in welchem sie ausnahmsweise auch mittels einer an sich unerlaubten Handlung gestattet ist, auf Grund eines **vermeintlichen** Rechtes, so bleibt die an sich unerlaubte Handlung unerlaubt, die Frage dagegen, ob Schadensersatz zu leisten sei, bestimmt sich nach den Vorschriften über die Vertretung unerlaubter Handlungen. Sog. erlaubte Selbsthülfe.

Einen besonderen Fall der erlaubten Selbsthülfe bildet das sog. **Privatpfändungsrecht**. Nach gemeinem deutschen Rechte und in einer größeren Zahl von Partikularrechten ist der Eigenthümer bezw. Inhaber eines Grund- Privatpfändungsrecht.

stückes befugt, Personen oder Thiere, welche Schaden stiftend betroffen werden, zum Zwecke der Sicherung des Beweises und des Schadensersatzes dergestalt zu pfänden, daß er den Personen Sachen abnimmt, die Thiere in seinen Gewahrsam bringt. Nach einigen Rechten ist die Privatpfändung ferner zu dem Zwecke zulässig, um der Beeinträchtigung von Rechten an Grundstücken entgegenzutreten, insbesondere die Ersitzung von Berechtigungen zu unterbrechen. Soweit die Privatpfändung zur Abwehr der Erwerbung von Rechten gedient hat, erledigt sich ihre Bedeutung durch die Vorschriften auf dem Gebiete des Sachenrechtes. Die Privatpfändung wegen Schadenszufügung reichsgesetzlich zu ordnen, fehlt es an zureichenden Gründen. Es handelt sich um ein an sich anomales, mit dem Agrarrechte einzelner Bundesstaaten in engem Zusammenhange stehendes Institut, dessen heutiges Vorkommen nur zu der Erwägung Anlaß geben kann, ob und inwieweit die Beibehaltung desselben der Landesgesetzgebung im Einführungsgesetze offen zu lassen ist.

§ 189.

Selbstzugriff gestattet.

Voraussetzungen.

Die der Selbsthülfe gezogene Schranke, daß bei ihrer Ausübung unerlaubte Handlungen nicht vorgenommen werden dürfen, ist nur unter der Voraussetzung aufrechtzuerhalten, daß die staatliche Hülfe zum Schutze des Rechtes bereit und gewärtig ist. Trifft diese Voraussetzung nicht zu und droht dem Berechtigten ohne sofortiges Einschreiten Gefahr, seinen Anspruch nicht verwirklichen zu können, so tritt die Selbsthülfebefugniß in ihr Recht; der Berechtigte darf die Befriedigung des Anspruches, soweit nöthig unter Anwendung von Gewalt oder Drohung, durch eigenes Zuthun sich sichern. Es ist dies ein Grundsatz, der in der Hauptsache auch von denjenigen Gesetzgebungen anerkannt wird, welche der Selbsthülfe prinzipiell entgegen sind. Die Ausgestaltung des Grundsatzes ist in verschiedener Weise möglich. Nahe liegt anscheinend, die Selbsthülfe nur in dem Umfange zu gestatten, welcher dem Machtbereiche des zum Rechtsschutze an sich berufenen Gerichtes entspricht, mithin in dem Umfange, in welchem nach den Vorschriften der C. P. O. auf Grund eines Arrestes oder einer einstweiligen Verfügung vorgegangen werden kann, und dies auch nur unter den Voraussetzungen, unter welchen ein solches Vorgehen zulässig ist. Es leuchtet indessen ein, wie wenig dem Leben, welches, wenn irgend wo, so auf diesem Gebiete eine zweifelsfreie und gemeinverständliche Vorschrift erfordert, mit einer derartigen Regelung gedient sein würde. Die in der Heranziehung der einschlagenden Vorschriften der C. P. O. (§§ 796 bis 798, 814, 819) liegende Dunkelheit würde sich um so fühlbarer machen, als jene Vorschriften in mehrfacher Hinsicht eine verschiedene Auslegung erfahren haben. Dazu kommt, daß auch die innere Berechtigung einer solchen Regelung begründeten Bedenken unterliegt. Es kann nicht anerkannt werden, daß die Schranken, welche dem Gerichte in der fraglichen Beziehung auferlegt sind, zur Uebertragung auf die Selbsthülfe sich eignen, deren Hauptbedeutung auf dem Gebiete derjenigen Fälle zu suchen ist, in welchen augenblicklich gehandelt werden muß, so daß zur Erreichung des Zweckes ein Eingreifen nöthig werden kann, welches nach der Natur der Dinge der gerichtlichen Anordnung sich entzieht. Soll die Selbsthülfe, wenn die Rechtsordnung sie einmal behufs Erhaltung von begründeten Ansprüchen gestatten muß, ihren Zweck erfüllen, so darf sie weder hinsichtlich ihrer Voraussetzungen übermäßig erschwert, noch in der Wahl der Mittel, für deren angemessene Verwendung der Berechtigte verantwortlich ist, ohne zwingenden Anlaß beengt werden. Dieselbe Erwägung gestattet auch nicht, die Zulassung der Selbsthülfe auf die Verwirklichung gewisser Ansprüche, insbesondere der Ansprüche auf Herausgabe beweglicher Sachen und auf Leistung einer Geldschuld, zu beschränken.

Neben der Voraussetzung, daß obrigkeitliche Hülfe nicht rechtzeitig zu erlangen ist, erfordern das preuß. A. L. R. Einl. § 78 und die gemeinrechtliche Jurisprudenz, daß der drohende Verlust ein unwiederbringlicher sei. Nach dem sächs. G. B. § 179 und dem dresd. Entw. Art. 1016 genügt, daß die Verwirklichung des Anspruches Gefahr läuft. Im Zusammenhange damit steht die Frage, ob die Selbsthülfe auch dann statthaft sein solle, wenn der Berechtigte nach den ihm bekannten Umständen Ersatz seines gefährdeten oder verletzten Interesses erwarten konnte. Wie weit in dieser Hinsicht gegangen werden soll, ist Zweckmäßigkeitsfrage. Die Feststellung, ob ein drohender Verlust unwiederbringlich sei, ist mißlich und unterliegt leicht verschiedener Beantwortung. Unwiederbringlich wird der Verlust immer sein, wenn die Erfüllung des Anspruches für den Berechtigten von besonderer Bedeutung ist. Ob aber die Erfüllung diese Bedeutung hat, hängt wesentlich von dem Ermessen des Berechtigten ab. Gestattet man eine richterliche Nachprüfung und fällt die Entscheidung abweichend aus, so geräth der Berechtigte in eine schlimme Lage, obwohl er vielleicht nach bestem Wissen und Gewissen gehandelt hat. Auf die Möglichkeit, Schadensersatz zu erlangen, läßt sich ebenfalls entscheidendes Gewicht nicht legen. Schadensersatz und Erfüllung sind nicht gleichwerthig. Dem Berechtigten kann auch nicht schlechthin angesonnen werden, in einem Falle, in welchem es gilt, augenblicklich zu handeln, erst zu erwägen, ob die Umstände darnach angethan sind, daß die Aussicht auf Ersatz als eine begründete erscheint. Ist das Interesse an der geschuldeten Leistung ein geringes und befindet sich der andere Theil zweifellos in der Lage, Ersatz des Schadens zu leisten, so nimmt der Berechtigte von selbst Abstand, eigenmächtig die Leistung zu erzwingen. In Abs. 1 wird demgemäß nur gefordert, daß der Berechtigte ohne sofortiges Einschreiten Gefahr läuft, daß die Verwirklichung des Anspruches vereitelt oder wesentlich erschwert wird. Die Fassung schließt sich in der letzteren Hinsicht an §§ 797, 814 der C. P. O. an.

Nicht Unwiederbringlichkeit des Verlustes.

Zu den Maßregeln, mittels deren Selbsthülfe geübt werden darf, gehört auch die Festnahme der Person des Verpflichteten. Das sächs. G. B. § 180 gestattet die Festnahme, falls der Schuldner seiner Verbindlichkeit durch die Flucht sich entzieht. Ob das Gleiche nach gemeinem Rechte gilt, wird verschieden beantwortet. Im preuß. Rechte wird das Recht zur Festnahme des flüchtigen Schuldners verneint; wenigstens hat das ehem. Ob. Trib. einen Gläubiger, der zur Festnahme geschritten war, wegen widerrechtlicher Freiheitsberaubung mit Strafe belegt (Rechtspr. IX S. 426). Bei den gegenwärtigen Verkehrseinrichtungen und der Leichtigkeit, mit Hülfe derselben Verbindlichkeiten sich zu entziehen, ist die Festnahme vielfach das einzige Mittel, durch welches

Festnahme der Person zulässig.

der Gläubiger sein Recht zu sichern vermag. Ferner muß jedenfalls die Festhaltung des Schuldners, soweit sie zur Abnahme von Deckungsmitteln unumgänglich ist, gestattet werden, und diese Festhaltung läßt sich unter Umständen von der Festnahme kaum abgrenzen.

Bei Ausübung der Selbsthülfe darf der Berechtigte nicht weiter gehen, als zur Abwendung der Gefahr erforderlich ist. Der Satz mag als selbstverständlich erscheinen, hat aber mit Rücksicht auf seine große praktische Bedeutung in Abs. 2 Aufnahme gefunden. Die Unterstützung des Berechtigten bei Ausübung der Selbsthülfe durch Andere (sächs. G. B. § 179) ist zulässig. Eine Entscheidung darüber, ob Selbsthülfe für den Berechtigten durch einen Anderen selbständig geübt werden dürfe, erscheint entbehrlich.

Verfahren nach dem Zugriffe.

Durch den eigenmächtigen Zugriff wird der Berechtigte nicht Richter und Vollstrecker in eigener Sache. Er hat alsbald mit den geeigneten Anträgen an das Gericht sich zu wenden und sein Vorgehen dessen Prüfung zu unterstellen. Die hinsichtlich der Festnahme in Abs. 3 getroffene Anordnung lehnt sich an § 128 Abs. 1 der St. P. O. an. Hat der Berechtigte bewegliche Sachen zum Zwecke der Sicherung eines Anspruches weggenommen, so liegt ihm ob, sofern sich nicht Zwangsvollstreckung erwirken läßt, alsbald die Anordnung des dinglichen Arrestes zu beantragen (Abs. 4). Dem Berechtigten ein besonderes Zurückbehaltungsrecht an den ergriffenen Sachen einzuräumen, würde mit einer billigen Rücksichtnahme auf die Interessen des Verpflichteten nicht vereinbar sein. Der Zweck des Vorgehens des Berechtigten kann auch nur sein, die thatsächlichen Voraussetzungen des Arrestes sich zu sichern. Wenn er diesen Arrest nicht unverzüglich erwirkt und ihm nicht etwa auf Grund eines besonderen Verhältnisses, insbesondere eines ihm zustehenden dinglichen oder obligatorischen Anspruches auf Herausgabe der Sache, ein Zurückbehaltungsrecht zusteht, ist er zur Rückgabe der weggenommenen Sachen verpflichtet.

Neunter Abschnitt.

Urtheil.

Die gerichtliche Geltendmachung der Rechte giebt im Allgemeinen nur zu wenigen, das Urtheil betreffenden Bestimmungen Anlaß. Vorbemerkung.

I. Das römische Aktionensystem ist der heutigen Rechtsanschauung fremd. An die Stelle der Gerichtsregel ist die Rechtsregel getreten. Man hat nicht ein Recht, weil man eine Klage hat, sondern eine Klage, weil man ein Recht hat. Der Begriff des subjektiven Privatrechtes bedingt für das moderne Recht die gerichtliche Verfolgbarkeit. Die Klagbarkeit kann dem Anspruche fehlen, aber sie fehlt ihm nur, wenn sie ihm abgesprochen ist. Die *Klagbarkeit* der Rechte ist die selbstverständliche *Regel*. Das sächs. G. B. § 144, welches diese Regel besonders hervorhebt, giebt zugleich eine Begriffsbestimmung des *Klagerechtes*. Eine solche Bestimmung ist weder nöthig, noch unbedenklich. Der Begriff des Klagerechtes erfährt sehr verschiedene Beurtheilung. In den namentlich neuerdings lebhaft gewordenen Meinungsstreit einzugreifen, fehlt jede Veranlassung. I. Klagbarkeit der Rechte.

Die Klagbarkeit von *Nebenrechten* in der Richtung zu beschränken, daß *unselbständige* Nebenrechte nur mit dem Hauptanspruche gemeinsam im Klagewege verfolgt werden können, ist Abstand genommen. Die neueren Gesetzeswerke enthalten eine derartige, mehr oder minder weitgehende Beschränkung, stehen aber dabei sichtbar unter dem Einflusse der dem römischen Rechte eigenen, mit dem Aktionensysteme im Zusammenhange stehenden Kategorie von Nebenansprüchen, welche non in obligatione sunt, sed officio judicis continentur*). Die neuere Rechtsprechung auf dem Gebiete des gemeinen Rechtes ist nicht ohne Erfolg bestrebt, von diesem Einflusse sich frei zu machen (Entsch. des R. O. H. G. IX S. 231, des Reichsgerichtes in Civils. I Nr. 126 Nebenrechte.

---

*) Vergl. preuß. A. L. R. I, 11 § 848 (dazu Entsch. des ehem. O. T. Bd. 11 S. 3 ff., Bd. 58 S. 100 ff., des R. O. H. G. Bd. 21 S. 321 ff.), sächs. G. B. §§ 146, 675, 754, bayr. Entw. Th. II Art. 139, hess. Entw. Abth. IV, 1 Art. 255, dresd. Entw. Art. 302.

S. 350 ff.). Die unselbständigen Nebenansprüche, als deren Hauptfall die Ansprüche aus dem Verzuge sich darstellen, bilden einen Theil des durch ihren Hinzutritt erweiterten Hauptanspruches. Nach den Grundsätzen der C. P. O. darf jeder Anspruch, sofern der Leistungsgegenstand theilbar ist, in seine Theile zerlegt und in diesen Theilen eingeklagt werden, ohne daß durch die Thatsache der Geltendmachung und Zuerkennung des einen Theiles die nachträgliche Geltendmachung und Zuerkennung des anderen Theiles ausgeschlossen wird. Im Einklange damit sind in dem Einf. Ges. zur C. P. O. § 14 Nr. 5 die landesgesetzlichen Vorschriften, nach welchen eine Nebenforderung als aberkannt gilt, wenn über dieselbe nicht entschieden ist, aufgehoben worden. In prozessualer Hinsicht steht somit der gesonderten Einklagung von unselbständigen Nebenansprüchen ein Hinderniß nicht entgegen. Sonstige genügende Gründe aber, die grundsätzliche Klagbarkeit der Rechte in Ansehung dieser Ansprüche einzuengen, sind nicht vorhanden. Es wird zwar darauf verwiesen, daß es zweckmäßig sei, durch eine entsprechende Vorschrift einer Vervielfältigung der Prozesse vorzubeugen, weil diese die Gerichte belaste, die Kosten vermehre und zur Chikane des Gegners benutzt werden könne, während andererseits das Gebot der Zusammenfassung der Haupt- und Nebenansprüche auch den Streit darüber abschneide, ob unter Umständen in der Beschränkung der Klage auf den Hauptanspruch ein Verzicht auf den Nebenanspruch zu finden sei. Der letztere Umstand fällt schwerlich in's Gewicht; im Uebrigen aber richten sich die Erwägungen weniger gegen die selbständige Verfolgbarkeit der betreffenden Nebenansprüche, als vielmehr gegen die von der C. P. O. gestattete Einklagung von Theilansprüchen überhaupt. — Eine andere, hier des Zusammenhanges wegen zu erledigende Frage ist, ob bei vorbehaltloser Annahme der Hauptleistung das unselbständige Nebenrecht erlöschen soll ohne Rücksicht darauf, ob in dieser Annahme ein stillschweigender Verzicht auf dasselbe liegt oder nicht. Die Gesetze und Entwürfe, welche die Klagbarkeit der unselbständigen Nebenrechte beschränken, enthalten zumeist auch eine hierauf bezügliche, die Frage bejahende Vorschrift*). Die Anlehnung an die erwähnte römisch-rechtliche Eigenthümlichkeit ist dabei ebenfalls unverkennbar. Es läßt sich indessen auch der Billigkeitsgrund dafür geltend machen, daß auf eine Sache, die als erledigt angesehen worden ist, nicht mehr zurückgekommen werden soll. In der That kann es den Verpflichteten hart treffen, wenn Nebenleistungen, die vielleicht im Laufe der Zeit zu einer bedeutenden Höhe angewachsen sind, unvorhergesehen nachgefordert werden. Allein die Billigkeit gegen den Verpflichteten enthält leicht eine Unbilligkeit gegen den Berechtigten. Für den letzteren wird es unter Umständen nicht minder hart sein, wenn er Ansprüche nicht mehr geltend machen darf, von denen er vielleicht vorher keine Kenntniß gehabt hat und die doch für ihn von erheblichem Werthe sind. Es verdient daher den Vorzug, bei den allgemeinen Grundsätzen es zu belassen, und zwar um so mehr, als gegenwärtig auch die Rechtsprechung der Anwendung der-

Vorbehaltlose Annahme der Hauptleistung.

*) Vergl. preuß. A. L. R. I, 11 § 845, sächs. G. B. §§ 754, 986, bayr. Entw. Th. II Art. 139, dresd. Entw. Art. 304, schweiz. Gesetz über das Obligationenrecht Art. 129 Abs. 2.

selben zustrebt, woraus erhellt, daß ein dringendes Bedürfniß für die Sondergestaltung im Leben nicht besteht.

Nativität der Klagen.

Die sog. Nativität der Klagen zum Gegenstande von Bestimmungen zu machen, ist nicht erforderlich. Die Motive zu § 231 der C. P. O. (§ 223 d. Entw. derselben) bezeichnen es zwar als Sache des materiellen Rechtes, die Voraussetzungen zu regeln, unter welchen eine Klage erhoben werden kann. Thatsächlich hat aber die C. P. O. bereits genügende Stellung zu der Frage genommen. Einerseits ist im § 231 die Feststellungsklage geordnet und deren Zulässigkeit von dem Vorhandensein eines rechtlichen Interesses an der alsbaldigen Feststellung abhängig gemacht. Andererseits verfügt § 278, daß eine Partei, welche den gegen sie geltend gemachten Anspruch bei der mündlichen Verhandlung ganz oder zum Theil anerkennt, auf Antrag dem Anerkenntnisse gemäß zu verurtheilen ist, und § 89, daß dem Kläger die Prozeßkosten zur Last fallen, wenn der Beklagte nicht durch sein Verhalten Veranlassung zur Erhebung der Klage gegeben hat und der Beklagte den Anspruch sofort anerkennt.

II. Einredebegriff des materiellen Rechtes.

II. Der Einredebegriff des materiellen Rechtes deckt sich nicht mit demjenigen des Prozeßrechtes. Nach den heutigen Beweisgrundsätzen fällt, da die Aufgabe des Klägers in Ansehung der Klagebegründung lediglich darin besteht, die Thatumstände darzulegen, welche den Schluß auf die Entstehung des erhobenen Anspruches nach dem gewöhnlichen Verlaufe der Dinge rechtfertigen, in den Bereich der prozessualen Einrede jedes Anführen, welches, ohne die Richtigkeit der Klagethatsachen in Frage zu stellen, dem Klagebegehren auf Grund anderweiter Thatsachen entgegentritt, und zu diesen Thatsachen gehören nicht blos diejenigen, welche die Durchführbarkeit des an sich begründeten Klaganspruches ausschließen, sondern auch diejenigen, welche ergeben, daß der Anspruch, der Klagethatsachen ungeachtet, nicht zur Entstehung gelangt oder daß derselbe zwar entstanden, aber wieder erloschen sei. Einreden im Sinne des materiellen Rechtes sind nur Umstände der ersteren Art, d. h. solche Umstände, welche die Befugniß gewähren, die Befriedigung eines Anspruches verweigern zu dürfen, obwohl der Anspruch an und für sich besteht. Die sog. rechtshindernden und rechtsvernichtenden Thatsachen entziehen mit und durch ihren Eintritt dem Rechte seinen Bestand; gegen ein nicht oder nicht mehr vorhandenes Recht bedarf es materiell keiner Vertheidigung.

Aufrechterhaltung desselben.

Der Begriff der materiellrechtlichen Einrede wird von dem Entwurfe festgehalten, obwohl derselbe mannigfache Anfechtung erfahren und namentlich vom rechtsgeschichtlichen Standpunkte bekämpft worden ist. Es muß die Regelung zulässig sein, daß ein Umstand einen Anspruch nicht von Rechtswegen in seiner Entstehung hindert oder wieder aufhebt, sondern dem Verpflichteten nur die Möglichkeit gewährt, die Befriedigung des an und für sich begründeten Anspruches, sei es zur Zeit oder der Person nach, sei es für immer ablehnen zu dürfen. In wirthschaftlicher Hinsicht ist allerdings ein Anspruch, welchem eine seine Geltendmachung dauernd ausschließende Einrede entgegensteht, einem nicht bezw. nicht mehr vorhandenen Anspruche gleichwerthig. Dieser Thatsache tragen die Vorschriften des § 281 Abs. 2 und § 737 Abs. 2 Rechnung. Rechtlich besteht aber eine erhebliche Verschiedenheit, die namentlich in zwiefacher Hinsicht von praktischer Bedeutung ist. Einmal kann die Möglichkeit der Entkräftung des mit einer Einrede behafteten Anspruches wegfallen, insbesondere kann auf die Einrede von dem Verpflichteten verzichtet werden, und, wenn dies geschieht, erlangt der Anspruch seine Kraft, ohne daß es, wie bei dem von Rechtswegen aufgehobenen Anspruche, einer Wiederholung der Begründungsthatsachen bedarf. Sodann wirkt die Einrede nur, wenn der Verpflichtete sich auf dieselbe beruft. Rechtshindernde und rechtsvernichtende Thatsachen müssen von dem Richter berücksichtigt werden, nicht blos wenn der Beklagte sie geltend macht, sondern auch dann, wenn dieselben durch den klägerischen Vortrag in das Streitmaterial gelangen. Einredethatsachen können dagegen, auch wenn sie im Streitmateriale liegen, richterliche Beachtung nur finden, wenn der Beklagte dieselben durch Anrufung in Wirksamkeit setzt. In beiden Beziehungen steht das Einrederecht im Wesentlichen unter den gleichen Grundsätzen wie das Anfechtungsrecht.

Verschiedenheit von dem Anfechtungsrechte.

Das letztere unterscheidet sich aber von dem ersteren nach dem Entwurfe dadurch, daß die Anfechtung ein einseitiges, den Anfechtenden bindendes Rechtsgeschäft ist, welches sowohl in dem Prozesse, als außerhalb desselben erfolgen kann (§ 113 Abs. 1), sowie dadurch, daß mit der Anfechtung der Anspruch aufgehoben ist (§ 112), während die Einrede nur im Prozesse mit Erfolg geltend gemacht werden kann und sich nicht gegen den Bestand des Anspruches, sondern nur gegen dessen Durchsetzung richtet. Eine Annäherung des Einrederechtes an das Anfechtungsrecht findet statt in den besonders gearteten Fällen der §§ 1093 und 1192 Abs. 2.

Terminologie.

Die materiellrechtliche Einrede wird in dem Entwurfe schlechthin mit Einrede bezeichnet (vergl. § 162 Abs. 2, § 281 Abs. 2, §§ 302, 316, 671 Abs. 1, § 672 Abs. 2, § 674 Abs. 1, § 737 Abs. 2, § 1013 Abs. 1, § 1084 Abs. 3, §§ 1093, 1160 Satz 1, § 1187 Abs. 2, § 1192 Abs. 2, § 2133 Abs. 1); für die prozessuale, die rechtshindernden und rechtsvernichtenden Thatsachen mit begreifende Einrede ist der Ausdruck „Einwendung" gewählt (vergl. §§ 316, 416, 607, 676 Abs. 2, §§ 689, 955, 1083, 1084 Abs. 1, 2, § 1085 Abs. 1, § 1160 Satz 1). Die peremtorische Einrede findet sich als Einrede bezeichnet, durch welche die Geltendmachung des Anspruches dauernd ausgeschlossen wird (vergl. § 182 Abs. 1, § 737 Abs. 2, §§ 1093, 1192 Abs. 2).

III. Einwirkung des Prozeßbeginnes.

III. Die Einwirkung des **Prozeßbeginnes** auf das streitige Recht ist zum Theil bereits von der C. P. O. in den Bereich der Regelung gezogen.

Maßgebender Zeitpunkt.

Gemäß § 239 der C. P. O. treten die Wirkungen mit der **Klagerhebung** und der durch diese (§ 235 Abs. 1) begründeten Rechtshängigkeit ein — unbeschadet der Vorschrift in § 190. Ueber den Zeitpunkt der Klagerhebung vergl. C. P. O. §§ 230, 460, 251, 253, 254, 461, 470, 240, 241. Der Klagerhebung steht die Zustellung des Zahlungsbefehles im Mahnverfahren gleich (C. P. O. § 633). Nicht geordnet ist der Zeitpunkt, mit welchem die Klage vor Schiedsgerichten (C. P. O. §§ 851 ff.), Sondergerichten, Verwaltungsgerichten und Verwaltungsbehörden, soweit diese mit bürgerlichen Rechtsstreitigkeiten sich befassen (G. V. G. §§ 12—14), als erhoben gilt. Auf das schiedsgerichtliche Verfahren finden wie im Allgemeinen, so auch in dieser Hinsicht die für das Verfahren vor ordentlichen Gerichten geltenden Grundsätze entsprechende Anwendung. Es kommt darauf an, ob und wann das von dem Schiedsgerichte thatsächlich beobachtete Verfahren bis zu einem der Klagerhebung im Sinne der C. P. O. entsprechenden Abschnitte geführt ist. Das Verfahren vor Sondergerichten, Verwaltungsgerichten oder Verwaltungsbehörden richtet sich nach den betreffenden Spezialprozedurordnungen. Mit Rücksicht darauf, daß den letzteren eine Klagezustellung, wie solche die C. P. O. erfordert, vielfach unbekannt ist, bleibt vorbehalten, im Einführungsgesetze eine Bestimmung zu treffen, welche den Landesgesetzen ermöglicht, auch in Ansehung der dem Reichsrechte unterstehenden Ansprüche die von dem Entwurfe der Klagerhebung beigelegten Wirkungen (§§ 170, 179 u. s. w.) an einen anderen Vorgang als die Klagezustellung zu knüpfen.

Litigiosität.

Die Uebertragbarkeit in Streit befangener Sachen und Ansprüche ist in §§ 236—238 der C. P. O. geregelt. Ob und inwieweit eine Aenderung oder Ergänzung dieser Vorschriften mit Rücksicht auf die Bestimmungen des Entwurfes oder aus sonstigen Gründen angezeigt bezw. geboten ist, wird bei Entwerfung des Einführungsgesetzes zu erwägen sein.

Rückbeziehung des Urtheiles auf den Prozeßbeginn abgelehnt.

Anlangend die sonstigen Folgen, welche an den Eintritt des streitigen Rechtes in den Prozeß zu knüpfen sind, so liegt dem Entwurfe die das römische, gemeine und zum Theil auch noch neuere Rechte beherrschende Auffassung fern, daß das in der Sache ergehende Urtheil dem Inhalte nach auf den Zeitpunkt des Streitbeginnes dergestalt zu stellen bezw. zurückzubeziehen sei, daß der Zustand verwirklicht werde, der eingetreten sein würde, wenn dem Kläger sogleich bei Beginn des Prozesses zu seinem Rechte verholfen worden wäre. Eine solche Rückbeziehung des Urtheiles mag berechtigt, ja geboten sein, wenn, wie im römischen Formularprozesse, die Urtheilsfällung sich der Regel nach als eine weitere Ausführung einer bereits bei dem Prozeßbeginne gegebenen Vorentscheidung darstellt. Für das heutige Recht hat dieselbe keine Berechtigung. Die Theorie der obligatio condemnari oportere, welche die Rückbeziehung aus dem darauf gerichteten Willen der Parteien ableitet, ist unhaltbar. Die Annahme einer solchen Obligation steht nicht nur mit dem wirklichen Sachverhalte in Widerspruch — der Beklagte läßt sich ein, nicht weil er will, sondern weil er muß; sie verkennt auch, daß das Urtheil seine Kraft nicht der Unterwerfung der Parteien, sondern der staatlichen Autorität entnimmt, auf Grund deren es gesprochen wird. Ebensowenig sind die geltend gemachten rechtspolitischen Gesichtspunkte stichhaltig.

Die Ablehnung der Rückbeziehung des Urtheiles auf den Streitbeginn hat zur Folge, daß mit dem letzteren nicht eine Steigerung des klägerischen Anspruches dahin eintreten kann, daß dem Kläger dasjenige zu leisten ist, was er gehabt haben würde, wenn er sofort zur Zeit des Streitbeginnes befriedigt worden wäre — ut post acceptum judicium id actori praestetur, quod habiturus esset actor, si statim litis contestatae tempore res ei restituta esset; l. 40 pr. D. de hered. pet. 5, 3; l. 20 D. de R. V. 6, 1. Eine Steigerung des klägerischen Anspruches kann vielmehr nur in beschränkterem Umfange Platz greifen. Obwohl der Beklagte vielleicht in bester Ueberzeugung auf den Prozeß sich einläßt, verzögert er dadurch doch die Befriedigung des begründeten klägerischen Anspruches, und aus einer solchen Verzögerung darf er billigerweise keine Vortheile ziehen. Ebenso muß er, so sicher er seines Rechtes sein mag, die

Steigerung des Anspruches.

Möglichkeit sich vergegenwärtigen, daß der klägerische Anspruch als begründet anerkannt werden könnte, und daher das Streitobjekt, soweit dasselbe ein in sich bestimmter Gegenstand ist, mit aller Sorgfalt behandeln, wie es denn auch schon der gleichen Vertheilung von Rechten und Pflichten zwischen den prozeßführenden Parteien entspricht, dem Beklagten, welchem der Gegenstand während des Prozesses anvertraut bleibt, die sorgfältige Bewahrung desselben aufzuerlegen. Der unredliche Beklagte haftet schon an sich in erweitertem Umfange und diese Haftung genügt auch für die Dauer des Prozesses. Diesen Erwägungen entsprechen die Vorschriften des § 244 für das Recht der Schuldverhältnisse, der §§ 933, 945, 964, 1017, 1155 für das Sachenrecht, des § 2085 für das Erbrecht. Das Institut der Prozeßzinsen ist dem Entwurfe fremd.

Unerheblich bezüglich der Vererblichkeit.

Mit der Ablehnung der Rückbeziehung des Urtheiles fällt des Weiteren der Satz des römischen und gemeinen Rechtes, daß unvererbliche Ansprüche, welche ihrem Inhalte nach an eine bestimmte Person nicht gebunden sind, mit dem Streitbeginne vererblich werden. Wenn in den Fällen der §§ 726, 727, 728 Abs. 2, §§ 734—736 der Entschädigungsanspruch wegen eines anderen Schadens als eines Vermögensschadens gemäß § 728 Abs. 1 auf die Erben des Berechtigten übergeht, sofern der Anspruch im Wege der Klage geltend gemacht worden ist, so beruht dies auf besonderen Gründen.

Unerheblich bezüglich des Wahlrechtes.

In Ansehung der Ausübung des Wahlrechtes zwischen verschiedenen Ansprüchen oder zwischen verschiedenen Gegenständen desselben Anspruches kommt der Klagerhebung als solcher eine besondere Bedeutung nicht zu (vergl. §§ 207—210, 384, 1862, 1886). Ebenso nicht für den Fall, wenn mehrere Personen unter verschiedenen Ansprüchen zu wählen befugt oder wenn sie in der Weise berechtigt sind, daß jede dieselbe Leistung ganz für sich beanspruchen kann, der Schuldner aber nur einmal zu leisten verpflichtet ist (vergl. §§ 323, 340, 1344, 1397 Abs. 1, § 1417). Die bezüglichen Vorschriften des gemeinen Rechtes sind Nachklänge der konsumirenden Wirkung der römischen Litiskontestation.

Unterbrechung der Verjährung und Ersitzung.

Der Einfluß des Streitbeginnes auf den Lauf der Verjährung und der Ersitzung ist in §§ 170, 887 geordnet. Bezüglich der sonstigen an den Streitbeginn geknüpften Folgen kommen Gesichtspunkte allgemeinerer Natur nicht in Frage; vergl. § 192 Abs. 1, §§ 249, 402, 724 Abs. 6, §§ 739, 740 Abs. 3, § 885 Abs. 3, § 938 Abs. 3, §§ 1222, 1224, 1266 Abs. 1, §§ 1315, 1329, 1331 Abs. 2, § 1360 Abs. 2, §§ 1379, 1407 Abs. 1, § 1429 Abs. 1, § 1430 Abs. 3, § 1492.

Dauer der Wirkungen der Rechtshängigkeit.

Die durch die Klagerhebung begründete Rechtshängigkeit dauert der Regel nach fort, bis der Prozeß durch rechtskräftiges Urtheil oder in anderer Weise erledigt ist. Nimmt der Kläger die Klage zurück, so ist nach § 243 Abs. 3 der C. P. O. der Rechtsstreit als nicht anhängig geworden anzusehen. Das Gleiche gilt, wenn die Voraussetzungen der §§ 637, 640 oder 641 der C. P. O. im Mahnverfahren vorliegen. Keine Bestimmung enthält die C. P. O. für den Fall, daß die Klage wegen formeller oder sachlicher Mängel durch ein in der Sache selbst nicht entscheidendes Urtheil zurückgewiesen wird. Aus dem Schweigen wird abgeleitet, daß die Wirkungen der Rechtshängigkeit, von besonderen Fällen abgesehen, mit der Abweisung nicht rückwärts erlöschen. Für die materiellrechtlichen Wirkungen des Streitbeginnes können die prozessualen Grundsätze über das rückwärts oder nicht rückwärts erfolgende Erlöschen der Rechtshängigkeit nicht ohne Weiteres maßgebend sein. Es macht sich hier wie anderwärts geltend, daß diese Wirkungen nicht durch die Natur des Rechtsstreites bedingt sind bezw. in prozeßpolitischen Erwägungen ihren Grund haben, sondern daß dieselben von dem materiellen Rechte aus materiellrechtlichen Gründen an die Thatsache des Streitbeginnes geknüpft werden. Der Einfluß der betreffenden prozessualen Vorgänge auf Bestand und Wegfall der Wirkungen bestimmt sich ausschließlich nach den den einschlagenden Rechtsverhältnissen und Rechtsinstituten zu entnehmenden Grundsätzen. Besonders geordnet ist der Einfluß dieser Vorgänge in Ansehung der mit der Rechtshängigmachung des Anspruches eingetretenen Unterbrechung der Verjährung oder Ersitzung (§§ 171, 172, 887). Vergl. ferner über die Wirkung der Zurücknahme der familienrechtlichen Anfechtungsklage § 1268 Abs. 2, §§ 1476, 1478. Die Steigerung des klägerischen Anspruches fällt, soweit eine solche eingetreten ist, nicht blos bei der Klagezurücknahme, sondern auch dann rückwärts hinweg, wenn die Klage ohne Aberkennung des Anspruches zurückgewiesen wird. Die Gründe, auf denen sie beruht, bedingen, daß der eingeleitete Prozeß zur Verurtheilung führt. Bleibt der Rechtsstreit unbetrieben liegen, so wird der Fortbestand der an den Streitbeginn geknüpften Wirkungen an sich nicht in Frage gestellt (vergl. jedoch § 174 Abs. 2, § 887).

IV. Eine besondere Stellungnahme zu der Streitfrage, ob ein Anspruch auch durch Geltendmachung im Wege der Einrede rechtshängig werde (Entsch. des Reichsgerichtes in Civils. VI Nr. 132 S. 422, XVI Nr. 93 S. 375 ff.), ist nicht erforderlich. Die Frage gehört vorwiegend dem Prozeßrechte an und die Entscheidung derselben ist nicht ohne Weiteres bestimmend für die materiellrechtliche Bedeutung, welche der einredeweisen Geltendmachung eines Anspruches beizulegen ist. Der Begriff der Rechtshängigkeit bringt es nicht mit sich, daß da, wo sie begründet ist, alle materiellrechtlichen Wirkungen, welche mit ihr verbunden sein können, auch mit ihr verbunden sein müssen. Andererseits steht nichts entgegen, einzelne materiellrechtliche Wirkungen an die einredeweise Verfolgung eines Anspruches auch dann zu knüpfen, wenn dieselbe Rechtshängigkeit nicht erzeugt. IV. Einredeweise Geltendmachung.

Die Geltendmachung eines Anspruches im Wege der Einrede bezweckt Abwehr der erhobenen Klage. Der Beklagte, der sich dieses Rechtsbehelfes bedient, ohne gleichzeitig Widerklage zu erheben, verlangt Zurückweisung des gegnerischen Anspruches, nicht Zusprechung eigenen Rechtes. Hieraus folgt, daß die einredeweise Geltendmachung eines Anspruches, weil sie nicht auf Erfüllung gerichtet ist, zur Steigerung des Anspruches nicht führen kann. Auf dem gleichen Gesichtspunkte beruht es, daß in § 245 Abs. 1 der einredeweisen Geltendmachung die Bedeutung der Mahnung nicht beigelegt ist. In Ansehung der Verjährung kommt der Geltendmachung des Anspruches im Wege der Einrede unterbrechende Kraft ebenfalls nicht zu (vergl. S. 313).

V. Die C. P. O. gestattet auf Grund des Besitzes einer vollstreckbaren Urkunde die sofortige Einleitung des Vollstreckungsverfahrens (§ 702 Abs. 5 in Verb. mit § 706; vergl. auch §§ 152 Abs. 2, 179, 192 Abs. 2 der Konk. O.). V. Vorgehen a. Grund einer vollstreckbaren Urkunde u.s.w.

Zwangsvollstreckung ist nicht Klagerhebung. Immerhin entsteht, da das Verfahren längere Zeit in Anspruch nehmen kann, die Frage, ob die mit der Klagerhebung verbundenen Wirkungen bezw. einzelne derselben auf einen entsprechenden Zeitpunkt dieses Verfahrens zu übertragen sind, und welcher Zeitpunkt als der hierzu geeignete sich darstellt. Das sächs. Gesetz vom 4. März 1879 § 1 und das sachsen-altenburg. Gesetz vom 25. März 1879 § 7 verfügen allgemein, daß die Wirkungen, welche in dem bürgerlichen Rechte an die Anbringung der Klage oder an die Benachrichtigung des Beklagten von der erhobenen Klage geknüpft werden, auch der Vornahme einer Vollstreckungshandlung zukommen. Nach den Gesetzen für Sachsen-Meiningen vom 6. Juni 1879 § 7, für Schwarzburg-Rudolstadt vom 1. Mai 1879 § 7, für Reuß ä. L. vom 3. Mai 1879 § 10 sollen in denjenigen Fällen, in welchen die Zwangsvollstreckung erfolgt, ohne daß der Anspruch zuvor nach den Bestimmungen der §§ 235, 254 oder 633 der C. P. O. rechtshängig geworden ist, mit der Vornahme einer Vollstreckungshandlung dieselben Wirkungen der Rechtshängigkeit eintreten, welche nach § 239 der C. P. O. (bezw. nach dem bürgerlichen Rechte) mit der Erhebung der Klage verbunden sind. Zu einer derartigen bezw. so allgemeinen Vorschrift liegt kein Anlaß vor. Die Einwirkung auf den Lauf der Verjährung ist in §§ 170, 173 vorgesehen. Eine Steigerung des Anspruches auf Grund des Vorgehens an der Hand einer vollstreckbaren Urkunde kommt nicht in Frage, da eine derartige Urkunde nach § 702 Nr. 5 der C. P. O. nur über einen Anspruch errichtet werden kann, welcher die Zahlung einer bestimmten Geldsumme oder die Leistung einer bestimmten Quantität anderer vertretbaren Sachen oder Werthpapiere zum Gegenstande hat (vergl. dazu § 244).

VI. Anmeldung im Konkurse.

VI. Die Anmeldung eines Anspruches im Konkurse zum Zwecke der Befriedigung aus der Masse wird von der Konk. O. der Klagerhebung grundsätzlich gleichgestellt (Mot. zu § 13 der Konk. O.). Für eine Steigerung der Konkursforderung ist kein Raum. Ueber die mit der Anmeldung eintretende Unterbrechung der Verjährung vergl. §§ 170, 176.

§ 190.

Der für die thatsächlichen Grundlagen des Urtheiles maßgebende Zeitpunkt.

In Ansehung der Frage, welchem Zeitpunkte der Richter die thatsächlichen Voraussetzungen seines Spruches zu entnehmen hat, gilt es, von überkommenen römisch-rechtlichen Eigenthümlichkeiten sich freizuhalten. Nach der Gestaltung des heutigen Rechtes kann es sich lediglich darum handeln, ob nach dem im Prozesse bis zum Schlusse der mündlichen Verhandlung beigebrachten und vom Richter zu beurtheilenden Materiale ein Anspruch des Klägers besteht oder nicht besteht. Hört ein Anspruch, der zur Zeit der Klagerhebung begründet war, im Laufe des Prozesses auf, begründet zu sein, so ist — sofern die Thatsache, welche dem Anspruche nachträglich die Begründung entzogen hat, bis zum Schlusse derjenigen mündlichen Verhandlung, auf welche das erstinstanzliche Urtheil ergeht, oder später selbst noch in der Berufungsinstanz geltend gemacht und dargethan wird (C. P. O. §§ 251, 491) — die Verurtheilung ausgeschlossen. Ist ein Anspruch zur Zeit der Klagerhebung nicht begründet, treten aber nachträglich Thatsachen ein, welche ihn zu begründen geeignet sind, so haben auch diese Berücksichtigung zu finden, vorbehaltlich der Schranken, welche prozessual zur Wahrung der Vertheidigungslage des Beklagten gezogen sind. Diese Schranken ergeben sich aus den Vorschriften der C. P. O. über Klageverbesserung und Klagänderung (§§ 240, 241, 491). Von besonderer Bedeutung dabei ist der Begriff des Klagegrundes. Man ist gewohnt, den Begriff als einen materiellrechtlichen zu behandeln und darunter die Summe derjenigen Thatsachen zu verstehen, welche nach den Vorschriften des bürgerlichen Rechtes geeignet und erforderlich sind, den Schluß auf das Begründetsein des erhobenen konkreten Anspruches zu rechtfertigen. So richtig dies ist, so ist es doch andererseits ebenso zweifellos eine ausschließlich prozessuale und nach dem geltenden Prozeßrechte zu beantwortende Frage, ob und inwieweit dem Kläger obliegt, den Klagegrund bereits in der Klageschrift oder erst in einem späteren Prozeßabschnitte in seine thatsächlichen Elemente aufzulösen. Die C. P. O. § 230 Nr. 2 fordert für die Klageschrift die bestimmte Angabe „des Grundes des erhobenen Anspruches". Die Vorschrift hat verschiedene Deutung gefunden. Die Einen sehen darin das Gebot der Substantiirung, der Darlegung sämmtlicher anspruchserzeugenden Thatsachen, Andere nur das Erforderniß der Individualisirung, der genauen Bezeichnung des in Frage stehenden, den Anspruch erzeugenden Rechtsverhältnisses. Die Entscheidung der Streitfrage muß der Prozeßwissenschaft überlassen bleiben (vergl. Entsch. des Reichsgerichtes in Civils. X Nr. 142 S. 434 ff.). Je nachdem die Frage nach der einen oder anderen Seite entschieden wird, ist für die zulässige Ergänzung und Berichtigung der thatsächlichen Anführungen seitens des Klägers ein größerer oder geringerer Spielraum. Immer aber ist festzuhalten, daß in Ansehung der Zulässigkeit oder Unzulässigkeit einer Klageverbesserung es nur darauf ankommen kann, daß die Thatsachen rechtzeitig vorgetragen werden, nicht darauf, ob dieselben vor oder nach der Klagerhebung eingetreten sind. Auch vom Standpunkte des Substantiirungsprinzipes aus wird übrigens nichts entgegenstehen, die Verurtheilung auf Grund eines zur Zeit der Klagerhebung noch nicht fälligen oder noch bedingten Anspruches zu gestatten, sofern die Fälligkeit oder die Bedingung bis zum Schlusse der maßgebenden letzten mündlichen Verhandlung eintritt. Klagegrund.

Hat die Verurtheilung zu erfolgen, wenn die zur Begründung des Anspruches erforderlichen Thatsachen zur Zeit der letzten mündlichen Verhandlung, auf welche das Urtheil ergeht, vorliegen, so ist andererseits die Verurtheilung nur zulässig, wenn die beanspruchte Befriedigung zu dieser Zeit auch wirklich verlangt werden kann, wenn die geforderte Leistung fällig ist (Abs. 1). Es gilt dies jedoch nicht ausnahmslos. Die Rechtsentwickelung hat dahin geführt, in einzelnen Fällen eine Verurtheilung zu Leistungen auch für einen zukünftigen Zeitpunkt eintreten zu lassen. Zweckmäßigkeitsgründe lassen es geboten erscheinen, dem Berechtigten für den Eintritt der betreffenden Zeit die Möglichkeit der Zwangsvollstreckung im Voraus zu eröffnen. Einen einschlagenden Fall aus dem bisherigen Reichsrechte bietet § 7 des Gesetzes, betr. die Verbindlichkeit zum Schadensersatze u. s. w., vom 7. Juni 1871 (R. G. Bl. S. 207). Die Partikularrechte kennen nicht minder solche Fälle. Fälligkeit bei Ansprüchen auf Leistung. a) Ausnahmen im geltenden Rechte.

In Preußen werden u. A. die Vorschriften des A. L. R. I, 6 §§ 99, 103 ff., 115 ff., II, 11 § 595, II, 18 § 852 sowie die Bestimmung des Gesetzes vom 24. April 1854 § 22 als solche behandelt, nach welchen eine Verurtheilung für die Zukunft statthaft ist. Ingleichen hat daselbst die sog. Kündigungsklage gesetzliche Anerkennung gefunden (A. G. O. I, 28 §§ 4, 16; Allerh. Kabinetsordre vom 17. Oktober 1833 Nr. 1). Die frühere bad. C. P. O. § 351 Abs. 2 gestattete, den Beklagten, wenn seine Verbindlichkeit rechtlich gewiß und nur das Verfallziel (L. R. Satz 1185) noch nicht erschienen war, zu verurtheilen unter Bestimmung der Zeit der Leistung nach Maßgabe des Verfallzieles. Im gemeinen Rechte ist man geneigt, die Verurtheilung für die Zukunft bei wiederkehrenden Leistungen eintreten zu lassen, sofern denselben ein einheitlicher Anspruch zu Grunde liegt.

Die C. P. O., von dem Grundsatze ausgehend, daß eine verurtheilende Entscheidung auch der Zwangsvollstreckung gegen den Beklagten empfänglich sei (§ 644 Abs. 1), überläßt die Bestimmung darüber, ob und inwieweit bei künftigen Leistungen nicht blos Feststellung, sondern Verurtheilung verlangt werden kann, dem bürgerlichen Rechte, trifft aber insofern Vorsorge, als sie in §§ 664, 672 vollstreckbare Urtheile in's Auge faßt, deren Ausführung ihrem Inhalte nach von dem Eintritte einer Thatsache oder eines Kalendertages abhängig ist.

b) Ausnahmen nach dem Entwurfe.

Jede Verurtheilung zu einer künftigen Leistung enthält eine Beschränkung des Vertheidigungsrechtes des Beklagten. Zwar geht derselbe der nachträglich entstandenen Einwendungen nach § 686 der C. P. O. nicht verlustig. Aber der Weg der Vertheidigung ist ihm für deren Geltendmachung verschlossen. Er muß sie mittels Klage durchsetzen, und die Erhebung der Klage hindert der Regel nach nicht (vergl. § 691 Nr. 4, 5) die Zwangsvollstreckung. Nur ein dringendes Bedürfniß kann eine solche Beeinträchtigung der Rechtslage des Beklagten rechtfertigen. Ein solches Bedürfniß besteht in Ansehung derjenigen wiederkehrenden Leistungen, welche nicht auf Rechtsgeschäft beruhen. Es muß zulässig sein, mit der Klage wegen rückständiger derartiger Leistungen zugleich das Verlangen der exekutionsfähigen Feststellung bezüglich der künftigen zu verbinden (Abs. 2). Für die im Wege des Rechtsgeschäftes festgesetzten wiederkehrenden Leistungen bedarf es keiner Vorsorge. Den Betheiligten ist, wenn sie die sofortige Exekutionsfähigkeit der künftigen Leistungen zur Verfallzeit wollen, in der Ausstellung einer vollstreckbaren Urkunde (C. P. O. § 702 Nr. 5, § 706) ein genügendes Mittel an die Hand gegeben, diese Exekutionsfähigkeit herbeizuführen. Einflußlos für die Anwendbarkeit des Abs. 2 ist, ob die wiederkehrenden Leistungen auf einem einheitlichen Anspruche beruhen oder nicht. Auf das erstere entscheidendes Gewicht zu legen, verbietet sich schon deshalb, weil vor Allem die gesetzlichen Unterhaltsleistungen getroffen werden müssen, denen nach der Auffassung des Entwurfes in der Regel ein einheitlicher Anspruch nicht zu Grunde liegt. Ebenso ist kein Gewicht darauf gelegt, ob der Anspruch auf die einzelne künftige Leistung bereits besteht und nur die Erfüllung zeitlich hinausgerückt ist, oder ob der Anspruch gesetzlich bedingt ist und erst mit der Erfüllung der Bedingung zur Entstehung gelangt. Ueber die auf Grund des Abs. 2 vornehmlich in Betracht kommenden Fälle vergl.

Wiederkehrende Leistungen.

§§ 724, 726, 727, 734—736, 857, 860, 863, 1280, 1281, 1339, 1454, 1460, 1480 ff., 1571 ff. Die Rechtszuständigkeiten, welche dem Verpflichteten für den Fall offen stehen müssen, daß in der Zeit zwischen dem Erlasse des Urtheiles und dem Verfallen der Leistung die für die Verurtheilung, insbesondere für den Umfang derselben, maßgebend gewesenen Umstände sich geändert haben oder hinfällig geworden sind, sind geeigneten Ortes näher bestimmt (vergl. § 724 Abs. 6, §§ 726, 727, 734—736, 1493, 1280 Abs. 2, § 1281 Abs. 2, § 1454 Abs. 1, § 1574). Soweit es an einer bezüglichen Vorschrift im einzelnen Falle gebricht, wird der Inhalt des Urtheiles von selbst ergeben, daß die Verurtheilung das Fortbestehen der betreffenden Umstände zur Voraussetzung hat.

Eine Verurtheilung im Voraus muß des Weiteren, soll den Anforderungen des Verkehres Genüge geschehen, in den in Abs. 3 bezeichneten Fällen gestattet werden. Das Bedürfniß in Ansehung der auf Kündigung stehenden Miethverhältnisse wird namentlich in der preuß. Jurisprudenz betont. In Sachsen ist der Mangel einer im Voraus zu erwirkenden exekutionsfähigen Feststellung der Räumungspflicht so schwer empfunden worden, daß noch in neuerer Zeit durch ein Gesetz vom 19. Februar 1874 (G. u. V. Bl. S. 12) Abhülfe auf prozessualem Wege geschaffen worden ist. Die Erfahrungen, welche mit diesem, durch das Inkrafttreten der Reichsprozeßgesetze wieder beseitigten Gesetze gemacht worden sind, werden allseitig als gute bezeichnet. Nicht erstreckt ist die Vorschrift auf den Fall der Räumung des Miethgegenstandes zu einer bestimmten Zeit ohne vorherige Kündigung, ingleichen nicht auf den Fall der Einräumung eines Miethgegenstandes. Die Erstreckung erscheint nach den Erfahrungen des täglichen Lebens ebensowenig geboten, wie die Einbeziehung des Pachtverhältnisses. Die Tragung der Prozeßkosten in den Fällen des Abs. 3 bestimmt sich nach den allgemeinen Grundsätzen; von den letzteren abzuweichen, liegt, insbesondere mit Rücksicht auf § 89 der C. P. O., kein Anlaß vor. Miethverhältniß.

Einen Anspruch auf Verurtheilung zu einem künftigen Verhalten gewährt der Entwurf unmittelbar bei der Negatorienklage in § 943 (§§ 945, 978, 1055). Ob ein gleicher Anspruch im Falle der Beeinträchtigung des Rechtes, einen bestimmten Familiennamen zu führen, gegeben sei, darf bei der geringen praktischen Bedeutung der Frage dahingestellt bleiben. Negatorienklage.

§ 191.

I. Die materielle Rechtskraft im Allg.

1. Begriff.

I. Der dem streitigen Rechtsverhältnisse durch das Urtheil gegebene Austrag ist nothwendig ein endgültiger. Prozeßzweck wie Rechtspolitik erheischen die Unantastbarkeit des Urtheiles, mag auch das Urtheil dem wirklichen Sachverhalte nicht entsprechen, mithin objektiv ungerecht sein. Die Unantastbarkeit, d. i. die **Rechtskraft** des Urtheiles wird hergebrachten Anschauungen zufolge in eine formelle und eine materielle geschieden. Die formelle Rechtskraft besteht in der Unanfechtbarkeit, die materielle Rechtskraft in der normgebenden Bedeutung des Inhaltes des Urtheiles.

2. Zeitpunkt des Eintrittes.

In Ansehung der formellen Rechtskraft bestimmt die C. P. O. § 645 (Einf. Ges. § 19): „Die Rechtskraft der Urtheile tritt vor Ablauf der für die

Einlegung des zulässigen Rechtsmittels oder des zulässigen Einspruchs bestimmten Frist nicht ein. Der Eintritt der Rechtskraft wird durch rechtzeitige Einlegung des Rechtsmittels oder des Einspruchs gehemmt." Die Vorschrift gedenkt an sich lediglich der Hindernisse, welche dem Eintritte der Rechtskraft entgegenstehen, ergiebt aber zugleich den positiven Satz, daß ein Urtheil mit dem fruchtlosen Ablaufe der für die Einlegung des zulässigen Rechtsmittels oder des zulässigen Einspruches bestimmten Frist die Rechtskraft erlangt. Die Vorschrift steht ferner zwar unter den Normen über die Zwangsvollstreckung, und die Motive zu dem entsprechenden § 598 des Entw. bemerken ausdrücklich, es habe festgestellt werden sollen, was *hier* unter rechtskräftig zu verstehen sei; aber die Vorschrift hat allgemeinere Bedeutung. Die formelle Rechtskraft kann für die Zwangsvollstreckung keine andere sein, als für das materielle Recht. Die Vorschrift entspricht auch völlig dem Wesen der Rechtskraft. Besteht letztere in der Unanfechtbarkeit, so kann sie erst mit dem Zeitpunkte eintreten, in welchem die Anfechtungsmöglichkeit ausgeschlossen ist. Daß von dem Anfechtungsrechte kein Gebrauch gemacht wird oder daß die Anfechtung erfolglos geblieben ist, ändert nichts. Die Meinung, in den letzteren Fällen sei die Rechtskraft als mit der Verkündung bezw. Zustellung des Urtheiles eingetreten anzusehen, weil das bloße Dasein des Rechtes der Anfechtung nur die Wirkung habe, daß es ungewiß erscheine, ob es bei dem Urtheile bewenden solle oder nicht, der Wegfall des Rechtes aber bezw. die Zurückweisung der stattgefundenen Anfechtung die bisher ungewisse, verborgene Rechtskraft gewiß und offenkundig mache, entbehrt der Begründung. Man überträgt unzulässiger Weise die für die Rechtsgeschäfte, bezüglich deren der Eintritt der Wirksamkeit ungewiß ist, maßgebenden privatrechtlichen Grundsätze auf den publizistischen Akt des Urtheiles; im Falle eingelegter Berufung kommt hinzu, daß es sich nicht um eine Nachprüfung der vorausgegangenen Entscheidung, sondern um eine neue freie Beurtheilung der Sach- und Rechtslage und mithin um eine selbständige Sachentscheidung handelt. Von einer vorhandenen, aber zunächst verborgenen Rechtskraft läßt sich nur in dem Falle sprechen, wenn ein Rechtsmittel nicht statthaft oder nicht formgerecht oder rechtzeitig eingelegt ist und später aus diesem Grunde zurückgewiesen wird (C. P. O. § 497). Die von der C. P. O. nicht ausdrücklich entschiedene Frage, wann die Rechtskraft eines Urtheiles eintritt, welches in letzter Instanz gefällt oder gegen welches ein Rechtsmittel überhaupt nicht zulässig ist, darf auf sich beruhen. Abgesehen davon, daß deren Entscheidung kaum zweifelhaft ist (vergl. die Mot. zu § 645 der C. P. O.), kann dieselbe einer einseitigen Lösung für das materielle Recht nicht zugeführt werden.

3. Später entstandene Einwendungen.

Die *materielle* Rechtskraft des Urtheiles hat zur Grundlage den Sachstand, wie derselbe am Schlusse der mündlichen Verhandlung, auf welche das Urtheil ergeht, sich gestaltet. Thatsachen, welche in der Zeit zwischen der letzten mündlichen Verhandlung und dem Urtheile eintreten, werden von der in dem letzteren liegenden Feststellung ebensowenig betroffen, wie diejenigen Thatsachen, welche erst nach dem Urtheile sich verwirklichen. Die Vorschrift des § 686 der C. P. O. ergiebt dies mit hinreichender Deutlichkeit (vergl. auch § 724 Abs. 6 dieses Entw.). Eine hierauf bezügliche Bestimmung in das Gesetzbuch aufzunehmen, ist weder nöthig noch räthlich. Die Frage, welche

Thatsachen ein Urtheil in seinen Bereich zieht und auf welche demgemäß seine Wirkung sich erstreckt, steht mit der Gestaltung des Prozesses in engstem Zusammenhange und ist aus dem Prozeßrechte zu beantworten.

Der innere Grund der materiellen Rechtskraft wird vielfach — unter Berufung auf l. 205 D. de R. J. 50, 17: res judicata pro veritate accipitur — in einer an das Urtheil geknüpften Fiktion der Wahrheit gesucht. Das Urtheil nimmt indessen seine Kraft nicht aus der wahren oder künstlich unterstellten Uebereinstimmung mit der Wirklichkeit, sondern aus der ihm seitens des Staates beigelegten Autorität. Es gilt, weil der Richter, als das berufene Organ des Staates, es gesprochen hat und weil es im Interesse der unentbehrlichen Rechtssicherheit den endgültigen Austrag in sich tragen muß. Als zutreffend kann demgemäß auch nicht anerkannt werden, wenn der code civil (Art. 1350) und nach ihm das niederl. G. B. (Art. 1953) und das ital. G. B. (Art. 1350) die Geltung des Urtheiles auf eine praesumtio juris et de jure zurückführen. Eine gesetzliche Bestimmung in dieser Richtung ist überhaupt nicht aufzustellen. Begriff und Wesen der Rechtskraft gehören der Rechtsdogmatik an. 4. Innerer Grund.

II. Das rechtskräftige Urtheil ist nach der dem Entwurfe zu Grunde liegenden Auffassung **deklarativer**, nicht konstitutiver Natur. Der Prozeß dient nicht dazu, das Recht erst zu schaffen, sondern dazu, vorhandenes Recht klarzustellen. Die Ansicht, daß das subjektive Recht erst durch das Urtheil in das Dasein trete, daß vorher nur eine Aussicht auf Rechtserwerb, die Möglichkeit einer Rechtsentstehung gegeben sei, findet zwar auch in der Gegenwart Vertreter, hat aber Geltung sich zu verschaffen nicht vermocht. Die deklarative Natur des Urtheiles bildet immerhin nur die Regel. Rechtsschöpferische Kraft haben, von den materiell unrichtigen Urtheilen abgesehen, nach dem Entwurfe insbesondere die Ausschlußurtheile (§§ 5, 695, 873, 1103, 1104, 1123, 1124, 2120), ferner gewisse Urtheile, welche die Aufhebung oder Einführung eines Güterstandes bestimmen (§ 1327 Nr. 2, § 1371 Nr. 2, § 1381 Abs. 2, § 1403 Nr. 3, § 1429 Abs. 1), ingleichen das auf Scheidung oder zeitweilige Trennung von Tisch und Bett gerichtete Urtheil (§§ 1440, 1449); vergl. ferner § 353 Abs. 3, 4, §§ 357, 2118, 2127 Abs. 2. Nicht darunter fallen die Urtheile, durch welche eine nichtige oder anfechtbare Ehe für ungültig erklärt (§§ 1252, 1256, 1260, 1269) oder die Unehelichkeit eines Kindes, infolge der Anfechtung der Ehelichkeit oder der Anfechtung der Anerkennung desselben als eines ehelichen, ausgesprochen wird (§§ 1477, 1478); diese Urtheile haben gleich denen, welche in Gemäßheit der §§ 1271, 1632 ergehen, lediglich die Bedeutung eines Feststellungsurtheiles. Das in dem bestehenden Rechte vornehmlich in Betracht kommende Theilungsurtheil ist dem Entwurfe fremd. II. Deklarative Natur des Urtheiles. Ausnahme.

III. Die Streitfrage, ob die Wirkung der rechtskräftigen verurtheilenden Entscheidung darin bestehe, daß ein neuer selbständiger Anspruch an die Stelle des ursprünglichen Anspruches bezw. demselben zur Seite trete, oder ob der Anspruch in seinem Bestande der gleiche bleibe und nur insofern eine Aenderung erfahre, als er nunmehr unabänderlich festgestellt sei, ist kaum von praktischem III. Keine Bestimmung über die novirende Kraft.

Interesse. Wer eine Erneuerung des Anspruches annimmt, muß einräumen, daß dieselbe ungewöhnlicher Natur ist. Die dem ursprünglichen Anspruche anhaftenden Vorzüge (Bürgschaft, Pfänder, Zinspflicht, Recht auf vorzugsweise Befriedigung) bleiben bestehen und der einmal eingetretene Verzug wirkt fort. Andererseits werden dem rechtskräftig festgestellten Anspruche Eigenschaften zu Theil, die ihm in gewisser Hinsicht eine neue rechtliche Grundlage verleihen; er untersteht einer besonderen, von Neuem beginnenden Verjährung u. s. w. Für die heutige Rechtsanschauung liegt unverkennbar die Auffassung näher, daß das Urtheil den streitigen Anspruch feststellt, daß die Feststellung eine Umgestaltung desselben seinem Bestande nach nicht bedingt, daß es sich vielmehr nur darum handeln kann, ob und inwieweit der in seinem Dasein gefestigte Anspruch besonderen, diese Festigung kennzeichnenden Grundsätzen zu unterstellen ist. Ueber die selbständige Verjährung, welcher rechtskräftig festgestellte Ansprüche unterliegen, vergl. § 177.

Judikatszinsen abgelehnt.

Das Institut der Judikatszinsen — l. 13 Cod. de usur. 4, 32; l. 1, 2, 3 Cod. de usur. rei jud. 7, 54; preuß. A. L. R. I, 7 § 231, I, 11 §§ 821, 1079, I, 16 § 66; sächs. G. B. § 763 — ist dem Entwurfe unbekannt. Das Urtheil an sich kann keinen Einfluß auf die Zinsverbindlichkeit haben, insbesondere, wenn nicht ein anderer Verpflichtungsgrund zur Zinszahlung vorliegt, eine Verbindlichkeit dazu nicht begründen. Es bedarf in dieser Hinsicht auch keiner Sonderbestimmung. Der Regel nach geräth der Schuldner mit der Klagerhebung in Verzug (§ 245 Abs. 1). Ist dies ausnahmsweise nicht der Fall, weil der Schuldner in Ansehung des Schuldverhältnisses sich in einem entschuldbaren Irrthume befunden hat (§§ 246, 241), so tritt jedenfalls mit der Verurtheilung Verzug und folgerecht die Verpflichtung zur Zahlung von Verzugszinsen ein, da das Hinderniß damit endgültig beseitigt ist. Ferner greift für den Fall, daß das Urtheil eine nach dem Kalender bemessene spätere Lieferungszeit bestimmt, die Vorschrift des § 245 Abs. 2 Platz. Ob die Zinsen im Klagegesuche angesprochen und im Urtheile zuerkannt sein müssen, ist eine prozessuale Frage.

IV. Keine natürliche Verbindlichkeit als residuum bei der Absolutoria.

IV. Der Grundsatz, daß das rechtskräftige Urtheil die unumstößliche Norm für die Parteien bildet, wird in Ansehung des freisprechenden Urtheiles nicht selten dahin abgeschwächt, daß das letztere, falls es zu Unrecht ergangen, eine natürliche Verbindlichkeit bestehen lasse. Hinsichtlich des rechtlichen Inhaltes dieser Verbindlichkeit schwankt man, ist aber darin einverstanden, daß der zu Unrecht Freigesprochene jedenfalls das zur Erfüllung des Anspruches Geleistete nicht zurückfordern dürfe. Mit dem Grunde und Zwecke der Rechtskraft ist die Annahme des Zurückbleibens einer natürlichen Verbindlichkeit unvereinbar. Schließt man auf Grund einer solchen Annahme die Zurückforderung des Geleisteten aus, so bedeutet dies nichts Anderes, als daß derjenige, welcher das zur Erfüllung einer Verbindlichkeit Geleistete deshalb zurückfordert, weil eine Verbindlichkeit nicht bestanden habe, sich zum Nachweise dieser Behauptung nicht darauf berufen kann, daß er in einem von dem Gegner gegen ihn oder seinen Rechtsvorgänger wegen eben dieser Verbindlichkeit geführten Prozesse freigesprochen sei. Er muß infolge dessen den Beweis der Nichtschuld, da man ihm diesen nicht abschneiden kann, auf andere

Weise führen und die Klage, über welche in dem früheren Prozesse bereits entschieden worden, wird somit nochmals zur gerichtlichen Entscheidung gebracht. Hat aber das Urtheil die ihm durch das Interesse der Rechtsordnung vorgeschriebene Aufgabe, streitige Rechtsbeziehungen in endgültiger und unumstößlicher Weise zu erledigen, so darf die normgebende Bedeutung der Freisprechung auch nicht dadurch in Frage gestellt werden, daß sie in der angegebenen Weise bei der Verhandlung des neuen Prozesses gänzlich unberücksichtigt gelassen wird. Selbst das Zugeständniß kann nicht gemacht werden, daß die Leistung, welche der zu Unrecht Freigesprochene in Kenntniß der Freisprechung bewirkt, als Erfüllung und nicht als Schenkung zu behandeln sei. Die neueren Gesetzeswerke — sächs. G. B. § 1006, hess. Entw. Abth. IV, 1 Art. 352, dresd. Entw. Art. 396 — haben sich auch mit voller Entschiedenheit gegen das Zurückbleiben einer natürlichen Verbindlichkeit erklärt. Der Entwurf sieht von einer bezüglichen Bestimmung ab. Schon das Schweigen genügt, um der Annahme einer in ihrem Inhalte auch noch so beschränkten unvollkommenen Rechtspflicht den Boden zu entziehen. Die verwandte Frage, ob der Verpflichtete, welcher einen an sich begründeten Anspruch befriedigt hat, das Hingegebene zurückfordern könne, wenn der Anspruch nachträglich dem Kläger aberkannt worden ist, darf der Entscheidung durch die Wissenschaft und Praxis anheimgestellt bleiben.

V. Objektiver Umfang der Rechtskraft.

V. Der objektive Umfang der materiellen Rechtskraft ist durch § 293 der C. P. O. festgestellt. Die Vorschrift regelt den wichtigsten und bestrittensten Punkt der Materie. Die getroffene Entscheidung hat mannigfache Anfechtung erfahren. Man hat ihre innere Berechtigung wie ihre Praktikabilität in Zweifel gezogen. Der Entwurf beläßt es bei dem § 293. Nur die zwingendsten Gründe könnten es rechtfertigen, eine so grundlegende, an der Hand der eingehendsten Erwägungen zu Stande gekommene Vorschrift nach der kurzen Zeit ihres Bestehens in Frage zu stellen bezw. zu ändern. Solche Gründe sind nicht vorhanden. Die Vorschrift scheint im Gegentheile in der Praxis sich im Ganzen und Großen bewährt zu haben.

Bedenken ist auch getragen, den § 293 der C. P. O. in den Entwurf zu übernehmen. Die Vorschrift ist nicht die einzige, bezüglich deren die Frage der Uebernahme aufgeworfen werden kann. Es genügt in dieser Hinsicht, auf die Bestimmungen über die Feststellungsklage, die Nativität der Klagen u. s. w. zu verweisen. So unerwünscht es ist, daß Rechtssätze, welche auf eine und dieselbe Materie sich beziehen, nicht in einem Gesetze vereinigt sind, und so angemessen es erscheinen mag, in ein bürgerliches Gesetzbuch alle materiellrechtlichen und nur solche Vorschriften, in ein Prozeßgesetz alle prozeßrechtlichen und nur solche Vorschriften aufzunehmen, so stehen doch der Verwirklichung dieses Gedankens hinsichtlich des Reichsrechtes mindestens zur Zeit die erheblichsten Bedenken entgegen. Die betreffenden Bestimmungen der C. P. O. hängen mit anderen Vorschriften derselben so eng zusammen, daß ein solches Vorgehen zu einer durchgreifenden Umarbeitung der C. P. O. zwingen würde. Insbesondere läßt der § 293 aus der C. P. O. sich nicht entfernen, ohne in dieser eine Lücke hervorzurufen, die nöthigen würde, noch andere Vorschriften zu ändern.

VI. Sachliche Wirkung der Rechtskraft.

VI. Von der C. P. O. nicht berührt und besonderer Regelung bedürftig ist die Wirkung der Rechtskraft. Das Wesen der letzteren bringt mit sich, daß es keiner Partei gestattet sein kann, mit dem rechtskräftigen Inhalte des Urtheiles sich in Widerspruch zu setzen. Das rechtskräftige Urtheil ist maßgebend für das Rechtsverhältniß zwischen den Parteien. Der in dem entsprechenden Abs. 1 Satz 1 des § 191 gebrauchte Ausdruck „Rechtsverhältniß" wird nicht deshalb beanstandet werden können, weil es unter Umständen um die Feststellung der Echtheit oder Unechtheit einer Urkunde sich handeln kann (C. P. O. § 231). Selbst wenn in einem solchen Falle, wie dahingestellt bleiben darf, von einem Rechtsverhältnisse sich nicht sprechen läßt, kann doch dieser Sonderfall für die Feststellung eines so wichtigen materiellrechtlichen Grundsatzes nicht maßgebend sein, zumal die betreffende Bestimmung der C. P. O. durch den letzteren keineswegs geändert wird.

Die Wirkung der Rechtskraft äußert sich darin, daß das rechtskräftig Zuerkannte nicht mehr bekämpft, das rechtskräftig Aberkannte nicht mehr geltend gemacht werden kann. Der Abs. 1 Satz 2, welcher dies zum Ausdrucke bringt, zieht an sich nur eine Folgerung aus dem Grundsatze des Abs. 1 Satz 1. Allein seine Aufnahme erscheint schon aus dem Grunde angezeigt, um der namentlich im gemeinen Rechte hervorgetretenen Meinungsverschiedenheit gegenüber außer Zweifel zu stellen, daß das rechtskräftige Urtheil auch die erstere, die sog. positive Wirkung hat.

1. Exc. rei judicatae.

1. Wird dem Urtheile dadurch zuwidergehandelt, daß etwas, was rechtskräftig aberkannt ist, von Neuem geltend gemacht wird, so steht dem Gegner die Einrede der rechtskräftig entschiedenen Sache zur Seite. Die Einrede ist nach dem Vorgange des römischen Rechtes im gemeinen Rechte und den Landesrechten von jeher als eine Einrede im engeren Sinne aufgefaßt worden, auf welche verzichtet werden kann und die, auch wenn der sie begründende Thatbestand in dem Streitmateriale liegt oder bei dem Gerichte offenkundig ist, nur dann berücksichtigt werden darf, wenn die Partei ausdrücklich auf dieselbe sich beruft. Die gleiche Auffassung beherrscht das französische Recht. In der deutschen Rechtswissenschaft fehlt es allerdings nicht an Stimmen, welche die Berücksichtigung der Rechtskraft von Amtswegen für geboten erachten. Nach einer anderen Ansicht — und diese wird namentlich von denen vertreten, welche den materiellen Einredebegriff überhaupt bekämpfen, — soll die rechtskräftige Aberkennung eine rechtsaufhebende Thatsache sein, welche nur prozessual in den Bereich der Einrede falle. Die Entscheidung der Frage ist nicht unzweifelhaft. Der Staat hat unverkennbar das Seine gethan, wenn er den streitenden Parteien die Möglichkeit gewährt, im geordneten Verfahren ihre gegensätzlichen Interessen wahrzunehmen, und alsdann durch den Richter das streitige Rechtsverhältniß endgültig feststellt. Grund, ein zweites Mal Gericht zu geben, ist nicht vorhanden. Geschieht es gleichwohl, so ist der zweite Prozeß, wenn er zu dem gleichen Ergebnisse führt, zwecklos, wenn er mit einem abweichenden Urtheile endigt, der Autorität des Richteramtes nachtheilig. Beides ist mit dem öffentlichen Interesse schwer vereinbar. Auch sonstige Unzuträglichkeiten können sich ergeben. Der Kläger, dessen Anspruch auf Grund der von dem Beklagten dargelegten Befriedigung zurückgewiesen wird, ist nicht behindert, sofort die-

selbe Klage wieder vor demselben Gerichte anzustellen. Das Gericht darf sie nicht beanstanden, und wenn der Beklagte die ihm nochmals aufgedrungene Vertheidigung versäumt, muß er verurtheilt werden, obwohl seine Nichtschuld gerichtskundig ist. Andererseits kommt in Betracht: Der Civilprozeß dient der Pflege des Privatrechtes. Das Privatrecht ist das Gebiet der subjektiven Rechte, des individuellen Interesses. Das subjektive Recht erheischt seine Bethätigung und Aufrechterhaltung ausschließlich von dem berechtigten Subjekte. Die Verfolgung und Bekämpfung des Anspruches im Prozesse ist daher Parteisache. Die Partei beherrscht den Streitgegenstand wie das Streitverhältniß. Prozessuale oder materielle Vortheile werden ihr nicht aufgedrungen. Der in der Rechtskraft liegende Schutz gegen anderweite Inanspruchnahme wird ihr infolge dessen nur gewährt, wenn sie denselben anruft. Der Regel nach wird die Partei von diesem Schutze Gebrauch machen. Der Regel nach werden sich daher auch die von dem Standpunkte des öffentlichen Interesses aus zu erhebenden Bedenken erledigen.

Nicht Berücksichtigung des Urtheiles von Amtswegen.

Der Entwurf giebt den letzteren Erwägungen Folge. Gegen die Berücksichtigung von Amtswegen fällt insbesondere ein Zwiefaches in's Gewicht. Die C. P. O. hat den Parteiwillen zum Maßstabe für den Umfang der Rechtskraft erhoben, ohne daran Anstoß zu nehmen, daß infolge dessen dieselbe Rechtsfrage unter denselben Parteien in verschiedenen Prozessen widersprechend entschieden werden kann. Damit ist in einer Frage, die an Wichtigkeit der vorliegenden mindestens gleichsteht, das öffentliche Interesse dem Einzelwillen untergeordnet. Die C. P. O. läßt ferner die bereits vorhandene Rechtshängigkeit eines Anspruches nicht von Amtswegen, sondern nur dann berücksichtigen, wenn der Beklagte sie zum Gegenstande einer Einrede macht (§ 247 Nr. 3). Der preuß. Entwurf stand auf dem entgegengesetzten Standpunkte. In § 227 war als Wirkung der Rechtshängigkeit bezeichnet, daß die Sache nicht anderweitig gerichtlich geltend gemacht werden könne. Bei der Berathung des nordd. Entwurfes wurde die Aufnahme einer ähnlichen Bestimmung beantragt. Man ging jedoch auf den Antrag nicht ein, weil keinesfalls stets ein öffentliches Interesse obwalte, welches den Richter zur Berücksichtigung der Rechtshängigkeit von Amtswegen nöthige (nordd. Prot. S. 561, 567). In Ansehung der weiteren Frage aber, ob die rechtskräftige Aberkennung als rechtsaufhebende Thatsache oder lediglich als Einredethatsache zu behandeln sei, liegt, auf die praktischen Folgen gesehen, der Schwerpunkt der Entscheidung darin, ob auf die Rechte aus der rechtskräftigen Entscheidung dergestalt soll verzichtet werden können, daß der Verzicht genügt, um den Anspruch in Kraft zu erhalten, ohne daß die zur Neubegründung des Rechtes nöthigen Erfordernisse erfüllt zu werden brauchen. Dies läßt sich, ohne mit dem Rechtsgefühle in Widerspruch zu gerathen und unleidliche praktische Schwierigkeiten zu schaffen, nicht verneinen. Außerdem spricht dafür das bestehende Recht. Der Entwurf hat sich demgemäß für die Behandlung der Einrede der rechtskräftig entschiedenen Sache als Einrede im engeren Sinne entschieden. Eine Ausnahme tritt nur auf dem Gebiete des Familienrechtes ein, soweit die Offizialmaxime in den denselben angehörenden Rechtsstreitigkeiten Platz greift. Gemäß § 581 der C. P. O. kann in Ehesachen das Gericht zum Zwecke der Aufrechterhaltung der Ehe

Nicht blos prozessuale Einrede.

Fälle der Offizialmaxime.

Thatsachen, welche von den Parteien nicht vorgebracht sind, berücksichtigen. Die Vorschrift des § 581 der C. P. O. wird — vergl. die in der Note zu § 1476 als §§ 627a—627c aufgenommenen Ergänzungen der C. P. O. — erstreckt werden auf Rechtsstreitigkeiten, welche die Anfechtung der Ehelichkeit eines Kindes oder die Anfechtung der Anerkennung der Ehelichkeit eines Kindes zum Gegenstande haben, sowie auf Rechtsstreitigkeiten, welche die Feststellung des Bestehens oder Nichtbestehens eines Eltern- und Kindesverhältnisses unter den Parteien oder die Feststellung des Bestehens oder Nichtbestehens der elterlichen Gewalt der einen Partei über die andere Partei betreffen. Desgleichen ist — vergl. die Note zu Buch IV Abschn. I Tit. 1 Ziff. IV, II Nr. 7 sowie den erwähnten § 627c — eine Erweiterung des § 581 der C. P. O. dahin in Aussicht genommen, daß bei der Ehenichtigkeitsklage, der auf die Feststellung des Bestehens oder Nichtbestehens einer Ehe gerichteten Klage sowie der vorerwähnten Feststellungsklage das Gericht Thatsachen, welche die Parteien nicht angeführt haben, auch zum Zwecke der Ermittelung berücksichtigen kann, ob die Ehe bezw. das betreffende Familienverhältniß nichtig sei oder nicht bestanden habe. Die entsprechende Gestaltung bringt mit sich, daß, wenn in Ansehung eines der bezeichneten familienrechtlichen Verhältnisse ein Urtheil bereits ergangen ist, das Gericht das Urtheil in einem anderweiten Rechtsstreite zum Zwecke der Aufrechterhaltung dieses Verhältnisses und nach Befinden auch zur Ermittelung der Nichtigkeit oder des Nichtbestehens desselben von Amtswegen zu berücksichtigen hat bezw. berücksichtigen kann. Soweit es sich dagegen in einem solchen anderweiten Rechtsstreite lediglich um dem Verzichte unterliegende, vermögensrechtliche Folgen des Urtheiles handelt, bewendet es bei der Regel der gegenwärtigen Vorschrift.

Identität des neuen Anspruches mit dem früheren.

Die Einrede der rechtskräftig entschiedenen Sache soll verhindern, daß über einen bereits rechtskräftig aberkannten Anspruch nochmals gerichtlich entschieden wird. Die Uebereinstimmung eines erhobenen Anspruches mit einem bereits früher zurückgewiesenen wird erkannt aus der Vergleichung des Inhaltes des Urtheiles, soweit es der Rechtskraft fähig ist, mit dem Inhalte der neuen Klage. Die Uebereinstimmung zu ermitteln ist Aufgabe der Rechtslogik. Das Gesetz kann nicht einmal Anhaltspunkte geben. Mit Sätzen, wie solche in l. 12, 13, 14 pr. D. de exc. rei jud. 44, 2 enthalten sind, ist nichts gewonnen. Ebensowenig befriedigt die Bestimmung des österr. G. B. § 12, daß Urtheile auf andere Fälle nicht ausgedehnt werden können, oder die Vorschrift des code civil Art. 1351 (niederl. G. B. Art. 1355 Abs. 2, ital. G. B. Art. 1351): il faut que la chose demandée soit la même, que la demande soit fondée sur la même cause.

2. Positive Wirkung der Rechtskraft.

2. Die Wirkung des Urtheiles, welche darin besteht, daß das, was rechtskräftig zuerkannt ist, nicht wieder bekämpft werden darf, wird bereits in der preuß. A. G. O. hervorgehoben. „Ein unter den gesetzmäßigen Erfordernissen gefälltes Urtheil sichert ..... den, der es erstritten hat, für immer wider alle ferneren Anfechtungen seines Gegners und derjenigen, die an dessen Stelle treten" (Einl. § 66). Auch die Bestimmung des code civil Art. 1350, des niederl. G. B. Art. 1953 und des ital. G. B. Art. 1350, daß die Wirkung des rechtskräftigen Urtheiles in der Begründung einer praesumtio

juris et de jure besteht, kann hierher gezogen werden. Die Berechtigung dieser Vermuthung mag hinsichtlich ihres Grundes Zweifeln begegnen; im Erfolge trifft sie das Richtige. Das Urtheil befreit den Kläger von der Verpflichtung, den einer anderweiten Klage zu Grunde gelegten rechtskräftigen Inhalt desselben in Gewißheit zu setzen. Es ist kein Beweismittel, sondern macht den Beweis überflüssig. Es überhebt sogar der Anführung der das festgestellte Rechtsverhältniß begründenden Thatsachen. Die praktische Bedeutung der Rechtskraft in dieser Richtung liegt namentlich darin, daß das günstige Urtheil über den bedingenden Anspruch der Verfolgung des bedingten dienstbar gemacht werden kann. Die Wirkung ist ferner von Wichtigkeit für die auf erhobene Feststellungsklagen ergehenden Urtheile. Ohne diese Seite der Rechtskraft wäre überhaupt das ganze Institut der Feststellungsklage zwecklos. Nicht minder kann das Urtheil einer neuen Klage dann als Grundlage dienen, wenn der Berechtigte genöthigt ist, sein rechtskräftig anerkanntes Recht nochmals gegen den früheren Beklagten gerichtlich zu verfolgen; so, wenn die dem Eigenthumskläger zuerkannte und restituirte Sache später zufällig wieder in die Hände des Beklagten kommt. Voraussetzung der Wirkung ist, wie bei der Einrede der rechtskräftig entschiedenen Sache, daß die Partei auf das Urtheil sich beruft. Von Amtswegen ist dasselbe, vorbehaltlich der für das Gebiet des Familienrechtes auch hier aus der Offizialmaxime sich ergebenden Ausnahmen, nicht zu berücksichtigen. Um letzteres im Entwurfe zum Ausdrucke zu bringen, ist die Fassung des Abs. 2 gewählt und nicht blos, was zu eng sein würde, von der Einrede der rechtskräftig entschiedenen Sache gesprochen worden.

3. Der Rechtskraft wird mitunter die weitere Bedeutung beigelegt, daß dasjenige, was rechtskräftig zuerkannt ist, nicht nochmals im Klagewege geltend gemacht werden darf. Die Einrede der rechtskräftig entschiedenen Sache soll nach dieser Richtung gleichfalls statthaft sein. Andere suchen dem verurtheilten Beklagten dadurch zu Hülfe zu kommen, daß sie ihm für den Fall der Erneuerung der Klage eine exceptio doli generalis gewähren, welche verbiete, ein Recht, mit dem man alles durch dasselbe Erreichbare erreicht habe, zur Chikane Anderer zu mißbrauchen. Nicht Wenige sprechen aber im Gegensatze hierzu dem Kläger die Befugniß zu, nach Bedürfniß aus demselben Rechtsverhältnisse nochmals Verurtheilung zu fordern, und behandeln dies als eine nothwendige, aber zugleich unbedenkliche Folge der die Rechtskraft beherrschenden Grundsätze. Der Entwurf schließt sich der letzteren Auffassung an. Dieselbe mag für den ersten Anschein befremden. Die Gerichte sollen nach Belieben des Klägers mit abgethanen Sachen nochmals behelligt und der Beklagte zu anderweiter, mit Aufwand von Zeit und Kosten verbundener Vertheidigung gezwungen werden. Allein dieses Bedenken könnte, soweit es die Gerichte betrifft, doch nur dann von Gewicht sein, wenn Dasein und Inhalt eines rechtskräftigen Urtheiles überhaupt von Amtswegen und nicht blos auf Anrufen der Gegenpartei zu berücksichtigen wäre. Tritt insoweit das öffentliche Interesse zurück, so kann es auch hier nicht zwingend sein. Für den Beklagten aber gestaltet sich praktisch der Fall anderweiter Klagerhebung kaum mißlich. Weder die Einrede der rechtskräftig entschiedenen Sache, noch die dem Entwurfe unbekannte exceptio doli generalis ist zu seinem Schutze erforderlich. Er

3. Exc. rei jud. nicht gegeben bei Verurtheilung.

braucht nur den erhobenen Anspruch vorbehaltlos anzuerkennen, um zu bewirken, daß dem Kläger die Kosten zur Last fallen (C. P. O. § 89). Soviel aber die Gefahr einer mehrfachen Zwangsvollstreckung auf Grund der verschiedenen Urtheile betrifft, so lassen die Bestimmungen der C. P. O. über die Ertheilung mehrerer vollstreckbarer Urtheilsausfertigungen einen Grundsatz erkennen, welcher dem Beklagten das Recht verleiht, entweder die Abweisung der ohne besonderen Grund erhobenen zweiten Klage oder doch eine so beschränkte Verurtheilung zu beantragen, daß er gegen die erwähnte Gefahr geschützt ist. Es darf darauf vertraut werden, daß Praxis und Wissenschaft in dieser Hinsicht den richtigen Weg nicht verfehlen werden. Infolge der drohenden Kostenpflichtigkeit wird der Kläger nur in den seltensten Fällen und nur dann, wenn ein wirkliches Bedürfniß vorliegt, zu einer zweiten Klage sich entschließen. Ein solches Bedürfniß kann insbesondere hervortreten, wenn die Akten durch Brand oder sonstige Unfälle verloren gegangen sind. Hier durch Zulassung der Einrede der rechtskräftig entschiedenen Sache die Möglichkeit der Erlangung eines neuen Vollstreckungstitels im Klagewege abzuschneiden, würde eine Beeinträchtigung der Rechtslage des Klägers sein.

VII. Die in Betracht kommenden Urtheile.

VII. Die Vorschrift des § 191 bezieht sich ebenso wie diejenige des § 192 nur auf solche Urtheile, welche den Austrag des streitigen Rechtsverhältnisses zum Gegenstande haben. Nur soweit über einen erhobenen Anspruch endgültig erkannt ist, kann von materieller Rechtskraft die Rede sein. Es scheiden daher aus: Urtheile, welche eine Klage wegen mangelnder Prozeßvoraussetzungen (C. P. O. § 247) abweisen oder aus sonstigen Gründen (unzulässige Klagänderung u. s. w.) das Eingehen auf die Sache ablehnen.

Die Wirkungen eines rechtskräftigen Endurtheiles haben nach der C. P. O. der Vollstreckungsbefehl, gegen welchen Einspruch nicht mehr zulässig ist (§ 640; Mot. zu §§ 581—596 des Entw. d. C. P. O.), der Schiedsspruch (§ 866); nach der St. P. O. die Entscheidung über den Verfall einer zum Zwecke der Freilassung geleisteten Sicherheit mit Ablauf der Beschwerdefrist (§ 122 Abs. 3); nach der Konk. O. die Eintragung einer angemeldeten Forderung in die Tabelle, soweit die übrigen Konkursgläubiger in Frage kommen (§ 133 Abs. 2). Zuweilen werden die in § 152 Abs. 2, §§ 179, 192 Abs. 2 der Konk. O. bezeichneten Akte — Feststellung gegenüber dem Schuldner, rechtskräftig bestätigter Zwangsvergleich — gleichfalls hierher gezählt. Die Berechtigung dazu ist aus dem Wortlaute der betreffenden Vorschriften, welche nur von der Vollstreckbarkeit sprechen, nicht ableitbar (dazu Mot. der Konk. O. S. 383 ff., 423 ff.).

Ueber die bei der Wiederaufhebung eines vollstreckten Urtheiles dem Beklagten zuständigen Rechte vergl. §§ 745, 746.

§ 192.

Wirkung inter partes.

Die für den subjektiven Umfang der Wirksamkeit der Rechtskraft des Urtheiles maßgebenden Grundsätze werden von der C. P. O. in der Hauptsache als im bürgerlichen Rechte begründet vorausgesetzt und nur mittelbar mehr oder weniger bestätigt (vergl. C. P. O. § 236 Abs. 3, §§ 238, 665—667, 671). Die einschlagenden Grundsätze sind daher in dem Entwurfe festzustellen. Die

Rechtskraft des Urtheiles wirkt regelmäßig nur *für* und *gegen* die *Parteien*, zwischen welchen das Urtheil ergangen ist. „Der Civilprozeß ist eine Rechtsvergewisserungsoperation, deren besseres oder schlechteres, richtigeres oder unrichtigeres Ergebniß wesentlich von dem Maße der Anspannung und Energie abhängig ist, welche die Parteien aufwenden, um ihre gegensätzlichen Interessen wahrzunehmen.“ Der Verhandlungsmaxime gemäß ist für den Richter nur das von den Parteien in den Prozeß eingeführte Streitmaterial vorhanden, und auch dieses bildet die Grundlage des Urtheiles nur insoweit, als es zugleich durch die Parteien in rechtliche Gewißheit gesetzt ist. Je nach dem Grade der Sorgfalt, mit welcher dieselben bei der Beurtheilung und Beschaffung des zur Verfolgung oder Abwehr des Anspruches Zweckdienlichen verfahren, je nach dem Maße der Thätigkeit, welche sie bei der Geltendmachung prozessualer Rechtszuständigkeiten entfalten, je nach dem, was sie zu erklären oder zu verschweigen, zu bestreiten oder zuzugestehen für gut finden, kann der Ausgang des Prozesses ein verschiedener, das Urtheil ein der wirklichen Sachlage entsprechendes oder nicht entsprechendes sein. Muß das zum Zwecke des endgültigen Austrages unter der Autorität des Staates gefällte Urtheil ohne Rücksicht auf seine materielle Wahrheit Rechtskraft schaffen, so beschränkt sich diese Rechtskraft nothwendig auf die Personen, deren Ermessen und Willkür für die Grundlage des Urtheiles, für die sachliche Richtigkeit oder Unrichtigkeit desselben bestimmend gewesen ist.

Der Grundsatz, daß das Urtheil nur unter den Parteien wirkt, ist nicht ohne Ausnahme. Als solche kann zwar die Ausdehnung der Wirksamkeit auf die *allgemeinen Rechtsnachfolger* nicht angesehen werden, wohl aber gehört dahin die Erstreckung auf die *Sondernachfolger*, sofern die Nachfolge während der Rechtshängigkeit oder nach Beendigung des Rechtsstreites eingetreten ist. Die Wirksamkeit des Urtheiles für und gegen Denjenigen, der nach Beendigung des Rechtsstreites den in Streit befangen gewesenen Gegenstand erworben hat, ist allen Rechten gemeinsam. Die Ausdehnung der Wirksamkeit auf denjenigen, der vor Eintritt der Rechtskraft, aber nach Eintritt der Rechtshängigkeit Sondernachfolger geworden ist, steht mit der Beseitigung des Verbotes der Veräußerung in Streit befangener Sachen und Ansprüche durch die C. P. O. im Zusammenhange und ist bereits durch §§ 236 Abs. 3, § 665 Abs. 1 der C. P. O. zur Geltung gelangt; nur wirkt in einem solchen Falle das Urtheil nicht blos, wie die C. P. O. hervorhebt, gegen den Sondernachfolger, sondern auch für denselben.

Ausnahmen.

1. Sondernachfolger.

Den Sondernachfolgern sind diejenigen gleichgestellt, welche die in Streit befangene Sache für die Partei *inne haben*. Unterwirft man die ersteren der Rechtskraft des ergangenen Urtheiles, sofern sie nach Eintritt der Rechtshängigkeit den in Streit befangenen Gegenstand erworben haben, so ist der Gedanke nicht abzuweisen, daß das Urtheil auch für diejenigen maßgebend sein muß, welche seit dieser Zeit lediglich Inhaber für die Partei geworden sind. Zweifelhaft kann die Behandlung des Inhabers sein, welcher die Inhabung *vor* Eintritt der Rechtshängigkeit erlangt hat. Wenn die Beschränkung der Rechtskraft auf die Parteien in der Erwägung ihren Grund hat, daß Niemand angesonnen werden darf, das Ergebniß eines von einem Anderen

2. Inhaber für die Partei.

vielleicht schlecht geführten Prozesses gegen sich gelten zu lassen, so scheint diese Erwägung da nicht zuzutreffen, wo der Dritte überhaupt ein Recht an der Sache für sich nicht in Anspruch nimmt. Immerhin kann das Urtheil auch die Rechtslage eines solchen Dritten gefährden. Das Urtheil kann feststellen, daß die Partei nie das Eigenthum erworben hat und so den zur Inhabung in eigenem Interesse Berechtigten in die Lage versetzen, daß er behandelt wird, als ob er überhaupt eine fremde Sache geliehen, gemiethet, gepachtet hat. Es ist dies besonders für den Miether oder Pächter von Wichtigkeit, der nach dem Entwurfe gegenüber dem neuen Erwerber in erheblichem Umfange geschützt wird (§§ 509, 510, 532, 537 Abs. 3); dieses Schutzes ginge er durch eine Kollusion des Vermiethers mit einem bestellten Gegner verlustig, sofern er das Urtheil anzuerkennen gezwungen sein würde. Dem Urtheile ist daher die Wirksamkeit gegenüber einem solchen Inhaber richtiger zu versagen. Steht dem Inhaber ein persönliches Recht auf das Haben bezw. Behalten der Sache nicht zu, so liegt anscheinend nahe, denselben als einfachen Vertreter der Partei zu betrachten, der im Sinne des Grundsatzes, daß das Urtheil nur unter den Parteien wirke, kein Dritter sei. Andererseits ist der geführte Prozeß auch für einen solchen Inhaber eine unter anderen Personen verhandelte Sache, und derselbe braucht schon nach § 772 der C. P. O. nicht ohne Weiteres die Wegnahme der Sache im Vollstreckungswege zu dulden. Dazu kommt, daß die Frage, ob Jemand Inhaber in eigenem rechtlichen Interesse sei, nicht immer klar liegt, und daß das Urtheil der Natur der Dinge nach auch ohne bindende Kraft eine erhebliche thatsächliche Bedeutung für den Inhaber hat, so daß derselbe nur in besonders gestalteten Fällen mit dem Urtheile in Widerspruch sich setzen wird. Der Entwurf erklärt seiner Fassung nach das Urtheil für und gegen diejenigen Inhaber für wirksam, die nach Eintritt der Rechtshängigkeit die Inhabung erworben haben. Ob dem gegenüber die Annahme zulässig sein wird, daß das Urtheil für den Inhaber ohne eigenes rechtliches Interesse auch dann maßgebend sei, wenn er die Inhabung vor jenem Zeitpunkte erlangt hat, darf der Auslegung überlassen werden. Der Begriff des „in Streit befangenen" Gegenstandes, von welchem der Entwurf ausgeht, ist der gleiche, wie derjenige der im Streite befangenen Sache im Sinne des § 236 der C. P. O. Eine nähere Feststellung des Begriffes würde, wenn eine solche geboten erscheinen sollte, zu § 236 der C. P. O. zu erfolgen haben und bleibt (vergl. S. 361) die bezügliche Prüfung der Entwerfung des Einführungsgesetzes vorbehalten.

Spezialfälle. Abstand ist genommen von einer Sonderbestimmung in Ansehung der Rechtsstellung der Sondernachfolger und Inhaber, welche dies zwar erst nach Eintritt der Rechtshängigkeit, aber auf Grund einer Thatsache geworden sind, welche einer früheren Zeit angehört und welche die Verfügungsmacht der betreffenden Partei dergestalt gebunden hat, daß Verfügungen in der Zwischenzeit die Rechte des Sondernachfolgers bezw. Inhabers nicht beeinträchtigen konnten. Dabei scheidet der Fall aus, daß eine Partei in Ansehung des streitigen Gegenstandes unter einer auflösenden Bedingung oder einem Endtermine berechtigt ist und die Bedingung oder der Termin nach der Rechtshängigkeit eintritt; derjenige, an welchen das streitige Recht auf Grund des

Eintrittes der Bedingung bezw. des Termines zurückfällt (§§ 129, 142), ist nicht Rechtsnachfolger der Partei; das Urtheil kann also auch für oder gegen ihn nicht maßgebend sein. Anders verhält es sich bei der aufschiebenden Bedingung und dem Anfangstermine, mit welchem die rechtliche Wirkung erst eintreten soll. Wird Jemand, der eine Forderung aufschiebend bedingt abgetreten hat, von dem Schuldner mit der negativen Feststellungsklage belangt und erfüllt sich die Bedingung während des Rechtsstreites oder nach demselben, so ist das Urtheil auch für den vorher bedingt und nunmehr unbedingt Berechtigten, da er Rechtsnachfolger ist, maßgebend. Der Umstand, daß die Partei zum Nachtheile desselben während der Schwebezeit nicht verfügen konnte (§ 135), steht nicht entgegen. Der Entwurf sieht in der Prozeßführung nicht eine Verfügung über den in Streit befangenen Gegenstand, sondern einen auf dessen Erhaltung gerichteten Verwaltungsakt, zu welchem der bedingt Verpflichtete nicht nur berechtigt, sondern zunächst auch allein legitimirt ist (vergl. S. 262). Aehnlich liegen die Fälle, in welchen eine Partei den in Streit befangenen Gegenstand vor der Rechtshängigkeit an einen der Vertretungsmacht ermangelnden Vertreter (§ 123) veräußert hat und der Vertreter die Veräußerung nach Eintritt der Rechtshängigkeit genehmigt. Nur kommt bei diesen Fällen in Frage, welche Bedeutung dem Umstande zukommt, daß die Genehmigung rückwirkende Kraft hat. Eine Lösung der letzteren Frage durch eine positive Gesetzesvorschrift ist, zumal bei der Seltenheit des praktischen Vorkommens, nicht angezeigt. Besondere Regelung hat in § 1830 der Fall erfahren, daß an die Stelle des Vorerben ein Nacherbe tritt.

Einschränkung der Wirkung gegen Sondernachfolger und Inhaber.

Die Wirksamkeit des Urtheiles gegen den Sondernachfolger oder Inhaber findet ihre Grenze nothwendig da, wo die Rechtsgültigkeit des Erwerbes durch einen Mangel in dem Rechte des Autors nicht berührt wird oder doch eine Verpflichtung zur Herausgabe für den Besitzer nur unter gewissen Voraussetzungen besteht. Die C. P. O. § 238 bezeichnet als von Bedeutung in dieser Hinsicht die Vorschriften über den Erwerb beweglicher Sachen, über den Erwerb auf Grund des Grund- und Hypothekenbuches und über den Erwerb im guten Glauben. Die Motive zu dem entsprechenden § 231 des Entwurfes führen dies weiter aus und gedenken namentlich der Vorschriften des bürgerlichen Rechtes, welche auf dem Grundsatze „Hand wahre Hand" beruhen, sowie der Bestimmung des preußischen Rechtes, daß der gutgläubige Erwerber einer Sache zur Herausgabe derselben nur gegen Ersatz des ausgelegten Kaufpreises verpflichtet ist. Ob in einigen dieser Fälle nicht vielmehr eine originäre Erwerbsart als eine Rechtsnachfolge vorliegt, kann auf sich beruhen. Die Vorschrift des Entwurfes ist eine allgemeinere und zugleich erschöpfendere. Von den Bestimmungen des Entwurfes kommen vornehmlich in Betracht die §§ 696, 837, 838 (§§ 840, 1083, 1114, 1134, 1144), §§ 877—879, 939, 940 (§ 1018 Abs. 2, § 1147 Abs. 2, §§ 1182, 1209; §§ 945, 951 Abs. 1, §§ 1017, 1155), §§ 1152, 1180; ingleichen können von Bedeutung werden § 1257 Abs. 1 (§ 1270), § 1336 (§ 1278 Abs. 4, §§ 1284, 1291, 1307 Abs. 3, §§ 1330, 1331 Abs. 2, §§ 1350, 1351 Abs. 2, § 1381 Abs. 2, § 1429 Abs. 2, § 1430 Abs. 3), § 2077 (§ 2078 Abs. 3, § 2079 Abs. 2, §§ 2090, 2091).

Die Berufung auf den öffentlichen Glauben des Grundbuches ist ausgeschlossen, wenn der dritte Erwerber die Rechtshängigkeit oder das Vorhandensein des rechtskräftigen Urtheiles gekannt hat. Das Gleiche gilt von der Berufung auf den Erwerb im guten Glauben bei beweglichen Sachen mit der Maßgabe, daß auch das Kennenmüssen in Betracht kommt. Beides liegt schon in der vorgeschriebenen „entsprechenden" Anwendung der bezeichneten Vorschriften.

Nicht aufgenommen: „In Ansehung der Sache selbst."

Die C. P. O. erklärt § 236 Abs. 3 (§ 73 Abs. 4) das Urtheil nur in Ansehung der Sache selbst — nicht, wie die Motive hervorheben, in Ansehung des Kostenpunktes — dem Sondernachfolger gegenüber für wirksam und vollstreckbar. Die Gegenüberstellung des Kostenpunktes deutet an, daß die Entscheidung, welche in der Hauptsache ergeht, gemeint ist, und in der That gebraucht der nordd. Entw. § 200, welchem die Bestimmung entnommen ist, wörtlich diesen Ausdruck. Die Fassung ist nicht ohne Bedenken. Unter der Entscheidung in Ansehung der Sache selbst würde an sich bei dem Eigenthumsanspruche nicht blos derjenige Theil des Urtheiles zu verstehen sein, welcher die Verpflichtung zur Herausgabe der Sache ausspricht, sondern auch derjenige, welcher den Beklagten für verpflichtet erklärt, die Nutzungen der Sache herauszugeben oder den Schaden zu ersetzen, welchen der Eigenthümer durch Untergang oder Verschlechterung der Sache oder anderweit erlitten hat (§§ 930 bis 935). Es liegt aber zu Tage, daß der Sondernachfolger oder Inhaber hierfür nicht einzustehen hat, daß mithin auch das Urtheil insoweit gegen ihn nicht wirken kann. Der Entwurf hat deshalb die Worte „in Ansehung der Sache selbst" nicht aufgenommen. Die Wissenschaft und Praxis wird auch ohne besonderen Hinweis ein Urtheil gegenüber dem Sondernachfolger bezw. Inhaber nur insoweit als wirksam und vollstreckbar behandeln, als es ausschließlich den in Streit befangenen Gegenstand betrifft.

3. Das Geschehenlassen der Prozeßführung durch einen Anderen präjudizirt nicht.

Das römische und mit ihm das gemeine Recht stellen den Grundsatz auf, daß wer die Prozeßführung eines Anderen, welche ihn selbst in erster Linie angeht, kennt und zuläßt, mit der Prozeßführung sich einverstanden erklärt und das in dem Prozesse ergehende Urtheil anerkennen muß. Hierher gehörige Fälle sind nach l. 63 D. de re jud. 42, 1, wenn der Pfandgläubiger den Pfandschuldner, der Ehemann die Ehefrau oder deren Vater, der Käufer den Verkäufer den Eigenthumsstreit über die Pfand-, Dotal-, Kaufsache führen läßt. Der Grundsatz ist bedenklich und den neueren Rechten unbekannt.

4. Sonstige Fälle einer erweiterten Wirksamkeit.

Die Bestimmungen, durch welche der subjektive Umfang der Rechtskraft über die Vorschrift des § 192 Abs. 1 hinaus erstreckt wird, haben ihren Grund in der Eigenthümlichkeit einzelner Rechtsinstitute oder Rechtsverhältnisse. Es gehören dahin die Ausschlußurtheile und die Urtheile, welche diese infolge erhobener Anfechtungsklage aufheben; diese Urtheile wirken ihrer Natur nach für und gegen Jeden (§§ 5, 22, 695, 696, 873, 1103, 1104, 1123 Abs. 2, §§ 1124, 2127); eine Einschränkung greift im Falle des § 873 Platz. Dieselbe Wirkung ist unter gewissen Voraussetzungen beigelegt verschiedenen in Ansehung familienrechtlicher Verhältnisse ergehenden Urtheilen (§§ 1256, 1269, 1271, 1477, 1478, 1632). Des Weiteren ist das in einem von einer Ehefrau ohne Einwilligung bezw. Zuziehung des Ehemannes geführten Prozesse ergangene Urtheil in gewissen Fällen in Ansehung des Ehegutes bezw. schlechthin gegenüber dem Ehemanne für wirksam erklärt (§§ 1310, 1357, 1417). Daß das in einem von der Ehefrau mit Zustimmung des Ehemannes geführten Prozesse ergehende Urtheil dem Ehemanne gegenüber in Ansehung der ihm auf Grund der ehelichen Nutznießung und Verwaltung zukommenden Rechte wirkt (arg. § 1302), beruht nicht auf der Geltung des Urtheiles als solchem, sondern darauf, daß nach § 1293 jede Aenderung, welche die Rechte der Ehefrau erleiden, auch die dem Ehemanne kraft der ehelichen Nutznießung und Verwaltung zustehenden Rechte beeinflußt. Einschlagende Sonderbestimmungen finden sich ferner in § 304 Abs. 2, § 1257 Abs. 2 (§ 1270), § 1337 (§§ 1284, 1291, 1307 Abs. 3, §§ 1330, 1331 Abs. 2, §§ 1350, 1351 Abs. 2, § 1381 Abs. 2, § 1429 Abs. 2, § 1430 Abs. 3), ingleichen in § 1405 Abs. 2. Auf die Parteien beschränkt sich in Abweichung von einzelnen Rechten die Rechtskraft u. A. bei dem Gesammtschuldverhältnisse (§ 327), bei dem Vorhandensein mehrerer Gläubiger oder Schuldner im Falle der Untheilbarkeit der Leistung (§ 339 Abs. 2, § 340), bei dem Miteigenthume. Selbstverständlich wirkt auch das gegen den Hauptschuldner erstrittene Urtheil nicht gegen den Bürgen.

Verhältniß von Wirksamkeit und Vollstreckbarkeit.

Die Wirksamkeit eines Urtheiles gegen einen Dritten schließt die Vollstreckbarkeit gegen denselben nicht in sich. Wenn nicht besondere Bestimmungen bestehen, muß die Gestattung der Vollstreckung, soweit eine solche überhaupt in Frage kommen kann, im Klagewege erzwungen werden (vergl. § 1310 verb. mit § 1314). Die C. P. O. trifft in §§ 665—667 besondere Anordnungen in Ansehung der Erlangung der vollstreckbaren Ausfertigung gegen Rechtsnachfolger. Vorbehalten bleibt, diese Anordnungen auf die den Rechtsnachfolgern von dem Entwurfe gleichgestellten Inhaber zu erstrecken. Für entsprechend anwendbar sind die §§ 665—667 der C. P. O. erklärt in § 1315 (§ 1417), § 1360 Abs. 2, § 1374 Abs. 2 (§ 1382 Abs. 2, §§ 1406, 1429 Abs. 1).

Zehnter Abschnitt.

Beweis.

Aufnahme in das bürgerl. G. B.

Dem Meinungsstreite darüber, ob die Grundsätze über die Vertheilung der Beweislast dem bürgerlichen Rechte oder dem Prozeßrechte angehören, braucht nicht näher getreten zu werden. Die C. P. O. (Mot. zu §§ 240—243, 245—248 des Entw. ders. Ziff. 3) hat mit der Beweislast sich nicht befaßt, vielmehr deren Regelung dem materiellen Rechte überwiesen. Gegenüber dem nahe liegenden Einwande, daß die in den §§ 193—197 aufgestellten Regeln Fragen entscheiden, deren Beantwortung der Rechtswissenschaft hätte überlassen werden können, darf darauf hingewiesen werden, daß die Aufstellung allgemeiner Grundsätze der einheitlichen Rechtsprechung und der Rechtssicherheit sich dienlich erweisen wird. Neben den allgemeinen Regeln finden sich in dem Entwurfe an verschiedenen Stellen Einzelvorschriften über die Beweislast. Im Uebrigen ist bei der Fassung der Vorschriften des Entwurfes im Allgemeinen das Bestreben darauf gerichtet gewesen, hinsichtlich der einzelnen rechtserzeugenden Thatbestände den Umfang der Anführungspflicht und mittelbar damit auch der Beweispflicht thunlichst erkennbar zu machen.

§§ 193—195.

Regelmäßiger Umfang der Beweispflicht.

Die Vorschriften geben anerkannte Sätze wieder (code civil Art. 1315; sächs. G. B. §§ 171, 175; bayr. Entw. Th. I Art. 69, 70; dresd. Entw. Art. 142, 144). Wer einen Anspruch geltend macht, hat diejenigen Thatsachen anzuführen und zu beweisen, welche der Regel nach geeignet sind, den Schluß auf die Entstehung des erhobenen Anspruches zu rechtfertigen. Es kann dem Kläger nicht angesonnen werden, neben dem Entstehen auch das Bestehen des Anspruches zur Zeit der Geltendmachung darzuthun; ebensowenig liegt ihm ob, die Abwesenheit besonderer Thatsachen zu beweisen, die, wenn sie vorhanden wären, die dem Thatbestande an und für sich zukommende Wirkung ausschließen würden. Die Geltendmachung und der Beweis der rechtsaufhebenden und rechtshindernden Thatsachen ist ebenso Aufgabe der Gegenpartei, wie die Geltendmachung und der Beweis der Einredethatsachen im engeren Sinne.

Ohne Belang für die Beweislast ist es, ob die zu beweisende einzelne Thatsache positiv oder negativ, ob sie in dem Vorhandensein oder dem Nichtvorhandensein gewisser Umstände besteht (sächs. G. B. § 171). Die Meinung, daß das Nichtvorhandensein von Thatsachen grundsätzlich nicht bewiesen zu werden brauche, hat in der Wissenschaft und Praxis mehr und mehr den Boden verloren. Der richtige Satz, daß, wenn besondere, kraft Gesetzes oder Rechtsgeschäftes an die Nichterfüllung eines positiven Schuldverhältnisses geknüpfte Rechtsfolgen geltend gemacht werden, der Gläubiger nicht die Nichterfüllung, sondern der Schuldner die Erfüllung zu beweisen habe, hat in §§ 425, 434 Abs. 2 Berücksichtigung gefunden.

Besondere, die regelmäßige Wirkung eines Thatbestandes ausschließende Umstände.

Die Vorschrift des § 194 Abs. 1 trifft sowohl den Fall, daß eine Thatsache kraft positiver Vorschrift ausnahmsweise nicht wirksam wird, weil eine weitere Thatsache hinzutritt, welche dies hindert, als auch den im Abs. 2 durch Beispiele erläuterten Fall, in welchem es sich um ein nach allgemeinen Grundsätzen wesentliches sog. negatives Erforderniß des Thatbestandes handelt. Die Vereinbarung einer zur Gültigkeit des Rechtsgeschäftes erforderlichen Form macht die Wirksamkeit der Willenserklärung von dem ausnahmsweisen Erfordernisse einer gewissen äußeren Beschaffenheit abhängig. Die Beweislast trifft demgemäß den die Vereinbarung Anrufenden. Die Beobachtung der erforderlich gewesenen Form dagegen ist von demjenigen zu beweisen, welcher auf das Rechtsgeschäft sich beruft (§ 195).

Beobachtung der erforderlichen Form.

In letzterer Hinsicht den Satz aufzustellen, daß bei inneren Mängeln der äußerlich beobachteten Form der Beweis des Mangels dem denselben Vorschützenden obliege, empfiehlt sich nicht. Der Begriff des inneren Mangels entbehrt der erforderlichen Bestimmtheit. Außerdem ist der Fall, den man dabei vorzugsweise im Auge hat, daß das Gesetz die Zuziehung von Solennitätszeugen verlangt, der zugezogene Zeuge aber der gesetzlichen Eigenschaften eines solchen in der einen oder anderen Richtung ermangelt, nicht von so erheblicher praktischer Bedeutung, daß eine besondere Regelung geboten erschiene. Wissenschaft und Praxis werden auch ohne eine bezügliche Anleitung das Richtige, das in dem Satze enthalten sein mag, zur Geltung bringen.

§§ 196, 197.

Beweispflicht bei Leugnen des Klagegrundes.

Wer einen geltend gemachten Thatbestand zugesteht, dabei aber Berichtigungen und Zusätze vorträgt, welche den Thatbestand rechtlich zu einem anderen machen, leugnet in Wirklichkeit den geltend gemachten Thatbestand und nöthigt denjenigen, der auf denselben sich stützt, zum Beweise. Ob das Vorbringen der Gegenpartei gegebenenfalls ein solches indirektes Leugnen enthält oder ob dasselbe als ein mit einer prozessualen Einrede verbundenes Eingeständniß sich darstellt, hat die Beschaffenheit des Falles zu ergeben. Ersteres wird u. A. anzunehmen sein, wenn der aus einem Rechtsgeschäfte Belangte über Zeit und Ort des Abschlusses des Rechtsgeschäftes, sofern solche rechtlich in Betracht kommen, über den Verpflichtungsgrund, den Ort der Erfüllung oder den Leistungsgegenstand abweichende Behauptungen aufstellt, oder geltend macht, er habe das Rechtsgeschäft nicht allein, sondern gemeinsam mit Vertragsgenossen, oder nicht mit dem Kläger allein, sondern mit diesem und Anderen oder nicht für sich, sondern im Namen eines Anderen geschlossen. Von besonderer praktischer Bedeutung sind die in § 196 besonders hervorgehobenen Fälle.

Aufschiebende Bedingung.

Die Behauptung, daß ein angerufenes Rechtsgeschäft unter einer aufschiebenden Bedingung oder unter Beifügung eines Anfangstermines errichtet worden sei, wird in der neueren Jurisprudenz ziemlich allseitig als Leugnen des Klagegrundes behandelt (vergl. auch bayr. Entw. Th. I Art. 69 Abs. 2, dresd. Entw. Art. 143). Anders verhält es sich bezüglich der Behauptung, daß das Rechtsgeschäft, aus welchem geklagt wird, unter einer auflösenden Bedingung oder unter Beifügung eines Endtermines geschlossen worden sei.

Auflösende Bedingung.

Die in der Theorie und Praxis herrschende Meinung sieht in einem derartigen Vorbringen nicht Leugnen des Klagegrundes, sondern Zugeständniß desselben verbunden mit einer Einrede. Maßgebend ist hierfür vornehmlich die Annahme, daß die auflösende Bedingung eine dem unbedingten Hauptgeschäfte beigefügte, auf die Wiederaufhebung der Wirkungen desselben gerichtete aufschiebend bedingte Nebenwillenserklärung sei. Bereits S. 250, 251 ist indessen dargelegt, daß, auch wenn man theoretisch das unter einer auflösenden Bedingung errichtete Rechtsgeschäft nicht als einheitliche Willenserklärung, sondern als eine unbedingte Hauptwillenserklärung und eine bedingte Nebenwillenserklärung aufzufassen haben sollte, doch das Verhältniß dieser beiden Willenserklärungen zu einander nicht als das zweier trennbarer, verschiedenen Schicksalen unterliegender Rechtsgeschäfte behandelt werden könne. Hält man hieran fest, so fehlt es an einem inneren Grunde, die auflösende Bedingung anders zu behandeln, als die aufschiebende. Bei der ersteren behauptet der Beklagte, daß ein Thatbestand mit der ihm zukommenden rechtlichen Wirkung nur für gewisse Zeit gesetzt sei, und dies ist ebenso motivirtes Leugnen, wie die Behauptung, der Eintritt der rechtlichen Wirkung eines Thatbestandes sei noch von einem ungewissen Ereignisse abhängig. Ein praktisches Bedürfniß für eine abweichende Gestaltung hinsichtlich der auflösenden Bedingung und des Endtermines kann ebenfalls nicht anerkannt werden.

Erfüllung oder Ausfall der auflösenden Bedingung.

Es genügt, daß derjenige, der aus der Thatsache der Erfüllung oder des Ausfalles der auflösenden Bedingung bezw. aus der Thatsache des Eintrittes des Endtermines Rechte herleitet, diese Thatsache beweisen muß (§ 197). Die in dem Entwurfe getroffene Entscheidung hat auch in der deutschen Rechtswissenschaft Vertreter gefunden; sie entspricht der franz. Jurisprudenz, wie solche sich auf Grund des code civil Art. 1356 — bezüglich dessen C. P. O. § 262 zu vergleichen ist — entwickelt hat, und findet sich in dem Art. 143 des dresd. Entw.

Behauptet der Angegriffene, daß nach der Errichtung des Rechtsgeschäftes eine Bedingung gesetzt worden sei, so trifft ihn die Beweislast; das Gleiche gilt, wenn er sich auf einen Nebenvertrag beruft, durch welchen für die Erfüllung der Verpflichtung ein Anfangs- oder Endtermin bestimmt worden sein soll.

§ 198.

Terminologie. „Vermuthung."

Die Vorschrift giebt über den Sinn Auskunft, in welchem die Worte „Vermuthung, Vermuthen" im Entwurfe gebraucht werden (code civil Art. 1350, 1352, bad. L. R. Satz 1350, 1352, 1352 a, sächs. G. B. § 171; Einf. Gesetz zur C. P. O. § 16 Nr. 1). Anwendungsfälle ergeben § 4 Abs. 2, 3, § 8 Abs. 2, §§ 21, 402, 438, 753 Abs. 2, §§ 825, 826, 854 Abs. 1, §§ 883, 1191 Abs. 2, § 1195 Abs. 1, § 1214 Abs. 3, §§ 1282, 1421, 1468, 1470, 1500 Abs. 2, § 1934 Abs. 2, § 2076. Ueber eine Beschränkung der Zulässigkeit des Gegenbeweises vergl. § 1469.

Die C. P. O. regelt in den §§ 380—384 die formelle Beweiskraft der Urkunden; jede eine Erklärung enthaltende Urkunde beweist, ihre Echtheit vorausgesetzt, daß die Erklärung abgegeben worden ist. Vorschriften über die materielle Beweiskraft außergerichtlicher Geständnisse giebt die C. P. O. nicht; auch nicht in Ansehung derjenigen außergerichtlichen Geständnisse, welche schriftlich fixirt und vertragsweise hingegeben sind. Die Erwägungen, welche dazu geführt haben, die in § 563 Abs. 1, § 564 des nordd. Entw. und in § 352 des Entw. einer deutschen C. P. O. von 1871 niedergelegten Vorschriften in die C. P. O. nicht aufzunehmen, sind in den Mot. zu §§ 367, 368 des Entw. der C. P. O. dargelegt. Der gegenwärtige Entwurf hat den positiven und negativen Schuldanerkennungsvertrag in §§ 683, 684, 290 Abs. 3 geregelt, anderweite allgemeine Vorschriften über die Wirksamkeit des außergerichtlichen, auf eine positive oder negative Thatsache sich beziehenden Geständnisses aber nicht aufgenommen. Handelt es sich um einen Vertrag, in welchem der eine Theil zugesteht, daß eine Thatsache sich zugetragen oder nicht zugetragen habe, aus welcher für den anderen Theil unmittelbar ein Anspruch oder die Befreiung von einem Anspruche, wenn auch vielleicht nur bedingt, entsteht, z. B. daß eine gewisse Summe als Darlehn gezahlt oder eine als Darlehn empfangene Summe zurückgezahlt sei, so wird ein solcher Vertrag regelmäßig als positiver oder negativer Schuldanerkenntnißvertrag bezw. dahin aufzufassen sein, daß das Bestehen oder das nicht fernere Bestehen einer Schuld anerkannt sei. Trifft diese Voraussetzung nicht zu, bezweckt der Vertrag vielmehr nur die Richtigkeit einer positiven oder negativen Thatsache festzustellen, damit dieselbe in einem künftigen Rechtsstreite von derjenigen Partei, welcher gegenüber das Geständniß abgelegt worden ist, nicht erwiesen zu werden brauche, bezw. damit die Partei, welche das Geständniß abgelegt hat, in dem Rechtsstreite die betreffende Thatsache nicht bestreiten oder nicht behaupten dürfe, so ist der Vertrag seinem Inhalte nach ein Beweisvertrag. Ist das Geständniß nur mündlich abgegeben, so liegt kein Bedürfniß vor, den das Geständniß enthaltenden Vertrag als solchen für verbindlich anzuerkennen und damit einestheils von der Regel abzuweichen, daß die prozeßrechtlichen Normen durch Vertrag nicht geändert werden können, anderentheils eine neue positive Beweisregel zu schaffen. Der Grundsatz der freien Beweiswürdigung erscheint ausreichend. Eine abweichende Beurtheilung kann nur für den Fall in Frage kommen, wenn das Geständniß schriftlich abgelegt und darüber dem anderen

Materielle Beweiskraft außergerichtlicher Geständnisse.

Theile eine Urkunde ausgestellt ist. Unverkennbar handelt es sich aber dabei um die dem prozeßrechtlichen Gebiete angehörenden Vorschriften über die Beweiskraft der Urkunden. Die Frage, ob es sich empfehlen möchte, die Vorschriften der C. P. O. über den Urkundenbeweis durch Bestimmungen zu ergänzen, wie solche in den oben bezeichneten Paragraphen des nordd. Entw. und des Entw. einer deutschen C. P. O. von 1871 enthalten sind, muß deshalb der Prüfung bei Entwerfung des Einführungsgesetzes vorbehalten bleiben.

Elfter Abschnitt.

Sicherheitsleistung.

§§ 199—204.

Die Vorschriften beschränken sich auf die Feststellung, wie Sicherheit zu leisten ist, wenn die Verpflichtung dazu durch Gesetz oder Rechtsgeschäft begründet ist und besondere Bestimmungen über die Art und Höhe derselben nicht getroffen sind, auch deren Feststellung nicht (vergl. § 724 Abs. 5, § 1547 Abs. 2, § 1689 Abs. 2) dem Ermessen des Gerichtes überlassen ist. Sicherheitsleistung im Sinne des heutigen Verkehres ist Realkaution. Die Sicherungsmittel müssen geeignet sein, die Durchführung des Rechtes dem Unvermögen des Verpflichteten oder sonstigen thatsächlichen Hindernissen gegenüber zu gewährleisten. Im Uebrigen schließen die Bestimmungen sich demjenigen an, was den Bedürfnissen des Verkehres entspricht. Eine diesen Bedürfnissen gerecht werdende Sicherheitsleistung liegt voraussichtlich in der Absicht des die Verpflichtung dazu Setzenden. Die Vorschriften haben in dem Allgemeinen Theile Aufnahme gefunden, weil sie für alle Theile des Entwurfes von Belang sind. Vergl. § 54 Abs. 2, § 133 Abs. 1 (§§ 141, 142), §§ 234, 521 Abs. 4 (§ 536), § 595 Abs. 3, §§ 677, 682, 867 Abs. 2, §§ 941, 988 Abs. 2, §§ 1005, 1020, 1157 Abs. 1, §§ 1819, 1822 Abs. 2, §§ 1907, 2002 Abs. 1.

Voraussetzung, daß eine Verpflichtung zur Sicherheitsleistung besteht.

I. Die Höhe der Sicherheitsleistung bemißt sich in Ermangelung besonderer Festsetzung nach dem Werthe des zu sichernden Rechtes. Das preuß. A. L. R. I, 14 § 187 bezeichnet bei gesetzlichen Kautionen als Maßstab die Wichtigkeit des zu versichernden Rechtes oder des von dem Anderen zu besorgenden Schadens. Das sächs. G. B. § 136 verweist auf den Werth des zu sichernden Gegenstandes, der dresd. Entw. Art. 269 auf den Werth des zu sichernden Gegenstandes oder der zu sichernden Forderung. In Wirklichkeit handelt es sich immer um die Sicherung eines (gegenwärtigen oder zukünftigen) Rechtes. Einigen die Betheiligten über die angemessene Höhe der Sicherheitsleistung sich nicht, so ist dieselbe im Prozeßwege festzustellen. Das preuß. A. L. R. (a. a. O.) läßt bei den durch das Gesetz auferlegten Kautionen das richterliche Ermessen entscheiden.

I. Höhe der Sicherheitsleistung.

II. Sicherungsmittel. Geltendes Recht.

II. Die Mittel, durch welche mangels besonderer Festsetzung Sicherheit zu leisten ist, werden von den Gesetzgebungen verschieden bestimmt. Nach römischem Rechte (l. 188 D. de V. S. 50, 16) und dem preuß. A. L. R. I, 14 § 186 sollen der Regel nach Bürgen oder Pfänder gestellt werden; das A. L. R. läßt aber nur solche Personen als Bürgen zu, welche mit Grundstücken angesessen sind und welche die zu leistende Kaution innerhalb der für Hypotheken aufgestellten Beleihungsgrenze auf ihren Grundstücken versichern (§§ 191, 192). Das österr. G. B. § 1373 fordert Handpfand, Hypothek oder Bürgen, das sächs. G. B. § 136 Hinterlegung einer Geldsumme, Uebergabe eines Faustpfandes, Einräumung einer Hypothek oder Stellung von Bürgen; der dresd. Entw. Art. 269 Hinterlegung einer Geldsumme, Pfandbestellung oder Stellung von Bürgen. Das römische Recht und das preuß. A. L. R. behandeln dabei Bürgen und Pfänder als gleichwerthig; die anderen Gesetzgebungen lassen Bürgen nur bei dem Nichtvorhandensein der übrigen Sicherheitsmittel zu. Die C. P. O. § 101 ordnet an, daß die Bestellung einer prozessualischen Sicherheit — sofern nicht die Parteien ein Anderes vereinbart haben oder das Gesetz eine nach freiem Ermessen des Gerichtes zu bestimmende Sicherheit zuläßt — durch Hinterlegung in baarem Gelde oder in solchen Werthpapieren zu bewirken ist, welche nach richterlichem Ermessen eine genügende Deckung gewähren. Eine gleiche Bestimmung enthalten § 174 Abs. 1 und § 419 Abs. 2 der St. P. O. Die zur Abwendung der Haft wegen Fluchtverdachtes erforderliche Sicherheitsleistung hat nach § 118 der St. P. O. durch Hinterlegung in baarem Gelde oder in Werthpapieren oder durch Pfandbestellung oder mittels Bürgschaft geeigneter Personen zu erfolgen; über die Art und Höhe entscheidet der Richter.

Standpunkt des Entwurfes.

Der Entwurf bezeichnet in § 199 als zulässige Sicherheitsmittel die Hinterlegung von Geld oder Werthpapieren, die Verpfändung beweglicher Sachen, die Bestellung von Hypotheken, die Verpfändung von Hypotheken oder Grundschulden an inländischen Grundstücken mit Ausschluß der Sicherungshypotheken und, wenn in dieser Weise Sicherheit nicht geleistet werden kann, die Stellung von Bürgen. Die einengende Vorschrift der C. P. O. und die ihr sich anschließenden Bestimmungen der St. P. O. beruhen auf speziell prozeßpolitischen Erwägungen. Neu gegenüber den bisherigen Privatrechtsgesetzgebungen ist die Herbeiziehung der Werthpapiere. Die Gründe, aus denen man früher von derselben Abstand genommen hat, der wechselnde Kurs und die Abhängigkeit ihres Werthes von den jeweiligen Zeitströmungen (vergl. preuß. Gesetzesrevision Pens. XIV S. 21) haben auch jetzt noch volles Gewicht, rechtfertigen aber nicht, daß zweifellos sichere Papiere nicht bis zu einem Bruchtheile ihres Kurswerthes als geeignete Kautionsobjekte behandelt werden. Die Sicherheitsleistung mittels Werthpapiere ist dem heutigen Verkehre besonders geläufig. Nicht zugelassen ist die Verpfändung einfacher Forderungen. Der Berechtigte würde allen Einreden aus der Forderung ausgesetzt sein und keine Garantie dafür haben, daß der Drittschuldner zahlungsfähig ist oder bleibt. Das württemb. Gesetz vom 15. April 1825 Art. 251 verpflichtet zur Bestellung von Faustpfändern nur insoweit, als sie durch Forderungen gewährt werden können. Mit dem Entwurfe stimmen das preuß. A. L. R. I, 14 § 189 und wohl auch die übrigen Gesetzgebungen überein. Die letzteren sprechen sich zwar nicht besonders aus; ihre Fassung, im Besonderen diejenige des dresd. Entw., kann auch zu Zweifeln Anlaß geben. Der Umstand jedoch, daß sie die Stellung von Bürgen nur subsidiär zulassen und daß das Forderungspfand sachlich hinter der Haftung vermögender Bürgen wesentlich zurücksteht, dürfte die Annahme der gleichen Absicht nahe legen. Die Stellung von Bürgen aus dem Kreise der statthaften Sicherheitsmittel auszuscheiden, wie dies seitens des preuß. A. L. R. durch das gleichzeitige Erforderniß der Hypothekbestellung thatsächlich geschieht, ist bedenklich. Mag auch die Zulassung der Bürgschaftsleistung von Unzuträglichkeiten nicht frei sein, zumal da leicht Streit über die Tauglichkeit des angebotenen Bürgen entsteht, der Berechtigte auch gezwungen sein kann, einen besonderen Prozeß anzustellen, um den Bürgen zur Erfüllung seiner Verpflichtung zu nöthigen, so liegt es doch im Verkehrsinteresse, dem Verpflichteten, sofern nicht besondere Gründe entgegenstehen (vergl. §§ 234, 521 Abs. 4, §§ 536, 1157 Abs. 1, §§ 1819, 1822 Abs. 2), die Möglichkeit einer solchen Sicherstellung für den Fall zu eröffnen, daß ihm andere Sicherheitsmittel nicht zu Gebote stehen. Es ist dies ebenso bedeutungsvoll als gerechtfertigt namentlich für die Fälle, in welchen die Befriedigung eines Anspruches kraft einer gesetzlichen Anordnung oder rechtsgeschäftlichen Bestimmung nur nach vorheriger Sicherheitsleistung verlangt werden kann. Unter den verschiedenen zulässigen Sicherheitsmitteln hat der Verpflichtete die Wahl. Die Grundsätze der §§ 207 ff. finden Anwendung. Die Bestimmung in das richterliche Ermessen zu stellen (preuß. A. L. R. I, 14 § 187), empfiehlt sich nicht; soweit Parteien sich gegenüber stehen, könnte das Ermessen nur auf Grund geführten Prozesses durch Urtheilsspruch geübt werden.

Bürgschaftsleistung nur subsidiär zugelassen.

1. Die Hinterlegung von Geld und Werthpapieren hat, in Ermangelung sonstiger Festsetzung, bei denjenigen Behörden oder Anstalten zu erfolgen, bei welchen nach den Landesgesetzen Geld oder Geldeswerth mit der Wirkung der Erfüllung hinterlegt werden kann (§§ 272, 280). Dem Kautionspflichtigen darf nicht angesonnen werden, Geld oder Werthpapiere in die Hände des vielleicht völlig vermögenslosen Kautionsberechtigten legen zu müssen und so der Gefahr des Verlustes sich auszusetzen. Nur eine öffentliche Hinterlegung der bezeichneten Art wird den beiderseitigen Interessen voll gerecht. Die neueren Gesetzgebungen, insbesondere die Prozeßordnungen, haben, soweit sie Sicherheitsleistung durch Hinterlegung anordnen bezw. gestatten, sichtbar auch nur diese Hinterlegung im Auge.

1. Hinterlegung von Geld und Werthpapieren.

Das Rechtsverhältniß, welches auf Grund der Hinterlegung zwischen den Betheiligten eintritt, erfährt verschiedene Beurtheilung. Wie dasselbe sich gestaltet, wenn die Hinterlegung infolge Vereinbarung der Parteien bei dem Berechtigten selbst oder an einer anderen Stelle erfolgt, läßt sich durch allgemeine Regeln nicht bestimmen. Dagegen steht nichts im Wege und liegt zugleich im Verkehrsinteresse, gesetzlich festzustellen, welches Recht der Kautionsberechtigte durch die hier angeordnete Hinterlegung erlangt. Das Recht muß ein solches sein, daß der Kautionsberechtigte nicht nur vor einseitigen Verfügungen des Pflichtigen, sondern auch vor Ansprüchen Dritter, im Besonderen im Konkurse, geschützt ist. Dies wird dadurch erreicht, daß der Berechtigte an dem hinter-

Das sich ergebende Rechtsverhältniß.

legten Gelde oder den hinterlegten Werthpapieren (§ 1147 Abs. 3), und wenn das Geld oder hinterlegte Banknoten landesgesetzlich (§ 280 Abs. 3) in das Eigenthum des Fiskus oder einer Anstalt übergehen, an der Forderung auf Rückerstattung ein Pfandrecht erhält (§ 200). Die letztere Gestaltung findet nicht nur in der Wissenschaft ihre Vertretung, sondern ist auch der bisherigen Praxis bereits geläufig.

Erforderliche Beschaffenheit a) des Geldes. Wird das hinterlegte Geld von der öffentlichen Hinterlegungsstelle nur in Verwahrung genommen, so muß dasselbe in solchen Münzsorten entrichtet werden, welche der Berechtigte in Zahlung zu nehmen gesetzlich verpflichtet ist (Münzgesetz vom 9. Juli 1873, R. G. Bl. S. 233, Gesetz vom 20. April 1874, R. G. Bl. S. 35, und vom 6. Januar 1876, R. G. Bl. S. 3). Geht das Geld in das Eigenthum des Staates oder einer Anstalt über, so kommt es darauf an, welche Geldsorten die Hinterlegungsstelle annimmt bezw. anzunehmen verpflichtet ist (Münzgesetz Art. 9 Abs. 2, Gesetz vom 30. April 1874 § 5 Abs. 1; preuß. Hinterlegungsordnung vom 14. März 1879 § 11).

b) der Werthpapiere. Werthpapiere können als zur Sicherheitsleistung geeignet nur angesehen werden, wenn sie den in § 201 Abs. 1 aufgestellten Erfordernissen entsprechen. Ueber die Werthpapiere, in denen Mündelgelder angelegt werden dürfen, vergl. § 1664 Abs. 2 Nr. 2—4, 6. Den Papieren, welche auf Inhaber lauten, diejenigen gleichzustellen, welche zu jeder Zeit auf den Inhaber umgeschrieben werden können (Gesetz vom 23. Mai 1873, R. G. Bl. S. 117, § 2), ist Abstand genommen; einerseits würde es nicht unbedenklich sein, Papiere der fraglichen Art als Sicherheitsmittel zuzulassen, da ihre Verwerthung eine auf die Umschreibung auf den Inhaber erforderliche und vielleicht nur im Klagewege zu erreichende Willenserklärung des Pflichtigen voraussetzt; andererseits fehlt für die Zulassung das Bedürfniß, da der Pflichtige vor der Bestellung der Sicherheit die Papiere auf den Inhaber umschreiben lassen kann. Die Bestimmung des § 201 Abs. 2 schließt sich dem § 13 Nr. 3b des Bankgesetzes vom 14. März 1875 an.

2. Verpfändung bewegl. Sachen. 2. Die Sicherheitsleistung durch **bewegliche Sachen**, welche nicht in Geld oder Werthpapieren bestehen, erfolgt mittels der nach den allgemeinen Grundsätzen sich richtenden Verpfändung (§§ 1145 ff.). Eine Hinterlegung in dem vorbezeichneten Sinne zu gestatten, sei es allgemein, soweit die Sachen sich dazu eignen, sei es in Beschränkung auf Kostbarkeiten, liegt bei der geringen praktischen Bedeutung dieser Art der Sicherstellung kein Bedürfniß vor. Die Höhe des Werthes, bis zu welchem mit einer beweglichen Sache Sicherheit geleistet werden kann, ist von dem preuß. A. L. R. I, 14 § 190 (Pensum XIV zu I, 14 § 165) auf drei Viertheile, von dem österr. G. B. § 1374, dem sächs. G. B. § 137 und dem dresd. Entw. Art. 270 auf zwei Dritttheile des Schätzungswerthes festgesetzt. Nach den heutzutage bei Veräußerungen von Pfändern gemachten Erfahrungen kann man geneigt sein, die Grenze auf die Hälfte des Schätzungswerthes herabzusetzen; es ist indessen der Bemessung nach Höhe von zwei Dritttheilen in § 202 der Vorzug gegeben worden.

3. Hypoth. und Grundschulden. 3. Die Angemessenheit einer gleichmäßigen Regelung der Kautionsmäßigkeit und der mündelmäßigen Sicherheit der Hypotheken und Grundschulden (§ 1664 Abs. 3) ist augenfällig (§ 203).

4. Die Tauglichkeit des Bürgen setzt im römischen Rechte voraus, daß er nicht nur ein ausreichendes Vermögen besitzt, sondern auch leicht zu belangen ist. Das österr. G. B. § 1374 fordert, daß der Bürge in der betreffenden Provinz, das sächs. G. B. § 138 und der dresd. Entw. Art. 271, daß er innerhalb der deutschen Bundesstaaten verklagt werden kann. Nach dem code civil Art. 2018 muß der Bürge seinen Wohnsitz in dem Bezirke des Appellationsgerichtes haben, in welchem die Bürgschaft gestellt werden soll, nach dem bad. L. R. Satz 2018 verb. mit dem Gesetze vom 3. März 1879 § 146 „im Staatsgebiete gesessen sein", nach dem preuß. A. L. R. I, 14 § 193 nicht nur innerhalb der Königlichen Lande belangt, sondern auch zur Erfüllung angehalten werden können. Die Zahlungsfähigkeit des Bürgen ist nach dem code civil Art. 2019 und bad. L. R. Satz 2019, abgesehen von Handelssachen und den Fällen, in welchen die Schuld eine geringe ist, nach dem Grundeigenthume zu beurtheilen, und soll hierbei auf Immobilien, die streitig oder wegen der Entfernung ihrer Lage schwer anzugreifen sind, Rücksicht nicht genommen werden. Nach dem bayr. Entw. Th. II Art. 681 hat der Bürge so viel im Inlande befindliches sicheres Vermögen nachzuweisen, als zur nachhaltigen Deckung der Schuld hinreichend erscheint. Der code civil Art. 2018 und das bad. Recht verlangen im Besonderen, daß die als Bürge gestellte Person vertragsfähig sei; der bayr. Entw. Art. 861, daß dieselbe sich rechtsgültig verbürgen könne. Zur Tüchtigkeit eines Bürgen muß es einerseits genügen, daß er ein der Höhe der zu leistenden Sicherheit angemessenes Vermögen besitzt, andererseits, daß derselbe im Inlande seinen allgemeinen Gerichtsstand hat (§ 204). Auf den Gerichtsstand, nicht auf den Wohnsitz, ist das Gewicht gelegt, um auch die in § 19 der C. P. O. gedachten Gesellschaften und Genossenschaften zu treffen. Die Möglichkeit, daß auf Grund der Vorschrift eine Person, die in Ermangelung des Wohnsitzes lediglich vermöge Aufenthaltes ihren allgemeinen Gerichtsstand im Deutschen Reiche hat (C. P. O. § 18), als Bürge angeboten werden könnte, dürfte kaum praktisch werden. Mit der Entfernung von deutschem Gebiete würde zudem die Tauglichkeit eines solchen Bürgen sofort fallen.

4. Tauglichkeit des Bürgen.

III. Für den Fall, daß die Kautionspflicht, insbesondere die durch letztwillige Verfügung oder Gesetz auferlegte, eine Person trifft, die eine Sicherheit in dem geforderten Maße nicht zu bestellen vermag, sollte einer früher ziemlich verbreiteten Meinung zufolge eine juratorische Kaution genügen. So auch nach dem preuß. A. L. R. I, 14 §§ 184, 194 mit der Beschränkung, daß das eidliche Angelöbniß nur anzunehmen sei, wenn zwei im guten Rufe stehende, mit den Umständen des Verpflichteten wohlbekannte Standesgenossen denselben für hinlänglich sicher erklären. Der Gesetzesrevisor (Pens. XIV, I, 14 §§ 169—171) beabsichtigte, dies dahin zu ändern, daß Kaution durch Eid nur in den durch das Gesetz besonders bezeichneten Fällen stattfinden, dagegen Bürgschaft ohne hypothekarische Sicherstellung bezw. ein einfaches Forderungspfand genügen solle, wenn zwei sachkundige Personen die Vermögensverhältnisse des Bürgen bezw. des Drittschuldners als zur Deckung ausreichend bezeichneten. Die anderen Gesetzgebungen übergehen die Frage. Mit der Kasuistik des Gesetzrevisors ist wenig gewonnen. Es entsteht sofort der Zweifel, was zu geschehen

III. Juratorische Kaution abgelehnt.

hat, wenn der Kautionspflichtige weder einen Bürgen auffinden kann, noch eine verpfändbare Forderung hat. Die aushülfsweise Zulassung der juratorischen Kaution ist nicht minder bedenklich. Abgesehen davon, daß die Zulassung im Interesse der Wichtigkeit und Heiligkeit des Eides sich nicht empfiehlt, gewährt die juratorische Kaution keineswegs die Sicherheit, die bei und durch Auflegung der Realkautionspflicht für nothwendig erachtet wird. Was bei dem Unvermögen des Pflichtigen, geeignete Sicherungsmittel zu beschaffen, einzutreten hat, läßt sich nicht allgemein entscheiden, sondern ist der Beschaffenheit des Falles zu entnehmen.

§ 205.

Die bestellte Sicherheit wird unzureichend.

Wird eine in Gemäßheit der §§ 199, 201—204 bestellte Sicherheit im Laufe der Zeit unzureichend, d. h. geht der Werth derselben unter die in §§ 201—204 bezeichnete Grenze herab, so hat der Verpflichtete sie zu ergänzen bezw. anderweite Sicherheitsleistung zu bewirken. Es gilt dies jedoch nicht unbeschränkt. Läßt der Kautionsberechtigte die ihm verpfändete Sache verderben oder verwahrt er dieselbe so schlecht, daß sie verloren geht, so erwächst dem Kautionsbesteller ein Erstattungsanspruch. Dieser Anspruch wird der Regel nach geeignet sein, den Kautionsberechtigten von dem Verlangen anderweiter Sicherstellung Abstand nehmen zu lassen; gegebenenfalls kann der Anspruch auch, sofern der Kautionspflichtige selbst die Sicherheit bestellt hat, zur Aufrechnung mit etwaigen Ansprüchen des Kautionsberechtigten verwendet werden. Begrifflich aber ist der Kautionsberechtigte, soweit letzteres nicht geschieht, unbehindert, mit der Forderung anderweiter Sicherheitsleistung hervorzutreten. Dem vorzubeugen hat schon das preuß. A. L. R. I, 20 § 23 und der bayr. Entw. Th. III Art. 431 für erforderlich geachtet, und der Entwurf schließt sich diesen Gesetzgebungen durch die Forderung an, daß die Sicherheit, die erneuert werden soll, ohne Verschulden des Berechtigten unzureichend geworden sein muß.

Wie das Verhältniß sich gestaltet, wenn eine von den Parteien besonders vereinbarte Sicherheit unzureichend wird, eignet sich nicht zur gesetzlichen Entscheidung (vergl. § 682). Geht die Absicht der Betheiligten dahin, daß nur der gewählte Gegenstand und kein anderer zur Sicherheit dienen soll, so fällt selbstverständlich die Ergänzungspflicht im Falle einer Werthsverminderung weg (vergl. code civil Art. 2020 Abs. 2).

Die restitutio in integrum ist nicht aufgenommen.

Das Institut der Wiedereinsetzung in den vorigen Stand ist als solches in den Entwurf nicht aufgenommen. So berechtigt der Grundgedanke desselben ist, die Härten des positiven Rechtes da auszugleichen, wo vermöge der eigenartigen Gestaltung des einzelnen Falles die gewöhnlichen Rechtsbehelfe nicht ausreichen, und so heilsam die Wiedereinsetzung für das römische Recht gewesen sein mag: in der modernen Rechtsentwickelung sind mit derselben ungünstige Erfahrungen gemacht worden. Die Gründe liegen theils in dem Institute selbst, theils in mißverständlicher Auffassung und Anwendung desselben seitens einer früheren Zeit, theils in den veränderten prozessualen Anschauungen und Einrichtungen.

Geltendes Recht.

Von den Gesetzgebungen, welche dem Institute durchgängig wenig geneigt sind, steht dem römischen und gemeinen Rechte am nächsten das bayr. L. R. (I, 7 §§ 30, 36, III, 1 § 19 Nr. 14, IV, 1 § 25, IV, 15 § 13). Das preuß. A. L. R. kennt eine Wiedereinsetzung gegen Rechtsgeschäfte nicht. Zulässig ist eine solche unter gewissen Voraussetzungen gegen den Ablauf der Verjährung (einschließlich der Ersitzung) und gegen prozessuale Versäumniß. Gegen den Ablauf der Verjährung werden Minderjährige innerhalb vier Jahren nach aufgehobener Bevormundung restituirt, wenn die Verjährung während der Minderjährigkeit sich vollendete (I, 9 §§ 537—539, 594). Gleiches gilt von den Wahn- und Blödsinnigen sowie den Taubstummen, nicht von den Verschwendern (I, 9 §§ 540, 542, 594). Restitution wird ferner gewährt, wenn Hindernisse der Verfolgung eines Rechtes während des Laufes der Verjährung sich entgegenstellten und bei dem Ablaufe derselben noch fortbestanden oder erst innerhalb der letzten vier Jahre vor dem Ablaufe eintraten (I, 9 §§ 530—534). Die vierjährige Restitutionsfrist beginnt hier mit der Hebung des Hindernisses. Die preußische Praxis hat diese Bestimmungen insofern eingeengt, als sie denjenigen Minderjährigen, welche unter väterlicher Gewalt stehen, die Restitution versagt und dieselbe bei der sogenannten kurzen Verjährung völlig ausschließt. Der Fiskus, die Kirchen und ihnen gleichgestellte Korporationen werden gegen den Ablauf der Verjährung nicht restituirt; es läuft ihnen jedoch eine vierundvierzigjährige Frist (I, 9 §§ 629, 632, 633, I, 14 §§ 172—177). Der preuß. Entw. §§ 324—328 behielt die Wiedereinsetzung gegen den Ablauf der Verjährung bei. Das preuß. Gesetz vom 12. Juli 1875 § 9 beseitigt die Wiedereinsetzung Minderjähriger gegen Rechtsgeschäfte nach dem Vorgange des A. L. R. für das gesammte preuß. Rechtsgebiet. Im franz. Rechte ist die Restitution bei Rechtsgeschäften in der action en nullité ou en rescision des code civil Art. 1304 aufgegangen. Restitution gegen Versäumnisse und insbesondere gegen die Verjährung ist unbekannt. Ueber die action en nullité ou en rescision der Minderjährigen vergl. S. 133. Ob dem Minderjährigen das Recht zusteht, auch ein von dem gesetzlichen Vertreter für ihn abgeschlossenes Rechtsgeschäft wegen Verletzung umzustoßen, ist eine bestrittene, von dem Reichsgerichte (Entsch. in Civils. V Nr. 92 S. 340 ff.) verneinte Frage. Das sächs. G. B. (Mot. zu § 170 dess.) und das österr. G. B. (§ 1450) haben die Wiedereinsetzung in den vorigen Stand völlig beseitigt. Das zür. G. B. läßt dieselbe bei Versäumung der Inventarfrist und gegen Verwirkung einer Erbschaftsforderung zu (§§ 1992, 2003). Der bayr. Entw. Th. I Art. 33 Abs. 3 (Mot. dess. S. 16), der hess. Entw. Abth. IV, 1 Art. 48, 51 (Mot. dess. S. 37 ff.) und der dresd. Entw. Art. 91 (Prot. S. 268—271) schließen die Wiedereinsetzung bei Rechtsgeschäften Minderjähriger sowie der ihnen gleichgestellten Personen aus. Der dresd. Entw. beseitigt sie ferner ausdrücklich für die Verjährung (Art. 421); ebenso das hess. Gesetz vom 19. März 1853 Art. 34 Abs. 4. Das H. G. B. Art. 149 versagt Minderjährigen und bevormundeten Personen sowie juristischen Personen, denen gesetzlich die Rechte der Minderjährigen zustehen, die Wiedereinsetzung gegen den Ablauf der in Art. 146 angeordneten Verjährung (vergl. auch Art. 172). Das Gesetz, betr. die privatrechtliche Stellung der Erwerbs- und Wirthschaftsgenossenschaften, vom 4. Juli 1868 enthält in § 65 hinsichtlich der in § 63 angeordneten Verjährung eine übereinstimmende Vorschrift; vergl. ferner das Gesetz, betr. die Verbindlichkeit zum Schadenersatz u. s. w., vom 7. Juni 1871 § 8 und in Ansehung der Versagung der Wiedereinsetzung gegen den Ablauf von Ausschlußfristen das Gesetz, betr. die Quartierleistung für die bewaffnete Macht während des Friedenszustandes, vom 25. Juni 1868 § 17 Abs. 2 und das Gesetz über die Naturalleistungen für die bewaffnete Macht im Frieden vom 13. Februar 1875 § 16 Abs. 2. Endlich treten der Wiedereinsetzung verschiedene in Bezug auf die kurze Verjährung erlassene Partikulargesetze entgegen. Ueber die auf dem Gebiete des Prozeßrechtes stattfindende Wiedereinsetzung in den vorigen Stand gegen Versäumung von Nothfristen vergl. C. P. O. §§ 211—216.

Gründe für den Standpunkt des Entwurfes.

Unbedenklich, ja geboten erscheint die Beseitigung der Wiedereinsetzung Minderjähriger gegen Rechtsgeschäfte. Soweit ein Minderjähriger selbst handelt bezw. ihm gegenüber ein Rechtsgeschäft vorgenommen wird, ist derselbe durch die Vorschriften des § 64 Abs. 1, 3, §§ 65, 66 zur Genüge geschützt. Tritt der gesetzliche Vertreter für den Minderjährigen auf ohne die erforderliche Genehmigung des Gegenvormundes oder des Vormundschaftsgerichtes, so greifen die §§ 1681, 1682, 1514, 1542 Platz. Für eine Wiedereinsetzung in den vorigen Stand ist neben diesen Vorschriften kein Raum. Hat aber der gesetzliche Vertreter innerhalb der Grenze seiner Zuständigkeit bezw. vorschriftsmäßig für den Minderjährigen gehandelt oder, soviel Minderjährige, welche das siebente Lebensjahr zurückgelegt haben, anlangt, zu Rechtsgeschäften derselben seine Einwilligung oder Genehmigung ertheilt, so müssen diese Geschäfte unangreifbar sein. Es liegt dies ebensowohl im allgemeinen Verkehrsinteresse wie im Interesse der Minderjährigen selbst, auf deren wirthschaftliche Lage jede Unsicherheit über den Bestand der für sie oder von ihnen an sich gültig vorgenommenen Geschäfte schädigend zurückwirken muß. Die Möglichkeit, daß fahrlässiges oder eigennütziges Gebahren des Vertreters den Minderjährigen schädigt und daß der dem letzteren zustehende Ersatzanspruch (§§ 1696, 1503 Abs. 1) wegen Mittellosigkeit des Vertreters versagt, ist allerdings nicht ausgeschlossen, kann aber nicht in's Gewicht fallen. Solche Fälle sind vereinzelte Ausnahmen, die um so seltener eintreten, je vorsichtiger bei der Wahl des Vertreters verfahren wird. Ist endlich dem Minderjährigen von dem Gesetze eine erweiterte Geschäftsfähigkeit eingeräumt (vergl. § 67), so ist die Einführung einer besonderen Fürsorge keineswegs am Platze; dieselbe würde den Zweck der Erweiterung der Geschäftsfähigkeit im Wesentlichen vereiteln. Die Beseitigung der Wiedereinsetzung der Minderjährigen entzieht auch der Restitution derjenigen physischen und juristischen Personen den Boden, welchen die Rechtswohlthat in dem bisherigen Rechte infolge ihrer Gleichstellung mit den Minderjährigen bezw. aus denselben Gründen, wie diesen, zuerkannt war.

Die Wiedereinsetzung gegen Rechtsgeschäfte wegen Irrthumes, wegen Drohung oder Betruges beizubehalten, ist ebenfalls kein Bedürfniß. Die Vorschriften der §§ 98—104, 108, 112, 1259, 1779, 1780, 1784—1786, 1947,

1957 Abs. 4, §§ 2020, 2040, 2041, 2094 Abs. 5 über den Einfluß dieser Vorgänge auf die Wirkungen der Rechtsgeschäfte reichen aus.

Anlangend die Wiedereinsetzung gegen Versäumnisse, so ist in Ansehung der Verjährung und Ersitzung die Gewährung eines außerordentlichen Rechtsbehelfes weder nothwendig noch angemessen. Läuft gegen Personen, welche unter gesetzlicher Vertretung stehen, eine Verjährung oder Ersitzung, so sind deren Vertreter berufen und verpflichtet, das Erforderliche vorzukehren. Fehlt es solchen Personen an der Vertretung oder stehen überhaupt der Geltendmachung eines Anspruches Hindernisse entgegen, so gewähren die §§ 162—168, 884 den entsprechenden Schutz, über welchen nicht hinausgegangen werden darf. Hat der Berechtigte, ohne daß diese Vorschriften eingreifen, die Geltendmachung seines Rechtes schuldlos versäumt, sei es, daß er von dem Vorhandensein des Rechtes nichts wußte, der erforderlichen Beweismittel entbehrte, die Person des Verpflichteten nicht kannte, oder daß ihn eine anderweite ungewöhnliche Gestaltung der Verhältnisse an der Wahrnehmung seiner Rechte hinderte, so muß er den Nachtheil tragen. Häufig wird derartiges sich nicht ereignen; am seltensten, wenn es sich um die lange ordentliche Verjährung handelt. Und gerade bei der kurzen Verjährung, die nur solchen Ansprüchen läuft, bezüglich deren aus verschiedenen Gründen auf eine rasche und unverzögerte Abwickelung hingewirkt werden muß, würde die Wiedereinsetzung mit der Tendenz des Institutes unvereinbar sein.

Wie bei der Verjährung, so ist auch bei den gesetzlichen Ausschlußfristen von der Zulassung der Wiedereinsetzung abgesehen. Es scheint zwar Manches dafür zu sprechen, daß derjenige, welcher eine Frist oder einen Termin ohne jegliches Verschulden nicht einzuhalten vermag, von den Folgen der Versäumniß nicht getroffen werden dürfe. Allein wenn schon bei der Verjährung der unverschuldeten Behinderung Berücksichtigung nur in beschränktem Maße zu Theil geworden ist, so müssen bei den Ausschlußfristen noch strengere Grundsätze Platz greifen. Es ist zu beachten, daß Fristen dieser Art der Regel nach im Gegensatze zu der Verjährung zu dem Ende von dem Gesetze angeordnet werden, um äußeren Umständen schlechthin den Einfluß auf die Erledigung des betreffenden rechtlichen Verhältnisses zu entziehen, der rechtspolitische Grund der Frist somit jede Berücksichtigung von Hindernissen ausschließt, daß ferner in den meisten Fällen dem mit dem Versäumnisse auf der einen Seite verbundenen Rechtsnachtheile ein Rechtsvortheil auf der anderen Seite gegenübersteht und wahrer Gerechtigkeit entsprechender sein kann, den Verpflichteten die Folgen des Versäumnisses als zufällige hinnehmen zu lassen, statt sie dem Berechtigten aufzubürden. Ueber die Abschwächung der Strenge einzelner Ausschlußfristen vergl. S. 347. Nur in einem Falle, bei Versäumung der Inventarfrist, gewährt der Entwurf aus besonderen Gründen unter gewissen Voraussetzungen einen der Wiedereinsetzung ähnlichen Rechtsbehelf (§ 2098).

FSC
www.fsc.org
MIX
Papier | Fördert gute Waldnutzung
FSC® C083411

Kolibri 360 GmbH
Ferdinand-Jühlke-Straße 7
99095 Erfurt, Deutschland
produktsicherheit@kolibri360.de